高等院校经济学管理学系列教材

公司金融学
Corporate Finance

王长江 主编

图书在版编目(CIP)数据

公司金融学/王长江主编. —北京:北京大学出版社,2018.9
(高等院校经济学管理学系列教材)
ISBN 978-7-301-29746-9

Ⅰ. ①公… Ⅱ. ①王… Ⅲ. ①公司—金融学—高等学校—教材 Ⅳ. ①F276.6

中国版本图书馆 CIP 数据核字(2018)第 171210 号

书 名	公司金融学 GONGSI JINRONGXUE
著作责任者	王长江 主编
责 任 编 辑	杨丽明
标 准 书 号	ISBN 978-7-301-29746-9
出 版 发 行	北京大学出版社
地 址	北京市海淀区成府路 205 号 100871
网 址	http://www.pup.cn 新浪微博 @北京大学出版社
电 子 信 箱	sdyy_2005@126.com
电 话	邮购部 62752015 发行部 62750672 编辑部 021-62071998
印 刷 者	三河市博文印刷有限公司
经 销 者	新华书店
	787 毫米×1092 毫米 16 开本 27.5 印张 602 千字 2018 年 9 月第 1 版 2018 年 9 月第 1 次印刷
定 价	69.00 元

未经许可,不得以任何方式复制或抄袭本书之部分或全部内容。
版权所有,侵权必究
举报电话: 010-62752024 电子信箱: fd@pup.pku.edu.cn
图书如有印装质量问题,请与出版部联系,电话: 010-62756370

前　言

公司金融是宏观金融的基础，是商业银行、投资银行等金融机构工作的对象。因此，公司金融研究的重点在于公司在金融市场上的各种活动，主要包括公司融资、公司投资、公司保险、公司并购重组、公司资信评估与公司信用担保等。

公司金融的各项活动，离不开金融市场。当公司不是公众公司时，也可能通过债券市场等进行投融资活动；当公司是一个公众公司时，股权投融资、债权投融资等是其常常涉及的。因此，金融市场上的股票、债券等金融产品，是公司金融的基础问题。当然，公司在金融市场的投融资活动是否顺畅、投融资的效率是否高等，则与金融市场的有效性息息相关。

研究公司金融，一个重要的起点是对公司财务报表的分析。理论上，公司财务报表是其经营状况、现金流量等情况的最直观的反映，政府机构、金融机构、税务部门、金融投资者、监管者以及公司管理者等通过公司财务报表分析，能够对公司经营的基本情况作出判断。当然，公司会计处理方法与原则等，对财务报表的结论具有重要的影响。

公司发展，投资是永恒的主题。投资包括短期投资与长期投资，特别是长期投资决策，必须考虑资金时间价值，运用动态分析方法，即净现值法、现值指数法、内部报酬率法等进行科学决策。在公司的股权投资和债权投资中，需要运用资金时间价值理论以及财务比率等进行估值。在公司的并购重组等业务中，一个重要问题是运用上述理论等对并购标的公司进行科学估值，也要对实行并购公司自身进行科学评估。当然，无论是哪一种投资，都存在不同的风险。按照马科维茨（Harry Markowitz）的投资组合理论和夏普（William Sharpe）等的资本资产定价模型理论，可以运用方差及标准差、贝塔值等对风险进行科学计量或对风险敏感度进行判断，从而得出投资者的最优投资组合或投资者的必要收益率。

资本成本、资本结构等直接与公司融资相关。公司的资本成本包括债权资本成本与股权资本成本。如果不考虑其他因素，因为存在税盾效应，往往债权资本成本低于股权资本成本。公司的债权融资与股权融资多少，决定了公司的资本结构。以 MM 定理为起点的现代公司资本结构理论，根据相关假设前提，从不同方面对公司资本结构与公司价值之间的关系进行了论证，推动了公司资本结构理论的发展。当然，公司经营中固定成本的高低、负债数量的多少等对公司的息税前利润会产生不良影响，由此，研究公司的经营杠杆、财务杠杆等非常必要。

衍生品包括期货、期权和互换等，与公司金融关系密切。期货的功能在于价格发现、套期保值和投机，对于公司未来投融资所面临的风险有较好的控制作用，但同时也可能因为运用不当或判断失误而产生巨大风险；期权包括看涨期权与看跌期权等，是公司投资与融资工具，也是公司投融资风险控制的方法之一；利用经济学中比较优势理论的互换工具，期权对公司融资成本的降低具有积极意义，也是金融机构重要的业务之一，但也面临相关的互换风险。

公司投融资等活动的结果体现在公司是否盈利方面。如果亏损，公司应该按照相应的财务与税务制度进行处理；如果盈利，则按照规定提取公积金、公益金、利润分配等。公司的利润分配，受股东、公司法规定、金融市场融资便利等影响。例如，假定股东考虑税差问题，因为有些国家规定资本利得税率低于资本收益税率，这样，理论上公司应该少分红或者不分红。股份有限公司的利润分配也称股利分配，有可能采用剩余股利政策、固定股利政策、固定比例股利政策等，对公司未来发展以及股东带来不同的效应。当然，股利分配可以采用现金股利、股票股利、现金加股票股利等不同的形式，公司在决定采用哪一种形式时应该权衡利弊。

公司金融理论与实践的发展，带来了许多新的变化。本书是作者多年教学与科研的总结，更是借鉴了大量专家的理论研究成果以及实务部门的具体案例，在此一并致谢！本书适合作为大专院校经济管理类专业教材，也适合作为金融学专业硕士等研究生教学参考书。感谢南京大学"金融学专业学位研究生培养的案例库建设与教学改革"课题、江苏省教育厅"'互联网＋'下经济学核心课程教学模式创新研究"课题以及南京大学商学院江苏省首批品牌专业——经济学专业对本书出版的大力资助。

特别感谢北京大学出版社的大力支持与鼓励！

王长江
2018 年 7 月 15 日

第一篇 公司金融基础

第一章 公司金融导论 ········· 3
- 第一节 公司、金融与公司金融 ········· 3
- 第二节 公司金融基石 ········· 8
- 第三节 公司金融目标 ········· 11
- 第四节 公司金融理论发展 ········· 15
- 本章案例 ········· 26
- 本章思考题 ········· 28

第二章 公司金融与金融市场 ········· 29
- 第一节 金融市场概述 ········· 29
- 第二节 金融市场要素 ········· 38
- 第三节 金融市场功能与作用 ········· 46
- 第四节 金融市场利率 ········· 49
- 本章案例 ········· 53
- 本章思考题 ········· 55

第三章 公司财务报告分析 ········· 56
- 第一节 财务报告概要 ········· 56
- 第二节 财务分析概要 ········· 75
- 第三节 财务比率分析 ········· 82

本章案例 …………………………………………………………………………… 101
本章思考题 ………………………………………………………………………… 104

第二篇 投资决策与风险

第四章 公司价值评估 …………………………………………………………… 107
第一节 货币时间价值 ……………………………………………………………… 107
第二节 债券估值 …………………………………………………………………… 113
第三节 股票估值 …………………………………………………………………… 120
本章案例 …………………………………………………………………………… 130
本章思考题 ………………………………………………………………………… 132

第五章 风险与收益 ……………………………………………………………… 133
第一节 风险与收益的衡量 ………………………………………………………… 133
第二节 资产组合理论 ……………………………………………………………… 140
第三节 资本资产定价模型 ………………………………………………………… 153
本章案例 …………………………………………………………………………… 157
本章思考题 ………………………………………………………………………… 160

第六章 长期投资决策 …………………………………………………………… 161
第一节 长期投资决策概述 ………………………………………………………… 161
第二节 长期投资决策标准 ………………………………………………………… 164
第三节 证券投资决策 ……………………………………………………………… 172
本章案例 …………………………………………………………………………… 180
本章思考题 ………………………………………………………………………… 181

第三篇 资本成本与资本结构

第七章 公司融资决策 …………………………………………………………… 185
第一节 公司融资决策理论 ………………………………………………………… 185
第二节 股权融资 …………………………………………………………………… 189
第三节 债权融资 …………………………………………………………………… 193
本章案例 …………………………………………………………………………… 201
本章思考题 ………………………………………………………………………… 202

第八章 资本成本 ………………………………………………………………… 203
第一节 资本成本概述 ……………………………………………………………… 203
第二节 个别资本成本 ……………………………………………………………… 205

第三节　加权资本成本 ………………………………………………………… 211
　　本章案例 ……………………………………………………………………… 216
　　本章思考题 …………………………………………………………………… 219

第九章　资本结构 …………………………………………………………… 220
　　第一节　资本结构概述 ………………………………………………………… 220
　　第二节　现代资本结构理论 …………………………………………………… 223
　　第三节　最优资本结构 ………………………………………………………… 236
　　本章案例 ……………………………………………………………………… 243
　　本章思考题 …………………………………………………………………… 245

第十章　杠杆 ………………………………………………………………… 246
　　第一节　经营杠杆 ……………………………………………………………… 246
　　第二节　财务杠杆 ……………………………………………………………… 252
　　第三节　总杠杆 ………………………………………………………………… 259
　　本章案例 ……………………………………………………………………… 261
　　本章思考题 …………………………………………………………………… 264

第四篇　衍生品与公司金融

第十一章　期权 ……………………………………………………………… 267
　　第一节　期权概述 ……………………………………………………………… 267
　　第二节　期权价格 ……………………………………………………………… 275
　　第三节　认股权证与可转换债券 ……………………………………………… 280
　　第四节　期权与公司投融资 …………………………………………………… 290
　　本章案例 ……………………………………………………………………… 294
　　本章思考题 …………………………………………………………………… 295

第十二章　期货 ……………………………………………………………… 296
　　第一节　期货概述 ……………………………………………………………… 296
　　第二节　期货价格 ……………………………………………………………… 305
　　第三节　期货的运用 …………………………………………………………… 309
　　本章案例 ……………………………………………………………………… 320
　　本章思考题 …………………………………………………………………… 321

第十三章　互换 ……………………………………………………………… 322
　　第一节　互换市场概述 ………………………………………………………… 322
　　第二节　互换的种类 …………………………………………………………… 326

第三节 互换的应用	330
本章案例	339
本章思考题	340

第五篇 盈余管理与公司战略

第十四章 盈余管理 343
- 第一节 盈余管理概述 343
- 第二节 盈余管理的动因 345
- 第三节 盈余管理的类型、手段与衡量 347
- 第四节 盈余管理的披露与识别 351
- 本章案例 355
- 本章思考题 358

第十五章 股利政策 359
- 第一节 股利概述 359
- 第二节 股利理论与政策 365
- 第三节 影响股利政策的因素 371
- 本章案例 374
- 本章思考题 376

第十六章 并购战略 377
- 第一节 兼并收购概述 377
- 第二节 并购的程序与风险 383
- 第三节 几种特殊的并购方式 387
- 第四节 企业并购价值评估 396
- 本章案例 403
- 本章思考题 405

第十七章 公司治理 406
- 第一节 公司治理概述 406
- 第二节 公司内部治理 409
- 第三节 公司外部治理 414
- 第四节 公司治理模式 418
- 第五节 公司治理模式的趋同化 421
- 第六节 中国公司治理问题研究 425
- 本章案例 428
- 本章思考题 431

参考文献 432

第一篇

公司金融基础

从不同的角度理解,公司金融的目标各有侧重,对公司金融目标内涵的科学认识有利于公司投融资、股利政策等决策;公司金融与金融市场发展密不可分,掌握公司金融的基础之一则是对公司财务报表的分析。

第一章

公司金融导论

公司金融的研究对象是公司的融资行为,公司金融具有价值核心、价值守恒、期望跑步机和最佳所有者四大基石,以此来引导公司创造持久的价值。公司金融目标的建立有助于其理论的发展,目标明确了决策者要努力完成什么以及提供了如何在备选方案中作出选择的衡量方法。

第一节 公司、金融与公司金融

一、公司

公司,是指由众多的人经营某项共同的事业所组成的一个集合体。现实经济生活中,公司形式多种多样,每一种公司形式的产生和发展均与一定时期的生产力发展水平相适应。

在公司制度的发展过程中,先后出现了无限公司(即由两个以上少数股东组成的、对公司债务负无限连带清偿责任的公司)、两合公司(即由少数负无限责任的股东和少数负有限责任的股东共同组成的公司)、股份有限公司、有限责任公司等形式。不过,伴随着科技进步和市场经济的发展,无限公司和两合公司在世界各国已经逐步减少,而适应现代经济发展需要的有限责任公司和股份有限公司在不断壮大。

有限责任公司是由两个以上、一定数额以下的股东共同出资,每个股东以其出资额为限对公司承担责任、公司以其全部资产对其债务承担责任的公司法人。股东按其出资份额享有权利、承担义务。股份有限公司是指全部注册资本划分为等额股份,股东以其所持股份为限对公司承担责任,公司以其全部资产对公司债务承担责任的公司法人。有限责任公司和股份有限公司都称为股份制公司,但股份有限公司是唯一可以公开发行股票的公司,是股份制公司的典型形式。

(1)股份制公司的核心是法人特征。股份制公司必须依法成立,并以其全部财产对公司债务负责,各股东以其出资额形成对公司的股权;作为法人,是具有民事权利能力和行为能力的法律关系主体,有自己的名称、机构,可以进行诉讼和应诉等;作为法人,也可以像自然人一样投资成为其他公司的股东,但因为公司法人的独特性,各国公司法对于本国公司向其他公司的投资一般有多种限制;尽管是独立法人,但公司却是无意志的,其行为是由其机构和负责人来实现的。

(2) 股份制公司的基础是有限责任。股东承担有限责任的规定使得公司的进入更为自由和容易，发展规模得以迅速扩大。同时，股东对公司承担有限责任的规定也使得公司的所有权和经营权分离的可行性加大。所有权和经营权的分离是使有管理才能的专家得到公司控制权的保证。有限责任是指：第一，公司以其全部法人财产对其债务承担有限责任。第二，公司破产时，股东仅以其出资额为限，对公司承担有限责任。这一方面可以鼓励投资，因为股东能预先确定其投资风险，即投资者的最大风险仅仅是其出资的损失；另一方面促进了资本流动，股东们可以通过买入或卖出公司股票来表示自己对资本效率的关切和对资源配置的看法。另外，有限责任使得股份的购买者不需要详细地审查公司的责任和其他股东的资产，从而减少了交易费用。当然，股份制形式的公司，也可能带来管理者忽视股东利益、忽略对债权人保护、为董事滥用公司的法律人格提供机会、对侵权责任的规避等问题。以股东利益为例，股东可以采取以下措施将管理者与股东利益联系在一起：股东通过投票决定董事会成员；制定与管理者签订的合同和收入报酬计划，如"股票期权计划"，激励管理者追求股东的目标等。

(3) 股份制公司的关键是公司治理结构。公司治理结构，是指由所有者、董事会和高级经理人员三者组成的一种组织结构。在这种结构中，所有者、董事和经理人员三者之间形成一定的制衡关系。股东虽然不直接参与公司的经营管理，但对公司的经营管理有表达其意见的权力。股东一般通过股东大会来进行意见表达，股东大会是公司的最高权力机构。公司治理结构的完善，其实就是要规范和协调所有者（股东）、受托者（董事会）、控制者（经理）和使用者（职工）相互权利和利益关系的制度安排。其中，最为主要的是通过严格界定和规范出资者与经营者的权利和责任，设计出一套有效的监督和激励机制，既要赋予经理人员更多的经营权利，使之为投资者的利益努力工作，又要约束经理的行为，克服"道德风险"，以降低代理成本和提高代理效率。

(4) 现代公司制度中的产权制度。如果按照排他性程度的差异，产权可以分为以下四种：一是私有产权，即具有完全的排他性，私有产权主体拥有对某种经济物品的多种用途进行排他性选择的权力；二是社团产权，即部分人共同拥有的财产所有权，在社团内部无排他性，但社团成员取得社团产权是有条件的，同时社团产权是一个不可分割的整体；三是国有产权，即其产权主体是政府，中央政府是国有产权真正的主体；四是公共产权，即为全社会范围内的成员所享有，其显著特征是非排他性，任何社会成员都无权排斥他人享有公共产品或服务。公司产权是介于私有产权与社团产权之间的一种产权形式，又称为法人产权。在公司制度的演进过程中，资本的两权分离（所有权与控制权）经历了两个重要阶段：第一阶段是资本所有权与法人产权（经营权）的分离。在公司制度的初期，股份公司大都是家族控股式的公司，大股东直接选择或亲自出任董事长和财务主管，股东会的权力很大；经理人员则持股很少，是职业的管理人员，完全受董事会的控制。第二阶段是公司法人产权同经理控制权的分离。这时，董事会的权力被弱化，而经理人员的控制权在不断加强，并随着经理阶层地位的提高而出现所谓的"经理革命"。导致这种现象出现的主要原因,是股权的多元化和分散化,以及公司规模的扩大和生产经营活动的复杂化。公司的法人产权同控制权不同,公司法人产权控制在董事会手中,是相对于资本所有权而言的;而公司的控制权掌握在经理人员手中,是建立在公司法人产权基础上的。

(5) 现代公司制度中的出资者所有权。在现代公司制度中,全体股东是公司的共同所有者。但由于股权的分散化,公司必然实行出资者所有权与法人财产权相分离的原则,股东只享有重大事项决策权和收益权,公司的日常经营管理活动则完全由董事会和经理负责。这就使得出资者对公司的所有权出现分离,即公司专用资源的控制权与这些资源的市场价值实现结果的自愿分离。

公司产权或公司财产所有权是公司享有的一种权利,公司财产所有权的主体是公司法人而不是股东。投资者的出资一旦投入公司,即失去了对其出资的完整所有权,而转换为依其出资份额所形成的以及在此基础上增值所形成的公司全部财产的所有权即公司产权。当然,公司财产所有权与股权并不是对立的,而是既相联系又有区别的,公司权利结构是股东权利与公司法人产权相结合的双重结构。

在现代公司制度中,对公司资产无直接控制权的股东,可能宁愿公司冒高风险以便取得高报酬的机会,因之有其他资产能够"承受"风险。与这些股东相比,公司经理对资产拥有直接控制权,但受公司风险的影响不同。如果公司破产,经理会失业。所以经理可能限制公司风险,甚至放弃有较大潜在报酬的投资机会。不过,各国公司法普遍规定,经理由董事会聘任和解聘。经理被聘任后,其经营管理才能和水平要接受实践的检验,公司可以通过经理的述职、汇报、经营业绩和其他形式,定期和随时评估、监督经理的工作,并根据经理的表现,可留聘或解聘经理,决定经理的报酬事项。在经理的聘任上,市场经济发达国家已经形成了比较健全的公司评估和经理市场机制。当一个经理因自身经营管理不善而对公司造成损害并被公司解聘后,他在其职业经历上就留下一笔失败的记录,会导致其以后很难重新谋取经理的职位。

二、金融

金融最直接的定义是资金融通,其核心是货币资金。对于一个公司或组织来说,不论其追求的目的是利润最大化、股东权益最大化还是公司价值最大化,都必须对货币资金的运动进行管理。资金运动在不同公司和组织的经营管理过程中变换形态,不仅在一个公司和组织内部运动,而且在不同的市场主体之间运动。

西方学术界对"金融"的解释一直存在争议,简要概括可以分为以下三种:一是认为金融是支付,是一切货币收支关系的总称;二是认为金融是"研究人们在不确定的环境中如何进行资源的跨时期配置的学科"[①],金融决策区别于其他资源配置决策的

---

① 〔美〕兹维·博迪等:《金融学》,曹辉等译,中国人民大学出版社2010年版。这里的资源主要指家庭、公司等主体拥有的财产或财富;而跨时期的分配则是指在不同的时间对财产或财富在其成本与收益方面的权衡。

特征包括金融决策的成本与收益是跨期分摊的,无论是决策者还是其他人,通常都无法预先确知金融决策的成本与收益;三是认为金融是资本市场的运行、资本资产的供给与定价等。

如果从资金融通角度看,关系型融资(relationship finance)是近年来西方金融中介理论研究的热点问题。关系型融资是金融中介提供的金融服务,其目的是获取特定客户的专有信息,并通过长期客户关系或范围经济获取收益。尽管至今没有对关系型融资的一个统一的定义,但一般认为关系型融资应该具备三个条件,即收集可利用的公开信息以外的信息;在与借款人的多重交互中,信息收集是一个长期过程;信息保持保密状态等。关系型融资是一种广泛存在的融资活动,其优势体现在:一是促进信息交流,提高融资效率。关系型融资活动在长期内重复多次进行,银行每次给公司提供融资后,都可以获得一些其他金融机构不了解的专有信息,这些信息有利于其向公司提供再融资。二是增加中小公司和高科技公司等信息敏感型公司的贷款可获得性。中小公司、处于初创期的高科技公司自身信息透明度不高,缺乏贷款所需的抵押担保品,很难获得外源融资支持,只能依赖于关系型融资。三是有利于实现贷款条件的跨期优化。公司在初创期还贷能力一般不强,若贷款人能够在初创期提供优惠贷款,就能促进公司成长,而贷款人也可以获得公司成熟后的高额回报,补偿前期贷款的优惠,实现跨期优化,不过这只有在贷款人能确保公司能够成熟并在成熟后按照约定归还贷款时才能成立。

三、公司金融

现代公司金融的一个前提是,公司内部人的行为未必符合出资人的最大利益,这是因为道德风险会以不同方式存在。如何减轻公司内部人的道德风险?一般地,可以采取两种方式:一是激励制度,通过采用对管理层绩效的激励制度,能够在一定程度上把内部人的激励与投资者的利益相挂钩;二是股东或债务人可以对内部人实行监督。

公司金融的主体是各类公司,公司金融是公司对外经济活动的重要组成部分,是公司为了实现其价值最大化而在金融市场上所开展的投融资等活动。公司金融是宏观金融的基础,是银行等金融机构工作的对象。因此,公司金融研究的重点在于公司或公司在金融市场上的各种活动,主要包括公司融资、公司投资、公司保险、公司并购重组、公司资信评估与公司信用担保等。具体说:第一,公司融资是指公司以所有权和剩余索取权交换其他经济主体资金使用的活动。例如,在股票融资中,公司是通过稀释其所有权而获取他人的资金;在债务融资中,公司则是通过放弃一部分剩余索取权而换取他人资金的使用权。公司融资是公司生存与发展的基础和条件,但也可能给公司带来灾难。例如,公司股份过于分散可能使公司股价极易发生大的波动和公司控制权频繁变化,公司大量负债可能造成公司未来的财务困难或破产清算。第二,公司投资是指公司为了获得一定的利益而将所拥有的资金投向其他经济主体的行为,如购买其他经济主体发行的债券、股票和票据,与其他经济主体合资合作、新设一家公司等。广义的公司投资还包括固定资产投资、科研开发投资和人力资本投资等。公司投资与公司融资的联系非常密切，他们是资金融通活动的两个端点，融资是投资的前提条件，投资是融资的目的。第三，公司保险是指公司为了降低生产经营以及投资、融资的风险而购买各类财产保险和人身保险的活动。公司保险的意义在于转移公司在生产经营以及投融资活动中的风险、降低风险损失、提高资信等级、降低生产经营和投融资成本。公司保险也是公司的一种投资活动，投资者（即投保人）的动机不是为了获取直接收益，而是为了获得一种安全感。公司保险在我国还没有得到公司的重视，这种局面一定会很快改变。第四，公司并购重组是公司之间存量资产的调节与重新组合，它既是公司实行生产经营规模扩张所采用的措施，也是公司实施生产经营规模紧缩、规避恶意收购的手段。

公司金融学是从英文corporate finance翻译过来的，finance在英文中可以翻译成金融或财务。其实，它的含义同时包含中文里的金融和财务两个概念。因此，有人将corporate finance译成公司财务。但在传统的中文里，人们对金融学的理解更偏向于宏观的货币银行学，同时很多人又常常将财务和会计等同起来，所以很多人对公司金融或公司财务这个概念比较陌生。实际上，corporate finance主要关注的是公司的融资、投资和兼并等决策及其对公司市场价值的影响。目前，国际上传统的公司金融学研究中最关注的一些研究议题有：公司的资本结构（capital structure），研究和分析公司最优的融资方法和融资结构；公司的股利策略（dividend policy），研究公司用什么方法将所赚的钱返还给股东以及返还多少；兼并与收购（mergers and acquisitions），探讨并购的原因和并购的方法；公司治理（corporate governance），研究公司的所有权和控制权结构以及怎样对投资者进行保护；投资银行业务的过程（investment banking process），研究证券上市和发行的过程和方法；金融中介（financial intermediation），研究和分析商业银行等金融中介机构的功能及效率等。

公司金融的研究对象是公司的融资行为，不过这种融资行为应该是公司在整个金融体系中进行的融资行为，而不仅仅是公司在金融市场上的融资行为。公司的融资活动要求能够以尽可能低的成本持续地获得内部或外部资金来源。当公司发现投资机会时，就要通过一定的渠道筹集相应数额的资金。不同来源、不同方式的融资渠道，其财务风险特征和融资成本各不相同，公司融资的结果导致不同的资本结构。合理地确定公司资金来源，优化公司资本结构，对降低公司的资本成本、控制公司筹资风险，具有重要意义。同时，伴随着资本市场的日益发达，金融工具不断推陈出新，这些金融工具各具特色，公司一定要依据自身实际情况和融资环境的许可，选择最适合自己的融资工具。公司的投资活动是要将所取得的资金投向能够创造尽可能多价值的方向和领域，一般包括以下内容：做什么，即投资的方向选择；做多少，即投资额的确定；何时做，即投资时机的抉择；怎样做，即以什么样的生产方式和资产形式完成所选定的生产经营活动。投资决策，特别是长期投资决策是公司最重要的决策，决定了公司资金的运用方向及未来的收益状况，从而决定了公司的价值。但投资是当前的支出，回报是未来的收益，但未来一定是不确定的。所以，投资决策必须研究两个方面的回报，即当前的支出与未来的收益需要考虑时间价值的回报，未来不确定的收益需要取得相应的风险报酬。

第二节　公司金融基石

在市场经济中，价值是一个重要的度量工具。当人们进行投资时，均希望投资价值的增长能够弥补投资带来的风险以及资金的时间价值。公司金融具有价值核心、价值守恒、期望跑步机和最佳所有者四大基石，以此来引导公司创造持久的价值。[①]

一、价值核心

任何一个公司初始进行投资，都希望未来产生更多的现金，以便为股东创造价值。一项投资的价值创造量是初始投资额与未来现金流入现值之间的差额。按照蒂姆·科勒等的推导，[②] 投入资本回报率（即税后营业利润除以营运资金加固定资产）和收入增长是推动价值创造的根本因素，见图1-1。因此他们认为，对于任何水平的增长，价值总是随着投入资本回报率的改善而增长，即在其他条件都相同时，投入资本回报率总是越高越好；但增长并不如此：当投入资本回报率较高时，高增长推动价值增加，但当投入资本回报率较低时，高增长却会导致价值下降。投入资本回报率与资本成本相等是区分增长是推动还是削弱价值的分界线。当投入资本回报率高于资本成本时，高增长促进价值创造；在分界线即投入资本回报率与资本成本一致时，不管增长多高，都不会创造或削减价值。

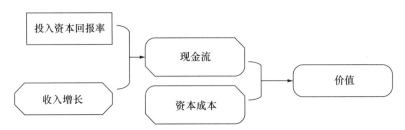

图 1-1　收入增长和投入资本回报率推动价值

价值创造的核心是理解投入资本回报率的持续性。公司能获得高投入资本回报率的持续时间越长，其创造的价值越大。在一个完全竞争的市场环境中，投入资本回报率最终将与资本成本趋同。但是在现实市场环境中，在相当长的时间内，公司和行业的投入资本回报率一般变化比较大。

增长是创造价值的一个关键驱动力，但不同类型的增长具有不同的投入资本回报率，从而创造不同的价值。收益增长的类型包括市场份额增长、价格增长、潜在市场

[①] 参见〔美〕蒂姆·科勒、理查德·多步斯、比尔·休耶特：《价值》，金永红、倪晶晶、单丽翡译，电子工业出版社2012年版。

[②] 同上。

增长以及兼并收购四类。每一种类型也可以进一步细分为子类型,如通过降低价格或强化销售来提高市场份额。另外,竞争结构和行业行为也可能影响每种增长类型所创造的价值。所以,增长类型的变化及其对价值的影响是比较大的。当然,在所有类型的增长中,潜在产品市场中的高增长往往会创造最大的价值,因为它是以牺牲在其他行业的公司为代价的,可能那些公司甚至都不知道它们的份额流失到哪里去了。

价值核心的一个假设是大部分资产的价值是能进行合理评估的,而且相同的基本原理能够适合不同类型资产的评估。本书后面的章节也是遵循这个原则,但实践中,价值评估存在许多误区。按照阿斯沃思·达蒙德理的研究,[①] 对价值评估一般存在以下误解:一是价值评估模型是一种定量分析模型,因此价值评估是客观的。实际上,价值评估模型是一种定量分析,但运用的各种数据无法完全客观,由此导致在计算中可能产生主观偏见,依据模型计算出的价值估计也会失真。二是调查充分、计算正确的价值评估是没有时间界限的。现实中,金融市场中信息瞬息万变,以原有信息进行的价值评估必然赶不上市场的变化,因此资产的价值评估一定会很快过期,需要随时进行调整。三是一个好的价值评估会提供精确的价值估计。以证券市场的分析师为例,分析师对上市公司未来的财务状况进行预测,提供投资评级,目的在于帮助市场中的投资者进行投资决策。理论上看,分析师具备专业的分析能力和信息渠道优势,作出的预测应该是无偏的,但实践中分析师的预测存在偏差,且预测偏差持续存在。四是模型越定量化,价值评估结果就越好。应该说,模型的好坏是受评估师在使用这些模型时所花费的时间与精力限制的。假定评估师不太尽职,运用错误的数据,即使模型很好,由此计算的结果也是毫无意义的。五是市场评价一般是错误的。价值评估中,大部分比较基准是市场价格,按照"市场是正确的"假设前提,当价值评估的结论不同于市场价格时,一般认为价值评估是不正确的,其实市场也可能存在错误。六是价值评估的过程是不重要的,价值评估的结果,即价值估计才是最重要的。价值评估的过程揭示了大量的价值决定因素,可以帮助投资者进行投资决策。

二、价值守恒

只有当公司产生了更高的现金流而不是仅仅对原来投资者的资产进行重新配置时,才能为股东创造价值。也就是说,没有增加现金流(通过增加收入或提高资本回报率)的投资也就没有创造价值(假定该公司的风险状况没有改变)。

价值守恒基石是基于诺贝尔经济学奖得主佛朗哥·莫迪利亚尼和默顿·米勒的开创性成果,这两位财务学家在20世纪50年代末与60年代初对为什么管理者可以通过改变资本结构来增加股票价格提出质疑。他们在1958年发表的学术论文《资本成本、公司理财和投资理论》中指出,除非公司所产生的整体现金流随之变化,否则公司的价值不会受到债务结构和股权结构变更的影响。即他们认为,在没有公司和个人

---

① 参见〔美〕阿斯沃思·达蒙德理:《价值评估》,张志强、王春香等译,中国劳动社会保障出版社2004年版。

所得税的情况下，公司的价值不受有无负债及负债程度的影响。但因为存在所得税以及税额庇护利益，利息支出可以享受税收抵扣，从而降低公司的加权平均成本，公司价值会随负债程度的提高而增加，股东也可以获得更多的好处。于是，负债越多，公司价值也会越大。

价值守恒基石指出了在研究公司创造价值时，应该注重其对现金流的影响。以公司的股票回购为例，股票回购是公司将现金返还投资者的一种比较普遍的方式，但股票回购是否能够创造价值，要考虑用于回购股票的现金来源。即如果公司是通过举债来回购股票，总现金流没有增加，与价值守恒基石不一致，但由此导致杠杆率增加，公司的股票现金流波动将更为剧烈，投资者会要求一个更高的回报，市盈率就会被拉低，从而抵消了每股收益的增加。再以公司并购为例，只有当新的合并公司通过加快收入增长、降低成本或更好地利用固定和营运资金来增加现金流时，收购才会创造价值。价值创造给予收购者股东的钱等于收购所获得的价值和为收购支付的价格的差额。收购所获得的价值等于由它的前管理团队独立运行的目标公司的内在价值，再加上收购后性能提高的现值，这将显示出目标业务或收购业务的现金流的提高。所需要支付的价格就是目标公司的市值加上说服目标公司股东卖掉股票所愿意支付的保险金。不过，要衡量收购是否创造价值，至少应该看一项收购是否提高目标公司的绩效，是否合并移除行业的产能过剩，是否加快目标公司的市场准入，是否以更低的成本更快地获得技术与技能，是否能尽早挑选成功者并帮助他们发展业务等。

三、期望跑步机

期望跑步机，是解释价值如何反映到股票投资者获得的回报中的。将期望植入公司的股票价格中，以此来描述跑步机的速度。假如公司业绩达到了期望值，并且市场相信这种改进是可持续的，公司的股票价格将会上升，从而在本质上把握这种增量改进的未来价值。但是，这样会加快跑步机的速度，随着公司业绩改善、跑步机加快，为了保持和支撑新的股票价格，公司不得不更快地改进业绩。反之，在开始阶段具有低期望的公司可能更容易跑赢股票市场，因为要击败开始时的期望一定是比较容易的。

期望跑步机基石说明了持续跑赢股票市场的困难性。在某些时候，管理者不可能总是满足不断加快的期望而不失败，就好像任何人都可能会栽倒在越来越快的跑步机上一样。即使是卓越的管理者，也很难持续超过市场对股票价格越来越高的预期。而那些高期望公司所面临的危机则是：为了实现高于同业的股东整体回报率，他们可能会采取一些误导性的行为，如推动不切实际的盈利增长或追求最高风险的重大收购等。

期望跑步机基石说明仅仅采用股东整体回报率作为衡量业绩的工具是不明智的。这一基石意味着许多以股东整体回报率为基础的高层管理者薪酬体系无法反映出管理者的表现，这是因为大多数公司的短期股东整体回报率是由行业以及大盘走势所带动的。2015年上半年，我国许多上市公司高层管理者财富效应明显，是由股票价格普遍上升所致,并不都是管理者优秀业绩带来的。所以对于一个上市公司来说,期望跑步机基石几乎是不可避免的,由此公司管理层必须理解:股票价格上涨对公司来说是好事,但一旦股票价格上涨,就很难维持快于市场期望的上升。

四、最佳所有者

这里的所有者,是指公司的管理者和运营者,而不是股东本身。最佳所有者基石是指:一项业务的价值取决于谁拥有它,谁在管理它,因为不同的所有者基于其独特的价值创造能力,会产生不同的现金流。以此可以推论:任何一项业务本身都没有一种固定的价值,价值取决于谁在运作它。实践中,一些所有者通过与资产组合中其他业务的联系来增加价值,如使用现有销售渠道来获得新的客户,或共享现存的生产设备;一些所有者通过复制独特的技能,如运营或营销经验来增加价值;一些所有者通过提供更出色的治理和对管理团队的激励来增加价值,即公司的所有者与管理团队之间的互动以推动长期价值创造最大化,如最出色的私募股权公司不是仅仅进行债务重组,还通过改善治理来增加公司业绩等。

所有者增加某项业务的价值的最直接方法是利用与资产组合中其他业务的联系,特别是如果这种联系是独一无二的时候,其增值效果更明显。例如,一家铁矿公司拥有一个铁矿的开采权,这个铁矿远离任何铁路或其他基础设施,而且地处偏远地区;另外一家铁矿公司已经在距该铁矿仅5公里远的另一个铁矿开始开采,并已经建好必要的铁路和其他基础设施。由此,第二家铁矿公司很可能是这个新铁矿更好的所有者,因为其新增成本将比任何公司都要低。它可以负担比任何公司都要高的价格来购买这家新铁矿,且资本回报率仍然具有吸引力。总之,假如董事会和管理层的目标是使资产组合中的公司价值最大化,他们必须清楚地了解价值是如何增加到每家公司的。当公司重新审视自己的资产组合时,他们必须或者至少要了解最佳所有者的来源,也必须思考其他公司是否可能是更好的所有者。由于最佳所有者的来源是不确定的,因此他们必须仔细考虑他们在连续基础上应该作出什么样的理性决策,来扩展他们自己的最佳所有者的来源。

最佳所有者不是静态的,而是随着时间的变化而发生变化。最佳所有者可以是一家大公司、一家私募股权公司、一家主权财富公司、一个家庭或公司的客户或成员,也可能是一家独立的上市公司。最佳所有者生命周期意味着高层管理者需要不断寻找可以成为最佳所有者的收购机会;当不再是最佳所有者时,他们也需要不断研究剥离公司的机会。以收购为例,传统方法一般是注重寻找财政状况好且与收购者的业务相关的潜在公司,而按照最佳所有者原则,这些不一定是重要的,而物色一个财务状况不好但潜力大的公司可能是比较好的选择。

第三节 公司金融目标

公司金融目标的建立有助于其理论的发展,目标明确了决策者要努力完成什么以及提供了如何在备选方案中作出选择的衡量方法。如果没有选择好目标，就没有系统性的方法来使公司及时作出决策；如果选择多重目标，则使决策者在作出决策时可能不知所措。如假设一个公司将目标定为市场份额最大化和当前盈利最大化，则当某一个项目同时会增大市场份额和当前盈利时就没有问题，但如果经过分析发现这个项目会增加市场份额却减少当前盈利，决策者就会茫然。由此，采取多重目标不仅不能给公司带来好处，反而可能使公司金融理论的发展变得困难。一般来说，一个好的目标，应该具备以下特征：目标清晰明了、目标为评估决策的成功与失败提供及时的措施、目标不会给其他公司或群体带来成本等。

"经济人"假设理论说明，公司作为独立的经济实体，必须追求自身利益最大化，其行为具有利己性。按照这一假设，传统理论认为，公司金融以利润最大化作为目标；随着20世纪50年代西方公司金融理论的发展，公司治理结构的不断发展，提出了公司应该是追求股东财富最大化的经济实体，以改进和克服单纯以利润最大化为公司金融目标的缺陷。此外，理论界还提出了每股盈余最大化、利益相关者利益最大化等目标。研究公司金融目标，既要符合公司金融活动的客观规律，体现宏观经济体制和公司经营方式的要求，又要充分考虑公司金融的实际情况，使之具有实用性和可操作性。

一、利润最大化

利润额是公司在一定期间经营收入和经营费用的差额，而且是按照收入费用配比原则加以计算的，它反映了当期经营活动中投入（所费）与产出（所得）对比的结果，在一定程度上体现了公司经济效益的高低。公司追求利润增长，就必须加强管理，改进技术，提高劳动生产率，降低产品成本，这都有利于资源的合理配置，有利于经济效益的提高。利润是增加业主投资收益、提高员工劳动报酬的来源，也是公司补充资本积累、扩大经营规模的源泉。在市场经济以及公司自主经营的条件下，利润的多少不仅体现了公司对国家的贡献，而且与公司和员工的利益息息相关。因此，利润最大化对于国家、公司和员工都是非常重要的。

利润最大化是指公司的利润额在尽可能短的时间内达到最大，因为公司只有在盈利的基础上才能生存。该观点认为，利润是衡量公司经营与管理水平的标志，能够说明公司整体经营管理水平的高低，利润越大越能满足投资者对投资回报的要求；利润是公司新创造的价值，是公司已经实现销售并被社会承认的价值，是公司生存和发展的必要条件；真实的利润代表着社会财富的积累，是评价公司绩效的重要指标，是社会优胜劣汰的自然法则的基本尺度；最大化利润是社会资源合理配置的要求，因为在自由竞争的金融市场，资金的使用权最终属于获利能力最大的公司，由此利润最大化是公司获得资金最有利的条件等。

在公司发展早期，其结构特征是自筹资金、私人财产和单个业主，业主利益能够通过利润最大化目标来实现，但现代公司是以有限责任和两权分离为特征的，还包括员工、消费者、政府以及社会公众等，由此以利润最大化为目标就存在以下问题：一是概念模糊。对公司来说，既有会计利润又有经济利润（基于市场价值并偏离公平报酬）；既有短期利润又有长期利润（追求利润最大化可能会导致公司经营者的短期行为，只顾实现当前的或局部的利润最大化，不顾长远与全局的发展）；利润是一个绝对数指标，不能反映公司一定时期的投资收益率水平；利润并不代表公司可以支配和使用的现金等。二是没有考虑所获货币的时间差异，而忽视货币时间价值则可能导致错误决策。投资项目效益现值的大小，既取决于其效益未来值总额的大小，又要受取得效益时间的制约，因为早取得收益，就能早进行投资，进而早获得新的效益。三是没有考虑不同投资方案之间的风险差异。如果在两个报酬相同而风险不同的方案之间进行选择，一般的投资者会倾向于风险较低的方案。四是利润最大化可能是公司资本所有者的目标，但不一定是公司债权人的目标，因为增加利润可能会增大公司的经营风险，这可能会对债权人投入资金的安全产生不良影响。

二、每股盈余最大化或权益资本净利率最大化

每股盈余最大化是指公司的净利润额与普通股股数的比值达到最大。作为公司的投资者，其投资目标是取得资本收益，具体表现是税后净利润与出资额或股份数（普通股）的对比关系，说明了投资者每股股本的盈利能力，主要用于上市公司。如果是非上市公司，则主要运用权益资本净利率，即公司一定时期的净利润额与其权益资本总额的比值，说明了权益资本的盈利能力。上述两个指标其实是相同的，将公司的普通股股数乘以每股净资产，就能得到权益资本总额。同时，由于这两个指标均以净利润为基础，其优点与利润最大化目标基本相同，但因为采用了相对数来评价公司的盈利能力，从而更直观地揭示了投资与收益的报酬率水平，便于进行财务分析、预测和不同规模资本的公司或公司不同时期之间的比较。

以利润为计算基础的每股盈余最大化或权益资本净利率最大化，同样存在一些问题：一是没有考虑资金的时间价值，即没有考虑股本或公司权益资本获取利润的时间性差异；二是没有考虑风险因素。一般地，要提高每股盈余或权益资本净利率，直观的办法是提高负债比例，减少权益资本，但必然导致公司的财务风险上升，偿债能力下降。如果公司一味冒险去追求每股盈余最大化或权益资本净利率最大化，一定会对其长远发展能力产生不利影响。

三、股东财富最大化

股东财富最大化是要求以未来一定时期归属于股东权益的现金流量，按照考虑风险报酬率的资本成本折算为现值，由此得到的股东投资报酬现值是股东财富的具体体现。其基本内涵是：公司接受的所有投资项目的收益率应当大于资本成本，由此可以应对多变的风险投资项目；股东很少将保留利润当作股本来计算资本成本，从而引起股东财富最大化目标模式下，经理更愿意通过保留利润来融资而不是发行新股票；在考虑股东财富增长率时，经理也是多利用财务杠杆以增加股东的收益，如果用更多的净利润发放股利，公司的财富增长就可能受到限制。如果单纯要求股利最大化，则会

引起过度的利润分配，可能引起追求短期利益和过度利用财务杠杆。可见，如果目标是股东财富最大化，就不得不协调股东与债权人的利益冲突，因为股东是决策制定者，债权人通常不能被完全保护以使自己不受股东决策的影响。如一种可能最大化股东财富的方法就是侵占债权人的财富，即使该行为最终会减少公司的整体价值。

以股东财富最大化作为公司金融目标的优点：一是考虑了货币时间价值和投资的风险价值，有利于统筹安排长短期规划，合理选择投资方案，有效筹措资金，合理制定股利政策等；二是反映了对公司资产保值增值的要求，某种意义上说，股东的财富越多，公司的市场价值就越大，追求股东财富最大化的结果可促使公司资产保值或增值；三是有利于克服管理上的片面性和短期行为；四是有利于社会资源的合理配置，因为社会资金通常流向股东财富最大化的公司或行业，有利于实现社会效益最大化。

传统的股东财富最大化理论是隐含着一些假设条件的，如假定公司决策者的金融行为是完全理性的，信息是完全的，公司只需要为任何投资项目获得足够的资金等。但现实中并不可能完全如此，股东财富最大化会受到资本和有限理性等约束条件的限制。从资本约束看，要获得持续的股东财富最大化就意味着经济资源使用的有效性，即从长期看，最优方案所耗用的单位经济资源所取得的价值是最大的。否则，股东财富最大化很可能是短期意义上的，因为当公司的融资能力已经耗尽在前期低效率的金融行为上时，公司将没有更多的资源来满足后期的投资需求。所以为保证公司股东财富最大化，公司必须权衡使用融资能力，从长期的角度来评价投资的效率。从有限理性的理论上看，一是信息是具有复杂性的，公司的决策会受到收集和处理信息的能力限制；二是信息具有不确定性，导致资产的收益和风险并不一定与决策时所预期的一样。由此，公司为获取长期的股东财富最大化，必须以金融市场和金融中介为平台，从动态、开放的视角重新审视股东财富最大化的目标。

一些学者提出了经理利益最大化目标，即主要考虑对管理目标有贡献的经理人员，对股东的利益考虑较少。其实，如果公司主人就是经理，或者公司经理对业主的目标追求比业主自己更为强烈，则经理利益最大化和股东财富最大化会产生相同的效果。在市场经济环境中，如果市场功能是完善的、投资者有相同的预期、投资是自由选择的以及代理人受市场的影响，两种目标的经理将产生同样的行为。公司管理部门受市场约束就没有机会侵蚀业务的利益，但这种情况在现实中一般是无法找到的。因为现代公司经营权和所有权的分离，经理人往往掌握着公司组织相当大的决策权，导致委托人（投资者）与代理人（经理人）会产生潜在冲突，如经理可能将公司的资源浪费在不应该花的地方（比如购买董事或经理的专用飞机等），或从事股东不愿意承担的事；经理比股东更可能追求较短期目标，即经理人关心的往往是任期内的绩效，其决策不可避免地有短期行为等。由此，公司经理利益最大化与股东财富最大化是不一致的，要协调好这样的问题，必须加强对代理人的监控，权衡代理人利益的条件下，实现股东财富最大化。

四、利益相关者利益最大化

利益相关者利益最大化是指公司经理人是为了公司的利益相关者的利益最大化服务的,利益相关者包括股东、债权人、公司职工、顾客和供应商以及其他相关的利益者。成功的公司与职工、消费者、供应商以及政府部门、本地居民、本地社区、媒体、环保主义等紧密联系在一起。这些利益相关者与公司的生存和发展密切相关,他们有的分担了公司的经营风险,有的为公司的经营活动付出了代价,有的对公司进行监督和制约,公司的经营决策必须要考虑他们的利益或接受他们的约束。从这个意义讲,公司是一种治理和管理专业化投资的制度安排,公司的生存和发展依赖于公司对各利益相关者利益要求的回应的质量,而不仅仅取决于股东公司在谋求自身的经济效益的过程中,必须尽到自己的社会责任,正确处理提高经济效益和履行社会责任的关系。公司要保证产品质量,搞好售后服务,不能以不正当手段追求公司的利润;要维护社会公共利益,保护生态平衡,合理使用资源,不能以破坏资源、污染环境为代价,谋求公司的效益。此外,公司承担一定的社会义务,出资参与社会公益事业,支持社区的文化教育事业和福利慈善事业,也是应该的。当然,提高公司经济效益和履行社会责任,两者既有统一的一面,又有矛盾的一面。公司管理当局,必须从大局出发,在各种法律、法规的约束下追求自身的经济效益,追求权益资本最大限度地增值。但是从另一方面看,除了法律、法规规定的项目以外,则应依法拒绝,即公司可以而且应当以合法的手段维护自己的经济利益。当然,利益相关者都有不同的目标,他们之间的利益可能存在冲突,如有利于管理者的不一定有利于股东,而有利于股东的不一定有利于债权人,并且有利于公司的也可能给社会带来巨大的成本。从这一方面看,利益相关者利益最大化理论的出现,也可能分散公司的经营目标,除了经济上的目标以外,公司也必须承担社会的、政治上的责任。这很可能会导致公司陷入"公司办社会"的僵局。一旦利益相关者理论被大众所接受,公司的行为势必受到框架限制,公司无形中被套上公益色彩,结果很可能会导致公司经济利润上的损失,更有可能让公司陷入一种顾此失彼的境地。如果公司实现了股东财富最大化,可能照顾不到利益相关者的利益;若过多地考虑利益相关者的利益,又会让对手有可乘之机,丧失了经济上的优势等。

第四节 公司金融理论发展

公司金融理论是研究公司资金流动和运行规律的科学,它发源于西方国家,以发达的资本市场为基础。资本是公司金融理论的基本细胞,公司运用自己的资本进行生产经营或投资于资本市场,以使资本增值,达到公司价值最大化的目标。资本的投入、运动、增值的过程与公司日常的生产、投资、筹资等活动是紧密联系在一起的。资本的投入、产出与增值的过程是不断追求经济效率的过程,是资本运动的运行轨迹,也是资本区别于其他社会资金如财政资金的规律性区别。资本作为公司金融的资金从货币形态经过运用、耗费、收入、分配几个阶段，将公司的生产经营、投资、融资活动紧密联系在一起，最后又回到原来的货币形态。公司金融的活动无不与资本联系在一起。公司金融的基本理论也蕴含着资本这一基本概念，如公司金融的根本目标是要使公司价值最大化，这是由资本运动的本质特点和它的增值性所决定的。

经济学意义上的公司金融理论产生于1958年，两位美国经济学家莫迪利亚尼（Modigliani）和米勒（Miller）得出的一个结论，即公司的价值与融资结构决策无关，这就是著名的MM定理，并因此先后获得诺贝尔经济学奖。然而，该定理的成立依赖于完善的资本市场等假设条件，而现实并非如此。

一、西方经典公司金融理论的发展过程

西方经典公司金融理论是指自MM理论以来围绕公司金融研究的各种理论流派，包括权衡理论、代理理论、信号传递、控制权理论等。它经历了以下几个主要的发展阶段：

（1）研究的起始阶段，主要体现为MM理论。其主要内容是：在完美、有效的市场和完全套利的假设下，公司的融资结构和股利政策不会影响公司的市场价值。它已经成为现代公司金融研究的出发点。半个多世纪以来，大量的理论研究及创新都围绕着放松MM定理的假定进行。金融经济学家以MM定理为基准去考虑现实中那些不完全因素对融资结构的影响。最初的扩展是引入税收，莫迪利亚尼和米勒把公司所得税的影响引入原来的分析之中，认为由于税法对债务利息的优惠，公司会利用债务杠杆来提高公司的市场价值。依此理论，可以得出公司的市场价值随债务的增加而增加，则最优的资本结构应为100%的债务，这显然与事实不符。

（2）研究的第二阶段，集中在放松完美市场的假设上。学者们逐步考虑了税收、破产成本、信息不对称等因素，这期间著名的理论有权衡理论、非对称信息理论等。为了探求是什么因素阻碍了公司追求债务融资的动机，经济学家从破产成本的角度对此进行了分析。1973年，考斯（Kraus）和李真伯格（Litzenberg），1976年，斯科特（Scott）等提出了债务融资不仅带来避税收益，而且还会由于债务增加引起公司破产的风险和成本上升，从而公司的融资决策应该权衡收益和成本。最优资本结构应该处于预期边际税收收益等于预期边际破产成本。但是这一理论存在的问题是破产成本与要平衡的避税收益相比太小了。1977年，瓦纳（Warner）通过实证研究发现，破产成本一般较低，远远小于避税收益。但在此阶段，经营决策的外生性和半强式有效市场的假设仍然存在。

（3）研究的第三阶段，放弃了经营决策外生性的假设。人们开始认识到公司的所有权结构会影响公司的经营管理，研究的视角开始放在公司金融和管理经营的互动上来。这期间产生的理论有：代理理论、公司治理理论、产品市场与资本结构理论等。在这一阶段的文献中，公司的经营决策对公司金融政策的依赖性是非常明显的，但几乎所有的分析仍然是以半强式有效市场为假设。

进入20世纪70年代后期以来，随着信息经济学和公司理论的发展，公司融资理

论集中讨论激励问题，即信息不对称、代理成本对公司融资结构的影响。这一阶段文献的基本思想是由于信息不对称和所有权与控制权相分离，公司的经营决策过程中会出现道德风险和逆向选择，即产生代理成本，使公司的价值降低，这些代理成本可以通过选择适当的融资结构来限制和降低。因此，融资结构决策对公司的代理成本和公司价值都有重要影响，而并非像 MM 定理所说的无关。关于代理成本的最重要文献是詹森（Jensen）和梅克林（Meckling）于 1976 年发表的《企业理论：管理行为、代理成本和所有权结构》一文。在 J-M 模型中，他们提出了公司融资中的两种代理成本。股权融资会引起股东与经理之间的利益冲突。只要经理不拥有公司 100% 的股权，经理就会有道德风险行为，包括偷懒和谋取私利。经理的股权越少，这种行为就越严重，公司的价值就会降低。这种由于经理道德风险带来的公司价值减少部分就是股权的代理成本。为了降低股权代理成本，当然可以采用债务融资。但是，债务融资同样会导致股东的道德风险行为。由于有限责任，股东会从事风险较大的投资项目。然而，由于债权人能理性预期股东的这种资产替代行为，会要求更高的利率，导致融资成本上升，这就是债务融资的代理成本。因此，公司的融资结构就是最小化总代理成本之和。也就是在股权融资的边际代理成本等于债务融资的边际代理成本时，达到最优。他们的模型依据利己的经济代理人的理性行为，他们了解所有其他合同方的激励因素，并采取步骤以保护他们不受这些方面作出的可预期的各种行为损害。这个模型为投资者应该如何分配资本和公司经理人如何决策提供了一个客观、科学的描述。

资本结构的信号模型理论认为，在非对称信息条件下，不同的资本结构会向资本市场传递有关公司真实价值的不同信号。1977 年，罗斯认为，投资者把具有较高债务水平当成一种高质量的讯号，也即公司举债表明管理层预期有更好的业绩。债务水平越高，同时公司内部人持股比例越高，公司的质量也就越高。资本结构的控制权理论认为，资本结构的选择也就是公司控制权在不同证券所有人之间分配的选择。由于未来是不确定的，契约也就不可能完备，剩余控制权的分配由此就变得很重要。当契约不完备时，谁拥有剩余控制权对公司效率有重要影响。1992 年，阿洪（Aghion）和博尔顿（Bolton），以及 1995 年，哈特（Hart）等人注意到，决定证券形式的更重要的因素在于未来的不确定性、当事人的有限理性或证券实施过程中各种纠纷的可证实性等。阿洪和博尔顿指出，当公司对外筹资时，面临投资者的有限理性和投资项目的未来收益的不确定性的约束，导致有关投资项目的契约可能是不完全的。也就是说，契约不可能完全指明未来的收益水平和分配方案，也无法预见未来可能出现的外部冲击，这就使得公司和投资者之间潜藏着利益矛盾。因此，公司必须选择恰当的资本结构，以权衡控制权分散的边际成本和债务违约的边际成本。阿洪和博尔顿的模型给出了两个重要的结论：一是在不同的自然状态下控制权可能发生随机让渡；二是即使在信息对称的条件下，也会发生利益矛盾及相应的控制权的争夺。

在西方公司金融理论的发展过程中，其假设前提有一个不断放松的过程。它虽然也逐步认识到市场的不完美性和制度因素中的代理成本对公司价值的影响，但是可以看出它是以英美为代表的市场导向型的公司治理模型为理论背景，其隐含的前提是公司具有完善的内部治理机制和有效的外部市场,这种公司治理机制能够有效地制衡公司的管理层,使其能以公司价值最大化作为目标。因此,在上述各种理论流派的逻辑推导中,一般均是以最大化股东价值作为目标函数,以影响公司金融决策的有关因素作为约束条件,再由此得出相关的结论。以这种观念所导出的理论体系承袭了新古典理论的研究范式,具有清晰和系统的特点,但由此也产生了它的局限性。由于它的理论研究的假设前提仍是一种具有完善的公司治理结构的"理想公司",没有关注各国特殊的制度结构所导致的金融冲突及其协调机制等相关问题,忽视了文化和法律传统、经济制度变迁的背景、公司治理的实际现状等因素所导致的各国特殊的理财环境,使得出的结论缺乏普适性。当研究的对象处于一个特定的经济环境中时,由于假设前提和实际因素的传导机制发生变化,将会产生实际经济情况与其经典结论不符的现象,由此削弱了它对不同社会和制度结构条件下的公司金融行为的解释能力。

二、西方经典公司金融理论在中国的研究现状

西方经典公司金融理论在我国的研究现状体现在以下几个方面:

(一)公司融资行为研究

这方面的研究成果较多,主要包括:资本成本分析、融资偏好分析、资本结构的决定、资本结构与公司绩效的关系等方面。在资本成本分析的研究中,主要采用经典公司金融理论中的资本资产定价法、莫迪利亚尼和米勒的平均成本定价法等来计算我国上市公司的资本成本。在融资顺序和资本结构的研究中,多以实证研究为主,而且大多依据西方经典的公司金融模型来探讨可能的经济影响变量,进而确立要进行计量检验的模型。在有关实证结果的分析中,重点也是判断我国上市公司的金融决策行为是否符合经典公司金融理论的结论。主要的研究结论有:我国上市公司的资本成本呈下降态势、上市公司存在强烈的股权融资偏好。关于资本结构的影响因素,除了资本成本、行业因素以外,还包括公司规模、盈利水平、公司成长性等方面的因素。但是在上述研究中往往忽视了公司经济性质和外部经济环境的制度约束,没有控制外部因素的影响,这很有可能影响研究结论的准确性。

(二)公司投资政策研究

这方面的研究主要包括公司并购的绩效和动机研究,公司投资的"融资约束"现象的研究,而对实际的研发投资、库存投资等实物投资范畴研究得较少。并购绩效方面的研究主要包括两种方法:一类是基于并购行为的市场反应;另一类是比较并购前后公司经营业绩的变化,但是实证研究结果对并购双方的总体并购绩效是否得到改善并无统一的结论。有关并购动机的研究结论认为:西方经典公司金融理论中的协同效应、多元化效应并不能解释我国上市公司的并购行为。在投资的"融资约束"研究方面,主要应用了法扎里(Fazzari)和哈伯德(Habbard)的"融资约束模型"来对我国上市公司的投融资行为进行检验,初步的结论是大公司的投资对现金流量的敏感性要高于小公司。

（三）公司股利政策研究

这方面的研究主要包括三个方面：目前我国上市公司的股利分配现状；公司股利政策的影响因素；股利是否具有信号传递效应，以及什么样的信号效应。此类研究主要从以下三方面进行考察：公司特征、持久盈利和代理问题与股利政策之间的关系，总的研究结论认为代理问题和公司治理结构是影响上市公司股利政策的重要因素。

国内外学者基于中国资本市场的公司金融研究在数量和质量上都已经取得了较大的发展，但是对我国上市公司的金融研究存在着不少缺陷。在理论研究上，没有结合我国转轨经济背景建立一个统一的理论分析框架，并且在研究上存在两个重大的缺陷：一是缺乏对我国上市公司治理结构的全面和深层次的理解，特别是对上市公司有关利益各方的决策影响力和利益配置情况分析不清，不了解背景的复杂性，而是简单照搬西方的公司金融理论；二是国外经典的公司金融理论隐含的前提是有效资本市场，而我国的资本市场目前还存在股价操纵和投资者的短视等现象，使得股票价格严重背离了上市公司的基本面价值。

由于以上原因，我国目前的公司金融研究存在着不能解释实际情况或者解释得有些牵强及片面等问题。

三、西方公司金融的理论前提与中国研究情况的差异

西方经典公司金融理论是以欧美市场导向型的公司治理模式为背景，其主要的理论假设和制度背景与我国的实际情况有重大区别，主要表现在以下几个方面：

（一）股权结构不同

西方资本市场中上市公司的股权分布极为分散，由此造成公司的主要经营决策权掌握在经理人手里，代理成本主要来自于经理层和股东之间的矛盾；在我国，大部分上市公司股权较为集中，一股独大的现象较多，公司管理层的人事任命掌握在大股东的手里，所以代理成本主要来自于大股东对小股东的侵害，而不像英美资本市场那样，代理成本主要来自于经理层和股东之间的矛盾。

（二）债权约束制度不同

在西方，债权约束是一种硬约束，在公司面临金融困境时，债权人将会获得"相机治理"的控制权，公司是进入破产清算还是进行债务重组，债权人拥有一定的决定权，即债务契约是与破产机制相联系的。在我国，上市公司的债务约束是一种软约束，公司的破产机制中非经济因素较多，政府的行政干预对破产机制影响较大，而作为债权人的贷款银行往往被排斥在破产清算工作之外，对公司的财产清算没有表决权。由于有政府财政的担保（免掉坏账），所以债权银行既无能力也无动力去进行对金融困境公司的相机治理。

（三）投资者的理性程度不同

西方经典公司金融理论中虽然考虑到信息不对称和不完全合同因素的影响，但是认为在给定的信息前提下，投资者是完全理性的，市场是有效的。在我国，由于资本

市场发展时间较短，投机行为和股价操纵的现象较多，对投资者的保护程度也较弱，所以投资者并不能根据有关的金融信息正确地甄别出公司质量的信号。

（四）公司控制权市场不同

西方经典公司金融理论认为，投资者在市场上具有"用脚投票"的权利，当公司现任的管理层在经营上无效率时，原有股东或者新的收购公司会收购足够股票，以获得公司的控制权，产生了新的接管者。虽然近年来美国的法律对公司接管有了更多的法律限制，但是公司的接管市场在外部监管的功能方面还是基本有效的。在我国，绝大多数的上市公司由于存在着"一股独大"的现象，当公司的现任管理层经营无效率时，除非大股东愿意进行场外协议转让非流通股，否则外部人很难购买足够的流通股以达到接管公司的目的，即公司的控制权市场的不完善很难起到外部治理的作用。

（五）经理市场的发展程度不同

在英美成熟的市场模式下，形成了完善的经理人市场，经理人的聘用、任免和其职业声誉有很大的关系，在一定程度上促使经理努力工作，避免股价下跌、公司被接管或者公司破产。但是在我国，当上市公司的控股股东为国有时，公司高层人事的任免权掌握在当地党政部门的手里；当上市公司的控股股东为家族时，高层经理人往往由家族成员来担任，通过经理市场来聘任的专业经理只占很小的一部分，高层经理的任免和其以往的职业声誉没有太大的关系。

（六）税收制度不同

在西方经典公司金融理论中，税收因素是影响金融行为的一个很重要的因素。我国公司所得税最高法定税率为 25%，但是上市公司整体执行 25% 的法定税率的比例很小，普遍享有优惠税率以及许多非税率的优惠，而且不同行业、地区和规模的上市公司的法定税率之间有明显的区别。这种情况下，很难判断税收因素对公司金融行为的影响。

从以上各个方面的因素来看，我国上市公司的治理结构和金融决策行为与西方经典公司金融理论的背景有很大的不同。这说明，在我国上市公司的金融行为研究中，可以借鉴西方经典金融理论的有关视角和方法，但照搬其来解释我国上市公司的金融决策行为则是不恰当的。

四、行为公司金融理论

1934 年，格雷哈姆（Graham）和陶德（Dodd）承认投资者的情绪影响证券价格的可能性，但将这一观点正式理论化的行为金融理论其实是从 20 世纪 80 年代开始的。行为金融理论在不断放松传统金融的假设条件基础上，分析人的心理、行为和情绪对其金融决策、金融产品的价格以及证券市场趋势的影响。行为金融理论参照心理学、社会学等社会科学的成果建立理论模型，对证券市场的"异常现象"进行理论解释，研究的内容更加接近现实。

行为公司金融理论是传统的公司金融理论和行为金融理论相融合的产物，它基于行为金融的研究范式来分析公司的投资、融资、股利政策、兼并收购等金融问题，是研究公司金融问题的一种新的视角和方法。由于将心理活动行为引入公司金融的分析中，人的心理因素对传统的公司金融理论的三个基本假设条件造成了干扰。大量的研究表明：认知偏差将影响投资者的理性决策，证券的风险溢价并不完全由其价值决定，股票的市场价格经常偏离公司的内在价值。表1-1就三大主要的心理因素对公司金融决策的影响进行了总结。

表1-1　心理因素对公司金融决策的影响

心理现象	从业人员的金融决策案例	决策对企业造成的影响
1. 偏差		
过分乐观	在经济低谷时期延迟成本削减的决策	利润降低
过度自信	在现金量充足的时期进行次级收购	由于低估风险带来企业价值的降低
证实偏差	忽视了与现行观点相冲突的信息	由于对不断变化的环境反应迟钝引起利润的降低
控制幻觉	对自身的控制能力估计过高	使企业承受高于实际所需的成本耗费
2. 直接推断		
典型推断法	基于有偏差的预期而选择了错误的项目	由于净现值未能实现最大化而使企业价值降低
可得性推断法	基于有偏差的预期而选择了错误的项目	由于对项目的优势和风险判断错误而使得企业价值降低
锚定推断法	变得过分关注数字，对环境变化调整不充分	由于对增长的预期存在偏差而使得企业价值降低
情感性推断	依赖自己的本能而不是常规的价值分析方法进行决策	由于采纳了负净值的项目而使得企业价值降低
3. 框架效应		
损失厌恶	同样规模的风险带来的烦恼比同样规模的收益带来的喜悦要大	由于对债务的厌恶而放弃税收带来的收益
确定性损失厌恶	在不断亏损的项目上不断投入资金	由于作出了带来负净现值的决策而使得企业价值降低

（一）投资者非理性模型

非理性投资者模型假设投资者是非理性的，而公司管理者是理性的。由于投资者非理性的存在，金融市场不是一个有效率的市场，资产的市场价格会偏离它的内在价值。这个研究角度同时假设理性的公司管理者能够发现市场中的定价失当，并能够根据市场的定价失当作出相应的财务决策。他们的财务决策可能会对定价失当推波助澜。虽然公司管理者根据市场定价失当而作出的财务决策可能在短期内将公司价值最大化，但随着定价失当得到纠正，他们的决策可能在长远上导致投资者回报的降低。[①]

[①] 参见尚秀芬：《国外行为公司金融理论的发展及述评》，载《上海金融学院学报》2010年第4期。

1. 非理性投资者对公司融资行为的影响

有关市场时机与公司融资决策的关系，公司在选择融资方式时会在很大程度上考虑市场时机因素，在股价较高时选择股权融资，在股价较低时选择债权融资，以利用较低的融资成本优势。例如，1996 年，斯特因（Stein）认为，投资者的非理性行为会导致公司的市场价值偏离其基础价值，当公司股票被高估时，公司经理人倾向于进行股权融资，而在公司被低估时倾向于进行股份回购；在股票高估时募集到的资金，管理人倾向于进行无效的投资；股权融资依赖程度越高的公司，受市场非有效性的影响越强烈。从宏观来看，股票市场整体价格偏离通常也伴随着新股发行数目的增加；从微观来看，公司的账面价值与市值的比例是新股发行的良好预测。2001 年，格雷厄姆（Graham）和哈维（Harvey）通过调查数据以及公司融资决策后的股票长期收益表明了市场时机的重要性。管理者在股价处于高位时发行股票，处于低位时回购股票，从而实现股东利益的最大化，这些结论无法用传统的资本结构理论来解释。2004 年，Hovakimian 在研究目标杠杆率在证券发行和回购中的作用时也发现，市值账面比和股票收益率对公司股票发行具有重要影响，股票交易是由市场机制驱动的。2002 年，贝克（Baker）和沃格勒（Wurgler）率先进行了有关市场时机资本结构的系统研究，编制了新的市场时机代理指标——外部加权平均市值账面比，以反映股票市场的时机因素。研究表明，公司过去的市场价值对资本结构的影响在经济上和统计上很显著，传统资本结构理论无法解释的结果，基于市场时机的资本结构理论能够作出最合理解释，这种解释可表述为资本结构是公司过去选择股票市场时机的累积结果。2009 年，黄（Huang）和里特（Ritter）运用股权融资成本检验了融资决策模式以及各种融资方式对资本结构的影响，从新的角度重新检验了市场时机资本结构理论，市场时机是公司选择发行股票或债券的重要决定因素。

2. 非理性投资者对公司投资行为的影响

1996 年，Stein 证明了经理不应将新获得的资本注入新的实体投资中，而应该以现金或其他正确定价的资本市场证券形式持有这些新获资金。在他的模型中，非理性的投资者可能影响公司证券发行的时机，但不会影响公司的投资行为，一旦离开这一简单的基准模型，则会导致投资者情绪可能影响公司投资的路径选择。对于行为公司金融理论的实证研究主要是考察投资者情绪是否会影响投资，以及通过何种渠道影响等等。2001 年，Polk 和 Sapienza 将具有高留利（即利润减去实际现金流）的公司和具有高净股权发行的公司视为价值高估的公司。在尽可能准确地控制实际投资机会的前提下，他们界定的价值被高估的公司确实比其他公司投资更多，这间接地表明了投资者情绪会影响公司的投资决策。2003 年，Baker、Stein 和 Whrgler 采用 Q 比率代表投资者情绪，发现 Q 值越小即投资者越是悲观时，投资水平对股价变化就越是敏感。2001 年，Baker 等认为，一个证券横截面预测模式即股权依赖型公司比非股权依赖型公司对股价的变动更加敏感。不同于其他度量指标，他们采用低现金账户识别股权依赖型公司。研究发现，这些公司的投资对股价的敏感性大约是非股权依赖型公司的三倍。这项研究为投资者情绪可能扭曲某些公司的投资行为提供了初步的证据，而且这种扭曲是通过股权依赖途径进行的。

3. 非理性投资者对公司并购决策的影响

2004 年，希勒夫（Shleifer）和维希尼（Vishny）提出市场驱动理论，来解释投资者非理性对公司并购决策的影响。研究表明，是否进行购并活动是由收购公司与被收购公司的股票市值驱动的。当一个公司的股票市值被市场高估，从而导致价格远远高于其价值的时候，它可能会收购其他公司，并以股票互换的方式支付被收购公司股东。他们还提出了一种收购择时模型，对于价格被高估的公司来讲，收购动机不在于谋求协同效益，而是为了暂时保持其价格高估状态。通过收购那些股价高估程度较小的公司，收购方可以留给自己的股东更多的每股资产，从而缓冲自身价格回调带来的冲击。当然，某些时候并购提案也可能迎合了投资者所理解的协同效益，从而使得并购后整合体的总体价值被市场高估，这时，收购的延迟价格回调效用仍可实现，不过为此要向目标公司支付额外费用。2004 年，Imen Tebourbi 以 1988 年到 2002 年由加拿大公司发起的符合条件的 462 项交易为研究样本，涉及 253 个收购者。他首先根据不同时期并购事件数量将并购市场分为"冷"和"热"两种类型，并观察并购方在并购前、并购中和并购后的股价表现。结果发现，并购事件主要发生在投资者过度自信、对并购反应过度的时期，并购公司的管理者采取择时收购和支付股票的手段利用了股票市场，股票市场在并购发生后才开始纠正错误定价。此后，Ang 和 Cheng 发现整个市场的错误定价程度与并购交易量呈正相关，其中并购方公司的股价高估程度又超过了目标公司；针对股价低估的目标公司的并购往往是恶意并购，收购方支付了额外的接管费用。2003 年，鲍曼（Bouwman）、富勒（Fulle）和内恩（Nain）发现当市场定价过高时，投资者对并购公告通常持欢迎态度，此时的并购行为具有短期的迎合效应，此后的股票收益通常也是最差的。

（二）管理者非理性模型

在非理性管理者模型中，理性的投资者同非理性的公司管理者同时存在于金融市场中。非理性管理者模型建立在两个假设之上。假设之一是公司管理者个人及个人特征能够影响公司的决策。对于公司管理者能否影响公司的决策、在多大程度上影响公司的决策，不同的经济学理论有不同的看法。假设之二是公司设置的各种约束管理者的机制，如公司治理在约束管理者方面的有效性有限。

1. 非理性管理者对公司融资行为的影响

管理者非理性对公司融资行为的影响，主要集中在探讨管理者个人利益与其职业行为相冲突的代理成本，通过激励相容的机制设计，能够使经理人按照公司利益最大化原则行事。然而，经理人并不总是理性的。把经理人的融资决策过程看做一个心理过程，那么经理人认知过程往往会产生系统性偏差，这些心理偏差的综合结果可能导致融资决策的偏差。目前，经理人非理性主要集中在经理人乐观与过度自信对公司价值的影响。过度自信的经理人往往会认为市场低估了其公司的基础价值，发行新股会给现有长期投资者带来损失。

在投资者对公司资本结构限制很少时，过度乐观自信的经理人在融资决策时会表现出一定的优序融资偏好次序，他们首先倾向于使用公司内源资本，其次是债权融资，最后是股权融资。2002 年，Hackbarth 研究了管理者的乐观主义、过度自信与资本结构决策的关系，认为过度乐观的经理人过高地评价了息税前盈余的增长率，而过度自信的经理人过低地估计了息税前盈余的波动性，他们更倾向于选择高的杠杆并遵循行为优序融资顺序。

过度自信的经理人会低估公司的经营风险和盈余不确定性，2011 年，Malmendier、Tate 和 Yan 认为，由于债券投资者会低估公司违约时他们能得到的支付，因此债券融资成本会比较大。但股权融资作为一种实物期权，高估公司经营风险的市场会对公司价值进行过高的定价。他们的模型结论显示，公司的融资决策会偏好于进行外部股权融资，而最不倾向于债权融资。当然，由于很难将经理人的过度自信和乐观主义两种信念偏差分离开来，公司的融资决策也会受到两种因素的共同影响。而行为公司金融的研究者也通过这种差异化的理论对优序融资理论在不同类型公司中存在的较大实证差异给出了解释。2010 年，Ishikawa 和 Takahashi 对日本上市公司经理人的过度自信和公司融资决策进行了研究，他们采用经理人盈余预期的偏离程度作为事前过度自信的替代变量。其研究表明，经理人对公司盈余增长会持续过度乐观，导致其利用股权融资的倾向降低，每一个标准差向上的预测偏差都会带来其股权融资水平 4.7% 的下降。他们指出，这种经理人的非理性成为日本上市公司进行融资决策的重要影响因素。2011 年，Marciukaityte 和 Szewczyk 则通过观察管理者过度自信与公司操控性应急项目之间的显著关系指出，过度自信的经理人会有更强的动机对盈余进行操纵并更充分的利用债务融资。

2. 非理性管理者对公司投资行为的影响

正确的投资决策要求管理者对投资所产生的现金流以及会遇到的风险作出准确无偏的估计。2001 年，Graham 和 Harvey 通过调查发现在处理折现问题时，管理者通常使用现成的公司内部折现率，而不是去计算具体项目的折现率。2008 年，奥丹（Odean）认为，高级经理人很容易过度自信，主要原因有：第一，人们在作出某项决策时容易过分相信自己的能力，而在作简单决策时对自己的能力却没有把握。公司决策的环境是很复杂的，经理人容易过度自信。第二，存在自我归因的倾向，公司的经理人本来就是成功人士，再加上自我归因偏差的存在，则会出现过度自信的倾向。第三，由于在公司人才选用过程中信息不对称的存在，公司无法对经理人进行充分的了解，此时，选择性偏差的存在使得过度自信的人更容易成为公司经理人。2012 年，Adam、Fernando 和 Golubeva 从不同的视角研究了过度自信对公司投资决策的影响。他们观察到过度自信的经理人在公司前期的损益后，呈现出对风险管理相当大的差异。结合自我归因偏差的相关理论，他们指出，过度自信会严重影响公司的风险管理策略，造成经理人对风险溢价的错误估计，从而导致过度投资和盲目多元化。

3. 非理性管理者对公司并购决策的影响

过度自信和过度乐观往往是公司进行非理性、大规模并购的心理动因。如果管理者经常过高估计其并购公司获取利润的能力，其个人想法和公司氛围就会促使管理者对公司未来持有过度乐观的态度。2002 年，Malmendie 和 Tate 分析了经理人过度自信对兼并和收购的影响。他们认为，过度自信的经理人高估并购能带来的收益，同时认为其公司股票被市场低估，所以倾向于作出并购决策。他们通过《福布斯》500 强公司的样本数据进行实证检验，发现过度自信的经理人比理性经理人更可能从事一些不可能增加公司价值的并购计划。2008 年，Malmendie 和 Tate 用相似的替代指标研究了经理人非理性对公司并购决策的影响。实证结果表明，过度乐观的经理人会完成更多的并购交易，并且在有融资约束的公司中更为频繁。同时，他们还关注了市场上投资者的反应，从并购公告日前后的市场表现来看，外部投资者会对乐观经理人的决策持怀疑态度。2010 年，Schneider 和 Spalt 也得到了相似的实证结果，他们指出，过度自信的经理人会提出相对于回报来说过高的收购价格。

4. 非理性管理者与公司价值

管理者过度自信影响公司融资、投资、并购等财务决策及代理问题，进而影响公司的价值。

在融资方面，Hackbarth 2008 年的研究表明，管理者过度自信的特征对公司价值具有正面作用。因为较高的债务水平限制管理者转移资金，通过减少管理者与股东的冲突而增加公司价值；尽管较高的债务水平耽搁了投资，但通过降低债权人与股东的冲突，过度自信管理者的投资决策能增加公司的价值。Hackbarth 的研究还表明，管理者过度自信能对公司产生额外的利益，但管理者的偏差程度至关重要，中等过度自信管理者制定的资本结构决策更有利于股东的利益，而高过度自信管理者则对公司是不利的。2006 年，Fairchikl 通过构建两个模型综合考虑了管理者过度自信、信息不对称与道德风险对公司融资决策的影响。

在信息不对称模型中，过度自信导致了债务的过度使用，使公司价值降低；在道德风险的模型中，过度自信的作用是不确定的，通过诱导管理者努力工作产生正面作用，然而会导致债务的过度使用与较高的预期破产成本。

2007 年，Gombola 和 Marciukaityte 以高成长性公司为样本，考察了管理者过度乐观对债务与权益融资选择以及融资后长期股票表现的影响，发现过度乐观管理者更倾向使用债务融资并导致较差的业绩表现，即债务融资样本的股票表现明显低于权益融资样本。在投资方面，2005 年，杰维斯（Gervais）、希顿（Heaton）和奥丹（Odean）基于管理者过度自信构建的资本预算模型显示，管理者过度自信能增加公司价值。因为风险规避的管理者有时会放弃能增加公司价值的风险项目，而过度自信管理者高估自身降低风险的能力，结果作出的资本预算决策更有利于股东利益，过度自信管理者能使公司主动提供迎合管理者的薪酬契约，从而增加了公司价值与管理者的财富。同时，过度自信管理者通过减少委托代理关系中的道德风险问题而增加公司利益。在并购绩效方面，2008 年，Malmendie 和 Tate 通过研究发现，过度自信管理者比理性的管理者更可能从事多元化并购，但不可能创造价值；市场对过度自信管理者所作出的并购宣告是负面反应。S. Douka 和 S. Petmeza 证实了自我归因偏差会导致管理者过度自信，其自信程度随并购次数的增加而增加，从而使并购业绩逐次下降。

2006年，Aktas、de-Bodi 和 Ron 发现，在并购期间并购公司的业绩呈下降趋势，但过度自信管理者公司的业绩呈正趋势，而理性管理者则呈负趋势，这证明了管理者学习假说的重要性。

行为公司金融理论已有相当的文献通过建立模型来解释传统公司金融理论难以解释的异常投融资行为。从"行为"角度来观察公司的各种财务决策，提供了一种崭新的视角。行为金融学的研究发现，投资者心理和行为的偏差并不仅仅是人类理性缺陷所造成，特殊的制度因素也会引发投资者的行为偏差。可以说，制度与行为和心理是相互推动和相互依赖的关系。错误、缺失的制度本身就是市场中的一种噪音源，是导致市场波动和风险增加的根源。

本章案例

雷曼兄弟破产与股东财富最大化

2008年9月15日，拥有158年悠久历史的美国第四大投资银行——雷曼兄弟（Lehman Brothers）公司正式申请依据以重建为前提的《美国联邦破产法》第11章所规定的程序破产，即所谓破产保护。雷曼兄弟公司，作为曾经在美国金融界叱咤风云的巨人，在此次爆发的金融危机中也无奈破产，这不仅与过度的金融创新和乏力的金融监管等外部环境有关，也与雷曼兄弟公司本身的财务管理目标有着某种内在的联系。

一、股东财富最大化：雷曼兄弟公司财务管理目标的现实选择

雷曼兄弟公司正式成立于1850年，在成立初期，主要从事利润比较丰厚的棉花等商品的贸易，公司性质为家族企业，且规模相对较小，其财务管理目标自然是利润最大化。在雷曼兄弟公司逐渐转型为金融投资公司的同时，公司的性质也从一个地道的家族企业逐渐成长为在美国乃至世界都名声显赫的上市公司。由于公司性质的变化，其财务管理目标也随之由利润最大化转变为股东财富最大化。其原因至少包括：(1)美国是一个市场经济比较成熟的国家，建立了完善的市场经济制度和资本市场体系，因此，以股东财富最大化为财务管理目标能够获得更好的企业外部环境支持；(2)与利润最大化的财务管理目标相比，股东财富最大化考虑了不确定性、时间价值和股东资金的成本，无疑更为科学和合理；(3)与企业价值最大化的财务管理目标相比，股东财富最大化可以直接通过资本市场股价来确定，比较容易量化，操作上显得更为便捷。因此，从某种意义上讲，股东财富最大化是雷曼兄弟公司财务管理目标的现实选择。

二、雷曼兄弟公司破产的内在原因：股东财富最大化

股东财富最大化是通过财务上的合理经营，为股东带来最多的财富。当雷曼兄弟公司选择股东财富最大化为其财务管理目标之后，公司迅速从一个名不见经传的小店发展成举世闻名的华尔街金融巨头，但同时，由于股东财富最大化的财务管理目标利益主体单一（仅强调股东的利益）、适用范围狭窄（仅适用于上市公司）、目标导向错位（仅关注现实的股价）等原因，雷曼兄弟公司最终也无法在此次百年一遇的金融危机中幸免于难。

1. 股东财富最大化过度追求利润而忽视经营风险控制是雷曼兄弟公司破产的直接原因

在利润最大化的财务管理目标指引之下，雷曼兄弟公司开始转型经营美国当时最有利可图的大宗商品期货交易，其后，公司又开始涉足股票承销、证券交易、金融投资等业务。1899年至1906年的7年间，雷曼兄弟公司从一个金融门外汉成长为纽约当时最有影响力的股票承销商之一。其每一次业务转型都是资本追逐利润的结果，然而，由于公司在过度追求利润的同时忽视了对经营风险的控制，从而最终为其破产埋下了伏笔。雷曼兄弟公司破产的原因，从表面上看是美国过度的金融创新和乏力的金融监管所导致的全球性的金融危机，但从实质上看，则是由于公司一味地追求股东财富最大化，而忽视了对经营风险进行有效控制。

2. 股东财富最大化过多关注股价而使其偏离了经营重心是雷曼兄弟破产的推进剂

股东财富最大化理论认为，股东是企业的所有者，其创办企业的目的是扩大财富，因此，企业的发展理所当然应该追求股东财富最大化。在股份制经济条件下，股东财富由其所拥有的股票数量和股票市场价格两方面决定，而在股票数量一定的前提下，股东财富最大化就表现为股票价格最高化，即当股票价格达到最高时，股东财富达到最大。为了使本公司的股票在一个比较高的价位上运行，雷曼兄弟公司自2000年始连续7年将公司税后利润的92%用于购买自己的股票，此举虽然对抬高公司的股价有所帮助，但同时也减少了公司的现金持有量，降低了其应对风险的能力。另外，将税后利润的92%全部用于购买自己公司而不是其他公司的股票，无疑是选择了"把鸡蛋放在同一个篮子里"的投资决策，不利于分散公司的投资风险；过多关注公司股价短期的涨和跌，也必将使公司在实务经营上的精力投入不足，经营重心发生偏移，使股价失去高位运行的经济基础。因此，因股东财富最大化过多关注股价而使公司偏离了经营重心是雷曼兄弟公司破产的推进剂。

3. 股东财富最大化仅强调股东的利益而忽视其他利益相关者的利益是雷曼兄弟破产的内在原因

自1984年上市以来，雷曼兄弟公司的所有权和经营权就实现了分离，所有者与经营者之间形成委托代理关系。同时，在公司中形成了股东阶层（所有者）与职业经理阶层（经营者）。股东委托职业经理人代为经营企业，其财务管理目标是达到股东财富最大化，并通过会计报表获取相关信息，了解受托者的受托责任履行情况以及理财目标的实现程度。上市之后的雷曼兄弟公司，实现了14年连续盈利的显著经营业绩和10年间高达1103%的股东回报率。然而，现代企业是多种契约关系的集合体，不仅包括股东，还包括债权人、经理层、职工、顾客、政府等利益主体。股东财富最大化片面强调股东利益的至上性，而忽视了其他利益相关者的利益，导致雷曼兄弟公司内部各利益主体的矛盾冲突频繁爆发，公司员工的积极性不高，虽然其员工持股比例高达37%，但主人翁意识淡薄。另外，雷曼兄弟公司选择股东财富最大化，导致公司过多关注股东利益，而忽视了一些公司应该承担的社会责任，加剧了其与社会之间的矛盾，这也是其破产的原因之一。

4. 股东财富最大化仅适用于上市公司是雷曼兄弟公司破产的又一原因

为了提高集团公司的整体竞争力，1993年，雷曼兄弟公司进行了战略重组，改革了管理体制。雷曼兄弟的母公司（美国运通公司）为了支持其上市，将有盈利能力的优质资产剥离后注入上市公司，而将大量不良资产甚至可以说是包袱留给了集团公司，在业务上实行核心业务和非核心业务分开，上市公司和非上市公司分立运行。这种上市方式注定了其上市之后无论是内部公司治理，还是外部市场运作，都无法彻底与集团公司保持独立。因此，在考核和评价其业绩时，必须站在整个集团公司的高度，而不能仅从上市公司这一个子公司甚至是孙公司的角度来分析和评价其财务状况和经营成果。由于只有上市公司才有股价，因此股东财富最大化的财务管理目标只适用于上市公司，而集团公司中的母公司及其他子公司并没有上市，因而，股东财富最大化财务管理目标也无法引导整个集团公司进行正确的财务决策，还可能导致集团公司中非上市公司的财务管理目标缺失、财务管理活动混乱等。因此，股东财富最大化仅适用于上市公司是雷曼兄弟公司破产的又一原因。

资料来源：刘胜强、卢凯、程惠峰：《雷曼兄弟破产对企业财务管理目标选择的启示》，载《财务会计》2009年第12期。

本章思考题

1. 关系型融资的优势表现在哪些方面？
2. 公司金融的本质是什么？
3. 什么是股东财富最大化？
4. 公司金融的基石表现在哪里？
5. 心理因素如何影响金融决策？

第二章

公司金融与金融市场

前面的分析说明，公司金融研究的重点在于公司在金融市场上的各种活动，主要包括公司融资、公司投资、公司保险、公司并购重组、公司资信评估与公司信用担保等。现实中，所有公司在经营活动中均在不同程度上与金融市场及金融中介发生往来，公司与金融市场和金融中介的联系，让公司能够随时获取所需的资金，并将其临时性盈余资金投资到各种金融资产上。一个发达的金融市场为资金需求者与资金供应者提供了自由交易的场所，从而为整个社会资本的融通提供了便利条件。可以说，没有发达的金融市场，则没有现代公司金融的活动，公司金融活动的资产结构与资本结构的调整和协调都需要借助于金融市场。从系统论的观点看，一个开放、动态的系统总是随时与系统的外部环境交换信息等要素，公司金融系统也不例外。公司金融追求股东财富最大化目标的过程就是要在一个动态性和不确定性的环境中不断调整公司金融活动边界（包括方式、内容、范围等）的动态适应过程。金融市场是这个活动边界的一个重要方面，对金融市场的分析是公司金融实现股东财富最大化的起点，公司金融系统适应金融市场变化的能力是股东财富最大化的关键所在。

第一节 金融市场概述

一、金融市场内涵

尽管金融市场的存在并不是创造和交易金融资产的必要条件，但现实中金融资产却都是在某种有组织的金融市场中创造并交易的。金融市场是现代货币信用制度的产物，并在现代市场经济社会中占据日益重要的地位。

（一）金融市场内涵

到目前为止，各国经济学家对金融市场的内涵有各种不同的解释，其侧重点虽各不相同，但均把金融工具的交易作为金融市场的立足点。借鉴各家之长，并从目前国内外金融市场发展的现实出发，一般认为金融市场就是指以各种金融资产的买卖为基础的金融工具交易的场所或机制，以及各种金融活动的综合体系。这一内涵实际上也有广义与狭义之分，从广义上讲，金融市场包括间接融资和直接融资领域，即把市场上的一切融资活动，如存贷业务、保险业务、信托业务、贵金属买卖业务、外汇买卖业务、金融同业拆借和各类有价证券的买卖都纳入金融市场的范畴；从狭义上讲，仅将同业拆借、外汇买卖和有价证券买卖作为金融市场的行为。一般所讲的金融市场，主要是指狭义的金融市场。

正确理解金融市场的内涵，应掌握以下三点：其一，金融市场是进行金融资产交易的有形或无形的场所。金融市场可以是有形的，如证券交易所、期货交易所等；也可以是无形的，如当今的国际外汇市场，仅仅是通过电话、传真、互联网等现代通信手段在瞬间完成交易等。另外，当今联系金融机构与用户的庞大电讯网络等本身就是金融市场，并将发挥越来越重要的作用。其二，金融市场是确定金融工具价格的机制。通过金融市场，供求双方运用市场机制，进行讨价还价，共同确定交易对象的价格。其三，从狭义上讲，金融市场主要指直接融资活动，但决不能将其与间接融资割裂开来。实际上，商业银行、保险公司、信托公司等金融机构为了实现经营目标，常常是金融市场的交易主体。可以说，是金融市场将各种金融机构、融资方式汇集到一起，促进了直接融资与间接融资的有效结合。其四，各种金融工具是金融市场上进行资金转移的载体。金融工具是一种特殊的商品，金融市场总是表现为各种金融工具的买卖行为，但金融工具本身不是交易的目的，货币资金的转移与融通才是金融市场的实质内容。

（二）金融市场分类

按照不同的标准，可以对金融市场进行多种多样的分类。但实际上，每个市场又可同时兼备几种市场属性，如股票市场是公开市场、初级市场、次级市场、资本市场等。由于按照不同标准划分的子市场相互联系、相互依存，因此使用任何一种分类方法均不能包罗一切。

1. 按照金融要求权的种类可划分为债券市场、股票市场

债券市场（bond market）是通过称为债券和票据的借款工具把长期资金的借款人与供应者集中在一起的市场。这些工具的初始到期期限均长于1年，有时为40年或更长。还有一些债券是永久性的，它承诺永久性地支付利息，但从不偿还本金。债券市场主要由政府债券和公司债券两部分组成，其主要投资者是机构，如美国债券市场的主要投资者是保险公司、养老基金和共同基金。股票市场（stock market）是以股票作为交易对象的场所，股票的持有人只能按期获得红利或以优惠价格购买新股的权利或对公司重大决策进行投票表决的权利等。如果股东不愿继续拥有股票，可以在股票市场上将其出售，但其盈亏完全取决于当时的股票市场行情。从投资者角度来看，债务工具比股票安全。因为债务工具包含着对发行人的契约债权，一旦发生财务问题，公司债务工具的所有者拥有一种比其股票持有者对公司收入与财产的优先债权。另一方面，因为股票持有者拥有所有者权益，他们可以从公司的盈利增长中获利，而债权或其他债务工具的持有者则不能。

2. 按照金融要求权的期限可划分为货币市场、资本市场

货币市场（money market）是期限在一年内的短期债务工具交易的市场。这种短期债务工具主要包括银行承兑汇票、商业票据、大额可转让定期存单和国库券等。这些债务工具的期限较短，最短的仅1天，最长的也不超过1年，它们随时可以在金融

市场上变现，具有较强的货币性。在经济生活中，政府、公司、居民和金融机构等，都需要短期资金用于周转，或需要运用暂时富裕的资金，因而成为货币市场的主体。资本市场（capital market）是指专门融通期限在1年以上的中长期资金的市场，也叫长期金融市场。资本市场交易的对象主要是长期债券与股票，其子市场主要包括政府债券市场、金融债券市场、公司债券市场和股票市场。在资本市场上，交易期限短则数年，长的达到数十年。长期资金大都参与社会再生产过程，起的是资本的作用，主要是满足政府和公司部门对长期资本的需求。通常，公司利用货币市场获得生产用资本，即用于短期经营的资金。公司在资本市场上所获得的资金主要用于建造厂房、购买设备、技术改造等长期投资，即公司通过发行债券和股票为长期项目建设融资。

3. 按照金融要求权是否首次发行可划分为一级市场、二级市场

当发行人将一种新金融资产出售给公众时，就称为发行该种金融资产。一级市场（primary market）是指首次发行金融资产的市场。一级市场以投资银行、经纪人和证券商等为主要经营者，承担政府或公司新发行证券或股票的承购与分销业务。一级市场的主要功能是筹集金融资本以支持建筑、设备和存货的新投资。二级市场（secondary market）是指已发行证券的交易市场。二级市场主要由证券商与经纪人经营已上市的股票或证券，其主要功能是证券投资者提供流动性，即将金融工具转变为现金的渠道。一级市场与二级市场是密不可分的。一级市场的证券交易是二级市场证券交易的前提，二级市场证券交易是一级市场证券交易的延伸。如果没有一级市场的证券买卖，就不会有二级市场的证券买卖。但两者是有区别的：第一，流通性不同。一级市场仅指证券发行市场，而这些证券有些可在二级市场流通，有些则不能。第二，对证券的要求不同。可以在二级市场上发行并交易流通的证券，必须要求发行者公布其财务状况等，而一级市场上的证券则一般无此要求。第三，对经济的影响不同。一级市场发行证券筹措资金，直接用于筹资者，对购买者而言，主要是资金的投资。二级市场证券的买卖是不同投资者之间的证券交易，与最初发行者筹资无直接的联系。

4. 按照金融市场的组织机构可划分为拍卖市场、场外交易市场

在拍卖市场（auction market）上，买卖双方通过公开竞价方式来确定金融工具的成交价格。交易所交易就是通过公开竞价方式来完成的，在此过程中证券公司仅起中介人的作用。场外交易市场（over the counter market）也叫柜台交易市场，因为这种交易最早是在银行柜台上进行的。在场外交易市场中，金融工具的买卖双方需要通过证券公司等中介机构进行交易，证券公司对其经营的证券公开报出买卖价格，金融工具的卖方只能按照证券公司所报出的买入价格出售其拥有的证券，买方也只能按照公布的卖出价购买该种证券。证券公司一旦报价，就必须按此价格买卖，风险由证券公司自行承担。

5. 按照金融资产的交易方式可划分为现货市场、衍生市场

现货市场是以现钱现货，在协议成交后以即时进行交割的方式买卖金融资产的市场。现货交易包括现金交易、固定方式交易和保证金交易。现金交易是指成交日与结

算日在同一天发生的证券买卖；固定方式交易是指成交日与结算日之间相隔很短的几个交易日；保证金交易是指投资者在资金不足时采用交付一定比例的现金，其余资金由经纪人贷款垫付而买卖证券的一种交易方式。衍生市场是指各种衍生金融工具进行交易的市场。衍生金融工具主要包括远期合同、期货合同、期权合同以及互换协议等，是由原生性金融产品或基础性金融工具创造出的新型金融工具。衍生金融工具的存在使投资者能更有效地实施投资决策以达到其财务目标，发行者能更有效地以令人满意的条件融资。当然，与其他金融工具一样，衍生金融工具除了实现特定财务目标或投资目标之外还被用于投机目的，且其交易中所出现的风险也越来越引起有关各方的注意。

6. 按照金融市场活动的空间范围可划分为本国市场、国际市场

本国市场（national market）是处于一国范围内的金融产品交易场所及交易体系，包括众多的国内地方及区域性金融市场。本国市场又可分为本国证券市场和外国证券市场，前者是指居住于本国的发行人发行的证券及其交易的市场，后者是指证券的发行人不居住于本国，但在本国发行与交易证券的市场，外国证券的发行遵守所在国监管当局法令的限制。外国证券市场有许多称号，如美国的外国证券市场叫"扬基市场"，日本的叫"武士市场"，英国的叫"猛犬市场"，荷兰的叫"伦勃朗市场"，西班牙的叫"斗牛士市场等"。国际市场（international market）是由国际性的资金借贷、结算与证券、黄金和外汇买卖活动所形成的市场，包括国际性货币市场、资本市场、黄金市场和外汇市场。其显著特点是：它们同时向许多国家的投资者发行，且不受任何一国法令的制约。国际市场交易的后果表现为资金在国际之间的流动，对参与国的外汇收支产生直接影响。狭义的国际市场包括离岸市场，即非居民间从事国际金融交易的市场。离岸市场的交易主体是非居民，资金来源于所在国的非居民或来自于国外的外币资金。离岸市场是一种无形市场，它只存在于某一城市或地区，而不是在一个固定的交易场所。

此外，按照交易方式，金融市场可分为证券市场和借贷市场；按照是否存在固定场所，可分为有形市场与无形市场；按照中介机构的特征，可分为间接金融市场与直接金融市场等。

二、金融市场演变

金融市场是市场经济的产物，同时也是现代货币信用制度发展的产物。这是因为在自给自足的自然经济条件下，无需货币与信用，当然无需金融市场。到市场经济时代，货币、信用和银行应运而生，同时，随着市场经济的进一步发展，尤其是股份制经济出现后，新型金融工具不断被创新，金融市场逐步形成。

（一）金融市场形成条件

市场经济的高度发展和信用形式的多样化是金融市场赖以存在的基本条件。在市场经济发展之初，以延期支付为标志的商品赊销、赊购活动已经普遍出现；在市场经济发展过程中，商业信用逐步向规范化、票据化发展。不过，由于商业信用在授信与

规模上存在许多局限性，银行信用便逐步发展起来。市场经济的飞速发展促进了信用形式的多样化，从而出现了多种金融工具。金融工具的出现，促进了金融市场的形成，为金融工具的交易创造了条件。因此，市场经济的发展是金融市场产生发展的前提与基础，金融市场的发展又促进了商品经济的继续发展。

(二)金融市场的演变

1. 早期金融市场的形成

据历史记载，早在古罗马时代，地中海沿岸的贸易活动就已开始使用各种票据结算。13世纪到14世纪，欧洲大陆出现了许多商品集散地与贸易交易所，这是证券交易所的前身，对金融市场的产生起了一定的推动作用。随着欧洲经济的发展，商品经济对金融的内在要求越来越大，引起了金融自身的革命。如14世纪至15世纪之交，是银行产生的年代，标志着金融关系发生了根本的变化。到17世纪初，在资本主义还处于原始积累时期，西欧出现了证券交易活动。如1608年，荷兰建立了世界上最早的证券交易所即阿姆斯特丹证券交易所，标志着金融市场已初步形成。

2. 金融市场的进一步演变

18世纪后，英国逐步完成了工业革命，成为世界上最大的工业强国，英国政府积极推行自由贸易政策，扶持本国商品经济的发展，从而使伦敦的证券交易市场逐步取代阿姆斯特丹证券市场，并成为世界上最大的证券交易市场。与此同时，世界各资本主义国家也都先后发展了各自的证券市场。德国工业革命后，以铁路发展为动力的各种产业相继兴起，柏林成为德国证券市场的中心。在美国，早在1725年就设立了纽约证券交易所，到1817年纽约证券交易所正式组建时，美国的证券市场已经初具规模。法国的证券交易历史悠久，17世纪路易十四时代已颁布了有关证券交易的法令，且巴黎还曾一度与伦敦争夺欧洲及世界金融中心的地位。日本的证券市场大约形成于明治时期，以封闭性和排他性为基本特征。

自20世纪50年代起，英国、美国相继爆发了货币危机，为保卫本国货币，英格兰银行和美国政府均对本国采取了一系列的外汇管制措施，而一些欧洲国家为防止外汇市场动荡，也逐步采取了一些限制性措施。欧洲国家的银行为了规避管制，寻求业务发展的空间，纷纷把资金转移到其他国家，因此，欧洲美元、亚洲美元以及欧洲其他货币市场相继建立并迅速发展起来。

第二次世界大战后，许多发展中国家与地区也纷纷进行了金融改革，实行金融自由化政策，逐步培养起金融市场。到20世纪70年代后，随着发展中国家经济的发展，发展中国家对国际金融市场产生了越来越大的影响。亚洲的新加坡、马来西亚、泰国、韩国等国家的金融市场都有较大的发展，新加坡与中国香港已成为亚太地区最为重要的金融中心，也是世界上最大的金融中心之一。

三、金融市场的发展趋向

当前，经济一体化、信息技术革命以及相应的结构调整成为全球社会经济发展的三大趋势，并促进金融市场一体化进程的加快。随着经济全球化进程的加快和信息网络技术的迅猛发展，金融市场的发展突飞猛进。概括而言，金融市场的发展趋向主要表现为：

（一）金融市场全球化

金融市场全球化是指由于科技进步、金融创新及金融管理的自由化，使得各国金融市场与国际金融市场紧密连接，逐步形成一个相互依赖、相互作用的有机整体。

金融市场全球化的原因：其一，金融自由化促进了金融市场全球化的发展。20世纪70年代以来，发展中国家先后展开了以金融深化或金融发展为旗帜的金融自由化改革，促进了其金融市场的发展和完善。通过金融改革，发展中国家改变了过去金融机构种类单一、工作效率低下的局面，提高了资金使用效率，促进了金融市场体系的形成、发展和完善，为这些国家参与国际竞争打下了坚实的基础。从发达国家的情况看，金融自由化运动也不断深化。从放松利率管制到放松金融业务的管制，再到放松资本项目管制等等，提高了金融机构的竞争效率，推动了跨国银行的发展，并对全球的金融工具、金融机构和金融市场产生了巨大的影响，使各国的国内金融日益融合在全球金融的大潮之中。其二，科技的发展是金融市场全球化的技术保证。以通信技术和信息技术为核心的现代科技的发展，促进了金融手段的网络化和电子化，从而为金融市场全球化提供了技术上的条件和保证。首先，信息技术和互联网技术的发展，为各国金融机构和各个国际金融中心进行全球操作和传递输送信息提供了极大的便利，全球的资金调拨可以在瞬间完成。其次，由于电讯技术的发展，分布在世界各地的金融市场和金融机构紧密地联系在一起，世界各国的商业银行的外汇部门通过一个复杂的通信系统保持着24小时的联系，使得全球金融市场一直在全天候运行。此外，金融市场全球化是经济全球化的有机组成部分，经济全球化随着生产全球化和贸易全球化程度的提高不断深化。而在现代货币信用经济中，由于金融与生产、贸易之间具有不可割裂的内在联系，当生产和贸易实现全球化后，金融市场全球化就成为经济全球化进一步发展的核心内容和基本要求。

金融市场全球化在促进全球性的金融活动，方便国际投资，有利于各国的经济增长的同时，也带来了许多问题。特别是随着各国金融市场的联系越来越密切，相互之间依赖的程度就越加深。只要某一金融市场出现动荡，就会迅速地影响或波及其他金融市场，引起不同金融市场的联动效应。因此，这种潜在的金融风险对各国金融监管的国际协调和合作提出了更高的要求。

（二）金融证券化

金融证券化又称融资脱媒，是指20世纪80年代以来西方发达国家直接金融的发展速度大大超过间接金融的发展速度，在整个金融市场上直接金融所占的比例日益赶上和超过间接金融的现象。

金融证券化是在特定的经济环境和政策法律背景下产生并发展的。其一，金融管制的放松，商业银行与其他金融机构之间的激烈竞争和游资充斥的市场环境使得商业银行与大客户之间的稳固关系发生了动摇。20世纪80年代以来，西方发达国家先后进行了以金融自由化为标志的改革。在此背景之下，商业银行与投资银行的界限日益模糊，双方的业务竞争更加激烈，银行业务的全能化发展迅速。同时，由于国际金融市场上游资充斥，商业银行与其客户的长期稳定的关系遇到了巨大挑战。有着良好信誉的大公司纷纷考虑采取更为灵活的融资方式以获得低成本融资——直接进入资本市场发行债券或商业票据。其二，技术进步推动了金融创新，从而促进金融证券化的发展。其三，金融全球化推动了金融证券化的进程。随着国际资本流动的扩大和欧洲资本市场的兴起，各国的金融制度和规则趋同，金融活动呈现出通过相同的金融工具在全球范围内选择投资者和筹资者的态势。由此，一国创造出来的吸引投资者和筹资者的可交易的流动性强的金融工具很快被其他国家的投资者或筹资者所采用，最终推动了金融证券化的发展。其四，机构投资者的壮大推动了金融证券化的发展。随着养老金、人寿保险基金和共同基金等所管理的金融资产的急剧膨胀，机构投资者的投资行为在金融市场中的作用越来越大，推动了金融证券化向纵深发展。

（三）金融工具创新化

金融工具创新的表现形式是丰富多样的。从历史上看，信用货币的出现、商业银行的诞生、支票制度的推广等都是很重要的金融创新工具。进入20世纪60年代后，金融工具创新更是浪潮迭起，其主要内容包括：第一，适应需求变化的金融工具创新。为了减少和回避利率风险的金融工具创新有：可调整利率抵押贷款（adjustable rate mortagages）、金融期货与期权（financial futures and options）、货币互换与利率互换（swaps）等。第二，适应供给变化的金融工具创新。由于计算机与电子通信技术的发展，使金融机构可以推出新的金融产品与服务，如银行信用卡、垃圾债券及商业票据等。第三，为规避政府管理规则的金融工具创新，包括欧洲美元、可转让存款账户、自动转移储蓄账户和隔夜回购协议以及货币市场共同基金等。第四，金融全球化方面的金融工具创新，包括期货期权的国际应用、欧洲美元业务国际化、银行业务及融资国际化等。近年来，金融自由化的浪潮仍在持续，西方国家普遍放松对国内金融市场的管制，并为本国居民进入欧洲债券市场融资提供方便。同时，发展中国家也加快了金融改革的步伐，放松金融管制，使银行和金融体系更加面向市场。金融业竞争激烈化，金融机构向客户提供符合需要的优质服务，也在相当程度上促进了金融工具创新的发展。

（四）金融市场电子网络化

现代信息技术的飞速发展，为金融市场电子网络化提供了必要的物质基础。进入20世纪90年代以来，国际金融市场上的电子化、自动化、现代化的金融服务系统已基本形成，先进的电子科学技术广泛地运用于金融市场的各个领域。促成金融市场电子网络化的原因有：第一，现代科技的日新月异，为金融市场实现电子化、自动化、网络化服务成为可能；第二，全球性金融市场的激烈竞争，使得西方各国都将以优良且高效的电子化服务来争取客户，参与竞争，开拓业务；第三，电子计算机和通信技术已成为国际金融市场一体化的连接纽带，成为实现全球昼夜24小时进行金融交易的重要工具。

（五）国际货币体系多元化

现行国际货币体系是布雷顿森林体系在20世纪70年代初期瓦解后不断演化的产物，在仍然沿袭布雷顿森林体系基本原则和理念的基础上，形成了以美元为中心的多元化国际信用本位制，其特征表现为：其一，就汇率制度看，形成以浮动汇率为主体的多种汇率制度并存的格局，但严重依赖美元。其二，就国际储备看，储备货币多元化，但美元仍占主导地位。其三，就国际收支调节机制看，现行体制继承了布雷顿森林体系的原则，完全由逆差国家自我调节。其四，国际货币基金组织仍然是现行国际货币体系的重要载体之一等。

（六）金融监管国际化

随着金融自由化和金融全球化的快速发展，特别是金融科技的发展，金融风险在国家之间相互转移、扩散的趋势不断加强，金融监管的国际化越来越重要。在全球统一监管的进程中，巴塞尔银行监管委员会发挥了重要作用。从1975年开始发布《对国外银行机构监督的原则》，到1997年发布《有效银行监管的核心原则》，无一不显示出该委员会对银行监管持之以恒的重视。尽管这些协议原则不具有硬性的约束力，但由于其适应了全球金融监管的现实需要，而得到了国际金融业和各国监管当局的普遍接受与运用。此外，一些国际性金融监管组织，如国际证券委员会组织、保险业国际监管组织、国际货币基金组织等，都采取了加强合作行动来解决具体的金融监管国际化问题。

四、世界主要金融市场简介

（一）伦敦金融市场

伦敦是英国金融市场所在地，也是最古老的国际金融市场之一。二战后，虽然伦敦作为国际金融市场中心的地位已被纽约所取代，但至今仍是世界上最大的金融中心之一。除了经营国内银行业务和证券交易业务外，伦敦又是欧洲货币业务、欧洲证券交易、保险业务、外汇业务、资金管理和公司财务咨询的主要中心，也是国际股票交易与期货期权交易的重要场所。由于可以比较自由地在伦敦建立国际银行，且其国际银行业务不需要准备金，因此伦敦的国际银行业务发展很快。国际债券业务是伦敦市场快速发展的重要业务，这主要是因为其他国家金融中心实行带有限制性的管制措施，有些国家的政府仅允许其债券在外国金融市场发行，因此大多数欧洲美元、欧洲日元、欧洲加元等债券均在伦敦发行。伦敦的保险业务可分为人寿保险和非人寿保险。伦敦是目前世界上最大的国际保险市场，主要表现在：第一，在海上和航空保险方面，伦敦占世界首位；第二，伦敦保险市场在世界上仍处于领先地位。如瑞士苏黎世是世界一些特大保险公司总部的所在地，其中大部分在伦敦有分公司，但英国的保险公司则很少在苏黎世设立分公司；第三，伦敦至今仍是世界上最大的再保险业务中心。劳合公司所经营的再保险业务比其他任何一家保险公司都多。虽然近年来，一些主要的海外保险中心参与了竞争，致使伦敦在国际保险和再保险市场上所占的份额有所削弱，但绝对数量仍在迅速增长。在伦敦有 6 个市场进行期货与期权交易，其中伦敦国际金融期货交易所进行的是金融期货和期权交易，伦敦期权交易市场进行的是股票期权和金边证券期权交易、金融时报证券交易、指数期权交易和外币期权交易。

（二）纽约金融市场

美国是金融业高度发达的国家，素有"金元帝国"之称。美国拥有世界上最为复杂和完备的金融体系，而美国金融体系又以纽约金融中心为核心。纽约金融中心的最主要标志是纽约证券交易所，它是美国国内专事股票、债券买卖的交易所之一，又是目前世界上组织最健全、设备最完善、管理最严密，对世界经济有着重大的全局性影响的证券交易所之一。

纽约外汇市场是北美洲最活跃的外汇市场。它是在二战后发展起来的国际外汇交易中心。由于美元多年来在国际货币体系中的地位以及美国没有任何外汇管制等有利因素，纽约外汇市场迅速发展成为一个完全开放的市场，是世界第二大外汇交易中心，也是当今最活跃的外汇交易中心。纽约外汇市场的外汇交易量不是最大，但是世界各地的美元买卖，包括欧洲美元市场和亚洲美元市场的交易在内，最终都需在美国，其中 90% 通过纽约的"银行间清算系统"收付、划拨和清算。因此，纽约外汇市场有着其他市场无法取代的美元清算和划拨功能，地位日益巩固。纽约外汇市场上的大商业银行通过其海外分支机构及广泛的国外关系，承担着主要国际资金结算和国际资本转移的任务。同时，纽约外汇市场的重要性还表现在它对汇率走势的重要影响上。纽约市场的汇率变化的影响程度比起伦敦市场有过之而无不及，主要有三个方面的原因：（1）美国的经济形势对全世界有着举足轻重的影响；（2）美国各类金融市场十分发达，股市、债市、汇市相互作用，相互联系；（3）以美国投资基金为主的投机力量非常活跃，对汇率波动推波助澜。因此，纽约外汇市场的汇率变化受到全球外汇交易商的格外关注。

纽约外汇市场没有固定的交易场所，属于无形市场。各类外汇交易都是通过电话、计算机网络等进行。它的电脑系统纳入外汇交易和信贷控制的全部程序，将主要货币的即期、远期汇率都在电控中心控制的行市电子设备上表示出来。电子数据处理设备还随时标明外汇头寸并对交易作管理性的处理。

（三）东京金融市场

与英美相比，日本金融市场发展较晚，只是到 20 世纪 60 年代日本经济发展速度出现奇迹之后，东京金融市场才得以迅速发展。20 世纪 90 年代以来，经过金融改革，东京金融市场已仅次于英美而跃居世界金融市场的第三位。东京股票市场现已成为世界上最大的股票市场之一。由于日本实行自由化政策，金融市场发生了极大的变化。日本国债期货合同可在伦敦交易；日本国内金融机构可以经营外国金融期货和期货买卖；在东京证券交易所可以买卖美国国库券期货合同和股票指数期货。

东京是亚洲最大的外汇交易中心。在 20 世纪 60 年代以前，日本实行严格的金融管制，直到 1964 年日本加入国际货币基金组织（IMF），日元才被允许自由兑换，东京外汇市场开始逐步形成。20 世纪 80 年代以后，随着日本经济的迅速发展和在国际贸易中地位的不断上升，东京外汇市场也日渐壮大成亚洲第一大外汇交易中心。东京外汇市场虽然规模较大，但还不能像伦敦和纽约外汇市场那样，成为真正的世界性金融市场。且自 20 世纪 90 年代以来，受日本泡沫经济崩溃的影响，东京外汇市场的交易一直处于低迷状态。东京外汇市场的外汇交易主要有即期、远期和掉期三种。交易的货币种类比较单一，外汇交易量 90%以上都以美元和日元成交，其他货币交易量所占比重很小，而且交易时受到一定的限制。

日本是贸易大国，进出口商们的贸易需求对东京外汇市场汇率波动的影响较大。加之，由于日本工商业习惯在月末和公司结算，进出口换汇的时间比较集中，这种影响就更为明显。由于汇率的变化与日本的贸易状况密切相关，故日本的中央银行对汇率波动尤其是美元对日元的汇率变化极为关注，频繁地干预外汇市场。这是东京外汇市场与其他外汇市场相比的一个重要特点。

第二节　金融市场要素

在金融市场的具体运行过程中，一般包括四个基本方面，即市场交易主体、金融工具、金融中介机构和金融监管机构，它们发挥各自的作用，并构成了金融市场体系。

一、金融市场主体

金融市场主体即金融市场的交易者，它们可以是法人，也可以是自然人，对金融市场具有决定性的意义。金融市场的主体一般包括政府部门、工商公司、金融机构、机构投资者和个人等，它们是金融市场存在与发展的基础。金融市场主体的融资行为不仅决定了资金的来源及流向，同时造就了多种金融工具和融资方式，并决定着金融市场的规模与运行机制。

（一）政府部门

在金融市场的运行中，政府是充当双重角色而作为交易主体的。第一，政府作为金融市场运行的调节者与监管者；第二，政府作为资金的供应者与需求者。作为调节者，政府发行的国债，特别是国库券是中央银行公开市场操作的主要对象，中央银行通过在公开金融市场上买卖国库券和调节金融市场上的货币供应量以达到调节经济的目的。作为监管者，各国政府均通过制定相关法律法规对金融市场的各构成要素进行监督检查，一旦发现违规行为，将进行严厉的制裁，以保证金融市场的公正性。作为资金需求者，政府主要是通过发行财政部债券或地方政府债券来筹集资金，用于基础设施建设、弥补财政预算赤字等。作为资金供应者，政府对原有负债进行偿还，债务偿还的资金大部分被重新投入金融市场。此外，许多国家政府也是国际金融市场上的积极参与者，如中东的主要石油出口国家就是金融市场上资金供应的大户。

（二）工商公司

工商公司是金融市场上主要的资金供应者与需求者。工商公司在其生产经营过程中，由于季节性、周期性等原因，经常会出现暂时的资金盈余。为提高资金的运用效率，工商公司会用这部分资金到金融市场上购买证券，从而形成了资金的供给。但这些资金仅是工商公司暂时闲置的资金，一旦当工商公司产生支出需求时，这些资金必须立即从金融市场上退出。因此，这些资金主要是购买流动性强、安全性高的短期证券，即成为货币市场的临时资金供应者。当然，工商公司更是金融市场资金的需求者，它们在创业或扩大生产规模时所需的长期资金，主要是通过在金融市场上出售股票、债券筹集，而营运过程中所需短期流动资金在不能从银行贷款得到满足时，也主要是通过向金融市场出售商业票据融入。此外，工商公司还是金融市场上套期保值的主体。

（三）金融机构

这里的金融机构主要是指商业银行和中央银行两大类。首先，商业银行等储蓄性金融机构通过自身负债业务，把社会大量分散的储蓄资金汇集起来，形成巨额的资金来源，再以证券投资的方式把储蓄资金引入金融市场，融通给工商公司、政府使用。这些金融机构也是金融市场上的资金需求者，它们时常发行自己的证券和出售手中持有的证券，以充实、调整准备金，从而改善资产、负债状况。其次，中央银行是金融市场的行为主体与监管者。中央银行作为银行的银行，充当最后贷款人角色，成为金融市场资金的提供者；中央银行作为货币政策的执行者，可以在金融市场上买卖有价证券，调节货币供应量；中央银行可接受政府的委托，代理政府债券的还本付息，或接受外国中央银行的委托，在金融市场上买卖证券等。

（四）机构投资者

机构投资者是指进行金融意义上的投资行为的非个人化、职业化和社会化的团体或机构，它包括用自有资金或通过各种金融工具所筹资金并在金融市场上对债权性工具或股权性工具进行投资的非个人化机构。它们或是积极于公司管理，或是积极于证券组合管理。机构投资者主要包括保险公司、信托投资公司以及各种基金等。如各种基金，主要有养老金基金、证券投资基金等，它们主要吸收个人为特定目的（如养老、投资等）积攒的现期货币收入，在合同规定的支付期到来之前将这笔资金用于金融投资，购买一些期限长、收益高的金融市场工具。其特点在于使小额资金供给者进入市场，把零散的资金汇集成额度大、期限长的资金来源，用于满足大规模的资金需求。

（五）个人

个人常常是金融市场上重要的资金供给者与金融工具的购买者。在金融市场上，个人投资者的特点主要表现为：一是其投资活动不创造新的金融资产与金融工具，他们既不发行也不提供新的证券，只是证券的净需求者；二是其投资活动具有较大的盲目性；三是其投资活动均借助于证券中介机构进行，个人投资者相互之间很少进行证券买卖的直接交易。在金融市场上，个人参与投资的动机各不相同，概括而言主要有：其一，获取相对稳定的投资收益。为此，一些个人投资者在金融市场上往往选择购买债券和固定收益证券以及行业前景好、稳定性高的公司股票。其二，实现资本增值。资本增值一般通过两种途径：一是将投资所获得的收益再进行投资，这比较适合于不靠经常的投资收入来维持家庭日常开支的高收入者；二是投资于增长型股票，这比较适合于资本额较大、心理承受能力较强的投资者。其三，保持资产的流动性。个人投资者在管理自己的资产时通常要考虑应急的情况发生，在投资决策过程中要充分考虑资产的流动性。其四，实现投资品种多样化。按照投资组合理论，建立多样化的合理的投资组合可以降低或消除非系统性风险，将资金按照一定的比例投资于多个证券品种可以增加投资者的效用。其五，参与公司的决策。少数资本实力雄厚的个人投资者会通过大量购买某个公司的股票来取得控制权，但大多数小投资者并非如此。

二、金融市场工具

金融市场工具，即金融工具，是反映债权人与债务人之间债权债务关系的一种标准化的合约证明文件。表面上看，金融工具是金融市场交易的对象，实质上，金融市场上交易的是资金本身。

（一）金融工具特性

1. 货币性

货币性即金融工具可直接作为交换媒介实现交易安排如现金、支票或可以用较少的费用把它们转化为货币，如定期存款、国库券等。

2. 流动性

如前所述，流动性是指金融工具在短时间内的变现能力。衡量流动性强弱的依据是金融工具的交易成本，包括交易时间、佣金费用以及价差损益等内容。交易成本越低，则流动性越强。一般来讲，金融工具的流动性一方面与偿还期成反比，偿还期越短，流动性越强；另一方面与发行人的资信标准成正比，发行人的信用程度越高，表明证券的可靠程度越高，越容易为投资者所接受，流动性就越高。当然，金融工具的流动性还取决于二级市场的发达程度。一个交易活跃、制度健全、设施先进的流通转让市场，能够降低交易成本，从外部提高金融工具的流动性。

3. 风险性

金融工具的风险主要来自于到期不能收回最初投入的全部资金，它包括违约风险和市场风险两种。违约风险是指由于金融工具发行人破产而无法收回本金或利息的可能性。在美国，政府债券和商业银行储蓄存款比公司债券、市政债券、公司股票的违约风险小，因为美国政府拥有宪法赋予的以征税或印制现钞的方式履行金融债务的权利。商业银行的储蓄存款也由联邦存款保险公司保险，而公司债务、市政债券或公司股票就没有此安全特性。市场风险是指金融工具的价格或市场价值波动的风险，也就是市场风险是由于国民经济发生趋势变化、货币政策变化及其他因素导致的金融工具价格波动给投资者带来的损失的可能性。

4. 收益性

金融工具的收益性是指为持有者带来收益的可能性，它与偿还期、风险性、流动性存在着密切关系。一般来讲，金融工具的收益性与偿还期、风险性成正比，与流动性成反比。金融工具的收益包括定期支付的利息、股利以及价格变动产生的价差收益等。

5. 可分性

可分性是指可以以不同金融工具的单位为交易单位，进行多少不一的投资，如股票单位1手，投资者可选择买入或卖出1手、2手等等。金融工具的可分性有利于吸收社会零散资金，使许多分散的、小额的零星资金可通过购买金融资产而发挥资本的作用；有利于投资者选择不同种类、不同单位的金融工具，达到投资的最佳结合。

6. 可逆性

可逆性是指金融工具所具有的重新转换成现金的性质。银行活期存款有很好的可逆性，因为它不需要任何额外费用就可以实现这种转换。其他金融工具转换成现金时，或多或少要支付交易费用。

(二) 金融工具基本种类

在金融市场上，金融工具种类繁多，主要包括票据、债券、股票、外汇等。此外，在金融市场上还存在着直接的融资关系，但并不一定具有一定形式的工具，如同业拆借资金。

1. 票据

票据是具有一定格式、载明一定金额和日期，约定由债务人（即付款人）对指定人或执票人无条件支付款项，并可流通转让的书面凭证或债券。在金融市场上，票据是重要的信用工具和支付手段，它反映着债权债务关系的发生、转让和偿付的全过程，是体现债权债务关系、具有法律效率的书面凭证。票据可分为汇票、本票和支票。汇票是出票人签发的、委托付款人在见票时或在指定日期无条件支付确定的金额给收款人或持票人的票据；本票是出票人签发的、承诺自己在见票时无条件支付确定金额给收款人或持票人的票据；支票是出票人签发的、委托办理支票长卡的银行或其他金融机构在见票时无条件支付确定的金额给收款人或持票人的票据。

2. 债券

债券是债务人在筹集资金时，依照法律手续发行，向债权人承诺按规定利率和日期支付利息，并在规定日期偿还本金的一种有价证券。债券的种类繁多，分类方法多样，如按照发行主体可分为政府债券、金融债券和公司债券。政府债券是国家、政府机构和地方政府所发行债券的总称。因发行主体不同，政府债券又可分为政府债券、政府机构债券和地方政府债券。金融债券是银行或其他金融机构为筹集信贷资金而向社会发行的一种债务凭证。由于金融机构的资信程度高于一般的工商公司，金融债券具有较高的安全性和流动性。公司债券是工商公司对外借债而发行的债务凭证，它由发行债券的公司对债券持有人作出承诺，在一定时间按票面载明的本金、利息予以偿还。

3. 股票

股票是股份有限公司为筹集主权资本而发行的有价证券，是股东拥有公司股份的凭证。股票的基本特征有：对公司资产的拥有权、价值的不可兑现性、收益具有波动性、市场的流动性大、价格的起伏性等。股票的种类较多，一般分为普通股与优先股、记名股票与无记名股票、有面额股票与无面额股票等。

4. 外汇

"外汇"这一名词原是对"对外汇兑"或"国际汇兑"这一名称的简称。一般有静态和动态两层含义：静态的对外汇兑是指以外国货币表示的，用于国际结算的支付手段；动态的对外汇兑是指将一个国家的货币兑换成另一个国家的货币，借以清算国际债权债务的一种行为。外汇是一种国际支付手段，在国际贸易和国际经济合作中发挥着不可替代的积极作用，推动了世界经济的发展，促进了国际经济协作与交流。在国际贸易和世界金融中，外汇主要具备以下重要功能：

（1）促进不同国家和地区间购买力的互相转换。每个国家都有自己特定的法定货币和货币制度，这就导致他国居民对本国商品或本国居民对他国商品不直接购买，限制了商品的购买力。而外汇作为一种支付手段，将一种货币转换为另一种货币，帮助实现了这些跨国购买，即等于将一国的购买力换成了另一国的购买力。

（2）作为国际债权债务的清偿工具。这一点对于一国平衡国际收支、维护汇率稳定尤为重要。一国的外汇储备水平也是其在国际上借债、融资的重要信誉标志。所以，各国政府或中央银行都十分重视本国外汇储备的积累。

（3）在世界范围内调剂资金余缺，引导资金流向最有效率的国家或地区。外汇的出现，使得富余资金可以在全球范围内寻找合适的投资机会，同时让许多资金不足的国家或地区得到资金注入。这些都促进了全球资本使用效率的总体提高，增进了世界福利。

（4）促进了国际贸易的进一步发展。外汇尤其是各种外汇信用的发展，使得国际贸易双方的信用授受成为可能，有助于双方在长期的贸易往来中达成合作伙伴关系，降低风险。

5. 同业拆借资金

同业拆借资金既指在同业拆借市场上交易的资金，也指同业拆借市场上交易的工具。

三、金融市场中介机构

金融市场中介机构是指资金融通过程中在资金供求者之间起媒介作用的人与机构，如商业银行、信托投资公司、投资银行、经纪人、保险公司与交易商等。它们一方面可以作为金融市场参加者为自己买卖金融工具，而更主要的是为其他交易提供买卖中介服务。

（一）金融中介的益处

金融中介对借贷双方都有益处。首先，资金剩余方得到益处。在资金剩余方来看，金融中介益处较多。通过汇集无数的个人资金，金融中介可以克服那些制约剩余方直接购买原始债权的障碍。在这些障碍中，有些是由于缺少金融经验形成的，有些是缺乏信息造成的，有些则因进入金融市场受到限制等。其次，负债方得到益处。在负债消费者看来，金融中介也拓宽了一个机构能发行债务工具的范围、面值和期限，并且极大地降低了交易成本。通过降低交易成本以及更有效地处理信息不对称的有关问题，金融中介提高了经济效率，扩大了经济活动，并提高了生活水平。也就是说，金融中介比一般投资者具有更大的资产组合选择空间、更及时广泛的市场信息和资料、更专业的市场分析理论以及更经济的交易规模，从而加快了资金流动的速度，提高了整个经济体系的效率。

（二）金融中介的基本任务

作为金融中介，其承担的任务主要有：运用金融市场将客户自己拥有的金融资产或金融工具转换成他们所喜爱的其他一种或多种金融工具；为客户设计金融工具并帮助客户把它们推销给其他市场参与者；为客户提供投资咨询；为客户进行资产债券管理；自己买卖金融工具等。

（三）金融中介的基本种类

金融中介也是多种多样的，在某种意义上讲，商业银行也是金融中介机构。除此以外，主要的金融中介包括投资银行、证券交易所、经纪人、证券评级机构等等。

1. 投资银行

无论是发达市场经济国家还是一些处于经济转轨时期的国家，投资银行均已成为金融市场的核心。投资银行既是金融市场重要的机构投资者，又是各种证券发行的主要中介机构，起着融资桥梁的作用。投资银行是金融市场的重要中介者，它运用丰富的专业知识和经验帮助投资者投资于某种产业或某个公司，以保证资金的安全与增值；投资银行在资本运营中为公司发行股票和中长期债券，并担当财务顾问，为公司并购活动等提供各种中介服务；投资银行的业务开展促进了各种金融工具的不断创新。

2. 证券交易所

证券交易所是有组织地进行证券集中交易的场所和证券市场的一线监管者，居于证券交易的枢纽与核心地位。严格地讲，证券交易所不是金融市场的中介机构，而是服务性的中介机构。因为证券交易所本身并不参加金融工具的交易，仅仅是提供买卖双方能够顺利进行交易的场所与设施。不过，从整个金融工具的交易看，证券交易所又是必不可少的，所以证券交易所也属中介机构。

证券交易所依组织形式可分为会员制证券交易所和公司制证券交易所两类。会员制证券交易所由会员自愿出资共同组成，是一种非营利性的证券交易机构。其会员由证券商组成，包括法人会员与自然人会员，一般有最低人数限制，并且作为一个证券交易所会员的证券商一般不得为其他交易所的会员。会员依章程规定出资，其组织机构由会员大会、理事会、监事会、总经理与职能部门组成。公司制证券交易所是由股东出资设立，以股份有限公司或有限责任公司形式出现的法人。公司制证券交易所本身不参加证券交易，以向客户提供证券交易场所、设施及服务为职能。会员制证券交易所与公司制证券交易所的主要区别是：第一，会员制证券交易所是非营利的法人或非法人团体；公司制证券交易所则是营利性或非营利性的法人组织。第二，一般地，会员制证券交易所入场交易的一定是本所会员，非会员不得入场交易；而在公司制证券交易所，其入场交易的可能是公司股东，也可能不是公司股东。第三，在会员制证券交易所，会员与会员制证券交易所是一种自律关系，会员共同制定有关章程，互相约束、共同遵守；公司制证券交易所与入场交易者的关系是一种契约关系，按照契约，入场交易者可以在集中交易市场交易，承担相应义务。第四，会员制证券交易所的会员可以在交易市场内从事证券业务；公司制证券交易所的股东，如果不是证券商，则不得从事证券业务。第五，会员制证券交易所的收入来源于会员的会费及其他收入，上市费用和交易佣金相对低廉；公司制证券交易所的收入主要来源于上市费用和证券交易手续费，即在此类证券交易所上市的费用相对较高。

证券交易所的基本功能体现为以下几个方面：一是提供持续性的证券交易市场。通过证券交易所来提供持续性的证券交易市场，为证券变现创造了必要条件，使得证券的持有者可以随时出售证券，收回投资并获得收益。二是形成合理的证券价格。真正合理的价格是在自由的证券市场中，通过公开的供求关系由交易双方协商而形成的。证券交易所为交易者提供了公开、集中的交易场所和完善的交易机制，同时，证券交易所又承担了维护市场秩序的责任，为合理的证券价格的形成创造了良好的条件。三是吸引社会资金。上市公司能在证券交易所上市，标志着其具有相当的规模与信誉，发展前景广阔。由此可以吸引广泛的社会资金投资于该公司，从而为公司的发展提供了所需资金。四是预测和反映经济状况。股票价格往往是国民经济的"晴雨表"。在证券交易所，专业人才为数众多，各种信息流动迅速，任何一点对经济发展产生影响的信息均在此有所表现，因此，证券交易所能反映经济发展的基本前景。

3. 经纪人

经纪人是在各种交易活动中为交易双方（供方和需方、卖方和买方、出租方和承租方）沟通信息、撮合成交、提供各种相关服务的人与组织，包括个人、合伙公司、公司及其他法人组织。经纪人都应对其所经手中介的交易业务具有专业知识，熟悉市场行情与交易程序，对交易双方的资信有深刻的了解。在金融市场上，经纪人在进行经纪活动时，是受委托代表他人从事购买和销售行为的，可以是以自己的名义，也可以以委托人的名义。经纪人与委托人的关系通常是不固定的，经纪活动具有非连续性和隐蔽性的特点。经纪人进行经纪活动时不得直接参与买卖，即不得从委托人那里购买所委托的货物，也不得向委托人出售与自己有利益关系的货物。经纪活动通常是有偿的，经纪人在具体交易时还可以对交易的顺利进行提供担保服务。

金融市场的经纪人主要包括货币经纪人、证券经纪人、外汇经纪人、保险经纪人等等。以保险经纪人为例，保险经纪人是指基于投保人的利益，为投保人与保险人订立保险合同提供中介服务，并依法收取佣金的单位。保险经纪人的基本权利包括要求支付佣金的权利、拥有保单留置权等；其义务则包括提供保险信息并促成订立保险合同、监督保险合同的履行、协助索赔和损害赔偿责任等。

4. 证券评级机构

证券评级机构是专门对有价证券进行投资研究、统计咨询和信用等级评估的机构。它在证券筹资者的要求下，对其发行证券的信用状况进行评估，并通过明确其信用等级、投资风险的大小等，向投资者提供所需的信息。在发达国家的金融市场上，除了中央政府所发行的债券之外，各种有价证券的发行均需经过专门的证券信用评级机构予以评价。因此，证券评级机构是金融市场上重要的中介机构。

证券评级机构一般为独立的、非官方的机构，大多是私人公司。证券评级机构的作用主要体现为：其一，证券承销商可以根据证券信用级别来决定发行价格、发行方式、承销费用及所采取的促销手段等；其二，自营商可以根据各种信用等级来评判其风险的大小，调整资产组合，进行有效的风险管理；其三，证券经纪人在从事信用交易时对不同信用等级的证券给出不同的证券代用率；其四，投资者根据证券信用等级状况来决定买卖多少数量的证券。不过，必须注意的是，证券评级机构对其所评定的结果仅负道义上的责任，不负法律上的责任。证券评级机构只评价证券的发行质量、筹资者的资信、投资者承担的风险，以帮助投资者在比较分析的基础上作出投资决策，而不具有向投资者推荐证券的含义。

目前，国际上比较著名的证券评级机构主要有：美国的标准普尔公司和穆迪投资服务公司，英国的国际银行业和信贷分析公司，日本的日本投资服务公司和日本评级研究所等。其中影响最大的则是美国的标准普尔公司和穆迪投资服务公司。这两家评级公司实行自动评级制度，即只要达到某一证券发行数量，不管证券发行者是否申请评级，都会自动进行评级。标准普尔公司对1000万美元以上的证券实施自动评级，穆迪公司对5000万美元以上的证券发行实行自动评级。美国金融市场上流通的证券基本上是通过这两家公司来评定级别的。这些证券评级公司所评定的证券等级普遍受到投资者的信赖，并被筹资者所重视。

四、金融市场监管机构

金融市场在各国经济中发挥着越来越重要的作用，对金融市场的监管也越来越必要。对金融市场加强监管的基本理由是：第一，如果让金融市场放任自由，市场将不会以高效率、低成本的方式来生产产品或提供服务。高效率、低成本是完全市场的特点，通过监管可以在一定程度上保证金融市场的完全竞争态势。第二，市场的竞争机制和价格机制没有外力介入就难以正常运转，即一个市场无法靠市场自身来满足完全竞争状态的要求。通过监管可以消除"市场失灵"现象。

大多数发达国家均已建立了复杂的金融市场监管体系，其监管的目标主要是：防止证券发行人隐蔽相关信息欺骗投资者、促进证券交易的公平进行、提高金融机构的稳定性、对外国公司在国内市场与机构的行为加以约束、对经济活跃程度加以控制等。

第三节　金融市场功能与作用

金融市场功能是指金融市场本身内在的职能，而其功能的发挥则是金融市场的作用。金融市场的功能多种多样，但必须创造必要的条件使其发挥积极的作用。

一、金融市场的功能

金融市场作为金融资产交易的地方，从经济运行的角度来看，其主要功能有储蓄功能、流动性功能、信贷功能、价格发现功能、风险功能、政策功能等。

（一）储蓄功能

金融市场与金融机构体系为广大的社会公众的储蓄提供了一条渠道。在金融市场上所销售的股票、债券和其他金融工具为公众的储蓄提供了一条有利可图的、低风险的出路。储蓄通过金融市场流向投资，从而生产出更多的产品，提供更好的服务，提高社会生活水平。当储蓄流下降时，投资与生活水平开始下降。

（二）流动性功能

金融市场为投资者出售或购买金融资产提供了一种机制。由于这一机制，金融市场提供了流动性。流动性是指一种资产立即变现的容易程度和意愿，对金融资产来讲，其流动性必须满足三个前提：一是必须能很容易地变现；二是变现交易成本极小；三是本金必须保持相对稳定。金融市场创造了金融资产的流动性，因为现代金融市场已发展成功能齐全、法规完善的资金融通场所，资金需求者可以很容易地通过直接或间接的融资方式获取资金；资金供应者也能通过金融市场为资金找到适合的投资渠道。

（三）信贷功能

金融市场提供信贷为消费与投资支出融资。信贷由资金的贷放组成，以未来支付的承诺作为回报。在金融市场上，无论是个人、公司或政府，都可能成为资金需求者。但经济中各经济单位的闲置资金是相对有限的，难以满足整个社会的需要。金融市场能将为数众多的小额资金集合起来以形成巨额资金，从而提供了信贷功能。

（四）价格发现功能

金融市场上买方与卖方的相互作用决定了交易资产的价格，或者说确定了金融资产要求的收益率。公司获取资金的动力取决于投资者要求的回报率。金融市场的这一特点决定了资金应如何在金融资产之间进行分配，这一过程被称为价格发现过程。

（五）风险功能

金融市场为公司、消费者和政府提供了防范生命、健康、财产与收入风险的手段。金融市场有多种多样的金融工具可供选择，因而投资者可通过分散投资来避免风险；金融市场可进行对冲交易、期货交易、期权交易等，使投资者得以转移和避免风险；金融市场强调公开、公正、公平原则，在一定程度上防止了作弊欺诈行为，增强了交易的安全性。

（六）政策功能

近几十年来，金融市场逐渐成为政府实施其力图稳定经济、避免通货膨胀的政策的主渠道。通过合理地控制利率与信贷，政府能够影响公众的借款计划，而这反过来又会对工作、生产与价格的增长产生影响。以货币市场为例，货币市场具有传导货币政策的功能。在市场经济条件下，中央银行实施货币政策主要是通过再贴现政策、法定存款准备金政策、公开市场业务等的运用来影响市场利率和调节货币供应量以实现对宏观经济调控的目标，在此过程中货币市场发挥了基础性的作用。如中央银行通过同业拆借市场传导货币政策借助于对同业拆放利率和商业银行超额准备金的影响。首先，同业拆放利率是市场利率体系中对中央银行的货币政策反应最为敏感和直接的利率之一，成为中央银行货币政策变化的"信号灯"。因为在发达的金融市场上，同业拆借活动涉及范围广、交易量大、交易频繁，同业拆放利率成为确定其他市场利率的基础利率。国际上已形成在同业拆放利率基础上加减协议幅度来确定利率的方法，尤其是伦敦同业拆借利率更成为国际上通用的基础利率。中央银行通过货币政策工具的操作，先传导影响同业拆放利率，继而影响整个市场利率，最终达到调节货币供应量和调节宏观经济的目的。其次，就超额准备而言，发达的同业拆借市场会促使商业银行的超额准备维持在一个稳定的水平，为中央银行控制货币供应量创造了一个良好的条件。

二、金融市场的作用

金融市场提供了整个社会资金从盈余部门转到短缺部门的有效途径，大大促进了资金融通的效率，并对货币信用的进一步发展起到积极的推动作用。

（一）金融市场有利于整个社会资金的融通

金融市场为资金的需求者与供应者提供了一个银行间接融资以外的途径。在金融市场上，资金的需求者可以按照资金使用的性质、数额、期限进行自主筹措，能保证资金使用的稳定性与灵活性，降低对银行信用的依赖程度；随着金融市场发展而不断创新的各种金融工具，可以极大地满足资金供应者进行金融投资的需求，从而对经济发展产生深远的影响。

（二）金融市场有利于提高金融体系的竞争性与融资效率

金融市场为需求者和供应者创造了银行体系之外的融资选择机会，投资者可以将各种金融工具的收益与银行存款收益进行比较，公司也能够比较各种资金来源的成本。通过在市场投资、融资与银行存款、贷款之间进行收益和成本的权衡，融资双方自主决定适当的融资方式，这在客观上导致资金在银行体系和金融市场之间的竞争性流动，使得金融市场与银行体系均必须提高各自的竞争能力与融资效率，从而促进整个融资体系效率的提高，保证了社会资金的合理流动。

（三）金融市场有利于金融机构实现资产负债管理

资产负债管理理论认为，银行的经营管理不能偏重于某一方，有效的银行管理体系应该资产和负债双方并重。资产负债管理理论形成于20世纪70年代中后期，它是在适应西方国家利率市场化、金融业竞争激烈和市场复杂多变的经济环境中产生的。该理论的基本思想是：强调银行对资产和负债进行全面管理，要求银行同时利用资产和负债来提供流动性，从资产、负债两方面综合分析利率、期限等因素的影响，以期限对称、利率对称的要求来不断调整其资产结构和负债结构，使资产负债在总量上平衡、结构上协调，从而谋求在风险最小化的同时获取最大的收益。金融市场为商业银行等金融机构实行资产负债管理创造了条件。通过金融市场，金融机构之间得以调剂资金头寸的余缺，不但扩张了银行体系的放款能力，而且增强了资金运用的安全性。金融市场也为金融机构提供了贷款以外的多种资产形式，如国债、公司债券等，丰富了金融机构的资产结构，使之更具流动性与安全性。而金融机构进入金融市场，通过发行金融债券的方式筹集资金，改变了被动依赖存款增加负债的局面。

（四）金融市场有利于降低社会融资成本

金融市场规模庞大、市场机制完善，从而能为社会融资提供规模经济效应。在单个的直接融资中，融资成本必然较高。但若存在健全而完善的发行、流通市场，存在投资银行、经纪人等各种专业性服务中介机构，直接融资的缺陷在很大程度上会得以消除。金融市场广泛的参与层面和庞大的交易规模，加速了信息的传递速度，提高了金融工具的流动性，减少了融资的费用。特别是金融市场将直接融资和间接融资有效地结合在一起，既发挥了间接融资风险较小的优越性，满足分散投资者的需求，又使公司能够充分享受发行证券筹集资金所具有的自主性、灵活性以及稳定性的优势，适应了长期资金的需要。

（五）金融市场有利于各资金需求者提高管理水平

金融市场遵循公开、公平、公正原则，监督机制健全，促进了资金需求者必须努力改善经营管理水平，提高经营业绩与用资效果。金融市场的监管者要求证券发行者，即资金需求者必须定期或不定期向社会公众公布其财务、经营状况与业绩，为投资者提供客观、公正、全面的投资信息，市场投资者据此决定是否购买或持有该种证券。公开信息披露机制将公司置于社会公众的经常监督之下，只有不断改善经营管理，提高经营业绩，才会吸引投资者的资金投入。否则就不会有投资者愿意购买或持有其发行的证券，公司难以筹集到生产营运资金，最终将被市场所淘汰。

从公司金融角度看：第一，发达的金融市场是公司组织投资与筹资的场所。在发达的金融市场上，融资方式灵活多样，若公司的发展需要资金，则可以根据其可行的资本结构，很方便地在金融市场融到所需资金；同时，若公司有剩余资金，也可在金融市场选择灵活的投资方式。第二，发达的金融市场可以增强公司资产的流动性。发达的金融市场为公司的各种资金互相转化提供了可能，有利于公司保持合理而灵活的资产结构、增强公司资产的流动性。第三，发达的金融市场为公司金融活动提供了有价值的信息。公司通过发达的金融市场提供的信息，可以了解资金供求关系，衡量风险与收益水平，有效地作出投资与融资决策。

当然，从公司金融角度看，金融市场也可能存在一些问题：一是金融市场并不总是能理性及合理地评估新信息对价格的影响，因为市场可能波动较大，有时即使没有新信息也会波动。二是金融市场有时会对信息作出过度反应。三是有时内部人会进入市场获取私人利益，通常会以损害外部投资者的利益为代价，如在非流通股票中尤其如此，即使这些股票被广泛持有与交易，内部人有时也能比其他投资者优先获取这些信息。

第四节 金融市场利率

在金融市场的运行中，利率是一个重要的经济杠杆，对公司金融等经济活动有着重要的调节作用。公司在融资过程中，必然要考虑融资的成本，这一成本就是利率；同样，公司在投资决策中，也必须考虑投资资金的成本等，因此金融市场与利率存在密切的关系。

一、利率概述

按照凯恩斯的研究，利率是一定时期内放弃货币流动性的报酬率，即转让货币（或资金）的使用权或出借货币（或资金）。由此可推，银行存款利率是指储蓄者让渡资金使用权一定时期的报酬或价格，贷款利率则是公司或个人获得金融机构的资金或信用（一定时期）所支付的价格，证券收益率是证券投资者暂时转让资金的回报率。所以利率包括银行存款利率、贷款利率以及证券的收益率等。

现实中，利率是多种多样的，不同的金融工具形成不同的金融市场，不同的金融市场会形成不同的资金价格——利率。其一，按利率决定机制分，有法定利率、限制利率和市场利率（或自由利率）。法定利率是货币管理当局或中央银行所规定的利率；市场利率是由金融市场上资金的借贷双方根据资金供求关系自行决定的利率；限制利率则是具有法定与市场决定两重性，一般货币当局仅规定利率的上限或上下限，各借贷主体可以在限制范围内根据金融市场资金供求状况自由浮动。其二，按利率的作用分为基准利率、优惠利率和普通利率。基准利率是在整个利率体系中起主导作用的利率；优惠利率是银行向资信最好的顾客或公司发放贷款的利率；普通利率是包含额外风险费用的贷款利率。其三，按借贷主体或层次分，有中央银行利率、存款银行利率和证券市场利率。中央银行利率有准备金利率、再贷款利率和再贴现利率等；银行利率包括银行存款利率和银行贷款利率；证券市场利率有证券发行利率和证券流通收益率、同业拆借利率等等。

发达的市场经济体制下，市场利率非常重要。一般地，在资金需求量不变或变动不大的情况下，资金供应量增加，利率会随着上升。不过，这种变动不是单一的，受经济周期、通货膨胀、货币政策以及财政政策等各种因素变动的影响。如在经济下行或停滞时期，货币购买力水平下降，产品销售不畅，公司对资金的需求量减少，借贷资金的利率会随之下降；当经济繁荣时，公司投资欲望增强，资金供应量不足，利率就上升；而伴随着投资项目增加，特别是经济过热、投资膨胀时，会出现通货膨胀、价格上涨、公司投资收益率下降；当投资收益率下降到一定程度时，公司投资欲望会降低，资金需求量减少，利率也会随之下降。

二、金融市场与利率水平

在金融市场上，资金通过利率的高低而在各公司之间流动，利率是资金的价格，资金的供求关系交互影响，从而决定金融市场的利率。就某一个金融市场看，资金的供给随着利率的提高而增加，随着利率的下降而减少，而资金的需求则随着利率的提高而减少，随着利率的下降而增加。供求关系交互影响，利率达到均衡状态。同时，各个金融市场之间具有相互依存性。如果某一个金融市场的利率过高，另一个金融市场的资金就会随之转移到利率较高的地方，从而利率较高的金融市场的资金供给增加，利率也随之下降；但另一个金融市场的资金供给减少，利率一定随之提高，进而吸引资金流向该市场。

在一个发达的金融体系下，利率的构成因素主要包括纯粹利率、通货膨胀溢酬、违约风险溢酬、变现能力溢酬和到期风险溢酬等。

（一）纯粹利率

纯粹利率是指在金融市场中预期通货膨胀率为零时的无风险证券的平均利率。因此，纯粹利率代表真实的无风险收益率，一般认为，国库券的利率就是无风险收益率，其利率也代表纯粹利率。不过，纯粹利率也不是固定不变的，它会随着投资者将证券投资于实物资产所获取收益率的高低以及投资者对目前消费和未来消费时间的选择而变动；同样它也随着资金需求量大小及资金需求者能够承担利率高低的能力而变动。

（二）通货膨胀溢酬

通货膨胀溢酬是指为弥补通货膨胀造成的购买力损失，资金供应者要求在纯粹利率基础上再加上通货膨胀补偿率。需要注意的是，通货膨胀溢酬是指预期未来通货膨胀率而非过去已发生的实际通货膨胀率；某种债券利率中所包含的通货膨胀率是指债券在整个存续期间的平均预期值。

（三）违约风险溢酬

违约风险溢酬是指资金供应者所要求的、由其承担的、因借款人到期偿付不了本金和利息的风险而增加的额外报酬。违约风险是指借款人无法按时支付利息或偿还本金而给投资者带来的风险，违约风险的大小与借款人信用等级的高低成反比。通常认为，由政府发行的国库券没有违约风险，由此国库券与相同期限及其他特性相同的债券的利率之间的差额就是违约风险溢酬，简单公式即

$$违约风险溢酬 = 公司债券利率 - 政府债券利率$$

（四）变现能力溢酬

变现能力溢酬是指投资者在投资于变现力较低的证券时所要求的额外报酬，其目的是补偿证券到期不能及时变现所造成的损失。变现力是指某项资产迅速转化为现金

的可能性，各种有价证券的变现力是不同的，通常，政府债券、大公司的股票与债券具有较高的变现力。变现能力溢酬的大小主要取决于各种证券风险的大小，风险大的证券，变现能力低，投资者要求的变现能力溢酬就高。

（五）到期风险溢酬

到期风险溢酬是指投资者在投资期间，承担利率变动风险所要求得到的补偿。到期风险是指因到期期间长短不同而形成的利率变化的风险。例如，长期债券的价格随着利率的上升而下降，因此，任何债券都可能面临利率风险，即由于利率的上升而使长期债券的购买者承担的风险的一种补偿。债券的期限越长，到期风险溢酬就越大。因为存在到期风险溢酬，长期债券的利率通常高于短期债券的利率。

影响利率水平的因素还包括一国中央银行的货币政策、经济发展状况等等。

三、利率市场化

利率市场化是指金融机构在货币市场经营融资的利率水平由市场供求来决定，它包括利率决定、利率传导、利率结构和利率管理的市场化。实际上，它就是将利率的决策权交给金融机构，由金融机构自己根据资金状况和对金融市场动向的判断来自主调节利率水平，最终形成以中央银行基准利率为基础，以货币市场利率为中介，由市场供求决定金融机构存贷款利率的市场利率体系和利率形成机制。我国的利率市场化在2015年年底前基本上完成，无论是贷款还是存款利率管制都已经取消，金融机构都有了利率的自主定价权。利率是决定公司投资成本的主要因素，投资是资本利率的减函数，因此，利率市场化对公司投融资会产生重要影响。

（一）利率市场化表现形式

1. 政府制定基准利率参照标准，商业银行自行决定各自利率的高低

价格由市场进行调节，政府的价格调控机制应当在局部方面影响市场，要充分发挥市场对价格的调节作用。而金融市场作为宏观经济的重要部分，利率市场化要让商业银行作为政府货币政策的传导者，对存款利率和贷款利率具有定价权，实质上是要让市场本身的竞争实现整个社会资源的配置。实行利率市场化会增强商业银行对政府基准利率调控的敏感度，最终可以达到改善金融调控的目的。

2. 利率决定方式的市场化

利率的数量结构、期限结构和风险结构逐渐由金融交易的供需双方按照整个金融市场的情况，根据价值规律，由金融市场自己决定和取舍，中央银行不再直接决定和控制利率与具体折扣上下限。因此，整个市场的利率水平和利率结构，将通过金融交易双方按照市场资金供求情况来确定各项交易的利率和相关期限结构组成，可以真实有效地反映整个市场的实际情况，这样的利率水平和利率结构势必比政府预先制定的利率水平和利率结构更加合理。

3. 利率管理方式的市场化

对存款准备金率、再贴现率和利率这三个货币调控手段，中央银行会根据政策所需不断进行调整，但是中央银行对利率的管理不再是以往的强制性管理，而是根据实

际运行的金融环境和经济运行情况,通过调控所掌握的金融资源,对市场资金的供求情况进行影响,从宏观上调节基准利率来影响金融市场的利率水平。

(二)利率市场化与我国公司融资

1. 利率市场化对公司融资环境的影响

利率市场化将有效深化我国经济体系改革,然而立足于公司融资视角,利率市场化将大大改变当前公司融资外部环境。随着利率市场化的进程逐步加深,其对我国国有商业银行的冲击与影响将逐渐显著,并终将导致利率调整频率逐渐加大。由于利率市场化的最终目的是要保证金融机构随市场发展而调整市场利率,因此它在一定程度上将左右公司融资额度与公司融资量。初期的利率市场化极有可能给我国公司融资带来压力,并最终导致利率市场化不利于公司的科学融资,然而就中长期考量而论,利率市场化将有效调整公司发展方向及融资思想,从而有效规划金融市场,确保金融市场的高效发展。因此,利率市场化在一定程度上左右了当前公司融资的外部环境,并在一定时期内不利于公司的良性融资,然而从长远发展角度看,该部分不利影响的转机将随利率市场化模型的完善而有所改善,并最终实现公司融资环境的重塑。

2. 利率市场化对公司融资格局的影响

利率市场化在影响公司融资环境的同时,对公司融资格局也将构成影响。就当前我国公司融资格局而言,其主要融资形式以银行贷款、票据融资和股权融资三种情况为主。而这其中,大部分公司较为信赖的便是银行贷款。但是传统利率市场促使银行贷款更加偏重于国有公司,对民营公司的扶持相对较小,从而导致民营公司更侧重于票据融资和股权融资两种方式,甚至有部分公司不惜借助民间借贷来实现公司融资目的。可见,传统利率模式影响下,公司发展存在着一定的风险性。然而,伴随着利率市场化的发展,对公司融资格局产生了较大的影响。合理的利率市场化将有效促进市场合理配置资源,从而更好地建立市场利率自律机制,协助包括民营公司在内的公司更好地协调发展,促进公司融资合理、合法、科学,从而规范与净化市场融资形式,达到科学融资及理性发展目的。

3. 利率市场化带给公司融资的机遇

利率市场化对公司外部环境及融资格局构成了实质性的影响,因此为公司融资发展带来了全新的机遇。由于利率市场化的主导群体转向金融机构,从而为商业银行的利率拟定带来了自主性,脱离相关束缚的银行机构将更愿意服务于包括民营公司、合资公司等在内的众多公司,从而保证了银行贷款的灵活性与实用性。与此同时,利率市场化将促进银行的自主经营,从而保证了银行以营利及科学运作为前提,支持与扶持新兴产业及可持续发展产业的建设,并能更好地保障融资的收益性,提升银行参与融资的热情。另外,利率市场化将更加开阔银行的战略视野,促进银行以营利与确保竞争性为前提开展经营,同时也为需要融资的公司提供了更多选择。在市场相互选择的基础上,银行融资业务将更加专业化与科学化,从而引导融资需求公司更好地利用融资资源,实现公司发展。可见,利率市场化在影响银行的同时,也为公司带来了一定的融资机遇,有助于促进公司的良性发展。

4. 利率市场化带给公司融资的挑战

利率市场化可能增加公司的投融资成本。我国一直实行利率管制，这导致我国官方利率长期以来背离了市场上的实际利率水平。此外，利率管制更加倾向于国企的贷款。对于非常渴望贷款的非国有公司设置很高的贷款门槛，使得非国有经济只占据很小一部分的信贷资源。一旦放松利率管制，利率压力必将大大增加。利率上涨将对国有公司的投融资成本产生影响，降低国有公司的利润。利率市场化促进贷款利率提升，从而影响了公司融资成本的增加，使部分公司在市场融资过程中，将不得不考虑融资中的成本管控问题，使公司融资过程变得复杂。利率市场化后的信息变更相对频繁，因此其对公司发展的要求在信息收集方面相对要求严格。公司在考虑并进行融资过程中，实时信息的更新速率必不可少，这就对公司信息渠道构建提出了严格要求，规定了公司信息的时效性收集。

总之，利率市场化要求公司完善风险投资的机制，建立一个多元化的融资机制，寻求公司融资结构的动态均衡，增强公司的利率弹性；需要公司更加重视内部的风险，加大对于风险的控制能力；在复杂多变的环境下，公司应结合自身的融资情况，合理确定公司的融资机构，使得资金的利用率达到最大化，降低公司的融资成本。

本章案例

资本市场风险：盾安 450 亿债务爆雷

2018 年 5 月 2 日，一份疑似盾安集团给浙江省政府的"求救信"开始传播："目前，公司各项有息负债超过 450 亿元，除 120 亿元的待偿付债券外，绝大多数银行和非银行金融机构贷款都集中在浙江省内，如果出现信用违约，将会对省内众多金融机构造成重大伤害，并可能会带来系统性风险。"

盾安集团属于浙江明星企业。2017 年，盾安集团合并报表总资产 648.8 亿元。目前，集团控股盾安环境、江南化工两家 A 股上市公司，位列中国企业 500 强第 283 位，浙江省内排名第 27 位。作为盾安集团的操盘者，姚新义起步于狭小猪舍内的弹簧厂，用 30 年成就了资产规模 649 亿的集团。姚新义擅长运用各种融资手段进行扩张，但事情总有 A、B 面，紧绷的资金链上，任何一环一旦出现问题，后果便是致命的。

1987 年 9 月 26 日，23 岁的姚新义靠着 900 元资金，在狭小的猪舍内成立了振兴弹簧厂，主要从事农机配件生产。在创业之前，他在一家汽车配件厂熬了 7 年，正面临"7 年之痒"。经历了几年的原始积累之后，姚新义展开扩张步伐。1992 年，盾安集团进入空调零部件制造业制冷配件领域；1995 年，投资 2000 万元的浙江盾安机械有限公司（系盾安集团前身）注册成立。在之后的几年，盾安集团相继进入制冷设备、阀门制造领域。2003 年，盾安又收购帅力化工进入民爆化工领域；2006 年，盾安进军新能源、新材料领域；2007 年，盾安接触电机设备和创投；2008 年，盾安集团开始进行三文鱼养殖；2015 年，盾安进入园林景观行业。如今，盾安集团核心产业遍布 6 个大类、15 个小类，集科、工、贸于一体，自称是一家"非相关多元化"大型企业集团。截至 2017 年 9 月末，盾安集团控股盾安环境、江南化工两家 A 股上市公司，以及华益精机、精雷电器两家新三板挂牌公司。2009 年，盾安集团跻身"中国企业 500 强"，此后从未跌落榜单。

姚新义起初想到借力资本市场，是在 2004 年前后。当时，集团旗下盾安环境正式登陆 A 股市场。数年之后，盾安集团又完成了旗下民爆资产的整合，装入 A 股公司江南化工。这两家上市公司也确实为盾安集团带来大量直接融资。自 2004 年上市以来，盾安环境共募集资金 293.93 亿元，尤其是近两年明显加大了融资力度，2016 年融资 55.55 亿元，2017 年融资 58.12 亿元，合计占盾安环境再融资总额近四成。江南化工的融资额则以 2011 年为分水岭。盾安集团控股后，江南化工融资额明显上涨，近 6 年累计融资 50.97 亿元。

2013 年，盾安集团进一步拓宽融资渠道，开始大量发行债券，2016 年发行债券 20 亿元，2017 年增长至 40 亿元。集团融资总额也迅猛增长，2015 年，盾安集团融资额接近 200 亿元。2016 年、2017 年，公司融资额更是分别突破 266.36 亿元、258.38 亿元。截至 2017 年 9 月底，盾安集团总计获得 10 余家银行合计 278.56 亿元的综合授信额度，已经使用 2/3，未使用额度仅为 75.69 亿元。

从盾安集团的经营情况来看，装备制造板块、铜贸易板块对营业收入贡献较大；民爆化工板块、房地产开发板块营收占比不大，但却对集团毛利润贡献明显；其他业务板块对营收和利润的影响均较小。因此，盾安集团的收入和利润主要来自于装备制造、民爆化工和铜贸易业务。然而，数据显示，2014—2016 年，集团装备制造板块营业收入、毛利率在逐年下降。民爆化工业务规模占比也在逐年下降。由于执行特殊定价模式，该板块业务近三年营业毛利率正逐年小幅下降。盾安集团铜贸易业务收入占比较高，但毛利率水平却长期在 2% 以下，盈利能力较弱，利润贡献度较低。此外，新能源板块产量与产能利用率正逐年下降。这与盾安集团最新的债券发行文件的叙述较为吻合。

数据显示，2014—2016 年，盾安集团营业收入分别为 503.2 亿元、516.4 亿元、525.7 亿元，营业利润分别为 15.28 亿元、14.03 亿元、13.38 亿元。也即近年来盾安集团增收不增利，利润呈逐年下降趋势。而盾安集团负债规模也在逐年增加。2014—2016 年及 2017 年 9 月末，公司资产负债率分别为 64.44%、62.27%、63.64% 和 64.54%。近两年来，盾安集团有息债务总额增长较快，且占总负债比例超过 80%，占总资产的比例超过 50%。数据显示，截至 2017 年 9 月末，盾安集团短期借款 84.7 亿元，应付票据 34.8 亿元，一年内到期的非流动负债 75 亿元，合计短期有息债务逾 194 亿元。盾安的偿债能力如何？发行文件称，盾安集团"近三年经营活动净现金流分别为 7.88 亿元、12.37 亿元、15.75 亿元，公司债务周转压力较大；从长期债务偿付能力来看，发行人偿债能力相对较弱"。盾安集团也存在资金集中兑付的风险，目前，存续期债务融资工具余额合计 129 亿元，以短期限的超短融和中期票据为主，在未来 2 年内需兑付金额达 113 亿元。此外，尽管公司不断降低对外担保额度，近些年来担保比率在下降，但是担保额占净资产比例仍然较高。截至 2017 年 9 月末，盾安集团为盾安环境、江南化工等系统内企业银行贷款提供担保 83.6 亿元，占净资产比例为 34.83%。

资料来源：根据熊颖的《资本市场风险：盾安 450 亿债务爆雷》(《投资家网》2018 年 5 月 5 日) 改编。

❓ 本章思考题

1. 金融市场的内涵是什么？
2. 货币市场与资本市场的区别有哪些？
3. 金融市场的发展趋势是什么？
4. 金融工具的特性是什么？
5. 金融市场的功能是什么？
6. 利率构成的基本内容是什么？

第三章

公司财务报告分析

公司财务报告是一个复杂的信息系统,它提供了有关公司经营业绩、管理层的表现以及公司发展的前景等信息。通过财务报告分析,能够对公司经营活动、投资活动与融资活动的成因、过程及结果进行系统剖析和综合评价,为利益相关者未来的经济活动和相关决策提供必要的财务依据与信息价值。评估一个公司财务健康状况的最重要信息来源是财务报表,主要包括资产负债表、利润表和现金流量表。财务报表是分析者和管理者宝贵的助手,但报表不提供某些信息,因此具有内在的局限性。财务报表是历史的,它们不提供任何有关将来期望的现金流量的信息,它们也不提供关于资产和负债现时市场价值,所以财务报表不能往前看,甚至不能报告现时信息,这些遗漏信息限制了财务信息的有用性。

第一节 财务报告概要

公司需要定期提供财务报告,为公司的管理者和公司外部与公司有各种利益关系的各方提供财务信息,供决策使用。

一、财务报告内涵

财务报告是反映公司财务状况和经营成果的书面文件,包括资产负债表、利润表、现金流量表、所有者权益变动表、附表及会计报表附注和财务情况说明书。

在公司的日常会计核算中,公司新发生的各项经济业务都已经按照一定的会计程序,在有关的会计账簿中进行全面、连续、分类、汇总的记录和计算。公司在一定日期的财务状况和一定时期内的经营成果,在日常会计记录中已经得到反映。但是,这些日常核算资料数量太大,而且比较分散,不能集中、概括地反映公司的财务状况和经营成果。公司的管理者、投资者、债权人和财政、税务等部门以及其他与公司有利害关系的单位和个人,不能直接使用这些分散的会计记录来分析和评价公司的财务状况和经营成果,据以作出正确的决策。为此,有必要定期地将日常会计核算资料加以分类、调整、汇总,按照一定的形式编制财务报告,总括、综合地反映公司的经济活动过程和结果。所以,财务报告是公司财务会计确认与计量的最终成果体现,投资者等使用者主要是通过财务报告来了解公司当前的财务状况、经营成果和现金流量等情况，从而预测未来的发展趋势。同时，财务报告也是向投资者等财务报告使用者提供决策有用信息的媒介和渠道，是沟通投资者、债权人等使用者与公司管理者之间信息的桥梁和纽带。

当然，现行的财务报告由于系统本身存在的缺陷及在实际工作中逐渐出现的偏差，使得公司实际情况在进行反映时不可避免地出现一定的局限性：第一，现行财务报告内容的局限性：一是现行财务报告提供的资料主要是一些面向公司过去的信息。财务报告以历史成本作为计量基础，这种计量基础无法使财务报告使用者准确地计量资产未来带来的现金流量，不利于投资者作出正确的评价。二是现行财务报告缺乏真实可靠性。目前，很多公司存在财务报告造假现象，而社会对于报告的审查力度、审计人员的能力及经验仍有待提高。三是现行财务报告信息披露不完整、不充分。现行的财务报告主要反映财务信息，忽略了许多其他重要的信息，而且其对公司各项经济活动的反映也存在不客观的现象。第二，现行财务报告披露方式的局限性：现阶段仍采用一种通用性的财务报告模式，这种模式已经不能满足报告信息使用者对信息需求差别性的要求，即该模式忽略了不同使用者对公司财务信息的不同需求。第三，现行财务报告在信息时效性方面的局限性：一般情况下，财务报告应满足信息使用者对财务信息时效性的需求，从而在其制度相对稳定的情况下，信息使用者可以根据已披露的财务报告预测公司未来财务发展状况。然而，由于当前经济环境的剧烈变化，信息使用者无法利用滞后的信息作出正确的决策。

二、财务报告构成

财务报告包括财务报表和其他应当在财务报告中披露的相关信息与资料。其中，财务报表由报表本身及其附注两部分构成，附注是财务报表的有机组成部分，而报表至少应当包括资产负债表、利润表和现金流量表等报表。

（一）会计报表

会计报表包括资产负债表、利润表、现金流量表、所有者权益变动表。

1. 资产负债表

资产负债表是反映公司在某一特定日期（如月末、季末、年末）全部资产、负债和所有者权益情况的会计报表，是公司经营活动的静态体现，根据"资产＝负债＋所有者权益"这一平衡公式，依照一定的分类标准和一定的次序，将某一特定日期的资产、负债、所有者权益的具体项目予以适当的排列编制而成。它表明权益在某一特定日期所拥有或控制的经济资源、所承担的现有义务和所有者对净资产的要求权。它是一张揭示公司在一定时点财务状况的静态报表。资产负债表利用会计平衡原则，将合乎会计原则的资产、负债、股东权益交易科目分为"资产"和"负债及股东权益"两大区块，在经过分录、转账、分类账、试算、调整等会计程序后，以特定日期的静态公司情况为基准，浓缩成一张报表。表3-1是资产负债表的简要格式。

表 3-1　资产负债表简要格式

资产	行次	年初数	期末数	负债及所有者权益	行次	年初数	期末数
流动资产：				流动负债：			
货币资金	1			短期借款	46		
交易性金融资产	2			应付票据	47		
应收票据	3			应付账款	48		
应收股利	4			预收账款	49		
应收利息	5			其他应付款	50		
应收账款	6			应付工资	51		
其他应收款	7			应付福利费	52		
预付账款	8			未交税金	53		
存货	9			未付利润	54		
一年内到期的非流动资产	10			其他未交款	55		
其他流动资金	11			预提费用	56		
流动资产合计	12						
非流动资产：				一年内到期的长期负债	57		
可供出售金融资产	14			其他流动负债	58		
持有出售金融资产	15						
持有至到期投资	16						
投资性房地产							
	20			流动负债合计	65		
长期投资：				长期负债：			
长期投资	21			长期借款	66		
固定资产：				应付债券	67		
固定资产原价	24			长期应付款	68		
减：累计折旧	25			其他长期负债	69		
固定资产净值	26			其中：住房周转金	70		
固定资产清理	27						
在建工程	28						
待处理固定资产净损失	29			长期负债合计	76		
				递延税项：			
固定资产合计	35			递延税款贷项	77		
无形资产及递延资产：							
无形资产	36			负债合计	80		
递延资产	37			所有者权益：			
				实收资本	81		
无形资产及递延资产合计	40			资本公积	82		
其他长期资产：				盈余公积	83		
其他长期资产	41			其中：公益金	84		
递延税项：				未分配利润	85		
递延税款借项	42						
				所有者权益合计	88		
资产总计	45			负债及所有者权益总计			

从表 3-1 可以看出，资产负债表由表首、基本部分和补充资料三部分组成：

第一，表首（略）。表首是报表的基本标志，列有报表名称、编制单位、报表编号、编报日期和金额单位等项目。由于资产负债表是反映期末资金静态的报表，因此编报的日期应填写报告期末最后一天的日期。

第二，基本部分。基本部分是报表的主体，资产负债表分为左右两方。

左方项目分为五大类：(1) 流动资产，包括货币资金、短期投资、应收票据、应收账款、坏账准备、预付货款、其他应收款、存货、待摊费用、待处理流动资产净损失和一年内到期的长期债券投资等项目。(2) 长期投资。(3) 固定资产，包括固定资产原价、累计折旧、固定资产净值、固定资产清理、在建工程和待处理固定资产净损失等项目。(4) 无形及递延资产，包括无形资产和递延资产。(5) 其他长期资产。

上述项目是根据资产变现能力的顺序排列的。货币资金本身就是可用于支付的现金或银行存款，排在首位。然后是变现能力较强，在一年内或一个营业周期内可以变现的各种流动资产。长期投资、固定资产、无形资产及其他资产等长期资产不容易变为现金，排在后面。按变现先后排列资产项目，可以反映公司的支付能力状况，与该表右方项目联系起来，可以看出公司的偿债能力。

右方项目分为四大类：(1) 流动负债，包括短期借款、应付票据、应付账款、预收账款、其他应付款、应付工资、应付福利费、未交税金、未付利润、其他未交款、预提费用、一年内到期的长期负债、其他流动负债等项目。(2) 长期负债，包括长期借款、应付债券、长期应付款和其他长期负债等项目。(3) 递延税款，包括递延税款贷项。(4) 所有者权益，包括实收资本、资本公积、盈余公积、未分配利润等项目。

右方项目是按照需要偿还的先后顺序排列的。短期借款等需要在一年内或一个营业周期内偿还的流动负债排在上面。在一年以上或一个营业周期以上才需偿还的长期负债排在中间。在公司解散之前不需要偿还的所有者权益排在下面。按需要偿还的先后顺序排列，可以反映公司各种债务需要偿还的时间性，联系该表左方可以看出公司的偿债能力。

第三，补充资料（略）。补充资料也是资产负债表的重要组成部分，列在资产负债表的下端。补充资料所提供的是使用者需要了解，但在基本部分中无法反映或难以单独反映的一些资料，主要注明商业承兑汇票贴现的金额、融资租入固定资产的原价、库存商品的期末余额、商品削价准备的期末余额等。

编制资产负债表对于不同的会计信息使用者具有不同的意义：公司管理者通过资产负债表了解公司拥有或控制的经济资源和承担的责任、义务，了解公司资产、负债各项目的构成比例是否合理，并以此分析公司的生产经营能力、营运能力和偿债能力，预测公司未来经营前景；公司的投资者通过资产负债表了解所有者权益构成情况，考核公司管理人员是否有效利用现有资源，是否使资产得到增值，以此分析公司财务实力和未来发展能力，并作出是否继续投资的决策；公司债权人和供应商通过资产负债表了解公司的偿债能力、支付能力及现有财务状况，以便分析财务风险，预测未来现金流动情况，作出贷款及营销决策；财政、税务等政府机构和部门通过资产负债表，可以了解公司是否认真贯彻执行有关方针、政策，以便加强宏观管理和调控。

2. 利润表

(1) 利润表是根据"利润＝收入－费用"的基本关系而编制的。在实际编制时，有两种方法可供选择：一是以公司一定时期的全部收入总和减去全部费用支出的总和；二是根据公司收入和费用的性质分类，尽可能相互配比，以计算出不同业务所取得的利润，将各种利润相加即为利润总额，然后再减去所得税费用，即为净利润。利润表的格式也有两种，按照第一种方法计算净损益的格式被称为单步式利润表；按照第二种方法计算净利润的格式被称为多步式利润表。具体内容如下：

一是单步式利润表。单步式利润表将本期所有收入、费用分别汇总，然后两者相减，一次计算出公司当期的净损益。单步式利润表的主要优点是：格式简单、易于理解，避免了项目分类上的困难。但单步式利润表提供的信息量少，不能按业务性质全面地反映不同业务的盈亏状况，不利于前后各期对应项目的比较。

二是多步式利润表。多步式利润表的结构是根据公司利润形成的主要环节，按照主营业务利润、营业利润、利润总额和净利润四个层次分步计算的，以详细地揭示公司利润的形成过程。表 3-2 列示的是我国现行公司会计制度规定的多步式利润表格式。多步式利润表提供了不同业务的盈亏状况，反映了各部分利润的主要构成要素，由此可以了解不同构成要素对各部分利润的影响和贡献的大小，从而了解公司利润的主要取得途径，并通过不同期间相同构成要素的比较，判断各利润构成要素的变化对利润总额变化的影响程度。可见，多步式利润表提供的信息量远比单步式利润表提供的信息量要丰富得多，因而深受公司和会计信息使用者的普遍欢迎，并得到了广泛的使用。

表 3-2 利润表简要格式

项 目	本期金额	上期金额
一、营业收入		
减：营业成本		
营业税金及附加		
销售费用		
管理费用		
财务费用		
资产减值损失		
加：公允价值变动收益（损失以"－"号填列）		
投资收益（损失以"－"号填列）		
其中：对联营公司和合营公司的投资收益		
二、营业利润（亏损以"－"号填列）		
加：营业外收入		
减：营业外支出		
其中：非流动资产处置损失		
三、利润总额（亏损总额以"－"号填列）		
减：所得税费用		
四、净利润（净亏损以"－"号填列）		
五、每股收益：		
（一）基本每股收益		
（二）稀释每股收益		

(2) 利润表的编制。我国公司利润表的主要编制步骤和内容如下：

第一步，以营业收入为基础，计算营业利润。营业利润＝营业收入－营业成本－营业税金及附加－销售费用－管理费用－财务费用－资产减值损失＋公允价值变动收益（－公允价值变动损失）＋投资收益（－投资损失）。

第二步，以营业利润为基础，计算利润总额。利润总额＝营业利润＋营业外收入－营业外支出。

第三步，以利润总额为基础，计算净利润。净利润＝利润总额－所得税费用。

"主营业务收入"项目，反映公司经营主要业务所取得的收入总额。本项目应根据"主营业务收入"账户的发生额分析填列。

"主营业务成本"项目，反映公司经营主要业务发生的实际成本。本项目应根据"主营业务成本"账户的发生额分析填列。

"主营业务税金及附加"项目，反映公司经营主要业务应负担的消费税、城市维护建设税、资源税、土地增值税和教育费附加等。本项目应根据"主营业务税金及附加"账户的发生额分析填列。

"主营业务利润"项目，反映公司经营主要业务取得的利润，是由上述各项目计算填列的。如为亏损，以"－"号填列。

"其他业务利润"项目，反映公司除经营主要业务以外取得的收入扣除其他业务的成本、费用、税金后的利润（如为亏损，以"－"号填列）。本项目应根据"其他业务收入"和"其他业务支出"账户的发生额分析计算填列。

"营业费用"项目，在制造业，该项目反映公司在销售产品过程中发生的费用；在商品流通公司，该项目反映公司在购入商品、储存商品和销售等过程中发生的费用。本项目应根据"营业费用"账户的发生额分析填列。

"管理费用"项目，反映公司发生的管理费用。本项目应根据"管理费用"账户的发生额分析填列。

"财务费用"项目，反映公司发生的财务费用。本项目应根据"财务费用"账户的发生额分析填列。"财务费用"账户的正常余额在借方，如为贷方余额，表明为财务净收入，则以"－"号填列。

"营业利润"项目，反映公司在正常经营业务上所获得的利润，如为亏损，以"－"号填列。

"投资收益"项目，反映公司以各种方式对外投资所取得的收益。本项目应根据"投资收益"账户的发生额分析填列。如为投资损失，以"－"号填列。

"补贴收入"项目，反映公司取得的各种补贴收入以及退回的增值税等。本项目应根据"补贴收入"账户的发生额分析填列。

"营业外收入"项目和"营业外支出"项目，反映公司发生的与其生产经营无直接关系的各项收入和支出。这两个项目应分别根据"营业外收入"账户和"营业外支出"账户的发生额分析填列。

"利润总额"项目，反映公司实现的税前利润总额，是由上述各项目计算填列的。

如为亏损总额，以"—"号填列。

"所得税"项目，反映公司按规定从本期损益中扣除的所得税。本项目应根据"所得税"账户的发生额分析填列。

"净利润"项目，反映公司实现的净利润，是利润总额与所得税的差额。如为净亏损，以"—"号填列。

（3）编制利润表的重要作用：第一，可据以解释、评价和预测公司的经营成果和获利能力。经营成果通常指以营业收入、其他收入抵扣成本、费用、税金等的差额所表示的收益信息。经营成果是一个绝对值指标，可以反映公司财富增长的规模。获利能力是一个相对值指标，指公司运用一定经济资源（如人力、物力）获取经营成果的能力。经济资源可以因报表用户的不同需要而有所区别，可以是资产总额、净资产，可以是资产的耗费（成本或费用），还可以是投入的人力（如职工人数）。因而，衡量获利能力的指标包括资产收益率、净资产（税后）收益率、成本收益率以及人均实现收益等指标。经营成果的信息直接由利润表反映，而获利能力的信息除利润表外，还要借助于其他会计报表和注释附表才能得到。通过比较和分析同一公司在不同时期，或不同公司在同一时期的资产收益率、成本收益率等指标，能够揭示公司利用经济资源的效率；通过比较和分析收益信息，可以了解某一公司收益增长的规模和趋势。根据利润表所提供的经营成果信息，股东、债权人和管理部门可解释、评价和预测公司的获利能力，据以对是否投资或追加投资、投向何处、投资多少等作出决策。第二，可据以解释、评价和预测公司的偿债能力。偿债能力指公司以资产清偿债务的能力。利润表本身并不提供偿债能力的信息，然而，公司的偿债能力不仅取决于资产的流动性和资本结构，也取决于获利能力。公司在个别年份获利能力不足，不一定影响偿债能力，但若一家公司长期丧失获利能力，则资产的流动性必然由好转坏，资本结构也将逐渐由优变劣，陷入资不抵债的困境。因而，一家数年收益很少、获利能力不强甚至亏损的公司，通常其偿债能力不会很强。债权人和管理部门通过分析和比较收益表的有关信息，可以间接地解释、评价和预测公司的偿债能力，尤其是长期偿债能力，并揭示偿债能力的变化趋势，进而作出各种信贷决策和改进公司管理工作的决策，如维持、扩大或收缩现有信贷规模，应提出何种信贷条件等。管理部门则可据以找出偿债能力不强之原因，努力提高公司的偿债能力，改善公司的公关形象。第三，公司管理人员可据以作出经营决策。比较和分析收益表中各种构成要素，可知悉各项收入、成本、费用与收益之间的消长趋势，发现各方面工作中存在的问题，揭露缺点，找出差距，改善经营管理，努力增收节支，杜绝损失的发生，作出合理的经营决策。第四，可据以评价和考核管理人员的绩效。比较前后期利润表上各项收入、费用、成本及收益的增减变动情况，并查考其增减变动的原因，可以较为客观地评价各职能部门和各生产经营单位的绩效，以及这些部门和人员的绩效与整个公司经营成果的关系，以便评判各部门管理人员的功过得失，及时作出采购、生产销售、筹资和人事等方面的调整，使各项活动趋于合理。

利润表上述重要作用的发挥，与利润表所列示信息的质量直接相关。利润表信息的质量则取决于公司在收入确认、费用确认以及其他利润表项目确定时所采用的方法。由于会计程序和方法的可选择性,公司可能会选用对其有利的程序和方法,从而导致收益偏高或偏低。例如,在折旧费用、坏账损失和已售商品成本等方面都可按多种会计方法计算,产生多种选择,影响会计信息的可比性和可靠性。另外,利润表中的信息表述的是各类业务收入、费用、成本等的合计数以及非重复发生的非常项目,这也会削弱利润表的重要作用。

3. 现金流量表

(1) 现金流量表的含义。现金流量表是反映一定时期内(如月度、季度或年度)公司经营活动、投资活动和筹资活动对其现金及现金等价物所产生影响的财务报表,它详细描述了由公司的经营、投资与筹资活动所产生的现金流。表 3-3 是现金流量表的简要格式。

表 3-3 现金流量表简要格式

项目	本期金额	上期金额
一、经营活动产生的现金流量:		
销售商品、提供劳务收到的现金		
收到的税费返还		
收到其他与经营活动有关的现金		
经营活动现金流入小计		
购买商品、接受劳务支付的现金		
支付给职工以及为职工支付的现金		
支付的各项税费		
支付其他与经营活动有关的现金		
经营活动现金流出小计		
经营活动产生的现金流量净额		
二、投资活动产生的现金流量:		
收回投资收到的现金		
取得投资收益收到的现金		
处置固定资产、无形资产和其他长期资产收回的现金净额		
处置子公司及其他营业单位收到的现金净额		
收到其他与投资活动有关的现金		
投资活动现金流入小计		
购建固定资产、无形资产和其他长期资产支付的现金		
投资支付的现金		
取得子公司及其他营业单位支付的现金净额		
支付其他与投资活动有关的现金		
投资活动现金流出小计		
投资活动产生的现金流量净额		

(续表)

项目	本期金额	上期金额
三、筹资活动产生的现金流量：		
吸收投资收到的现金		
取得借款收到的现金		
收到其他与筹资活动有关的现金		
筹资活动现金流入小计		
偿还债务支付的现金		
分配股利、利润或偿付利息支付的现金		
支付其他与筹资活动有关的现金		
筹资活动现金流出小计		
筹资活动产生的现金流量净额		
四、汇率变动对现金及现金等价物的影响		
五、现金及现金等价物净增加额		
加：期初现金及现金等价物余额		
六、期末现金及现金等价物余额		

（2）现金流量表的作用。现金流量表是以现金流入与流出汇总说明公司在报告期内经营活动、投资活动及筹资活动的动态报表，其编制基础是现金和现金等价物。编制现金流量表可以提供公司的现金流量信息，帮助投资者、债权人直接有效地分析公司偿还债务、支付股利及对外融资的能力；编制现金流量表便于报表使用者分析本期净利与经营现金流量的差异，客观评价公司的盈利能力和经营周转是否顺畅；编制现金流量表便于报表使用者分析与现金有关、无关的投资筹资活动，预测公司未来的发展趋势和现金流量。

（3）现金流量表的填列方法：

第一，经营活动产生的现金流量。

①"销售商品、提供劳务收到的现金"项目

销售商品、提供劳务收到的现金＝营业收入＋增值税的销项税额＋（应收票据年初余额－应收票据年末余额）＋（应收账款年初余额－应收账款年末余额）＋（预收账款年末余额－预收账款年初余额）－当期计提的坏账准备

②"收到的税费返还"项目

该项目反映公司收到返还的所得税、增值税、消费税、关税和教育费附加等各种税费返还款。

③"收到的其他与经营活动有关的现金"项目

该项目反映公司除上述各项目外，收到的其他与经营活动有关的现金，如罚款收入、经营租赁固定资产收到的现金、投资性房地产收到的租金收入、流动资产损失中由个人赔偿的现金收入、除税费返还外的其他政府补助收入等。

④"购买商品、接受劳务支付的现金"项目

购买商品、接受劳务支付的现金＝营业成本＋增值税的进项税额＋（存货年末余

额－存货年初余额）＋（应付账款年初余额－应付账款年末余额）＋（应付票据年初余额－应付票据年末余额）＋（预付账款年末余额－预付账款年初余额）－当期列入生产成本、制造费用的职工薪酬－当期列入生产成本、制造费用的折旧费

⑤"支付给职工以及为职工支付的现金"项目

支付给职工以及为职工支付的现金＝应付职工薪酬年初余额＋生产成本、制造费用、管理费用中职工薪酬－应付职工薪酬期末余额

⑥"支付的各项税费"项目

支付的各项税费＝（应交所得税期初余额＋当期所得税费用－应交所得税期末余额）＋支付的销售税金及附加＋应交增值税（已交税金）

⑦"支付其他与经营活动有关的现金"项目

该项目反映公司除上述各项目外所支付的其他与经营活动有关的现金，如经营租赁支付的租金、支付的罚款、差旅费、业务招待费、保险费等。此外还包括支付的销售费用。

支付其他与经营活动有关的现金＝支付其他管理费用＋支付的销售费用

第二，投资活动产生的现金流量。

①"收回投资收到的现金"项目

该项目反映公司出售、转让或到期收回除现金等价物以外的对其他公司的交易性金融资产、长期股权投资收到的现金。本项目可根据"交易性金融资产""长期股权投资"等科目的记录分析填列。

②"取得投资收益收到的现金"项目

该项目反映公司交易性金融资产分得的现金股利，从子公司、联营公司或合营公司分回利润、现金股利而收到的现金，因债权性投资而取得的现金利息收入。本项目可以根据"应收股利""应收利息""投资收益""库存现金""银行存款"等科目的记录分析填列。

③"处置子公司及其他营业单位收到的现金净额"项目

该项目反映公司处置子公司及其他营业单位所取得的现金，减去相关处置费用以及子公司及其他营业单位持有的现金和现金等价物后的净额。本项目可以根据"长期股权投资""银行存款""库存现金"等科目的记录分析填列。

④"购建固定资产、无形资产和其他长期资产支付的现金"项目

该项目反映公司购买、建造固定资产，取得无形资产和其他长期资产所支付的现金（含增值税款等），以及用现金支付的应由在建工程和无形资产负担的职工薪酬。

为购建固定资产、无形资产而发生的借款利息资本化部分，在筹资活动产生的现金流量"分配股利、利润和偿付利息支付的现金"中反映。本项目可以根据"固定资产""在建工程""工程物资""无形资产""库存现金""银行存款"等科目的记录分析填列。

⑤"投资支付的现金"项目

该项目反映公司取得除现金等价物以外的对其他公司的权益工具、债务工具和合

营中的权益投资所支付的现金，包括除现金等价物以外的交易性金融资产、长期股权投资，以及支付的佣金、手续费等交易费用。

公司购买股票时实际支付的价款中包含的已宣告而尚未领取的现金股利，以及购买债券时支付的价款中包含的已到期而尚未领取的债券利息，应在"支付的其他与投资活动有关的现金"项目中反映。

取得子公司及其他营业单位支付的现金净额，应在"取得子公司及其他营业单位支付的现金净额"项目中反映。

本项目可以根据"交易性金融资产""长期股权投资"等科目的记录分析填列。

⑥"取得子公司及其他营业单位支付的现金净额"项目

该项目反映公司购买子公司及其他营业单位购买出价中以现金支付的部分，减去子公司及其他营业单位持有的现金和现金等价物后的净额。本项目可以根据"长期股权投资""库存现金""银行存款"等科目的记录分析填列。

第三，筹资活动产生的现金流量。

①"吸收投资收到的现金"项目

该项目反映公司以发行股票等方式筹集资金实际收到的款项净额（发行收入减去支付的佣金等发行费用后的净额）。本项目可以根据"实收资本（或股本）""资本公积""库存现金""银行存款"等科目的记录分析填列。

②"取得借款收到的现金"项目

该项目反映公司举借各种短期、长期借款而收到的现金，以及发行债券实际收到的款项净额（发行收入减去直接支付的佣金等发行费用后的净额）。本项目可以根据"短期借款""长期借款""应付债券""库存现金""银行存款"等科目的记录分析填列。

③"偿还债务支付的现金"项目

该项目反映公司偿还债务本金所支付的现金，包括偿还金融公司的借款本金、偿还债券本金等。公司支付的借款利息和债券利息在"分配股利、利润和偿付利息支付的现金"项目中反映，不包括在本项目内。本项目可以根据"短期借款""长期借款""应付债券"等科目的记录分析填列。

④"分配股利、利润和偿付利息支付的现金"项目

该项目反映公司实际支付的现金股利、支付给其他投资单位的利润或用现金支付的借款利息、债券利息等。不同用途的借款，其利息的开支渠道不一样，如在建工程、制造费用、财务费用等，均在本项目中反映。本项目可以根据"应付股利""应付利息""在建工程""制造费用""研发支出""财务费用"等科目的记录分析填列。

4. 所有者权益变动表

所有者权益变动表是指反映构成所有者权益各组成部分当期增减变动情况的报表。所有者权益变动表应当全面反映一定时期所有者权益变动的情况，不仅包括所有者权益总量的增减变动，还包括所有者权益增减变动的重要结构信息，特别是要反映直接计入所有者权益的利得和损失，让报表使用者准确理解所有者权益变动表的根

源。表 3-4 是所有者权益变动表简要格式。

所有者权益变动表的填列：

（1）上年年末余额。上年年末余额，是指上年年末公司所有者权益（或股东权益）的期末余额。该项目应根据上年资产负债表中的实收资本（或股本）、资本公积、盈余公积和未分配利润各项目的年末余额填列。对应表内本年金额横向各项目。

（2）会计政策变更。会计政策变更，是指公司采用追溯调整法处理会计政策变更对所有者权益的累积影响金额。该项目根据"盈余公积""利润分配－未分配利润"账户的发生额分析填列。对应表内横向的"盈余公积"和"未分配利润"项目。

（3）前期差错更正。前期差错更正，是指公司采用追溯调整法处理会计差错对所有者权益的累积影响金额。该项目应根据"盈余公积""利润分配－未分配利润"以及"以前年度损益调整"账户的发生额分析填列。对应表内横向的"盈余公积"和"未分配利润"项目。

（4）本年年初余额。本年年初余额，是指在上年年末余额的基础上，考虑了会计政策变更、前期差错更正采用追溯调整后的本年年初余额。该项目应根据以上各项计算得到。

通过所有者权益变动表，既可以为报表使用者提供所有者权益总量增减变动的信息，也能为其提供所有者权益增减变动的结构性信息，特别是能够让报表使用者理解所有者权益增减变动的根源。所有者权益变动表反映了企业抵御财务风险的实力，为报表使用者提供企业盈利能力方面的信息；反映了企业自有资本的质量，揭示了所有者权益变动的原因，为报表使用者正确地评估企业的经营管理工作提供了信息。

（二）会计报表附注

会计报表附注是为了便于会计报表使用者理解会计报表的内容而对会计报表的编制基础、编制依据、编制原则和方法及主要项目等所作的解释，它是对会计报表的补充说明，是财务会计报告的重要组成部分。

比如，对于一种经济业务，可能存在不同的会计原则和会计处理方法，也就是说有不同的会计政策可供选择。如果不说明会计报表中的这些项目是采用什么原则和方法确定的，就会给会计报表使用者理解会计报表带来一定的困难，这就需要在会计报表附注中加以说明。又如，可比性是一项很重要的会计原则，它要求前后各期采用的会计政策应当保持一致，不得随意变更。由于会计法规发生变化，或者为了更加公允地反映公司的实际情况，公司有可能改变会计报表中某些项目的会计政策，由于不同期间的会计报表中对同一个项目采用了不同的会计政策，影响了不同期间会计报表的可比性，为了帮助会计报表使用者掌握会计政策的变化，也需要在会计报表附注中加以说明。再如，会计报表由于形式的限制，只能按大类设置项目，反映总括情况，至于各项目内部的情况以及项目背后的情况往往难以在表内反映，如资产负债表中的应收账款只是一个年末余额，至于各项应收账款的账龄情况就无从得知，而这方面信息对于会计报表使用者了解公司信用资产质量却是必要的，所以往往需要在会计报表附注中提供应收账款账龄方面的信息。公司会计报表附注内容主要包括：

表 3-4 所有者权益变动表简要格式

项目	本年金额						上年金额					
	实收资本（股本）	资本公积	减：库存股	盈余公积	未分配利润	所有者权益合计	实收资本（股本）	资本公积	减：库存股	盈余公积	未分配利润	所有者权益合计
一、上年年末余额												
加：会计政策变更												
前期差错更正												
二、本年年初余额												
三、本年增减变动金额（减少以"—"号填列）												
（一）净利润												
（二）直接计入所有者权益的利得和损失												
1. 可供出售金融资产公允价值变动金额												
2. 权益法下被投资单位其他所有者权益变动的影响												
3. 与计入所有者权益项目相关的所得税影响												
4. 其他												
上述（一）和（二）小计												
（三）所有者投入和减少资本												
1. 所有者投入资本												
2. 股份支付计入所有者权益的金额												
3. 其他												
（四）利润分配												
1. 提取盈余公积												
2. 对所有者（或股东）的分配												

(续表)

项　　目	本年金额							上年金额						
	实收资本（股本）	资本公积	减:库存股	盈余公积	未分配利润		所有者权益合计	实收资本（股本）	资本公积	减:库存股	盈余公积	未分配利润	所有者权益合计
3. 其他													
（五）所有者权益内部结转													
1. 资本公积转增资本（或股本）													
2. 盈余公积转增资本（或股本）													
3. 盈余公积弥补亏损													
4. 其他													
四、本年年末余额													

1. 报表中有关重要项目明细资料的列示

对会计报表中的一些重要项目,因报表格式的限制,未能详细列示,应在附注中列出明细资料。如:

短期投资,按各类投资列出成本价和市场价。

应收账款和其他应收款,按账龄分类列示,并注明持有本公司一定股权(如5%以上投资)单位的欠款额。

存货,按存货业务会计科目列示。提取存货跌价准备的公司,还应列示各类存货可变现的净值。

待摊费用,如数额较大,应分项列示。

长期投资,按债券投资、股票投资、其他债权投资、其他股权投资分项列示账面余额和当年投资收益。

固定资产,按类别列示其原价、累计折旧和净值。

固定资产购建支出,按工程项目列示其预算数、期初数、本期增加数、本期转出数、期末数、工程进度和资金来源。

无形资产,按种类列示期初数、本期增加数、本期摊销数和期末数。

递延资产或长期待摊费用,按种类列示期初数、本期增加数、本期摊销数和期末数。

短期借款和长期借款,列示各笔借款的债权单位、借款金额、借款起讫日期、利率和借款条件。如有外币借款的公司,还应列示外币金额及折合率。

经营收入和经营成本,按土地转让、商品房销售、配套设施销售、代建工程结算、出租房屋、出租土地列示其收入和成本。

其他业务利润,如数额较大,按业务类别列示。

营业外收入和营业外支出,如数额较大,按收支项目列示。

2. 公司所采用的主要会计处理方法的说明

不同的会计处理方法,其所提供的会计信息的结果是有差别的。为使报表使用者正确评价公司的财务状况和经营成果,公司在编制会计报表时,应对所采用的主要会计处理方法及其变更加以说明。如:

短期投资,应说明其期末数的计价方法:按成本计价,还是按成本与市价孰低计价。

应收账款,应说明其对坏账采用直接转销法,还是采用备抵法;如采用备抵法,是采用应收账款余额百分比法,还是采用账龄分析法。

存货,应说明其平时收发按计划价格计价,还是按实际成本计价;如按实际成本计价,是采用先进先出法,还是采用后进先出法、移动平均法、全月一次加权。

平均固定资产折旧,应说明其采用折旧方法,是采用平均年限折旧法,还是采用双倍余额递减折旧法、年数总和折旧法;采用平均年限折旧法时,是用个别折旧率,还是用分类折旧率。

长期股权投资,应说明其按成本法记账,还是按权益法记账,或哪些长期股权投资按成本法记账,哪些长期股权投资按权益法记账。

无形资产和递延资产,应说明其成本和摊销年限的确定依据。

房地产经营收入,包括土地转让收入、商品房销售收入、配套设施销售收入、代建工程结算收入、出租房租金收入、出租土地租金收入,应说明其确认原则。

所得税,应说明以应付税款法作为核算当期所得税费用的方法,还是以纳税影响会计法作为核算当期所得税费用的方法。

3. 非经常性项目损益的说明

非经常性项目损益是指公司在房地产开发经营活动中不是经常发生事项的损失或收益。如:

固定资产转让,应说明其转让收入大于账面净值和有关税费后的净收益,或小于账面净值和有关税费后的净损失。

收回长期投资,应说明收回长期投资大于账面投资的收益或小于账面投资的损失。

非常损失,应说明因自然灾害等非正常原因造成的各项资产账面净值减去保险赔偿款及残值后的净损失以及善后发生的各项清理费用。

其他数额较大的非经常性项目的损益,均应在会计报表附注中加以披露。

4. 或有事项及其收益、损失的披露

或有事项是指在会计报表编制日已经存在的事项,它能否使公司获得收益或发生损失,有赖于未来一种或多种事项的发生或不发生而定,具有很大不确定性。

或有事项按其发生可能性的大小及其收益或损失金额能否合理估计,有三种处理方式:确认入账;在会计报表附注中披露;不予反映。

或有事项发生的可能性,分为很有可能、有可能和很少可能三种情况。或有事项发生收益或损失的金额,分为能合理估计和不能合理估计两种情况。

对或有收益的披露,应遵循谨慎原则和收入实现原则予以处理。对或有损失,应遵循谨慎原则和充分披露原则予以处理。

一般说来,对很有可能获得收益的或有事项,不将其收益估计入账,但应在会计报表附注中披露。对有可能获得收益的或有事项,不将其收益估计入账,是否在会计报表附注中披露要特别谨慎。对很少可能获得收益的或有事项,不必在会计报表附注中披露。

对很有可能发生损失的或有事项,能估计损失金额的,应将其损失和负债同时估计入账;不能估计损失金额的,应在会计报表附注中充分加以披露。对有可能发生损失的或有事项,其损失和负债不估计入账,但应在会计报表附注中加以披露。对很少可能发生损失的或有事项,一般也应在会计报表附注中加以披露。

对于下列或有事项,应估计其可能发生的收益或损失的金额,并说明对未来结果的可能影响:为其他公司负债提供的担保;因票据贴现而承担的义务;公司承担的其他责任;有可靠证据证明的或有收益。

5. 关联方关系及其交易的披露

关联方的交易，往往会影响公司的经营收入、经营成本、其他业务利润，对公司经营成果的真实性产生影响，所以也应在会计报表附注中加以披露。

会计中所指关联方，是指在财务和经营决策中，一方有能力直接或间接控制、共同控制另一方或对另一方施加重大影响的各方，以及两方或多方同受一方控制的各方。关联方关系主要指：(1) 直接或间接地控制其他公司或受其他公司控制，以及同受某一公司控制的两个或多个公司（如母公司、子公司、受同一母公司控制的子公司之间）；(2) 合营公司；(3) 联营公司；(4) 主要投资者个人、关键管理人员或与其关系密切的家庭成员；(5) 受主要投资者个人、关键管理人员或与其关系密切的家庭成员直接控制的其他公司。在存在控制关系的情况下，关联者如为公司时，不论他们之间有无交易，都应当在会计报表附注中披露如下事项：(1) 公司经济性质或类型、名称、法定代表人、注册资本及其变化；(2) 公司的主管业务；(3) 所持股份或权益及其变动。

关联方交易是指关联方之间发生转移资源或义务的事项，而不论是否收取价款。主要包括：(1) 转让土地使用权；(2) 承发包工程；(3) 购买或销售商品；(4) 购买或销售除商品以外其他资产；(5) 提供或接受劳务；(6) 代理；(7) 租赁；(8) 提供资金（包括以现金或实物形式的贷款或权益性资金）；(9) 担保和抵押；(10) 管理方面的合同；(11) 研究与开发项目的转移；(12) 许可协议；(13) 关键管理人员报酬。在公司与关联方发生交易的情况下，公司应在会计报表附注中披露关联方关系的性质、交易类型及其交易要素。这些要素一般包括：(1) 交易的金额或相应比例；(2) 未结算项目的金额或相应比例；(3) 定价政策（包括没有金额或只有象征性金额的交易）。关联交易应当分别对关联方以及交易类型予以披露。类型相同的关联方交易，在不影响会计报表阅读者正确理解的情况下，可以合并披露。

6. 合并会计报表的说明

公司集团如编制合并会计报表，除在会计报表附注中说明上述应附注的事项外，还应在会计报表附注中说明：(1) 纳入合并会计报表合并范围的子公司名称、业务性质、母公司所持有的各类股权的比例。(2) 纳入合并会计报表的子公司增减变动情况。(3) 未纳入合并会计报表合并范围的子公司的名称、持股比例，未纳入合并会计报表合并范围的原因及其财务状况和经营成果的情况，以及在合并会计报表中对未纳入合并范围的子公司投资的处理方法；纳入合并会计报表合并范围的非子公司（其他被投资公司）的名称、母公司持股比例以及纳入合并会计报表的原因。(4) 子公司与母公司会计政策不一致时，在合并会计报表中的处理方法。在未进行调整直接编制合并会计报表时，应在合并会计报表中说明其处理方法。(5) 纳入合并会计报表合并范围、经营业务与母公司业务相差很大的子公司的资产负债表和损益表等有关资料。

7. 资产负债表日后事项的说明

资产负债表日后事项又称期后事项，它是指自年度资产负债表日后至会计报表报出日之间所发生的事项。按其是否调整会计报表分为调整事项和非调整事项。

（1）调整事项，是指在资产负债表日后发生的，所提供的新的证据有助于对资产负债表日存在情况的有关项目金额作出新的确认，而需要对会计报表作调整的事项。通常包括：已证实资产发生了减值；已确定获得或支付的赔偿；发现在资产负债表日或之前发生的舞弊和会计差错；发现在资产负债表日之前不符合公司会计准则作出的会计处理；由于税率变动，改变了资产负债表日及之前的税金和利润等。

（2）非调整事项，是指在资产负债表日后发生的，并不影响资产负债表日存在情况，不需要对会计报表作出调整的事项，但对公司以后财务状况和经营成果将会产生重大影响的事项。如对其他公司进行控股投资、发生重大筹资行为、资产遭受重大自然灾害损失、发生重大经营性亏损、与本公司有债务关系的公司不再持续经营、达成协议的债务重组事项以及资产重组事项等，都应在会计报表的附注中加以披露。

（三）其他财务信息，如财务情况说明书

财务情况说明书是对公司一定会计期间内生产经营、资金周转、利润实现及分配等情况的综合性分析报告，是年度财务决算报告的重要组成部分。各单位应依据相关规定，对本年度的经营成果、财务状况等情况进行认真地总结，以财务指标和相关统计指标为主要依据，运用趋势分析、比率分析和因素分析等方法进行横向、纵向的比较、评价和剖析，以反映公司在经营过程中的利弊得失、财务状况及发展趋势，促进公司的经营管理和业务发展；同时便于财务会计报告使用者了解有关单位生产经营和财务活动情况，考核评价其经营业绩。

三、财务报告目标

财务会计报告的目标是向财务会计报告使用者提供与公司财务状况、经营成果和现金流量等有关的会计信息，反映公司管理层受托责任履行情况，有助于财务会计报告使用者作出经济决策。财务会计报告使用者包括投资者、债权人、政府及其有关部门和社会公众等。基于公司经营权和所有权分离产生的代理关系，财务报告首先满足公司管理层完成委托人受托责任的目标；其次满足财务会计报告使用者经济决策的需要。

（一）财务报告目标对投资者的影响

在市场经济环境下，按照经济利益的产权关系，满足投资者的信息需求成为公司财务报告编制的首要目标。随着产权关系日益多元化，资本市场快速发展，机构投资者及其他投资者队伍逐步壮大，投资者和潜在的投资者对会计信息数量和质量的要求日益增加。经济越发展，会计越重要，在市场投资需求比较旺盛的时期，投资者更加关心投资的风险和报酬的大小。评价资本投资、项目投资的可行性及收益的程度，这些决策都需要借助会计信息来实现。

财务报告目标要求反映公司管理层对投资人受托责任的履行情况，体现为财务报告的受托责任观。投资者出资委托公司管理层经营，希望获得更多的投资回报，实现股东财富的最大化，形成持续性投资；公司管理层接受投资者的委托从事生产经营活动，努力实现公司资产的保值增值，防范风险，促进公司可持续发展。管理层为了更好地履行受托责任，应以为投资者提供回报，为社会创造价值作为公司发展的目标。

财务报告目标要满足投资者决策的需要，体现为财务报告的决策有用观。满足投资者决策有用的目标，财务报告所提供的信息首先应当如实反映公司所拥有或者控制的经济资源及其变化情况，从而有助于现在的或者潜在的投资者正确、合理地评价公司的营运效率、资产质量、盈利能力和偿债能力等；有助于投资者根据相关会计信息作出合理的投资决策；有助于投资者评估与投资有关的未来现金流量的金额、时间和风险等。财务报告的决策有用观需要的会计信息是在满足受托责任的前提下，同时促进投资者的决策，在某种程度上财务报告的决策有用包含受托责任，所以财务报告的决策有用观和受托责任观是有机统一的。

（二）财务报告目标对债权人的影响

财务报告不仅要满足投资者的利益需求，同时还要满足其他利益相关者的需求，这样才能实现公司价值最大化。在投资者之外与公司联系最紧密的利益相关者就是债权人。债权人通常包含公司的贷款人、供应商等，他们最关心的是公司能否如期偿还贷款本金及利息，能否如期支付所欠购货款等，这些需要通过评估公司的经营风险、财务风险和偿债能力等来实现。从资产负债表来看，公司管理者经营管理的资产除了产权归投资者所有的所有者权益，其余都是由债权人提供的，公司管理层要妥善保管并合理、有效运用这些资产。债权人向公司让渡资产使用权是为了获得相对较稳定的收益，为了保证其目标的实现，他们需要及时或经常地了解公司管理层保管、使用资产的情况，决定是否调整信贷政策或及时收回账款。因此，财务报告应当提供有助于债权人评价公司经营业绩及偿债能力，合理作出信贷决策的信息。

（三）财务报告目标对政府以及相关部门的影响

在社会主义市场经济体制下，国有资产的投资在我国经济中占据相当大的比重，从投资人的角度看，政府是国有公司最大的投资者，应享有与其他投资人相同的权利和义务。除投资者身份之外，政府及其有关部门作为经济管理部门，从宏观层面上更关心市场经济秩序的公正、有序，经济资源分配的公平、合理，经济决策所依据信息的真实、可靠等，同时他们需要利用会计信息来监管公司的活动、制定政策法规、进行国民经济统计等。

政府及有关部门作为公司利益相关者，希望提供的会计信息能满足三方面的需求：一是满足政府作为社会管理者，配置社会资源、调整产业结构、制定产业政策等重大经济事项决策的需要；二是满足税务机关制定税收政策，征收税款的需要；三是满足政府作为国有资产的所有者，确保国有资产的保值、增值的需要。

（四）财务报告目标对社会公众的影响

社会公众也是公司的重要利益相关者，也十分关心公司的生产经营活动，公司的发展需要充分考虑社会公众的利益。公司在财务报告中需要提供有关公司发展前景、经营效益、社会责任等方面的信息，满足社会公众的需要。公司在发展过程中创造经济价值的同时，还要努力实现社会价值，如增加就业、刺激消费和提供社区服务等，这样公司在发展中才能实现利益相关者价值最大化。

第二节　财务分析概要

财务分析主要是财务报表分析，是以公司的财务报表及其他相关资料为基础，采用专门的分析方法，对公司财务活动和结果进行研究和评价，以分析公司的经营得失、财务状况及发展趋势，从而评价和改进公司金融活动，为公司未来的财务决策和财务计划提供重要依据。

一、财务分析内容

财务分析是以财务报表等资料为依据，运用一定的分析方法和技术，对公司相关情况进行分析，为公司的投资者、债权人、经营者以及其他相关利益者了解公司过去、评价公司现状、预测公司未来，从而作出正确决策提供准确的信息或依据的过程。

财务分析可以帮助分析者加深对公司的了解，减少判断的不确定性，所以不同的财务分析者需要通过财务分析作出不同的决策，由此在进行财务分析时有着不同的目的。第一，投资者。公司的投资者包括公司的所有者和潜在投资者，他们进行财务分析的最根本目的是注重公司的盈利能力状况，因为盈利能力是投资者资本保值增值的关键。当然，仅仅关心盈利能力是不够的，投资者还应该研究公司的权益结构、支付能力及营运状况。只有投资者认为公司有着良好的发展前景，公司的所有者才会保持或增加投资，潜在的投资者才能把资金投入该公司。同时，对公司所有者而言，财务分析也可以评价公司经营者的经营业绩，发现经营过程中存在的问题，从而通过行使股东权利，为公司未来发展指明方向。第二，债权人。既包括现实的债权投资者，又包括潜在的债权投资者。由于公司的偿债能力会直接影响现实和潜在债权投资者的放款决策，因此他们是公司财务分析的重要主体之一。债权投资者在进行公司财务分析时，最关心的是公司是否有足够的支付能力，以保证其债务本息能够及时、足额地得以偿还。不过，短期债权投资者与长期债权投资者关注的重点有所不同，短期借款需动用公司当期的资产偿付，所以短期债权投资者关心的财务流动性超过公司收益性，更重视对公司短期财务状况和短期偿债能力的分析；长期贷款需公司在数个会计年度内偿付，因此长期债权投资者重视公司未来较长时间内偿债能力的分析，要求根据公司现在的经营情况和财务状况预测其未来的经营前景、收益能力和偿付能力。第三，经营管理者。经营管理者作为公司委托－代理关系中的受托者，接受公司所有者的委托，对公司运营中的各项活动以及公司的经营成果和财务状况进行有效的管理与控制。为此，公司经营管理者财务分析的重点是：了解公司资产的盈利性和流动性；了解公司资产结构、融资结构；预测公司未来的盈利能力和营运能力；进行财务筹资、投资决策；评价公司各项决策的执行情况等。第四，其他财务分析者。其他财务分析者包括供应商、顾客、政府管理机构以及竞争者等等。公司的供应商通过向公司提供原材料等资源或劳务，成为公司的债权人，因此必须通过财务分析判断公司的支付能力。有些供应商希望与公司保持稳定的合作关系，因此想通过财务分析了解公司的持续购买能力等。很多情况下，公司可能成为某个顾客的重要的商品或劳务供应商，此时，顾客关心的是公司连续提供商品或劳务的能力，关心的是影响公司长期发展前景的获利能力指标和财务杠杆指标等。政府管理机构可以通过财务分析，为宏观决策等提供可靠信息。竞争者往往希望获取关于公司财务状况的会计信息及其他信息，借以判断公司间的相对效率；同时还可为未来可能出现的公司并购提供信息。

财务分析的目的与财务分析的内容密切相关，分析目的不同，分析内容的侧重点也会有所差别。从投资活动分析看，要侧重于公司各项投资的成本与收益的比较，特别是金融资产涉及的公允价值繁多等，所以投资活动分析要求对投资类账户实施动态的跟踪分析，提供及时与有效的信息。从筹资活动分析看，狭义的财务风险又叫筹资风险，是指公司与筹资活动有关的风险。公司的财务风险与长期偿债能力密切相关，如果公司不能如期偿还到期的长期债务，必然会影响公司的长期投资安排与经营活动。所以，公司筹资活动分析的核心内容是成本与风险分析，具体包括筹资动因、筹资渠道与筹资策略、筹资规模与筹资成本、筹资过程及筹资效果等方面。从经营活动分析看，主要是分析公司资产运营问题。资产运营是指公司为了实现公司价值最大化而进行的资产配置和经营运作的活动，主要围绕资产结构分析。通过财务分析，明确公司成本费用的形成原因、成本费用与利润的数量关系，明晰公司的资金投向、资产与资本运营效果等。

二、财务分析方法

（一）财务分析理念

1. 资金时间价值理念

资金时间价值是资金使用者向资金所有者支付的一种报酬或代价，是资金周转使用中由于时间因素而形成的差额价值，来源于公司利润。资金时间价值通常以利息率计量，利息率应以社会平均资金利润率为基础。财务分析中要考虑资金运用的时间长度不同，利息率也应有所差别。在筹资决策中，资金时间价值就是公司运用资金的成本，资金成本直接关系公司的经济效益，是筹资决策需要考虑的重要问题；在项目投资决策中，项目投资的长期性决定了必须考虑资金时间价值，如净现值法、内含报酬率法等；在证券投资管理中，收益现值法是证券估价的主要方法，同样需要考虑资金时间价值。

2. 风险价值理念

风险表现为收益和损失的不确定性，风险越大，要求的收益越高或损失越小；风险价值是超出时间价值的那部分额外收益或额外损失减少额。财务分析中要考虑收益和风险的匹配，因为公司的经营活动、投资活动、筹资活动本身存在不确定性，客观上受到各种难以预料或难以控制因素的影响，导致公司执行结果的可变性，或使其决策与结果出现背离现象。

3. 机会损益理念

机会损益是指因采用最优方案而放弃次优方案所丧失的潜在利益或造成的收益损失。在财务分析中，机会损益是指某一资源可以用于多种用途（经济业务），鉴于资源的稀缺性，当公司选择某一用途（方案）而必须放弃其他用途（方案）时，就失去获得其他用途（方案）所可能取得的最佳收益的机会，该可能取得的最佳收益就是所选择方案的机会损益，即所选择方案所付出的潜在代价。机会损益理念有利于公司将财务报告利润与潜在的经济盈亏相结合，有利于公司作出正确的决策，从而最大限度地利用经济资源。

（二）财务分析的具体方法

1. 比较分析法

比较分析法是指将相关数据进行比较，揭示差异产生的并寻找差异原因的分析方法。常见的比较标准有经验标准、历史标准、行业标准和预算标准等。

经验标准是依据大量且长期的实践经验总结而成，其优点是客观和相对稳定，有助于分析者观察公司的经营活动是否合乎常规。不足之处在于：一是受行业限制，不能广泛适用于所有行业的公司，尤其是不能适用于银行、保险等特殊行业的公司；二是经验标准来源于特定的经营环境，如果公司的经营环境发生变化，经验标准可能失去其原有的意义。

历史标准是以公司过去某一时间的实际业绩为标准，其优点是比较可靠，具有较高的可比性，有助于分析者揭示差异，进行差异分析，从而查明产生差异的原因，为改进公司经营管理提供依据，同时也便于进行趋势分析，了解和掌握公司经营活动的变化趋势及规律性。因此，历史标准在分析评价公司财务状况和盈利水平是否得到改善方面具有不可替代的作用。这种方法的不足之处是比较保守，适用范围较窄。如果公司的经营环境发生重大变化，使用这种方法往往可能使财务分析者"刻舟求剑"。

行业标准是指行业的平均水平或同行业中某一先进公司业绩水平，其优点是可以说明公司在行业中所处的相对地位和水平，也可以判断公司的发展趋势，且同行公司由于从事相同或类似的业务活动，可比性比较强。当然，在运用行业标准时需要注意：第一，同行业内的两个公司并不一定是十分可比的。行业内的不同公司提供的具体产品和服务可能面向不同的细分市场；行业内的不同公司可能占据行业价值链的不同环节；行业内的不同公司采用的会计方法也可能存在差异，从而降低了它们相互之间财务会计信息的可比性。第二，一些大的公司往往是跨行业经营，很难明确界定其所属的行业，使得比较更加困难。公司的不同经营业务可能有着不同的盈利水平和风险程度，这时用行业统一标准进行评价显然是不合适的。因此在分析公司所在行业的时候，如果得不到公司经营项目报告，分析者必须选择与所分析的公司最接近的行业；如果行业数字无法得到，还可以将公司的财务指标与某个竞争对手进行比较。不过，竞争对手的有关财务指标并不一定是好的或坏的，它也不代表平均数或标准值，关键在于对竞争对手的资料进行比较时，必须仔细阅读会计报表及附注，以确定报告是否可比。

预算标准是指实行预算管理的公司所制定的财务预算指标，其优点是：综合性强，有助于推动财务预算管理的有效实施。一般地，新建公司由于缺乏历史标准、垄断性公司由于缺乏可比较的同行业公司，可能就更为依赖于预算标准。缺点表现为：一是由于财务预算的编制建立在业务和财务预测的基础之上，存在不确定性，甚至还可能存在一定的主观随意性，从而使得财务预算指标未必可靠；二是由于公司财务预算不是公司所需公开披露的信息，因此预算标准通常适用于公司内部的财务分析和评价，而不适用于公司外部的财务报告分析与评价。

按指标数据形式的不同，比较分析法可以分为绝对数指标的比较和相对数指标的比较，在财务分析中最常用的比较分析法是借助于比较财务报表。绝对数比较可以说明变动金额，但没有表明变动程度；相对数比较可以进一步说明变动程度。绝对数和相对数比较可以结合使用，以便更加全面地判断和评价公司的财务状况。

总之，财务评价的实质是提供比较的参照物。在分析中，可以根据分析的目的和资料的可获得性，选择恰当的分析标准：如果是对公司的竞争地位进行评价，可使用行业标准；如果是对公司的发展趋势进行预测，可使用历史标准；如果是考察公司预算的完成情况，可使用预算标准。财务报表分析人员可以将多种评价标准综合使用，从不同角度对公司财务状况和经营成果进行全面的分析与评价。

2. 比率分析法

比率分析法是利用两个指标之间的某种关联关系，通过计算比率来考察、计量和评价财务活动状况的分析方法。比率分析法容易获得计算财务比率所需要的信息，便于公司之间的比较。因为财务比率是被标准化的相对数，便于将公司的财务比率与行业平均数或直接的竞争对手的比率进行比较，而不受公司规模的影响。同时，通过追踪财务比率在一段时间（通常是3到5年）内的变动趋势可以发现公司某一方面财务能力的变化趋势，清晰地显示出转折点。

常见的财务比率包括：相关比率，即财务指标分析；构成比例，即结构分析，主要通过编制共同比报表进行分析；动态比率，即趋势分析，包含环比百分比分析和定基百分比分析等。以环比百分比分析和定基百分比分析为例：环比百分比是以每一分析期的前期数据为基数数据而计算出来的动态比率，运用这一方法进行报表分析，可以直观地体现出财务报表中各个项目分析期数据与前期数据的变动趋势，其计算公式为：环比百分比=分析期数据÷前期数据×100%。定基百分比报表是将基期会计报表的所有项目均定为100，将以后各期会计报表的相同项目用定基百分比表示的一种会计报表。通过将普通会计报表转换成定基百分比报表，然后再比较相邻若干年度的会计报表，从而判断并分析公司的财务状况、经营成果和现金流量的增长趋势。在这里，基期的选择非常关键。如果基期选择不当可能会得出错误的结论。一般要选择业务比较正常的年份作为基期。当基期数据的绝对数值很小时，应用趋势分析时应注意金额的微小变化都会使百分比发生很大的变化。这时，不能仅仅看百分比，还必须结合绝对数据进行分析。

无论哪一种方法，其设计或选择财务比率的原则都是：财务比率的分子和分母必须来自于同一个公司的同一期间的财务报表,但不一定来自同一张报表;财务比率的分子与分母之间必须有着一定的逻辑联系,如因果关系等。从比率分析法出现至今,财务报表不断地变化和发展,且越来越丰富。选取什么样的项目来计算财务比率,关键在于其经济意义和分析主体的分析目的。只要两个项目相除计算出的相对数具有一定的经济意义并能够实现分析主体的分析目的,这个相对数就是一个有价值的财务比率。但也应该注意,并不是任意两个项目相除得到的相对数都具有经济意义,如将公司的短期投资与主营业务成本相除,就不具有明显的经济意义,因此就没有这样的财务比率。也就是说,对财务比率,不仅仅要会计算,更重要的是能够解释,即通过计算出的比率反映一定的情况、说明一定的问题。

比率分析法的局限性体现在:比率评价的是某一固定时点的历史绩效,不能捕捉期间内的变化,也不一定反映公司未来的绩效;比率概括了会计信息,但是不一定反映经济价值,有时甚至很难判断所计算出来的比值是"好"还是"坏";不能反映诸如公司战略或管理才能等定性信息,因此不能反映公司财务状况的全貌;不同类型的财务比率给出不同的信号,因为不同的公司的会计处理方法不同,可能会降低财务比率在公司间的可比性;在比率分析中,可能会遇到带负号的数据,分子或分母带负号所计算出来的财务比率往往是没有财务或经济意义的。

3. 因素分析法

因素分析法是指根据财务指标与其各影响因素之间的关系,确定各个影响因素对指标差异的影响方向和程度的一种分析方法。由于构成综合指标的各因素之间相互关系的复杂性不同,因素分析有多种方法。比较复杂的因素分析法,就是各构成因素之间有一定的联系,常用的是连环替代技术分析,其具体步骤是:确定财务指标差异,即财务指标实际值与比较标准之间的差异,该差异是因素分析的对象;确定影响财务指标的因素,从财务指标标准值的公式开始,依次用每个影响因素的实际值替代标准值,有几个因素就替换几次,每次替换后得到的财务指标值与替换前的财务指标值之间的差异就是由所替换的因素带来的差异。上述步骤中必须坚持的原则是:(1)应按分析目的及各因素之间的依存关系安排替换顺序,因素替换的顺序是:数量指标在先,质量指标在后;基础指标在先,派生指标在后;主导指标在先,从属指标在后;实物量指标在先,货币指标在后。(2)必须是顺序替代,即按已确定的排列顺序逐个替代,不可更换。(3)必须是连环替代,前面已经替代者即被锁住,不可调回,后者替代时,前已替代者必须是实际数。

设某一财务指标 N 是由 a、b、c 三个因素组成,且它们之间的关系是:

$$N = a \cdot b \cdot c$$

如果以"0"表示计划数,以"1"表示实际数,则 N 的计划数和实际数分别为:

$$N_0 = a_0 \cdot b_0 \cdot c_0 \qquad N_1 = a_1 \cdot b_1 \cdot c_1$$

在上述公式中,因为 $a_1 \neq a_0$,$b_1 \neq b_0$,$c_1 \neq c_0$,所以 $N_1 \neq N_0$,由此 N_1、N_0 的变化就可以认为是由于 a、b、c 三个因素的变化所致。但是 a、b、c 的变化对 N 的变化究竟产生了多大影响呢?这可运用连环替代法进行测算,即将各影响因素的实际数据

按排列顺序逐个代入计划数的计算式中,从而将各因素变化的影响程度分解出来,具体过程是:

首先,列出计划数的计算式:$N_0 = a_0 \cdot b_0 \cdot c_0$

第一次,将 a_1 代入 N_0,得 $N_2 = a_1 \cdot b_0 \cdot c_0$;

第二次,再将 b_1 代入 N_2,得 $N_3 = a_1 \cdot b_1 \cdot c_0$;

第三次,再将 c_1 代入 N_3,得 $N_1 = a_1 \cdot b_1 \cdot c_1$。

然后,确定因素变动所造成的影响。这时可以把"$N_1 - N_0$"视为因素 a 的变化对 N 的影响值;"$N_3 - N_2$"视为因素 b 的变化对 N 的影响值;"$N_1 - N_3$"视为因素 c 的变化对 N 的影响值。a、b、c 三个因素影响值之和,则为实际与计划的差异数,即:

$$(N_2 - N_0) + (N_3 - N_2) + (N_1 - N_3) = N_1 - N_0$$

【例1】 某公司 2017 年净利润及影响利润指标变动的计划数与实际数如表 3-5 所示:

表 3-5 某公司净利润等指标

项目	销售量(件)	每件价格(元)	销售利润率(%)	净利润(元)
计划	10000	100	20	200000
实际	12000	90	25	270000

用连环替代法计算如下:

净利润 = 销售量 × 单价 × 销售利润率

计划利润 = $10000 \times 100 \times 20\% = 200000$ 元

第一次替代销售量后的利润 = $12000 \times 100 \times 20\% = 240000$ 元

可见,销售量变化对利润的影响数额为:

$240000 - 200000 = 40000$ 元(使利润增加)

第二次替代单价后的利润 = $12000 \times 90 \times 20\% = 216000$ 元

单价变化对利润的影响数额为:

$216000 - 240000 = -24000$ 元(使利润减少)

第三次替代销售利润率后的利润 = $12000 \times 90 \times 25\% = 270000$ 元

销售利润率变化对利润的影响数额为:

$270000 - 216000 = 54000$ 元(使利润增加)

三个因素影响数额之和为:

$40000 + (-24000) + 54000 = 70000$ 元

连环替代法的一种简易方法叫差额计算法,是指确定各因素实际数与基期数之间的差额,并在此基础上乘以排列在该因素前面各因素的实际数和排列在该因素后面各因素的基期数,所得出的结果是该因素变动对分析指标的影响数。应用连环替代法所坚持的原则,在差额计算法同样需要坚持,另外还要注意,并非所有连环替代法都可以按照上述差额计算法的方式进行简化，特别是在各影响因素之间不是连乘的情况下，运用差额计算法必须慎重。

总之，财务分析的方法多种多样，各种分析方法结合才能得到较为科学的结论。也要注意，在分析任何公司时，都想知道该公司所拥有的资产类型、资产的价值以及资产价值的不确定性。财务报表对公司的资产进行了很好的分类，也对公司的价值进行了估计，但在报告这些资产价值的不确定性方面非常欠缺。另外，在许多情况下，关于价值和风险判断，财务理论和经济思想都能为之提供指导，但对于财务报表，能够得到帮助的很少，即很难说明哪一个财务比率重要以及什么样的值才是高或者低。例如，很多公司是多元化的，拥有互不相关的多种业务，这些公司的合并财务报表不能被清晰地归于任何一个行业。按照前面的分析，同类分析只有在公司严格地经营同类业务、行业是竞争性的且只有一种经营方式的时候才真正适用。

三、财务分析信息

财务分析信息是多种多样的，不同的分析目的、不同的分析内容，所使用的财务信息可能是不同的。财务分析信息是财务分析的基础和不可分割的组成部分，对保证财务分析工作的顺利进行、提高财务分析的质量与效果都有着重要的作用。

从不同角度看，财务分析信息的种类是不同的。这里仅仅按信息来源划分，可以将财务分析信息分为内部信息和外部信息。

（一）内部信息

内部信息是指公司未对外公开披露的有关生产经营活动及其相关衍生活动等具体信息。这些信息部分是公开的，部分是非公开的，其中非公开数据包括公司成本构成、公司预算等，这些数据只有公司内部管理者才能在分析中使用，公司外部人员难以获得。

会计信息是公司内部信息的重要方面，是指公司会计系统编制并提供，分为外部报送信息和内部报送信息。其中，外部报送信息以财务报告为主，财务报告是公司向相关利益者定期报送的，反映公司在一定时期内的财务状况、经营成果和现金流量的书面文件。除了定期对公司外部公开报送的会计信息外，会计系统还编制一些仅用于内部管理使用的会计信息，如公司成本计算数据和流程、期间费用的构成、公司预算、公司投融资决策信息以及公司内部业绩评价方法和结果等。这些内部报送信息在很大程度上可以用来解释公司外部信息表面现象背后的深层次原因，如财务报告（公司外部报送信息）反映出的存货占用资金成本过大、存货周转速度过慢的现象。通过公司内部信息分析，究其原因，可能是库存商品销售不畅；可能是存货加工的生产技术出现问题；可能是公司质量管理水平低下导致存货周转不畅；可能是存货储存管理不善导致大量的废品损失；也可能是公司盲目采购、审批环节不规范等。

（二）外部信息

外部信息是指公司以外产生但与公司运行环境相关的各种信息。其主要职能是，在公司经营决策时作为分析公司外部条件的依据，尤其在确定公司中长期战略目标和计划时起重要作用。公司外部信息包括：国家相关政策法规，社会习惯、风俗、时尚的变化，市场需求、消费结构、消费层次的变化，竞争公司信息，科学技术发展信息，突发事件等。这些信息对公司决策至关重要。目前，公司主要运用互联网进行网上调查，找客户并收集竞争者信息，市场行情，消费者偏好和政治、法律、文化、地理信息等。

公司外部信息主要有政策法规、经济统计数据、市场信息、客户信息、同行信息、供应商信息及科技信息等，这些信息分别作用于公司系统中一个或多个子系统。具体说：(1)政策法规是国家有关机构为控制和调节组织或个人的活动而颁布的规范和准则。政策法规既有制约的一面，也有激励的一面。一些公司获得快速发展在很大程度上是由于抓住了政策法规的有利面；而有的公司处于难以维持的局面，往往是由于未把握好机会或与政策法规背道而驰所致。因此，及时地、完整地收集、理解与应用政策法规，有利于公司朝着正确的方向发展。(2)经济统计数据从总体上反映了整个国家、各地区及各行业的经济活动的状况。除现状外，通过历史数据的分析，还可以获得经济发展的规律。经济统计数据的收集、积累与分析可为公司新产品开发及投资方向等决策活动提供具有重要价值的依据。市场信息是反映商品供求状况及发展趋势的数据和资料。在社会主义市场经济体制下，市场信息对公司的产品开发、生产与销售等计划的安排起着主导作用。(3)客户信息是记载客户概况、公司成交状况及评价的数据。公司对市场份额的竞争主要通过客户数和成交量来获得。如果一个公司没有完整的客户信息，就难以巩固和扩大市场份额。如果客户信息外流，会使公司受损，通过客户信息，还可以为公司销售策略的选择提供依据，以减少风险。(4)同行信息是关于同行概况、特点及发展动态的数据。同行既是竞争对手，又是合作伙伴。公司为了提高竞争力，必须从同行信息中了解对手；为了寻求合作伙伴并获得成功的合作，也必须掌握同行信息。(5)供应商信息是有关为公司提供原材料或商品等物资的供应公司状况的数据。供应商信息有助于对供应商的选择、采购的安排与落实。正确地利用供应商信息可减少风险与降低成本。(6)科技信息对生产经营型公司来说，主要是新产品研制及发展动向等方面的数据与资料。在市场消费求新观念的影响下，新产品开发日益受到公司的重视。如果说市场信息与客户信息可为新产品开发指出方向，科技信息则可为新产品开发提供捷径。

只有将内部信息与外部信息相结合进行分析，才能对所分析公司有比较全面的理解，从而有利于公司采取正确的经营方针、制订长期发展规划等。

第三节 财务比率分析

在财务分析中，科学、完善的财务指标体系尤为重要，利用公司财务指标体系中的相关指标所计算出来的相对数，即是财务比率。所以，财务比率分析就是指通过将两个有关的会计项目数据相除，从而得到各种财务比率，用以揭示同一张财务报表中不同项目之间或不同财务报表的有关项目之间所存在的内在联系的一种分析方法。通过财务比率指标分析，能够恰当地反映公司过去或当前的财务活动与财务状况，可以超出本公司规模和行业间的差别进行观察比较。比率分析是迄今为止被广泛接受并普遍采用的一种财务报表分析方法。

一、变现能力比率

变现能力是公司资产在一定时期内转化为现金的能力或是指某项资产转换为现金或负债偿还所需的时间，主要有流动比率和速动比率等指标。公司投资者需要利用变现能力来判断公司未来支付现金股利的能力以及未来扩大营业的可能性；经营者通过对变现能力的分析，可以发现经营管理环节出现的问题，及时发现财务状况是否恶化，及早诊断出危机信号，及时有效地防范和化解危机。

（一）流动比率

流动比率是流动资产对流动负债的比率，用来衡量公司流动资产在短期债务到期以前，可以变为现金用于偿还负债的能力。流动资产包括货币资金、短期投资、应收票据、应收股息、应收账款、其他应收款、存货、待摊费用、一年内到期的长期债权投资、其他流动资金。流动负债包括短期借款、应付票据、应付账款及预收账款、应付工资与应付福利费、应付股利、应交税金、其他应交款与其他应付款、预提费用、一年内到期的长期负债和其他流动负债等。

$$流动比率＝流动资产÷流动负债$$

在国际上，过去许多年内，合理的最低流动比率被认为是 2，目前，大多数公司都没有高于 2。许多公司的净产值占资产总额的比例较低，流动比率一般在 2 以下，某些行业大大低于 2。因此，在流动比率分析中，要结合自身实际，以行业平均流动比率作为衡量标准进行评价。

一般来讲，流动比率越大，表示公司短期偿债能力越强，反之则投资风险大。但是，流动比率过大会浪费资金，也不是件好事。流动比率分为时点流动比率和时期流动比率两大类。这是由于分析目的的不同，而采用的不同的计算数据形成的。采用资产负债表中期末流动负债总额和流动资产总额计算取得的流动比率，称为时点流动比率。它反映公司报告期最后一天的短期偿债能力的现状，是分析公司近期偿债能力所必需的信息。时期流动比率，是采用报告期平均流动负债总额与平均流动资产总额计算取得的平均流动比率。它反映公司报告期内一般的短期偿债能力的状况。由于市场、季节等诸因素的影响，在一个会计年度内，公司生产经营活动往往呈现出不平衡的态势，所以，时点流动比率和时期流动比率是不同的，有时两者差距甚大。为了反映公司一个时期的短期偿债能力，既不能采用最高的时点比率，也不能采用最低的时点比率，而应采用时期比率。系统地观察公司每个会计时期的时点流动比率和时期流动比率，就能够把握公司短期偿债能力变化趋势。不过，因为不同国家或地区的金融环境和资本市场不同，使得公司的资产结构和资本结构不同，公司的流动比率也有所不同。

（二）速动比率

速动比率是指速动资产对流动负债的比率。它是衡量公司流动资产中可以立即变现用于偿还流动负债的能力。速动资产包括货币资金、短期投资、应收票据、应收账款、其他应收款项等，可以在较短时间内变现。而流动资产中的存货、1年内到期的非流动资产及其他流动资产等则不应计入。

$$速动比率 = 速动资产 \div 流动负债$$

其中：速动资产＝流动资产－存货

或：速动资产＝流动资产－存货－预付账款－待摊费用

计算速动比率时，流动资产中扣除存货，是因为存货在流动资产中变现速度较慢，有些存货可能滞销，无法变现。至于预付账款和待摊费用根本不具有变现能力，只是减少公司未来的现金流出量，所以理论上也应加以剔除。但实务中，由于它们在流动资产中所占的比重较小，计算速动资产时也可以不扣除。

传统经验认为，速动比率维持在 1∶1 较为正常，它表明公司的每 1 元流动负债就有 1 元易于变现的流动资产来抵偿，短期偿债能力有可靠的保证。速动比率过低，公司的短期偿债风险较大，速动比率过高，公司在速动资产上占用资金过多，会增加公司投资的机会成本。但以上评判标准并不是绝对的。实际工作中，应考虑到公司的行业性质。例如，商品零售行业，由于采用大量现金销售，几乎没有应收账款，速动比率大大低于 1，也是合理的。相反，有些公司虽然速动比率大于 1，但速动资产中大部分是应收账款，并不代表公司的偿债能力强，因为应收账款能否收回具有很大的不确定性；或者说明公司拥有较多的不能盈利的货币资金和应收账款，可能会降低公司的盈利能力等。所以，在评价速动比率时，还应分析应收账款的质量。

流动比率、速动比率的分析不能独立于流动资产周转能力的分析之外，存货、应收账款的周转效率低下也会影响流动比率的分析实用性，所以上述两指标的应用应结合流动项目的构成和各流动资产的效率综合分析。

（三）现金比率

现金比率是指公司现金与流动负债的比率，反映公司的即刻变现能力。这里所说的现金，是指现金及现金等价物，这项比率可显示公司立即偿还到期债务的能力。

$$现金比率 = \frac{(现金 + 有价证券)}{流动负债} \times 100\%$$

为了保证基本的支付能力，公司保持一定的现金比率是很重要的。现金比率越高，说明公司的短期偿债能力越强，反之则较弱。但在一般情况下，公司的流动负债不是立刻要全部偿还，要求公司随时保持足够的现金和现金等价物以备偿还流动负债，其实是没有必要的。所以在实际中，财务分析人员并不重视这个指标。只有当公司的应收账款和存货都存在严重问题，或公司陷入财务困境时，才利用现金比率分析公司的短期偿债能力。

流动比率、速动比率和现金比率都是以某一时点上的流动资产和流动负债相比较来反映公司的短期偿债能力，没有考虑流动资产的流动性和流动负债的偿还期限。虽然经营现金净流入比率是以某一会计年度的经营现金净流入量为依据考查公司的短期偿债能力,但是也没有考虑流动负债的偿还期限问题。实际上,公司流动资产的变现速度不同,公司获取现金的能力就不同;流动负债的偿还期限不同,公司的还债压力就不同,仅仅依靠某一时点的静态指标,很难反映公司偿债能力的真实情况。所以必须结合动态指标,如应收账款周转率、存货周转率、应付账款周转率等来分析流动资产和流动负债的流动性,以正确评价公司的短期偿债情况。

需要注意的是,还有报表以外的其他因素,也影响公司的变现能力,分析时必须加以考虑。这些因素包括:第一,可增强公司变现能力的因素。(1)可动用的银行贷款指标。即银行已同意但尚未办妥手续的贷款限额,这部分款项进入公司后将会提高公司变现能力。(2)准备近期变现长期资产。如公司准备出售不需要的固定资产、转让长期投资、转让土地使用权等,可取得部分现金,从而提高变现能力。当然,对于出售长期资产,公司应慎重考虑、全面衡量、正确决策。(3)公司偿债信誉。如果公司长期以来偿债信誉较好,广大供应商对公司认同度高,在短期偿债能力出现困难时,可通过人际关系及其他办法帮助解决,使公司渡过难关,从而提高公司偿债能力。第二,可减弱公司变现能力的因素。在报表中未曾反映的、可减弱主要变现能力的因素有或有负债、未曾预计发生的损失、大批销货退回等等,这些表外突发事项,会影响公司短期偿债能力。

二、资产管理比率

资产管理比率是用来衡量公司在资产管理方面的效率的财务比率,又称运营效率比率。资产管理比率包括:营业周期、存货周转率、应收账款周转率、流动资产周转率和总资产周转率。

(一)营业周期

营业周期是指从取得存货开始到销售存货并收回现金为止的这段时间。

$$营业周期=存货周转天数+应收账款周转天数$$

(二)存货周转率

存货周转率是反映公司流动资产流动性的一个指标,也是衡量公司生产经营各环节中存货运营效率的一个综合性指标。存货周转率高,表明存货变现速度快,周转额较大,资金占用水平较低。

$$存货周转率=销货成本\div 平均存货$$
$$存货周转天数=365\div 存货周转率$$

分析时应注意的问题有:(1)计算存货周转率时,使用"销售收入"还是"销售成本"作为周转额,看分析的目的。如果分析目的是判断短期偿债能力,应采用销售收入;如果分析目的是评估存货管理业绩,应当使用销售成本。在分解总资产周转率(周转天数)时,应统一使用"销售收入"。(2)存货周转天数不是越低越好。比如,减少存货量,可以缩短周转天数,但可能会对正常的经营活动带来不利影响。(3)存货周转过快,有可能会因为存货储备不足而影响生产或销售业务的进一步发展,特别是那些供应较紧张的存货。(4)应关注构成存货的原材料、在产品、自制半成品和低值易耗品之间的比例关系。

(三)应收账款周转率

它是公司一定时期销售收入与应收账款的比率,是反映应收账款周转速度的指标。其计算公式为:

$$\text{应收账款周转率（次数）} = \text{销售收入}/\text{应收账款}$$

$$\text{应收账款周转期（天数）} = 365/\text{周转次数} = \text{应收账款} \times 365/\text{销售收入}$$

注：应收账款可用年末数进行计算，但如果年末数受一些因素影响较大，可用平均数进行计算。

$$\text{平均应收账款余额} = (\text{应收账款余额年初数} + \text{应收账款余额年末数}) \div 2$$

应收账款周转率高，表明收账迅速，账龄较短；资产流动性强，短期偿债能力强；可以减少坏账损失。

利用上述公式计算应收账款周转率时，需要注意以下几个问题：(1)应收账款的减值准备问题。计提坏账减值，应收账款项目金额降低，会导致周转次数增加，周转天数减少。但这种周转天数的减少不能表示良好的业绩，反而说明应收账款管理欠佳。如果减值准备的数额较大，就应进行调整，使用未提取坏账准备的应收账款计算周转天数。(2)关于应收票据是否计入应收账款周转率的问题。因为大部分应收票据是销售形成的，只不过是应收账款的另一种形式，应该将其纳入应收账款周转天数的计算。(3)应收账款周转天数不一定是越少越好。应收账款是赊销引起的，如果赊销比现金销售更有利，周转天数就不是越少越好。收现时间的长短与公司的信用政策有关。应收账款周转率，也就是年度内应收账款转为现金的平均次数，它说明应收账款流动的速度。

(四)流动资产周转率

它是公司一定时期营业收入与流动资产的比率，是反映公司流动资产周转速度的指标。其计算公式为:

$$\text{流动资产周转率} = \text{销售收入} \div \text{平均流动资产}$$

其中：$\text{平均流动资产} = (\text{年初流动资产} + \text{年末流动资产}) \div 2$

$$\text{流动资产周转天数} = 365/\text{流动资产周转率}$$

在一定时期内，流动资产周转次数越多，表明以相同的流动资产完成的周转额越大，流动资产利用效果越好。相反，流动资产周转率下降，说明公司流动资产的利用效果下降；流动资产周转率越低，说明公司流动资产的利用效果越差。从流动资产周转天数来看，周转一次所需要的天数越少，表明流动资产在经历生产和销售各阶段时所占用的时间越短。通常，流动资产中应收账款和存货占绝大部分，二者的周转状况对流动资产周转具有决定性影响。

(五)总资产周转率

总资产周转率是销售收入与平均资产总额的比值。

$$总资产周转率＝销售收入÷平均资产总额$$

其中：平均资产总额＝（年初资产总额＋年末资产总额）÷2

$$总资产周转期（周转天数）＝资产总额×365/销售收入$$

总资产周转率越高，表明公司全部资产的使用效率越高；反之，如果该指标较低，则说明公司利用全部资产进行经营的效率较差，最终会影响公司的获利能力。公司应采取各项措施来提高公司的资产利用程度，比如，提高销售收入或处理多余的资产。总资产周转速度受公司存货、应收账款、流动资产、固定资产等各部分资产使用效率和周转速度的影响，它是反映公司资产使用效率和营运能力的最重要、最综合的指标。

三、长期偿债能力比率

长期偿债能力是指公司对债务的承担能力和对偿还债务的保障能力。长期偿债能力分析是公司债权人、投资者、经营者和与公司有关联的各方面等都十分关注的重要问题。首先，债权人会从他们的切身利益出发来研究公司的偿债能力，只有公司有较强的偿债能力，才能使他们的债权及时收回，并能按期取得利息。由于债权人的收益是固定的，他们更加关注公司债权的安全性。其次，公司的投资者包括公司的所有者和潜在投资者，投资者通过长期偿债能力分析，可以判断其投资的安全性及盈利性，因为投资的安全性与公司的偿债能力密切相关。另外，投资的盈利性与公司的长期偿债能力密切相关。在投资收益率大于借入资金的资金成本率时，公司适度负债，不仅可以降低财务风险，还可以利用财务杠杆的作用，增加盈利。再次，经营者主要是指公司经理及其他高级管理人员，他们进行财务分析的目的是综合的、全面的。他们既关心公司的盈利，也关心公司的风险，与其他主体不同的是，他们特别需要关心盈利、风险产生的原因和过程。最后，公司在实际工作中，会与其他部门和公司产生经济联系，对公司长期偿债能力进行分析对于他们也有重要意义：对政府及相关管理部门来说，通过偿债能力分析，可以了解公司经营的安全性，从而制定相应的财政金融政策；对于业务关联公司，通过长期偿债能力分析，可以了解公司是否具有长期的支付能力，借以判断公司信用状况和未来业务能力，并作出是否建立长期稳定的业务合作关系的决定等。

影响公司长期偿债能力的因素主要有公司的资本结构与获利能力等。第一，资本结构。资本结构是指公司各种资本的构成及其比例关系。公司筹资的渠道和方式尽管有多种，但公司全部资本归结起来不外乎是权益资本和债务资本两大部分。权益资本是公司创立和发展最基本的因素，是公司拥有的净资产，它不需要偿还，可以在公司经营中永久使用。同时，权益资本也是股东承担民事责任的限度，如果借款不能按时归还，法院可以强制债务人出售财产偿债，因此，权益资本就成为借款的基础。权益资本越多，债权人越有保障；权益资本越少，债权人蒙受损失的可能性越大。负债是公司的外来资金，债权人具有强制求偿权，不管公司是否盈利以及盈利多少，都要按约定的利率支付利息。这样，如果公司经营得好，就有可能获取财务杠杆利益。公司的债务资本在全部资本中所占的比重越大，财务杠杆发挥的作用就越明显。第二，获利能力。公司能否有充足的现金流入供偿债使用，在很大程度上取决于公司的获利能力。短期债务可以通过流动资产变现来偿付，因为大多数流动资产的取得往往以短期负债为其资金来源。而公司的长期负债大多用于长期资产投资，在公司正常生产经营条件下，长期资产投资形成公司的固定资产能力，一般来讲，公司不可能靠出售资产作为偿债的资金来源，而只能依靠公司生产经营所得。另外，公司支付给长期债权人的利息支出，也要从所融通资金创造的收益中予以偿付。可见，公司的长期偿债能力是与公司的获利能力密切相关的。一般来说，公司的获利能力越强，长期偿债能力越强；反之，则长期偿债能力越弱。

（一）资产负债率

资产负债率也称负债经营比率或债务比率，是指公司负债总额与资产总额之间的比例关系，是综合反映公司偿债能力的重要指标。

$$资产负债率 = （负债总额 \div 资产总额） \times 100\%$$

资产负债率越高，公司的债务负担越重，不能偿还的可能性就越大，债权人的风险越大。对公司的所有者来讲，公司通过债务所筹措的资金与投资者提供的资本在经营活动中发挥同样的作用，可能希望保持较高的资产负债率水平，尤其是全部资本利润率高于借款利息率时，负债比率越高，公司获利越大，投资者的投资回报就越高。对公司的经营者而言，资产负债率反映了其经营策略，他们最关心的是在充分利用借入资本给公司带来好处的同时，尽可能降低财务风险。资产负债率与财务风险成正比，该比率越高，公司承担的风险就越大，但获利的机会也大；反之，则说明管理当局比较保守，缺乏举债经营意识。但过高的资产负债率，反过来又会影响公司的筹资能力。

（二）产权比率

产权比率，又称资本负债率，是公司负债总额和所有者权益总额之比，反映债权人投入资本受到股东权益保障的程度，是判断公司还债能力的一个重要指标。

$$产权比率 = （负债总额 \div 股东权益或所有者权益） \times 100\%$$

从偿债能力或债权人的角度看，该指标越低越好，因为产权比率越低，所有者权益对负债偿还的保证程度就越大，债权人就越安全；但从公司所有者和经营者角度看，为了扩大生产经营规模和取得财务杠杆利益，适当的负债经营是有利的。

（三）有形净值债务比率

有形净值债务比率是产权比率的一个延伸指标，是在产权比率指标计算的分母中，从所有者权益总额中减去无形资产之后（即有形资产净值）得到的一个指标。

$$有形净值债务比率 = [负债总额 \div （所有者权益-无形资产净值）] \times 100\%$$

这里的无形资产包括各种不以实物资产形式存在的无形资产、商誉、研究开发费用、长期待摊费用等。用此指标评价公司的偿债能力，是考虑有些无形资产在公司清算时的价值将受到严重影响，如清算时商誉的价值可能为零。因此，这个指标比产权比率更为谨慎和保守，一般是在破产清算时使用，说明公司的负债在破产清算时会有多少有形资产净值来保证。

有形净值债务率揭示了负债总额与有形资产净值之间的关系，能够计量债权人在公司处于破产清算时获得多少有形资产保障。从长期偿债能力看，该比率越低，公司的财务风险越小，公司的长期偿债能力就越高；反之，该指标越大，公司长期偿债能力越低。

（四）已获利息倍数

已获利息倍数，也称利息保障倍数，是指公司经营收益与利息费用之间的比值，反映公司的经营收益相当于利息费用的多少倍，主要用于衡量公司用其经营收益偿付借款利息的能力。

$$已获利息倍数 = 息税前利润 \div 利息费用$$
$$= （净利润 + 所得税费用 + 利息费用）\div 利息费用$$

公式中的利息费用包括本期财务费用的利息和资本化利息，因为无论利息费用是否列入利润表，公司最终都要偿还，都是公司实际负担的费用。由于我国的利润表没有单独列示利息费用，而是把其并入"财务费用"项目，外部分析人员可以将财务费用视为利息费用，用利润总额加财务费用估算息税前利润。

利息保障倍数越高，说明税息前利润相对于利息越多，则债权人的利息收入就越有保障。相反，利息保障倍数越低，说明公司负债太多或盈利能力不强，对债权人权益保障越小，从而影响长期偿债能力和重新借款能力。正确评价公司的长期偿债能力，分析该指标的高与低，应将本年度利息保障倍数同该公司以往年度，以及同一行业的其他公司和该行业平均指标进行对比。此外，每个公司经营的好坏、信用的高低不同，对利息保障倍数的要求也就不同。

从长远角度分析，一家公司的利息保障倍数至少要大于1，否则公司就不能举债经营。利息保障倍数大于1，表明可供支付利息费用的收益大于需要支付的利息费用；如果该指标小于1，则表明可供支付利息费用的收益不足以支付利息费用，也就没有能力支付所发生的利息费用。从短期内分析，一家公司的利息保障倍数指标有可能低于1，但公司支付利息费用可能不存在问题。这是因为公司的一些费用项目在当期是不需要支付现金的，如公司的折旧费用、低值易耗品摊销等。为了考察公司偿付利息能力的稳定性，一般应计算5年或5年以上的利息保障倍数。保守起见，应选择5年中最低的利息保障倍数值作为基本的利息偿付能力指标。

影响长期偿债能力的其他因素有：长期经营租赁、担保责任、未决诉讼等。（1）长期经营租赁。当公司急需某种设备或厂房但又缺乏足够的资金时，可以通过租赁的方式解决。财产租赁的形式包括融资租赁和经营租赁，融资租赁形成的负债大多会反映在资产负债表中，而经营租赁形成的负债未反映在资产负债表中。当公司的经营租赁额比较大、期限比较长或具有经常性时，就形成了一种长期性融资，这种长期融资，到期时必须支付现金，会对公司偿债能力产生影响。因此，如果公司经常发生经营租赁业务，应考虑租赁费用对偿债能力的影响。（2）担保责任。担保项目的时间

长短不一，有的涉及公司的长期负债，有的涉及公司的流动负债。在分析公司长期偿债能力时，应根据有关资料判断担保责任带来的潜在长期负债问题。(3) 未决诉讼。未决诉讼一旦判决败诉，便会影响公司的偿债能力，因此在评价公司长期偿债能力时要考虑其潜在影响。

四、盈利能力比率

公司盈利能力又称公司获利能力，是指公司在一定时期内取得利润的能力。公司盈利能力可用绝对数表示，即用利润额的大小反映盈利能力的大小；也可以用相对值表示，即销售利润率、资产净利率等反映公司的获利能力。公司的盈利能力通常只涉及正常的营业状况，所以进行营业能力分析时，首先要将非正常的损益剔除。

从公司方面看，公司从事经营活动，其直接目的是最大限度地赚取利润并维持公司持续稳定地经营和发展。持续稳定地经营和发展是获取利润的基础；而最大限度地获取利润又是公司持续稳定发展的目标和保证。只有在不断获取利润的基础上，公司才可能发展；同样，盈利能力较强的公司比盈利能力较弱的公司具有更大的活力和更好的发展前景。所以，盈利能力是公司管理层最重要的业绩衡量标准和发现问题、改进公司管理的突破口。从债权人角度看，利润是公司偿债的重要来源，特别是对长期债务而言，盈利能力的强弱直接影响公司的偿债能力。公司举债时，债权人势必审查公司的偿债能力，而偿债能力的强弱最终取决于公司的盈利能力。从股东（投资人）看，他们的直接目的就是获得更多的利润，股东们关心公司赚取利润的多少并重视对利润率的分析，是因为他们的股息与公司的盈利能力紧密相关等。

(一) 销售净利率

$$销售净利率 = (净利润 \div 销售收入) \times 100\%$$

销售净利率是反映一定时期公司的净利润与销售收入的比率，表明公司每单位销售收入能够带来多少净利润，反映了公司销售收入的盈利能力，是公司经营活动最基本的盈利能力的体现。当然，由于净利润包含投资收益和营业外收支等并非来源于销售的项目，导致销售利润率计算公式的分子与分母口径不一致。另外，这些项目并不经常发生，即便发生也不能充分反映公司组织的经营实力。所以，如果销售净利率的升降主要是由于投资收益和营业外收支项目的影响，就不能简单地认为公司组织的经营管理水平有所提高或下降。

(二) 销售毛利率

$$销售毛利率 = [(销售收入 - 销售成本) \div 销售收入] \times 100\%$$

销售毛利率是指销售毛利占销售收入的百分比，是衡量公司经营效率的指标，反映了在不考虑非销售成本的情况下，公司管理者通过经营获取利润的能力。这一指标之所以具有重要的分析价值，是因为它表明单位销售额可以创造的毛利。它是公司的产品竞争优势的表现，也是公司最终实现利润的基础。销售毛利率是多种因素共同影响的结果，影响因素主要有销售价格、购货或生产成本、销售结构等。

（三）资产净利率

$$资产净利率=（净利润÷平均资产总额）×100\%$$

资产净利率是指公司的净利润与平均资产总额的比率，反映的是公司投入的全部资金获取报酬的能力。资产净利率越高，说明公司的全部资金获得的报酬越高。对资产净利率，可以进行横向和纵向的比较。通过与同行业平均水平或竞争对手的比较，可以洞悉公司的投资报酬在整个行业中是偏高还是偏低，与竞争对手相比是强还是弱。通过横向比较，若发现公司的资产净利率过低，则应该进一步找出原因，并采取措施及时调整。通过与公司以往各期的资产净利率进行比较，可以看出公司的资产净利率是越来越高还是越来越低，或是基本稳定。如果在某一期间资产净利率突然恶化，作为内部分析则应进一步查找原因，看看是由于资产大量闲置所致，还是利润水平下降引起的，并及时找出改善的对策，以防止投资报酬进一步下降。

（四）净资产收益率（或称净值报酬率、权益报酬率）

$$净资产收益率=（净利润÷平均净资产）×100\%$$

净资产收益率是指净利润与平均净资产的比值，反映股东投入的资金所获得的报酬率。平均净资产是指公司的所有者权益期初余额与所有者权益期末余额的平均数。从股东角度看，净资产收益率用以衡量股东权益的收益水平，体现了股东投入公司的资金获取净收益的能力，突出反映了股东投资与收益的关系。

当然，如果运用净资产收益率来考核公司资金的利用效果，也存在一些缺陷：一是每股收益与净资产收益率指标互补性不强。因为各公司的资产规模不同，不能以各公司的收益绝对值指标来考核其效益和管理水平，由此考核标准往往是每股收益和净资产收益率两项相对数指标。但是，每股收益主要是考核公司股权资金的使用情况，净资产收益率虽然考核范围略大（净资产包括股本、资本公积、盈余公积、未分配利润），但也只是反映了公司权益性资金的使用情况，因此在考核公司效益指标体系的设计上，需要调整和完善。二是以净资产收益率作为考核指标不利于公司的横向比较。实践中，公司负债率的差别，如某些公司负债奇高，导致某些微利公司净资产收益率却偏高，而有些公司尽管效益不错，但由于财务结构合理，负债较低，净资产收益率却较低。三是考核净资产收益率指标也不利于对公司进行纵向比较分析。公司可通过诸如以负债回购股权的方式来提高每股收益和净资产收益率，而实际上，该公司经济效益和资金利用效果并未提高。

五、财务报告综合分析

（一）杜邦财务分析体系

上述净资产收益率的进一步分解就是著名的杜邦财务分析体系。杜邦财务分析体系原先是美国杜邦公司为制订财务计划和控制而设计的，它显示出关键的财务比率逻辑上的相互关联性，反映出销售利润率、资产周转率等之间的关系，也反映出各种比率如何相互影响等。

杜邦分析法是利用各个主要财务比率之间的内在联系,建立财务比率分析的综合模型,综合地分析和评价公司财务状况和经营业绩的方法。采用杜邦分析图将有关分析指标按内在联系加以排列,从而直观地反映出公司的财务状况和经营成果的总体面貌。其计算公式如下:

净资产收益率＝权益净利率＝资产净利率×权益乘数
＝(销售净利率×资产周转率)×[1÷(1－资产负债率)]
＝[(净利÷销售收入)×(销售收入÷平均资产总额)]
×[1÷(1－资产负债率)]

然后可再将净利、资产总额进行分拆分析。

杜邦财务分析体系如图 3-1 所示:

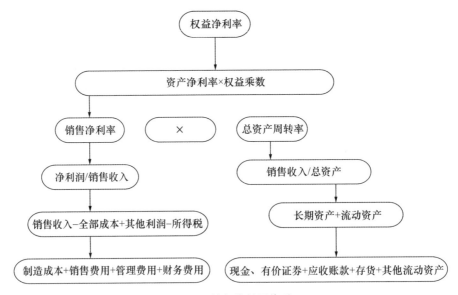

图 3-1 杜邦分析图体系

第一,图 3-1 中各财务指标之间的关系:可以看出,杜邦分析法实际上从两个角度来分析财务,一是进行内部管理因素分析,二是进行资本结构和风险分析。

权益净利率 ＝ 资产净利率 × 权益乘数
权益乘数 ＝ 1÷(1－资产负债率)
资产净利率 ＝ 销售净利率 × 总资产周转率
销售净利率 ＝ 净利润 ÷ 销售收入
总资产周转率 ＝ 销售收入 ÷ 总资产
资产负债率 ＝ 负债总额 ÷ 总资产

第二,杜邦分析图提供了下列主要的财务指标关系的信息:

(1)权益净利率是一个综合性最强的财务比率,是杜邦分析系统的核心。它反映所有者投入资本的获利能力,同时反映公司筹资、投资、资产运营等活动的效率,它的高低取决于总资产利润率和权益总资产率的水平。决定权益净利率高低的因素有三个方面，即权益乘数、销售净利率和总资产周转率，这三个比率分别反映了公司的负债比率、盈利能力比率和资产管理比率。

（2）权益乘数主要受资产负债率影响。负债比率越大，权益乘数越高，说明公司有较高的负债程度，给公司带来较多的杠杆利益，同时也给公司带来较多的风险。资产净利率是一个综合性指标，同时受到销售净利率和资产周转率的影响。

（3）资产净利率也是一个重要的财务比率，综合性也较强。它是销售净利率和总资产周转率的乘积，因此，要进一步从销售成果和资产营运两方面来分析。

销售净利率反映了公司利润总额与销售收入的关系，从这个意义上看，提高销售净利率是提高公司盈利能力的关键所在。要想提高销售净利率：一是要扩大销售收入；二是要降低成本费用。而降低各项成本费用开支是公司财务管理的一项重要内容。通过各项成本费用开支的列示，有利于公司进行成本费用的结构分析，加强成本控制，以便为寻求降低成本费用的途径提供依据。

公司资产的营运能力，既关系到公司的获利能力，又关系到公司的偿债能力。一般而言，流动资产直接体现公司的偿债能力和变现能力；非流动资产体现公司的经营规模和发展潜力。两者之间应有一个合理的结构比率，如果公司持有的现金超过业务需要，就可能影响公司的获利能力；如果公司占用过多的存货和应收账款，则既要影响获利能力，又要影响偿债能力。为此，就要进一步分析各项资产的占用数额和周转速度。对流动资产应重点分析存货是否有积压现象、货币资金是否闲置，对应收账款应分析客户的付款能力和有无坏账的可能；对非流动资产应重点分析公司固定资产是否得到充分的利用。

在具体运用杜邦体系进行分析时，可以采用因素分析法，首先确定营业净利率、总资产周转率和权益乘数的基准值，然后顺次代入这三个指标的实际值，分别计算分析这三个指标的变动对净资产收益率的影响方向和程度，还可以使用因素分析法进一步分解各指标并分析其变动的深层次原因，找出解决的方法。

（二）沃尔评分法

沃尔在20世纪初出版的著作中提出了信用能力指数的概念，将流动比率、产权比率、固定资产比率、存货周转率、应收账款周转率、固定资产周转率、自有资金周转率七个财务指标结合起来，并分别给出每个指标的比重，总计100分。将企业的实际值与标准值进行比较，确定各项指标的实际得分，加总后可得出总体指标的得分，并据此对企业的财务状况作出评价。

沃尔评分法的重要性权数：第一类是最重要的盈利性指标，其评分值占45分左右，它是企业经营活动的主要目的，也是企业发展的客观要求和基本素质指标，包括净资产收益率、总资产收益率、收入利润率等。第二类是较为重要的稳定性指标，其评分值占35分左右，包括企业的偿债能力和营运能力，它是企业生存和发展的基本条件。偿债能力指标包括资产负债率、流动比率；营运能力指标包括总资产周转率、流动资产周转率等。第三类是一般重要的发展性指标和其他指标，其评分值占20分左右，主要包括利润增长率、营业收入周转率等。上述评分值权重不是一成不变的，而是可以根据实际情况调整。但尽管如此,沃尔评分法仍然没有能够从理论上证明选定这些指标的依据,在技术上不够完善等。

六、现金流量分析

前面的财务比率分析为分析者提供了重要的信息,帮助分析者评价公司的现状和经营成果,并为预测未来提供了依据。但是,财务比率分析是基于权责发生制,忽视了现金流量分析,所以需要将财务比率分析与现金流量分析等结合起来,才能充分发挥比率分析的作用。实际上,公司的长短期偿债能力和盈利能力等都应该立足于公司创造现金流量的能力,公司创造现金流量能力的分析以现金流量分析为基础。现金流量分析不仅依靠现金流量表,还要结合资产负债表和利润表。

（一）现金流量的结构分析

现金流量结构分析主要包括现金流入量结构分析、现金流出量结构分析和现金流入量与现金流出量之比分析。

1. 现金流入量结构分析

现金流入量结构反映公司全部现金流入量中,经营活动、投资活动和筹资活动分别占的比例,以及在这三种活动中,不同渠道流入的现金在该类现金流入量和总现金流入量中所占的比例。一般地,在公司现金流入量总额中,经营活动产生的现金流入量占有较大比重,特别是主营业务活动产生的现金流入量明显高于其他活动产生的现金流入量。现金流入量结构分析首先可以分别计算经营活动、投资活动和筹资活动带来的现金流入占公司全部现金流入的比重,然后可以计算分析各项活动现金流量中比重较高或增速较快的项目,从中寻找影响公司现金流入的主要因素。

2. 现金流出量结构分析

现金流出量结构是指公司的各项现金流出占公司的当期现金流出总额的百分比,以反映公司的现金用途,即将公司经营活动的现金流出、投资活动的现金流出和筹资活动的现金流出的数额及其具体项目与现金流出总额相对比,得出各活动、各明细现金流出项目所占的结构百分比,显示出公司现金流出的主要和次要项目,进而判断公司的现金使用效果。不过,要评价现金使用的合理性,仅仅根据结构指标很难判断,因为不同时期,现金支出的需要是不同的,通常只要支付能力正常,各类支出的比重大小并不十分重要。但如果将公司某期的现金支出结构与其上期的现金支出结构进行比较,则可以看出公司的理财策略。

3. 现金流入流出比分析

现金流入量与现金流出量之比分析,从"投入与产出"的角度,分别从总体和分项考察现金流入量与现金流出量之间的关系。在具体分析时,可以按每项活动,也可以按总量为对象进行分析。通过流入和流出结构的历史比较和同业比较,可以得到更有意义的信息。

$$现金流入流出比 = 现金流入 \div 现金流出$$

对于一个健康的正常成长的公司来说,经营活动的现金流量应当是正数,投资活动的现金流量是负数，筹资活动的现金流量是正负相间的。

（二）现金流量的流动性分析

1. 现金到期债务比

$$现金到期债务比＝经营活动现金净流入÷本期到期的债务$$

该指标可以反映公司偿还到期债务能力，在此运用经营活动现金净流入，是因为只有经营活动现金流量净额能真实地反映公司的资金运转能力。本期到期的债务，是指本期到期的长期债务和本期应付票据，通常这两项是不能展期的，必须如数偿还。该比率大，说明公司的经营活动现金流量比较充足，可以支付即将到期的债务，反之亦然。

2. 现金流动负债比

$$现金流动负债比＝经营现金净流入÷流动负债$$

现金流动负债比用来衡量公司的现金是否能够偿还到期债务。与流动比率和速动比率相比，该指标不受那些不易变现或容易引起沉淀的存货和应收账款的影响，因此能更准确地反映公司的短期偿债能力。现金流动负债比越高，表明公司短期偿债能力越好；反之，该比率越低，则表明公司短期偿债能力越差，其现金流量的质量就越差。

3. 现金债务总额比

$$现金债务总额比＝经营现金净流入÷债务总额$$

现金债务总额比是经营活动现金净流量总额与债务总额的比率。该指标旨在衡量公司承担债务的能力，是评估公司中长期偿债能力的重要指标，同时也是预测公司破产的可靠指标。这一比率越高，公司承担债务的能力越强，破产的可能性越小；这一比率越低，公司财务灵活性越差，破产的可能性越大。但是，该指标也不是越大越好，指标过大表明公司流动资金利用不充分，获利能力不强。

（三）获取现金能力分析

1. 销售现金比率

$$销售现金比率＝经营现金净流入÷销售额$$

该指标反映公司销售质量的高低，与公司的赊销政策有关。如果公司有虚假收入，也会使该指标过低。销售现金比率是指公司经营活动现金流量净额与公司销售额的比值。该比率反映每元销售收入得到的现金流量净额，其数值越大，表明公司的收入质量越好，资金利用效果越好。

2. 每股营业现金净流量

$$每股营业现金净流量＝经营现金净流入÷普通股股数$$

该指标反映某一会计年度内，发行在外的普通股加权平均每股所获得的经营活动现金净流量，它从一个新的角度，即现金流量角度来反映每一普通股股份的产出效率和分配水平。公司经营活动现金越充裕，每股现金净流量越大，公司股利支付能力越强。

3. 全部资产现金回收率

全部资产现金回收率＝经营现金净流入÷平均资产总额×100％

其中平均资产总额＝（期初资产总额＋期末资产总额）/2

全部资产现金回收率是经营现金净流量与全部资产的比率。该指标旨在考评公司全部资产产生现金的能力，该比值越大，说明资产利用效果越好，利用资产创造的现金流入越多，整个公司获取现金能力越强，经营管理水平越高。反之，则经营管理水平越低，经营者有待提高管理水平，进而提高公司的经济效益。

（四）财务弹性分析

财务弹性分析是指对公司适应经济环境变化和利用投资机会的能力进行的分析。这种能力来源于现金流量和支付现金需要的比较，现金流量超过需要，有剩余的现金，财务弹性大，适应性就强，反之则财务弹性小，适应性就弱。因此，财务弹性的衡量是用经营现金流量与支付要求进行比较，支付要求可以是投资需求或承诺支付等。

1. 现金满足投资比率

现金满足投资比率＝近五年经营活动现金流入÷（近五年资本支出、存货增加、现金股利之和）

该比率越大，说明公司资金自给率越高，公司发展能力越强。如果现金满足投资比率大于或等于1，表明公司经营活动所形成的现金流量足以应付各项资本性支、存货增加和现金股利的需要，不需要对外筹资；若该比率小于1，说明公司来自经营活动的现金不足以供应目前营运规模和支付现金股利的需要，不足的部分需要靠外部筹资补充。如果一个公司的现金满足投递比率长期小于1，则其理财政策没有可持续性。

2. 现金股利保障倍数

现金股利保障倍数＝每股营业现金净流入÷每股现金股利

该指标表明公司用年度正常经营活动所产生的现金净流量来支付股利的能力，比率越大，表明公司支付股利的现金越充足，公司支付现金股利的能力也就越强，该指标还体现支付股利的现金来源及其可靠程度，是对传统的股利支付率的修正和补充。理论上，该指标应大于1，只有这样才能说明公司当期创造的经营活动现金净流量足以支付当期的现金股利；否则，公司就需要通过筹资来派发现金股利，而这只能说明公司支付股利的能力不足。由于股利发放与管理当局的股利政策有关，因此，该指标对财务分析只起参考作用。由于我国很多公司（尤其是 ST 公司）根本不支付现金股利，导致这一指标的分母为零，所以在预测我国上市公司财务危机时该指标可不作考虑。

（五）收益质量分析

收益质量是指报告收益与公司业绩之间的相关性。收益质量是指会计收益所表达的与公司经济价值有关信息的可靠程度。高质量的收益是指报表收益对公司过去、现在的经济成果和未来经济前景的描述是可靠和可信任的。反之，如果报表收益对公司过去、现在的经济成果和未来经济前景的描述具有误导性，那么该收益就被认为是低质量的。收益质量分析涉及资产负债表、利润表、现金流量表的分析，这里仅从现金流量表的角度评价收益质量。

1. 净收益营运指数

净收益营运指数＝经营净收益÷净收益
　　　　　　　＝（净收益－非经营净收益）÷净收益

经营活动净收益＝净收益－非经营净收益
　　　　　　　＝净收益－非经营税前损益×（1－所得税率）

净收益营运指数，是指经营净收益与全部净收益的比值。通过与该指标的历史指标比较和行业平均指标比较，可以考察一个公司的收益质量情况。如果一个公司虽然利润总额在不断上升，但是经营性利润比重呈逐年下降，非经营利润的比重呈逐年加大的趋势，其实这已经是净收益质量越来越差的征兆了。与净收益营运指数类似的，还有营业利润比重指标，它反映营业利润占利润总额的比重。如果营运指数小于1，经营净收益额小于全部净收益额，说明全部净收益额中包含其他收益额。比值越小，说明主营业务盈利能力不及其他业务盈利能力。

2. 现金营运指数

现金营运指数＝经营现金净流量÷经营现金毛流量

其中：

经营现金毛流量＝经营活动税后净收益＋折旧与摊销

经营现金净流量＝经营活动税后净收益＋折旧与摊销－营业资本增加
　　　　　　　＝经营活动现金流量净额＋非经营所得税

现金营运指数是反映公司现金回收质量、衡量风险的指标，是指反映公司经营活动现金流量与公司经营所得现金（经营现金毛流量）的比值。理想的现金营运指数应为1，小于1的现金营运指数反映了公司部分收益没有取得现金，而是停留在实物或债权形态，而实物或债权资产的风险远大于现金。现金营运指数越小，以实物或债权形式存在的收益占总收益的比重越大，收益质量越差。

七、上市公司的财务比率

对于上市公司来说，最重要的财务指标是每股收益、每股净资产和净资产收益率。

（一）每股收益

每股收益＝净利润÷年末普通股股份总数

计算这一指标，应注意复杂股权结构问题。有的公司具有复杂的股权结构，除普通股和不可转换的优先股以外，还有可转换优先股、可转换债券、购股权证等。可转换债券的持有者，可以通过转换使自己成为普通股东，从而造成公司普通股总数增加；购股权证持有者，可以按预定价格购买普通股，也会使公司的普通股增加。普通股增加会使每股收益变小，称为"稀释"。计算这种转换和认购对每股收益的影响是比较复杂的。按照我国证监会目前的规定，发行普通股以外的其他种类股票（如优先股等）的公司，应按国际惯例计算该指标，并说明计算方法和参照依据。它反映普通股的获利水平，指标值越高，投资效益越好。

使用每股收益进行盈利性分析要注意的问题有：（1）每股收益不反映股票所含有的风险；（2）股票是一个份额的概念，不同股票的每一股在经济上不等量，它们所含有的净资产和市价不同即换取每股收益的投入量不相同，在进行每股收益的公司间比较时要注意到这一点。（3）每股收益多，并不意味多分红，还要看公司的股利分配政策。

为了克服每股收益指标的局限性，可以延伸分析市盈率、每股股利、股票获利率（市价股利比率）、股利支付率、股利保障倍数和留存盈利比率等。

（1）市盈率（倍数）＝普通股每股市价÷普通股每股收益

市盈率，亦称价格与收益比率，是指普通股每股市价与当期每股收益之间的比率，即每股市价相当于每股收益的倍数。该指标可用来判断公司股票与其他公司股票相比其潜在的价值。

当然，市盈率指标也存在一些缺陷：① 所评估的公司是一家高成长公司。高成长公司的重要特征是其未来的每股收益将持续上升，但市盈率方法是依据过去的收益指标进行评估。由此即导致了对高成长公司来说，其"过去的"市盈率总是高于"未来"的市盈率。特别是，当将高成长公司的市盈率与一般性公司的市盈率相比较时，前者一般都高于后者，根据收益率法的判断标准，得到的结论就是一般性公司的投资价值高于高成长公司的投资价值，这实际上是不准确的。② 现实的公司经营中存在一定的偶然性，其当前的每股盈余较低并不意味着其未来的每股盈余也一定较低。由此在任何一个特定的年份都可能存在每股盈余的随机偏差，从而所得到的收益率指标即是一个错误的市盈率。③ 当所评估的公司每股盈余为负值时，这是利用市盈率指标进行投资价值评估时技术上的一个限制。

（2）每股股利＝股利总额÷年末普通股股份总数

每股股利反映的是上市公司每一普通股获取股利的大小。每股股利越大，则公司股本获利能力就越强；每股股利越小，则公司股本获利能力就越弱。但值得注意的是，影响上市公司每股股利发放多少的因素，除了上市公司获利能力大小以外，还取决于公司的股利发放政策。如果公司为了今后的扩大再生产，现在多留公积金，以增强公司发展的后劲，则当前的每股股利必然会减少；反之，则当前的每股股利会增加。

股利总额是指扣除优先股股利后的数额。要注意的是，每股股利与每股收益的区别，每股收益是公司每一普通股所能获得的利润，但公司实现净利润往往不会全部用于分派股利。因为公司的净利润必须根据国家规定以及董事会的决议，扣除公积金、优先股股息以及保留盈余后，才能派发股利。

对于为了赚取定期的现金股利的投资者来说，他们期望能获得较多的现金股利。这部分的股票持有者分为两类，即短期投资者和长期投资者。对于短期投资者来说，他们是为了获取近期的现金股利，因而希望现金股利越高越好，而很少也无须多考虑其他因素。对于长期投资者来说,他们考虑得多的应该是每股收益,而每股股利则成为次之的考虑因素,他们关心的是公司以后的发展前景,而非现今自身能分得多少股利。

每股股利通常低于每股收益,这是由于公司所获利润并不会全部用于支付股利,其中一部分作为留存利润用于公司自我积累和发展,其余额才被用来发行股利。但有些年份,每股股利也有可能高于每股收益。在有些年份,公司经营状况不佳,税后利润不足支付股利,或经营亏损无利润可分时,按照我国目前规定,为保持投资者对公司及其股票的信心,公司还可按不超过股票面值的 6%,由历年积存的盈余公积金补足,或在弥补亏损以后支付。这时,每股收益为负,但每股股利却依旧存在。

股利支付主要采用现金股利和股票股利两种形式,有时两形式同时采用。此外,公司还可以用资本公积派送股利。计算每股股利指标时,一般应包括上述两种资金来源所形成的两种股利形式。

(3) 股票获利率＝普通股每股股利÷普通股每股市价

由于普通股的获利包括两部分:一是股利收入;二是股票本身市价上升而导致的利得,因此,计算股票获利率时分子应采用这两部分之和。

(4) 股利支付率＝普通股每股股利÷普通股每股净收益×100%

这一比率主要用以衡量公司当期每股盈利中,有多大的比率或者公司的税后利润中有多大比例以股利形式支付给普通股股东。合理的股利支付率并没有一个固定标准,各公司可根据自己的股利政策以及股东大会决议支付股利。一般来说,处于扩展阶段的公司,股利支付率通常也较低;相反,在公司较为稳定发展阶段,股利支付率通常较高。当公司没有优先股时,股利支付率实际上与利润留成率是一对相应指标,两者之和等于 100%。显然,股利支付率越高,利润留成率就越低,自我积累的资本就相应减少,筹资成本相应增加,最终导致公司未来可能发放的股利减少。反之,降低股利支付率,意味着用于自我积累的资金增加,股东可期望在将来获得更多的股息收入。在进行股票投资时,不同的股利支付率满足不同的投资者偏好。

(5) 股利保障倍数＝普通股每股净收益÷普通股每股股利

股利保障倍数是一种安全指标,可以看出净利润减少到什么程度公司仍然能够按照目前的水平支付股利。如果不考虑动用以前年度的留存盈利,保持目前股利支付水平要求股利保障倍数不能低于 1。股利保障倍数越大,支付股利的能力越强。

(6) 留存盈利比率＝(净利润－全部股利)÷净利润×100%

上式中,留存盈利是指公司的税后留利,包括法定盈余公积金、公益金和任意盈余公积金等;它不是指每年累积下来的盈利,而是指当年利润中留下的部分。全部股利则包括发放的优先股股利和普通股股利。

留存盈利比率用于衡量当期净利润总额中有多大的比例留存在公司用于发展,它体现了公司的经营方针。从长远利益考虑,为积累资金扩大经营规模,留存盈利比率应该大些。如果认为可以通过其他方式筹集资金,那么为了不影响投资人的当前收益,留存盈利比率应该小些。

(二)每股净资产

每股净资产＝年度末股东权益÷年度末普通股股数

该指标反映发行在外的每股普通股所代表的净资产成本即账面权益。在投资分析时，只能有限地使用这个指标，因其是用历史成本计量的，既不反映净资产的变现价值，也不反映净资产的产出能力。

每股净资产，在理论上提供了股票的最低价值。如果公司的股票价格低于净资产的成本，成本又接近变现价值，说明公司已无存在价值，清算是股东最好的选择。正因为如此，在新建公司时不允许股票折价发行等。

该项指标显示了发行在外的每一普通股股份所能分配的公司账面净资产的价值。这里所说的账面净资产是指公司账面上的公司总资产减去负债后的余额，即股东权益总额。如果公司没有优先股，则每股净资产就是股东权益除以普通股股数的商。如果公司有优先股，则应将账面净资产减去优先股股本，其余额才是属于普通股股东所能分配到的净资产。每股净资产指标反映每一股份于会计期末在公司账面上到底值多少钱，它与股票面值、发行价值、市场价值乃至清算价值等往往有较大差距。这主要是因为股东权益包括按照面值计算的股本，包括溢价发行的溢价净收入在内的资本公积金、盈余公积金和未分配利润等。

对于投资者来说，每股净资产是进行投资决策的重要参考依据。利用该指标进行横向和纵向对比，可以衡量公司的发展状况和发展潜力，估计其上市股票或拟上市股票的合理市价，判断股票投资风险的大小。比如在公司性质相同、股票市价相近的条件下，某一公司股票的每股净资产越高，则公司发展潜力与其股票的投资价值越大，投资者所承担的投资风险越小。但是，也不能一概而论。在市场投机气氛较浓的情况下，每股净资产指标往往不太受重视，投资者，特别是短期投资者更注重股票市价的变动，有的公司的股票市价低于其账面价值，投资者会认为这个公司没有前景，从而失去对该公司股票的兴趣；如果市价高于其账面价值，而且差距较大，投资者会认为公司前景良好，有潜力，因而甘愿承担较大的风险购进该公司股票。

把每股净资产和每股市价联系起来，可以说明市场对公司资产质量的评价。反映每股市价和每股净资产关系的比率，称为市净率，即

市净率（倍数）＝每股市价/每股净资产

首先，市净率可用于投资分析。每股净资产是股票的账面价值，它是用成本计量的；每股市价是这些资产的现在价值，它是证券市场上交易的结果。投资者认为，市价高于账面价值时公司资产的质量好，有发展潜力；反之则资产质量差，没有发展前景。优质股票的市价都超出每股净资产许多，一般说来，市净率达到3，可以树立较好的公司形象，当然，不同行业公司各有特色，不能一概而论。

其次，市净率与市盈率的比较。从市净率与市盈率的计算公式可以看出，分子都是股票市价。市净率的分母是每股净资产值（净资产/股本总量），它表明了投资者现在占有公司每1元的实有净资产所要付出的成本代价；市盈率的分母是每股税后利润（税后利润/股本总量），它代表的是在不考虑货币的时间价值和在公司经营业绩稳定

增长的情况下，投资者需要多长时间可从公司盈利中收回投资。

从市盈率的内容可以看出，投资者根据市盈率预测未来所得，要受上市公司经营业绩是否能稳定增长和上市公司年末盈利预测能否实现等多方面不确定因素的限制。而市净率则能够较好地反映出有所付出就有所回报，即它能够帮助投资者寻求哪个上市公司能以较少的投入，得到较高的产出。对于大的投资机构，市净率比市盈率更能帮助其辨别投资风险。

进一步分析净资产与税后利润，即可比较出市净率与市盈率哪个指标对投资分析更具价值。股东们应当注意到，对股份公司的所有权不仅是指注册资本，而且是指整个公司的净资产。净资产是公司在经营过程中逐年累积形成的，它能真正代表公司的整体实力，而税后利润只是对于一个年度经营业绩的总结。因此，股东在股市操作中仅注意到上市公司在某年度的每股税后利润，而忽视整体实力——净资产，显然是不够全面的。同时，股本结构可以人为地设计，公司某年的每股税后利润也可以人为地放大或缩小，但上市公司资金的实际投入产出却没有变。上市公司一般是各行业中经营业绩优秀的公司，其净资产在一般情况下能保证稳定增长，从这一层面上看，认识市净率就更具有意义。

（三）净资产收益率（或称净值报酬率、权益报酬率）

$$净资产收益率 = （净利润 \div 平均净资产） \times 100\%$$

此指标前面已经分析，不再赘述。

本章案例

金亚科技财务造假事件的反思

2018年6月27日，深圳证券交易所宣布，金亚科技因涉嫌欺诈发行等犯罪问题被中国证监会移送公安机关，深交所已正式启动对金亚科技的强制退市机制，公司股票存在被暂停及终止上市的风险。

一、背景介绍

金亚科技股份有限公司（简称"金亚科技"）成立于1999年11月，总部位于四川省成都市蜀西路50号，注册资金34620.3万元人民币。公司主营业务为数字电视软硬件产品研发、生产及销售。金亚科技于2009年10月成功登陆深交所创业板，股票代码300028，是创业板开板首批28家上市公司之一。

2015年6月4日、5日，金亚科技及其实际控制人周旭辉收到中国证监会的《调查通知书》，因公司及实际控制人涉嫌违反证券法律法规，证监会决定对公司及周旭辉进行立案调查。金亚科技在2015年8月31日发布了一项惊人的公告，称合并资产负债表项目中，归属于母公司的所有者权益调减了31433.13万元。这意味着金亚科技 2014 年及以前年度累计虚增净利润金额高达 29502.02 万元。2016 年 1 月 18 日，金亚科技又发布自查报告，承认财务造假。其中，2014 年度货币资金、应收账款、其他应收款、其他非流动资产、未分配利润、净利润等多项财务指标合计调整金额接近 12 亿元，调整后的报表已经面目全非。

二、金亚科技财务造假手法及其表现

2009 年 10 月 14 日，财务打假高手"夏草"现身金亚科技路演现场，连发 7 问质疑金亚科技，结果被公司管理层搪塞过去。在众多怀疑的目光中，金亚科技不仅成功上市，而且在股市演绎了 6 年多的财富神话，直到 2015 年 8 月 31 日的一纸公告才让其脱去美丽的画皮。

（一）货币资金玩失踪？？

金亚科技公告称，调减 2014 年 12 月 31 日的银行存款 2.2 亿元，同时调增其他应收款 2.2 亿元。金亚科技 2016 年 1 月在自查报告中披露调整的原因为："公司存在资金被大股东占用的情况，造成账实不符。"看到这里不禁让人拍案称奇：2.2 亿元的真金白银怎么转眼之间成了债权呢？实际上，这消失的 2.2 亿元刚好与金亚科技的一项资产重组业务相关。2015 年 2 月 13 日，停牌中的金亚科技宣布重大资产重组预案，金亚科技拟收购成都的一家游戏公司——天象互动 100% 的股权，该公司 100% 的股权预估值为 22.5 亿元，双方初步商定交易价格为 22 亿元。2015 年 2 月 9 日，天象互动召开股东会，同意股东陈琛将所持的天象互动 10% 的股权以 2.2 亿元价格转让给金亚科技董事长即大股东周旭辉。当立信会计师事务所（简称"立信所"）在对金亚科技进行审计时，周旭辉已经将金亚科技的 2.2 亿元拿去买股权了。但不管怎么说，立信所审计的时候应当发现银行存款失踪的事情。立信所难道没有履行向银行函证的程序吗？难道没有看客户的银行对账单和资金流水吗？如果都看了，那这些单据很可能是金亚科技伪造的。即便是伪造的，立信所也不应该相信。在金亚科技 2014 年年报中，公司期末货币资金余额高达 3.45 亿元，2013 年年末则为 5.75 亿元，远超日常需要。如果不是故意无视，作为连续为金亚科技提供 9 年审计服务的立信所应该知道这是不可能的。

2013 年，金亚科技发行了 1.48 亿元公司债券，各项有息负债余额较 2012 年年末增加了 2.04 亿元，需要支付大量的利息。一家公司账面上闲置大量资金却又大量借贷，这显然是不合常理的。另外，金亚科技一直推行的创新盈利模式决定了它的资金是紧张的。根据金亚科技的招股说明书，所谓的创新盈利模式就是分期收款销售方式，即公司向中小运营商提供整体解决方案时，项目前期投入均由公司承担，包括所有前后端的软、硬件产品的开发和生产，并负责整个系统的安装、调试、售后服务。同时，在未来较长的一段时间内（5—12 年），公司按照双方约定的比例、金额和年限参与运营商收视费的分成。这种模式要求金亚科技替运营商垫付大笔资金，如四川南充项目就垫资 10840 万元，这导致其运营资金一直都很紧张。事实上，根据年报，金亚科技期末的 3.45 亿元资金里面，除了失踪的 2.2 亿元，还有 0.86 亿元是受限制的。这受限制的 0.86 亿元，有 0.75 亿元严格来说是不属于金亚科技的，因为金亚科技收到成都国通信息产业有限公司汇来的 0.75 亿元款项后，又以其为受益人开出了金额为 0.75 亿元的信用证。

(二) 虚构预付工程款

金亚科技公告称调减 2014 年财务年报的"其他非流动资产"项目金额 3.1 亿元，同时调减未分配利润 3.1 亿元，净资产几乎减少了一半。对此，金亚科技称："2014年公司账上所列支付四川宏山建设工程有限公司工程预付款 3.1 亿元没有实际支付。"

《证券市场红周刊》署名"诸法空相"的记者调查指出：根据《全国企业信用信息公示系统》查询到的情况，四川宏山在 2015 年 1 月 5 日就已经被泸州市工商行政管理局出具了《行政处罚决定书》（川工商泸处字［2015］第 3 号）。该处罚决定书指出，四川宏山自 2009 年起连续 3 年均未按规定参与企业年度检验，且在当地工商局发布限期年检公告、催检公告，并向其送达了催检信函后，仍未按规定要求参与企业年度检验，由此导致四川宏山被吊销了营业执照。考虑年底结账和元旦放假等因素的影响，立信所的外勤审计时间肯定是在 1 月 5 日之后，理应发现四川宏山被吊销营业执照的事实。即便没有发现，3.1 亿元的巨额资金肯定有转账的资金流水记录，立信所也应收到四川宏山方面的回函确认。假如资金流水和回函都是假造的，立信所也应对此事保持起码的职业怀疑——金亚科技 2014 年年末的净资产（调整前）不过 6.08 亿元，有何实力投资总额为 7.75 亿元的物联网产业园基地项目呢？2012 年初启动的大项目到底进行到什么程度，是不是应该去现场看一看呢？这么大的项目怎么连公开的招标信息都找不到呢？施工合同一般都是按完工进度付款，怎么会出现一次性预付 40% 的情况呢？

(三) 虚增收入和净利润

根据金亚科技发布的公告，其 2014 年度合并利润表营业收入由 55822.95 万元调减为 52789.77 万元，当期虚增营业收入 3033.17 万元，归属于母公司的净利润由 2577.28 万元调减为 646.16 万元，当期虚增净利润 1931.11 万元。

金亚科技 2014 年是怎么虚增收入的，我们无从获悉，但我们可以从其他方面推测其造假路径。山东阳谷项目的融资收益率高达 25.71%，四川南充项目的融资收益率高达 17.34%，远高于银行贷款利率。招股说明书中显示，南充项目合同含税价款 10840 万元，通过分期收款获得的融资性收益却高达 14008.32 万元，融资性收益甚至远高于合同价款本身，过高的收益率偏离了基本的常识。南充项目的合同签订于 2009年 4 月，刚好在 2008 年的金融危机之后，公司上市之前。为了应对全球金融危机冲击，2009 年，央行实施宽松的货币政策，5 年期银行贷款基准利率已经下降到 5.76%。在当时，经营状况正常的企业通常都能够获得低于基准利率的优惠贷款。南充鸿业广电公司是地方政府下属企业，又有稳定的现金流，为何会以相当于银行贷款利率 3 倍的利率与金亚科技签订分期付款合同呢？背后的原因只有一个，那就是虚增收入。

在金亚科技 2009 年发布的招股说明书里，有多处不实描述。如招股说明书显示，

2009年6月底,公司在南充已完成12万户用户从模拟电视到数字电视的转换。2010年年报显示,南充二期工程20万户用户转换完成。但是,根据当地媒体报道,2009年8月13日实施数字电视整体转换后,到2010年5月,南充市注册的数字电视用户才13万户。南充市2009年8月才开始数字电视整体转换,金亚科技怎么可能在2009年6月底之前就已经帮助南充鸿业完成转户12万户。2013年发生的事情进一步证实了金亚科技虚增收入的结论。金亚科技在2013年年报里这样写道:"公司与四川省有线广播电视网络股份有限公司于2014年4月21日就《南充数字电视整体转换运营合作协议》及补充协议终止事宜进行确认,并最终签署《终止协议》,确定2013年以及2014年以后都无法收回约定的收视费分成款,公司对长期应收款余额全部核销,因此减少2013年度利润总额6209万元。"6209万元说不见就不见了,损失的原因居然是合同履约方由"南充市鸿业广播电视网络传输有限责任公司"整合变更为"四川省有线广播电视网络股份有限公司南充分公司"。除了上述比较突出的几点,金亚科技还有很多值得怀疑的地方,比如虚高的采购金额、比例严重失调的软件销售增值税退税款、虚高的商誉等。金亚科技的财务造假手段并不高明,只要通过简单的财务分析就可以看出破绽,但会计师事务所居然没有发现。2009—2014年,立信所一直为金亚科技出具标准无保留意见的审计报告,个中原因只有两个:要么是双方合谋,要么是不够尽职。

资料来源:李克亮:《金亚科技财务造假事件的反思》,载《财会月刊》2016年第13期。

本章思考题

1. 简述财务报告的构成。
2. 财务报告的目标是什么?
3. 财务分析的具体方法有哪些?
4. 衡量公司变现能力的财务比率指标的内涵是什么?
5. 衡量公司长期偿债能力的指标有哪些?
6. 杜邦财务分析体系的具体内容是什么?

第二篇

投资决策与风险

投资决策是指投资者为了实现其预期的投资目标，运用一定的科学理论、方法和手段，通过一定的程序对投资的必要性、投资目标、投资规模、投资方向、投资结构、投资成本与收益等经济活动中的重大问题所进行的分析、判断和方案选择。投资决策具有风险性，风险就是未来可能发生的危险，投资决策应顾及实践中将出现的各种可预测或不可预测的变化。因为投资环境瞬息万变，风险的发生具有偶然性和客观性，是无法避免的，但人们可依据以往的历史资料并通过概率统计的方法，对风险作出估计，从而控制并降低风险。

第四章

公司价值评估

科学的投资决策,离不开对公司价值的科学评估。公司价值评估的一个重要理论是货币时间价值,基于货币时间价值的价值评估方法是折现现金流量法,即通过将被评估公司预期收益资本化或折现至某特定日期以确定评估对象价值。其理论基础是经济学原理中的贴现理论,即一项资产的价值是利用它所能获取的未来收益的现值,其折现率反映了投资该项资产并获得收益的风险的回报率。

第一节 货币时间价值

在现代金融学领域,折现自由现金流量公司价值观被西方广泛认同和接受,该模型认为公司价值等于公司未来自由现金流量的折现值。即选定恰当的折现率,将公司未来的自由现金流折算到现在的价值之和作为公司当前的估算价值,而这一折现率就是货币时间价值的重要原理。在公司金融决策过程中,不论是公司的融资、投资决策以及资金的使用与回收决策,还是股利政策和风险管理决策,均要以货币时间价值的基本原理为基础。

一、货币时间价值内涵

货币时间价值是客观存在的经济范畴,是指货币经历一定时间的投资和再投资所增加的价值,也称为资金时间价值。如某人将 1000 元货币存入银行,假定利率为 4%,一年后该笔存款的本利和将为 1040 元。两者之间的差额 40 元就是该笔货币资金随着时间的推移,在周转使用中发生价值增值。从经济学的角度来看,现在的一单位货币与未来的一单位货币的购买力之所以不同,是因为要节省现在的一单位货币不消费而到未来消费,则在未来消费时必须有大于一单位的货币可供消费,作为弥补延迟消费的贴水。

货币本身是不能创造任何价值的,之所以具有时间价值,是因为货币可以满足当前消费或用于投资而产生投资报酬,因此占用货币有机会成本;货币发行增加和通货膨胀会使货币贬值;投资可能产生风险而需要提供风险补偿。

第一,货币时间价值是资源稀缺性的体现,占用货币具有机会成本。经济和社会的发展要消耗社会资源,现有的社会资源构成现存社会财富,利用这些社会资源创造出来的将来物质和文化产品等构成了将来的社会财富,由于社会资源具有稀缺性特征，又能够带来更多社会产品，所以现在物品的效用要高于未来物品的效用。在货币经济条件下，货币是商品的价值体现，现在的货币用于支配现在的商品，将来的货币用于支配将来的商品，所以现在货币的价值自然高于未来货币的价值。

第二，货币发行增加和通货膨胀会使货币贬值，需要货币时间价值补偿。在目前的信用货币制度下，流通中的货币是由中央银行基础货币和商业银行体系派生存款共同构成，由于信用货币有增加的趋势，所以货币贬值、通货膨胀成为一种普遍现象，现有货币也总是在价值上高于未来货币。市场利息率是可贷资金状况和通货膨胀水平的反映，反映了货币价值随时间的推移而不断降低的程度。

第三，货币时间价值是投资风险的补偿。由于人在认识上的局限性，人们总是对现存事物的感知能力较强，而对未来事物的认识较模糊，即认为未来的货币存在风险性。结果，人们存在一种普遍的心理，就是较重视现在而忽视未来，现在的货币能够支配现在的商品满足人们的现实需要，而将来的货币只能支配将来的商品满足人们将来的不确定需要，所以现在单位货币价值要高于未来单位货币的价值，为使人们放弃现在货币及其价值，必须得到风险补偿。

二、货币时间价值计算

（一）货币时间价值表示方法

货币时间价值可以用绝对数表示，也可以用相对数表示，即以利息额或利息率来表示。绝对数表示是指时间价值额上，是资金在经营活动中带来的真实增值额；相对数表示是指扣除风险报酬和通货膨胀贴水后的平均资金利润率或平均报酬率。但是在实际工作中对这两种表示方法并不作严格的区分，通常以利息率计量。

（二）货币时间价值计算的基本概念

（1）终值（future value，即 FV），也称将来值和未来值，是现在投入的货币资金在将来某时期结束时的价值。对于存款和贷款而言就是到期将会获得（或支付）的本利和。

（2）现值（present value，即 PV），是指在将来某一时间的一笔资金相当于现时的价值。

（3）单利（simple interest），是指在计算货币时间价值时只对本金计算利息，利息不再生息的一种计息方法，通常情况下只适用于短期借款和短期投资。

（4）复利（compound interest），是指每经过一个计息期，要将所生利息加入本金再计利息，逐期滚算，即利息再生利息。这里的计息期是指相邻两次计息的时间间隔，如年、月、日等。

（5）利息率（interest rate，即 i），是一定时期内的利息额同贷出金额的比例。有年利率、月利率和日利率。

（6）计息期数，用 n 表示，n 可为年、半年、月等。

(三)资金终值和现值的计算

1. 资金的终值

【例1】 如果某人今天给甲某 1000 元,或者 3 年后的今天给甲某 1155 元。假设利率为 5%,问甲某将选择哪笔钱?

(1)单利终值计算,是指在计算现在投入的货币资金在将来某时期结束时的价值时,只对本金计算利息。

公式:$FV_n = PV(1 + i \times n)$

由此可以计算得:$FV_3 = 1000 \times (1 + 5\% \times 3) = 1150$(元)

(2)复利终值计算,是指在计算现在投入的货币资金在将来某时期结束时的价值时,不仅要对本金计息,而且还要对前期已经产生的利息也逐期滚算利息。

公式:$FV_n = PV(1+i)^n$

由此可以计算得:$FV_3 = 1000 \times (1 + 5\%)^3 = 1157.6$(元)

$(1+i)^n$ 称为复利终值系数或 1 元的复利终值 $FVIF_{i,n}$(future value interest factor),可查表求得。

从上面计算可知,在单利计算的情况下,甲某应该选择 3 年后拿钱;而在复利计算情况下,甲某应该选择今天拿钱。

【例2】 假设某公司有一笔 123600 元的资金准备存入银行,希望在 7 年后利用这笔资金的本利和购买一套生产设备。银行存款利率为复利 10%,该设备的预计价格为 240000 元。问 7 年后用这笔款项的本利和购买该设备是否够用?

$$FV_7 = 123600 \times (1 + 10\%)^7 = 240896.4$$

240896.4 > 240000,7 年后用这笔款项的本利和购买该设备够用。

【例3】 某人现有 1200 元,拟进行一项报酬率为 8% 的投资。问经过多少年才可能使现有货币增加 1 倍。

$$FV_n = 1200(1 + 8\%)^n = 2400$$

由 $(F/P, 8\%, 9) = 2$ 查"复利终值系数表",可得出 $n \approx 9$,即大约 9 年后,可使货币增加 1 倍。(若要精确,可用内插法)

2. 资金的现值

【例4】 某公司销售产品 18 万元,有两种收款方式:一种是销售当时收款 16.5 万元,一种是 3 年后收回 19 万元。若市场利率为 5%,那么应选哪一种收款方式?

(1)单利现值计算,指按单利计算时未来某款项的现在价值,或者说是为了取得将来一定本利和现在所需要的本金。

现值的计算可由终值的计算公式导出:

$$PV = FV_n \frac{n}{(1 + i \times n)}$$

由此可以计算出:

$$PV = 19 \times \frac{1}{(1 + 5\% \times 3)} = 16.52(万元)$$

由于 16.52＞16.5，因此，公司应选择 3 年后收回 19 万元这种收款方式。

（2）复利现值计算，指按复利计算时未来某款项的现在价值，或者说是为了取得将来一定本利和现在所需要的本金。

$$PV = FV_n \times \frac{1}{(1+i)^n}$$

由此可以计算得出：

$$PV = 19 \times \frac{1}{(1+5\%)^3} = 16.42（万元）$$

由于 16.42＜16.5，因此，公司应选择销售当时收款 16.5 万元这种收款方式。

$\frac{1}{(1+i)^n}$ 又称复利现值系数，可用 $PVIF_{i,n}$（present value interest factor）表示，可查表求得。

【例5】 如果你的父母预计你在 3 年后要继续深造（如考上研究生），需要资金 30000 元，如果按照利率 4% 来计算，那么你的父母现在需要存入多少存款？

$$PV = 30000 \times \frac{1}{(1+4\%)^3} = 26670（元）$$

【例6】 如果你去存款，想在第一年末取 20000 元，第二年末取 30000 元后全部取完，按年利率 8% 复利计算，你现在该存入多少才行？

本题是分别计算两笔资金现值，再加总求和，即

$$20000 \times \frac{1}{(1+8\%)} + 30000 \times \frac{1}{(1+8\%)^2} = 44230（元）$$

（四）年金的终值和现值

1. 年金（annuity）的概念

年金指若干期限内（如若干年内），每个期限（如每年）均衡产生的现金流入或现金流出。按照年金发生的时点不同，年金可分为：

（1）普通年金：又称期末年金、后付年金，即各期限期末收付的年金。

（2）期初年金：又称先付年金、预付年金，即各期限期初收付的年金。

（3）延期年金：开始若干期没有收付、后来若干期才有收付的年金。

（4）永续年金：无期限收付的普通年金。永续年金没有终止日期，也就没有终值，但可以计算现值。

2. 年金的终值（未来值）

（1）期末年金（普通年金）终值，是指在一定时期（n）内，在一定利率（i）下，每期期末等额系列收付值（A）的终值之和。设 A 为年金数额，i 为利息率，n 为计息期数，FVA_n 为年金终值，则年金终值的计算公式是：

$$\begin{aligned} FVA_n &= A(1+i)^0 + A(1+i)^1 + A(1+i)^2 + \cdots + A(1+i)^{n-2} + A(1+i)^{n-1} \\ &= A[(1+i)^0 + (1+i)^1 + (1+i)^2 + \cdots + (1+i)^{n-2} + (1+i)^{n-1}] \\ &= A\sum_{t=1}^{n}(1+i)^{t-1} \end{aligned}$$

上式中，$\sum_{t=1}^{n}(1+i)^{t-1}$ 称为年金终值系数或年金复利系数，可以写为 $\text{FVIFA}_{i,n}$，即年金终值的计算公式可以表示为：

$$\text{FVA}_n = A \cdot \text{FVIFA}_{i,n}$$

为简化计算，一般可编制年金终值系数表，表中各期年金终值系数可按照下列公式计算：

$$\text{FVIFA}_{i,n} = \frac{(1+i)^n - 1}{i}$$

$\frac{(1+i)^n - 1}{i}$ 为年金终值系数，可以用 $\text{FVIFA}_{i,n}$ 表示，可查表求得。

【例7】 5年中每年年底存入银行100元，存款利率为8%，问第5年年金终值为多少？

$$\text{FVA}_5 = A \cdot \text{FVIFA}_{8\%,5} = 100 \times 5.867 = 586.7(元)$$

偿债基金是根据年金终值去推导年金的方法，是指为使年金终值达到既定金额每年应支付的年金数额，其公式：

$$A = \text{FVA}_n \times \frac{i}{(1+i)^{n-1}}$$

$\frac{i}{(1+i)^{n-1}}$ 为偿债基金系数，可查表获得，也可根据年金终值系数求倒数获得。

【例8】 甲准备在5年后还清10000元的债务，从现在起每年等额存入银行一笔款项，假设银行存款利率为10%，问每年需要存入多少钱？

$$A = \text{FVA}_n \times \frac{i}{(1+i)^{n-1}} = 1000 \times \frac{1}{6.105} = 1638(元)$$

(2) 期初年金（预付年金）终值，是指在一定时期（n）内，在一定利率（i）下，每期期初等额系列收付值（A）的终值之和。预付年金与后付年金的区别仅在于付款时间不同。n 期预付年金与 n 期后付年金的付款次数相同，但由于付款时间不同，n 期预付年金终值比 n 期后付年金终值多计算一期利息。因此可以先求出 n 期后付年金的终值，然后再乘以 $(1+i)$ 便可求出 n 期预付年金的终值。

预付年金终值公式为

$$\text{FVA}_n = A \cdot \text{FVIFA}_{i,n} \cdot (1+i) = A \times \left[\frac{(1+i)^{n+1} - 1}{i} - 1\right]$$

$\left[\frac{(1+i)^{n+1} - 1}{i} - 1\right]$ 称为预付年金终值系数。

【例9】 某上市公司租赁房屋每年年初支付2000元，假设年利率为8%，6年后预付年金终值是多少元？

$$\text{FVA}_n = A \cdot \text{FVIFA}_{i,n} \cdot (1+i) = 2000 \times \left[\frac{(1+8\%)^{6+1} - 1}{8\%} - 1\right] = 15846(元)$$

(3) 延期年金终值（递延年金终值），是指第一次收付发生在第二期或以后各期的年金，因此，递延年金的终值大小，与递延期无关，所以计算方法与普通年金终值计算方法相同。

3. 年金的现值

（1）期末年金现值（普通年金现值）。一定期间内每期期末等额的系列收付款项的现值之和，称为期末年金现值（也称后付年金现值或普通年金现值），用 PVA_n 表示，计算过程如下：

$$PVA_n = A\frac{1}{(1+i)^1} + A\frac{1}{(1+i)^2} + \cdots + A\frac{1}{(1+i)^{n-1}} + A\frac{1}{(1+i)^n} = A\sum_{t=1}^{n}\frac{1}{(1+i)^n}$$

式中，$\sum_{t=1}^{n}\frac{1}{(1+i)^n}$ 为年金现值系数，可以简写为 $PVIFA_{i,n}$，可查表获得。

【例10】 假定现在存入银行一笔款，希望在以后的5年中每年年末得到10000元，设利率是10%，那么现在应该存入多少元？

$$PVA_{10} = A \cdot PVIFA_{10\%,5} = 10000 \times 3.791 = 37910(元)$$

（2）期初年金现值（预付年金现值）。n 期预付年金现值与 n 期后付年金现值的付款期数相同，但由于 n 期后付年金是期末付款，n 期预付年金是期初付款，在计算现值时，n 期后付年金现值与 n 期预付年金现值多贴现一期，因此可以先求出 n 期后付年金现值，然后再乘以 $(1+i)$，便可求出 n 期预付年金的现值。其计算公式如下：

$$PVA_n = A \times PVIFA_{i,n} \times (1+i)$$

【例11】 某公司租赁设备，在10年中每年年初要支付租金500000元，年利率为8%，那么这些租金的现值是多少元？

$$PVA_{10} = A \times PVIFA_{8\%,10} \times (1+8\%) = 500000 \times 6.71 \times (1+8\%) = 3623400(元)$$

（3）延期年金现值（递延年金现值）。假定最初有 m 期没有收付款，后面的 n 期每年有等额的系列收付款项，那么这个递延年金的现值就是后 n 期年金贴现至 m 期第1期期初的现值。因此，递延年金现值计算过程是：先求出递延年金在 n 期期初（m 期期末）的现值，再将其作为终值贴现到 m 期的第1期期初，就可以求出递延年金的现值，计算公式是：

$$PVA_0 = A \times PVIFA_{i,n} \times PVIF_{i,m}$$

递延年金现值的另外一种计算方式是：先求出 $m+n$ 期后付年金现值，减去没有付款的前 m 期后付年金现值，两者之差就是递延 m 期的 n 期后付年金现值，计算公式是：

$$PVA_0 = A \times PVIFA_{i,m+n} - A \times PVIFA_{i,m} = A(PVIFA_{i,m+n} - PVIFA_{i,m})$$

【例12】 某公司向银行借款，利息率为8%，银行约定前10年不需要还本付息，但从第11年到20年年末需要偿还本息100000元，请问这笔款项的现值是多少？

$$PVA_0 = 100000 \times PVIFA_{8\%,10} \times PVIF_{8\%,10} = 100000 \times 6.710 \times 0.463 = 310700(元)$$

（4）永续年金现值。永续年金是指无限期支付的年金，国外有些债券是无限期债券，这些债券的利息可以看看永续年金；优先股由于有固定的股利而且没有到期日，因此，优先股股利可以视为永续年金。

前述年金现值系数为 $\sum_{t=1}^{n}\dfrac{1}{(1+i)^n}$，当 $n \to \infty$ 时，$\dfrac{1}{(1+i)^n} \to 0$。

因此，永续年金现值的计算公式是：

$$\mathrm{PVA}_0 = A\dfrac{1}{i}$$

【例 13】 拟建立一项永久性的奖学金，每年计划颁发 10000 元奖金。若利率为 10%，则现在应该存入多少元？

$$\mathrm{PVA}_0 = 10000 \times \dfrac{1}{10\%} = 100000（元）$$

三、货币时间价值计算中的几个特殊问题

（一）不等额的系列收付款的价值

年金是指每一次收入或付出的款项都是相等的，但在经济管理中，很多情况是每一次收入或付出的款项并不相等。为求得不等额系列付款现值之和，可先计算每次付款的复利现值，然后加总。如果遇到有若干年不连续发生的不等额系列付款，可采取列表法计算各项现金流量的复利现值，然后求系列付款的现值之和。

（二）年金和不等额现金流量混合情况下的现值

如果在一组不等额系列付款中，有一部分现金流量为连续等额的付款，则可分段计算其年金现值与复利现值，然后加总。

（三）复利计息期数

以上研究均假定支出或收入发生在年末，复利的计算以年为计息周期。而现实中，复利可以在 1 年中发生多次，比如，可以以半年、季度、月、周、日等为计息周期，最常见的房产按揭贷款就是以月为复利周期进行计算的。如果计息期短于 1 年，而使用的利率又是年利率时，计息期数和计息率都应该按照以下公式换算：

$$r = \dfrac{i}{m} \quad t = m \times n$$

式中，r 为期利率，i 为年利率，m 为每年的计息期数，n 为年数，t 为换算后的计息期数。

第二节 债券估值

债券是指政府、金融机构及公司等各类社会经济主体为筹措资金而向投资者出具的，并承诺按一定利率支付利息，到期偿还本金的债权债务凭证。债券反映了一种法律和信用的经济权益关系，债务人有使用借款的权利，又有向债权人还本付息的义务；债权人则有要求债务人履行义务的权利，当债务人不履行义务时，可以付诸法律。债券也是一种投资产品与融资工具：对发行者而言，通过债券可以融资；对投资者而言，通过债券可以获取投资收益。债券的发行主体有中央政府、地方政府、中央

政府机构、金融机构、企业和公司等，对应的债券品种主要有中央政府国债、地方政府债券、金融债券、企业债券、公司债券、国际债券等。

一、债券概述

(一) 债券内涵

债券是一种债权债务凭证，证明持有人按约定的条件从发行人那里取得利息和本金的权利。债券有广义与狭义之分，广义的债券是债务证券的简称，是指构成发行人债务的证券；狭义的债券是指由公司、政府和其他机构发行的长期债务工具，期限一般在10年以上。债券是资本市场的一种基本的金融工具，也是其他衍生金融工具的重要基础之一。

(二) 债券分类

债券通常按照发行人的不同划分为四大类：一是由财政部门发行的债券，一般称为国债或政府债券；二是由除财政部门或国库之外的其他政府机构发行的债券，一般称为政府机构债券；三是由地方政府发行的债券，一般称为市政债券；四是由公司发行的债券，即公司债。

1. 国债或政府债券

政府债券是以国家财政收入为偿还保证的债券，其发行主体是中央政府或地方政府，一般不存在违约风险，一些国家的政府债券还具有税收优惠。国债是债券市场最重要的组成部分，根据其期限长短，一般分为三种：期限在1年或1年以内的短期国债，通常称为国库券；期限在1年以上、10年以下的中期国债；期限在10年以上的长期国债。

由于政府拥有庞大的资源，具有发行货币、开征新税的特权，因此投资国库券一般不用担心信用风险。国库券买卖价差小，交易成本低，流动性和变现性非常好。国库券的期限一般为3个月、4个月、6个月或12个月。在美国，国库券一般按贴现方式折价发行，是一种贴现证券。投资者按照低于面值的折价购买，在到期日，政府以债券面值向投资者兑付，购买价与面值之差就是投资者持有国库券到期的所得收益。

实践中，国库券的收益状况是用折现收益率而不是有效年收益率或等价收益率衡量。一般地，国库券价格与票面之间的差额称为贴现收益。贴现收益率是指贴现收益与票面价值的比率按单利法则转化得到的年收益率。用公式表示为：

$$r_{DY} = \frac{100-P}{100} \times \frac{360}{n}$$

其中，r_{DY}表示贴现收益率，P表示国库券的价格，n表示国库券按天计算的到期时间。

有效年收益率是指贴现收益与发行价的比率按复利法则转化得到的年收益率。用公式表示为：

$$r_{EAR} = (1 + \frac{100-p}{p})^{\frac{1}{t}} - 1$$

其中，r_{EAR}表示有效年收益率，P表示国库券的价格，n表示国库券按年计算的到期时间。

等价收益率是指贴现收益与发行价格的比率按单利法则转化得到的年收益率。用公式表示为：

$$r_{EY} = \frac{100-p}{p} \times \frac{365}{n}$$

其中，r_{EY}表示等价收益率，p表示国库券的价格，n表示国库券按天计算的到期时间。等价收益率与贴现收益率的差异是：将1年视为365天；将购买价格当作投资额，因此，等价收益率大于贴现收益率。

2. 政府机构债券

政府机构债券一般是指政府有关机构以自己的名义，而不是以政府或国家的名义发行的债券；或者虽然发行债券的机构不是政府机构，甚至可能是私营机构，但从政府那里得到了发行的许可。在美国，许多政府机构发行债券，如联邦住房贷款银行、住房贷款抵押公司、联邦农业信贷体系、小公司管理局、学生贷款市场协会等。政府机构债券与国债很相似，但这些债券不是财政部门的债务，财政部门不负责偿还。政府机构债券的信用级别很高，政府出于宏观的考虑，为这些债券提供一定程度的信用或担保，或进行某种方式的监管。

3. 市政债券

市政债券是由州或地方政府发行的债券。在美国，市政债券是指州、市、镇、县等以及它们的授权机构或代理机构所发行的债券。美国的市政债券发行单位为5000美元，大约40％的市政债券由个人投资者持有。市政债券主要是短期抵税票据，它是州或地方政府在实际收到税款之前为了融通资金而发行的票据。此外，还有一些长期市政债券，最长期限达30年，筹措的资金一般用于特定的大型项目。

美国的市政债券分免税和不免税两种，免税债券的利息收入可免纳联邦收入税，大部分市政债券是免税债券。如果按照偿债资金来源和担保结构的不同，市政债券主要可以分为一般责任债券和收益债券两种。另外，也有一些债券兼具一般责任债券和收益债券的特征。一般责任债券又称为普通债券、"信心与信誉完备债券"，是指地方政府为缓解资金紧张或解决临时所需经费的不足而发行的债券，一般以政府的税收和其他财政收入担保，作为还本付息的来源。收益债券，是由政府代理机构或授权机构发行，以发债资金投资的项目所产生的收入来担保的市政债券。这种债券是由某些政府公用事业的收入来担保的。例如，机场收入债券是用于机场建设的，它的担保来自机场经营收入，如着陆费、机位费、燃料供应费和各种设备使用费等。市政当局有时也会发行一些兼具一般责任债券和收益债券特征的混合型债券，这种所谓"双重担保的"债券以项目的收益作为担保，一旦项目的收入不足以偿还债务，市政当局将会承担还本付息的责任。如保险债券，是由保险公司发行的保单和市政债券发行人的信用一起提供担保的债券。如果债券到期发行人不能支付本息，保险公司将根据有关的协议向债券持有人支付本金和利息或仅支付本金。

4. 公司债券

公司债券是指公司为了满足特定资金需要，在法定程序下面向自然人或者是法人发行，承诺依约定长期付息，到期还本的有价证券。购买、持有这种有价证券的自然人或者是法人就是公司债券持有人。公司债券的特征一般有：一是流动性。公司债券可以在规定的市场上转让，在公众投资者或者合格投资者之间相互流动，特别是在证券交易所市场交易的公司债券可以实行质押与回购之后，其流动性更是大幅增加。二是合同格式化。公司债券的发行人一般通过决策机关（董事会、股东会或股东大会）来确定发行条件，继而寻求投资者，因此，基于效率考量，在债券合同的订立过程中，除非合同条款违法，发行公司几乎不会主动进行合同条款的修改。三是公众性、分散性。公司债券持有人的公众性、分散性带来的实际问题是为公司债券持有人之利益采取一致行动的效率降低、成本上升。

在国外成熟的市场中，没有企业债券与公司债券之分，企业债券即公司债券。在我国，由于特定的经济、金融发展历程，出现了企业债券和公司债券两种信用形式。企业债券是在我国经济转轨过程中的特定历史条件下产生的，当时，我国证券市场正处于发展初期，绝大多数公司是国有企业，没有公司制形式的企业组织形式，综合国力较弱，金融市场发展比较滞后。作为经济主要支柱的企业普遍盈利能力较差，进一步发展又急需资金补充，存在较严重的资金短缺问题。为了降低企业债券的违约程度，出现了不是完全依靠企业自身信用，而是由国家或银行提供担保的企业债券信用形式，且仅允许国有企业发债筹资，这种企业债券实际上具有准国债的特点。随着经济、金融的发展，这种信用形式的债券隐含许多不能完全适应新形势下进一步发展的不足之处。为解决存在的问题及为后期经济发展提供更好的金融支持，管理层在借鉴国外成功经验的基础上，结合国内实际情况，应市场需求，开始大力发展公司债券市场，允许符合公司法规定的独立法人发行公司债券。

公司债券存在不同分类方式，简单说可以包括以下两类：

第一，按照有无担保可以分为担保债券和无担保债券。担保债券是指以公司的某种特定财产作抵押发行的债券，按照充当公司抵押品的性质不同可以分为：抵押债券、证券信托公司债券和设备信托债券。（1）抵押债券。抵押债券是指以公司的某种或者全部不动产或建筑物作抵押而发行的债券。一般来说，抵押品通常大于债券发行额以保护债权人的利益。抵押债券的持有人对被抵押的财产有留置权，即持有被抵押财产在必要时出售被抵押财产以满足债券持有人要求偿还未付债务的法定权力。（2）证券信托公司债券。以所持有的其他公司的股票或债券作担保而发行的公司债券，称为证券信托公司债券。作为担保品的股票或公司债券往往是一些质量较高、易于在市场上变现的证券。而控制公司的资产由多个子公司的股票构成，所以，证券信托公司债券的发行主体一般是控股公司。（3）设备信托债券。设备信托债券主要是公司为了购买设备融资。首先由公司选定合适的设备，由信托人付款购买，所有权归信托人。信托人以此为抵押向投资者发行债券。以后，公司定期向信托人付款偿还本息，到期后所有权归公司所有。无担保公司债券是一种没有载明具体资产、仅凭公司信誉而发行的债券，又称为"信用公司债券"。按其信用高低，可以分为以下几类：（1）信用公司债券。信用公司债券没有具体的资产作担保，仅凭公司的盈利能力作担保。如果公司被清算，那么债券持有人成为一般债权人。（2）从属公司信用债券。从属公司信用债券是指对资产和收益的求偿权次于其他债券的债券。一旦公司破产，只有当担保公司债券和无担保公司债券得到全部偿付之后，从属公司信用债券才能从公司的剩余财产中得到偿付，但其求偿权依然居于普通股和优先股之前。（3）收益债券。收益债券是指只有在公司获利时，才向债券持有人支付利息的债券。

第二，按收益率可以分为固定票面利率债券、零息票面利率债券以及浮动利率债券等。固定票面利率债券是指在每个确定的支付日期支付固定的债息、到期后偿还本金的债券。对于投资者而言，这种债券可以带来稳定的利益；对发行人而言，如果经营状况较好，那么财务杠杆效应能得到更好的发挥，但若经营效果不理想，则面临财务风险。零息票面利率债券是指票面利率为零但却以低于面值的价格出售给投资者的债券。中间不必支付利息，到期后按面值归还本金。它与短期国库券相似，可以消除利息再投资的麻烦，但这种债券价格对利率变动极为敏感。浮动利率债券是在某一基础利率（如同期政府债券收益率、优惠利率等）之上加一个固定的报价，以防止未来市场利率变动可能造成的价值损失。一些中小型公司或经营不太稳定的大公司，发行固定利率债券有难度或成本太高时，可以选择浮动利率债券。

二、债券估值方法

债券价格的影响因素有面值、息票利率、违约风险、税收、可赎回条款、可转换条款、期限、市场利率、通货膨胀率等，因此，债券的价格是由面值、息票率、偿还期限和市场利率等因素共同决定的。

（一）债券价格特性分析

债券实际上是一种独特的金融商品。债券的价格特性是与其内在属性相联系的，债券的价格有如下特性。

（1）债券本质上是一种利率资产，这决定了债券价格是一种变相利率的翻版。对于债券而言，由于票面利率直接决定未来的名义现金流，市场利率的波动将使债券的市场价格偏离其基准价格，因此债券价格的波动只是市场利率波动的一个反映。

（2）债券作为一种期权性质的资产，决定了债券价格主要是受远期利率的影响，预期因素在债券价格分析中至关重要。债券是发行者与认购者在发行时约定一定期间后以约定价格购回的交易，并作为出让使用权的代价，将付以认购者一定的报酬。然而，承诺的未来现金流不一定能全部实现，仅仅是一种远期交易、事先承诺，是一种典型的期权交易。至于在到期时间内，债券以某一价格被交易，则是以对市场走势为依据的期权交易。所以，远期因素在决定债券价格走势中非常重要，但对已经调整的利率不会有太大的反映。

（3）债券价格基于利率变化的波动性在时间上有一定的限制。债券价格随时间变化、受时间限制在固定利率债券上表现得尤为明显，因为比起浮动利率金融资产，价格并非在整个存续期内都与利率呈相反方向变化,也并非对利率变动都非常敏感,两者的相关系数不是一成不变的,而是有一个递减趋势,直到债券到期时为止。因为债券期满之时,固定利率债券总是按面值和票面利率付给持有人本息,这样就一定影响投资机构的投资策略和方案选择,从而影响债券的市场价格。

(4) 基准利率市场的形成对债券价格的估值和分析至关重要。由于债券价格是对远期收入现金流的折现值,用于折现的利率可以根据可比金融资产的利率来加以选择。因为不管什么投资者,或采取什么形式的投资方式,其投资行为一定受到平均利率的制约。

(二)贴现现金流估值

由于债券的付息与还本都发生在若干个月或若干年之后,因此,投资者愿付的这种未来收益权的价格取决于将来的货币价值与今天所持有现金价值的比较。而这个现值的计算依据是市场利率。名义无风险利率与下列两项总量相等:(1)无风险的真实回报率;(2)超过预期通货膨胀补偿率之上的一个溢价。此外,由于大多数债券不是无风险的,所以,它们的贴现率将体现为一种额外的溢价,这种溢价反映了债券的某些特征,如违约风险、流动性、纳税属性、赎回风险等等。为简化问题,假设只有一种利率,它适合于任何到期日现金流的折现。

运用贴现现金流估值,要为债券选择合适的贴现率,对附息债券而言,根据该贴现率在每一附息时点对现金流计算现值,值得注意的是,最后一次现金流的计算应该加上债券面值。债券的实际价值等于各期利息贴现后的现值与票面价值贴现后现值之和。债券实际价值的计算公式如下(其中,T 代表到期日,r 代表利率):

$$债券价值 = \sum_{t=1}^{T} \frac{息票利率}{(1+r)^t} + \frac{面值}{(1+r)^T}$$

从债券实际价值的计算公式可知,现金流贴现法主要考虑了货币的时间价值,以附息日为节点计算每次现金流动的现值,所有节点的现值相加便可得到债券实际的价值。

【例 14】 某公司准备于 2018 年 5 月 1 日购买一份面值 10000 元的债券,其票面利率是 8%,每年 5 月 1 日计算并支付一次利息,并于 5 年后的 4 月 30 日到期。当时的市场利率为 10%,该债券的市价是 9200 元,请问是否应该购买此债券?

按照前述公式,该债券的价值是:

$$债券价值 = \sum_{t=1}^{5} \frac{8\%}{(1+10\%)^5} + \frac{10000}{(1+10\%)^5} = 9242.8(元)$$

因为债券的价值大于市价,如果不考虑风险问题,应该购买此债券。

作为经典的债券估值方法,现金流贴现法也存在着一些局限性:首先是如何确定合适的贴现率,一般来说,债券市场并没有形成统一标准;其次是如何把其他风险因素融入贴现率中;最后是债券市场化程度高低不同,无风险利率本身不具有确定性,因而基于无风险利率的贴现率确定的难度就很大。

(三)利率期限结构

利率期限结构是指债券的到期收益与到期期限的关系及其变化规律。利率期限结构是债券市场乃至金融市场一个十分重要的研究问题，是金融资产定价的基础。对公司债券进行定价，不可避免的是求解利率期限结构。而理解收益率曲线，首要的任务是理解收益率的概念。如前所述，债券定价本质上就是未来现金流贴现而成的现值，其中的贴现率，也就是收益率或利率，在债券的投资价值分析中扮演着非常重要的角色。收益率种类繁多，最主要的有到期收益率、即期收益率和远期收益率。

到期收益率（yield to maturity），也称为内部收益率（internal rate of return），是指使得未来现金流的现值等于债券价格的贴现率。

$$P = \frac{C_1}{(1+y)^{t_1}} + \frac{C_2}{(1+y)^{t_2}} + \cdots + \frac{C_n}{(1+y)^{t_n}}$$

其中，P 为债券价格，y 为到期收益率，t_1，t_2，$\cdots$，t_n 为未来时间点，C_1，C_2，$\cdots$，C_n 分别是时刻 t_1，t_2，$\cdots$，t_n 的现金流。（本节后面如没有说明，符号意义相同）

由公式可知，到期收益率隐含着一个假定对不同期限的现金流，贴现利率是相同的，也就是说再投资利率等于当前的到期收益率。显然，这不符合市场实际情况。金融市场中的利率是随期限长短而变化的，一年银行存款利率和五年银行存款利率是有差别的。而且一般情况下，金融市场中的利率与期限成正比，期限越长，利率越高。考虑到利率随期限长短的变化，对于不同期限的现金流，采用不同的贴现利率进行折现。这个随期限而变化的利率就是即期利率。

即期收益率（spot rate），一般定义为无风险零息债券的到期收益率，因为无风险零息债券在其剩余期限内不存在利息支付，其到期收益率不受息票效应的影响。即期收益率是一个不能直接从市场观察到变量，而是一个基于现金流贴现，对市场数据进行分析计算而得到的利率。

设 $y(t_1)$，$y(t_2)$，$\cdots$，$y(t_n)$ 分别为时刻 t_1，t_2，$\cdots t_n$ 的即期收益率，则

$$P = \frac{C_1}{[1+y(t_1)]^{t_1}} + \frac{C_2}{[1+y(t_2)]^{t_2}} + \cdots + \frac{C_n}{[1+y(t_n)]^{t_n}}$$

远期收益率（forward rate），由未来时刻的即期收益率即可推出。设 $f(t_1,t_2)$ 为 t_i 到 t_j 的远期利率，$y(t_i)$ 为 t_i 时刻的即期收益率，$y(t_j)$ 为 t_j 时刻的即期收益率。则根据无套利理论得：

$$[1+y(t_1)]^{t_1} \times [1+f(t_1,t_2)]^{t_2-t_1} = [1+y(t_2)]^{t_2}$$

由此可以求出远期收益率：

$$f(t_1,t_2) = \left[\frac{[1+y(t_2)]^{t_2}}{[1+y(t_1)]^{t_1}}\right]^{\frac{1}{t_1-t_2}} - 1$$

严格地说，利率期限结构是指某个时点或某一天不同期限的即期利率与到期期限的关系。从对应关系上来说，任何时刻的利率期限结构都是利率水平和期限相联系的函数，一般可以用一条曲线来描述，称之为收益率曲线（yield curve）。对于收益率曲线的形态及其变化，金融学者们提出了各种理论来解释，常见的理论派系有市场预期理论、市场分割理论和流动性偏好理论等。

第一种是无偏预期理论，认为远期利率反映出对未来时期的即期利率的看法。该

和经营信息须向社会公开，以便于投资人了解公司情况；五是公司是独立的公司法人，必须依法设立和解散，手续复杂。

一、股票概述

股票是股份公司发行，用以筹集资金，证明其持有者投资份额和金额的一种有价证券。或者说，股票是股份公司发给股东证明其所入股份数，并借以取得股息和红利的有价证券。

（一）股票的要素与特征

1. 股票的要素

股票要素是指股票上应记载的内容。股票作为一种有价证券，在其票面上需要记载一些表明其价值的事项。股票在制作程序、记载内容和记载方式上都必须规范化并符合有关的法律法规和公司章程的规定。一般情况下，上市公司的股票凭证票面上应标明发行该股票的公司的全称及其注册登记的日期与地址，发行的股票总额及每股金额，股东的姓名、地址、持有股票的票面金额及其所代表的股份数等内容。

2. 股票的特征

股票作为一种有价证券，代表股东对该股票发行公司拥有产权或股权；同时，股票没有期限，不允许退股，但可转让、买卖或抵押，因此，股票具有以下主要特征：

（1）风险性。股票发行后，公司不承担归还股东本金的责任，股东如果想收回投资，只有把股票转卖给他人。投资者能否获得预期报酬，取决于公司的经营状况。在公司盈利时，投资者可以分享公司的利润；在公司亏损或破产时，投资者可能损失惨重但只需要承担有限的责任。同样，由于股票价格的剧烈波动，投资者也有丧失部分资本的风险。

（2）流动性。股票作为一种特殊商品，虽然其持有者不能退股，但持有者可以将其自由买卖，或作为抵押品、继承和赠予等。股票的流动性使得股票能够发挥促进社会资金有效配置和高效利用的作用。

（3）决策性。股票的持有者，是资本的所有者和经营者。普通股的股东有权参加股东大会，对股东大会决议的事项有投票表决的权利，包括对选举公司董事、决定公司的解散和合并等事项有表决权利。股东决策权力的大小取决于其持有多少股票。一般地，持有股票越多，决策权越大。因为股东的这种决策作用，使股份公司的自我运行机制建立在良性循环的基础上，保持股份公司充满活力。

（4）波动性。股票的市场价格，受到公司经营状况、本国和外国经济、政治、社会、心理等因素的影响，其波动没有范围限制，暴涨暴跌现象屡见不鲜。股票价格的波动性给股份公司带来了强大的压力，迫使其提高经济效益，以期保持对投资者的吸引力，防止出现"用脚投票"现象的发生。

（二）股票的分类

公司发行的股票，按不同的标准，可以划分为不同的种类。

1. 按剩余索取权和剩余控制权，股票可以分为普通股、优先股

（1）普通股，是股份公司资本构成中最重要、最基本的股份，其投资收益不在发行时约定，而是根据公司每年的经营业绩来确定。

① 普通股的特点。普通股的特点主要有：第一，股东享有参与公司管理的权利。普通股股东有权参加股东大会，并就公司重大问题发表意见和投票表决。第二，普通股股东有权获得股利，但所得股利是不固定的。普通股股东所能得到的股利是公司盈利用于偿还债务和支付优先股息之后的剩余部分。当公司盈利增加时，普通股的股利就随之增加；反之则减少，甚至没有。公司万一经营不善而宣告破产，按照破产法的有关规定，股东只承受他原来投资全部金额的损失，个人财产不因公司的破产而受清算。第三，普通股股东的所有权可以自由转让。当投资者认为某公司经营不错、前途看好时，就可以购买其股票；过了一段时间，如果投资者认为该公司经营已不如从前，便可卖掉他所拥有的股票，收回资金。第四，当公司清理债务时，债权持有者有优先分配财产的权利，其次是优先股持有者，最后才是普通股持有者。

② 普通股的类别。根据风险特征，普通股通常可分为以下几种：一是蓝筹股，是指具备稳定盈利记录，能够定期分派股利的、大公司发行的，并被公认具有较高投资价值的普通股。这些公司主要是指那些在某一行业中占重要甚至支配地位的公司，其资金实力雄厚，处于稳定成熟的发展阶段。二是成长股，是指销售额和利润迅速增长，并且其增长速度快于整个国家及其所在行业的公司所发行的股票。由于这类公司注重留存大量收益用于扩大投资，增加生产，所以，这类公司股票的当前收益较低，但随着这类公司的发展，其股票收益将大为提高。三是收入股，是指那些支付较多的当前收益的股票。这种股票对购买者具有吸引力，因为一般购买者在购买股票时，更多的是注重股票的当前收益。四是周期性股，是指那些收益随着一定周期波动的公司发行的股票。这类公司的业务受商业周期变化的影响较大，每当商业条件改善，公司的盈利就增加，股票收益和价格也会随着上涨；反之，商业条件恶化，公司的盈利就减少，股票收益和价格也就随之下降。五是防守股，是指面临不确定因素和经济衰退期，高于生活平均收益且具有相对稳定性的公司所发行的普通股。六是投机性股，是指价格很不稳定或公司前景很不确定的，具有较大投机潜力的普通股。发行这类股票的往往是一些从事开发性或冒险性事业的公司，这类股票的价格很不稳定，波动幅度大，是股票投机者的对象。

（2）优先股，是指由股份公司发行，相对于普通股在分配公司股利和公司清算时分配其资产方面，能够享受一些特定优先权利的股票。

① 优先股的特点。优先股的特点包括：第一，优先股在发行时就约定一个固定的红利收益率，先于普通股得到红利且不受公司经营状况的影响。第二，优先股的风险较小。优先股可按事先确定的股息率获得股息，在公司破产清算时，又享有对公司剩余资产优先偿还本金的权利，同时优先股价格也比较稳定，因而其风险比普通股要小得多。当然，优先股所具有的公司剩余资产的分配优先权，是相对于普通股而言的，即只有在还清公司债务后仍有剩余资产时，优先股股东才具有剩余资产的分配权。第

三，股东不具有投票权。优先股的股东一般没有选举权和被选举权，对公司的重大决策一般也没有投票权。不过，如果公司发生变更支付优先股股息的次数、公司发行新的优先股等影响优先股股东的投资收益时，优先股股东就有权参与投票，尽管其投票权是有限的。

② 优先股的种类。优先股是公司为适应其经营的各种状况而发行的，优先股存在许多不同的种类：一是按照剩余索取权能否跨时期累积，可以分为累积优先股和非累积优先股。累积优先股，是指如果公司在某个时期内不足以支付优先股股息时，可以累积到次年或以后某一年盈利时，在发放普通股红利之前，连同本年优先股的股息一起发放；非累积优先股，是指如果当年公司所获盈利不足以分派优先股股息，其股东无权要求公司在以后年度里补发的优先股股票，即往年未发给股东的优先股股息不能累积到下一年度。由于它不利于投资者，认购者甚少。二是按照剩余索取权是否是股息和红利的复合，分为参与优先股和非参与优先股。参与优先股，是指股东除按规定的股息率优先分得股息外，还有权同普通股股东一起参与红利分配的股票，其参与分配的数额取决于每股普通股股利与优先股固定股利之间的差额。非参与优先股，是指只能获取固定股息而不能参加公司额外分红的优先股，目前大多数公司发行的优先股属于非参与优先股。三是按照是否可以转换为普通股，分为可转换优先股和不可转换优先股。可转换优先股，是指在规定的时间内，优先股股东可以按照一定的转换比率把优先股转换成普通股。这种转换比率一般是事先确定的，但其数值取决于优先股的现行价格。不可转换优先股，是指在任何条件下优先股都不能换成普通股的股票。四是按照是否可以赎回，分为可赎回优先股和不可赎回优先股。可赎回优先股，是指允许公司按照发行价格加上一定比例的补偿收益予以赎回的优先股。不可赎回优先股，是指在任何条件下，都不能由发行公司收回的股票。

2. 按股票是否记名，可分为记名股票和无记名股票

(1) 记名股票，是指在股票上记有股东的姓名，并将该股东的姓名及地址记载在股份公司股东名册上的一种股票。如果只在股票上记有股东姓名，而股份公司的股东名册上没有同时记名，那么这张股票是无效的。记名股票转让过户时，需要办理过户手续，由当事人盖章背书出让，买入者持记名股票到原发行公司办理更换股东姓名手续。一般情况下，记名股票不得转让给对抗公司及第三人。如果记名股票丢失或被盗，可以申请挂失。

(2) 无记名股票是指在股票上不记载股东姓名的一种股票。无记名股票由谁持有，谁就可按规定行使股东权利，获得相应的股利。无记名股票可在股票交易市场上自由转让，其流动性较记名股票大得多。

3. 按股票有无定额面值，可分为有定额面值股票和无定额面值股票

有定额面值股票，指在股票票面上标明一定金额的股票。股东只需了解其拥有的定额面值股票的票面价值的总和，与该股票在外发行的股票票面价值总和之比，就可以确定自己在该公司的所有权大小。无定额面值股票，是指在股票票面上不标明每股金额而只标明每股占公司资本总额比例的股票。无定额股票的每股价值随着公司财产

的增减相应增减，即公司财产增加，每股的价值就上升；公司财产减少，每股价值就下降。股东只要掌握其所拥有的全部股票股数之和与在外发行的该股票总股数之比，即可确定其在该公司的所有权大小。

4. 按投资主体的不同，可分为国家股、法人股、个人股、外资股

（1）国家股又称各级政府股或公股，是指有权代表国家投资的政府部门或机构以国有资产投放公司形成的股份。

（2）法人股，是指公司法人以其依法可支配的资产投入公司形成的股份，或具有法人资格的事业单位和社会团体以国家允许用于经营的资产向公司投入形成的股份。

（3）个人股，是指社会公民个人或本公司职工以个人合法财产投入公司形成的股份。

（4）外资股，是指外国或我国香港、澳门、台湾地区投资者以购买人民币特种股票形式向公司投资形成的股份。

二、股票估值方法

股票估值理论经历了从传统理论向现代理论的转变。传统的股票估值理论着重于价值发现功能，从公司角度入手考察股票价格决定因素。现代估值理论则从投资者的角度出发，更多地考虑了投资的现实情况。投资者往往不是投资于一种股票，而是投资于多种股票而形成的投资组合。

（一）传统股票估值理论

传统股票估值理论实际上主要指稳固基础理论，其基本思想是：股票具有其内在价值，它是股票价格的稳固基点，股票价格以股票的内在价值为基础，并决定于内在价值。当股票市价高于（或低于）其内在价值时，就出现卖出（或买进）机会，股票价格总是围绕其内在价值而上下波动。因而，稳固基础理论也称为内在价值理论。

对内在价值进行估计，目前流行的、较有影响的估价方法主要有以下三种：①

1. 现金流贴现模型

现金流贴现（discounted cash flow，DCF）模型是基于预期未来现金流和贴现率的一种估价法。1938年，威廉姆斯（Williams）在《投资价值学说》一书中首先提出了普通股的一般估价方法，其基本思想是：股票是一种收益凭证，其在未来所产生的各期收益的现值之和就是股票的价值，股票价格应该根据其价值来确定。根据所采用的现金流不同，现金流贴现模型又可分为股利贴现模型和自由现金流贴现模型。

（1）股利贴现模型。贴现现金流模型主要运用收入的资本化定价方法来决定股票内在价值。按照收入的资本化定价方法，任何资产的内在价值都是由拥有这种资产的投资者在未来时期中所接受的现金流决定的。一种资产的内在价值等于预期现金流的贴现值。对于股票来说，贴现现金流模型的公式如下：

---

① 参见陈海明、许琳：《股票定价理论的发展及其对我国的适用性研究》，载《中央财经大学学报》2003年第12期。

$$V = \sum_{t=1}^{\infty} \frac{D_t}{(1+k)^t}$$

这里，D_t 表示在未来时期以现金形式表示的每股股票的股利；k 表示在一定风险程度下现金流的合适的贴现率；V 表示股票的内在价值。

此外，随着 D_t 和 k 赋值不同，股利贴现模型又可细分为零增长模型、稳定增长模型、复合增长模型等。

(2) 零增长股票的估价。零增长是指假设股票未来每期的股利按照一个固定数量 D_0 支付，即股利增长率 $g=0$。按照这个假设，可以用 D_0 来替换上面公式中的 D_t，即：

$$V = \sum_{t=1}^{\infty} \frac{D_0}{(1+k)^t}$$

根据无穷递缩等比数列所有项和的公式，上式变为：

$$V = D_0 \times \frac{\frac{1}{1+k}}{1-\frac{1}{1+k}} = \frac{D_0}{k}$$

其中，D_0 为每期支付的固定数量的每股股利，k 为贴现率或必要收益率，V 为股票的内在价值。

(3) 固定增长股票的估价。固定增长股票是指股利一直按照不变的增长率 g 增长，因此，t 期的每股股利为：

$$D_t = D_{t-1}(1+g) = D_0(1+g)^t$$

替换 $V = \sum_{t=1}^{\infty} \frac{D_t}{(1+k)^t}$ 中的 D_t，可以得到固定增长股票的估价公式为：

$$V = \sum_{t=1}^{\infty} \frac{D_0(1+g)^t}{(1+k)^t} = D_0 \times \frac{\frac{1+g}{1+k}}{1-\frac{1+g}{1+k}} = D_0 \times \frac{1+g}{k-g} = \frac{D_1}{k-g}$$

其中，V 为股票的内在价值，D_0 为现在已经支付的每股股利，k 为贴现率或必要收益率，g 为股利增长率。

(4) 两阶段增长股票的估价。两阶段增长股票的内在价值，是把高速增长和固定增长两部分股利的现值相加。假定 $1-n$ 期内股利以较高的增长率 g_1 增长，从第 n 期以后股利以正常的增长率 g 增长，则两阶段增长股票的估价公式为：

$$V = \sum_{t=1}^{n} \frac{D_0(1+g_1)^t}{(1+k)^t} + \frac{D_n(1+g)}{k-g} \times \frac{1}{(1+k)^n}$$

其中，V 为股票的内在价值，D_0 为现在已经支付的每股股利，k 为贴现率或必要收益率，g_1 为第一阶段较高的股利增长率，g 为第二阶段正常的股利增长率。

2. 相对估价法

相对估价法是一种将目标公司与其具有相同或近似行业和财务特征的上市公司比较，通过参考可比公司的某一比率来对目标公司股票价值进行估值的方法，因而也称为可比公司法，即：

$$股票价格 = 可比公司的比率 \times 目标公司的经营成果$$

常用的比率主要有：价格/收益比率（即市盈率 PE）、价格/账面价值比率（PBV）、价格/销售收入比率（PS）、价格/现金流比率（PCF）、净资产溢价倍率（MB）等。

（1）价格收益比率（P/E）。市盈率法是股票估值过程中使用较多的一种方法，计算公式是：

$$可比公司市盈率倍数 = 可比公司股本市场价值/可比公司净利润$$

市盈率倍数法适用于发展比较成熟的行业，如制造业、消费品等行业的估值。因不同国家和公司运用的会计准则不同，使净利润指标的可比性减弱，所以在具体使用时必须对不同的会计准则核算的净利润指标进行调整。此外，由于可比公司在不同的证券市场上市，不同市场的市盈率水平相差较大，为了调整这种差异，有时也采用相对市盈率方式。

$$可比公司相对市盈率倍数 = 可比公司市盈率倍数/当地市场平均市盈率$$

市盈率能够得到广泛运用的原因是：其一，它是一个将股票价格与当前公司盈利状况联系在一起的一种直观的统计指标；其二，对大多数股票讲，市盈率容易计算且易得到，使得股票之间的比较十分简单；其三，能作为公司的风险性与成长性等的代表；其四，能反映市场上投资者对公司的看法。

（2）价格/账面值倍数法（PVB）。该法也称为有形账面值倍数法，是根据可比公司有形账面值与公司股本市值之间的关系估算目标公司股本市场价值的方法。对于某些行业说，公司股本的市场价值完全取决于有形账面值，如银行、房地产等。有形账面倍数法计算公式为：

$$可比公司有形账面倍数 = 可比公司股本市值/可比公司有形账面值$$

$$有形账面值 = 普通股股东权益 - 商誉 - 其他无形资产$$

这一方法的原理是资产的市场价值反映了资产的盈利能力和预期未来现金流，而账面值反映的是初始成本。所以，如果在获得一项资产后，其盈利能力显著增加或降低，则市场价值就会与账面价值产生显著差异。运用这一方法的优点：一是账面价值提供了一个对价值相对稳定和直观的度量，投资者可以使用它作为与市场价格相比较的依据。对于那些从不相信使用未来现金流量贴现法所计算的价值的投资者而言，账面价值提供了一个非常简单的比较标准。二是此法提供了一种合理的跨公司的比较标准，投资者可以通过比较同行业中不同公司的这一比率来发现价值被高估或被低估的公司，为下一步的投资提供依据。三是即使那些盈利为负，从而无法使用市盈率进行估值的公司也可以使用此法来进行衡量。这一方法的缺点则表现在：公司账面价值会受到折旧方法与其他会计政策的影响，不能用这种方法对采用不同会计制度的公司和不同会计制度国家的公司之间进行比较；有形账面价值对没有太多固定资产的服务行业来讲意义不大；如果公司持续多年亏损，则公司权益的账面价值可能为负，这一比率也为负。

(3) 价格/销售收入倍数法（PS）。这一方式是根据可比公司销售收入与公司总价值之间的关系来估算目标公司总价值。

$$可比公司销售收入倍数 = 可比公司总价值/可比公司销售收入$$

上述两种方法因可能会是负值而变得没有价值，而这一方法在任何时候都可以使用，甚至对最困难的公司也是适用的；公司的销售收入不像利润与账面值那样而受到折旧、存货和非经常性支出所采用的会计政策的影响，因此这种方法具有稳定性。当然，如果公司的成本控制出现问题，这一方法也可能出现问题。因为尽管利润和账面值显著下降，但销售收入可能不会大幅下降。

(4) EBIT/EBITDA 倍数法。

$$可比公司 EBIT/EBITDA 倍数 = 可比公司总价值/可比公司 EBIT（EBITDA）$$

公式中所用的公司总价值与市盈率倍数法中所用的公司股本市场价值不同，公司总价值等于公司股本市场价值加上公司净债务。EBIT 倍数法排除了公司利息支出和所得税的不同对公司盈利的影响，能够更准确地反映公司的盈利能力。EBITDA 倍数法进一步将折旧和摊销也计算在内，强调公司创造现金流量的能力，通常应用于需要大量先期资本投入的行业和摊销负担较重的行业，如电信、石油天然气、航空等行业。

3. 经济附加值法

经济附加值（economic value added，EVA）的基本理念是：资本获得的收益至少要能补偿投资者承担的风险，即股东必须赚取至少等于资本市场上类似风险投资回报的收益率。从股东的角度看，只有当一个公司赚取了超过其资本成本的利润时，才能为公司的股东带来价值，公司的价值才会增长。

EVA 实质上是一个经济利润，与传统会计利润不同，它还必须减去所投入的资本的费用（包括债务资本成本和股权资本成本的机会成本），即 EVA 是衡量公司税后利润（net operating profit adjusted for tax，NOPAT）超过其加权平均资本成本（weighted average cost of capital，WACC）的部分，即：

$$EVA = NOPAT - WACC$$

公司的市场价值由两个部分组成：一是当前的营运价值，这是对公司当前营运业务的市场价值的一种度量；二是公司未来增长价值，用于度量公司期望增长价值的贴现值，是公司将来能够得到的每年一系列 EVA 的折现值，即：

$$公司的市场价值 = 股权资本总额 + 预期经济附加值的现值$$

计算出公司的市场价值后，再将其除以总股本，则可计算出股票的内在价值。

4. 净资产倍率法

净资产倍率法又称资产净值法，是指通过资产评估和相关会计手段确定发行人拟募资产的每股净资产值，然后根据证券市场的状况将每股净资产值乘以一定的倍率，以此确定股票发行价格。

$$发行价格 = 每股净资产值 \times 溢价倍率$$

每股净资产值是公司财务的静态指标，可以用来衡量股份公司的清算价值，即股份公司在清算时投资者依据持有的股权比例可分得的公司资产净值。

(二) 现代股票估价理论

1. 现代证券组合理论

马科维茨 (Markowitz) 于 1952 年发表了题为《证券组合的选择》的论文，根据统计学上的均值、方差和协方差等指标，对单个股票和股票组合的收益和风险进行量化，将复杂的投资决策问题简化为收益——风险（期望值—方差）的二维问题，给出了投资者如何通过建立有效边界，并根据自身风险承受能力选择最优投资组合，以实现投资效用最大化的一整套理论，即现代证券组合理论 (modern portfolio theory, MPT)。

2. 资本资产定价模型

以 20 世纪 60 年代夏普 (Sharpe)、林特纳 (Lintner) 和莫辛 (Mossin) 为代表的一批学者，在马科维茨工作的基础上，开始把注意力从对单个投资者微观主体的研究转到对整个市场的研究上，考虑若所有遵循马科维茨定义下的投资者的共同行为将导致怎样的市场状态。在各自独立的状态下，他们先后得出了有关资本市场均衡的相同结论，即著名的"资本资产定价模型" (capital asset pricing model, CAPM)，从而开创了现代资产定价理论的先河。用 $E(R_i)$ 表示股票（组合）i 的预期收益率，$E(R_m)$ 表示市场组合的预期收益率，R_f 表示无风险资产收益率，β_i 表示股票（组合）收益率变动对市场组合的预期收益变动的敏感性，CAPM 可以表达为：

$$E(R_i) = R_f + \beta_i [E(R_m) - R_f]$$

CAPM 的提出，一改以往证券理论的规范性研究方法，加上当时经济计量学的迅速发展和日趋丰富的数据资源，很快便引起经济学家们的广泛兴趣。但 CAPM 严格的假定条件却给经验验证造成了很大障碍，使得学者们不得不致力于对假定条件进行修改，以使其更符合实际。这项工作主要集中在 20 世纪 70 年代及其前后几年。其中代表人物有迈耶斯 (Mayers)、默顿 (Merton) 和埃尔顿 (Elton) 等。然而，放松 CAPM 假设所产生的真正有价值的研究成果并不多，原因在于"当放松其中的一个条件时，仍可以得到一个与 CAPM 相似的定价模型，但同时放松两个条件时，就无法得出一个确定的均衡定价模型"[①]。

3. 因素模型和套利定价理论

CAPM 虽然给出了理性投资者在均衡市场状态下的证券选择模式，但它没有进一步揭示影响均衡的内在因素是什么，这些因素是怎样影响证券价格或收益的。而因素模型正是在两种证券的价格或收益具有相关性的假设前提下，试图找出并分析对证券价格或收益影响较大的经济因素，并较准确地量化这些因素对证券价格或收益的敏感程度，使证券价格或收益有更合理的解释和更简便的估算方法。因素模型是由夏普于 1963 年最早提出，由于它往往以指数形式出现，所以又称为指数模型。以目前广为流行的夏普单因素模型为例，该模型认为各种证券收益的变动都决定于某一共同因素，

---

① 〔美〕罗斯：《资本资产定价的套利理论》，载《美国经济理论杂志》1976 年。

该模型可表示为：
$$Y_i = a_i + b_i F + e_i$$

其中，Y_i 表示证券 i 的收益率；a_i 表示其他因素为零时的收益率；b_i 表示证券对因素的灵敏度；F 表示因素的数量指标；e_i 为随机误差项。

与此同时，一些学者选择了放弃 CAPM 假设，以新假设条件为出发点重新建立模型。其中最重要的成果当推罗斯的"套利定价理论"（arbitrage pricing theory，APT）。该理论根据在完全竞争的市场中不存在套利机会的基本假设，直接将资产收益定义成一个满足以多因素（如工业总值、GNP 等总体经济活动指标，通货膨胀率及利率等指标）作解释变量的线性模型。这样，APT 的工作就是从众多的可能影响因素中找出一组因素的线性组合来拟合定价模型。尽管 APT 看起来极其类似于一种扩展的 CAPM，但它是以一种极其不同的方式推导出来的。APT 模型实际上简化了假设条件，因而更具有现实的意义。所以，自其在 20 世纪 70 年代产生以来便迅速得到人们的普遍重视和广泛应用。

4. 期权估价方法

经典的期权定价理论，就是在一个完全的市场环境里，在一般均衡原理的基础上，推演出无套利均衡定理和风险中性定理。根据一般均衡理论，如果金融市场是动态完全的，那么，所有的金融资产，都可以根据风险中性定价原理给出唯一的价格。然后，在基础资产的价格具有连续样本路径的扩散过程的假定下，用一个基础资产和无风险证券的组合动态地"复制"期权的非线性的报酬结构；常用的期权定价模型有二项式模型和布莱克—斯科尔斯定价模型。①

假定公司只有两种资本，一是发行股票筹集资金 C，二是发行零息债券筹集资金 Xe^{-Rt}；X 为到期支付的债券本息，R 为债券的筹资成本（债券的连续复利到期收益率），e 为自然对数的底，t 为债券的期限；并假定在债券到期前无股利支付。对股东而言，在债券到期日，当公司价值 V 少于负债 X 时，股东一无所有，公司价值全部归债权人所有；当公司价值 V 大于负债 X 时，其超过部分全部归股东所有。公司股东实质上拥有执行价格为 X 的公司资产看涨期权。如果公司经营成功，$V>X$，则这个期权是一个实值期权，股东将执行期权，其盈利为 $V-X$；如果公司经营不善，$V \leqslant X$，则这个期权是一个虚值期权或平价期权，股东将放弃执行期权，实际上是与公司脱离财产所有权关系，其盈亏为 0；若考虑看涨期权的成本，则股东将损失购买股权的投资成本 C。

公司的当前价值 V 可以被合理假设为一种连续变动的随机变量，X 为公司债券总面值；σ 为公司未来市场价值（不包括其他短期债务的价值）年波动率；T 为公司债券到期日。布莱克—斯科尔斯定价模型不需要修改就可以直接对股票进行定价。由于在布莱克—斯科尔斯定价模型中不包含反映投资者风险偏好的变量，因此在用该模型

---

① 参见程翼、魏春燕：《股票定价理论及其在中国股票市场的应用》，载《中国社会科学院研究生院学报》2005 年第 3 期。

为股票估值时，不需要估计投资者的预期收益率，也不需要预测公司未来的现金股利金额以及增长模式，从而在一定程度上克服了股利折现模型的缺陷。

5. 行为金融学对股票估值理论的发展

上述估值理论都是基于"理性人"、套利和有效市场假定，而行为金融学对"理性人"假设提出了质疑，从投资者的实际决策心理出发，使得研究更接近实际。按照行为金融学的观点，大多数投资者并非是标准金融投资者而是行为投资者，他们的行为并不总是理性的，也并不总是风险回避的。行为金融学通过对现代金融理论的核心假说——"理性人"假说的质疑，提出了期望理论，认为投资者对收益的效用函数是凹函数，而对损失的效用函数是凸函数，表现为投资者在投资账面值损失时更加厌恶风险，而在投资账面值盈利时，随着收益的增加，其满足程度速度减缓。在金融交易中，投资者的心理因素将使其实际决策过程偏离经典金融理论所描述的最优决策过程，并且对理性决策的偏离是系统性的，并不能因统计平均而消除。在此基础上，行为金融理论对其他相关方面也提出了质疑，并提出了自己的模型。如对有效市场假说的挑战、行为组合理论（BAT）对现代资产组合理论（APT）的挑战、行为资产定价模型（BAPM）对CAPM的挑战。BAPM模型是1994年提出的，指出市场上有两种交易者，一种交易者是信息交易者，信息充分，严格按照传统的CAPM模型进行资产组合，不会犯认知错误，并具有均值偏好；而另一种交易者是噪声交易者，他们不会按照CAPM模型来构造自己的资产组合，会犯认知错误，没有均值和方差方面的偏好。事实上，这两类交易者在市场上是互相作用的，共同决定证券市场的价格，市场是否有效取决于这两类交易者的比重；如果是前者在市场上起主导作用，那么市场是有效的；如果是后者起主导作用，那么这个市场是无效的，这是BAPM模型对CAPM模型的调整。

本章案例

罗牛山企业价值评估案例分析

一、公司概况

罗牛山股份有限公司（简称"罗牛山"）创立于1987年，注册资本11.5亿元人民币，1997年在深交所上市，是中国首家"菜篮子"股份制上市企业，是以食品加工、冷链物流及畜牧养殖为主业，集房地产开发、教育、金融投资等板块的多元化企业集团，率先在全国实施资本化、品牌化、信息化和园区化战略。畜牧产业板块是公司传统主营板块，公司是海南省规模最大、配套产业体系最完备的畜牧业龙头企业，海南省最大的"菜篮子"工程保障基地，海南省最大的种猪繁育基地。其中，在建的罗牛山10万头现代化养猪场，是海南首个成套引进美式智能化生产线的超大型环保智能化规模养殖场。

二、企业的财务状况

1. 企业财务指标分析

罗牛山 2013—2017 年的资产负债率分别为 57.25%、57.36%、59.33%、42.72%、40.57%；权益乘数分别为 2.34、2.35、2.46、1.75、1.68。可以看出，公司的权益乘数总体偏低但却呈现出逐步上升的势头，说明罗牛山的负债比低，债务的偿还能力较好，财务风险低。

2. 营运能力分析

通过查阅资料与计算，罗牛山 2013—2017 年经营流动资产分别为 16.34、13.99、14.68、27.9、19.16 亿元；经营流动负债分别为 9.54、5.37、9.74、13.73、12.06 亿元；应收账款周转率分别为 22.63%、16.48%、10.58%、30.69%、51.92%；存货周转率分别为 2.65%、1.79%、1.03%、0.84%、1.65%。总体来说，罗牛山的营运能力状况是比较好的，资产的管理质量和利用效率都比较高。

3. 企业价值评估

(1) 确定基期与预测期

如前所述，食品企业所面临的市场环境变化较大，因此，这里将罗牛山 2013 年至 2017 年的数据作为基期数据，重点参考近三年的数据进行预测，将 2018 年至 2020 年作为详细预测期。

(2) 计算历史现金流量

$$\text{公司自由现金流量} = (\text{税后净利润} + \text{利息费用} + \text{非现金支出}) - \text{营运资本追加} - \text{资本性支出}$$

据此可以计算出罗牛山 2013 年至 2017 年的自由现金流量分别是 12635.89、-40309.03、3572.52、-102797.72、54664.55 千元。

(3) 确定预测期现金流量

根据上文所分析罗牛山目前的财务状况和发展规划，预测公司未来 5 年的现金流量，总收入分别为 16.89、19.36、22.84、25.46、29.93 亿元，自由现金流量分别为 7.97、7.98、8.90、9.45、9.92 亿元。

(4) 确定折现率

第一，无风险报酬率的计算。根据中国债券投资网上公布的数据，选取我国 2013 年 1 月发行的 7 年期债券的年利率作为计算无风险报酬率的依据。公式为：

$$R_f = \sqrt[n]{1+nr} - 1 = \sqrt[7]{1+7\times 3.42\%} - 1 = 3.11\%$$

其中，R_f 为无风险报酬率；n 为国债期限；r 为 n 年期国债利率。

第二，贝塔系数的确定。在查阅资料后确定贝塔系数为 1.0974。

第三，市场平均收益率经查阅为 10.90%。

第四，股权资本成本计算如下：

$$K_e = R_f + \beta(R_m - R_f) = 3.11\% + 1.0794(10.9\% - 3.11\%) = 11.66\%$$

第五，债权资本成本的计算。根据罗牛山年报数据，平均债务成本为 6%，有效

税率 T 为 15%。

第六，确定目标资本结构。罗牛山近 5 年的资产负债率分别为 57.25%、57.36%、59.33%、42.72%、40.57%。目标结构的资产负债率 =（42.72%＋40.57%）÷2＝41.645%

第七，加权平均资本成本的计算。

(5) 确定后续增长率

$$K_{wacc} = k_d(1-T)\frac{D}{V} + K_e \times \frac{S}{V} = 6\%(1-15\%)41.645\%$$
$$+ 11.66\%(1-41.645\%) = 8.90\%$$

目前，我国食品行业平均增长速度为 4.4%，尽管罗牛山发展具有很强的战略竞争力，实际增速会超过行业平均水平，但是其增速会逐步放缓，加上通货膨胀因素，保守预测其达到恒值状态时的增长率为 3%。

(6) 应用

根据前述的自由现金流量折现模型，带入参数，可得罗牛山的现有业务价值，具体计算过程如下：

$V =$ 2018 年至 2022 年自由现金流量现值＋后续期现值
$= 70975(P/F,8.26\%,1) + 78975(P/F,8.26\%,2) + 89064(P/F,8.26\%,3)$
$+ 94568(P/F,8.26\%,4) + 99275(P/F,8.26\%,5)$
$+ [99275(1+3\%)/(8.26\%-3\%)](P/F,8.26\%,5)$
$= 2280113 + 19038 = 2299151 (千元)$

资料来源：赵雪辰：《罗牛山企业价值评估案例分析》，载《农家参谋》2018 年第 11 期。

本章思考题

1. 货币时间价值的基本内涵是什么？
2. 债券价格的特性有哪些？
3. 利率期限结构包括哪些理论？
4. 普通股与优先股的区别是什么？
5. 股票估值的基本方法是什么？

第五章

风险与收益

风险一般是指未来情况不能完全确定,但对各种情况出现的可能性却可以估算出来。风险与收益的权衡是公司作出任何决策都必须考虑的。证券市场是一个风险和利益共存的资本市场,能给人们带来高额的经济收益,也能给人们带来极大的经济损失。一般地,高风险的项目,其预期收益率比较高;低风险的项目,其预期收益率比较低。因此,每个投资者都关心同样一个问题:采取何种措施确保预期收益,同时采取什么措施规避风险。

大量资产组合理论以及长时间实践证明,将多种证券进行有机组合,能够明显降低投资风险。组合管理的本质在于采取相关手段以达到投资效用最大化之目的,即投资者制定某个预期收益目标,并在达成的过程中,将相关风险控制在最低水平,从而保证投资收益最大。

第一节 风险与收益的衡量

世界上第一个对风险进行理论探讨的经济学家是美国学者威雷特(A. H. Willet),于1901年在其论文《风险与保险的经济理论》中强调了风险的客观性特征,把风险定义为"关于不愿发生的事发生的不确定性的客观体现"。即不确定性和客观性是风险最直接的外在特征。美国经济学家富兰克·奈特(F. H. Knight)在1921年出版的《风险、不确定性和利润》中也对风险作了经典的定义,认为风险是"可测定的不确定性"。他认为,风险不是一般的不确定性,而是可测度的不确定性,可以借助数理统计的方法来计算风险。在现实中,风险通常与不确定性联系在一起。因为风险是客观存在的,各种宏观、微观因素都会影响资产价格,进而产生资产价格的波动。风险既可能造成损失,也可能带来超额收益。所以,以不确定性定义风险更为全面。

一、风险

(一)风险的概念

风险作为普遍存在的客观现象是经济学要研究的一个重要问题。经典理论将经济行为主体难以确定的结果分为两种:一种是能计算其概率的,另一种是只能作出大略估计的,并将这两种情况分别称为风险和不确定性。从广义上来看,风险也是一种不确定性,由此,人们对风险的研究转化为对不确定性的研究。一般意义上,不确定性可能会涉及不完全信息或无法预测的事件，它可能是因为无知或偶然发生的事件或是两种情况的某种结合所致。不确定性作为可度量的和不可度量的两种变体的复合一直是现代经济理论关注的一个焦点。可度量的不确定性，一般以风险表示，是一种能以数量化计算的不确定性全体的子集，并能用简明的统计数量值加以表示，存在具有良好定义的事件概率分布形式。不可度量的不确定性，相对而言是定性化的，不能归于概率计算，是凯恩斯所指的"真正的不确定性"。如果不确定性是由于获取信息的限制造成的，那就是一种认知不确定性；如果不确定性是由于测量中随机扰动的影响引发的统计波动所致，则是一种统计不确定性。当一个给定事件发生的概率对一个个体行动来说是不变的话，则认为事件发生的不确定性环境是外生的，否则认为是内生的。金融市场上的风险可以划分为经济主体的个体风险（微观经济风险）和系统风险（宏观经济风险）。个体风险由经济主体的独有经济特征决定，而系统风险决定于整个市场环境。个体风险可以通过风险管理对冲，而系统风险则无法通过资产组合方式完全化解。作为贷款者的银行，在市场上面临的风险主要有：信用风险（违约风险）、流动性风险和市场风险等。在信贷市场上主要的风险是信用风险，即违约风险。

（二）风险的种类

风险并不是一个孤立的实体，就金融风险而言，可以分为市场风险、信用风险、操作风险、流动性风险、法律和监管风险等。这种分类是金融领域风险管理科学飞速发展的支柱，也说明了每一种类型的风险在经济上基本的差异。

1. 市场风险

市场风险是指由于金融市场因素（如利率、汇率、股票和商品价格等）的不利变动而导致金融资产价值损失。这些市场因素对金融参与者造成的影响可能是直接的，也可能是通过对其竞争者、供应商或消费者所造成的间接影响。根据不同的风险因素，市场风险又可分为利率风险、汇率风险、价格风险等。其中，利率风险尤为重要，因为利率波动会直接导致金融机构所持有的资产价值的变化，使机构的持续经营能力受到威胁。利率风险主要表现为利率结构性风险，如在资产、负债的利率结构上由于期限、利率种类和水平以及利率波动政策等方面未经科学、充分的考虑，不能应付各种变动而造成的风险。利率波动可能源于经济周期不同阶段市场对资金的需求变化，也可能由国际经济环境变化等因素引起。

2. 信用风险

信用风险是指在交易完全履约期间，由于金融市场环境的变化等原因导致合约内容无法履行而造成损失的可能性。信用风险主要包括两方面内容：一是违约可能性的大小；二是由违约造成损失的多少。前者取决于交易对方的资信，后者则取决于金融产品的价值。对商业银行来说，其面临的主要风险之一是信用风险，即交易对手不能完全履行合同的风险。这种风险不仅出现在贷款中，也发生在担保、承兑和证券投资等业务中。

3. 流动性风险

流动性风险是指金融参与者由于资产流动性降低而导致的可能损失的风险。当金融参与者无法通过变现资产，或无法减轻资产作为现金等价物来偿付债务时，流动性风险就会产生。如金融机构的流动性风险一般包括两方面内容：一是市场流动性风险，即金融产品的持有者无法在可接受的市场价格条件下轧平或冲销其头寸，造成无法平仓的风险，这种风险在 OTC 市场中进行动态对冲交易时表现得更为突出；二是现金流动性风险，即因交易商流动资金不足出现合约到期无法履行支付义务或者无法按合约要求追加保证金的风险。

4. 操作风险

操作风险来源于交易过程中出现的错误导致的附加成本，比如，清算失败、没能达到监管要求和不能及时汇总。操作风险直接与机构的管理系统相关，这种风险在无意识状态下可引发市场敞口风险和信用风险，从而损害交易机构的形象。巴塞尔委员会将操作风险定义为"由于不完善的内部流程、人员、系统或外部事件而带来的风险损失"。由此可见，操作风险可能由多种不同的原因引起，例如，欺诈、不健全的管理和报告结构、不正确的操作流程、交易结算失误、错误的信息系统或自然灾害等。

5. 法律和监管风险

法律和监管风险是指由于违反现行法律、法规或者由于适用性法律的变化而带来的损失。法律风险在某种程度上与操作风险是相关的。当合同出现违约时，法律风险就产生了。

如果按照能否通过投资组合来分散，风险可以分为不可分散风险和可分散风险。不可分散风险也称系统性风险，是指无法通过投资组合或分散化投资来消除的风险，来自于对经济运行所有资产都会产生影响的因素，它所造成的影响对任何资产都不可避免，如战争、汇率政策变化等；可分散风险，也称非系统性风险，是指某些只能对个别资产收益产生影响的风险，如某公司的管理水平等。

风险的形成是多方面因素共同作用的结果。例如，经济环境的恶化、适用法律的变化、监管政策的不力或税率的调整等因素为风险的形成奠定了前期基础，在经济运行中，由于监管失误或其他各方面原因，危机的种子被埋下。当遇有资产价格突然下降等风险事故时，危机一触即发，风险就产生了。就金融市场而言，历史上多次金融危机，往往是可以有效避免的，但是政府往往为了一时的繁荣、为了当下的经济利益最大化而忽略了风险的管理。

（三）风险的特征

1. 不确定性

不确定性是指投资者预期收益的不确定性，即对应于各种不同的经济状况有一系列的可能结果。人们都是尽可能地收集信息，并在此基础上进行科学的预测和分析，以把握好各种不同的不确定因素，尤其是对风险程度的分析，从而提高对将来损失或收益预期的准确性。

2. 普遍性

现实世界的变化是永恒的、普遍的，在通过价格配置资源的市场经济中，市场参与者面临的市场瞬息万变，由于信息的不对称性，任何人都不可能完全掌握市场的运动。因此，风险普遍存在，它不可能消除，只能积极防范和管理。

3. 扩散性

股票市场是证券市场的一个组成部分，同时又是整个社会金融活动的一个重要组成部分。股市各相关机构作为一种中介组织，是多边信用网络上的节点。所有这些机构的市场参与使原始的信用变成相互交织、相互联动的网络。市场活动不是完全的，其外部效应广泛存在。任何一个节点出现断裂都有可能产生连锁反应，引起其他节点的波动，使股票市场出现大的震荡，进而导致金融体系的局部甚至整体发生动荡或崩溃。

4. 突发性

股票市场收益或损失的不确定性，不一定立即表现出现实的损失或收益。因此，各投资者往往存有侥幸心理，尽力掩盖风险，期待市场出现转机。加之金融机构的信用创造能力，掩盖了已经出现的损失和问题。如果股票市场风险不断积累，最终会以突发的形式表达出来。

5. 负面性

虽然风险是指损失或收益的可能性，但人们较多关注的还是它的损失，即负面性，就是风险对个人、对社会产生的消极的、负面的影响。这种负面性是巨大的，一个国家经过金融风波之后也可能回到几十年前的发展水平。

二、收益

以证券投资为例，投资者进行证券投资的目的是获得收益。因此，证券投资收益及其大小对投资者的投资选择具有重要的决定作用，投资者在进行投资时首先考虑的主要是证券的收益状况。投资者总是希望投资收益越高越好，但收益和风险是并存的，市场上很少存在收益高且风险小的证券。通常，预期收益越高，投资者愿意承担的风险越大；风险越小，预期收益越低。从理论上说，投资者只能在风险相同的证券中选择收益较高的证券，或者在收益相同的证券中选择风险较小的证券。因此，收益和风险一起构成了证券投资的核心问题。证券投资收益可以分为两类：一类是已实现的收益，是指在过去的投资期间实现的收益；一类是预期收益，是指未来投资期间可能实现的收益。两类收益的主要差别是，已经实现的收益是投资者已经完成的收益，而预期收益是投资者期望的收益，目前，该收益并未实现，将来的实际收益也可能与期望收益存在偏差。

（一）证券投资的实现收益

证券投资的实现收益是指投资者在一定时期内进行投资，其所得与支出的差额，即证券投资者在从事证券投资活动中所获得的报酬，它由持有期的证券红利（利息）和资本利得构成，主要包括债券投资收益、股票投资收益、基金投资收益。债券投资收益主要来源于债券的利息收入和资本损益（资本利得）。股票投资收益主要来源于股利、资本利得和资本增值收益。基金投资收益主要由利息收入、股利收入、资本利得构成。对于投资者来说，证券投资风险的产生主要是由于未来预期收益的不确定性，在投资分析中，需要面对的更多的是对未来收益的预期。证券投资的实现收益从这种意义上讲，对于投资者面向未来的投资活动是无用的。但是，历史已实现收益对于预测未来收益是有重要的参考价值的，是证券投资分析以及相关理论验证的基础。因此，已实现的历史收益与投资的未来收益是相关的，对证券投资已实现收益的分析是有意义的。

（二）证券投资的预期收益

预期收益，是指投资者投资于证券所希望获得的收益，是投资者在未来投资期间可能实现的平均收益。证券的未来收益是一个随机变量，基于上文将证券投资风险定义为未来预期收益的不确定性，这种不确定性可用收益率概率分布的方差或标准差来度量。因此，分析时常用收益率的数学期望来反映预期收益的大小。

预期收益率，就某一年而言，它等于来年的预期收益额与年初投资额之间的比率。其中，预期收益额等于预期的当期收益与预期的资本利得之和。如果投资者年初投资额是 V_0，预期该资产的年末市值是 $E(V_1)$，预期这段时间的当期收益为 $E(C_1)$，则预期收益率（$E(R)$）为：

$$E(R) = [E(V_1) - V_0 + E(C_1)]/V_0$$

【例1】 如果投资者年初以 10 元/股的价格购买 A 股票 100 股，预期这年将获得 0.5 元/股的红利，预计该年末 A 股票价格将上升到 11 元/股，则其预期收益率是多少？

期初投资＝1000 元

预期的当期收益＝50 元

预期的资本利得＝100 元

预期收益＝50＋100＝150

预期收益率＝150/1000＝15％

常用的计算预期收益率方法有：一是选择某资产的历史收益率作为样本，通过计算该样本的算术平均值来估计该资产的预期收益率。二是通过预测某资产在未来各种情况下的收益率和各种情况发生的概率，然后通过加权平均法来计算该资产的预期收益率。

假定用 r_1，r_2，…，r_n 描述投资某证券未来可能的收益率，用 p_1，p_2，…，p_n 描述各种收益出现的可能性，则证券未来期望收益率公式为：

$$E(r) = r_1 p_1 + r_2 p_2 + \cdots + r_n p_n = \sum_{i=1}^{n} r_i p_i$$

以概率加权的平均收益率，反映了人们对未来收益率的总体预期，未来期望收益率一般会与实际收益率存在偏差，期望收益率只不过是与可能的实际值误差最小的预测值。

【例2】 通过预测，一国经济将呈现四种经济状态，每种经济状态出现的概率和在各种经济状态下某股票的收益率如表 5-1 所示，预测该股票的预期收益率。

表 5-1 某股票的收益率

经济状态	资产的收益率%	概率
复苏	10	0.3
繁荣	20	0.2
衰退	8	0.4
萧条	−4	0.1

$$E(r) = \sum_{i=1}^{n} r_i p_i = 10\% \times 0.3 + 20\% \times 0.2 + 8\% \times 0.4 + (-4\%) \times 0.1 = 9.8\%$$

三、单一资产风险的衡量

为了计量的方便,一般将投资风险定义为投资预期收益的变异性或波动性。在统计上,投资风险的高低一般用收益率的方差或标准差来衡量。根据资产收益率的概率或频率分布,第一步,可以预测或估计它的预期收益率。现实中,每一个收益率与预期收益率之间一般会有一个偏差。第二步,计算偏差。偏差越大,表明该资产收益率的分散程度越高,未来某一年实现的收益率与预期收益率之间的偏差就可能越大,即该资产的风险越大。第三步,把各个收益率与预期收益率之间的偏差汇总起来。如果将这些偏差直接加总,可能会出现正负相抵的情况。通常,解决这个问题的办法是对各个偏差"先平方后加总"。在汇总之后,还需要剔除由于样本数量或经济状态数量产生的影响,这个过程实际上就是对偏差的平方和进行平均的过程,这是第四步,计算得到收益率的方差。第五步,求平方根,就得到收益率的标准差。这是衡量资产风险的原理。

方差计算公式:

$$\sigma(r)^2 = \sum_{i=1}^{n} p_i [r_i - E(r)]^2$$

标准差计算公式:

$$\sigma(r) = \sqrt{\sum_{i=1}^{n} p_i [r_i - E(r)]^2}$$

【例3】 某资产在未来5种经济状态下的收益情况、每种经济状态出现的概率如表 5-2 所示,则该资产收益率的标准差是多少?

表 5-2 某项资产的收益率

经济状态	概率	收益率%
1	0.2	20
2	0.1	−10
3	0.4	15
4	0.1	5
5	0.2	20

首先，计算该资产的预期收益率：

$$E(r) = \sum_{i=1}^{n} r_i p_i$$
$$= (20\% \times 0.2 - 10\% \times 0.1 + 15\% \times 0.4 + 5\% \times 0.1 + 20\% \times 0.2)$$
$$= 13.50\%$$

其次，根据概率形式下的标准差的计算公式，可得该资产收益率的标准差为：

$$\sigma = \sqrt{\sum_{i=1}^{6} [R_i - E(R)]^2 p_i}$$
$$= \sqrt{\begin{array}{c}(20\% - 13.5\%)^2 \times 0.2 + (-10\% - 13.5\%)^2 \times 0.1 + (15\% - 13.5\%)^2 \\ \times 0.4 + (5\% - 13.5\%)^2 \times 0.1 + (20\% - 13.5\%)^2 \times 0.2\end{array}}$$
$$= 8.9582\%$$

在金融市场上，收益率是一个非常直观、容易理解的指标，但对投资风险的衡量指标，如标准差等，一般投资者不太容易认知。因此，在实践中往往是借助收益率的区间来进行解释，而不能直接用收益率标准差表达。

为此，通常假定资产的收益率服从正态分布。正态分布有一些重要特性：首先，它的分布是完全对称的，因此，预期收益率左右两侧的概率相等；其次，它的分布集中在预期收益率两侧，非常集中；最后，整个分布只需要预期收益率和标准差两个指标就可以完全描绘。

在正态分布条件下，收益率介于预期收益率左右各一个标准差范围内，即 $E(R) - 3\sigma \leqslant R \leqslant E(R) + 3\sigma$，概率或可能性大约有 68%；收益率介于预期收益率左右各两个标准差范围内，即 $E(R) - 2\sigma \leqslant R \leqslant E(R) + 2\sigma$，概率或可能性大约有 95%；收益率介于预期收益率左右各三个标准差范围内，即 $E(R) - 3\sigma \leqslant R \leqslant E(R) + 3\sigma$，概率或可能性大约有 99.75%。根据这些常识，可以间接地解释投资的风险程度。比如，经过估计，某资产的预期收益率为 10%，其收益率的标准差为 15%，则可以这样表述该资产的收益和风险状况：如果未来多年坚持投资，如 20 年，则在这 20 年中，有 19 年（19/20）的获得收益率介于 $10\% - 2 \times 15\% \sim -10\% + 2 \times 15\%$，即 $-20\% \sim -40\%$ 之间。即有 95% 的把握使得投资收益率最高可以达到 40%，最低收益率达到 -20%。而 20 年的平均收益率大约 10%。

公司金融中，如果仅仅从预期收益率这个指标来看，很难作出客观的评判，还必须结合风险高低来评判。如 A 基金的预期收益率为 10%，B 基金预期收益率为 12%，是否就认为 B 基金值得投资呢？不一定，要结合风险。变异系数（CV）是一个常用指标，是指资产收益率的标准差与预期收益率之间的比值，其公式为：

$$CV = \sigma / E(R)$$

其含义是单位收益所承受的风险，这个指标的取值越高，表明该资产的表现越差；反之则相反。

其实变异系数的倒数在衡量资产业绩表现时更为直观，它的计算公式为：

$$1/CV = E(R)/\sigma$$

其含义是单位风险所获得的收益，这个指标的取值越高，表明该资产的表现越好；反之则相反。

【例 4】 现有 A、B 两只基金，它们的收益和风险状况如表 5-3 所示，则根据变异系数或变异系数的倒数来判断，哪项资产的业绩表现更好？

表 5-3　基金 A、B 的收益与风险

	A	B
预期收益率 E(R)	10%	12%
收益率的标准差 σ	10%	15%

基金 A 的变异系数＝10％/10％＝1
基金 B 的变异系数＝15％/12％＝1.25
因此，A 比 B 好。
基金 A 变异系数倒数＝10％/10％＝1
基金 B 变异系数倒数＝12％/15％＝0.8
结论同上。

第二节　资产组合理论

资产组合理论在西方国家的金融投资活动中早已提出。1935 年，美国经济学家希克斯（J. R. Hicks）就曾指出：从事多个风险投资所面临的全部风险，并不简单地等于各独立投资分别承受的风险之和，从事若干个独立的风险性投资所承担的风险，将小于把全部资金都投资于一个风险资产所遭受的风险。当投资很分散时，投资风险会降到很小。但他只是从定性角度研究这一问题，而且并没有考虑不同投资非相互独立时的情况。1952 年，美国经济学家马科维茨在《投资组合的选择》一文中提出均值—方差证券投资组合理论，自此马科维茨被视为现代投资组合理论的开端。马科维茨教授最有意义的两个创举：一是将不确定因素或者风险引入资本理论模型，并运用数理统计工具证明组合投资能够分散风险；二是将效用曲线与其资产组合线进行拟合，来指导投资者如何确定自己的最佳组合。

一、马科维茨理论假设

马科维茨的模型是建立在一系列严格的假设基础之上的：(1) 证券市场是有效的，证券的价格反映了证券的内在经济价值，每个投资者都掌握充分的信息，了解每种证券的期望收益率及其标准差；(2) 证券投资者的目标是：在给定风险上收益最大，或者在给定收益水平上风险最低，即投资者都是风险回避型的；(3) 证券投资者以期望收益率以及收益率的方差作为选择投资方案的依据，如果要他们选择风险（方差）较高的方案，他们都要求有额外的投资收益率作为补偿；(4) 各种证券的收益率之间有一定的相关性,他们之间的相关程度可以用相关系数或者收益率之间的协方差来表示;(5)每种证券的收益率都服从正态分布;(6)每一个资产都是可以任意分割的,这意味着投资者可以购买一个股份的一部分;(7)投资者可以以一个无风险利率贷出(即投资)或借入资金;(8)税收和交易成本均忽略不计。

其中,假设条件(1)—(4)为马科维茨对模型的假设,(5)—(8)为模型的隐含假设。基于以上假设前提,马科维茨研究了投资人的单期投资决策问题:如果投资者拥有一笔资金,从现时起投资于一段特定时间(持有期),在期初投资者需要决定购买哪些证券及购买数量并持有至期末。而持有的这一组证券就称为一个投资组合,投资者的决策就是要从一系列可能的证券组合中选择一个最优的证券组合。投资者在选择进行证券投资时,一般要考虑两个因素:一是预期收益率的高低,二是预期风险的大小。投资者根据自己对风险的偏好来进行证券资产的组合选择,即努力使其投资的期望效用最大化。马科维茨认为,投资者大多是风险厌恶者,他们总是在一定预期收益及风险水平上选择证券投资方法。理性的投资者总是希望在已知风险条件下,获得最大期望收益;或者在已知期望收益的条件下,使投资风险达到极小,也就是在进行收益风险分析的基础上使得两者达到最佳平衡。

二、基本理论

在上述假设基础上,该理论认为,投资者投资于多样化的风险资产可以降低非系统风险(该理论一个隐含的推论就是市场不对非系统风险进行风险补偿,而只对系统风险进行补偿),除非各资产间的相关系数为1。

1. 两种证券构造的资产组合的收益与风险

由 A、B 两资产构成投资组合。如果 A、B 两资产的收益分别为 $E(R_A)$ 和 $E(R_B)$,风险分别是 σ_A 和 σ_B,且在 A、B 资产上投资比例为 W_A、W_B,则

$$E(R_P) = W_A E(R_A) + W_B E(R_B)$$

$$\sigma_P^2 = W_A^2 \sigma_A^2 + W_B^2 \sigma_B^2 + 2 W_A W_B \mathrm{Cov}(R_A, R_B)$$

$$= W_A^2 \sigma_A^2 + W_B^2 \sigma_B^2 + 2 W_A W_B \rho_{AB} \sigma_A \sigma_B$$

其中,$E(R_P)$ 是投资组合的预期收益率,σ_P^2 是投资组合收益率的方差,$\mathrm{Cov}(R_A, R_B)$ 是 A、B 资产收益率之间的协方差,ρ_{AB} 是 A、B 资产收益率之间的相关系数,且 $\rho_{AB} = \mathrm{Cov}(R_A, R_B) / \sigma_A \sigma_B$。此外,$W_A$、$W_B$ 分别是投资者在 A、B 资产上的投资资金与其自有资金的比率,由于仅仅由 A、B 两资产构造投资组合,因此 $W_A + W_B = 1$。

$\mathrm{Cov}(R_A, R_B)$ 是 A、B 资产收益率之间的协方差,主要衡量两资产收益率之间的相关性。如果相关系数为正,表明 A、B 两资产收益率正相关,即平均而言,A 资产收益率增加时,B 资产收益率也增加,反之则相反;如果协方差为负,表明 A、B 两资产收益率负相关,即平均而言,A 资产收益率增加时,B 资产收益率下降,反之则相反;如果协方差为零,表明 A、B 资产收益率之间是不相关的,即平均而言,

A 资产收益率与 B 资产收益率之间没有明显的关系。

ρ_{AB} 是 A、B 资产收益率之间的相关系数，是协方差经过标准化之后衡量两项资产收益率之间相关性和相关程度的指标，它既能衡量两项资产收益率之间的变化方向，还能衡量这种相关程度的大小。如果相关系数为正，则 A、B 资产收益率之间是正相关的；如果相关系数为负，则 A、B 资产收益率之间是负相关的；如果相关系数为零，则 A、B 资产收益率是不相关的。相关系数的绝对值越大，则 A、B 资产收益率之间的相关程度就越大，反之则相反。

相关系数的取值范围是：$-1 \leqslant \rho_{AB} \leqslant 1$。当 $\rho_{AB}=1$ 时，A、B 资产收益率之间是完全正相关的；当 $\rho_{AB}=-1$ 时，A、B 资产收益率之间是完全负相关的；当 $\rho_{AB}=0$ 时，A、B 资产收益率之间是不相关的；如果 ρ_{AB} 接近 1，则 A、B 资产收益率之间是高度正相关；如果 ρ_{AB} 接近 -1，则资产收益率是高度负相关。根据投资组合的方差公式可以发现，当相关系数越小时，投资组合的风险越低。同时，只要相关系数不为 1，则两个资产构造投资组合，就可以或多或少降低风险，而不等比例地降低收益，即可以达到分散风险而不等比例地降低收益的好处。这就是分散化投资理念成立的理论基础。

2. 特殊情形之一

由两项资产构造投资组合时，比较复杂的是投资组合的方差公式。就相关系数的不同，考虑三种特殊情况：

$$E(R_P) = W_A E(R_A) + W_B E(R_B)$$

$$\sigma_P^2 = W_A^2 \sigma_A^2 + W_B^2 \sigma_B^2 + 2 W_A W_B \text{Cov}(R_A, R_B)$$

$$= W_A^2 \sigma_A^2 + W_B^2 \sigma_B^2 + 2 W_A W_B \rho_{AB} \sigma_A \sigma_B$$

当 $\rho_{AB}=1$ 时，

$$\sigma_P^2 = W_A^2 \sigma_A^2 + W_B^2 \sigma_B^2 + 2 W_A W_B \rho_{AB} \sigma_A \sigma_B$$

$$\sigma_P = W_A \sigma_A + W_B \sigma_B$$

当 $\rho_{AB}=0$ 时，

$$\sigma_P^2 = W_A^2 \sigma_A^2 + W_B^2 \sigma_B^2$$

$$\sigma_P = \sqrt{W_A^2 \sigma_A^2 + W_B^2 \sigma_B^2}$$

当 $\rho_{AB}=-1$ 时，

$$\sigma_P^2 = W_A^2 \sigma_A^2 + W_B^2 \sigma_B^2 - 2 W_A W_B \rho_{AB} \sigma_A \sigma_B$$

$$\sigma_P = |W_A \sigma_A + W_B \sigma_B|$$

对于完全负相关的两项资产，可以构造一个特殊的投资组合，该投资组合是这两项资产构造的最小方差组合，且方差为 0，即 $\sigma_p = |W_A \sigma_A - W_B \sigma_B| = 0$。所以，

$$W_A \sigma_A = W_B \sigma_B = (1 - W_A) \sigma_B$$

$$\Rightarrow \{W_A = \sigma_B / (\sigma_A + \sigma_B), W_B = \sigma_A + \sigma_B)\}$$

所以，当两个完全负相关的资产构造组合时，最小方差投资组合是

$$E(R_p) = W_A E(R_A) + W_B E(R_B)$$

$$= \sigma_B/(\sigma_A+\sigma_B) \times E(R_A) + \sigma_A/(\sigma_A+\sigma_B) \times E(R_B)$$
$$\sigma_p = 0$$

【例5】 A、B两资产的收益和风险状况如表5-4所示，请根据两资产之间可能存在的以下几种相关系数，分别在预期收益率与标准差的坐标系中描绘它们所构造的投资组合：(1) $\rho_{AB}=1$；(2) $\rho_{AB}=0$；(3) $\rho_{AB}=-1$。

表5-4 A、B的收益与风险

	A	B
预期收益率 $E(R)$	15%	30%
收益率的标准差	18%	30%

当 $\rho_{AB}=1$ 时，
$$E(R_p) = W_A E(R_A) + W_B E(R_B) = W_A \times 15\% + (1-W_A) \times 30\%$$
$$\sigma_p^2 = W_A^2 \sigma_A^2 + W_B^2 \sigma_B^2 + 2W_A W_B \rho_{AB} \sigma_A \sigma_B$$
$$\sigma_p = W_A \sigma_A + W_B \sigma_B = W_A \times 18\% + (1-W_A) \times 30\%$$

根据上述公式，消去 W_A，可以得到：
$$E(R_p) = -7.5\% + 0.8\sigma_p$$

这说明当相关系数为1时，两资产构造的投资组合在一条直线上。

同理，当 $\rho_{AB}=0$ 时，
$$E(R_p) = W_A E(R_A) + W_B E(R_B) = W_A \times 15\% + (1-W_A) \times 30\%$$
$$\sigma_p^2 = W_A^2 \sigma_A^2 + W_B^2 \sigma_B^2 = W_A^2 \times 18\%^2 + (1-W_A)^2 \times 30\%^2$$

根据上述公式，消去 W_A，将最终得到投资组合的收益与风险之间的关系式：
$$[E(R_p) - a]^b \sigma_p^2 = c$$

其中，a、b、c 是常数，$E(R_p)$ 和 σ_p 之间实际上是一个双曲线，且由于 σ_p 不为负，所以，只有双曲线的右支。

当 $\rho_{AB}=-1$ 时，
$$E(R_p) = W_A E(R_A) + W_B E(R_B) = W_A \times 15\% + (1-W_A) \times 30\%$$
$$\sigma_p^2 = W_A^2 \sigma_A^2 + W_B^2 \sigma_B^2 - 2W_A W_B \rho_{AB} \sigma_A \sigma_B$$
$$\sigma_p = |W_A \sigma_A - W_B \sigma_B| = |W_A \times 18\% + (1-W_A) \times 30\%|$$

根据公式，消去 W_A，可以得到：
$$E(R_p) = 20.6250\% + 0.3125 \sigma_p \quad 当 W_A \leqslant 0.625 时$$
$$E(R_p) = 20.6250\% - 0.3125 \sigma_p \quad 当 W_A \geqslant 0.625 时$$

这说明，当相关系数为-1时，两项资产构造的投资组合在一条折线上。折点所代表的投资组合的风险正好为0。即当两项资产的相关系数为-1时，可以构造一个无风险资产组合，这同时也是这两项资产构造的最小方差投资组合。

【例6】 两个完全负相关资产 A、B，如果它们的预期收益率分别为10%和20%，标准差分别为10%和20%，那么它们所构造的最小方差投资组合的预期收益

率是多少？

由于 A、B 两项资产完全负相关，所以，它们能够构造一个风险为 0 的投资组合，即最小方差投资组合。

$$\sigma_p = |W_A\sigma_A - W_B\sigma_B| = |W_A \times 10\% - (1-W_A) \times 20| = 0$$
$$\Rightarrow W_A = 2/3, W_B = 1/3$$

因此，最小方差投资组合的预期收益率为：

$$E(R_p) = W_A E(R_A) + W_B E(R_B) = 2/3 \times 10\% + 1/3 \times 20\% = 13.33\%$$

3. 特殊情形之二

一个无风险资产与一个风险资产来构造投资组合，即资本配置过程。

假定无风险资产的收益率用 R_f 表示，其收益率的标准差用 σ_f 表示。风险资产的预期收益率用 $E(R)$ 表示，其收益率的标准差用 σ 表示。在无风险资产上的投资比例为 y，因此在风险资产上投资比例为 $1-y$。将上述变量代入两项资产构造投资组合的一般公式，可以得到，无风险资产与风险资产构造投资组合的收益和风险的衡量公式：

$$E(R_p) = yR_f + (1-y)E(R)$$
$$\sigma_p^2 = (y\sigma_f)^2 + [(1-y)\sigma]^2 + 2y(1-y)\text{Cov}(R_f, R)$$

由于无风险资产在任何情况下的收益率均是 R_f，因此其各个收益率与其平均收益率之差都是 0。所以，σ_f 一定为 0，它与任意风险资产收益率之间的协方差 $\text{Cov}(R_f, R)$ 也一定为 0。由此，上述公式可以简化为：

$$E(R_p) = yR_f + (1-y)E(R)$$
$$\sigma_p = (1-y)\sigma$$

这个方程组很好地描述了资本配置原理。这个原理在公司金融中非常重要，它决定投资者的资金如何在无风险资产（如现金及现金等价物）和风险资产（如基金、债券组合、股票组合）间进行分配及其各部分的分配比例，这个过程称为融资决策。对于风险资产部分，将涉及证券选择和风险资产组合的构造，最终决定风险资产部分中各个风险资产的投资比例，这个过程称为投资决策。

【例 7】 用无风险资产和风险资产构造投资组合。如果无风险资产的收益率为 5%，风险资产的预期收益率为 10%，其收益率的标准差为 10%。当无风险资产的投资比例分别为 0%、20%、30%、40% 和 100% 时，请依次计算所构造投资组合的预期收益率和其收益率的标准差，并将计算结果描绘在预期收益率与标准差的坐标系中，并将它们连接起来。

根据资本配置原理，当 $y=0$ 时，

$$E(R_p) = yR_f + (1-y)E(R) = 0\% \times 5\% + 100\% \times 10\% = 10\%$$
$$\sigma_p = (1-y)\sigma = 100\% \times 10\% = 10\%$$

由于在无风险资产上没有投入资金，所以无论是从直观还是计算结果上，这个投资组合实际上就是该风险资产。

同理，可以计算其他比例时投资组合预期收益率和标准差，如表 5-5 所示：

表 5-5 无风险资产与风险资产构造投资组合

方案	$y\%$	$E(R_p)\%$	$\sigma_p\%$
1	0	10	10
2	20	9	8
3	30	8.5	7
4	40	8	6
5	100	5	0

上述第五种方案,由于所有的资金都投资在无风险资产上,所以这个投资组合就是无风险资产。

将计算结果描绘在预期收益率和标准差的坐标系中,将形成一条向上倾斜的直线,即资本配置线（capital allocation line,CAL）。

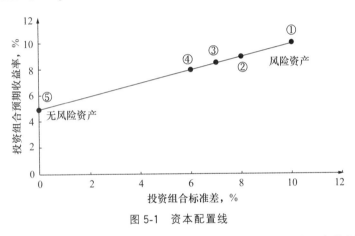

图 5-1 资本配置线

如何得到资本配置线方程和资本配置线？如果将资本配置原理中的投资比例 y 消去,将得到资本配置方程。

第一步,根据标准差公式,计算 $1-y$ 和 y：
$$1-y = \sigma_p/\sigma, y = 1-\sigma_p/\sigma$$

第二步,将 $1-y$ 和 y 的表达式代入收益率公式：
$$E(R_p) = (1-\sigma_p/\sigma)R_f + \sigma_p/\sigma \times E(R)$$

第三步,将上述公式整理,得到资本配置方程：
$$E(R_p) = R_f + (E(R)-R_f)/\sigma \times \sigma_p$$

这个方程实际上描绘一个无风险资产和一个风险资产所构成的投资组合,其预期收益率与其收益率标准差之间的线性关系。将这个线性关系描绘在图形中,就形成了资本配置线。

这条直线的纵截距为无风险资产收益率 R_f,斜率为风险资产的单位总风险的风险溢价 $[(E(R)-R_f)]/\sigma$。对于这个斜率,在业绩衡量中,又叫夏普比率。通过分析图形形成过程,可以发现在无风险资产的投资比例大于 0 的前提下,随着无风险资产的投资比例越来越高时,投资组合的收益率越来越低,风险也越来越低,反之则相反。

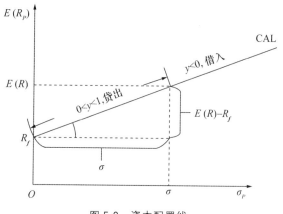

图 5-2 资本配置线

还可以发现，对于处于这条线上并在无风险资产和风险资产之间的投资组合，在无风险资产上的投资比例 y 是介于 0—1 之间的，称为贷出无风险资金，而且越靠近无风险资产，y 就越接近 1。对于处于这条线上并在风险资产之外的投资组合，在无风险资产上的投资比例 y 小于 0，称为借入无风险资金，越远离风险资产，y 就越小。

资本配置线的含义是：它上面的每一个点都代表无风险资产与风险资产所构造的一个投资组合，而这一条线是描绘所构造的投资组合的预期收益率与收益率标准差之间的线性关系。一般地，理性的投资者所选择的风险资产的预期收益率一定会高于无风险资产的收益率，即 $E(R)>R_f$，斜率一定大于 0。因此，所构造的投资组合的预期收益率与其收益率的标准差之间是正向关系：风险越大，收益越高，反之则相反。

三、可行集与可行集边界

在实际中，如果用 c 项资产来构造投资组合，涉及的计算量非常大。首先需要估计 n 项资产的预期收益率，得到 n 个指标；其次需要估计 n 项资产收益率的标准差，得到 n 个指标；最后还需要估计两项资产之间的相关系数或协方差，将得到 $n(n-1)/2$ 个指标，因此总共需要得到 $n(n+3)/2$ 个指标。

通常由简单到复杂，首先考虑两项资产构造投资组合，如图 5-3 中的第 1 条曲线，然后将这两项资产构造的某个投资组合再与处于这条曲线左侧的第三项资产构造投资组合，如图 5-3 中的第 2 条曲线。

反复重复上述过程，将使得所构造的投资组合在收益一定时，风险越来越低。最后当穷尽市场所有的风险资产之后，将不可能使投资组合的曲线向左移动了，则得到最后一条曲线，如图 5-3 中的曲线 f，这条曲线就是可行集边界（feasible frontier）。

随着投资组合中的资产越来越多，即 n 逐渐增加，投资组合的风险将逐渐降低。当穷尽市场上所有的资产时，风险不可能继续降低。则仍然存在的风险只有系统风险了，而各项资产的个体风险，即非系统性风险已经被完全消除了，如图 5-4 所示。按照这个原理，在可行集边界上的投资组合实际上都只存在系统风险，而非系统风险则完全消除了。

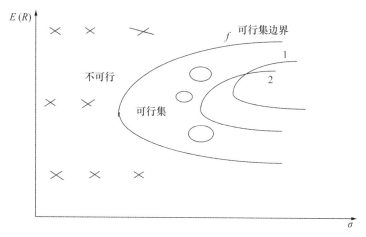

图 5-3 可行集与可行集边界

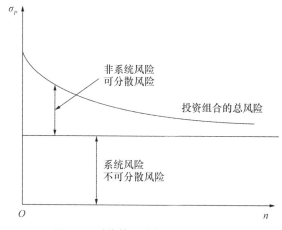

图 5-4 系统性风险与非系统性风险

在可行集边界的左侧，每一个点所代表的预期收益率与标准差之间的配对，通过市场上所有风险资产是不可能构造出来的，即它是不可能实现的，或被称为是不可行的投资组合。例如，某客户希望得到可行集边界左侧的结果，如他希望获得30%的无风险收益率，合格的金融理财师将会告诉他，这样的目标是不可能实现的。在可行集边界及其右侧，每一个点所代表的预期收益率与标准差之间的配对，通过市场上所有风险资产是可能构造出来的，即它是可能实现的，或被称为可行的投资组合。所有这些可能的投资组合所组成的一个集合称为可行集。

四、有效集与有效边界

面对市场上的众多选择，投资者将会选择哪些投资组合呢？这需要对投资者行为进行合理假定。通常，我们认为投资者是理性的，即他们通常希望收益率越高越好，而风险越低越好。因此在给定的市场环境下，投资者会选择哪些投资组合，取决于两个条件：一是收益率一定，风险最低；二是风险一定，收益率最高。

第一个条件：如果取定某一个收益率，如 $E(R_1)$，则虚线代表的是不可行的投资组合，实线代表的是可行的投资组合，在实线所代表的可行投资组合中，风险最小的投资组合实际上就是可行集边界上那个圆圈所代表的，如图 5-5 所示。同样可以得到其他收益率所对应的最小风险投资组合。当所有的收益率所对应的最小风险投资组合都被确定之后，可以发现这些投资组合都处于可行集边界上。

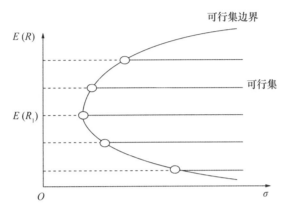

图 5-5 有效集与有效边界的推导：收益一定，风险最低

第二个条件：如果风险给定，如为 σ_1，则虚线代表不可行投资组合，实线代表可行的投资组合。在实线所代表的可行投资组合中，收益率最高的投资组合实际上就是可行集边界上半部分那个实心圆圈所代表的，如图 5-6 所示。当所有的风险所对应的最高收益投资组合都被确定后，可以发现这些投资组合处于最小方差投资组合为界的可行集边界的上半部分。这些投资组合所组成的一个集合，称为有效集。由于这个有效集正好处于可行集边界上，又称为有效边界（efficient frontier）。有效的含义是指投资者在面对市场上存在多种投资组合时是否会作出选择，如果某个投资组合为投资者所选择，则该投资组合是有效的，否则是无效的。

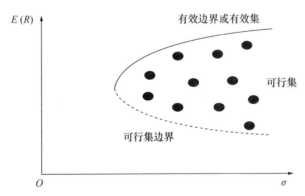

图 5-6 有效集与有效边界的推导：风险一定，收益最高

五、投资者的选择、资本市场线与分离定理

上文对所有投资者作一个整体分析，他们最终会在有效边界上选择投资组合。但

不同的投资者,行为方式和目标不尽相同,因此,他们选择的最优投资组合也应该有所不同。那么投资者如何选择最优投资组合呢?

以理性投资者的行为为例。通常,理性投资者都是厌恶风险的。投资者在进行投资时,实际上可以看成他在消费两种商品,一种商品是收益率,收益率越高,投资者越满意;另一种是风险,风险越高,投资者越不满意。一般把投资者这种主观上的满意度定义为效用。如图5-7所示,对投资者X,A点所代表的无风险投资组合一定会带给他一定的效用。为了吸引他投资风险资产,如增加一单位风险,在收益率不变的情况下,他的效用将会下降。为了维持他的效用水平不变,必须提高收益率,如提高到B点,则他选择投资A还是B,是无差异的。同样,再增加一单位的风险,由于风险具有累积效应,再按照原来的比例提高收益率,投资者将不会满足,也就是说,他的效用水平可能会下降。因此为了维持他的效用水平不变,收益率提高的比例一定要比风险增加的比例高。如提高到C点,则他选择投资A、B还是C,是无差异的。按照这种思路,将风险无限细分,就可以得到一条光滑的曲线,称为效用无差异曲线。对于同一个投资者,效用无差异曲线有无数条,且不会相交,且随着无差异曲线向上平移,效用呈现递增趋势。

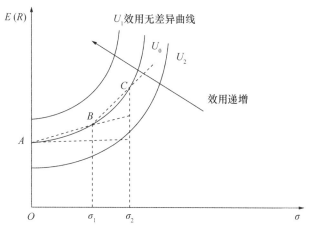

图5-7 投资者的效用无差异曲线

对于不同的投资者,效用无差异曲线是不同的。现考虑X、Y两投资者。投资者X的风险厌恶程度比Y高,承担风险的能力比Y低。为了吸引X和Y投资风险更高的资产,那么为了维持他们的满足程度不变,X要求增加的收益率比Y高,$\Delta E(R_X) > \Delta E(R_Y)$,如图5-8所示。因此$X$的效用无差异曲线比$Y$更陡。

【例8】 现有两位投资者X和Y,除了X收入高于Y外,其他情况完全相同。那么与Y相比,X的效用无差异曲线更陡峭还是更平坦?

由于X的收入比Y高,在其他因素完全相同下,通常,X承担风险能力应该比Y强,厌恶风险的程度应该更低。在提高投资风险时,X只需要提高较少的收益率就可以实现满足程度不变,而Y需要提高得更多。因此,X效用无差异曲线更平坦。

第一,不引入无风险资产的最优投资组合确定。在面对给定的市场条件下,投资

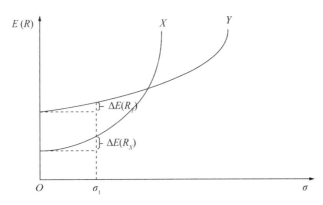

图 5-8　不同风险厌恶程度的投资者的效用无差异曲线

者选择的最优投资组合实际上是他的效用无差异曲线与有效集边界的切点。如对于厌恶程度较高、承担风险能力较低的投资者 X，他所选择的最优投资组合就是 A 点所代表的投资组合，如图 5-9 所示。因为如果选择可行集之内的其他投资组合，他的效用没有达到最大化，继续将其无差异曲线向上平移，效用将逐渐增加，最终将达到切点 A，继续向上平移效用无差异曲线，将没有资产可供其选择，是无法实现的。因此在切点 A 上，投资者 X 实现了效用最大化，切点 A 所代表的投资组合是 X 的最优选择。同样，Y 的最优选择将是 B 点所代表的投资组合。由于 X 的效用无差异曲线比 Y 更陡峭，因此，X 厌恶风险的程度较高，承担风险的能力较低。根据图形分析，X 所选择的最优投资组合的预期收益率和风险均比投资者 Y 低，即 $E(R_A) < E(R_B)$ 且 $\sigma_A < \sigma_B$。这说明了"高风险高收益"的理念。具体地，如果某投资者对风险的厌恶程度较低，承担风险能力较强，那么可以为他构造风险较高的投资组合，他所获得的预期收益率将更高；反之，如果某投资者对风险厌恶程度较高，承担风险能力较低，则可以为他构造风险较低的投资组合，他所获得的预期收益率将更低。

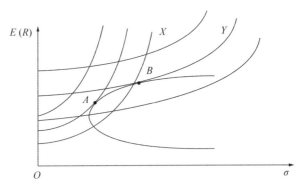

图 5-9　投资者的最优投资组合

第二，引入无风险资产。现实中很难有无风险资产，任何投资都是有风险的，即使投资国债，也可能面临利率风险、再投资风险和购买力风险，而投资公司债券，还可能面临信用风险、经营风险等。但是，可以用一定的方法构造无风险资产。一种方法是通过挑选两种完全负相关的资产构造一个方差最小的投资组合，这个投资组合的风险可以降低到 0，即无风险资产组合。如以同一指数作为标的，指数基金和指数期货之间可以达到完全负相关；黄金和美元之间通常是高度负相关的，可以近似地看成完全负相关等，它们之间可以近似地构造一个无风险资产。另一种方法是以国库券或零息国债为标的，通过计算它们的到期收益率，作为无风险收益率。这个收益率是名义上的无风险收益率，其实际收益率仍然存在购买力。对于国库券或零息国债的到期收益率，第一，由于是政府发行的，在一个国家不出现政治动乱、战争等情况时，一般不会出现违约的可能，因此不存在信用风险。第二，由于是到期收益率，即投资者购买并持有到期，因此投资者现在支付的现金流（投入资金）和未来获得的现金流都是确定的，不存在利率风险。然而，如果投资者不持有到期，期间出售国库券或国债，那么出售价格将受到未来利率变化的影响，即将承受利率风险。第三，由于是国库券或零息国债，期间没有现金流，不存在再投资，因此不会承受再投资风险。总之，通过计算国库券或零息国债的到期收益率，可以得到名义无风险收益率。这是实际中常用的确定无风险收益率的方法。

在引入无风险资产后，根据资产配置原理，通过无风险资产与可行集内的风险资产之间进行配置，可以得到无穷多条资本配置线，如图 5-10 所示：

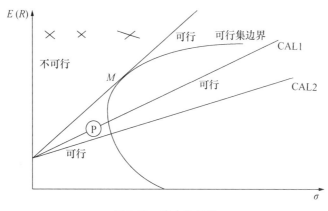

图 5-10　资本市场线

在这许多的资本配置线中，有一条资本配置线与可行集边界相切，切点为 M，它所代表的投资组合称为市场组合。市场组合是市场上所有风险资产（包括所有的股票、债券、期货、期权、古董、房地产等）所构造的最优风险资产组合。由于市场组合是由市场上所有资产构造的最优风险资产组合，那么各个风险资产的个体风险已经被完全消除了，剩下的仅仅是系统风险。因此，市场组合同时也是一个风险被充分分散的投资组合。

实际上，市场组合是一个理论上存在的最优风险资产组合，现实生活中是不可能得到的，因此通常选择指数来替代市场组合。对于确定市场组合，即最优的风险资产组合，这里有一个最优标准，即单位总风险的风险溢价最大，也就是资本配置线的斜率 $[E(R)-R_f]/\sigma$ 最大化。从图形看，与可行集边界相切的资本配置线的斜率是最大的。这是因为，继续提高资本配置线的倾斜度，将不存在与无风险资产配置的风险资产了。我们将这条斜率最大的资本配置线，实际上也是最优的资本配置线，称为资本市场线（capital market line，CML）。如果用$E(R_M)$表示市场组合的预期收益率，用σ_M表示市场组合收益率的标准差，那么资本市场线的方程为：

$$E(R_p) = R_f + (E(R_M) - R_f)/\sigma_M \times \sigma_p$$

其中，$E(R_p)$为无风险资产与市场组合所构造的投资组合的预期收益率，σ_p为该投资组合收益率的标准差，R_f为无风险收益率。无论是从公式分析还是从图形看，资本市场线与资本配置线实际上是"孪生兄弟"，它们之间唯一的不同是，资本配置线是无风险资产与任意风险资产构造投资组合形成的，而资本市场线是无风险资产与最优风险资产组合（市场组合）构造投资组合形成的。

当引入无风险资产之后，可行集与有效集将随之发生变化。在没有引入无风险资产时，可行集边界及其右侧是可行的，而可行集边界左侧是不可行的。但是在引入无风险资产后，原来并不可行的，现在可以通过无风险资产与风险资产构造投资组合来达到，如图5-10中的P点。实际上，按照同样的方法，我们可以确定，在资本市场线下方，并且在原来的可行集边界的左侧，这些原本不可行的区域，现在可以通过无风险资产与可行集里面的风险资产构造投资组合来达到。因此在引入无风险资产后，可行集就变成了资本市场线的下方区域。由于可行集发生了变化，而且是在原来的可行集的基础上增加了可选择的范围，因此投资者可选择的余地增加了。那么，哪些投资组合是投资者愿意选择的呢？这依赖于投资者选择投资组合的两个条件：一是收益率一定，风险最低；二是风险一定，收益率最高。根据这两个条件，可以确定投资者最终会在资本市场线上选择。即在引入无风险资产后，有效集实际上就是资本市场线。在资本市场线上的投资组合，首先是有效的投资组合，其次，由于市场组合是风险充分分散的，因此，它再与无风险资产进行配置，所构造的投资组合仍然是风险充分分散的。

在引入无风险资产后，对于某特定的投资者，他的最优投资组合又是如何呢？这需要考虑不同投资者的不同行为，即需要引入投资者的效用无差异曲线。如图5-11所示，在没有引入无风险资产时，投资者X、Y分别选择A和B作为自己最优的投资组合。然而在引入无风险资产之后，X、Y的最优投资组合分别是A、B。对于投资者X，他的风险厌恶程度较高，承担风险的能力较低，因此，他选择的最优投资组合位于无风险资产与市场组合之间的资本市场线上，也就是说，他在无风险资产上的投资比例介于0—1之间。因此，他相当于贷出了一笔无风险资金，是融出无风险资金的行为。对于Y，他的风险厌恶程度较低，承担风险的能力较高，因此，他选择的最优投资组合处于市场组合之外的资本市场线上。也就是说，他在无风险资产上的投资比例小于0。因此，他相当于借入了一笔无风险资金，是融入无风险资金的行为。

分离定理认为，在为某投资者选择最优资产组合时，可以分成投资决策和融资决策两个相互独立的步骤进行：第一步是确定市场上的最优风险资产组合，即市场组合。具体而言，就是确定各项风险资产的投资比例，这个过程称为投资决策。市场组合的确定与投资者的风险偏好无关，它仅仅取决于各种风险资产组合的预期收益率和

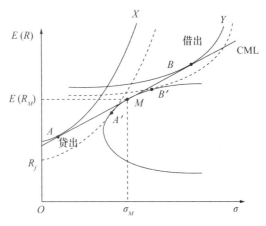

图 5-11 投资者的最优投资组合

标准差。第二步是根据投资者的风险偏好,在资本市场线上选择一个由无风险资产与市场组合构造的最优资产组合,该资产组合使投资者的效用最大化,它实际上是该无差异曲线与资本市场线上的切点。个别投资者将可投资资金在无风险资产和最优风险资产组合之间分配,这个过程称为融资决策。

根据分离定理的结论,只要能够确定合适的无风险资产和市场上的最优风险资产组合,即市场组合 M,投资规划将变成一项非常简单的工作。对于任何客户,都可以用这两项资产构造出许多种不同风险收益状况的投资组合,以满足他们的需要,并能够使得他们的效用实现最大化。然而,依靠其他资产构造的投资组合都不是有效的,不能使投资者的效用实现最大化。按照分离定理,投资规划也可以分为两个独立的步骤进行:第一步,研究客户的行为,确定客户的风险收益偏好状况,如通过问卷了解其风险态度和风险承受能力,然后根据分析结果,用无风险资产与市场组合为其构造最优资产组合。第二步,也显得非常简单,只需要两种产品,就可以保证满足所有客户的需要,对于不同的客户只是两种产品的搭配比例不同。然而,这仅仅是理论意义上的投资规划。实际中,市场环境发生变化,通常会影响投资者的行为取向;而投资者的行为变化,也会对市场产生影响。因此,这两者之间是相互影响的,不能完全隔离两者之间的关系。更为重要的是,由于最优风险资产组合是市场上所有资产构造的,在现实生活中几乎是不可能配置出来的。不过,分离定理告诉我们一个重要的投资规划原理,即资本配置。资本市场线是理论上存在的一条最优的资本配置线,是一种理想状态,理财师的工作是尽可能地追求这种理想状态,通常用一种无风险资产和一种风险资产(如国债和指数基金)进行配置,来满足客户的需要。

第三节 资本资产定价模型

马科维茨的资产组合理论只涉及非系统风险规避问题,该理论认为,通过多样化或风险分散化投资可以有效地规避非系统风险。但是在其分析中并未考虑到现实金融领域中存在的无风险资产的情况,并且对于系统风险的定价问题未能有效地解决。到1964年,其学生威廉·夏普在其研究的基础上,将无风险资产引入分析框架中,提出了资本资产定价模型(CAPM),从而给出了在市场均衡的状态下,预测风险资产预期收益的方法。

一、假设条件

与马科维茨的均值-方差模型一样,CAPM也是现实世界的抽象化,因而也是建立在一系列理想化的假设条件上的,这些假设包括:(1)证券市场是有效的,证券的价格反映了证券的内在经济价值,每个投资者都掌握充分的信息,并能够了解各种可能的收益率的概率分布;(2)投资者在投资决策中只关注投资收益概率分布的两个参数:投资期望收益率和方差,期望收益率反映了投资者对未来收益水平的衡量,而收益率的方差反映了投资者对风险的估计;(3)投资者的投资目标是:风险相同时追求期望收益最大,或者期望收益相同时追求风险最小,也就是说,投资者是风险回避的;(4)投资者的预期投资期是一致的;(5)投资者对所有资产的预期收益、预期风险都是一致的;(6)每种证券都是无限可分的,意味着如果投资者愿意的话,他可以购买一个股份的一部分;(7)市场上存在无风险资产,投资者可以以无风险利率借入或贷出资金;(8)税收和交易成本均忽略不计;(9)所有资产包括人力资本都是可上市交易的。

这些假设条件的核心在于使不同的投资者同质化,也就是相当于市场上只存在一个投资者,从而可以大大简化分析,尽管不同的投资者有不同的行为方式、不同的财务状况和风险态度。

二、模型

由上述假设条件将市场限定在均衡状况下,使每一位投资者面临同一个有效集——最佳风险投资组合即切点组合。这意味着所有投资者面临同样的有效边界,不管投资者对收益和风险的偏好如何,他们都选择组合 M 和安全资产来构造最优投资方案。

在资本资产定价模型中,市场证券组合起着核心的作用。因为有效边界就是市场证券组合加上适量的无风险借贷组成的。根据均衡市场的原理,在市场达到均衡状态时,每种风险证券的价格将调整到使其供求达到均衡,即市场上每一种证券的流通量正好等于该证券的需求量。

由于每一个投资者将获得相同的切点证券组合,因此,在选择最优风险投资组合时,不必考虑投资者对风险和收益的偏好,因为最优风险资产组合完全由市场决定,而与投资者的偏好无关。

无风险资产(如国库券等)由于其预期收益率是基本确定的,其风险接近于0,因而在预期收益—风险坐标系中,无风险资产即是点,如图5-12所示:

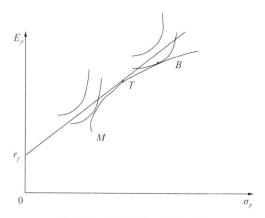

图 5-12 预期收益—风险坐标

该理论认为，一旦引入无风险资产后，最优风险资产组合将由通过 $(0, r_f)$ 的点的射线与 MB 曲线的切点 T 来确定，该点一定是在各种组合下效用值最大的一点。在齐性预期假设下，所有的投资者都将遵循马科维茨的资产组合理论进行最优风险资产组合的选择和投资组合的优化，因而，最终所有投资者所选择的最优风险资产组合必然是相同的，而且必然是市场组合，否则，理性的投资者即会进行无风险套利。因此，所有投资者所持有的市场组合必然也是最优风险资产组合，该组合必然位于图 5-12 所示的有效组合边界上的 T 点，并且必然是过点 $(0, r_f)$ 的射线与曲线 MB 相切的切点，而射线 $r_f T$ 即被称为资本市场线（capital market line，CML）。

在此资本市场均衡的条件下，投资者增加对任一单一资产或资产组合的投资所带来的风险补偿（$E_i - r_f$）的增加应该与增加对市场组合投资所带来的风险补偿（$E_M - r_f$）相等，否则，投资者会根据无风险套利原则追逐具有较高的风险补偿的资产或资产组合，从而引致该资产风险补偿的降低直至该资产边际风险补偿与任一资产或资产组合的边际风险补偿相等。

对任一单一资产或资产组合而言，其风险的边际价格为：

$$\frac{E_i - r_f}{\sigma_{iM}}$$

该价格应与市场组合的风险边际价格 $\dfrac{E_M - r_f}{\sigma_M^2}$ 相等，即有：

$$\frac{E_i - r_f}{\sigma_{iM}} = \frac{E_M - r_f}{\sigma_M^2}$$

$$E_i = r_f + \frac{\sigma_{iM}}{\sigma_M^2}(E_M - r_f) = r_f + \beta_i(E_M - r_f)$$

此即资本资产定价模型。式中：

$$\beta_i = \frac{\sigma_{iM}}{\sigma_M^2}$$

即称为某一资产和资产组合的 β 系数，它衡量了某一资产或资产组合的系统风险的大小。该模型反映在数学中的函数关系上就是证券市场线（security market line，SML）

见图 5-13：

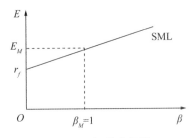

图 5-13 证券市场线

某证券的 β 值是衡量该证券承受的系统风险与市场组合的整体风险之间的比值关系，也可以认为是该证券对市场组合的整体风险的贡献程度。因此，β 值是一个衡量系统风险的相对指标，不能误认为 β 值就是系统风险。实际上，系统风险或市场组合的整体风险是由 σ_M^2 来衡量的。需要指出，某个证券承受的总风险可以分解为系统风险和非系统风险：总风险通常用收益率的标准差 σ 或方差 σ^2 衡量，而系统风险可以用 β 值这个相对指标来衡量，非系统风险用该证券收益率的随机扰动项的标准差 σ_e 或方差 σ_e^2 衡量，它们之间的关系可以用下面公式表示：

$$\sigma_i^2 = \beta_i^2 \sigma_M^2 + \sigma_e^2$$

总风险＝系统风险＋非系统风险

很明显，市场组合的 β 值一定等于 1。因为根据 β 值的公式：

$$\beta_M = \frac{\text{Cov}(R_M, R_M)}{\sigma_M^2} = \sigma_M^2 / \sigma_M^2 = 1.$$

市场组合的风险溢价实际上也就是相当于单位系统风险应该获得的补偿。因此当 $\beta>0$ 时，说明证券承受的系统风险比市场风险高；当 $0<\beta<1$ 时，说明证券承受的系统风险比市场风险低；当 $\beta<0$ 时，说明证券的收益率与市场组合的收益率变化方向相反。

由多个证券组成的投资组合，它的 β 值是各个证券 β 值的加权平均数，权重为各个证券的投资比例，用公式表示为：

$$\beta_p = \sum_{i=1}^{n} w_i \beta_i = w_1 \beta_1 + w_2 \beta_2 + \cdots + w_n \beta_n$$

其中，w_i 表示第 i 只证券的投资比例，β_i 表示第 i 只证券的 β 值，β_p 表示投资组合的 β 值。

三、评论

首先，CAPM 模型界定了证券投资风险的性质，区分了市场风险和非市场风险两种类型，给出了衡量市场风险的指标，深化了对证券投资风险形成机制的研究，丰富了降低证券投资风险的方法。夏普认为，证券组合的风险会随着证券组合规模的扩大而有所减少。其中，可消除的那部分风险是非市场风险，即由上市公司的决策和管理人员在经营过程中出现失误，导致公司盈利减少甚至亏损的经营性风险；或由上市公司不能支付其债务的利息和本金，导致公司遭受法律压力而清盘破产的违约风险等等。由于这类风险具有随机的性质，因而可以通过投资多元化和证券组合方式予以清除。另一种类型的风险是市场风险，是指因利率变动、经济周期、通货膨胀以及其他社会经济因素引起市场整体波动的风险。由于市场风险影响的是所有的上市公司，因此这类风险不能通过投资多元化和证券组合方式彻底清除。夏普进一步把 β 系数即一种风险指数引入市场风险中，用以衡量各种证券或证券组合对整个市场波动的反应程度，即某种证券或某一种证券组合相对于整个证券市场的相对变动性。其次，CAPM 描述了证券市场均衡和均衡价格形成的过程，给出了证券市场均衡和均衡价格形成的条件，分析了预期收益和投资风险与市场均衡的关系，从而把证券投资决策、投资者行为和市场均衡运行统一了起来。根据 CAPM 的假定，投资者可以不受限制地以无风险利率借入和借出一种无风险资产，使他们能够把无风险证券和有风险证券结合起来，形成风险与收益有机搭配的证券组合。

在资产定价理论领域，行为金融学家 Shefri 和 Statman 提出了行为资产定价模型（BAPM）。与 CAPM 不同，BAPM 中的投资者被分为两类：信息交易者和噪声交易者。信息交易者是严格按照 CAPM 行事的理性交易者，不会出现系统偏差；噪声交易者则不按照 CAPM 行事，会犯各种认知偏差错误。事实上，在 BAPM 中，资本市场组合问题仍然存在，因为均值方差有效组合会随时间而改变。因此在 BAPM 中，与 CAPM 不同，他们把决定证券预期回报的 β 系数与行为相联系，这样的行为 β 与均值方差有效组合的切线有关，而不是与市场组合有关。可以看出，BAPM 既有限度地接受了市场有效性，也充分体现行为金融学所奉行的有限理性、有限控制力和有限自利。在这个基础上继续挖掘，可以对主流金融学界的基石——有效市场假说和资本资产定价模型进行修正。由于非理性的市场行为的存在，理性行为者和非理性行为者的交互作用长期性、实质性存在，非理性行为者造成的行为偏差是难以避免的，而实现套利的条件——非理性投资者数量有限、只有理性投资者可以卖空、真实价格在一定时间内要传达给非理性交易者——显然难以实现，因此就出现了"套利限制"，完全的有效市场难得一现。而针对 CAPM 提出的 BAPM 则是一方面承认一定程度的有效市场，另一方面把人性行为的复杂化融入资产定价模型，重新界定了系数，使其更能反映实证状况。

本章案例

基于 CAPM 农业上市公司市场风险分析

资本资产定价模型（CAPM）是在投资组合理论和资本市场理论基础上发展而来的，主要研究证券市场中资产的预期收益率和风险资产之间的关系，是一个均衡模型。

一、模型设计

CAPM是资产定价理论的核心。

二、关于样本的选择和数据的采集

（1）截止到2016年度，农、林、牧、渔业上市公司共46家，行业分布为：农业类16家，林业类4家，畜牧业类14家，渔业类10家，农、林、牧、渔服务业2家。这里选取其中的20家上市公司作为研究对象。

（2）关于回归时间间隔的选取。这里以每周为回归时间间隔，采用这20只股票的周收盘价格数据作为样本观察值，时间跨度是2011年1月14日至2016年11月18日，共计300周。这样既能满足样本数据数量的要求，收益率比较稳定，又不会出现数据的缺失。交易数据均来源于Wind金融终端数据库。

（3）选择上证综合指数作为市场组合指数，并且用上证综合指数的收益率代表市场组合。

（4）对个人投资者来说，投资机会主要有三种：储蓄、购买证券和购买国债。其中，储蓄的比重相当大，所以选择一年期居民定期存款利率作为无风险利率。

三、计算结果

由计算结果可知，20只股票的R值都小于0.5，说明在农业上市公司所面临的整体风险中，行业因素所带来的系统风险所占的比重较之非系统风险偏小。

有研究表明，CAPM模型中的β系数很可能遵循一个均值回归过程，因此，在根据传统的CAPM计算分析β系数的同时采用计量经济学方法来验证农业上市公司β系数也存在均值回归的趋势。

四、平稳性的单位根检验

这里采用ADF单位根检验，一般来讲，如果一个时间序列不具有平稳性时，会导致"伪回归"现象及各种检验统计毫无意义。

这里用Eviews 8.0对各期β系数、股票收益率进行ADF单位根检验，发现在1％、5％、10％三个显著性水平下，单位根检验的t检验统计量均小于不同检验水平的三个临界值，即表明β系数和股票收益率均满足平稳性的要求。

五、检验结果

检验结果如表5-6所示：

表 5-6 农业上市公司系统风险的均值回归检验

子类	公司概况	CAPM 回归结果		单位根检验结果			结论
	公司名称	R^2	β	ADF 统计值	临界值		
					5%	10%	
农业类	登海种业	0.1183	0.8017	−6.3491	−2.9678	−2.6230	平稳
	敦煌种业	0.1906	1.0121	−5.3645	−2.9678	−2.6230	平稳
	隆平高科	0.2075	0.9570	−6.9425	−2.9678	−2.6230	平稳
	荃银高科	0.0879	0.7296	−8.4636	−2.9678	−2.6230	平稳
	星河生物	0.0849	0.7389	−4.2604	−2.9678	−2.6230	平稳
	亚盛集团	0.4386	1.2473	−4.3347	−2.9678	−2.6230	平稳
林业	平潭发展	0.2934	1.4903	−5.8736	−2.9678	−2.6230	平稳
	云投生态	0.1893	0.8838	−5.8238	−2.9678	−2.6230	平稳
畜牧业类	雏鹰农牧	0.1310	1.0953	−7.3423	−2.9678	−2.6230	平稳
	华英农业	0.2469	1.2482	−6.3487	−2.9678	−2.6230	平稳
	罗牛山	0.3806	1.2070	−4.9556	−2.9678	−2.6230	平稳
	民和股份	0.1368	1.0143	−4.3474	−2.9678	−2.6230	平稳
	圣农发展	0.1405	0.7894	−7.2335	−2.9678	−2.6230	平稳
	益生股份	0.1109	0.8934	−5.6642	−2.9678	−2.6230	平稳
渔业类	东方海洋	0.2353	1.1959	−6.4775	−2.9678	−2.6230	平稳
	壹桥股份	0.1772	1.1138	−5.6238	−2.9678	−2.6230	平稳
	中鲁 B	0.2355	0.9055	−4.3410	−2.9678	−2.6230	平稳
	中水渔业	0.2340	1.1371	−5.2413	−2.9678	−2.6230	平稳
服务业类	丰乐种业	0.4196	1.1949	−4.2437	−2.9678	−2.6230	平稳
	京蓝科技	0.0913	0.6465	−5.6051	−2.9678	−2.6230	平稳

六、结论

系统风险在农业上市公司所面临的总风险中所占比例较低；各公司的 β 系数均有均值回归趋势，其中 11 家上市公司 β 系数大于 1，其收益率在市场风险的影响下波动较大，畜牧业类和渔业类所占比例较高，应考虑其个体风险特征。

资料来源：张毓轩、王建忠：《基于 CAPM 农业上市公司市场风险分析》，载《时代金融》2018 年第 14 期。

本章思考题

1. 风险的种类有哪些?
2. 变异系数的优点是什么?
3. 马科维茨理论的基本假设有哪些?
4. 什么是资本市场线?
5. CAPM 的基本含义是什么?

第六章

长期投资决策

长期投资决策是指确定长期投资方案,并运用科学的方法对长期投资方案进行分析、评价、选择最佳长期投资方案的过程。对公司讲,长期投资决策是涉及公司生产经营全面性和战略性问题的决策,其最终目的是提高公司总体经营能力和获利能力。因此,长期投资决策的正确进行,有助于公司生产经营长远规划的实现。

第一节 长期投资决策概述

从公司金融的角度来看,按照投资是否投放于生产经营性资产为标准,可划分为直接投资和间接投资。直接投资是指公司把资金直接投放于生产经营性资产,以获得生产经营利润的经济行为,通常包括固定资产、无形资产和递延资产的投资。间接投资是指公司把资金投放于金融性资产,以获取股利或利息收入的经济行为,通常是指长期有价证券投资。

一、长期投资决策的特点

长期投资决策是公司金融最重要的决策之一。因为公司价值的大小、股票价格的高低,最终取决于公司在经营过程中使投资者投入的自有增值能力的大小;而资本的增值,又取决于如何运用这些资本,即如何投资去创造更多的价值。长期投资投入的资金多,涉及的时间长、风险大,对公司盈亏和财务状况的影响深远。长期投资决策与短期投资决策相比具有以下特点:

(一)长期投资决策必须考虑货币的时间价值

由于长期投资的效益一般要持续较长的时间才能实现,而货币又具有时间价值,因此在长期决策时,就必须认真考虑这一因素。

(二)长期投资决策必须考虑投资的风险价值

长期投资需要占用较多的资金,涉及时间较长。一方面,它会影响公司日常流动资金数量和盈亏的计算;另一方面,如果出现失误,对公司造成的损失会比较大。因此,公司在进行长期投资决策时,必须慎重考虑投资的风险价值,合理确定投资报酬率的高低。一般说来,风险越大,要求的投资报酬率越高;反之,风险越小,要求的投资报酬率越低。

二、长期投资决策的影响因素

长期投资决策的主要目标是使原投资额获得最佳报酬,考虑货币时间价值的计算方法是进行长期投资决策的基础。货币时间价值的实质是剩余价值的转化形式,货币持有者过渡使用权后,由于货币投入生产和流通领域通过劳动者的劳动能力创造新的价值,货币持有者必须要参与新创造价值的分配。如果货币持有者放弃现在使用货币的机会而将货币锁在保险箱中,这些货币将失去这一价值。长期投资决策的核心问题,是要计算和评价长期投资项目的经济效益,而一个投资项目的经济效益取决于该项目的有关收入和支出。在管理会计中,把同投资项目有关的全部资金支出称为现金流出;把同投资项目有关的全部资金收入称为现金流入。现金流量就是由一项长期投资方案引起的在未来一定时期内发生的现金流出和现金流入的总称。

（一）现金流量

由于不同时间支出的等额资金通过时间价值换算具有不同的价值,所以,为了在长期投资决策中考虑货币时间价值,就需要判定每笔款项的流入或付出的时间,而现金流量的计算可以确定现金流入和现金流出的时间和数量。因此,在长期投资决策中应根据项目寿命周期内各年实际收入和实际付出的现金流量和货币时间价值来评价各备选方案经济效益的大小,判定方案的优劣。

投资的现金流量由原始投资、投资收益和最终价值三部分构成:

一是初始现金流量:是指项目开始投资时发生的现金流量,一般表现为现金流出量。具体包括固定资产的投资支出、流动资产上的投资支出（营运资金垫支）、其他投资费用、原有固定资产的变价收入（要考虑所得税的问题）等。

二是营业现金流量:是指投资项目投入使用后,其寿命周期内由于生产经营所引起的现金流入量和现金流出量的差额,也称营业净现金流量。

年度营业净现金流量 ＝ 销售收入 － 付现成本 － 所得税 ＝ 税后净利润 ＋ 折旧

付现成本也称现金支出成本,是公司在实施某个项目计划时需要立即支付现款或需要在近期内支付现金的成本,计算公式是:

$$付现成本 ＝ 销售成本 － 折旧$$

三是终结现金流量:是指在投资项目的经济寿命结束时发生的现金流量,一般表现为现金流入量,如固定资产的残值变价收入（要考虑所得税）、垫支流动资金的收回、清理固定资产的费用支出。

长期投资决策中使用现金流量的原因:(1)运用现金流量有利于科学地考虑时间价值因素。科学的投资决策必须认真考虑货币的时间价值,这就要求在决策时一定要理解每笔预期收入款项和支出款项的具体时间,因为不同时间的资金具有不同的价值。所以在衡量方案优劣时,应根据各投资项目寿命周期内各年的现金流量,按照资金成本,结合资金的时间价值来确定。但利润的计算,并不考虑资金收付的时间,是以权责发生制为基础的。(2)采用现金流量才能使投资决策更符合客观实际情况。在投资决策中,应用现金流量能更科学、更客观地评价投资方案的优劣,而利润则明显地存在不科学、不客观的成分。因为利润的计算没有一个统一的标准，在一定程度上要受存货估价、费用摊配和折旧计提的不同方法的影响，所以，净利的计算比现金流量的计算有更大的主观随意性，作为决策的主要依据不太可靠；利润反映的是某一个会计期间"应计"的现金流量，而不是实际的现金流量。如果以未实际收到现金的收入作为收益，具有较大风险，容易高估投资项目的经济效益。

（二）资金成本

在长期投资决策中，为了正确评价不同投资项目的优劣，需要把不同时点的现金流量按一定的标准换算成同一时点的现金流量，这一标准就是资金成本。所谓资金成本，就是指取得并使用资金所应负担的成本，通常用百分率来表示，即计算和评价投资方案是否可行所使用的利率。资金成本是公司用于长期投资的各种来源的资金的加权平均成本。公司从事投资活动所需要的资金，主要包括借入资金和自有资金两部分。对于借入资金，其资金成本就是借款利息；对于自有资金，其资金成本就是投资者所希望达到的投资报酬率。如果某项投资既有借入资金又有自有资金，则该项目的资金成本就是两种资金来源的加权平均成本。资金成本是评价投资项目是否可行的一个方面。如果一个投资项目的报酬水平低于资金成本，就是不能接受的。因此，资金成本是投资者应当取得的最低报酬水平，即投资项目可行的最低报酬率。如果一定数量的资金用于某一方案，则用于其他方案的机会就被放弃了。在决策过程中，可以把用于其他方面所形成的潜在收益计为资金成本。资金成本一般由公司管理层根据银行利率、证券投资的实际利率、股东要求的获利水平以及该项投资所冒风险的程度等多方面因素综合确定。

需要指出的是，在考虑资金成本的时候，沉没成本和机会成本非常重要。沉没成本是指过去支付而不会影响当前行为或将来决策，并且也无法收回的成本支出。在投资决策中，沉没成本不需考虑，不能作为投资决策的相关成本。机会成本是指为了进行一项自认为是最优的投资，而不得不放弃另一项次优的投资时所损失的收益。机会成本并没有表现为一定的现金流支出，但它却是该项投资的相关成本，因此也应该把它视为该项投资活动的现金流出。

（三）投资的风险价值

长期投资要经过较长的时期才能回收效益，在这较长的时期内往往会碰到许多不确定的因素，从而使公司有可能蒙受损失，这就是公司投资需要承担的风险。投资的风险价值就是在风险下进行投资而取得的额外报酬，通常把这一额外报酬称为风险报酬率。一般说来，投资的风险越大，风险报酬率越高，风险报酬额越大；反之，投资的风险越小，风险报酬率越低，风险报酬额越小。风险报酬率和风险报酬额是投资的风险价值的两种形式，前者是绝对数，后者是相对数。由于长期投资存在风险，在进行投资决策时，在认真考虑货币时间价值的同时，也必须充分考虑投资的风险价值。也就是说，对于具有风险的投资项目，在评价其可行性时，取舍的尺度是资金成本与风险报酬之和。

三、长期投资决策的意义

对于公司来说,长期投资决策具有重要意义,因为长期投资一般要占用公司大量资金;长期投资通常对公司未来的现金流量产生重大影响,尤其是那些在公司承受好几年现金流出之后才可能发生现金流入的投资;很多投资的回收在投资发生时是不能预知的,因此投资决策存在着风险与不确定性;一旦作出某个投资决策,一般不可能收回该决策,至少这么做代价很大;投资决策对公司自身目标的实现具有直接影响,公司将资金投向生产经营的关键、薄弱环节,可以使公司各种生产经营能力配置科学,形成更大的综合能力。公司将资金投向多个行业,实行多角化经营,能增加公司销售和盈余的稳定性。这些都是降低公司经营风险的重要方法。

第二节 长期投资决策标准

判断公司的投资项目是否可行或什么样的项目对公司有利,常见的决策标准包括回收期法、会计收益率、净现值法、现值指数法和内部报酬率等。

一、投资回收期

投资回收期是指收回投资项目全部投资额所需的时间。投资回收期法是根据各投资项目回收期的长短来评价项目优劣的一种决策方法。一般来说,投资回收期越短,说明投资所冒风险越小,因此,在投资回收期法下投资回收期越短的项目越优。投资回收期法的优点是计算简便,容易理解,并可促使公司尽可能及早收回投资。但此法有两个缺点:一是没有考虑货币的时间价值,把不同时点的收入视为等量;二是没有考虑投资回收期以后项目还会产生多大的收益。每年营业净现金流量是否相等影响投资回收期的长短。如果每年营业现金流量相等,投资回收期可以表示为:投资回收期=原始投资额/每年净现金流量;如果每年的现金流量不相等,计算投资回收期要根据每年尚未收回的初始投资额确定。

以是否考虑资金的时间价值为标准,可将投资回收期分为静态投资回收期和动态投资回收期。静态投资回收期和动态投资回收期的差异来自于时间价值因素,而时间价值的计算有单利和复利两种方法。在项目可行性分析中,动态投资回收期的计算一般采用复利的方法。

（一）静态投资回收期

静态投资回收期是指在不考虑货币时间价值的情况下,用生产经营期回收投资的资金来源抵偿全部原始投资所需要的时间。这里所说的原始投资包括建设投资和流动资金两部分。为了便于理解,一般采用净现金流量来解释投资回收期,就是以投资项目净现金流量抵偿原始总投资所需要的时间。简单来讲,就是项目投入的资金,用多少年才能全部收回来。

（1）如果经营期每年的净现金流量相等，则投资回收期计算公式为：

投资回收期＝原始投资额/每年相等的净现金流量

按照这种方法计算出来的投资回收期不包括建设期，而是从建成投产开始算的。

【例1】 某公司有A、B两个投资方案，资料见表6-1：

表6-1 A、B投资方案的有关资料　　　　　　　　　　　　单位：万元

年份	A方案		B方案	
2015	−9000		−12000	
2016	2200	5200	2500	6500
2017	2200	5200	2500	6500
2018	2200	5200	2500	6500
合计	6600	6600	7500	7500

A方案的投资回收期＝9000/5200＝1.73（年）

B方案的投资回收期＝12000/6500＝1.85（年）

（2）如果经营期每年的净现金流量不等，则投资回收期的计算方法是：按累计现金净流入量计算，直到净现金流入量与投资额相等。

【例2】 某公司要投资一个10万元的生产线，预测投产后的每年净现金流量见表6-2：

表6-2 该生产线各期净现金流量及累计现金流量　　　　　　　　单位：元

年份	净现金流量	累计现金流量
0	(100000)	(100000)
1	31700	(68300)
2	32370	(35930)
3	33710	(2220)
4	42420	40200

从表中可以看出，该生产线的投资回收期＝3＋2220/40200＝3.052（年）。

静态投资回收期的计算通常都是满足投资者尽快收回资金的要求，因此，静态投资回收期越短越好，通常会有一个行业规定的标准投资回收期或者行业平均投资回收期，只要计算出的项目静态投资回收期低于标准投资回收期或者平均回收期，那么就可以认为从该指标看，项目是可行的。

（二）动态投资回收期

动态投资回收期，是指在考虑货币时间价值的条件下，以投资项目净现金流量的现值抵偿原始投资现值所需要的全部时间。

【例3】 项目 A 的资料见表 6-3：

表 6-3 项目 A 累计净现金流量　　　　　　　　　单位：万元

年	现金流量	折现现金流量@10%	累计现金流量
0	(100)	(100)	(100)
1	10	9.091	(90.909)
2	121	100	9.091

因此，项目 A 的动态回收期=1+90.909/100≈1.9（年）。投资回收期不长或折现率不大的情况下，资金的时间价值因素对两种投资回收期法的计算结果的影响不大，不会影响项目或方案的优选。此时，用静态和动态投资回收期法都可以进行项目可行性分析。但在投资回收期较长、投资项目受风险和通货膨胀影响的情况下，两种投资回收期法的计算结果的差别会很大。此时，只有采用动态回收期指标才能较为准确地计算出接近实际的投资回收期，从而正确地进行项目的选择。

投资回收期法具有以下优点：操作与计算简单；易于理解，易于向非财务人员进行解释说明；可以近似反映一个投资项目的风险以及它的变现能力；投资回收期可作为衡量项目变现能力和风险的近似指标。

投资回收期法的缺点表现在：一是缺乏客观性。一个项目的取舍，要取决于人为给出的投资回收期，具有主观性。二是急功近利，重近轻远。公司为了尽快收回投资，常要选择投资回收期短的项目。对某些项目来说，近期收益高，未必就是真正的好项目。三是投资回收期法只考虑了投资回收期前的现金流，而忽视了投资回收期后的现金流。因此，对项目的考虑是不全面的。

【例4】 项目 A、B 相关资料见表 6-4：

表 6-4 项目 A、B 资料

项目	投资额	现金流量			收益净现值@10%	回收期
		第1年	第2年	第3年		
A	2000	2000	0	0	(182)	1年
B	2000	1000	1000	5000	3492	2年

如果仅仅考虑回收期的长短，本例应该选择项目 A，实际上项目 B 回收期长，但回收后可以带来更多的现金流量。

二、会计收益率

会计收益率是指投资项目建成投产后，在投资项目寿命内年平均净收益与年平均投资额的比例。会计收益率法是根据各个投资方案的会计收益率的大小来评估方案优劣的一种决策方法。一般认为，会计收益率越高的方案越优。会计收益率法的优点是简单、明了、易于理解和掌握，并且考虑了投资项目整个寿命时间内的全部现金流量，但它没有考虑货币的时间价值，把不同时间的货币视为相等，因而不能正确反映各投资方案的真实效益,具有较大的局限性,一般用来进行已使用的各项目之间经济效益的比较。

在进行项目可行性分析时,公司要确定一个必要收益率或平均收益率。会计收益率法的决策过程也很简单,首先确定项目的平均会计收益率,即为扣除所得税和折旧后的项目平均收益除以整个项目期限内的平均账面投资额,然后与公司的目标会计收益率相比较,如果前者大于后者,项目可以接受;如果前者小于后者,则项目将被放弃。当存在多个互斥方案时,选择会计收益率最高的项目。会计收益率计算公式为:

$$会计收益率 = \frac{年平均净收益}{原始投资额} \times 100\%$$

【例5】 根据【例1】表 6-1 的资料,可以计算出:

$$A 方案的会计收益率 = \frac{2200}{9000} \times 100\% = 24.44\%$$

$$B 方案的会计收益率 = \frac{2500}{12000} \times 100\% = 20.83\%$$

三、净现值法

净现值是指特定方案未来现金流入的现值与未来现金流出的现值之间的差额。任何一项投资总是希望未来获得的报酬总金额大于原来投资的金额。根据货币时间价值的概念,这两项金额必须统一在同一时间基础上才能进行比较。因此,必须把投资项目在项目寿命期内各年的营业现金流入和期末残值按照资金成本折算成现值,求出现金流入总现值,然后再与该项目的投资额现值进行比较,计算出净现值。如果净现值为正值,即折现后的现金流入大于折现后的现金流出,该投资项目的报酬率大于投资者期望的报酬率,能为公司带来财富;如果净现值为负值,即折现后的现金流入小于折现后的现金流出,该投资项目的投资报酬率小于投资者期望的报酬率,项目不可行。理论上讲,净现值越大说明方案越优。

净现值计算公式为:

$$\text{NPV} = \left[\frac{\text{NCF}_1}{(1+k)^1} + \frac{\text{NCF}_2}{(1+k)^2} + \cdots + \frac{\text{NCF}_n}{(1+k)^n} \right] - C$$

$$= \sum_{t=1}^{n} \frac{\text{NCF}_t}{(1+k)^t} - C$$

其中,NPV 代表净现值;NCF 代表净现金流量;k 代表贴现率;C 代表初始投资。

【例6】 某公司有两个独立项目的资本支出数据见表 6-5,第 0 年的现金流量代表初始投资,假如资金成本为 10%,请计算 A、B 项目的净现值,并作出选择。

表 6-5　某公司资本支出数据　　　　　　　　　　　　　单位：万元

年度	项目 A		项目 B	
	现金流量	净利润	现金流量	净利润
0	(200)		(200)	
1	80	20	40	20
2	80	20	80	35
3	80	20	100	55
4	80	20	150	70

$$\mathrm{NPV}_A = \left[\frac{80}{(1+10\%)^1} + \frac{80}{(1+10\%)^2} + \frac{80}{(1+10\%)^3} + \frac{80}{(1+10\%)^4}\right] - 200$$
$$= 253.59 - 200 = 53.59 \text{（万元）}$$

$$\mathrm{NPV}_B = \left[\frac{40}{(1+10\%)^1} + \frac{80}{(1+10\%)^2} + \frac{100}{(1+10\%)^3} + \frac{150}{(1+10\%)^4}\right] - 200$$
$$= 280.06 - 200 = 80.06 \text{（万元）}$$

A、B 两个项目的净现值都是正数，都是可行的，但项目 B 的净现值大于项目 A 的净现值，因此，如果两个项目是互斥的，应该选择项目 B。注意：这里项目 A 的每年现金流量都是 80 万元，在实际中可以运用年金现值系数表简化计算。

净现值决策规则的优点：一是考虑了项目周期各年现金流量的现时价值，反映了投资项目的可获得收益；二是现值是可以相加的，一个公司或某个部门所有单个投资项目的净现值是可以相加成为该公司或部门总的净现值；三是净现值计算考虑到了预期期限结构和利率的变化，可以用随时间变化的贴现率计算净现值；四是净现金流量符合逻辑，投资项目的价值建立在这些投资项目预期的未来现金流量基础上。

尽管净现值充分考虑了货币时间价值，但是，由于净现值并不能揭示各投资方案本身所能达到的实际报酬率是多少，因此当不同方案投资额不相等时，单从净现值的绝对量大小并不能作出正确评价；净现值衡量的是经济效益，而非经济效率；净现值无法控制项目的存续期，净现值可能偏向接受存续期较长的项目。

四、现值指数法

现值指数法，是指投资方案未来报酬的总现值与原投资额的现值之比。现值指数法就是根据投资方案现值指数的大小来确定方案是否可行的决策方法。如果投资方案的现值指数小于 1，表示未来报酬的总现值小于投资额的现值，说明该方案不可行；如果投资方案的现值指数大于 1，表示未来报酬的总现值大于投资额的现值，说明该投资方案可行。现值指数法考虑了货币的时间价值，反映了不同投资方案单位投资额的获利情况。但是，这一指标不能直接表示投资额的经济效果，不能揭示投资方案本身可能达到的实际报酬率是多少，也具有一定的局限性。

现值指数等于预期现金流量现值与原始投资额之比，公式如下：

$$\text{PI} = \left[\frac{\text{NCF}_1}{(1+k)^1} + \frac{\text{NCF}_2}{(1+k)^2} + \cdots + \frac{\text{NCF}_n}{(1+k)^n}\right]\Big/C = \sum_{t=1}^{n}\frac{\text{NCF}_t}{(1+k)^t}\Big/C$$

【例7】 根据例6的数据，可以分别计算项目A和B的现值指数：

$$\text{PI}_A = \frac{253.59}{200} = 1.27$$

$$\text{PI}_B = \frac{280.04}{200} = 1.40$$

根据上述计算，项目A和B的现值指数均大于1，说明它们都可以采纳。但比较而言，项目B的现值指数更大，相对更优。

五、内部收益率

内部收益率是能够使未来现金流入量现值等于未来现金流出量现值的折现率，也就是使投资项目的净现值等于零的折现率。净现值虽然考虑了资金时间价值，说明了某种项目高于或低于一定的投资报酬率，但没有揭示方案本身可以达到的投资报酬率是多少；而内部收益率则可以反映方案本身的投资报酬率。内部收益率法是根据投资方案的内部收益率是否高于资金成本来确定方案是否可行的决策方法。如果内部收益率大于资金成本，则方案可行；如果内部收益率小于资金成本，则方案不可行。内部收益率计算比较复杂，但其结果能正确反映投资方案所能达到的实际投资报酬水平。内部收益率计算公式是：

$$\text{NPV} = 0 = \sum_{t=1}^{n}\frac{\text{NCF}_t}{(1+\text{IRR})^t} - \text{NCF}_0$$

其中，IRR为内部收益率，NCF_0为建设期投资额的现值，NCF_t为第t年的现金流入量。

【例8】 结合例6的数据，计算项目A和B的内部收益率。

由于项目A的每年现金流量相等，可以采用如下方法计算IRR的值。

$$\text{NPV}_A = 0 = 80(\text{PVIFA}_{10\%,4}) - 200$$

$$\text{PVIFA}_{10\%,4} = \frac{200}{80} = 2.5$$

查年金现值系数表，第4年与2.5相近的年金现值系数是2.5887和2.4043，分别对应的贴现率是20%和24%，用插值法计算如下：

贴现率		系数	
20%		2.5887	
?% }X%	4%	2.5 }0.0887	}0.1844
24%		2.4043	

求解得：$x = 1.92$，所以项目A的内部收益率是$20\% + 1.92\% = 21.92\%$

因为项目B的每年现金流量不相等，需要进行逐次测试。假定先估计一个贴现率为24%，进行第一次测试，结果

$$\text{NPV}_B = \left[\frac{40}{(1+24\%)^1} + \frac{80}{(1+24\%)^2} + \frac{100}{(1+24\%)^3} + \frac{150}{(1+24\%)^4}\right] - 200 = 0.19(\text{万元})$$

0.19 万元大于零，说明应该提高贴现率，假定用 25% 进行第 2 次测试，结果

$$\mathrm{NPV}_B = \left[\frac{40}{(1+25\%)^1} + \frac{80}{(1+25\%)^2} + \frac{100}{(1+25\%)^3} + \frac{150}{(1+25\%)^4}\right] - 200 = -4.1(万元)$$

代入公式得：

$$\mathrm{IRR}_B = 24\% + (25\% - 24\%) \times \frac{0.19}{0.19 + 4.1} = 24.04\%$$

则项目 A 的内部收益率是 24.04%。从上述计算得出的结果可知：A、B 两个项目的内部收益率均超过了 10% 的贴现率，公司都可以接受，当然，项目 B 的内部收益率更高，应该优先考虑。

内部收益率法的优点是考虑了资金时间价值，反映了投资项目的真实报酬情况，概念也容易理解。缺点是计算过程比较复杂，而且在互斥项目的选择中，内部收益率法有可能得出与净现值法不同的结论。又如内部收益率是经济效率指标，它会倾向于选择投资偏小的项目；没有或只有很少初始投资或投资是分散进行时，内部收益率可能无法计算，即使计算了，也可能没有意义。另外，实践中常常出现拥有多个内部收益率的项目，因为从数学角度来说，内部收益率可以被看作是现金流量的现值公式的根。在传统投资项目中，由于有一个初始投资及其之后的正的现金流量，因此在现金流量中只有一个符号变化，只有一个根，即只有一个内部收益率。但许多长期投资项目在投资期间需要大量投资，这些再投资就有可能使那几年现金流量为负，当现金流量中存在一个以上的符号变化时，就存在一个以上的内部收益率。

六、长期投资决策标准的比较

20 世纪 70 年代以后，随着管理会计人员水平的不断提高和电子计算机在公司中的广泛应用，公司开始陆续建立起以货币时间价值为基础的贴现现金流量法，并且这种方法渐渐占据主导地位。由于这些方法关心的是现金流而非会计收益，对项目带来的未来预期收益的实际时间反应敏感，并且绝大多数考虑了货币的时间价值，从而使收益和支出在逻辑上具有可比性；另一方面，按净现值标准接受的项目会增加公司的价值，这与股东财富最大化的公司金融目标一致。

NPV 是一个绝对数指标，反映了投资项目对公司财富的绝对贡献，与公司的利润最大化的财务目标一致，但它不利于不同规模投资项目间的比较。PI 和 IRR 都是相对指标：PI 计算简单，但无法处理多个期间的资本配置问题；IRR 反映了投资项目本身可以达到的实际投资报酬率，与公司的业绩评价目标一致，但它易出现多重根问题。这三种传统的贴现现金流量法虽然看似精确，但至少存在着两个难题：如何准确估计项目未来的现金流及应该选择什么样的贴现率。由于项目投资面临的环境（包括市场、技术、政治等环境因素）非常复杂，所以要准确估计项目未来的现金流是十分困难的，而且贴现率的选取也存在很大的主观性，这在很大程度上影响了贴现现金流量法的准确度。

（1）净现值法与现值指数法比较：净现值法的优点是考虑了货币时间价值，能够

反映各种投资方案的净收益,是一种较好的方法。其缺点是净现值法并不能揭示各个投资方案本身可能达到的实际报酬率是多少。只有当初投资不同时,净现值和现值指数才会产生差异。由于净现值是用各期现金流量现值减初始投资,而现值指数是用现金流量除以初始投资,因此评价的结果可能不一致。最高的净现值符合公司的最大利益,即净现值越高,公司的收益越大,而现值指数只反映投资回收的程度,而不反映投资回收的多少。在没有资金限量的情况下的互斥选择决策中,应选用净现值较大的投资项目。即当现值指数法与净现值法得出不同结论时,应该以净现值为准。

(2) 净现值法与内部收益率比较:净现值法假定产生的现金流入量重新投资会产生相当于公司资本成本的利润率,而内部报酬率却假定现金流入量重新投资产生的利润率与此项目的特定的内部报酬率相同。对单个常规项目来说,净现值法和内部收益率法最后得出的结论是一致的,不会相互冲突。但是在互斥项目的状态下,两种方法有时会得出不同结果。

【例9】 假定项目 A、B 相关数据见表 6-6,两个项目的折现率都是 10%。

表 6-6 A、B 项目的现金流、NPV、IRR 的值

	现金流					NPV	IRR%
	0	1	2	3	4		
项目 A	(200)	80	80	80	80	53.59	21.86
项目 B	(200)	0	0	0	400	73.21	18.92

如果两个项目不是互斥项目,则均可以投资。现假定 A、B 是互斥项目,只能选择其一。表 6-7 展示了不同折现率下 A、B 的 NPV。

表 6-7 项目 A、B 的 NPV 值

折现率%	项目 A 的 NPV	项目 B 的 NPV
0.00	120.00	200.00
5.00	83.68	129.08
10.00	53.59	73.21
15.00	28.40	28.70
15.09	27.98	27.98
18.92	11.41	0.00
20.00	7.10	−7.10
21.86	0.00	−18.62
25.00	−11.07	−36.16
30.00	−26.70	−59.95

当净现值法和内部收益率法对两个互斥项目得出不一致的结论时,项目的选择应该是基于净现值法,即具有更高 NPV 的项目 B 更具有投资价值,因为内部收益率法存在着不合理的再投资收益率的假设。净现值法假设中间现金流量是以最低收益率进行再投资,而内部收益率法则假设中间现金流量是以内部收益率进行再投资。这两种

决策方法会产生不同的结论，甚至对于规模相同的投资项目也会产生这种情况。项目存续期越长，内部收益率越高，内部收益率法的再投资利率假设就会产生越严重的结果。这些假设本身暗示假定公司已经而且仍然将为继续拥有能产生与该投资项目相同的收益率的机会。而从长期来看，再投资现金流量只能获得项目的最低收益率，而不是额外的正的净现值。例9中，在计算NPV时，两个项目运用的折现率都是10%；而在计算IRR时，项目A的折现率是21.86%，项目B的折现率是18.92%。

第三节　证券投资决策

一、证券发行制度

（一）证券发行概述

所谓证券，是指用于证明持有者有权按其所持凭证记载的内容而取得应有的权益的凭证。本节中的证券主要指的是资本证券，用以证明投资事实和投资者因其投资行为而获取的相应权利，包括股票、债券等。所谓证券发行就是指企业、政府或其他组织为筹集资金，依据法律条文，按照一定的程序向投资人出售资本证券的行为。证券只是一种凭证，所以其发行与一般的商品交易不同，具有如下特点：(1) 证券发行的主体、过程受到严格的法律限定；(2) 证券发行是发行人直接向社会投资人筹集资金的形式，发行对象具有广泛性和分散性的特点；(3) 证券发行实质上是一种"权钱交易"，发行人发行证券，让渡包括收益权等相关权利而获得资金，投资人则正好相反。

证券发行分类方法很多，主要有以下几个分类标准：

1. 按发行对象，证券发行可以分为公募和私募两种方式

公募也称公开发行，是指发行主体通过承销商或承销团分销，把证券出售给不特定的社会投资者。公司进行公募方式发行股票，其优势主要体现在：第一，有利于筹集大量公司经营所需的资金，可以让范围十分广泛的投资者参与证券的认购。第二，有利于提高股票的流动性。第三，有利于提高发行者的知名度。公募发行的股票在市场上会被许多相关机构追踪报道，提高了公司的社会声誉，有利于公司的长远发展。第四，有利于发行者巩固与扩大业务伙伴。如果公司的发展前景好，其客户、供应商及业务伙伴就可能购买公司的股票，成为发行者的股东，从而有利于他们在业务上的进一步合作等。不过，公募的发行费用较高，难度较大，况且高度的透明信息披露也可能对公司带来不利影响。

私募也称私下发行，就是发行主体直接把所发行的证券出售给特定的投资者，省去投资银行等中介机构的参与。① 一般地，公司进行私募发行股票的原因可能有：公

---

① 一般地，私募发行不得以投资银行作为发行中介，所以投资银行只能以发行做一些辅助性或服务性的工作。投资银行在私募发行中的主要任务是协调筹资者与投资者的关系，鉴定潜在的发行者和潜在的投资者，设计出适合的证券，促成发行过程。

司股票发行的规模过小，达不到公募的要求；公司过去曾有过不良记录；为特定复杂项目融资；公司筹集资金规模过大等。私募发行股票有其自身的许多优点：第一，大大节省发行费用。一般地，私募发行采用直接发行方式，不需要证券公司或投资银行的承销，不用支付承销费用。第二，通常情况下，私募不必向证券监管机构申请注册，节省了申请时间与注册费用。第三，私募不必进行公开的信息披露，有利于保护商业机密等。当然，由于私募面临的投资者较少，往往难以筹集大规模资金，私募股票转让的条件也受到限制等，因此，私募市场的发展具有局限性。

作为世界上私募制度非常健全的美国，其核心是豁免制度。美国的证券发行豁免制度包括豁免证券和豁免注册两方面。前者是指针对某些证券发行人的性质和证券的特殊性所制定的豁免制度。属于豁免类的证券有公共权力机构和银行发行的证券、短期商业票据、非营利组织证券、住房信贷协会等类似组织发行的证券、某些受联邦监督管理的普通运输企业发行的证券、根据破产法由接管人或受托人在法院批准下发行的证券、保险单和年金合同等。后者也称豁免发行、交易的注册豁免。美国的豁免注册法律法规较为复杂，其豁免注册的对象一般包括小额发行证券的豁免、小企业发行证券的豁免、私募发行证券的豁免、仅为交换而进行的证券发行、仅向某一州内居民或准居民发行和出售的证券、一般投资者、交易商、经纪人的全部或部分证券交易行为的注册豁免、二级市场交易的豁免。

与私募制度相对应，美国私募市场的结构和层次是世界各国最为齐全的，主要包括 PORTAL 系统、地方性柜台交易市场和部分粉单市场。PORTAL 系统的全称是"全美证券商协会私募发行、再销售、交易与自动清算、交割系统"，是专门为合格的投资者之间交易私募股份而建立的一套独立于联邦证券交易所和 NASDAQ 的交易系统。机构投资者和经纪商的终端直接与 PORTAL 系统相连，可以很方便地进行私募股票的买卖交易。地方性柜台交易市场参与交易者是当地的经纪商及所联系的有关投资者，发行公司及股票是大约 10000 余家小型公司所发行的公司股票。粉单市场上并不全是公众公司，也有部分私募公司的报价，其参与交易者非常广泛。

2. 按发行方式，可以分为直接发行和间接发行两种方式

直接发行又称自办发行，是指筹资者直接向投资者发行证券，证券中介机构不参与或只参与少部分的辅导工作。不足之处在于发行风险由筹资者独立承担，过大的风险则可能影响资金的筹集。间接发行指发行人通过金融中介机构代为发行，而这些机构往往有着众多高素质的专业人员和优越的销售渠道，了解市场行情和发行技巧，所以，这种发行方式成功率较高，发行成本也比较高。

3. 按发行的证券种类，可以分为股票、债券和基金三种

债券是债务人在筹集资金时，依照法律手续发行，向债权人承诺按规定利率和日期支付利息，并在规定日期偿还本金的一种有价证券。债券的种类繁多，分类方法多样，如按照发行主体可分为政府债券、金融债券和公司债券。

股票是有价证券的一种主要形式，是股份有限公司签发的证明股东按其所持股份份额享有权利并承担义务的书面凭证，是股份有限公司筹集长期资本而公开发行的一

种有价证券。按照不同的方法与标准，股票可以分为不同的类别。

基金是一种利益共享、风险共担的集合投资方式，即通过发行基金单位，集中众多不确定投资者的资金，交由专业投资机构即基金管理公司进行运作，所得的收益由投资者按照出资份额分享，基金管理公司收取一定的管理费用。

（二）证券发行管理体制

证券发行管理体制是指一国采取的促使证券发行市场良性运转并发展的管理体系、管理结构等要素的总称。高效的证券发行管理制度可以起到确保证券发行具有公正性、保证发行公司质量、保护投资者的合法权益、合理配置资源等作用。各国由于国情不同，其证券发行管理体制各异。

以在美国为例，证券发行管理体制主要由三个层次组成。首先，联邦政府通过美国证券交易委员会（SEC）行使管理职能。SEC是根据1934年证券交易法设立的独立的、超党派的机构，是由美国总统提名的五名委员组成。SEC在证券发行中对注册登记申请的审核权是法律赋予的，但这种审核仅仅是形式上的，不附加实质性审查。其次，各州政府对证券发行的管理。根据美国联邦制总的原则，各州对本州内的证券交易活动有司法管辖权，而联邦国会则对全国的证券活动有司法管辖权。在证券发行的过程中，发行人必须向美国证交委和计划进行推销活动所涉及的州当局提出申请，只有在经过这些州和联邦机构的同意之后，才能在各州领土上发行证券。如果联邦政府允许发行，而某州持反对态度，那么就无法在该州内销售证券。美国各州都设立了证券监管机构，这些机构的主要职能之一就是对证券的发行实行监管。虽然各州在司法上相对独立，有权决定本州的证券法规，但在实际操作中，各州政府相互之间尽力协调证券监管法规，在主要的政策取向上趋于步调一致。最后，交易所和全美证券商协会（NASD）的管理。美国证券发行体制中，证券发行和上市是分开的，证券上市完全由交易所审查并注册。NASD作为全美证券业的自律性组织，《1934年证券交易法》对其进行了授权，并且SEC要求发行证券向其注册。NASD依法审核公开募集文件，这是发行人公开发行证券程序中必不可少的一环。它主要对证券发行中的证券公司和从业人员进行监管，防止他们谋取不正当利益，维护行业信誉。

我国证券发行管理体系包含两个层次：一是国务院证券管理机构，即中国证监会，它依据《公司法》和《证券法》对发行人进行形式和实质的审查。二是证券交易所和中国证券业协会。证券交易所对拟上市证券的申报材料进行审查，证券业协会对证券发行中的询价行为和承销行为进行监管。

（三）证券发行的信息披露制度

证券发行的信息披露制度，是指发行人在公开发行证券时，根据法律法规的规定，公开与证券发行有关的重大事实的材料的一种法律制度。如果违反，将承担相应的法律责任。

美国是最早建立发行信息披露法律制度的国家。美国《1933年证券法》作为其第一部证券法案，以发行制度为基础来规范证券市场，其基本原则就是通过充分的信息披露来增加市场的透明度，从而保护投资者的利益。美国证券发行的信息披露主要是在注册报表中的披露。根据《1933年证券法》，申请注册文件由两部分组成：一是招股说明书；二是公司财务报表。前者是质量上的重要信息，主要披露公司的基本情况以及公司管理层的管理质量和业务素质等。这些与股东收益没有直接关系的信息称为软信息，包括公司董事会的组成及董事、高级管理人员的资历、薪酬，公司控股股东的基本状况，公司及董事、高级管理人员的法律诉讼情况，公司普通股的股价、股利等情况。后者是数量上的信息，主要披露资产、负债和利润等经营状况的信息。这些信息称为硬信息，包括根据会计准则制作的各类财务报表、公司财产统计及明细，该部分是信息披露的重点。

我国现行公开发行证券信息披露制度的规范体系包括三个层次：第一层次是《公司法》《证券法》。《证券法》中明确规定，证券发行必须实行公开、公平、公正的原则。"三公"原则的重要体现就是在发行中实行信息披露制度。这两部法律对证券发行上市文件的披露作出原则性规定，要求信息真实、准确、完整，并明确规定信息披露的责任。第二层次是《公开发行证券公司信息披露的内容和格式准则》等，对公开发行中须披露的内容、呈报格式作出详细的规定。第三层次是沪、深交易所的《上市规则》等，是由交易所自行制定的规则，是对应如何进行信息披露、信息披露的具体管理等提出的指导意见。

（四）证券发行的审核制度

在经济金融化和金融证券化的今天，证券发行对于任何一个国家而言都是很重要的，需要认真对待，各国也将证券的发行工作纳入法制化管理的轨道。由于各国证券市场建立的时间大不相同，市场发育程度存在很大的区别。另外，各国法律法规健全程度也不尽相同，在政治、文化、历史、经济等方面的巨大差异注定了现阶段各国的证券发行管理体制应采取不同的形式。一般地，证券发行管理制度大致有两种基本形式：证券发行注册制和证券发行核准制。

1. 证券发行注册制

证券发行注册制是指证券发行申请人依法将与证券发行有关的一切信息和资料公开，制成法律文件，送交主管机构审查，主管机构只负责审查证券发行申请人提供的信息和资料是否履行了信息披露义务的一种证券发行审核制度。

这种体制一般由西方发达国家的证券市场采用，因为这些证券市场已经建立运作多年，法律法规体系较健全，市场中的投资者抑或投机者操作理念较成熟，所以，证券监管机构认为投资者有充分的能力辨识、分析一家公司并作出相应的投资决策。注册制的理论依据是：发行人要提供其本身及与证券发行有关的所有信息，并对其真实性、全面性、及时性和准确性负责；证券市场上的投资者能够根据公开的信息作出准确的投资判断；证券监管机关的职责是尽职审查资料的全面性、真实性、准确性与及时性，但并不对证券品质作出评价；证券发行无须政府授权，发行人只要在注册申报后的法定时间内没有被有关证券监管机关拒绝注册，则申请自动生效；在证券发行过程中，证券监管机构如果发现发行者公开信息有误导、虚假、欺诈等情形，则可以阻止其发行证券；如果投资者在投资注册证券时蒙受损失，且投资者足以证明公开文件中有虚假或欠缺情形，有损害赔偿请求权。

注册制体现了金融市场主体活动的自主性与政府管理的效率性和规范性的高度结合，因此是市场经济比较发达、金融市场比较完善的国家与地区所普遍采用的制度，如美国、加拿大、日本等。以美国为例，《1933年证券法》和《1934年证券交易法》规定，凡是在证券交易所公开上市的证券，都必须向证券交易委员会和证券交易所办理发行注册。对在场外交易市场进行的证券发行，只要发行公司的资产超过100万美元，股东人数超过500人，就要向证券交易委员会办理发行注册。在美国，证券发行前需注册登记的内容有：公司的经营状况，包括公司的开办时间、过去五年内的发展状况、主要客户群的状况、重要的国内外市场、同业竞争状况等等；公司的财务资料，包括近三年的资产负债表、损益表、现金流量表及相关财务比率统计；财产详细情况；证券主要持有者名单，即90天以内持有公司10%以上证券者的名单；董事、监事和经理层人员持股及报酬情况等。

美国实行双重注册制度，即证券发行公司既要向证券交易委员会办理发行注册，也要在所上市的证券交易所注册，其注册的内容与程序基本相同。

2. 证券发行核准制

证券发行核准制就是指证券申请人不仅要依法公开一切与证券发行有关的信息并确保其真实性，而且还要符合法律、法规和证券监督管理机构规定的实质要件，由证券审核机构①决定是否准予其发行证券的一种制度。这些实质要件主要包括：公司所处的行业、经营性质，管理人员资格、资本金规模、各种证券权力是否平等、公开资料是否充分真实等。核准制遵循实质管理的原则。

核准制的优点表现在：一是对拟发行的证券进行形式上和实质上的双重审查，获准发行的证券投资价值有一定的保障；二是有利于防止不良证券进入市场，损害投资者利益。缺点则是主管机关负荷过重，在证券发行种类和数量增多的情况下，可能质量不保；容易造成投资者的依赖心理，不利于培育成熟的投资者；新兴产业、具有潜力和风险性的企业可能因一时不具备较高的发行条件而被排斥在外。

二、证券投资决策的基本面分析

证券投资过程指投资者从购买证券到卖出证券的全过程，包括投资时机、品种的选择、投资过程的管理和资金的退出。投资者选择进入投资市场时机的正确与否决定了投资损益，选择正确的投资品种，可以减少风险，增加收益。

基本面分析是以判断金融市场未来走势为目的，对经济和政治数据的透彻分析。一般地，基本面分析是指对宏观经济面、公司主营业务所处行业、公司业务同行业竞

---

① 从严格意义上讲，核准制所谓的核准都是指政府主管机构的核准，体现了政府对证券市场所进行的干预，然而在有些国家，这种核准的权力并不是由政府机构来行使的，如英国是在2000年5月将上市核准权移交FSA，以前是由自律机构伦敦证券交易所来行使的，但英国实行的是核准制。所以，从实际情况来看，并不是所有国家实行的核准制都是由政府机构来行使核准权的。

争水平和公司内部管理水平包括对管理层的考察等诸多方面的分析。基本面分析除了数据还包括许多无法用数据来衡量的东西，如情绪因素、环境因素等。

基本面分析者认同证券的价值决定其价格，证券的价格围绕着价值波动，价值是衡量价格是否合理的尺度。即证券都有内在价值，内在价值等于证券所有者的所有预期收益流量的现值。该价值的高低取决于发行公司的获利能力因素，即发行公司财务状况与证券价格之间存在正相关关系，若公司的财务状况趋于变好，则公司的证券价格会不断提高；如果公司的财务状况不断恶化，则公司的证券价格不断下降。

（一）宏观经济因素

宏观经济因素是指宏观经济状况及其变动对证券市场价格的影响，对宏观经济状况的分析有助于对整体经济环境情况的预测判断，是非常重要的，因为宏观经济形势的好坏和宏观经济政策方向都对资本市场的运行有着重要影响。宏观经济可以被看作是个体经济的总和，所有企业的投资价值在宏观经济层面汇总反映出来。

宏观经济因素景气程度影响着产业和企业的经营环境，通过企业价值链上的其他环节作用于公司的经营业绩，公司的经营业绩又支撑着其发行的证券的价格。宏观经济的景气与否还影响投资者的心理。

宏观经济有周期性特征，有高涨时期，也有萧条时期。在西方，股票市场被称作"经济晴雨表"，一般提前半年先于经济周期见底和见顶，股票市场周期性地运行，即牛市和熊市交替运行。当经济周期见底开始复苏时，投资者出于对未来经济形势变暖的预期，开始增加对上市公司利润和前景的信心，先知先觉的投资者开始购入股票，投入的资金使得股票市场价格上扬。当宏观经济迈向繁荣时，越来越多的投资者意识到经济形势已经变好，伴随着上市公司经营业绩的转好，业绩和股息分派增多，投资者不断筹集资金入市，使得股票市场出现牛市行情。当宏观经济繁荣接近最高峰时，原材料价格上涨和人力资源成本的上升等原因，使得企业的利润无法进一步增加，明智的投资者开始察觉到这一点，抛出持有的股票离开股市，伴随着投资者对行情的看淡，资金撤离股市，股市持续下跌。

宏观经济周期对不同行业有着不同程度的影响。周期性行业如有色金属、钢铁、房地产、金融等受经济周期影响明显，而防御性行业如医药、食品、交通运输和公共事业等行业受经济周期影响较小，是不少机构投资者在熊市中配置的品种。

（1）不同程度的通货膨胀对证券价格的影响不同。一般来说，适度的通货膨胀对证券市场有利，而过高的通货膨胀会引起经济环境恶化，大幅度提高企业原材料成本，而且往往高通货膨胀时期企业库存已经不多，通过产品涨价已没有市场空间。此时，政府一般会采取加息措施降低资金流动性，使得证券市场因买盘不足和企业业绩下降引起下跌行情。

（2）利率水平对证券价格也有着重要影响。一般来说，贷款利率的提高将增加公司筹资的成本，从而减少发行公司利润；存款利率提高会吸引投资者从资本市场上套现，将资金存入银行，既增加了证券投资的机会成本，又使得证券市场上的资金减少，证券价格下跌。

（3）汇率水平对证券价格的影响：历史经验表明，本币升值引起国外热钱流入使证券市场走牛，而本币贬值会引起外资抽逃使证券市场下跌。本币升值对于原材料进口的企业有利，降低了生产成本，提升了利润空间。本币贬值对于出口外贸型企业有利，因为提升了产品竞争力，有利于扩大产品的销量和市场份额。当然，这种影响是对国际化程度越高的证券市场越明显。

（4）货币政策对证券市场的影响：中央银行采取紧缩性的货币政策时，由于货币供应量的减少，公司面临资金紧张，盈利减少，失业率增加，促使证券价格下跌。中央银行采取扩张性的货币政策时，因为市场上流通货币的充足，流入资本市场的资金增加，买方力量强大使得证券价格上升。

（5）财政政策对证券价格的影响。政府可以通过支出或加大税收来刺激或抑制经济增长，从而影响证券价格的运行。当税率上升或下降时，将减少或提升公司的税后利润，影响股息、红利等的发放。而政府加大投资支出的行业，往往因为拿到大订单，而使公司预期变好，证券价格上涨。

（6）政治因素对证券价格的影响。政治形势、政局变化、国家机构和领导人的变更、国家政治经济法律与政策的颁布或改变都会引起相关证券价格的巨大波动。经济和政治是紧密联系在一起的，稳定和谐的政治环境有利于证券市场的长期健康发展。

（二）行业、区域环境因素

对证券投资分析而言，产业和区域经济环境是位于宏观经济分析和微观企业分析之间的重要经济因素。

行业具有周期性特征，受宏观经济周期变动的影响。行业具有生命周期，生命周期指行业经历的由成长到衰退的发展过程，形象地称为行业的生命周期。行业生命周期一般划分为初创期、成长期、成熟期和衰退期四个阶段。初创期，行业的市场增长率较快，需求和生产技术变动较大，新用户不断增多，但因此时在技术和产品服务策略上企业的经验和掌握的信息不足，所以企业面临较大的投资风险，不少风险投资资本在此时介入。成长期，产业生产技术的提高带来了生产成本的下降。而市场需求进一步扩大，行业的竞争状况和用户特点信息已经比较了解，处于行业内的企业业绩成长，但行业内竞争者的数量开始增多。成熟期，市场增长率降低，需求增长率也放缓，技术已经成熟，行业竞争状况和用户特点较为稳定，行业的进入壁垒变高。衰退期，市场增长率下降，消费者需求下降，不少竞争者退出。衰退的原因可能是原材料枯竭、效率技术低下被其他替代行业赶超等。研究行业生命周期能够帮助投资者从行业兴衰的角度把握投资方向。

（三）企业发展因素

以公开发行股票为例，上市公司盈利状况是决定其股票价格走势的关键因素。投资者可以通过迈克尔·波特提出的五力模型即顾客和供应商的讨价还价能力、潜在进入者的威胁、替代产品的威胁和来自目前同一行业中竞争者的威胁等方面来分析企业经营情况，对企业基本面作出综合评价。

同时，对于上市公司的分析，还要着重于公司财务报表方面的研究，即对公司的盈利能力、竞争能力、偿债能力、管理能力、发展潜力和不利因素等问题进行分析，基于此评估和预测股票投资价值，判断其未来变化的趋势。财务报表能够查看企业的财务状况和经营情况的原始数据，包括主要资产负债表、损益表、利润分配表和现金流量表等。投资者可对报表数据作进一步加工，通过对求出新数据的比较分析，来研究企业财务状况是否健全、经营管理是否到位、业务前景如何、财务数据是否合理等。具体来说，通过分析上市公司的获利能力，来关注公司最近几年和几季度的利润收益；结合企业流动资金分析企业短期偿债能力、不同权益项目之间的收益关系，从而判断其长期偿债能力的强弱，评判投入资金的安全性；分析公司经营发展的能力，即对企业的成长性进行分析；通过分析财务数据中各项资金周转速度的快慢，来观察企业资金的利用效率等，评判公司的经营效率。

三、证券投资决策的技术分析

同样以股票投资为例，技术分析是以股票市场的价格、成交量为基础，研究不同时间周期内的量价变化，以预测市场价格变化趋势为目的的投资分析方法，主要以历史图表为对象，通过市场过去和现在的运行状况进行研究，归纳总结出一些典型行为来预测未来市场的变化趋势。

股票市场成交价格和成交量是技术分析的基本要素，价格趋势与成交量的一般规律为价增量增，股价继续上升；价增量减，表示股价随时可能转向下跌。

技术分析建立在三大基础假设之上，即市场行为包含一切信息、价格沿趋势而运动、历史会重复。第一条假设是进行技术分析的基础，它认为影响股票价格波动的每个因素都已反映在市场行为中。若市场行为没有反映一切能够影响股票的因素，那据此得到的分析结果说服力不够，故市场行为包含一切信息是技术分析的基础。第二条假设是最核心的因素，因为交易的法则就在于顺势，在趋势形成的早期及时入场，顺应市场趋势操作。若市场价格不沿趋势运动而是随机的，那么技术分析方法就没了立根之本。第三条假设是考虑到市场上的广大参与者都具有人性的因素。投资者以追求利润为目的，一些特定的价格形态，使投资者因相同的心理和人性作出相似的投资决策，就像历史重演了。正是基于该条假设，通过研究股价历史才能预测未来，选择买卖股票的合适时点。

技术分析是一种利用股票历史数据来预测将来股票价格的方法。由于技术分析是基于历史数据来预测，所以一般采用这种方法的话，会出现一定的滞后性，因此采用技术分析方法，其时机很重要，它可以让投资者理解何时可以建仓以及建仓以后的点位，但是技术分析不能预测股市未来的大趋势。技术分析的意义在于寻找到何时能够买入和卖出股票，这样就能在股价要上涨或者要下跌时作出准确的估计，适时盈利或者止损。

本章案例

内含报酬率法在中小企业长期投资决策中的应用

一、中小企业需处理的两种投资项目决策

1. 单一投资项目决策

如果只有一个投资项目可供选择,其决策方法是极为简单的。只要投资项目的净现值大于等于零,获利指数大于等于1,就可以选择该项目,这时,内含报酬率指标就显得不太重要了,通常是作为参考指标,用于了解项目实际可能达到的报酬率。在计算净现值和获利指数时,如何确定贴现率,即目标报酬率的选择却相对复杂。

2. 互斥投资项目决策

(1)投资额相同的投资方案的比较。不考虑其他条件,在若干个投资额相同的项目中选择一个财务上可行的项目,在这种情况下,利用净现值和获利指数进行决策,得出的结论肯定是一致的。在一般情况下,项目寿命期内的预计现金流入量是均衡的,则采用内含报酬率指标也会得出一致的结论。但特殊情况下也可能会得出相反的结论,即净现值大的,内含报酬率却较小。在这种情况下,哪个指标得出的结论更科学、更可信呢?

【例10】 甲公司有A、B两个投资项目,甲公司要求必要报酬率为10%。两个投资项目的预计现金流量见表6-8:

表6-8 A、B两个项目预计现金流量表　　　　　　　　　　(单位:万元)

项目	各年现金流量						净现值	内含报酬率
	当年	第1年	第2年	第3年	第4年	第5年		
A	−100	10	10	10	100	100	55.18	22.86%
B	−100	40	40	40	400	40	51.64	26.3%

由表6-8可知,项目A的净现值大于项目B的净现值,而内含报酬率却小于项目B的内含报酬率。产生这种结果是因为两种方法对现金流入量的再投资假设不同。在净现值法下,现金流入量是以必要报酬率进行再投资,而内含报酬率法则假设现金流入量是以该项目的内含报酬率进行再投资。一个投资项目必要报酬率的选择应该以项目本身风险的大小为依据。风险大的项目,要求的报酬率自然也会比较高,如果投资者选择的必要报酬率与项目的实际报酬率差距不大,那么净现值和内含报酬率两种方法得出的结论就会一致;反之,对于投资回报较高的项目,如果投资者选择了较低的必要报酬率,与项目的实际报酬率(即内含报酬率)差距较大,通常就会产生净现值与内含报酬率结论相悖的结果。对于这个问题,我们只能得出一个定性的结论,如果不是特定的投资项目,由于项目现金流量的不规则性,将很难找出一个两者结论是否一致的临界点。

以例 1 的数据为例，如果我们以 20% 作为必要报酬率，则 A、B 两个投资项目的净现值分别为 10 万元和 19.64 万元。此时，净现值和内含报酬率两个指标得出的结论是一致的，B 项目的净现值和内含报酬率均大于 A 项目的净现值和内含报酬率。那么 A、B 两个项目到底哪一个更优呢？首先，B 项目的内含报酬率大于 A 项目的内含报酬率；其次，从资金时间价值的角度来看，尽管 A 项目流入的现金总量较大，但主要集中于后期，丧失了再投资产生高报酬的机会，而且其净现值也并不必然大于 B 项目，因此应选择 B 项目。由此可以得出结论：在投资额相同的互斥项目之间进行取舍时，内含报酬率指标要比净现值指标更可信。

(2) 投资额不等的投资方案的比较。判断投资额不等的投资项目的优劣要具体情况具体分析。如果仅根据项目的投资效率进行取舍，获利指数法和内含报酬率法无疑是两种最合适的投资评价方法。但由于获利指数无法揭示项目的实际报酬率，相比之下，内含报酬率法更优。对中小企业而言，由于资金受限，选择单一投资项目的情况较多，选择投资组合的情况较少。资金量一定时，不仅要考虑项目本身的投资效率，还要考虑单位资金收益最大化的需要。在这种情况下，采用净现值法决定投资项目的取舍要比采用内含报酬率法更为有利。

【例 11】 乙公司共有 200 万元资金，现有 C、D 两个投资项目可供选择，公司要求必要报酬率为 10%。两个项目预计现金流量见表 6-9：

表 6-9　C、D 两个项目预计现金流量表　　　　　　（单位：万元）

项目	各年现金流量						净现值	内含报酬率
	当年	第 1 年	第 2 年	第 3 年	第 4 年	第 5 年		
C	−200	65	65	65	65	65	46.4	19%
D	−120	42	42	42	42	42	39.22	22.2%

虽然项目 D 的内含报酬率大于项目 C 的内含报酬率，投资效率较高，但由于乙公司除了选择 C、D 项目，别无其他投资机会，这时，公司的主要目标应该是单位资金收益最大化，如果选择项目 C，则每万元资金可产生净现值 0.232 万元；如果选择项目 D，则每万元资金仅产生净现值 0.196 万元。所以，应选择项目 C 进行投资。

资料来源：曲喜和：《内含报酬率法在中小企业长期投资决策中的应用》，载《财会月刊》2010 年第 14 期。

❓ 本章思考题

1. 长期投资决策中应该考虑的因素有哪些？
2. 比较 NPV 与 IRR 之间的优缺点。
3. 简述投资回收期法的优缺点。
4. 简述证券发行的注册制。
5. 证券投资的基本面分析内涵是什么？

第三篇

资本成本与资本结构

公司融资决策、投资决策、股利政策等是公司金融的重要组成部分。融资决策的理论不断丰富,融资形式多种多样。融资决策必须要充分理解资本成本与资本结构。

第七章

公司融资决策

公司的资本成本和资本结构,与其融资决策密切相关。西方国家的学者是最早研究公司的融资决策的,并形成了传统资本结构理论。任何公司的发展都离不开充分的资金支持,作为公司重要理财内容的融资决策,无疑在公司的经营过程中起着关键作用。融资方式、融资结构及其比例大小等决定了公司的融资决策。制定合理有效的融资决策能够优化公司资本结构,使公司的财务管理更加有效。

第一节 公司融资决策理论

公司融资指的是资金由供给者手中向需求者手中转移的过程。广义的融资指资金双向的互动过程,除了资本的流入还包括资金的流出。本章的融资指的是狭义的概念,即只考虑资金的融入。由于资金具有稀缺性,公司的融资活动本身就是社会资源配置活动。资金具有追求资本增值的特性,资本通常偏好向收益率较高的公司流动。因而,不同公司的融资渠道、方式和规模也各不相同。当有限的资金资源配置到发展迅速、收益率高的公司时,社会资源配置的效率就较高。相反,当有限的资金资源配置到发展缓慢且收益率低的公司时,社会资源配置的效率就很低。

一、公司融资决策相关概念界定

融资是公司作为融资主体根据其生产经营、对外投资和调整资本结构等需要,通过融资渠道和金融市场,运用融资方式,经济有效地筹措和集中资本,以保证公司正常运转需要的财务活动。融资决策主要解决融资目的、融资方式、融资成本、融资规模等问题。

（一）融资方式

1. 股权融资与债权融资

这种分类是按融资中形成的权利来划分的。股权融资是指公司的股东将部分所有权转让,引进新的股东进行融资,如发行股票。债权融资是指公司通过借钱的方式进行融资,这也是本章所涉及的融资方式。

2. 内部融资与外部融资

这种分类是按资本来源划分的。内部融资是指公司在内部通过留存利润而形成的资本来源,是在公司内部"自然"形成。外部融资是指向公司外部的其他经济主体融

入的资金,这种方式一般发生在内部融资不能满足资金需要的情况下。

3. 直接融资与间接融资

这种分类是按筹集资金是否借助银行等金融机构来划分的。直接融资是指公司不借助银行等中介机构,直接从资金所有者那里获取资金。间接融资是借助银行等金融机构取得资本,这是一种传统的融资方式。

(二)融资结构

融资结构是指公司在取得资金来源时,通过不同融资方式筹措的资金的有机搭配,以及各种资金所占的比例。本章所涉及的融资结构与资本结构概念一致,即指负债总额、所有者权益和总资产的比例关系,用资产负债率来衡量。

二、管理者过度自信与公司融资决策

(一)管理者过度自信概念的界定

管理者过度自信是指包括董事及高级管理人员在内的决策集体所表现出来的对公司未来前景和自己成功概率高估以及对风险低估的心理认知偏差。心理学家发现,人们经常过高地估计自己的直觉、逻辑推理能力、判断能力以及认知能力等,高估自己成功的概率。在作决策时,人们也往往认为自己比别人更聪明、更具有精确的信息,这个认知偏差称为"过度自信"(心理学认为,过度自信是典型而普遍存在的认知偏差,几乎从事各种职业的人都存在过度自信,如科学家、临床心理学家、律师、谈判人员、工程师、企业家、证券分析师、驾驶员等都存在过度自信现象)。公司的管理者大都是成功人士,加上自我归因偏差的存在,更有可能产生过度自信倾向。经济学家认为管理者,尤其是高级管理者更容易过度自信。

(二)管理者过度自信的原因

大量事实和研究证明,人们并不总是理性的,常常对自己的判断比事实证明的更自信,尤其是公司管理者。概括其原因,主要包括:(1)控制幻觉。控制幻觉是指人们不合理地高估他们对某种无法控制的事件的控制力而产生的一种判断偏差。一般来说,由于管理者对公司的重要决策拥有话语权和影响力,他们可以决定是否实施公司的某项决策,在管理过程中也可以施加重大影响,这样举足轻重的地位会使管理者相信自己能够掌控公司的命运,认为一切都在自己掌握之中,因此他们会自信地认为项目不可能失败。(2)难度效应。人们在面对更难解决的问题时更容易产生过度自信,公司的经营管理是一个非常复杂的过程,管理者通常是自我归因偏差,即把成功的原因归于自己的努力、能力等主观原因,而把失败的原因归于运气不好、环境或是他人等客观原因。(3)自身利益。人们对与自身利益高度相关的事件更容易过度自信,比如,管理者的晋升往往取决于公司的绩效和他们的工作成果。因此,管理者对公司的业绩会更加关注,他们会高度承诺公司未来会有好的业绩,这就会造成管理者往往过高地估计自己在经营决策中的表现,表现出过度自信。(4)参考点缺乏。参考点比较明确时,管理者能够根据参考点客观评价已作出的决策。参考点缺乏主要包括两个方面:一方面是决策参考点缺乏。管理者所进行的金融决策一般都是大规模的,每个项目都有各自的特点,很难和过去的经验、其他公司作比较。另一方面是业绩评价参考点缺乏。由于每个金融决策都有自己的特性,加上公司业绩好坏受很多因素影响,即使失败,管理者由于自我归因心理也会认为是客观原因造成的,而把成功归于自己的努力和能力,这样的业绩对管理者的工作反馈失去了意义,从而导致管理者长期过度自信。

(三)管理者过度自信与优序融资理论

优序融资理论认为,由于信息不对称的存在,管理者和外部投资者对采用不同融资方式会产生不同的效果。当股票价格高估时,公司管理者会利用其内部信息为新项目发行新股,而外部投资者意识到信息不对称的存在,会把公司发行新股当作公司经营的负面信息,并调低对股票的估计,导致股价下跌。当公司不得不采用发行股票为项目进行融资时,投资者转化成负面信息,即使新项目的净现值为正,也会低估新项目的收益,对前景并不看好。股票价格会因为对市场预期敏感而过低,使公司筹集不到足够的资金,导致新项目不能顺利完成并实现盈利。基于此考虑,管理者在融资时会偏向于债券融资。因此,优序融资理论的核心观点是公司偏好于内部融资;如果需要外部融资,公司偏好于债权融资,最后才不得不采用股权融资。

管理者过度自信从心理学的角度重新解释了优序融资理论。过度自信管理者总是比资本市场更高估公司未来好境况发生的概率,认为资本市场低估了公司的价值,因而他们会尽可能地少发行股票,而更多地选择内部融资。当需要为投资项目进行外部融资时,过度自信的管理者会首先发行最安全的、不容易被资本市场低估的证券。因此,当管理者过度自信的公司进行融资时,首先选择内部融资;其次是低风险债券,其信息不对称成本可以忽略;再次是高风险债券;最后才是发行股票。这意味着过度自信的管理者的融资偏好符合优序融资理论。

(四)管理者过度自信与控制权理论

控制权理论很好地把资本结构与公司治理结构有机地联系在一起,该理论以公司控制权的最优安排为研究目的,研究公司控制权如何在经营者、股东和债权人之间的最优分配。从对公司的控制权角度看,股权和债权是重要的融资工具。同时,也是非常重要的控制权基础。股权资本和债权资本对公司的控制权完全不同,即普通股持有者拥有投票权和控制权,能参与公司的决策,而债权人则无权参与公司的经营管理,只在公司破产清算时拥有优先清偿权,控制权才会由股东转移到债权人手中。所以,股权融资意味着会稀释原有股权结构,导致其他股东分享公司的投票权和控制权。因此,资本结构必然影响公司控制权。控制权在不同股东和债权人之间变换是资本结构变化的表象,它通过控制权的转移制约着公司的收购和控股活动。控制权理论认为,资本结构不仅仅是静态的现金流分配问题,背后还隐藏着控制权的拥有和执行问题。股权和债权两方面控制权的有机组合完善了公司治理结构,它们通过影响控制权的分配所形成的资本结构来影响公司的市场价值。股权和债权均对公司形成控制权,两者有着不同的控制权形式,共同构成公司治理结构的基本内容。良好的公司治理结构可以形成平衡的控制权，从而构造合理的融资结构，对公司的非理性融资行为起到制约作用。过度自信的管理者对公司前景总是抱有乐观态度，认为公司未来会有很高的收益。当需要外部融资时，过度自信的管理者作为现有股东的代表，不愿意发行股票。因为这样会引入新的股东来分享公司的投票权和控制权，冲淡了原有股东的特权。最优的融资决策应该是能够在必要时转移公司的控制权，由于过度自信的管理者对前景持乐观态度，当控制权需要转移时，他们会要求更高的价格。但过度自信的管理者认为股票价格被低估了，所以他们更不愿意低价发行股票进行融资。过度自信的管理者基于控制权的考虑也会影响公司的融资决策。

三、行为金融理论与公司融资决策

作为行为经济学分支的行为金融学研究人们在金融决策过程中的认知、情感等心理特征，以及由此而引起的市场行为。行为金融学基于心理学原理，把金融决策过程看成一个心理过程，包括对市场的认知过程、情绪过程和意志过程。认知过程往往会产生系统性的认知偏差；情绪过程可能会导致系统性的或非系统性的情绪偏差；意志过程则既可能受到认知偏差的影响，又可能受到情绪偏差的影响。这些个体偏差加上金融市场非有效性，可能导致非理性公司管理者作出非理性的决策。围绕公司管理者理性与否和市场是否有效有以下四种情况，见表7-1：

表7-1 管理者与市场关系

	市场有效	市场非有效
管理者理性	理想状态，传统财务理论	市场时机理论
管理者非理性	管理者过度自信	比较复杂，无据可循

行为金融在"非理性经济人"和"非有效市场"假设下，提出了相应的融资理论：市场时机假说和管理者非理性下的融资决策。

市场时机假说理论是指突破传统资本结构理论的理性人假设和完全套利假设，来研究管理者如何利用股票市场窗口机会选择融资工具。该假说认为，公司价值会因为投资者的非理性行为而被错误定价，导致其股票或被高估，或被低估。当公司的股票被高估时，公司管理者会偏向于发行股票，而当公司股票被低估时则倾向于股票回购。市场时机假设的提出，为解释公司的融资决策提供了一个全新的视角。

市场时机理论是建立在管理者理性、市场非有效性的基础上。然而，管理者并不总是理性的。而管理者非理性中的管理者过度自信，其对融资决策影响的研究是建立在市场有效性、管理者非理性的假设上。在这个假设前提下研究管理者由于自身的认知偏差等心理因素对公司融资决策的影响。研究发现，过度自信的管理者由于高估投资项目的收益，低估投资项目的风险，具有更强的投资冲动，往往认为市场低估了其公司的基础价值，将会导致两种非理性融资决策：一是过度投资使得公司需要大量的资金支持，当公司内部资金不足时，管理者会选择外部融资；但是，由于过度自信的理论认为，收益率曲线反映了投资者对利率未来变化的预期，当前的利率与未来的预期利率之间的关系主要与投资者关于通货膨胀的预期有关。假如投资者预期将来通货膨胀率将上升，则当前他们将要求得到更高的长期利率。如果投资者预期未来通货膨胀率会下降，则未来的即期收益率会下降，长期利率就会低于短期利率，收益率曲线就会下降。也就是说，假如投资者预期利率水平上升，因为长期债券的价格比短期债券的价格对利率更为敏感，下降幅度更大，因此投资者一定会在其投资组合中，减少长期债券数量，增加短期债券的持有量，由此导致短期债券价格上涨，长期债券价格下降；反之，如果投资者预期利率下降，他们会在其投资组合中增加长期债券的数量，减少短期债券的持有量，必将导致长期债券价格上涨，短期债券价格下降。

第二种是流动性偏好理论，认为由于期限较长的债券涉及额外增加的风险，所以长期债券的收益率应该高于短期债券。即因为长期债券与短期债券之间存在实际上的风险偏差，在收益率相同时，理性的投资者一般会选择风险较低的短期债券，由此为吸引投资者投资长期债券，长期债券必须向他们提供更高的收益率。投资者是厌恶风险的，由于债券的期限越长，利率风险就越大。长期债券品种的流动性通常比短期利率债券品种的流动性低。因此，在其他条件相同的情况下，投资者偏好期限更短的债券。

第三种是市场分割理论，认为投资者受到法律、偏好或者投资期限习惯的限制，只能进入短期、中期或长期证券市场中的一个，从而不同期限市场由不同的供求双方决定利率水平。根据该理论，在短期债券市场上，提供短期资金的投资者与需要短期资金的融资者共同决定了短期债券市场的利率水平；同样，在长期债券市场上，提供长期资金的投资者与需要长期资金的融资者共同决定了长期债券市场的利率水平。根据市场分割理论，利率期限结构并不取决于市场对未来短期利率的预期，而是取决于不同期限债券的供求状况。因此，可以通过改变短期和长期债券的供求来分别影响短期和长期利率水平，而不能只通过改变短期债券的供求来影响长期利率。

第三节　股票估值

股份公司是依法设立，并通过发行股票的方式，把分散的资本集中起来经营的一种公司组织形式。股份公司制产生于18世纪的欧洲，目前已经成为现代经济中最主要的公司组织形式。对公司来说，股份公司形式的作用表现在：一是可以通过发行股票迅速筹集大量的资金，并可以随着公司经营的发展和需要，不断地运用发行新股等继续筹措资金；二是可以通过换股、并购等方式迅速进入新兴行业，高效地实现结构调整；三是可以有效地实现所有权与经营权的分离，有助于选用最有经验的管理专家经营公司，获得最好的经济效益。

股份公司的特征主要包括：一是公司的全部资本划分为等额股份，向社会公开发行，任何人在缴纳股款之后，都可以成为公司股东，没有资格限制；二是股东对公司承担有限责任，以其持有的公司股份为限；三是股份可以自由转让；四是公司的财务管理者高估了投资项目的收益率，低估了投资项目的风险，他们认为，公司陷入财务风险的可能性很小，所以在考虑外部融资时更倾向于激进的债权融资来获得足够的资金。二是过度自信的管理者往往认为股票市场低估了其公司的基础价值，发行新股就会给现有的股东带来损失，作为现有股东的代表，管理者在不到万不得已的情况下不会采取股权融资。

第二节 股权融资

股权融资是公司为融通资金（筹集资金）而进行的股票发行与交易行为，其所融入的资金为公司的主权资金（亦称为资本金或自有资金），它代表了投资者对公司的所有权。

一、股票市场功能

股权融资离不开股票市场，伴随着经济全球一体化趋势的发展，经济金融化的进程也日益加剧。股票市场在市场机制中扮演着主导和枢纽的角色，发挥着极为关键的作用。在股票市场上，价格机制是其运行的基础，而完善的法规制度、先进的交易手段则是其顺利运行的保障。

（一）股票市场的融资功能

融资是股票市场的本源功能，股票市场的融资功能有利于优化产业结构升级，其对产业结构升级的作用主要体现在：第一，股票市场的快速健康发展有助于在短时间内将分散的社会闲置资金集中起来，形成巨额的投资资金，对已有的产业结构注入新的资本要素，通过建立和发展新兴产业来促进产业结构优化升级；第二，瓶颈产业往往是资金缺乏者，而股票市场的融资功能恰恰能解决资金问题，从而促进产业结构合理化；第三，股票市场的融资功能可支持大型公司上市，壮大公司规模，这也有助于优化产业结构。

（二）资源配置功能

股票市场的资源配置功能是指通过证券价格的影响，引导资金的流动，实现资源合理配置。在股票市场上，投资者为了谋求投资的保值与增值，必然十分关注证券发行人的经营状况、财务和财政状况。投资者在经过分析后，认为发行人能有效地运用资金，投资的安全性和收益性有保障，或能随着发行人经济效益的提高分享经营成果，这样，他们就会把资金投向该股票，从而社会资金就会流向高效产业部门。从股票发行人的角度看，通过发行股票筹集到的资金如果不能合理有效地运用，将难以支付股利，或支付的股息额减少，则股价将会下跌，从而损害公司形象并无法开展后续融资。在此压力下，公司就必须加强管理，改善经营，提高公司的盈利能力，既满足社会需要，自身又提高了资金的使用效率，降低了资源的消耗。这样，对于整个社会来说，资源的配置得到了优化。

（三）风险配置功能

股票市场不仅具有融资功能，而且还具有使风险流动的功能。众所周知，高新技术产业是以高新技术为基础，从事一种或者多种高技术及其产品的研究、开发、生产和技术服务的公司集合，这种公司所需要的关键技术开发难度往往非常大，但是一旦获得成功，社会效益、经济效益也是相当巨大的。因此，一般来说，高新技术产业很难向商业银行融资。然而，高新技术产业在股票市场中的风险资本部分介入后可将潜在的资本要素转变为现实的资本要素，从而使得高新技术产业顺利运作、发展，并使得传统产业向高新技术产业转化得以实现，进而优化产业结构升级。与此同时，股票市场所固有的风险分担机制为各种具有不同流动性偏好的投资者提供股权交易场所，从而使得资本所有权不停转移。

（四）信息获取功能

微观经济主体如果需要在资源如何有效地在产业间实现配置方面作出明智的投资决策，那么他需要收集大量的相关信息。事实上，收集和处理有效信息的成本是非常大的。而股票市场正是一个信息高度集中的地方，股票市场的制度安排可以超越时间和空间的限制，信息的来源能得到保证。与此同时，信息的发布者是非常专业化的，以各类研究报告的高度专业化形式发布公司经营、行业发展和宏观经济的相关信息。因为信息披露和监管制度十分严格，所以股票市场上的信息具有很高的可信度，投资者根据这些信息作出决策会大大降低交易的成本并提高交易的效率和增加交易的透明度，保证了交易的公平、公正和公开性，对资源配置和产业结构调整起到积极的作用。

（五）存量优化功能

在股票市场上，公司经营状况的变化会改变资产的定价，这样资产存量的转移就有了依据，转移成本降低。同时，股票市场上的金融资产流动性极强，当公司经营状况出现问题时，投资者会对公司收益产生不好的预期而抛出证券，股票市场上相应的证券价格就会下降，这样为其他公司的兼并与收购提供机会，实现资产存量转移。具体来讲，股票市场的存量转移机制包括三个方面的内容：首先，股份制通过自身多元化经营来实现存量调整；其次，通过公司间的参股控股实现资产存量的调整；最后，通过公司倒闭或破产实现存量调整。当一些公司经营不善严重亏损时，会面临倒闭和破产的危险。破产之后，公司的剩余财产必须要处理，此时，它就可能会被经营状况好的公司收购。这一过程实现了产业结构的存量调整，重新组合了生产要素。

二、股权融资的显性成本

从融资公司角度来看，股权融资成本是指股票市场资金需求方（融资公司）为取得并长期占有资金所付出的代价，包括资本的取得成本和占用成本。资本取得成本是指企业在筹资过程中所发生的各种费用。取得成本与筹资次数相关，与筹资数量和资金占用时间关系不大，属于一次性费用，可以看作是固定成本，如股票发行手续费、律师费、审计费、资信评估费、公证费、担保费、广告费等。资本的占用成本是指公司因占用资本而付出的代价，其本质是资金使用者支付给资金提供者的报酬。资本占用成本与筹资数额和资金占用时间呈同方向变化，可以视为变动成本，如普通股股息和红利等，这是股权融资成本的主要内容。

一般地，将上市公司进行股权融资时所付出的取得成本和资金占用成本划分为显性成本。具体而言，上市公司股权融资的显性成本主要包括向股东支付的股息和红利、股票发行成本。

（一）股息和红利

股权融资最大的一个特征是公司所筹资金无须偿还，公司只需向股东分红派息。我国《公司法》规定，上市公司分配当年税后利润时，应当提取利润的 10% 列入公司法定公积金，并提取利润的 5%～10% 列入公司法定公益金。公司在从税后利润中提取法定公积金后，经股东会决议，可以提取任意公积金。因此，普通股每股可分配股利最多可达到每股收益的 85%。虽然我国上市公司常采取各种方法推迟股息分配、低比例分配或以送转股本形式分配股利，甚至不分配红利，但从总体上看，融资公司不可能免费使用资金。一方面，由于股东在股东大会上享有发言权和表决权，公司出于对股东利益的考虑，不得不分红派息；另一方面，公司还要维护自身的信誉和股票的吸引力，如果公司总是不分红派息，违背对股东的承诺，那么长此以往就会在市场上失去信誉，导致投资者对本公司股票失去信心，从而减少或撤回投资，此时的股票价格会大幅度下跌，公司将蒙受巨大损失，反而得不偿失。

（二）股票发行成本

股票发行成本是指股票发行公司在筹备和发行股票过程中产生的相关费用，包括股票印刷费、承销费、注册会计师费、评估师费、公关及广告费，以及支付给中介服务机构的其他费用等。

三、股权融资的隐性成本

隐性成本是指非货币度量成本或由于各种不确定因素导致的可能发生的费用。在我国，由于市场经济体制的渐进性和计划经济体制的稳固性相互交融，资本市场的市场化程度低，且市场化力量的约束常常被软化，影响了上市公司股权融资成本信息的真实传递。因此，我国上市公司股权融资成本除显性成本外，还存在着制度性寻租成本、代理成本、非有效市场下的信息不对称成本、机会成本、股权稀释成本以及弱流通性成本等相当高的隐性成本。

（一）制度性寻租成本

制度性寻租成本是指在进行股权融资时，受不完善的强制性制度安排所产生的权利系统的影响，使股权融资行为脱离或违背市场规律而额外付出的成本。这一成本的存在主要是政府干预的结果。由于资金供给者、资金需求者及中介机构等参与方都有各自的行为偏好，都企图通过理性选择实现自身效用的最大化，在市场化条件不具备的前提下，需要政府借助于法律和行政权威，通过强制性的制度安排对各方行为进行协调。但由于我国在制度安排上的内在缺陷，尤其是政府主导型外在制度安排与市场发展内生规律之间存在较大的矛盾与摩擦，使得制度性寻租成本偏高，这无疑损耗了股权融资的效率。

（二）代理成本

上市公司是股份公司的高级形式，其所有权与管理控制权分离所形成的委托代理关系实质上是一种契约关系。在这种契约下，委托人（所有者）将资本授权给代理人（管理者）进行管理和控制，规定代理人为了委托人的利益应采取何种行动，委托人需相应地向代理人支付何种报酬，并按契约条文进行必要的监督，这些程序中发生的成本即为代理成本。目前，我国进行股权融资的代理成本比较高，其原因主要表现在两个方面：一方面，我国上市公司大多是由国有公司转制而来，国家作为最大股东的所有权代表地位虚置，公有股（国有股、法人股）处于控股地位且不公开流通，使公司治理结构表现出行政强控制和产权弱控制特点，并导致事实上的内部人控制问题，对管理者的激励约束机制难以奏效，从而增加了股权融资成本。另一方面，由于委托人和代理人的行为目标存在不一致的特点，致使代理人行动的结果往往与委托人所期望的结果存在差异。如果没有明确的契约约束，代理人可能会将自身效用的最大化凌驾于股东财富最大化之上，损害股东的利益。而在委托代理理论中委托人和代理人的行为及结果又难以监督，增加了股权融资的实际成本。此外，我国不存在具有竞争力的经理市场及高层管理人员持股或期权制度，使得即使在经营不善时，股东"用脚投票"的事后监督方式也难以对管理者产生巨大的压力，这也无形中增加了股权融资的代理成本。

（三）非有效市场下的信息不对称成本

不对称信息理论对资本结构的分析认为，股权融资是一个坏消息，因为公司只有在其股价高估时才会发行股票，这种情况下自然不会有人购买股票，由此而产生的逆向选择会导致公司价值下降或被低估等，从而带来额外成本和损失。目前，我国的资本市场正处于无效市场和弱式有效市场之间，且较为接近弱式有效市场，上市公司信息披露不及时，误导性及虚假信息较为普遍。一方面，由于我国信息披露不规范，股票价格难以反映上市公司的真实情况，上市公司偏向于利用内部信息优势和契约的不完备性，在股价高估时进行增资扩股溢价发行，此时，老股东会利用信息不对称侵占其他股东权益，新股东为了避免损失就会要求更多的回报，从而提高了股权融资成本；另一方面，投资公众缺乏正确的投资理念，投机性强，盲目哄抬股价，迎合上市公司股权融资的偏好，使股权融资在我国不仅不是个坏消息，反而成为炒作的机会，此时所产生的非有效市场下的信息不对称成本便由上市公司转嫁给了投资者。

（四）机会成本

这里所说的机会成本实际上是指公司选择股权融资而放弃其他融资方式所付出的

代价，即选择成本。股权融资的机会成本主要包括：(1) 放弃以其他方式进行融资的机会成本。例如，采取银行贷款的方式融资，可以因利率的降低而减少所要支付的利息，从而节省融资成本。(2) 放弃税收减免的机会成本。依据税法规定，公司支付贷款和债券利息的支出可从税前利润中扣除，这样税基就会变小，公司因此可以少缴所得税，而采取股权融资则没有这样的税收优惠。(3) 放弃老股东增加收益的机会成本。在贷款和债券融资的情况下，公司还本付息后的全部收入将由老股东分享，如果通过扩股增资，公司的净收入将由老股东和新股东共同分享，老股东的收入便会被摊薄。

（五）股权稀释成本

股权融资有可能会稀释原有股东的股权比重，影响上市公司的控制权，会对老股东的控股地位造成影响。股权稀释成本就是指在进行股权融资时，由于新股东的进入使老股东的股权稀释、收入摊薄、控制权弱化而带来的成本，这是股权融资中主要的隐性成本之一。但由于我国大多数上市公司具有极为特殊的股权结构，即非流通的国家股和法人股在我国上市公司中所占的比重处于绝对控股地位，因此这项成本相对较低。

第三节　债权融资

一、债权融资种类

公司债权融资主要包括商业信用、长期借款、企业债券、租赁等形式。

（一）长期借款

借款是企业筹集资金的重要方式，按照期限不同，借款可以分为短期借款和长期借款。长期借款是指企业向银行等金融机构以及向其他单位借入的、期限在一年以上的各种借款。长期银行借款与短期银行借款在借款条件等方面基本相同。借款合同是长期借款的一个重要内容，是规定借贷当事人各方权利和义务的契约。借款企业提出的借款申请经贷款银行审查认可后，双方即可在平等协商的基础上签订借款合同。利用长期借款筹资，其利息可以在税前列支，因此可以减少企业实际负担的成本，资金成本相对较低。

由于长期借款的期限长、风险大，按照国际惯例，银行通常对借款企业提出一些有助于保证借款按时足额偿还的保护性条款，主要包括：一是一般性保护条款，适用于大多数借款合同。主要有对借款企业流动资金保持量的规定；对支付现金股利和再购入股票的限制；对资本支出规模的限制；限制其他长期债务；借款企业定期向银行提交财务报表；不准在正常情况下出售较多资产；不准以任何资产作为其他承诺的担保；限制租赁固定资产的规模等。二是特殊性保护条款，是针对某些特殊情况而出现在部分借款合同中。主要有贷款专款专用；不准企业投资于短期内不能收回资金的项目；限制企业高级职员的薪金和奖金总额；要求企业主要领导人在合同有效期间担任领导职务等。

（二）企业债券

债券融资在约束债务代理成本方面具有银行信贷不可替代的重要作用：

（1）企业债券通常存在一个广泛交易的市场，投资者可以随时予以出售转让。这就为债权投资人提供了充分的流动性，可以降低投资的"套牢"效应。在这种条件下，债权人对权利的保护不再是必须通过积极地参与治理或监督，还可以通过"一走了之"的方式。显然，在这种情况下，债权人与股东之间的冲突被分散化了，债权的代理成本相应降低。

（2）债券对债权融资代理成本的约束还通过"信号显示"得以实现。由于债券存在一个广泛交易的市场，其价格能对债券价值的变化作出及时的反应；并且，债券的价格变动还将反映出企业整体债权价值和企业价值的变化。企业债券实际上起到了一个"显示器"的作用，可以使债权人及时发现债权价值的变动，尤其是在发生不利变动时迅速采取行动来降低损失。银行对贷款的质量评估也可以起到类似作用，但由市场来对企业债务定价，不仅成本要低得多，而且准确性和及时性要高得多。债券的这种信号显示作用是其他债权融资方式所没有的。

当然，与银行信贷相比，债券融资亦有不足之处，主要表现为债权人比较分散，集体行动的成本较高，而且债券投资者较大众化，未必是专业机构。这些特点显然不利于债券投资者约束债权的代理成本。

（三）商业信用

商业信用是期限较短的一类负债，而且一般是与特定的交易行为相联系，风险在事前基本上就能被"锁定"，所以它的代理成本较低。但是，由于商业信用比较分散，单笔交易的额度一般较小，债权人对企业的影响很弱，大多处于消极被动的地位，即使企业出现滥用商业信用资金的行为，债权人也很难干涉。

（四）租赁融资

租赁融资作为一种债务融资方式，最大的特点是不会产生资产替代问题。因为租赁品的选择必须经过债权人（租赁公司）审查，而且是由债权人实施具体的购买行为，再交付到企业手中。同时，在债务清偿之前，债权人始终拥有租赁品在法律上的所有权，对企业可能的资产转移或隐匿行为都能产生较强的约束。从这个角度来看，租赁融资的代理成本较之其他方式的债权融资显然要低得多。

1. 经营租赁

经营租赁是指出租人向承租人提供租赁设备，并提供设备维修保养和人员培训等的服务性业务，一般是短期租赁。

经营租赁的特点是：承租人根据需要可随时向出租人提出租赁资产；租赁期较短，不涉及长期而固定的义务；在设备租赁期间，如有新设备出现或者不需要租入设备时，承租人可以按照规定提前解除租赁合同，这对承租人比较有利；出租人提供专门服务；由于出租人承担租赁设备的风险，并负责设备的维修保养等服务，因此收取的租金相对较高；租赁期满或合同终止时，租赁设备由出租人收回。

2. 融资租赁

融资租赁是指由租赁公司按照承担企业的要求融资购买设备，并在契约或合同规定的较长期限内提供给承租企业使用的信用性业务。承租企业采用融资租赁的主要目的是融通资金，融资租赁是融资与融物于一体，具有借贷性质，是承租企业筹集长期借入资金的一种特殊方式。

融资租赁的形式主要有：第一，直接租赁，是融资租赁的典型形式。其基本流程是：由承租人选择需要购买的租赁物件，出租人对租赁项目进行风险评估后，购买并出租租赁物件给承租人使用。在整个租赁期间，承租人对租赁物件没有所有权但享有使用权，并负责维修和保养租赁物件。出租人对租赁物件的好坏不负任何责任，设备折旧在承租人一方。第二，售后租赁，即制造企业按照协议先将其资产卖给租赁公司，再作为承租企业将所售资产租回使用，并按期向租赁公司支付租金。第三，杠杆租赁。这是国际上比较流行的一种融资租赁形式，它一般要涉及承租人、出租人和贷款人三方当事人。从承租人的角度看，它与融资租赁形式并无区别，同样是按照合同的规定，在租期内获得资产的使用权，按期支付租金。但对出租人却不同，出租人只垫支购买资产所需现金的一部分，其余部分则以该资产为担保向贷款人借款支付。因此在这种情况下，租赁公司既是出租人又是借资人，据此既要收取租金又要支付利息。

从上面的分析可以发现，各种债权融资方式在克服代理成本方面均具有各自的优势与不足，因此在债权融资中应实现各种融资方式之间的取长补短，将各种具体的债权资金搭配使用、相互配合，才能最大限度地降低代理成本。

二、债券融资

债券是公司债权融资的一种重要方式，在前面的章节已经详细分析过债券的基本种类，这里仅仅简要分析其基本原理。债券（bond）是一种金融契约，是政府、金融机构、工商企业等直接向社会借债筹措资金时，向投资者发行，同时承诺按一定利率支付利息并按约定条件偿还本金的债权债务凭证。债券的本质是债的证明书，具有法律效力。债券购买者或投资者与发行者之间是一种债权债务关系，债券发行人即债务人，投资者（债券购买者）即债权人。

（一）债券的含义

债券的概念包含以下四层含义：

(1) 债券的发行人（政府、金融机构、企业等机构）是资金的借入者；

(2) 购买债券的投资者是资金的借出者；

(3) 发行人（借入者）需要在一定时期还本付息；

(4) 债券是债的证明书，具有法律效力。债券购买者与发行者之间是一种债权债务关系，债券发行人即债务人，投资者（或债券持有人）即债权人。

（二）债券的基本要素

债券尽管种类多种多样，但是在内容上都要包含一些基本的要素。这些要素是指

发行的债券上必须载明的基本内容,这是明确债权人和债务人权利与义务的主要约定,具体包括:

1. 债券面值

债券面值是指债券的票面价值,是发行人对债券持有人在债券到期后应偿还的本金数额,也是企业向债券持有人按期支付利息的计算依据。债券的面值与债券实际的发行价格并不一定是一致的,发行价格大于面值称为溢价发行,小于面值称为折价发行,等价发行称为平价发行。

2. 偿还期

债券偿还期是指企业债券上载明的偿还债券本金的期限,即债券发行日至到期日之间的时间间隔。公司要结合自身资金周转状况及外部资本市场的各种影响因素来确定公司债券的偿还期。

3. 付息期

债券的付息期是指企业发行债券后的利息支付的时间。它可以是到期一次支付,或1年、半年或者3个月支付一次。在考虑货币时间价值和通货膨胀因素的情况下,付息期对债券投资者的实际收益有很大影响。到期一次付息的债券,其利息通常是按单利计算的;而年内分期付息的债券,其利息是按复利计算的。

4. 票面利率

债券的票面利率是指债券利息与债券面值的比率,是发行人承诺以后一定时期支付给债券持有人报酬的计算标准。债券票面利率的确定主要受到银行利率、发行者的资信状况、偿还期限和利息计算方法以及当时资金市场上资金供求情况等因素的影响。

5. 发行人名称

发行人名称指明债券的债务主体,为债权人到期追回本金和利息提供依据。

上述要素是债券票面的基本要素,但在发行时并不一定全部在票面印制出来。例如,在很多情况下,债券发行者是以公告或条例形式向社会公布债券的期限和利率。

(三)公司债券的分类

按是否可转换,公司债券可以分为可转换债券和不可转换债券

1. 可转换债券

可转换债券是指在特定时期内可以按某一固定的比例转换成普通股的债券,它具有债务与权益双重属性,属于一种混合性筹资方式。若将来转换成功,在转换前发行企业达到低成本筹资的目的,转换后又可省股票的发行成本。根据《公司法》的规定,发行可转换债券应由国务院证券管理部门批准,发行公司应同时具备发行公司债券和发行股票的条件。

从本质上讲,可转换债券就是在发行公司债券的基础上,附加一份看涨期权,允许购买人在规定的时间范围内将其购买的债券转换成指定公司的股票。可转债一定要注意几个要素:一是转换期限,即在该期限内允许可转换债券的持有人按照转换比例

或转换价格转换成发行人的股票。我国《上市公司证券发行管理办法》规定，可转换公司债券的期限最短为 1 年，最长为 6 年，自发行结束之日起 6 个月方可转换为公司股票。二是可转换债券的票面利率。由于可转换债券赋予债券持有人将来成为公司股东的权利，因此其利率通常低于不可转换债券。三是转换比例或转换价格。转换比例是指一定面额可转换债券可转换成普通股票的股数，用公式可以表示为：

$$转换比例 = 可转换债券面值 / 转换价格$$

转换价格是指可转换债券转换为每股普通股份所支付的价格，用公式表示为：

$$转换价格 = 可转换债券面值 / 转换比例$$

最后还要注意可转换债券的赎回条款和回售条款。赎回是指发行人在发行一段时间后，可以提前赎回未到期的发行在外的可转换公司债券。赎回条件一般是当公司股票在一段时间内连续高于转换价格达到一定幅度时，公司可按照事先约定的赎回价格买回发行在外尚未转股的可转换公司债券。回售是指公司股票在一段时间内连续低于转换价格达到某一幅度时，可转换公司债券持有人按事先约定的价格将所持可转换债券卖给发行人的行为。赎回条款和回售条款是可转换债券在发行时规定的赎回行为和回售行为发生的具体市场条件。

2. 不可转换债券

不可转换债券是指不能转换为普通股的债券，又称为普通债券。由于其没有赋予债券持有人将来成为公司股东的权利，所以其利率一般高于可转换债券。

(四) 债券评级

债券的违约风险是指发行者不能履行合约，无法按期还本付息。对于投资者来讲，违约风险也叫信用风险。一般地，公司债券的违约风险比政府债券高，因此，投资者需要较高的利率作为补偿。

债券违约风险的测定由信用评级机构负责。许多国家的证券法并不要求债券发行时必须取得债券评级，但是没有经过评级的债券在市场上往往不被投资者接受，难以销售。从这个意义上说，债券评级是债券进入市场的准入证。因此，除了信誉很高的政府债券以外，债券发行单位都愿意向债券评级机构申请债券评级。每一家知名的评级机构都有一套完整的指标评价体系，对公司债务偿还的可能性进行评价。目前，国际上较有影响的评级机构有：标准普尔（Standard & Poor's）、穆迪投资者服务公司（Moody's Invest Service）、Fith Invest Service 以及 Duff & Phelps 等公司。这些评级机构通常利用财务比率和现金流动分析进行债券等级评估，所评估的债券等级与该债券利率呈相反方向的变动关系，即高等级债券的利率比低等级债券利率低。这反映了投资者对风险与报酬的选择态度。正由于这些评级机构在很大程度上会影响债券的发售能力和到期成本，因此，在考虑发行债券筹集资金时，公司的财务经理必须认真对待债券评级。几个主要评级机构的评级体系见表 7-2：

表 7-2 标准普尔公司、穆迪公司、Fith 和 Duff & Phelps 的评级体系

穆迪公司	标准普尔公司	Fith	Duff & Phelps	级别含义
Aaa	AAA	AAA	AAA	最高级别
Aa	AA	AA	AA	极高级别
A	A	A	A	较高级别
Baa	BB	BBB	BBB	适中级别
Ba	BB	BB	BB	有一定风险
B	B	B	B	较大风险、半投机性
Caa	CCC	CCC	CCC	有极高的风险，投机性
Ca	CC	CC		极端投机
C	C	C		充分投机
	D	DDD	D	可能违约破产

对于其中每一个等级，各公司又用相应的修正符号来进一步区分债券的优劣。债券评级主要凭借主观判断力，但在分析判断过程中，仍然需要许多数量和非数量的因素作为评估标准。这些因素总括起来可以分为三个方面的分析：产业分析、财务分析和信托契约分析。产业分析主要是为了判断该公司所属的产业是上升还是衰退的产业，是稳定的还是对经济活动敏感的产业，并评价该产业的级别，同时对该产业内部的竞争力、可能存在的潜在风险进行分析评价。如分析生产设备状况、生产率、技术开发能力、销售份额等在该产业内处何种位置，今后将如何变化。财务分析主要是根据发债人提出的财务数据，对发债人的财务状况进行定量分析，主要包括收益性、财务构成、财务弹性和清算价值等项目进行分析。

债券评级不仅能够降低投资者的信息成本、确保信息的准确性以及充当信息信号等，而且还会影响发行人的融资能力和融资成本。债券等级越高，它违约的可能性越小，投资人要求的报酬率越低，发行人的融资成本就越低。反之，融资成本越高。

以美国为例，其公司债券评级制度的主要特点是：第一，中立、独立的评级机构。评级机构在债券评级制度中处于核心地位，评级机构的性质对评级结果有重大影响，为了保证评级结果客观、公正、可信，评级机构应保持中立性和独立性。在美国，债券评级机构的中立性和独立性很强，各评级机构十分重视其中立性和独立性，依靠对有价证券的信用度进行中立和独立的专业判断来取信于投资者，在资本市场上立足。评级机构极不但努力使公司在人员或资金方面不和与自己存在利害关系的各方（发行人、承销商、投资者等）以及政府或金融当局发生任何关系，而且即使评级机构自身隶属于某个特定的公司集团，也尽可能保持自身的立场不偏不倚。评级机构都是独立的私人公司，不受政府控制，也独立于证券交易所和证券公司。它们所作出的信用评级不具有向投资者推荐这些债券的含义，只是供投资者决策时参考，因此，他们对投资者具有道义上的义务，但并不承担任何法律上的责任。第二，科学合理的评级方法。评级机构收到发行人提供的资料后，就该项目组织一个评级小组，评级小组

经过调查研究，制定出评级方案。美国的评级机构在评级时通常会使用数学模型，加上评级人员基于分析调查的主观判断。评级的对象是公司发行的债券，因此评级结果既受公司本身的经营状况和财务状况影响，也受债券发行条款影响。债券评级是对公司所处的行业、公司本身的情况及债券发行条款作出的综合判断。公司债券的经济分析是公司债券价值评估的基础，它从经济和金融理论出发，为公司债券价值的评估提供了框架。公司债券的价值判断主要有三个方面：债券发行公司的行业分析；公司本身的财务情况；债券购买者享受的权利。评级小组制成的"评级方案"交由评级委员会讨论，然后以投票决定级别。评级委员会表决确定级别后，与债券发行人联系，在得到债券发行人同意后向投资者公布级别。

三、债权人约束

债权人是公司借入资本即债权的所有者，债权人与公司的关系是一种融资契约关系，包括正式的和非正式的。从理论上看，债权人要承担公司本息到期无法收回或不能全部收回的风险。因此，债权人和股东一样，在公司治理上，债权人有权对公司进行监督，并在非常情况下拥有控制权，如公司破产清算。公司债务对于公司的约束作用来自于债权人的监督和严厉的债务条款。债务契约中的保护性条款对于公司和公司经营者在投资、融资、股利分配和公司经理人员的收入等方面的限制，都会对公司的融资行为产生影响，有利于改善公司治理。债权人的专业化，有助于提高公司治理效率和债务的约束作用。在公司丧失清偿到期债务能力将导致破产的机制约束下，债务对公司的约束作用是强烈的，与通常的激励约束机制相比，这种债务对经理人的约束显得更强有力。债务的作用还在于，如果公司经营不善，不能清偿到期债务，则公司经理人不得不放弃其经理地位，因此，代价是非常巨大的。同样，银行可以从借款人那里获得十分有价值的公司信息，从而能够监督和控制公司。

在德日银行导向公司治理模式中，债权人对经营者的约束方式主要是银行干预，银企间关系产权制约较强，公司以间接融资为主，银行在公司经济中发挥重要作用。而英美市场导向公司治理模式中，银企关系模式以市场为运行基础，银企间的产权制约较弱，处于较为松散关系的状态。实际上，即使美国银企关系不如日德国家银企关系那么紧密，局限于"破产约束"的治理方式，但这种最终的"硬约束"对公司日常经营依然产生重大影响。这种到期还债或破产清算的约束，对于公司经营者来说，是一种潜在的"威慑"。

（一）债权人间接介入

间接介入是指债权人在债务契约签订前，通过应有的审慎和信贷配给机制、限制债务期限和债务资金的用途、合理配置债务工具流动性和转让性、提供抵押和担保等措施，达到对公司和公司经营者行为的限制。这种间接的介入主要是通过债务契约本身的条款来实现的。这些条款通常是一些保护性条款，可以分为消极条款，即限制和禁止公司采取可能损害债权人利益的行动；积极条款，即指定公司采取行动或债权人采取必要的行动，如提前收回贷款或者停止贷款供应等。表7-3是典型的债务保护性条款样式。

表 7-3 典型的债务保护性条款

条款类型	公司行为或公司形式	条款理由
财务报表 1. 营运资本要求 2. 利息项目 3. 最小净值	当公司接近财务危机时，股东可能要求公司进行高风险投资	股东在破产前丧失价值；破产时债权人受损更大；债权人受损失限制股东转移资产给自己并承担投资
资产处置限制 1. 限制股利 2. 限制出售 3. 担保和抵押	股东试图转移公司资产给自己	公司风险增大有利于股东，债权人因此受损
转换资产限制	股东试图增加公司的风险	
稀释 1. 限制租赁 2. 限制进一步发展	股东可能试图发行同等条件或更优先的新债券	限制对现有债权人利益的稀释

资料来源：〔美〕斯蒂芬·A. 罗斯：《公司理财》，方红星译，机械工业出版社 2000 年版。

在市场经济中，债务契约本身是具有法律效力的，因此对债务人来说，债务契约的约束是一种硬约束，无疑会对公司经营者和决策行为产生重大影响。当然，这种硬约束能否表现出来，还要受到市场环境等因素的影响。

（二）债权人直接介入

债权人直接介入，主要是指债权人参与债务公司的公司治理，其方式和手段因债务公司所处的经营状况而有所不同。当债务公司经营状况不佳时，债务契约无法履行，债务人不能还本付息，公司处于破产状态，则债权人可以依据债务契约，根据有关法律规定，取得对债务公司的控制权。按照相关程序，对公司的剩余资产进行清算或重组，并优先用于清偿债权。在公司被迫进入破产程序时，债权人对公司的控制通常要通过法律程序来进行。债权人对偿还债务能力不足的公司，一般可以有两种方式：一是清算，另一种是重组。清算又可分为自愿清算和强制清算。一般债务重组的方式有债转股、延期偿债、减免债务利息或本金、注入新的资本等，还有剥离不良资产、引入新的管理制度、采用新的生产技术、更换公司的经营者等。债权人的这种介入是基于破产机制和相机治理机制得以实现的。因为这种治理发生在债务人不能偿还到期债务而引发的，旨在保护债权人的利益，因此又被称为"事后监控"。当然，这种"事后监控"的债权融资治理效应的发挥，需要多方面的因素保障才能起作用，但主要是《破产法》能够使得公司破产机制真正发挥效应。

当债务公司经营状况不佳时再介入，让它破产清算偿还债务，此时的债权人的利益已经受到损害。所以，仅仅是债权人的"事后监控"行为不足以维护其利益，债权人需要全面地介入公司治理。即在公司还未出现经营状况不佳时也介入债务公司的公司治理，实行"事前监控"，这种债权融资治理的做法在德国和日本表现最为普遍，而且治理效果也相当显著。

本章案例

华为为何不愿上市

华为创始人任正非曾明确表示公司董事会多年来不仅从未研究过上市问题,而且未来几年内,华为既不考虑整体上市,也不考虑分拆上市,更不考虑通过合并、兼并、收购的方式进入资本市场。

一、以客户为中心

几年前,摩根士丹利首席经济学家斯蒂芬·罗奇率领一个机构投资团队访问华为总部,任正非没出面会见,只派了负责研发的常务副总裁接待。事后,罗奇有些失望地说任正非拒绝的可是一个万亿美元的团队。任正非对此事的回应是:"罗奇又不是客户,我为什么要见他?如果是客户的话,最小的我都会见。他带来的机构投资者跟我有什么关系,我是卖设备的,只想找买设备的人。"这一真实故事被外界普遍解读为华为并非需要亲资本的文化,而是要培育亲客户的文化。作为一种贯穿西方商业史的普世价值观"以客户为中心",在任正非近乎痴迷的驱动之下,在华为员工中得到了非常坚定的贯彻与认同。华为内刊《华为人》曾要发表一篇题为《为客户服务是华为存在的理由》的文章,任正非在审稿时将其改成《为客户服务是华为存在的唯一理由》。不仅如此,无论是新员工入职培训还是专项技能培训;不管是各类务虚会议还是业务会议,任正非都会尽可能亲自上阵大讲特讲"以客户为中心"的价值理念。而在一次又一次地被"洗脑"之后,原来个性迥然的华为员工几乎都被成功改造。追崇与坚守换来了丰厚的回报——全球多家电信企业以及消费者都成为华为忠实的客户,华为成为仅次于爱立信的全球第二大通信设备制造商。正是如此,在资本市场与经营客户之间,任正非更看重后者所创造的价值。换句话说,华为能够发展壮大,乃是因为华为领导层所怀有的清醒而坚定的价值观不是资本,唯有客户才是华为走向持续成功的根本。

二、华为"不差钱"

冷观资本市场中企业生死快速切换的生态,任正非对华为不上市多了更深的理解。在纽约一家著名的俱乐部午餐会上当有人问到"华为为什么不上市"的问题时,任正非答道:"猪养得太肥了,连哼哼声都没了。科技企业是靠人才推动的,公司过早上市就会有一批人变成百万富翁、千万富翁,他们的工作激情就会衰退,这对华为不是好事,对员工本人也不见得是好事,华为会因此而增长缓慢乃至于队伍涣散。员工年纪轻轻就太有钱了,会变得懒惰,对他们个人的成长也不会有利。"任正非不愿意看到自己像其他业界同行那样,总是被资本市场的短期波动牵着鼻子走。非常重要的是,在华为全部职员中,目前有万名员工持有公司的股份,这恐怕是全球未上市企业中股权最为分散、员工持股人数最多的一家公司。如此分散的股权结构,任何一家资本投资者都可轻而易举地形成相对控制权。对此，任正非不得不多一份警惕。不上市的华为是否有足够厚实的家底支撑企业扩张与前行是外界同样关注的话题。分析华为历年的财报，不难发现其手握的现金与短期投资都在快速增长。与此同时，华为在全球各银行中拥有数亿美元的授信额度，来自外资银行与国内银行。不仅如此，华为内部的虚拟股权机制也为自己提供了一种融资手段。

资料来源：张锐：《华为为何不愿上市》，载《中关村》2013年第6期。

本章思考题

1. 管理者过度自信与公司融资决策有什么关系？
2. 股票市场的功能是什么？
3. 债权融资的种类有哪些？
4. 为什么要进行债券评级？
5. "债权人约束"内涵是什么？

第八章

资本成本

资本成本是指公司为筹集和使用资金而付出的代价。笼统地说,公司筹集和使用任何资金,不论短期的还是长期的,都要付出代价;狭义的资本成本仅指筹集和使用长期资金(包括自有资本和借入长期资金)的成本。

第一节 资本成本概述

公司从事生产经营活动必须要用资金,在市场经济条件下不可能无偿使用资金。因此,公司除了必须合理调配使用资金外,还必须分析把握各种来源的资金的使用成本。

一、资本成本内涵

《新帕尔格雷夫货币金融大辞典》中指出"资本成本是商业资产的投资者要求获得的预期收益率。以价值最大化为目标的企业的经理把资本成本作为评价投资项目的贴现率或最低回报率。"可以看出,资本成本是投资者将资本作为生产要素投入到企业或项目所要求的投资回报。

资本成本包括资金筹集费用和用资费用两部分。资金筹集费用是指公司在筹集资金活动过程中发生的各项费用,如向金融机构等债权人支付的借款手续费,向证券承销商支付的发行股票、债券的印刷费,发行手续费,评估费,公证费,广告费,律师费等,一般,筹资费用是一次性费用。而资金用资费用是公司向筹集资金的提供者支付的报酬,如向金融机构等债权人支付的借款利息、向股票持有者或股东发放的股利等。

资本成本的实质是机会成本。货币是一种稀缺资源,当将货币用于某一项资本投资时,就必须放弃货币用于其他用途的机会。这决定了投资者将资金投资于某一项目就不能再将其投资于其他项目。如果一项资本投资是值得的,那么被放弃的其他项目的投资收益就是这项投资的机会成本,那它所产生的回报也至少要与相同风险的投资项目所产生的回报相等。因此,投资者所要求的报酬率不应低于其机会成本。否则,投资者将转移其投资,选择更具吸引力的投资项目,以期获得更高的收益率,而投资者的收益率对企业来说就是资本成本。可见,资本成本也是机会成本。

从筹资者的角度而言,资本成本是企业为筹集和使用资金所支付的代价,即企业为了获取资本的使用权所支付的代价,也就是筹资者为了达到其特定目的而耗用的经济资源。对于资金的提供者而言,筹资者所支付的成本不一定符合投资者的意愿,因此筹资者所支付的资本成本取决于投资者所期望得到的报酬。从投资者的角度而言,资本成本是一种典型的面向未来的机会成本,它是投资者进行投资所要求的必要报酬率或最低报酬率。投资者在作投资决策选择时,是期望未来获得相应的报酬的。在选择将资金投向某个企业或某个项目时,投资者很显然同时放弃了其他的投资机会。其所放弃的其他投资机会中收益最高的,就是其选择投资该公司或该项目所要求的最低报酬率,也就是投资者所要求获得的一个必要报酬率。因此,此时的资本成本是投资者为了达到其特定目的而放弃其他资源的价值。

二、资本成本的表达式

资本成本可以用绝对数或者相对数表示,资本成本的绝对数表示即资本总成本,它是筹资费用和使用费用之和。由于它不能反映用资多少,不便于对各种筹资方式进行比较,所以很少使用。资本成本的相对数表示即资本成本率,它是资金占用费与筹资净额比率。公司筹资方式不同付出的代价不同,其资本成本的计量可以从个别资本成本、综合资本成本和边际资本成本三个方面进行。个别资本成本是指各种筹资方式所发生的筹资成本,主要包括银行借款成本、债券成本、优先股成本、普通股成本和留存收益成本,它们决定着公司综合资本成本的高低。综合资本成本是指一个公司各种不同筹资方式总的平均资本成本,它是以各种资金所占的比重为权数,对各种资本成本进行加权平均计算,所以又称为加权平均资本成本。边际资本成本是指资金每增加一个单位而增加的成本,当公司需要追加筹措资金时,可以只采用某一筹资方式,但这对保持或优化资本结构不利。当公司筹资数额很大,资本结构又有既定目标时,可以通过边际资本成本的计算,确定最优的筹资方式组合。

三、资本成本的运用

(一)资本成本在投资决策中的应用

经营活动创造的现金流量是企业价值创造的唯一源头,因此决定企业价值的根本因素只有一个,就是投资决策。投资决策是与理财目标契合得最为完美的财务决策,又被称为公司理财的第一决策。企业通过科学的投资决策获得大量的、规划中的现金流量,从而保证企业价值的持续增长与股东财富的不断增加。其他的财务决策均应当保障投资决策的顺利实施和投资目标的有效实现。对于任何一个企业投资人而言,只有当投资获得的报酬高于成本时,他才会采取投资该项目的决定。在投资决策中,资本成本的应用主要体现在两方面:第一,当企业投资的项目与企业现存的业务相同时,对项目投资决策而言,企业的资本成本是合适的折现率;第二,当企业投资的项目与现有的资产平均风险不同时,则需要根据项目风险与企业风险的差别,适当增加或减少可以估计项目的资本成本,并采用内含报酬率法或净现值法等来判断项目的投资情况。

(二) 资本成本在企业筹资中的应用

公司融资行为的约束条件是公司给予投资者的最低回报必须达到投资者要求的报酬,即资本成本,否则公司根本无法获得投资者的青睐。也就是说,资本成本对于公司融资决策具有强硬的约束力,公司的融资行为必须以对资本成本的满足为出发点,资本成本的高低决定了公司的融资方式,进而有效约束了公司的融资行为。为了使得资本成本最低,公司应该根据自身状况选择筹资方式。如果公司是稳健型的,财务风险相对较低,现金流量比较稳定,可采取债务性融资方式;如果公司处于快速成长期,现金流量不稳定,财务风险较大,此时若采取债务性融资方式,将会提高资本成本,相反若采用股权筹资方式,虽然这种方式成本高,但是风险低。

(三) 资本成本在股利决策中的应用

公司在投融资活动后会依据取得利润进行股利分配,以满足其长远发展和股东及债权人投资的要求,以便未来更好地融资。公司在进行股利分配时必须结合自身的实际状况,做到既能让公司良好发展,又能让股东满意,当然要符合法律法规。一项高质量的股利分配政策既能满足债权人和股东的要求,使他们效用最大化,又能够使公司更好地发展,为公司更好地融资作准备。保留盈余相对于发行新股是一种经济可行的筹资渠道,因为不需要筹资费用,降低了资本成本。

(四) 资本成本在绩效评价中的应用

一般地,可以从多方面来评价公司的经营绩效,但是经济利润是这些指标中不可缺少的指标。资本成本是经济利润的核心组成部分,经济利润不同于会计利润。简单来讲,会计利润指的是总收益减去公司的显性成本;经济利润指的是公司的总收益减去显性成本和隐性成本,经济利润最大化才是公司应该追求的目标。经济利润反映了公司真实的经营业绩,真正地体现了公司的经营目标,是大多数公司越来越追求的利润目标。公司资本成本与资本市场有关,这使得经济增加值能够有效地将公司业绩评价与资本市场联系起来,为公司的业绩发展指明方向,更有利于公司科学、合理地制定业绩考核评价体系。

第二节 个别资本成本

个别资本成本是指各种单个资本来源的成本,包括债务资本成本和股权资本成本。

一、债务资本成本

(一) 债务资本成本概述

公司的债务资金主要通过向债权人借款或发行债券等形式筹集,要正确理解债务资本成本首先要理解两个概念:债务人的承诺收益与债权人的期望收益。

所谓债务人的承诺收益是指债务人在筹集债务资金时向债权人许诺支付的收益,

一般对此会在借款合同或债券发行条款中予以明确的规定。而债权人的期望收益是指由于债权人将资金提供给公司或债务人，由此导致其失去其他投资机会的收益，这是一个典型的机会成本，这个机会成本是债权人所要求获得的一个最低必要报酬率。在同等条件下，只要其他筹资者所支付的利率高于该筹资者，债权人显然会将资金转投向其他筹资者，这是由资本的逐利属性所决定的。在正常情况下，从债务人的角度来看，只要债务人按期如实履约，支付其事先承诺的收益，此时，债务人承诺的收益其实与债权人所期望的收益相差无几，债务人承诺的收益其实也就相当于债权人所期望的收益。因此实务中，通常把债务人的承诺收益率当作其债务资本的成本。但从债权人角度而言，却不然。当债权人的投资获得成功时，其获得的是债务合同中所规定的本金和利息，也就是债务人的承诺收益兑现，而一旦投资失败，债务人可能会出现违约风险，此时，债权人无法获得债务人先前承诺的收益，就会出现债务人的承诺收益可能远远低于债权人的期望收益。因此在正常情况下，可以将债务人的承诺收益视作其筹集债务资本的成本。而一旦债务人处于财务困境或财务状况不佳情形时，由于债务人的违约风险加大，债权人可能不愿意投资。债务人为了筹集资金，可能会大幅度提高其承诺收益，出现债务人的承诺收益率高于债权人的期望收益率。例如，各种垃圾债券的利率要高于同期的普通债券，但债务人承诺的收益很显然也伴随着很高的违约风险。对于债务资本成本而言，由于其确定性比较强，计算相对于权益资本比较容易。这是因为就债权人而言，由于其让渡资金的使用权有确定的期限，因此其所获得的报酬有上限要求，并且其所要求获得的报酬率一般会事先在债务合约中明确利率，这些约定的利率既是债务人承诺支付给债权人的收益率，也是债权人在投资时所要求获得的一个机会成本或者是最低报酬率。

（二）债务资本成本计算

债务资本成本是指公司通过债务形式融资所必须支付的报酬。由于债务利息可以税前扣除，债务资本成本按税后值进行计算，使得债务资本成本相对较低。同时，由于债务资本的存在，公司可以充分利用财务杠杆，从而增加股东财富。另外，以债务形式融资不会造成公司所有权的稀释，这样可以保障股东的控制权。但债务利息须定期支付，到期要归还本金，有较强的强制性，所以公司应该权衡债务筹资的利弊，合理确定公司负债比率。债务资金又分为长期借款和发行债券。长期借款资本成本是指公司通过长期借款方式融资所必须支付的代价，主要取决于长期借款的利率和公司适用的所得税税率。长期债券资本成本是指公司以发行长期债券方式融资所必须支付的代价，它主要由债券的票面利率和公司适用的所得税税率决定。公司债务的利率是由市场经济状况和公司自身的状况决定的。其中，市场的经济状况主要包括市场对通货膨胀的预期、资金的供应和需求状况、经济周期、货币政策和财政政策、国际经济政治关系、国家利率管制程度等；公司自身的状况主要包括公司违约风险的大小、公司债务的流动性状况、债务期限的长短、有无抵押及抵押品流动性强弱等。

1. 长期借款的资本成本

(1) 没有考虑资金时间价值时

$$K_b = \frac{i_b(1-T)}{1-F}$$

其中，K_b 表示长期借款资本成本率，i_b 表示借款的利率，T 表示公司适用的所得税税率，F 表示借款费率。

【例1】 某公司向银行借入期限为3年的长期借款1000万元，年利率为8%，每年付息一次，到期一次还本，手续费率为0.2%，企业所得税税率为25%，则该笔长期借款的成本为：

$$K_b = \frac{8\% \times (1-25\%)}{1-0.2\%} = 6.01\%$$

(2) 考虑资金时间价值时

$$L(1-F) = \sum_{t=1}^{n} \frac{I_t}{(1+K)^t} + \frac{P}{(1+K)^n}$$

$$K_b = K(1-T)$$

其中，L 表示借款总额，n 表示借款期限，I_t 表示每年支付的借款利息，P 表示最终偿还的本金，K 表示借款年税前到期收益率。

【例2】 接上例，如果考虑资金时间价值，该长期借款的资本成本计算如下：

首先，计算税前成本：

当 $K=10\%$ 时，长期借款的净现值为：

$\text{NPV} = 1000 \times 8\% \times \text{PVIFA}_{10\%,3} + 1000 \times \text{PVIF}_{10\%,3} - 1000 \times (1-0.2\%) = -48.04$

当 $K=8\%$ 时，长期借款的净现值为：

$\text{NPV} = 1000 \times 8\% \times \text{PVIFA}_{8\%,3} + 1000 \times \text{PVIF}_{8\%,3} - 1000 \times (1-0.2\%) = 2.16$

其次，运用插值法计算税前资本成本：

$$K = 10\% + (8\% - 10\%) \times \frac{-48.04}{-48.04 - 2.16} = 8.09\%$$

最后，将税前资本成本调整为税后资本成本，即：

$$K_b = 8.09\% \times (1-25\%) = 6.07\%$$

2. 长期债券资本成本

(1) 不考虑资金时间价值时

$$K_b = \frac{I_b(1-T)}{B(1-F)}$$

其中，K_b 表示长期债券资本成本率，I_b 表示每年支付的债券利息，B 表示实际债券筹资额，T 表示企业适用的所得税税率，F 表示长期债券筹资费率。

(2) 考虑资金时间价值时

$$B(1-F) = \sum_{t=1}^{n} \frac{I_b}{(1+K)^t} + \frac{P}{(1+K)^n}$$

$$K_b = K(1-T)$$

其中，K 表示长期债券年税前收益率，P 表示最终偿还的本金。

长期债券资本成本的计算，与上例基本相同，不再举例。但需要说明的是，上述关于债券资本成本的计量方式只是考虑了资金的时间价值，却没有考虑债券的折价、溢价发行问题。通常，在债券发行时都会出现折价、溢价发行的情况，因此要准确地计算企业的资本成本，就要把债券的折价、溢价发行对债券资本成本的影响考虑进去。债券发行最首要的问题就是债券发行价格的确定。债券的发行是一种市场行为，涉及债券买卖双方。如果债券的发行价格太高，必然会影响公司的融资计划；如果债券的发行价格太低，就会使公司的债券资本成本率变高，不利于公司发展。债券发行价格确定的依据是折现现金流量模型，即债券的发行价格等于它未来可能带来的现金流量按特定的折现率折算的现值。债券可能带来的未来现金流量就是定期所得的债券利息和到期返还的债券面值金额，对这两项现金流量，以金融市场的平均资本报酬率为折现率进行现值计算，所得结果就是债券的发行价格。

【例 3】 某公司发行面值 1000 万元的 5 年期债券，其发行价格为 1080 万元，票面利率为 8%，每年付息一次，到期一次还本，发行费率占发行价格的 4%，公司的所得税税率为 25%，该债券的资本成本计算如下：

$$K_b = \frac{1000 \times 8\% \times (1-25\%)}{1080 \times (1-4\%)} = 5.58\%$$

二、权益资本成本

（一）权益资本成本概述

公司主要通过向股东发行股票筹集权益资本，要正确理解权益资本成本，同样也要厘清两个概念：公司实际支付的报酬与股东所期望的报酬。公司实际支付的报酬是指公司在经过一系列生产经营后，将其生产经营的成果分配给投资者，这取决于公司的生产经营状况以及财务状况。因此，公司所支付的报酬具有很大的不确定性，公司实际支付的报酬并不是权益资本的真实成本，公司必须使股东相信，股东所投资本金的投资报酬率至少应该大于或等于其所放弃的其他投资机会（同等风险水平）的报酬率。因此，股东所要求的报酬率，应该是一种事前的期望报酬率，而不是已经获得的实际报酬率。公司所支付的实际报酬率可能高于、也可能低于股东所期望的报酬率。公司在进行权益资金筹资时，对于股东所期望的报酬率是否能够实现不作任何保证，这就要求权益投资者根据公司的现有状况以及将来的运营前景等相关信息，对公司将来的经营状况与收益水平进行评估，估计其将来可能获得的报酬，以及该期望报酬所能够实现的可能性，再决定是否进行投资。

对于权益资本而言，其资本成本不是前面所述公司实际支付的报酬率，而应该是满足股东所期望的必要报酬率，这个报酬率是确保投资者不离场撤资的机会成本。只有满足了股东所期望得到的报酬率，投资者才不至于选择用脚投票，进而使公司股票价格保持不变。如果将公司实际支付的报酬看作是权益资本的成本，就会产生很多误区。比如，有些上市公司会认为只要不分派现金股利，权益资金就无需支付成本，对于这部分资金的使用就是零成本。如果公司所支付的报酬与投资者所期望的报酬相去甚远,对于机构投资者而言,会通过公司治理机制对其生产经营决策进行干预,对于中小投资者而言,可能就会撤资离场。

(二)权益资本成本计算

权益资本成本在计算时,相对于债务资本要困难复杂得多。这是因为对于股东而言,其资金使用权的让渡是永久性的,因此其所要求的报酬率不容易确定,这主要体现在股东所要求的报酬率来源于股利和股价上升两大部分。无论是股利的发放还是股价的变动水平都取决于未来公司经营状况与财务状况的质量,而这具有很大的不确定性。股权资本成本是指股东对投入企业的资本所期望得到的报酬。股权资本融资相对于债务资本融资而言,有一定的有利之处,如没有到期日、无须偿还、筹资风险小、没有固定的股利支付负担;优先股股利通常要定期支付,而且股权资本融资还能增加公司的信誉。但股权资本融资发行费用一般比债务资本融资要高,股利也没有抵税作用,而且还会造成企业控制权的稀释,导致股票价格的下跌。另外,投资人对股权资本的回报要求通常要高于债务资本,因而企业应谨慎选择融资方式,确定合理的资本结构。股权资本成本高于债务资本成本主要是因为各国法律一般都规定,在企业破产清算时,债务资本所有人相对于股权资本所有人享有优先受偿的权利,因此,股权资本所有人承担的风险就要大于债务资本所有人所承担的风险,所以作为补偿,他们要求更高的回报。股权资本成本可分为优先股资本成本、普通股资本成本和留存收益资本成本。

1. 优先股资本成本计算

优先股筹资需发行较高的筹资费用,且其股利是固定的,但与债券不同的是其股利以税后利润支付,且没有固定的到期日。因此,其计算公式为:

$$K_p = \frac{D}{P(1-F_p)} \times 100\%$$

式中,K_p 表示优先股资本成本;D 表示优先股年股利额,按面值和固定的股利率确定;P 表示优先股筹资额,按发行价格确定;F_p 表示优先股筹资费用率。

按照有关法律规定,公司只有在有盈利时才能支付优先股股息,且当公司破产时,优先股的求偿权在债权人之后。因此,优先股股东较债权人承担着更大的风险,优先股股息率一般比债券利息率要高。同时,考虑到优先股股息由税后利润支付,通常优先股资本成本高于债券资本成本。

【例4】 某公司发行面值为 5000 万元、股利率为 10%、不可赎回的累积优先股为 1000 万股的优先股,发行费率为 5%,每股发行价格是 6 元,则优先股的资本成本为:

$$K_p = \frac{5000 \times 10\%}{6 \times 1000 \times (1-5\%)} \times 100\% = 8.77\%$$

2. 普通股资本成本计算

与债权资本成本和优先股资本成本的显性特征不一样,普通股的资本成本是一种隐性成本，即公司在发行普通股股票筹集资金时，并不明确约定未来支付股利的时间与金额，所以，普通股资本成本的估算面临着较大的不确定性。普通股资本成本的主要估算模型有：

（1）股利贴现模型法，也叫"贴现现金流量法"。股东购买股票是期望获取股利，股东期望获得的股利也就是股票发行人需要付出的成本。根据股票内在投资价值等于预期未来可收到的股利现值之和的原理，可知：在固定股利额的股利分配政策下，即 D_t 的值为一个固定金额时，普通股资本成本的计算方法与优先股成本的计算方法相同。

当股利以一个固定比率 G 递增时，假设股票发行价为 P 元/股，筹资费率 F，预计第 1 年年末每股股利为 D_1，以后每年股利增长 G（增长率），则普通股资本成本 K_s 计算如下：

$$K_s = \frac{D_1}{P(1-F)} + G$$

【例5】 某公司计划发行普通股筹集资金，预计每股发行价为 28 元，发行费率占每股发行价的 4%，公司当年宣布每股发放股利 2 元，股利预期增长率为 5%，则该普通股资本成本为：

$$K_s = \frac{2 \times (1+5\%)}{28} + 5\% = 12.5\%$$

股利贴现模型是估算普通股资本成本的一个较常用的方法。一般地，预测未来一年的股利并不难，主要的难点在于预测未来股利的增长率。通常，股利的多少取决于每股收益和股利支付率。每股收益的预测，一般可以采用每股收益增长趋势法、销售和利润回归预测法、销售利润率法等对历史资料进行统计分析得到。股利支付率的估计，则可以通过分析公司过去若干年的股利分配政策加以确定。但现实中，采用上述方法预测未来各年股利困难重重，所以通常假定股利的变化具有一定的规律，如股利固定不变或股利以不变的增长率增长，从而可以采用上述简化方法进行估算。

（2）资本资产定价模型法。按照资本资产定价模型法，普通股资本成本的计算公式为：

$$K_s = R_f + \beta_i [E(R_m) - R_f]$$

式中，K_s 表示普通股资本成本；R_f 表示无风险报酬率；β_i 表示股票 i 的 β 系数；$E(R_m)$ 表示市场组合的收益率。

理论上，该模型中的无风险报酬率、市场组合期望收益率和股票的系统性风险即 β 系数，应该是未来预期值。然而在实际计算时，这些未来预期值往往很难得到，因此只能采用历史数据进行估算。

【例6】 假定无风险报酬率为 3%，股票市场的市场组合收益率为 8%，某公司普通股股票的 β 值为 1.8，则该公司普通股资本成本为：

$$K_s = 3\% + 1.8(8\% - 3\%) = 12\%$$

此外，还可以用风险溢价法确定普通股资本成本。根据风险越大，要求的报酬率越高的原理，普通股股东承担的风险一般大于债券投资者，因而可根据债券收益率加上一定的风险溢价计算普通股资本成本，用公式表示为：

$$K_s = K_b + R$$

式中，K_b 表示同一公司的债券投资收益率；R 表示股东要求的风险溢价。

风险溢价 R 的大小可以凭经验估计。一般认为风险溢价多处在 3%—5%。当市场利率达到历史性高点时，风险溢价通常较低，在 3% 左右；但市场利率处于历史性低点时，风险溢价通常较高，在 5% 左右；而在通常情况下，常常采用 4% 的平均风险溢价。

【例 7】 某公司已经发行的债券成本为 8%，目前准备发行一批新股票，则该股票的资本成本为（假定平均风险溢价为 4%）：

$$K_s = 8\% + 4\% = 12\%$$

3. 留存收益资本成本计算

留存收益资本成本事实上是一种机会成本。留存收益是公司缴纳所得税后形成的，其所有权属于股东，股东将这一部分未分派的税后利润留存于公司，实质上是对公司追加投资。如果公司将留存收益用于再投资所获得的收益低于股东自己进行另一项风险相似的投资的收益率，公司就不应该保留留存收益，而应将其分派给股东。因此，公司保留留存收益后给股东的报酬应该至少等于股东将其用于类似风险投资所能获得的收益。留存收益资本成本确定方法与普通股相似，所不同的只是留存收益无须发生筹资费用。在股利贴现模型法下，留存收益成本的计算公式为：

$$K_c = \frac{D_1}{P_c} + G$$

式中，K_c 表示留存收益资本成本；P_c 表示留存收益额，其他同上。

【例 8】 某公司普通股目前市价为每股 50 元，估计股利年增长率为 10%，本年发放股利为每股 3 元，则该股票留存收益资本成本为：

$$K_c = \frac{3 \times (1 + 10\%)}{50} + 10\% = 16.6\%$$

第三节 加权资本成本

因为受到多种因素的影响，公司一般不可能仅仅采用一种融资方式筹集资金，而是需要通过不同的融资方式筹到资金，以达到资本成本最低的目的。公司在采用多种融资方式时，需要计算其加权平均资本成本。

一、加权平均资本成本概述

（一）基本理论

1963 年，所罗门（Jerrold M. Solomon）在出版的《财务管理理论》中认为，"加权平均资本成本"就是"促使企业预期未来现金流量的资本化价值与企业当前价值相

等的折现率",并用公式表示出来:

$$R_{WACC} = \frac{S}{S+B} \times R_S + \frac{B}{S+B} \times R_B$$

其中,R_{WACC} 表示加权平均资本成本;R_S 是权益资本成本,即权益的期望收益率;R_B 是债务资本成本也就是借款利率;S 是权益的价值;B 是债务的价值。

【例9】 ABC公司正在着手编制明年的财务计划,公司财务主管请你协助计算其加权资金成本。有关信息如下:

(1) 公司银行借款利率当前是9%,明年将下降为8.93%。

(2) 公司债券面值为1元,票面利率为8%,期限为10年,分期付息,当前市价为0.85元;如果按公司债券当前市价发行新的债券,发行成本为市价的4%。

(3) 公司普通股面值为1元,当前每股市价为5.5元,本年派发现金股利0.35元,预计股利增长率维持在7%。

(4) 公司当前(本年)的资本结构为:

银行借款	150万元
长期债券	650万元
普通股	400万元
保留盈余	869.4万元

(5) 公司所得税率为40%;

(6) 公司普通股的 β 值为1.1;

(7) 当前国债的利息率为5.5%,市场上投资组合的平均收益率为13.5%。

要求:

(1) 计算银行借款的税后资本成本。

$$\text{银行借款税后资本成本} = 8.93\% \times (1-40\%) = 5.36\%$$

说明:资金成本用于决策,与过去的举债利率无关。

(2) 计算债券的资金成本。

$$\text{债券的资金成本} = [1 \times 8\% \times (1-40\%)]/[0.85 \times (1-4\%)]$$
$$= 4.8\%/0.816 = 5.88\%$$

(3) 分别使用股票股利折现模型和资本资产定价模型估计股票资本成本,并计算两种结果的平均值作为股票成本。

股票股利折现模型:

$$\text{股票的资金成本} = (D_1/P_0) + g = [0.35 \times (1+7\%)/5.5] + 7\%$$
$$= 6.81\% + 7\% = 13.81\%$$

资本资产定价模型:

$$\text{股票的资金成本} = 5.5\% + 1.1 \times (13.5\% - 5.5\%) = 5.5\% + 8.8\% = 14.3\%$$
$$\text{普通股平均资金成本} = (13.8\% + 14.3\%)/2 = 14.06\%$$

(4) 如果明年不改变资金结构,计算其加权平均的资金成本(计算时单项资金成本百分数保留2位小数)。计算结果见表8-1:

表 8-1 加权平均资本成本

项目	金额	占百分比	单项成本	加权平均资本成本
银行借款	150	7.25%	5.36%	0.39%
长期债券	650	31.41%	5.88%	1.85%
普通股	400	19.33%	14.06%	2.72%
保留盈余	869.4	42.01%	14.06%	5.91%
合计	2069.4	100%		10.87%

【例 10】 某公司准备筹集长期资金 5000 万元,预计采用四种融资方式:(1) 举借长期借款 1000 万元,年利率为 8%,手续费率忽略不计;(2) 以面值发行债券 1000 万元,票面利率为 9%,筹资费率为 2%;(3) 以面值发行优先股 800 万元,年股利率为 10%,筹资费率为 2%;(4) 以面值发行普通股 2200 万元,筹资费率为 2%,预计第一年的股利率为 10%,以后每年增长 3%。该公司的所得税税率为 25%,其综合资本成本计算如下:

第一步,计算各种长期资金占总资金的比重:

$$长期借款的比重 = \frac{1000}{5000} = 20\%$$

$$债券的比重 = \frac{1000}{5000} = 20\%$$

$$优先股的比重 = \frac{800}{5000} = 16\%$$

$$普通股的比重 = \frac{2200}{5000} = 44\%$$

第二步,计算各种长期资金的资本成本:

$$长期借款的资本成本 = 8\%(1-25\%) = 6\%$$

$$债券的资本成本 = \frac{9\% \times (1-25\%)}{1-2\%} = 6.76\%$$

$$优先股的资本成本 = \frac{10\%}{1-2\%} = 10.02\%$$

$$普通股的资本成本 = \frac{10\%}{1-2\%} + 3\% = 13.02\%$$

第三步,计算综合资本成本:

$$R_{WACC} = 20\% \times 6\% + 20\% \times 6.76\% + 16\% \times 10.02\% + 44\% \times 13.02\% = 9.88\%$$

(二)权重确定方法

在计算个别资本占总资本的权重时,有三种方法可供选择,即账面价值权重、市场价值权重和目标价值权重。账面价值是历史成本价值,容易取得,但是在股票、债券等资产负债的价格发生较大变动时往往和实际情况不符,此时仍然用账面价值权重计算综合资本成本,容易造成决策的失误。市场价值权重是根据股票、债券等的现行市场价格确定资金权重计算综合资本成本,能反映公司目前的实际情况。同时,为了避免因股票、债券价格的频繁波动而频繁调整权重比例的不便，一般采用股票、债券在一年中的平均价格来计算。目标价值权重是根据股票、债券预计未来市场价值计算综合资本成本，能够反映期望的资本结构，而不是像账面价值权重、市场价值权重那样只反映过去和现在的资本结构，所以按目标价值权重计算的加权平均资本成本更适用于公司筹措新资金。但是，公司很难客观合理地确定证券的目标价值，从而使得这种计算方法不易推广。

二、边际资本成本

公司的总资本成本是加权平均资本成本，但公司在不同融资规模下的各种加权平均资本成本却未必一定是公司的总资本成本。严格意义上讲，总资本成本是公司的边际资本成本线与投资机会线相交的那一个加权平均资本成本。

(一) 边际资本成本内涵

边际资本成本衡量的是公司追加一个单位的筹资所承担的成本。随着公司筹资规模的不断扩大，公司无法以一个固定不变的公司资本成本进行筹集，当筹集资本达到一定的限度时，就会使资本成本发生变动。边际资本成本是公司资本成本表现方式中的一种，其确定方法与公司资本成本一样，使用加权平均资本成本。因此，在公司追加筹资时需要使用边际资本成本。边际资本成本线是公司相对于融资规模形成的不同水平的资本成本，边际资本成本线以跳跃的形式发生变化。

边际资本成本是企业新增加筹资的资本成本，即企业新增一元资本所应负担的成本。在现实中，可能会出现这样一种情况：当企业以某种筹资方式筹资超过一定限度时，边际资本成本会提高，此时，即使企业保持原有的资本结构，也仍有可能导致加权平均资本成本上升，这一限度称为筹资突破点。边际资本成本就是通过计算各个筹资突破点进而计算得出的。但是在筹资数额较大或者目标资本结构既定的情况下，往往需要通过多种筹资方式的组合来实现。这时，边际资本成本应该按加权平均法测算，而且其资本权重必须根据市场价值确定。

(二) 边际资本成本的计算

【例11】 某公司拥有长期资本1000万元，其中长期借款200万元，资本成本6%；长期债券300万元，资本成本8%；普通股500万元，资本成本12%。因为扩大生产经营规模的需要，准备筹集资金，且保持原有的资本结构。经过测算，随着筹资额的增加，公司各种资本成本的变化如表8-2所示：

表8-2 各种资本成本变化表

资金种类	目标资本结构	新筹资额	资本成本
长期借款	20%	500000 元以内 500000—1000000 元 1000000 元以上	6% 7% 8%

(续表)

资金种类	目标资本结构	新筹资额	资本成本
长期债券	20%	800000 元以内 800000—2000000 元 2000000 元以上	8% 9% 10%
普通股	60%	1800000 元以内 1800000—3600000 元 3600000 元以上	12% 13% 14%

第一,计算筹资突破点。

按照资本市场融资规定,在一定的信用等级下不可能用同样的资本成本筹集无限的资金,即一定的资本成本率只能筹集到一定限度的资本,超过这个限额后筹集资金需要花费更多的资本成本,从而导致公司原来的资本成本的变化,由此就将保持某一资本成本条件下能够筹集到的资本最大限额表示为现有资本结构的筹资突破点。在筹资突破点范围内筹资,原来的资本成本保持不变;超过筹资突破点的范围,即使维持目前的资本结构,其资本成本也会上升。筹资突破点的计算公式如下:

$$筹资突破点 = \frac{可用某一特定成本筹集到的某种资金额}{该种资金在资本结构中所占的比重}$$

根据此公式以及上述资料,可以计算出各种情况下筹资突破点的数据,见表 8-3:

表 8-3 筹资突破点计算结果

资金种类	资本结构	资本成本	新筹资额	筹资突破点(万元)
长期借款	20%	6% 7% 8%	500000 元以内 500000—1000000 元 1000000 元以上	250 500
长期债券	20%	8% 9% 10%	800000 元以内 800000—2000000 元 2000000 元以上	400 1000
普通股	60%	12% 13% 14%	1800000 元以内 1800000—3600000 元 3600000 元以上	300 600

第二,计算边际资本成本。

根据上述计算的筹资突破点,可以得到以下筹资总额的范围:(1)250 万元以内;(2)250 万元—300 万元;(3)300 万元—400 万元;(4)400 万元—500 万元;(5)500 万元—600 万元;(6)600 万元—1000 万元;(7)1000 万元以上。对上述筹资总额的范围分别计算加权平均资本成本,即可以得到各种筹资总额范围的边际资本成本。计算结果见表 8-4:

表 8-4　边际资本成本计算结果

筹资总额范围（万元）	资金种类	资本结构%	资本成本%	加权平均资本成本
250	长期借款	20	6	20%×6%＝1.2%
	长期债券	20	8	20%×8%＝1.6%
	普通股	60	12	60%×12%＝7.2%
				10.00%
250—300	长期借款	20	7	20%×7%＝1.4%
	长期债券	20	8	20%×8%＝1.6%
	普通股	60	12	60%×12%＝7.2%
				10.20%
300—400	长期借款	20	7	20%×7%＝1.4%
	长期债券	20	8	20%×8%＝1.6%
	普通股	60	13	60%×13%＝7.8%
				10.80%
400—500	长期借款	20	7	20%×7%＝1.4%
	长期债券	20	9	20%×9%＝1.8%
	普通股	60	13	60%×13%＝7.8%
				11.00%
500—600	长期借款	20	8	20%×8%＝1.6%
	长期债券	20	9	20%×9%＝1.8%
	普通股	60	13	60%×13%＝7.8%
				11.20%
600—1000	长期借款	20	8	20%×8%＝1.6%
	长期债券	20	9	20%×9%＝1.8%
	普通股	60	14	60%×14%＝8.4%
				11.80%
1000 以上	长期借款	20	8	20%×8%＝1.6%
	长期债券	20	10	20%×10%＝2.0%
	普通股	60	14	60%×14%＝8.4%
				12.00%

本章案例

万科公司债务资本成本分析

一、问题的提出

根据万科公司公布的 2015 年度财务数据：资产报酬率为 4.41%，净资产报酬率为 19.78%，资产负债率为 77.78%，倒推出来的债务资本成本率为 0.75%，考虑到所得税税率25%和利息费用的抵税效用,还原成税前债务资本成本是1%。这是否符合实际呢?进一步推算,万科公司2015年的年报显示,债务总额是4750亿元,可以概算出利息费用是47.5亿元。查阅万科公司的现金流量表中的筹资活动现金流出项目,分配股利及支付利息项目是132亿元;查阅公司股利分配政策及总股数,推算股利支付55亿元,那么利息支付现金流出量是77亿元(见表8-5)。对比前面推算出来的47.5亿元,显然不相符。那么,为什么会有这么大的差异?

表8-5　万科公司现金利息费用计算

项目	金额(万元)
分配股利、支付利息等现金支出	1318100
股份(万股)	1105161
每股现金红利(元/股)	0.5
现金红利	551875
支付的现金利息费用	766225

二、万科公司债务资本成本分析

(1)万科公司债务资本结构分析。查阅万科公司公布的2015年12月31日的资产负债表,摘录部分数据见表8-6:

表8-6　万科公司债务资本结构

项目	金额(万元)	占总负债比例(%)
流动负债	42000000	88.42
其中:有息债务(银行借款)	190009	0.40
无息负债	41809991	88.02
长期负债	5492410	11.58
其中:有息负债(长期借款)	3382860	7.1
有息负债(应付债券)	1901580	4.0
无息负债	207970	0.48
总负债	47498600	100
总资产	61129600	—
资产负债率	—	77.78

观察表8-6可以发现,万科公司的债务规模约占总资产78%,但是总体来讲,有息负债的规模并不大,合计约547亿元,占总负债约11.5%,占总资产约9%。若以利息费用77亿元除以总负债4750亿元,总债务资本成本率是1.61%。若只考虑有息债务,则债务资本成本率是14%。二者相差甚远。

(2)总资产报酬率修正值分析。根据万科公司公布的2015年财务数据,查阅到总资产报酬率是4.25%,是由公司净利润除以总资产计算出来的。我们采用修正的方法即按息税前利润除以总资产来计算,修正的总资产报酬率是6.78%,见表8-7:

表 8-7 总资产报酬率计算

项目	数据	备注
总资产	61129600 万元	• 总资产报酬率＝净利润/总资产
净利润	2594940 万元	
利润总额	3380260 万元	• 息税前利润＝利润总额＋利息
利息费用	766225 万元	
息税前利润	4146485 万元	• 修正的总资产报酬率＝息税前利润/总资产
总资产报酬率	4.25%	
修正的总资产报酬率	6.78%	

根据修正的资产报酬率 6.78%，资产负债率 77.78%，净资产报酬率 19.78%，倒算出来的债务资本成本率是 3.1%，还原到税前债务资本成本率是 4.14%。

(3) 万科公司债务资本成本分析。查阅万科公司 2015 年发行的公司债券，票面利率为 3.5%，假设不考虑前期发行的债券。参考表 8-6 中的数据，银行短期借款数量较少，计算时忽略不计。银行长期借款占比 64%，取 1—5 年期银行贷款利率 4.75%，公司债券占比 36%，取平均利率 3.5%，计算出的债务资本加权平均利率是 4.56%。这个数据就比较接近推算的 4.14%。

根据表 8-6 中的数据，取银行短期贷款利率 4.35%，银行长期贷款利率 4.75%，债券票面利率 3.5%，计算出公司承担的利息费用 23.5 亿元。也就是说，公司还有 53.5 亿元利息费用的债务情况不明。查阅公司资产负债表中的流动负债项目，应付账款、预收账款、应交税费、应付职工薪酬、应付利息等项目是不需要公司承担利息费用的，也就是说，这些项目是真正的无息负债，应付票据和其他应付款项目合计约 790 亿元，这两项是有可能产生利息费用的。

(4) 关于财务费用的说明。我们在分析债务资本成本时，是应该考虑财务费用的。那为什么在上文分析中没有提到财务费用呢？查阅万科公司的利润表，财务费用总额是 47773 万元，与现金流量表中的利息费用相差甚远，约占 0.6%。而且财务费用只是用来核算费用化的利息费用，而万科公司是房地产企业，大部分利息费用都是资本化的，无法在财务费用中反映。另外，除了利息费用外，还有其他相关费用也可以在财务费用中核算，这样一来，财务费用中的利息费用就更低了，对债务资本成本的影响就更小。所以没有考虑财务费用。

三、分析结论

根据上面的分析过程，我们可以知道：首先，万科公司的长期债务资本成本率约为 4.2%。总资产报酬率约 6.78%。其次，万科公司约有 50 多亿元利息费用的有息债务情况不明，由于财务报表项目的固有限制，公司报表中难以直接获取此类信息。最后，值得注意的是，在分析公司债务资本成本时，利息费用不能只看财务费用，而是要结合现金流量表中的数据和股利分配方案来分析公司支付的现金利息费用。

由此引出一个问题，在现金流量表中，"支付股利、偿还利息费用的现金支出"

这一项目应该拆分成两个项目：一项是支付股利的现金支出；另一项是偿还利息的现金支出。一个是反映权益资本的现金支出，一个是反映债务资本的现金支出，合并在一起不利于进行财务分析。

最后，文本存在着一定的局限性。由于报表数据的限制，信息获取途径有限，在作财务分析时，很多数据都是推算的，毕竟不能获取充分适当的有效数据，其实也反映了报表数据和财务分析所需数据之间的差异。

资料来源：董火鲜、周一萍：《万科公司债务资本成本分析》，载《中国市场》2016年第48期。

? 本章思考题

1. 资本成本的内涵是什么？
2. 什么是个别资本成本，其内涵是什么？
3. "税盾效应"对公司资本成本有哪些影响？
4. 什么是边际资本成本？
5. 是什么加权资本成本？

第九章

资本结构

资本结构理论的早期发展源于资本结构和企业价值之间的关系研究。围绕资本结构能否对企业价值产生影响,产生了净收益理论、净营业收益理论、传统理论、MM理论、融资优序理论、权衡理论等。

第一节 资本结构概述

资本结构是一个多变量、多因素、多层次集合而成的复合型系统,同时也是一个随着内外环境变化而需要不断改革、调整和发展的动态系统。

一、资本结构内涵

资本结构是指公司长期资本的构成及其比例关系,是由公司采用各种筹资方式而形成的,筹资方式的组合不同决定着公司资本结构的构成及比例关系不同。实务中,资本结构有广义和狭义之分。广义的资本结构是指全部资本的构成及比例关系,不仅包括长期资本,还包括短期资本(主要指短期债务);狭义资本结构是指长期资本结构,即通常所说的资本结构。资本结构理论研究的历史不长,但在发展和完善的过程中已经出现许多非常有影响的理论。

二、资本结构与融资环境约束

资本结构是企业融资的最终表现。作为社会经济体系的微观个体,企业的融资决策除了受到内部因素的影响外,还面临着众多的融资环境约束。这些环境约束包括公司的治理环境、金融市场环境、产业环境、宏观经济环境以及法律法规等方面。环境的变动通过改变企业融资风险、提高融资的隐性或显性成本对企业融资产生影响,进而造成企业资本结构的变动。

尽管融资环境对企业融资的影响都具有间接性,但不同的环境因素对企业融资的影响力度不同。在以上的环境变量中,对企业融资影响力度最大的是公司的治理环境,因为治理机制能直接对公司的管理者的融资行为产生影响。其次是产业竞争环境。产业竞争环境是公司经营风险的直接来源,经营风险的变化使公司资产的风险溢价发生波动,能直接反映到公司的融资成本上。再次是金融市场环境。金融市场环境是企业融资供给方面的因素,决定了企业融资的易得性,宽松的金融市场环境能够及时且以较低成本满足企业的融资需要,反之则造成企业融资困难。宏观经济环境则是通过总量因素的变动对企业的融资产生影响。最后是法律法规因素。法律法规因素并非对资本结构的影响力度最小,而是由于它是一种渗透性的因素,通过降低或提高广义的交易成本(如法规不健全)对各层面的环境变量都具有影响,从而作用于企业的融资成本。

资本结构属于公司金融范畴。研究资本结构可以更好地分析公司财务状况、确定融资策略,从而合理利用财务杠杆。资本结构涉及公司经营管理、投融资政策、利益分配等各个方面,是公司资金实力、盈利能力、偿债能力的主要衡量尺度。合理的资本结构有利于公司更好地识别其在经营中遇到的各种风险,进而制定合理的风险管理措施。

三、早期的资本结构理论

资本结构理论的研究起源于20世纪50年代。1952年,美国经济学家杜兰特·戴维(Durand David)在一篇题为《公司负债及权益资金的成本:趋势和计量问题》的论文中,提出了资本结构理论的三种类型,即净收益理论、净经营收益理论和传统理论。

(一)净收益理论(net income theory,NI)

净收益理论认为,在融资过程中由于债务成本比股本成本低,因此,公司可以通过更多地举债,从而使公司的加权平均资本成本降低。如果公司负债程度越高,那么公司的价值也就越大。同时,净收益理论还认为,债务成本和权益资本成本均不受公司负债的影响,无论公司的负债程度多高,公司的债务资本成本和权益资本成本都应该是固定不变的。根据这一理论,当公司的资金全部使用债务融资时,公司的加权平均资本成本最低并等于债务成本,这样公司的价值也就最大,即资产全部来源于负债。该理论的优点在于考虑了财务杠杆作用,而主要缺陷是没有考虑财务风险。一般来说,当负债水平提高时,公司的融资风险将增加,公司偿还债务的压力将增加,公司面临的破产概率也会大大增加。

净收益理论的假设条件是:第一,公司各种融资方式的成本是固定不变的,这些成本与公司融资结构无关,不会随着它们的变动而改变;第二,债务融资的成本要低一些,股票的融资成本大于债务融资的成本。根据这两个假设条件,随着债务比重的增加,公司的平均融资成本会下降,并且公司的资本成本降低可以促进公司价值的提升。因此,当公司采用债务融资的方式获取公司的全部资本时,公司价值会达到最大,如图9-1所示,权益成本K_s和债务融资成本K_d都固定不变,由此可以推出随着债务的增加,会引起总资本成本K_w的下降。一般而言,公司权益资本风险较大,股东所要求的收益率K_s自然高于债权人要求的收益率K_d。因此,随着负债比率的增加,加权平均资本成本K_w将减少。当公司融资完全来自负债融资时,加权资本成本降至最低点,此时,$K_w=K_d$,公司价值达到最大。可以理解,这一理论没有考虑公司负债的财务风险,认为公司负债为100%时,公司的价值最大。很显然,这个理论的结论与现实是不相符的。

图9-1中,K_s表示公司采用发行股票方式融资的资本成本,K_d表示公司采用债

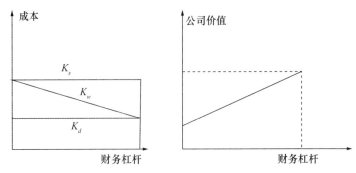

图 9-1 净收入理论示意图

务融资的资本成本，K_w 表示公司的加权平均资本成本。

（二）净营业收益理论（net operating income theory，NOI）

净营业收入理论认为，公司用贷款筹集资金，可以充分发挥财务杠杆作用，虽然融资成本没有发生变化，但是自有资本的风险将会上升，继而使得自有资本成本上升。因此，总的来看，公司的平均融资成本不应与资产负债率呈负相关，而是维持不变。这样，无论公司财务杠杆发生何种变化，公司加权平均资本成本都是固定不变的，因而，公司的价值也是不变的。

该理论假设：公司加权平均资本成本 K_w 及负债融资成本 K_d 固定不变；负债融资的增加将同时增加公司的经营风险，从而使得股东要求更高的权益资本收益。因此，权益资本成本 K_s 会随负债比例的提高而提高。

由于 K_w 与 K_d 固定不变，且 $K_w > K_d$，随着负债比例的增加，K_s 不断增加。负债融资的成本节约完全被权益融资的成本上升所抵消。负债融资的这种完全的"成本替代效应"致使公司价值并不随财务杠杆的变化而变。依据净营业收益理论，公司融资并不存在最优融资结构，公司的筹资决策也就变得无关紧要了。公司也没有必要考虑资本结构，因为加权平均成本没有变化，债务融资和权益融资的效果实际上是没有区别的，而这一点显然与现实中的公司融资决策不一致。见图 9-2：

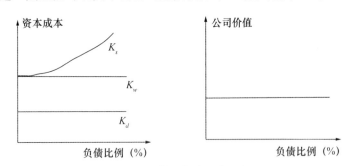

图 9-2 净营业收益理论示意图

（三）传统理论（traditional theory）

20 世纪 50 年代初，大多数学者和实际资本结构研究者都采取一种介于净收入理论和净营业收入理论之间的折中理论，大卫·杜兰特（David Durand）称之为传统理论。该理论认为，权益资本成本随着财务杠杆程度的增加，以递增的速度增加，而负债资本成本则只有当财务杠杆程度较高时才会递增。因此，在开始时，加权平均资本成本因权益资本成本的增加，会完全因为使用成本较低的负债资本带来的利益抵消而下降。随着财务杠杆的逐渐使用，资本的加权平均成本逐渐降低，但在达到某一点之后，权益资本成本的增加，无法完全为使用较便宜的负债资本带来的利益所抵消，加权平均资本成本开始递增。此后，加权平均资本成本会因负债成本提高而加速提高。当加权平均资本成本达到最低点时，即为该公司的最佳资本结构。

该理论的假设条件是：第一，公司的债务融资成本要小于股权融资成本；第二，传统理论认为，如果公司的负债处在一定的合理限度内，公司的权益成本和债务风险都不会明显增加，或者说即使权益成本会有一定的增加，但在一定的程度内与成本较低的债务所带来的好处相比，公司的加权平均资本成本还是会下降的，继而公司总的价值将上升。但如果公司负债超过一定比例，债务的低成本所带来的好处就不能抵消权益成本的迅速增加，从而公司的加权平均资本成本就会增加。同时，债务成本也会增加，与快速增加的权益成本共同作用使公司加权平均资本成本加速上升。所以，债务比重维持在一定的范围内，公司应该充分利用债务融资，利用杠杆效应，降低公司的加权平均资本成本，以此增加公司价值，如图 9-3 所示。债务融资成本 K_d 小于权益融资成本 K_s，在谨慎的债务融资范围内，加权资本成本 K_w 将随着负债比率的增加而减少，公司价值则随其增加而增加；相反，过度的债务融资将导致权益资本成本与债务融资成本明显上升，致使加权资本成本上升、公司价值下降。这就是说，理论上存在一个最优负债比率使得公司价值最大化。

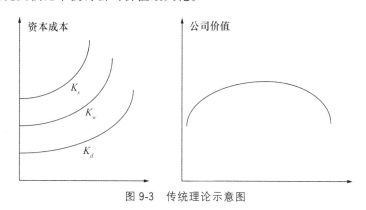

图 9-3 传统理论示意图

第二节 现代资本结构理论

一、MM 定理

（一）MM 定理的无税模型

1958 年，美国经济学家莫迪利亚尼和米勒在《美国经济回顾》(*American*

Economic Review)上发表《资本成本、公司财务以及投资理论》（The Cost of Capital, Corporatioan Finance, and the Theory of Investment）一文，讨论了在完美市场上，没有税收等情况下，资本结构对公司价值的影响，这就是著名的 MM 定理。随着时间的推移，莫迪利亚尼和米勒对初始的 MM 定理进行了修正，将税收等因素加入对资本结构的讨论中，从而使 MM 定理更符合现实状况。

MM 定理假设：公司所得税等于0；个人可以以与公司相同的利率借款；投资者在投资时不存在交易成本；投资者，包括机构和个人，都可以以统一利率借款和贷款；不管企业和个人负债多少，其借款或贷款的利率都是无风险利率；不存在个人所得税；企业的经营风险是可以度量的（用税前收益 ERIT 的方差衡量），经营风险相同即认为风险相同；企业的投资者与经理层具有完全相同的有关企业的信息，即企业的生产经营信息对内和对外是一致的；信息披露公正；企业只发行两种要求权，即无风险债券和风险权益；无破产成本，并不存在代理成本；企业的 ERIT 预期是等额永续年金。

莫迪利亚尼和米勒认为，一个公司无法通过调整资本结构来改变公司的价值，即不同资本结构的公司的总价值相同。

1. MM 命题 I（无税）：杠杆公司的价值等于无杠杆公司的价值：

$$V_L = V_U$$

其中，V_L 指有杠杆公司的价值，V_U 指无杠杆公司的价值。

证明 在一个杠杆企业中，债权人分得的利润等于借款利率乘以负债额，即 $r_B B$，其中 r_B 指借款利率，B 指负债额。股东分得的利润是企业的未分配利润中除去债权人所得后剩下的部分，等于 $EBIT - r_B B$，其中 EBIT 指企业的息税前利润。所以，公司未来现金流的现值等于股东所得加上债权人所得，即 $EBIT - r_B B + r_B B$，等于 EBIT，而无杠杆公司未来现金流的现值等于 EBIT，由此得出结论 $V_L = V_U$。

2. MM 命题 II（无税）

根据前面章节分析，可以按照以下公式计算加权平均资本成本（R_{WACC}）：

$$R_{WACC} = \frac{S}{S+B} \times R_S + \frac{B}{S+B} \times R_B$$

其中，R_S 是权益资本成本，即权益的期望收益率，R_B 是债务资本成本，也就是借款利率。S 是权益的价值，B 是债务的价值。

MM 命题 I 的一个推论是 R_{WACC} 固定不变，不会随着资本结构的变化而变化。重新定义一个 R_0 为完全权益公司的资本成本，显然 $R_{WACC} = R_0$。

$$R_0 = \frac{S}{S+B} \times R_S + \frac{B}{S+B} \times R_B$$

等式两边同时乘以 $\frac{S+B}{S}$，得到：

$$\frac{S+B}{S} \times R_0 = R_S + \frac{B}{S} \times R_B$$

也可以写成：

$$R_S + \frac{B}{S} \times R_B = R_0 + \frac{B}{S} \times R_0$$

再重新调整等式,最终得到:

MM 命题 II（无税）：$R_S = R_0 + \frac{B}{S}(R_0 - R_B)$

其中，R_0 表示全权益公司的资本成本，R_S 表示权益的期望收益率，R_B 表示借款利率。B 表示负债的市场价值，S 表示权益的市场价值。

当 $R_0 > R_B$ 时，权益资本的成本随着公司负债—权益比 B/S 的提高而增加。并且可以得到权益的期望收益率与公司负债—权益比之间的线性关系。

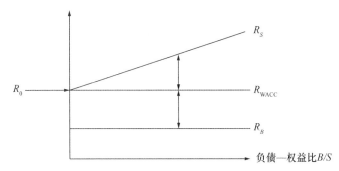

图 9-4　MM 命题 II（无税）：权益成本、债务成本、加权平均资本成本

图 9-4 中，R_0 表示全权益公司的资本成本，此时的负债—权益比等于 0，是一个点。R_B 是借款利率，是固定不变的。R_{WACC} 是加权平均资本成本，在没有税收的情况下，R_{WACC} 固定不变，与负债—权益比的值无关。为什么 R_{WACC} 不变？因为前面已经论证了无杠杆企业的价值等于杠杆企业的价值，所以杠杆企业的加权平均资本成本 R_{WACC} 等于无杠杆企业的资本成本 R_0。

R_S 是权益的期望收益率，与公司的负债—权益比正相关。可以看出，权益的期望收益率与负债—权益比之间的关系呈一条直线。更高的负债—权益比不会影响公司全部资产的成本，但是会增加所有者权益的风险。

（二）考虑税收的影响

尽管无税模型在理论界影响深远，但却在实践中受到了挑战。现实世界中无公司税的假设条件是不存在的。为此，1963 年莫迪格莱尼和米勒又合作发表了《公司所得税与资本成本一个修正》一文，认为有税模型同样有两个重要命题：

命题一被称为公司价值模型。该命题认为，由于负债所产生的利息税盾效应会增加公司价值，因此，负债公司的价值等于相同风险等级的无负债公司的价值加上负债的税盾效应价值。也就是说，在考虑公司所得税的因素之后，由于利息费用可以税前扣除，而股利只能在税后支付，所以负债可以产生税盾效应，增加公司的价值。因此，命题一的结论是公司的负债越多，其价值也就越大。

命题二被称为股本资本成本模型。该命题认为，随着负债规模的增加，公司的财务风险也会相应增加，所以，负债公司的股本成本正好等于相同风险等级的无负债公司的股本成本加上相应的风险报酬。由此可以推断出，公司的股本成本会随着债务资本的增加而增加，节税效应是股本成本的上升幅度低于无公司所得税时的上升幅度。由此得出了适当的负债在一定程度上可以增加公司的价值的结论。

从以上两个命题中可以看出，有税理论取消了公司无所得税的假设，认为若考虑公司所得税的因素，公司的价值会随财务杠杆系数的提高而增加，从而得出公司资本结构与公司价值相关的结论。公司最佳的资本结构应当是节税利益和债权资本比例上升而带来的财务危机成本与破产成本之间的平衡点。

首先考虑在有税收的情况下，公司资本结构的馅饼模型将发生怎样的变化，见图 9-5：

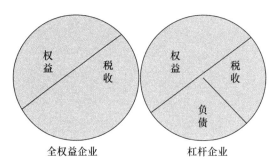

图 9-5 考虑税收情况下全权益企业与杠杆企业的馅饼模型

与不考虑税的情况不同，在考虑公司所得税的情况下，企业的全部价值由三个部分构成：权益、负债和税收。公司管理者应该会选择使得负债加权益部分最大的资本结构，也就是税收部分越少越好的资本结构。因为负债的利息费用可以抵税，所以杠杆企业比全权益企业负担较少的税款。如果上面的两个企业总价值是相等的，杠杆企业的税收部分面积更小，而权益加负债部分的面积更大，所以，公司管理者会更加偏好选择高杠杆企业。

从上面的分析中可以得出一个结论：杠杆企业的公司价值大于全权益企业。那么，杠杆企业的公司价值比全权益企业大多少呢？假定借款利率记为 B，借款额记为 R_B，则利息费用为：

$$\text{利息} = R_B \times B$$

假设所有利息都是可以抵税的，公司所得税率记为 t_c。通常把因利息支出而减少的税收额称为税盾，则

$$\text{税盾} = t_c \times R_B \times B$$

公司未来每年都会因为负债而减少 $t_c \times R_B \times B$ 的税收额，假设企业是永久存续的，那这些现金流也是永续的，可以画出这样的现金流量图：

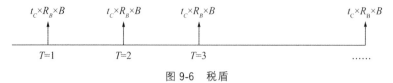

图 9-6 税盾

假设这部分现金流具有与债务利息相同的风险,那么可以用借款利率 R_B 对这部分现金流进行折现:

$$税盾的现值 = \frac{t_c \times R_B \times B}{R_B} = t_c \times B$$

计算出税盾的现值后,下一步要计算无杠杆企业的价值。无杠杆企业每年的税后现金流量是:EBIT×(1－t_c)

其中,EBIT 是息前税前收益。假设无杠杆企业是永续经营的,则无杠杆企业的价值就是永续现金流(EBIT×(1－t_c))的现值,折旧率为完全权益公司的资本成本(R_0),即:

$$V_U = \frac{\text{EBIT}(1-t_c)}{R_0}$$

V_U 是无杠杆企业的价值,EBIT(1－t_c)为公司税后企业每年的现金流量,t_c 为公司所得税税率,R_0 为完全权益公司的资本成本。

最后可以计算出杠杆企业的价值,即杠杆企业的价值等于无杠杆企业的价值加上税盾现值:

MM 命题 I(公司税):

$$V_L = V_U + \frac{t_c + R_B \times B}{R_B}$$

$$V_L = \frac{\text{EBIT}(1-t_c)}{R_0} + t_c \times B$$

等式的第一项是无杠杆即全权益企业的价值,第二项是税盾的现值,这两项相加得到权益企业的价值 V_L。当企业的债务额增加时,税盾也会增加,企业通过用债务替代权益来提高公司的价值。

下面将计算考虑了公司税的权益期望收益率。在有税收的情况下,杠杆企业的资产负债表可以写成表 9-1 所示的样式:

表 9-1 有税收下杠杆企业资产负债表样式

无杠杆企业价值 V_{if} 税盾现值＝$t_c \times B$	债务 B 权益 S

资产负债表的左半部分的期望现金流量为:

$$V_U R_0 + t_c B R_B$$

无杠杆企业的价值指不含杠杆利益的资产价值,这部分的期望收益率是前面提到过的无杠杆企业的期望收益率 R_0。税盾具有与债务相同的风险,因此,这部分的期望收益率等于 R_B。

资产负债表的右半部分是债务与权益,期望收益合计为:

$$SR_S + BR_B$$

资产负债表左半部分和右半部分的期望收益应该是相等的,所以,

$$V_U R_0 + t_c B R_B = SR_S + BR_B$$

两边同时除以 S,再减去 BR_B,经过调整得到:

$$R_S = \frac{V_U}{S} \times R_0 - (1-t_c) \times \frac{B}{S} \times R_B$$

因为

$$V_L = V_U + t_c \times B = B + S$$
$$V_U = S + (1-t_c) \times B$$

所以,

$$R_S = \frac{S + (1-t_c) \times B}{S} \times R_0 - (1-t_c) \times \frac{B}{S} \times R_B$$

最后把所有含有 $(1-t_c) \times \frac{B}{S}$ 的项合并,得到:

MM 命题 II(公司税):

$$R_S = R_0 + \frac{B}{S} \times (R_0 - R_B) \times (1-t_c)$$

其中,R_0 表示全权益公司的资本成本,R_S 表示权益的期望收益率,R_B 表示借款利率,t_c 表示公司所得税率,B 表示负债的市场价值,S 表示权益的市场价值。

前面已经证明,在无税的情况下权益的期望收益率与负债—权益比之间存在正相关关系。当 $R_0 > R_B$ 时,权益资本的成本随着公司负债—权益比 B/S 的提高而增加。在有税的情况下,这一结论仍然成立。

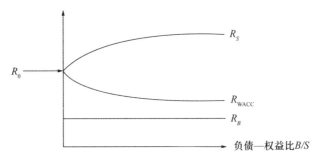

图 9-7　MM 命题 II(公司税):权益成本、债务成本、加权平均资本成本

图 9-7 中,R_0 表示全权益公司的资本成本,此时的负债—权益比等于 0,是一个点。R_B 是借款利率,是固定不变的。R_{WACC} 是加权平均资本成本,在考虑公司税的情况下,R_{WACC} 会随着负债—权益比的提高而减少。R_S 是权益的期望收益率,与公司的负债—权益比正相关。更高的负债—权益比既影响公司全部资产的成本,也增加所有者权益的风险。

(三)考虑个人所得税模型

尽管有公司税的模型考虑了公司税的因素,但没有考虑个人所得税的影响。1976年,米勒在美国金融学会上提出了一个将公司所得税与个人所得税都包括在内的模型来估计负债杠杆对公司价值的影响:股票投资收益率和债券投资收益的个人所得税税率不同,(至少部分地)抵消了公司所得税不同的差异。假设:T_c 为公司所得税税率,

T_s 为个人股票投资所得税税率，T_d 为个人债券投资所得税税率。

前述 MM 定理的所有假设前提不变，再加上公司所得税和个人所得税因素，则无负债企业价值的估算公式为：

$$V_U = \frac{\text{EBIT} \times (1-T_c) \times (1-T_s)}{K_{su}}$$

这说明，因为 T_s 的存在，会降低 V_U。

负债企业价值的估算公式为：

$$V_L = V_U + \left[1 - \frac{(1-T_c)(1-T_s)}{(1-T_d)}\right] \times D$$

上式就是存在公司所得税和个人所得税情况下估算负债企业价值的 Miller 模型。

（四）MM 定理的总结

在无公司所得税的情况下，企业的价值不会随着企业资本结构的变化而发生改变。

MM 命题 I（无税）：杠杆公司的价值等于无杠杆公司的价值。

$$V_L = V_U$$

其中，V_L 指有杠杆企业的价值，V_U 指无杠杆企业的价值。

在无公司所得税的情况下，MM 命题 II 的结论是杠杆会提高股东的风险和收益，即 MM 命题 II（无税）：

$$R_S = R_0 + \frac{B}{S}(R_0 - R_B)$$

在考虑公司所得税，但是不考虑破产成本的情况下，企业的价值随着杠杆的提高而增加，即 MM 命题 I（公司税）：

$$V_L = V_U + t_c \times B$$

在考虑公司所得税的情况下，MM 命题 II 的结论是杠杆会提高股东的风险和收益，即 MM 命题 II（公司税）：

$$R_S = R_0 + \frac{B}{S} \times (R_0 - R_B) \times (1 - t_c)$$

二、代理成本理论

詹森（Jensen）和麦克林（Meekling）是代理成本学说的创始人，他们提出，公司资本结构会直接影响到公司经理的工作努力程度和其他行为，从而影响到公司未来营业状况及公司的市场价值。例如，当经理人仅是代理人而不是股东时，其努力工作的成本是自己承担，而收益却由他人所得。其在职的消费收益由自己所得，而由此产生的成本由他人负责时，经理人完全可能采取有利于自身利益而损害委托人利益的行动，如偷懒、不尽力工作等。在詹森和麦克林的模型中，当公司的投资额和内部股本一定时，则该公司负债与所需的外部股本成反比，当负债越多，同样数量的内部股本所占总股本的比例就越高。詹森和麦克林指出有两种利益的冲突：第一种利益冲突发生在全体股东和经理人之间；第二种利益冲突是发生在债权人和全体股东之间。

第一种利益冲突表现为,当经理人员努力工作后,承担了全部努力成本,却只获得部分增加的公司收入,更多的收益归于别人。但如果经理人发生在职消费时,他将获得全部好处,却只承担部分增加的成本。所以,经理人具有全部股权的公司比经理人只有部分股权的公司的市场价值更高。二者的差额形成了股权融资的代理成本,这是经理人员持股比例的减函数。因此,负债是缓和经理和全体股东利益冲突的一种有效激励机制。

第二种利益冲突表现为,当债务合约缺乏相应的制约机制时,将诱使股东选择更大风险的投资项目。当此项目盈利时,股东可以获得债权的超额盈利;当投资项目出现亏损时,因为"有限责任"对股东的保护,部分后果将由债权人承担。负债比例越高,股东更容易选择更大风险的项目,这种现象称为"资产替代效应"。

然而,由于债权人预期到以上情况,将在合约中加上限制条约,使股东也承担由于借债造成投资价值递减项目的成本,即债务融资的"代理成本"。因此,债务比例增减将与股权代理成本成反比,与债务代理成本成正比。在债务源于代理成本的收益与成本平衡时,将得到公司的最优资本结构。

三、信号传递理论

20 世纪 70 年代,罗斯首次系统地把非对称信息理论引入公司资本结构的研究中,并借助于现代数学工具的迅速发展,建立起非对称信息的资本结构理论,该理论也是 20 世纪 70 年代有创新的资本结构理论之一。

罗斯于 1976 年发表的论文是资本结构信号传递理论的经典之作。罗斯假设公司经营者对公司的未来收益和投资风险有内部信息,而投资者则无法获取这些内部信息,投资者只能通过经营者输出的信息来间接地评价公司市场价值,由此,资本结构就成为经营者输送的一个判断指标。投资者根据这个指标来评价公司,并决定是否进行投资。按照资本结构的信号传递理论,公司价值被低估时,会增加债权资本,反之,公司价值被高估时,会增加股权资本。由于不同的资本结构会传递有关公司真实价值的不同信号,为了增强正面的信号,避免负面的信号,内部人将通过策略性行为选择合适的资本结构,以此来影响资本市场外部投资者的决策。

当然,在罗斯的分析中,只根据经营者输送的公司资本结构信号来测定公司市场价值,但在模型中并没有一个防止经营者向外输送错误信号的内在约束机制,这也是信号传递理论的弱点。

四、权衡理论

权衡理论认为,最优资本结构是权衡税盾利益与财务风险成本的结果。具体说来,债权融资可以通过财务杠杆的作用为公司带来节税收益,与此同时,公司的财务风险也会不断增加,因此,公司不会无限制地通过负债融资方式获得节税利益。公司可以在一定范围内通过负债的财务杠杆效应增加公司价值。然而,伴随着公司负债率的增加,公司的财务风险和破产成本也在不断地提高,这些风险因素会导致公司价值的减少。所以该理论认为，最佳资本结构是平衡税收优惠利益与财务危机风险所产生的成本的产物。

（一）财务困境成本

前面的分析说明，债务为公司带来了税收上的好处，但并非说负债越多越好。因为按期支付利息和本金是公司必须履行的义务，当一家企业的盈利状况不佳导致无法按时偿还利息与本金时，企业会面临破产的风险。所以，债务会增加企业的财务困境的风险。相反，权益融资却不会增加企业破产的风险。因为当一家企业的盈利状况不佳时，可以选择不发放股利，而且股本也是不归还的。在考虑企业是该选择权益融资还是债务融资时，必须把债务增加的财务困境成本纳入考虑。

（二）财务困境的种类

1. 财务困境的直接成本

清算或重组的法律成本和管理成本，包括律师和会计师费用、其他职业性费用，以及管理者消耗在破产行政管理事务上的时间价值。

2. 财务困境的间接成本

经营受影响，包括销售和盈利损失，以及除非接受特别苛刻的条款，否则无法获取信贷或发行证券的可能性。

3. 对债权人的剥夺：杠杆的代理成本

可能情况之一：投资过度。

假设有一家企业有 1000 万元的债务，即将面临破产清算。在原有的经营方式下，公司剩余资产 900 万元。现在股东还有一个选择，就是采用风险更大的新经营方式，如果成功的话，企业价值将为 1300 万元；如果失败的话，企业价值将为 300 万元，具体情况如表 9-2 所示：

表 9-2　某企业新、旧策略　　　　　　　　　　　　　　　　　单位：万元

	原策略	新策略		
		成功	失败	期望值
资产价值	900	1300	300	800
债权人	900	1000	300	650
股东	0	300	0	150

在原有策略下，公司的全部资产 900 万元将归债权人所有，股东无法分得任何剩余资产。在新的策略下，如果失败，300 万元的公司资产归债权人所有，股东仍然是无法分得任何资产；如果成功，债权人取得 1000 万元的债权，剩下的 300 万元剩余资产将归股东所有。显然，在新的策略下，股东通过让公司冒更大的风险获得了分得剩余资产的可能性，因此，股东会倾向于选择新的策略，但是在新的策略下债权人的期望收益由 900 万元下降至 650 万元。由此可以看出，当面临财务困境时，股东可能会投资过度损害债权人的利益。

可能情况之二：投资不足（如表 9-3 所示）。

表 9-3　某企业新、旧项目情况　　　　　　　　　　　　　　　　　　　单位：万元

	无新项目	新项目
现有资产	900	900
新项目		150
公司总价值	900	1050
债权人	900	1000
股东	0	50

仍然考虑上述企业，如果此时有一个投资机会，股东只用投资 100 万元，就可以赚取 150 万元的利润，理论上，此时股东应该会选择投资新项目。但是，由于此时企业面临破产清算，新项目的 150 万元收益中有 100 万还给了债权人，股东只能分得剩余的 50 万元，对于股东来说，这个新项目的净现值为负数。由此可以看出，在面临财务困境时，股东可能会倾向于投资不足损害债权人的利益。

（三）馅饼模型的进一步分析

与前面的分析一样，假设公司的总价值是一个馅饼。一开始假设两种人来分这个馅饼：债权人和股东，公司管理层的目标是馅饼最大；接着补充另外一个分馅饼者：政府以公司所得税的形式参与分享企业的经营成果。公司管理层的目标是权益部分加负债部分最大化；现在再补充一个分馅饼的人：破产清算过程中的律师等。

CF＝支付给股东＋支付给债权人＋支付给政府＋支付给破产清算中的律师等

这意味着公司的价值 V 由四个部分组成：

$$V = S + B + T + L$$

其中，V 表示公司的总价值，S 表示权益的价值，B 表示债务的价值，T 表示税收的价值，L 表示企业处于财务困境时，律师等人收到的现金流的价值，见图 9-8：

图 9-8　考虑了破产情况的馅饼模型

公司管理层的目标是税收的价值 T 和破产中支付的现金流 L 越少越好，即债务的价值 B 加上权益的价值 S 越大越好。

（四）税收与财务困境成本的综合影响

莫迪利安尼和莫勒认为，在考虑公司所得税的情况下，企业的价值随着杠杆的上升而增加。企业家们认为，在现实生活中，债务会增加企业的财务困境成本，导致企业的价值减少。因此，可以综合考虑税收和财务困境成本两者的共同影响，最后决定企业最佳的融资结构。这种在考虑资本结构时，权衡税收与财务困境成本两者影响的方法称为资本结构的权衡理论。

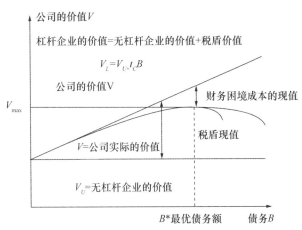

图 9-9　公司的价值与最优债务额

图 9-9 中，横坐标是企业的负债额，纵坐标是公司的价值。其中一条水平的直线表示没有负债的无杠杆企业的价值，为一个恒定不变的值。一条向上倾斜的直线表示有负债的杠杆企业的价值，根据 MM 定理命题 II，因为利息可以抵税，杠杆企业的价值等于无杠杆企业的价值加上税盾的现值，所以，杠杆企业的价值会随着债务额 B 的提高而增加。

再考虑实务中债务产生的财务困境成本。当债务额很少时，企业因无法按时归还本金和利息而陷入财务困境的概率也很小。而随着债务额的增加，这些成本的现值会以递增的速度增加。图 9-9 中，弯曲的曲线代表考虑财务困境成本的杠杆企业的价值。在某一点，由额外债务额导致的成本现值的增加等于税盾现值的增加，在这一点，公司的实际成本达到最大值，这一点所对应的债务额 B 就是我们需要的最优债务额 B^*。

税盾增加了杠杆企业的价值，财务困境成本降低了杠杆企业的价值，两个因素相互抵消，在某一点达到公司价值的最大值，这一点对应的债务额即最优债务额，如图 9-10 所示。

之前从公司价值的角度求得了最优债务额，接下来从资本成本的角度来求最优债务额。加权平均资本成本 R_{WACC} 会随着负债比例的上升而减少，在达到 B^* 点后，加权平均资本成本 R_{WACC} 会随着负债比例的上升而增加。最低的加权平均资本成本 R_{WACC} 所对应的债务额就是所求的最优债务额 B^*。

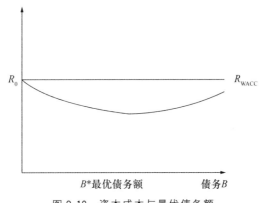

图 9-10 资本成本与最优债务额

权衡理论在合理的范围内将其完美市场假设条件进行放宽,更深入地探讨了资本结构理论,使理论得到了很好的发扬。权衡理论进一步放宽了理论中无财务困境成本、无所得税等假设条件,深入研究了引入所得税和破产成本后,资本结构的变化以及对公司价值的影响。但是,权衡理论始终无法精确地对破产成本进行合理计量。因此,理论上的最佳资本结构仍然无法通过准确的数学模型进行运算得出。

五、融资次序理论

(一)基本理论

梅耶斯和迈基里夫指出,如果投资者没有当事厂商内部人那样对厂商资产价值的灵通信息,股权就可能被市场错误地定价。如果厂商需要以发行股票为新项目融资,而股票价格过低以至于使新投资者能够从新项目中获得比 NPV(即净现值)更多的价值,便将导致现有股东的一个净损失。在这种情况下,即使 NPV 是正的,这一项目也会遭到拒绝。如果厂商能够利用其价值没有被市场如此低估的证券为新项目筹资,则这种投资不足就会被避免。所以在这种情况下,与股权相比,厂商更偏好于内部资金,甚至于不太多的风险债务也比股权优越。由此,梅耶斯指出,资本结构将受到厂商为新投融资的愿望驱使,先是内部融资,然后是低风险债务,股权排在最后,这就是所谓优序融资理论(也称"融资定律")。

从管理的角度看,当管理者确信公司的股票被低估时,不应该发行股票。假如公司的股票应该是 60 元一股,现在的市场价格是 50 元一股。如果在这个时候发行股票,原股东会不满意。因为管理者让新股东以 50 元的价格买了应该值 60 元的股票,应该等股价至少涨到 60 元一股时再发行新权益。因此,只有当公司的股票被高估时,管理层才会发行股票。

假设投资者知道管理者的心思,并且相信公司的管理者或多或少会比一般投资者更加了解公司,从而能更准确地估计股票的价格。一个公司发行股票时,投资者会认为这个公司的股票很可能是被高估了,在股票下跌至足以抵消权益发行的利益之前,不会购买该公司的股票;相反,如果一个公司发行债务,投资者会认为这个公司的股票很可能是被低估了。事实上，只有被最大程度高估的公司才有发行权益的动机，但是投资者将推断该公司是处在被最大程度高估之中，这将导致股票的下跌超过其应有的幅度。

最终的结果是实际上没有公司会发行股票了。因为债务的利率是固定的，所以债务，特别是那些有较小甚至没有违约风险的债券，很有可能予以正确定价。因此，和权益相比，公司更倾向于发行债务。但是，债券也可能面临和股票相似的高估低估问题。债务的高估来自于债券的风险，即违约风险。当公众认为公司的前景美好，但管理者察觉到了今后可能面临的财务困境时，管理者会认为债务被高估了，这个时候会发行债务。

同理，假设投资者知道管理者的心思，当管理者发行债券时，投资者会推断管理者看到了一般投资者没有看到的违约风险，此时，投资者会对公司新发行的债券持怀疑态度。

因此，管理者最好的方法就是尽量避免求助投资者，从留存收益中筹措资金，这样就不用担心投资者的怀疑态度。但是，一家公司的留存收益毕竟是有限的。对于投资者而言，权益的投资风险要远远大于债券的投资风险。因此，优序融资理论认为，如果要外部融资，应该优先考虑发行债务。

（二）优序融资理论推论

推论一：不存在财务杠杆的目标值。

根据权衡理论，税盾会增加杠杆企业的价值，同时，财务困境成本又会减少杠杆企业的价值。当债务的边际利益等于债务的边际成本时，得到最优负债权益比。

与权衡理论相比，优序融资理论没有确定财务杠杆的目标值。相反，每个公司根据各自的资金需求来选择财务比率。公司首先从留存收益中筹措项目资金，这可能降低资本结构中债务的比例，因为可赚钱项目由内部筹资，使权益的账面值与市场价值都增加。额外的现金需求由债务获取，无疑会使债务水平提高。然而，公司的负债水平可能会在某一点耗竭，让位于权益发行。因此，财务杠杆由可利用的项目的规模决定，没有确定的目标值。

推论二：盈利的公司应用较少的债务。

根据权衡理论，盈利较好的公司需要更多的负债来抵税，同时也有较高的负债能力。因此，盈利的公司会倾向于较多的债务。

与此相反，优序融资理论认为，盈利的公司有丰富的现金流，公司需要外部资本时，可以依靠内部的资金，因此，盈利的公司依靠较少的债务。

推论三：公司偏好闲置财务资源。

一般地，公司有融资需求首先要依赖内部融资，因此，公司倾向于先准备好现金。由于公司知道在将来的不同时期，它们必须为有利可图的项目筹措资金，于是在当前就不断积累资金。那么，当项目出现时，就不必迫切求助于资本市场。

综上所述，资本结构是个庞杂的体系，通过纵向的总结可以清晰地把握资本结构理论发展的脉络。通过对资本结构理论演进历史的综述可以看到，资本结构理论是一个不断丰富和不断发展着的十分有生命力的理论。

第三节 最优资本结构

资本结构是公司筹资决策的核心问题，公司应综合考虑有关影响因素，运用适当的方法确定最优资本结构。所谓最优资本结构，是指公司在一定时期最适宜其有关条件的情况下，使其加权平均资本成本最低且公司价值最大的资本结构。由于公司在生产经营过程中所需的资金可以采用多种方式和多种渠道来筹集，但各种筹资方式的资本成本含量有别，那么它的资本成本的大小也就不同。为了提高公司资金的经济效益，要严格控制资本成本。为了使公司的剩余收益增加，就应该降低资本成本，在筹资决策中选择最优的资本结构。

一、影响最优资本结构的因素

前面的分析说明，制约公司资本结构的因素，除了资本成本、财务风险以外，还有以下重要因素，需要公司在资本结构决策中予以考虑。

（一）行业因素

不同的行业资本结构不同，主要因为不同行业所需的资本规模、资产的流动性以及行业风险不同造成的。通常情况下，高风险行业负债水平不宜过高，因为高经营风险和高财务风险的组合必然加大公司总风险；资产流动性高的公司可以高负债，因为高负债的风险可由高流动性资产保障；不同的资本规模影响公司资本结构，因为资本规模过高的公司必然要负债经营。所以，资本结构将受到公司所在行业的影响。

（二）经营风险

即使是相同行业的公司，其经营风险也可能存在不同，所以，经营风险成为影响公司资本结构的一个因素。因为公司的总风险包括经营风险和财务风险，如果让公司总风险保持在一定水平的情况下，一旦公司经营风险过高，则势必要降低公司财务风险，即公司必须降低负债比例；反之，公司可提高负债比例。

（三）公司规模

由于大公司倾向于多元化经营或纵向一体化战略，具有较稳定的现金流量，可以优先使用与企业外部资本市场所筹集资金的成本相比，资金成本更为便宜的内部资本市场的资金，提高企业资金的使用效率，从而减少交易费用，降低资金成本。大公司可以有效分散风险，不易受财务困境的影响，因此破产成本将随公司规模的增大而减少。

（四）公司盈利能力

融资优序理论从信息不对称和理性预期角度指出内源融资的优先性。由于盈利能力的高低直接决定着保留盈余的重要来源，企业盈利能力强时，企业可通过保留较多盈余资金的方式，将盈余资金作为企业主要的资金来源，以此来降低资本结构中负债资本和企业外部权益资本的比例,因此,盈利高的公司债务水平应该低。

(五)公司成长性

高成长性的公司经营风险小,因此可采用较高的负债比例融资;另外,高成长性公司由于要大规模筹资,原有权益资本不够公司发展需要,而增发股票又往往稀释控股权,对所有者不利。在此情况下,发行债券融资可能是一个好的选择。当经理以公司成长为目标时,经理与股东利益往往与投资机会多的公司一致。这时,具有价值成长机会的公司,经理应该选择更低的负债,因为对于成长中的公司而言,由于其选择更富弹性,其债务代理成本可能更高。如果这些公司过多利用外部负债融资,将影响其对投资机会的利用。实践中,企业成长性对资本结构形成的影响是复杂的、不确定的,即可能是成长性越强的企业负债率越高,原因是企业和债权人都对企业的未来利润有着充分的信心;也可能相反,即成长性越强的企业负债率越低,原因是高成长的企业可能伴随着高风险,因此,债权人鉴于该类企业的高风险而不愿意给予信贷支持。

(六)税收影响

当公司存在所得税时,债务资本的优势是利息可以作为费用在税前扣除,所以可少交一部分所得税;公司股利不能在税前扣除,因此在债务税前成本与权益成本相同的情况下,由于抵税作用使得债务的实际成本低于权益资本成本。在西方国家对于资本结构影响因素的分析中,税率被认为是影响资本结构一个很重要的制度因素,公司边际税率的改变影响融资决策,边际负债偏好与实际边际税率正相关。因此,实际所得税税率高的公司应使用更多的负债以获得更多的负债利息税收抵减。

(七)破产成本

破产成本是指公司破产的各种法律诉讼费用、管理费用,也包括公司即将破产时低效率经营的损失以及清算时资产清算价值低于其经济价值的损失。

(八)贷款银行等机构的态度

如果公司过高地安排债务融资,贷款银行未必会接受大额贷款的要求,或只有在抵押担保或相当高的利率条件下才同意增加贷款。

(九)经营激励

公司存在一定量的债务,对公司经营者是一种约束力。经营者为了能偿还到期债务并使公司正常运转,必然会组织更有效的经营活动。詹森认为,若公司只有自有资金,经营者将投资一些没有足够预期报酬率的项目。由此应该鼓励经营者将自有资金返还给股东,以减少代理成本。

(十)财务信号

因为公司经营者与股东之间存在信息不对称的问题,所以改变公司资本结构成为经营者向投资者传递有关公司信息的一种方式。当经营者认为公司的价值被低估时,他们可能提高公司的债务比例来向市场表明公司价值被低估的信息。因为一般情况下人们会认为提高债务比例会增加公司破产的可能性,从而影响经营者的地位。只有前景光明的公司才有能力作出这一决策,由此投资者会接受这一信号:公司的价值被低估了。这也说明,公司资本结构的调整是一种财务信号,它影响到公司的市场价值。

二、最优资本结构决策方法

企业的最优资本结构是能够最大限度地调动各利益相关者积极性的资本结构,确定企业最优资本结构的方法有很多种,如比较资本成本法、每股利润分析法、比较公司价值法等。

(一)比较资本成本法

用比较资本成本法来确定资本结构是较为适用,也较为直观的方法,比较资本成本法是通过不同资本结构的加权平均资本成本,并以此为标准进行资本结构决策的。即在从多种渠道筹集的资本中,以各种资本所占的比重为权数,根据各种资本的成本,计算出平均资本成本,并根据其大小来作出相应的筹资决策。加权平均资本成本最低、企业价值最大时的资本结构,才是该企业最优的资本结构。

【例1】 某新开办企业,需要筹资总额为1000万元,该企业的财务人员提供了三个筹资方案可供企业的领导选择:

方案一:长期借款筹资额为80万元,资本成本为6%;债券筹资额为200万元,资本成本为8%;优先股筹资额为120万元,资本成本为12%;普通股筹资额为600万元,资本成本为15%。

方案二:长期借款筹资额为100万元,资本成本为6.5%;债券筹资额为300万元,资本成本为8%;优先股筹资额为200万元,资本成本为12%;普通股筹资额为400万元,资本成本为15%。

方案三:长期借款筹资额为160万元,资本成本为7%;债券筹资额为240万元,资本成本为7.5%;优先股筹资额为100万元,资本成本为12%;普通股筹资额为500万元,资本成本为15%。

方案一的综合资本成本:每个筹资方式所占筹资总额的比重分别是:长期借款8%、债券20%、优先股12%、普通股60%。那么,该项筹资方案的综合资本成本为:

$$6\% \times 8\% + 8\% \times 20\% + 12\% \times 12\% + 15\% \times 60\% = 12.52\%$$

方案二的综合资本成本:每个筹资方式所占筹资总额的比重分别是:长期借款10%、债券30%、优先股20%、普通股40%。那么,该项筹资方案的综合资本成本为:

$$6.5\% \times 10\% + 8\% \times 30\% + 12\% \times 20\% + 15\% \times 40\% = 11.45\%$$

方案三的综合资本成本:每个筹资方式所占筹资总额的比重分别是:长期借款16%、债券24%、优先股10%、普通股50%。那么,该项筹资方案的综合资本成本为:

$$7\% \times 16\% + 7.5\% \times 24\% + 12\% \times 10\% + 15\% \times 50\% = 11.62\%$$

经过计算以上三个筹资方案的综合资本成本,方案二的综合资本成本11.45%最低，可断定方案二的资本结构为该企业的最优资本结构。

从上例可以看出，运用比较资本成本的方法来确定企业的最优资本结构是一个很简单明了的方法。不过，如前所述，决定一个公司的资本结构还要考虑其他因素，因为资本结构还受很多因素影响。如从外部因素看，有一国的发达程度、产业特征与行业特征、不同社会经济环境和状况、金融市场的运行情况、相关利益者所能够接受和承担的风险的范围、利率变动、外界评估、一国的税收机制等等；从内部因素看，有公司的规模、公司未来销售的增长率、稳定性及公司的股利政策、公司投资项目性质和生产技术配备能力与结构以及管理人员对公司权利和风险的态度等。因此，不能用一个简单的方法来确定一个企业的最优资本结构，应该将公司的内部条件和外部条件给公司带来的影响与所计算的数据相结合来确定公司的最优资本结构，这样分析出来的资本结构才会更加准确完整。

（二）每股利润分析法

每股利润分析法，也称每股收益无差别点分析法，是指每股收益不受融资方式影响的销售水平或息税前利润。它通过分析负债融资与每股收益之间的关系，为确定最优资本结构提供依据。按照本书前面章节的分析，公司金融的目的是不断提高普通股股东的每股收益，所以资本结构合理性的评价也离不开对每股利润的测定。简单来说，只要能够提高每股利润的资本结构就是合理的，反之就是不合理的。

每股利润分析法的核心是确定每股利润无差别点，即公司在筹集资金时，无论是采用负债筹资方式，还是采用股权资本筹资方式，其每股收益相同时的息税前利润EBIT，也称为息税前利润平衡点（即 EBIT-EPS 法）。这一点是两种资金结构优劣的分界点：当企业预计的息税前利润与计算的息税前利润相同时，则两方案可任选；当预计的息税前利润大于计算的息税前利润时，则采用负债筹资方式追加筹资较为有利；当预计的息税前利润小于计算的息税前利润时，则采用股权资本筹资方式追加筹资较为有利。其计算公式为：

$$EPS = \frac{(EBIT - I)(1 - T) - D}{N}$$

其中，EPS 为每股收益，EBIT 为息税前利润，I 为债务利息，T 为所得税税率，D 为优先股股息，N 为普通股股数。

【例2】 某公司目前拥有资本 1000 万元，其结构为：债务资本 20%（年利息为 20 万元），普通股权益资本 80%（发行普通股 10 万股，每股面值 80 元）。现准备追加筹资 400 万元。有两种筹资方式可供选择：(1) 全部用发行普通股股票来筹集，增发 5 万股，每股面值 80 元；(2) 全部用发行长期债券来筹集，利率为 10%。企业追加筹资后，息税前利润为 160 万元，所得税税率为 25%。要求采用无差异点法选择筹资方案。

确定两种筹资方式下的无差异点：

$$\frac{(EBIT - 20)(1 - 25\%)}{15} = \frac{(EBIT - 60)(1 - 25\%)}{10}$$

$$EBIT = 140(万元)$$

由于企业追加筹资后的息税前利润预计达到 160 万元，160 万元＞140 万元，因此应采用发行长期债券的筹资方案，此时两种筹资方案的每股收益分别为：

负债筹资方式下：$EPS = (160 - 60) \times (1 - 25\%) \div 10 = 7.5(元)$

普通股筹资方式下：$EPS = (160 - 20) \times (1 - 25\%) \div 15 = 7(元)$

无差别点的每股收益 $= (140 - 20) \times (1 - 25\%) \div 15 = 6(元)$

【例 3】 某公司原有资本 700 万元，其中债务资本 200 万元（每年负担利息 24 万元），普通股资本 500 万元（发行普通股 10 万股，每股面值 20 元），由于扩大业务，需追加筹资 300 万元，其筹资方式有两种：一是全部发行普通股，增发 6 万股，每股面值 50 元；二是全部筹借长期债务，债务利率仍为 12%，利息 36 万元。公司的变动成本率（变动成本率是指变动成本与销售额的比例）为 60%，固定成本为 180 万元，所得税税率为 25%，设无差别点的销售额为 S。

$$\frac{(S - 60\%S - 180 - 24)(1 - 25\%)}{16} = \frac{(S - 60\%S - 180 - 60)(1 - 25\%)}{10}$$

$$S = 750(万元)$$

此时的每股收益额为：$(750 - 750 \times 0.6 - 180 - 24) \times (1 - 25\%)/16 = 4.5(元)$

当销售额高于 750 万元（每股收益无差别点的销售额）时，运用负债筹资可获得较高的每股收益；当销售额低于 750 万元时，运用权益筹资可获得较高的每股收益。

【例 4】 某公司原有资本 1000 万元，均为普通股资本。为扩大生产，需要追加融资 600 万元，有以下三种可能的融资方案：（1）全部发行普通股，每股 60 元，增发 10 万股；（2）全部举借长期债务，债务利率为 8%；（3）全部发行优先股，年股利为 10%。该公司增资前流通在外的普通股为 20 万股，所得税税率为 25%。

将上述数据代入公式，则普通股融资与债务融资方案的每股收益无差别点是：

$$\frac{(EBIT - 0)(1 - 25\%) - 0}{20 + 10} = \frac{(EBIT - 60 \times 10 \times 8\%)(1 - 25\%) - 0}{20}$$

$$EBIT = 144(万元)$$

普通股融资与优先股融资方案的每股收益无差别点是：

$$\frac{(EBIT - 0)(1 - 25\%) - 0}{20 + 10} = \frac{(EBIT - 0)(1 - 25\%) - 600 \times 10\%}{20}$$

$$EBIT = 240(万元)$$

上述的每股收益无差别点分析，可以用图来描述，如图 9-11 所示。

图 9-11 说明，债务融资与普通股融资方案之间的每股收益无差别点为 144 万元的息税前利润。若息税前利润高于这一点，利用债务融资可获得更高的每股收益；若低于这一点，利用普通股融资可获得比运用债务融资更高的每股收益。优先股融资与普通股融资方案之间的每股收益无差别点为 240 万元的息税前利润，若息税前利润高于这一点，运用优先股融资可获得更高的每股收益；若低于这一点，运用普通股融资比运用优先股融资可获得更多的每股收益。在债务融资与优先股融资之间并不存在无差别点，因为债务融资固定的利息具有抵减所得税的作用，所以在所有的息税前利润水

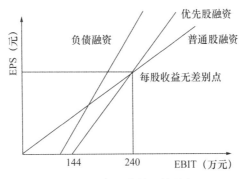

图 9-11 每股收益无差别点

平上,债务融资都比优先股融资产生更高的每股收益。即财务杠杆要发挥作用就需要有较多的息税前利润来补偿固定的融资成本,而一旦达到平衡,普通股每股收益将随着息税前利润的增长而较快增长。假定该公司目前息税前利润为 200 万元,扩大生产后将上升为 300 万元,则三种融资方案下的每股收益如表 9-4 所示:

表 9-4 三种融资方案的每股收益 单位:元

指标 \ 方案	普通股	债务	优先股
息税前利润	3000000	3000000	3000000
利息	—	480000	—
税前利润	3000000	2520000	3000000
所得税	750000	630000	750000
税后利润	2250000	1890000	2250000
优先股股利	—	—	600000
流通在外的普通股股数(股)	300000	200000	200000
每股收益	7.5	9.45	8.25

从表 9-4 可以看出,因为该公司的息税前利润水平高于每股收益无差别点,债务融资方案下的每股收益是最高的,债务融资方案最优。

每股收益无差别点方法的不足之处在于没有考虑风险因素。随着企业发行债券的增多,企业的财务风险也越来越大,过高的风险必然导致资金成本的提高,从而使每股收益下降,甚至股价下降。另外,企业发行债券或发行优先股筹资的金额越大,每年需要支付的固定费用就越多,而且其中的利息、本金及优先股股利等均需用现金偿付,因此在采用这些途径筹资之前,必须考虑未来的现金流动情况,在确保未来具有偿付能力的情况下再追加负债筹资。优化企业的资本结构是公司金融的重要内容,也是十分困难的管理环节,仅依靠无差异分析法很难达到优化资本结构的目的。在实际中,应该把无差异分析法和其他筹资分析方法结合起来,使资本结构达到理想的状态。

(三)比较公司价值法

比较公司价值法是在反映财务风险的条件下,以公司价值的大小为标准,测算判

断公司最优的资本结构。公司金融的目标是公司价值最大化,能够使公司价值最大的方案才是最优方案。其基本思路是:

(1) 测算不同资本结构下的公司价值。公司价值等于长期债务(包括长期借款和长期债券)价值与股票之和,即

$$V = B + S$$

其中,V 为公司价值,B 为公司长期债务价值,S 为公司股票价值。

假定公司无优先股,长期债务价值等于其面值或本金,股票价值等于未来净利润的贴现值,且公司处于零成长、持续经营状态,借用永续年金公式得:

$$S = \frac{(\text{EBIT} - I)(1-T)}{K_s}$$

其中,K_s 为普通股资本成本(按照资本资产定价模型,$K_s = R_f + \beta(R_M - R_f)$)。

(2) 测算不同资本结构下的综合资本成本。公司的综合资本成本等于长期债务和股票的加权平均资本成本,即

$$K_w = K_b \left(\frac{B}{V}\right)(1-T) + K_s \left(\frac{S}{V}\right)$$

其中,K_b 为长期债务资本成本,K_w 为综合资本成本。

(3) 确定最优资本结构,即使公司价值最大化、综合资本成本最低的资本结构就是最优资本结构。

【例5】 某公司的资本全部由普通股构成,没有负债,其账面价值 8000 万元,其年息税前利润 800 万元,年税后利润全部以股利形式发放给股东,公司的所得税税率 25%。无风险报酬率 3%,股票市场平均报酬率 10%。该公司认为,目前的资本结构不合理,准备借长期债务通过负债融资来增加公司的价值。经过测算公司在不同负债融资时的债务利率和权益成本,见表 9-5,试估算公司的最优资本结构。

表 9-5 不同债务水平下的债务利率和普通股成本

债务市场价值(万元)	债务利率%	股票值	权益成本%
0	—	1.10	10.7
200	7	1.20	11.3
400	8	1.30	11.9
600	9	1.40	12.5
800	10	1.50	13.2
1000	12	1.60	14.0

根据表 9-5 数据资料,运用前面的公式即可计算不同债务额时公司的市场总价值和综合资本成本,如表 9-6 所示:

表 9-6　不同债务融资额时的公司价值和综合资本成本

债务价值（万元）	股票价值（万元）	公司价值（万元）	债务利率%	权益成本%	综合资本成本%	负债比率%
0	5607	5607		10.7	10.7	0.0
200	6956	7156	7	11.3	11.2	2.8
400	4840	5240	8	11.9	11.6	7.6
600	4476	5076	9	12.5	12.1	11.8
800	4091	4891	10	13.2	12.7	16.4
1000	3643	4643	12	14.0	13.6	21.5

从表 9-6 中可以看出，在没有负债的情况下，公司的总价值就是原有股票的市场价值。当公司举借债务，随着债务的变化，公司的价值也在变化。表 9-6 中，当公司债务是 200 万元时，公司价值最大，综合资本成本最低。当债务超过 200 万元后，随着公司债务的增加，公司的价值在下降，综合资本成本在上升。因此当债务为 200 万元，即负债比率是 2.8% 时的资本结构是该公司的最优资本结构。

本章案例

中联重科资本结构案例

一、不同负债水平下的权益资本成本

在不同的负债水平下，权益资本是会发生改变的，具体表现为，负债水平的变动会引起 β 系数发生变化。企业的无风险报酬率与风险溢价是固定不变的，所以 β 系数是该式中影响权益资本的唯一变量，通过 β 系数可以把负债水平与权益资本成本联系在一起。负债水平与 β 系数的关系可以用以下公式表示：

$$\beta_L = \beta_U \left[1 + \frac{D(1-T)}{E}\right]$$

式中，β_L 为包含财务风险的 β 数，即有负债时的 β 系数，β_U 为不含财务风险的 β 系数，即无负债时的 β 系数，D 为债务资本，E 为权益资本，T 为公司所得税税率。在现有的资本结构下，即权益资本占总资本的 83%，债务资本占总资本的 17%，加权平均资本成本为 7.89%，β 系数为 0.31。利用以上数据可以得出无负债时的 β 系数为 0.21。同样，可以用上述方法计算出不同负债水平下的 β 系数。接下来，本文以 10% 为跨度，计算出负债水平为 10%—90% 时的 β 系数与权益资本成本。

表 9-7 不同负债水平下的权益资本成本

负债水平	D/E	系数	权益资本成本
0%	0	0.26	8.03%
10%	0.11	0.29	8.19%
20%	0.25	0.32	8.39%
30%	0.43	0.36	8.64%
40%	0.67	0.41	8.98%
50%	1.00	0.49	9.46%
60%	1.50	0.60	10.17%
70%	2.33	0.79	11.36%
80%	4.00	1.16	13.74%
90%	9.00	2.28	20.88%

二、不同负债水平下的债务资本成本

与权益资本成本一样，在不同的负债水平下，债务资本成本也会发生变化。负债水平对债务资本成本的影响主要是通过利息保障倍数、信用评级和违约利差来实现的。在不同的负债水平下，公司的利息费用会发生变化，而息税前利润是固定不变的，所以息税前利润与利息费用的比值也就是利息保障倍数会随着负债水平的变动而变动。不同的利息保障倍数下的信用评级是不同的，在不同的信用评级下会产生不同的违约利差。而债务资本成本是无风险报酬率与违约利差的和除掉公司所得税的影响之后的值。

所以，通过以上关系可知，债务资本成本变动的源头是负债水平的变动。具体来说，当负债水平为 30% 时，债务资本的金额为 54.4 亿元，息税前利润为 35.9 亿元。由于利息费用是债务资本与利率的乘积，而利率又是无风险报酬率与违约利差的和，要想知道违约利差又必须知道利息费用，这之间有循环上的矛盾。所以，这里采用试错法进行处理，用 0.4 的违约利差进行计算，息税前利润与得出来的利息费用的比值正好处于违约利差为 0.4 的信用评级之间。接下来，同样以 10% 的跨度，计算出负债水平为 10%—90% 时的债务资本成本。

表 9-8 不同负债水平下的债务资本成本

负债水平	债务资本	EBIT	利息费用	利息保障倍数	可能的评级	利率	债务资本成本
0%	0.00	35.90	0.00	无穷大	AAA	6.75%	5.74%
10%	27.20	35.90	1.84	19.55	AAA	6.75%	5.74%
20%	54.40	35.90	3.67	9.78	AAA	6.75%	5.74%
30%	81.60	35.90	5.88	6.11	A+	7.20%	6.12%
40%	108.80	35.90	8.00	4.49	A	7.35%	6.25%
50%	136.00	35.90	10.40	3.45	A−	7.65%	6.50%
60%	163.20	35.90	13.63	2.63	BBB	8.35%	7.10%
70%	190.40	35.90	25.89	1.39	B−	13.60%	11.56%
80%	217.60	35.90	32.86	1.09	CCC	15.10%	12.84%
90%	244.80	35.90	36.96	0.97	CCC	15.10%	12.84%

三、不同负债水平下的加权平均资本成本

上文已经介绍了加权平均资本成本的公式以及中联重科 2013 年的加权平均资本成本。接下来需要使用上述方法对前面得出的不同负债水平下的权益资本成本和债务资本成本进行加权平均,从而得到在不同负债水平下的加权平均资本成本。然后与中联重科 2013 年的加权平均资本成本进行对比,找出比中联重科 2013 年的资本成本更低的资本结构。因为已经计算过中联重科 2013 年的加权平均资本成本,所以这里直接给出计算结果。

表 9-9 不同负债水平下的加权平均资本成本

负债水平	权益资本成本	债务资本成本	加权平均资本成本
0%	8.03%	5.74%	8.03%
10%	8.19%	5.74%	7.95%
20%	8.39%	5.74%	7.86%
30%	8.64%	6.12%	7.88%
40%	8.98%	6.25%	7.89%
50%	9.46%	6.50%	7.98%
60%	10.17%	7.10%	8.33%
70%	11.36%	11.56%	11.50%
80%	13.74%	12.84%	13.02%
90%	20.88%	12.84%	13.64%

资料来源:颜佳琳等:《公司资本结构优化研究——以中联重科为例》,载《中国集体经济》2018 年第 4 期。

本章思考题

1. 早期资本结构理论有哪些?
2. MM 定理的基本内涵是什么?
3. 在无税假定下,MM 定理的基本结论是什么?
4. 权衡理论的基本内涵是什么?
5. 融资次序理论的基本内涵是什么?
6. 什么是法?

第十章

杠 杆

杠杆增加了公司利润和现金流的波动性，由此增加了公司的债权人和股东的风险。另外，如果对一家公司进行估值，也会受到杠杆程度高低的影响：公司的杠杆比率越高，其风险也越高，因此在对公司估值时需要选择一个更高的折现率。一般地，高杠杆的公司在收入下降时更有可能会发生重大损失，并有可能使公司加速陷入财务困境，甚至破产。

第一节 经营杠杆

一、经营杠杆概念界定

(一) 成本习性

企业在生产经营过程中，为保证持续经营，扩大生产规模，必然会购置一些资本性资产，这些资本性资产大多是企业的固定资产设备等。由于资本性资产的存在，在生产经营过程中一定会产生固定成本与费用，这些成本与费用由生产产品分担，从而引起企业销售收入变化时利润不随之呈比例变化，即利润变化幅度会大于销售收入的变化幅度的现象，这就产生了经营杠杆。经营杠杆的存在可以使企业获得一定的杠杆收益，但也会使企业面临一定的经营风险。

根据管理会计原理，将公司的成本费用按成本习性进行划分，可分为固定成本、变动成本、半变动成本或半固定成本。固定成本一般是在企业生产经营过程中维持不变的那部分成本，但产销量的变化会使单位产品承担的固定性成本发生变化，主要包括资本性资产的折旧与摊销、企业固定性人工成本、固定的广告费和营销费等；变动成本一般是随着企业产量的变化而随之呈比例变化的成本，但单位产品变动成本保持不变。固定性成本无论企业经营生产与否，只要企业存在就会产生，属于沉没成本，而变动成本在企业不生产时便不会发生，属于相关成本。如果公司固定性成本较高，就会产生较高的经营杠杆。

由此，为便于接下来的计算，这里需要先明确边际贡献和息税前利润两个概念。边际贡献，或贡献毛益，即产品销售收入减去变动成本，代表单位产品的获利能力，其计算公式是：

$$M = S - V = (P - v)Q = m \cdot Q$$

其中，M 为边际贡献总额，S 为销售收入总额，V 为变动成本总额，P 为销售单价，v 为单位变动成本，Q 为产销数量，m 为单位边际贡献。

如果将上式的两端同时乘以一个常数，其恒等关系不变，说明在单价和单位变动成本不变的条件下，产销量和边际贡献的变动率相等。

息税前利润是指公司的销售收入减去固定成本和变动成本，用公式表示是：

$$EBIT = S - V - F = (P - v)Q - F = M - F$$

其中，EBIT 为息税前利润，F 为固定成本，S 为销售收入总额，V 为变动成本总额，P 为销售单价，v 为单位变动成本，Q 为产销数量。

经营杠杆之所以会产生是由于企业存在固定成本，而企业的固定成本来源主要是固定资产，经营杠杆表现出企业对于这部分固定资产的利用能力。企业加大对固定资产的投资使企业固定成本加大的同时，也会加大经营杠杆，增加经营风险。也就是说，公司的经营杠杆具有双刃剑的作用。公司可以通过杠杆作用，在销售量呈上升趋势时获得比销售收入增加更快的经营效益；但也可能由于较高的经营杠杆，在销售量下降时，甚至未达到保本点时产生负面的影响，经营利润比销售收入下降更多，使公司面临巨大亏损的情况。因此，公司在追逐高风险、高报酬的同时，还要注意控制经营风险，根据公司情况制定合理的经营杠杆，以便正确地使用经营杠杆，使经营杠杆发挥正向作用。

当然，实践中必须厘清固定成本与经营杠杆的关系。首先，固定成本的存在是经营杠杆得以发挥作用的前提，但是固定成本的大小仅仅是决定公司一段时期盈亏临界点大小的因素，并不必然影响经营杠杆的大小。即固定成本的大小决定了公司要创造多少边际贡献才能够使公司保本，而经营杠杆的大小从本质上讲取决于销售量与盈亏临界点的比值。如果销售量小于盈亏临界点，则息税前利润小于零，经营杠杆系数也小于零。此时应该用其绝对值来判断销售量对息税前利润的影响，不能将其误解为销售量与息税前利润是反方向变动关系。其次，固定成本是在一定的销售量范围内不会发生变动，当销售量超过一定的范围时，固定成本也会相应增加。如销售量大增，就要购买更多的机器设备或发生更多的修理费恢复设备的生产能力来满足生产产品的需要，此时，销售量的增加并不一定会使息税前利润增加幅度变大。

（二）经营杠杆内涵

根据前面分析，经营杠杆是指公司在生产经营中由于存在固定成本而使利润变动率大于产销量变动率的规律，又称为营业杠杆或营运杠杆，反映销售和息税前盈利的杠杆关系。

经营杠杆可以反映公司经营风险。在公司制定营运决策时，应注意成本结构对于经营活动的影响。金额较大的固定成本如折旧摊销、员工工资、广告费等支出在公司经营过程中是必不可少的，这些固定成本的存在使经营杠杆发挥作用，应控制固定成本费用的投入使用，并提高各项资产的营运能力，提高固定资产和其他各项资产的利用率与周转率，扩大销售，以弥补固定成本支出。

经营杠杆可以进行盈利能力的预测。经营杠杆反映销售量变化时利润变化的百分比，可以据此预测为达到一定的目标利润，销售量需达到多少才可以。公司的实际经营状况、生产能力以及销售能力都可以说明其是否可以达到该销售目标。如果预计达不到销售目标，公司就需要重新制定符合生产销售能力的目标利润，使制定的盈利决策以公司实际情况为基础，顺利达成盈利目标。

经营杠杆可以运用到公司投资决策中去。公司经营状况较好，存在部分闲置资金时，会将资金进行投资，获得较高的资金回报率。公司选择长期投资时，需要考虑诸多不确定因素，正确衡量投资风险，以免因为投资失败导致后续成本增加，通过经营杠杆的放大效应给公司带来巨大损失。所以，公司进行投资时要根据项目预计带来的利润与预计产生的成本进行经营杠杆的估算，衡量该经营风险是否可以承受，并及时调整经营决策。

二、经营杠杆计量

经营杠杆的作用程度用经营杠杆系数表示，也称营业杠杆系数或营业杠杆程度，是指息税前利润变动率与销售收入变动率的比值，表明息税前利润的变化率对销售收入变化率的敏感程度。一般而言，经营杠杆系数越大，对经营杠杆利益的影响越强，经营风险也越大。经营杠杆系数的计算公式为：

$$\mathrm{DOL} = \frac{\Delta \mathrm{EBIT}/\mathrm{EBIT}}{\Delta S/S}$$

其中，DOL 为经营杠杆系数，ΔEBIT 为息税前利润的变动额，EBIT 为基期息税前利润，ΔS 为销售收入的变动额，S 为销售收入。

【例 1】 某公司有关资料见表 10-1，计算其经营杠杆系数。

表 10-1 某公司产销量变动情况　　　　　　　　　　单位：元

	产销量变动前	产销量变动后	变动额	变动率%
产销量	500000	550000	50000	10
变动成本	300000	330000	30000	10
边际贡献	200000	220000	20000	10
固定成本	100000	100000	—	—
利润	100000	120000	20000	20

根据上述公式得：

$$\mathrm{DOL} = \frac{\Delta \mathrm{EBIT}/\mathrm{EBIT}}{\Delta S/S} = \frac{20000/100000}{50000/500000} = 2$$

计算结果说明，在固定成本不变的前提下，产销量增长 10%，会引起公司利润增长 20%。

上述公式是计算经营杠杆系数的常用公式，不过利用此公式，需要根据变动前和变动后的有关材料方能进行计算，实践中不太方便。因此可以根据上述公式推导出用基期材料计算经营杠杆系数的公式。

假定 R 为产销量变动率（$R=\Delta S/S$），由于产销量变动率与边际贡献变动率是一

致的,所以变动后的边际贡献为:$M+MR$,推导如下:

$$\mathrm{DOL}=\frac{\Delta \mathrm{EBIT}/\mathrm{EBIT}}{\Delta S/S}=\frac{\Delta \mathrm{EBIT}/\mathrm{EBIT}}{R}=\frac{\Delta \mathrm{EBIT}}{R \cdot \mathrm{EBIT}}$$

$$=\frac{(M+\mathrm{MR}-F)-(M-F)}{R \cdot \mathrm{EBIT}}=\frac{\mathrm{MR}}{R \cdot \mathrm{EBIT}}=\frac{M}{\mathrm{EBIT}}$$

其中,M 为基期边际贡献,F 为固定成本,EBIT 为基期息税前利润。

将上表中数据代入,得:

$$\mathrm{DOL}=\frac{200000}{100000}=2$$

由上述计算公式可以看出,经营杠杆具有以下特点:第一,经营杠杆是一个时期概念,即一般所说公司息税前利润变动率相当于业务量变动率的倍数,指的是某一个特定的时期,通常称为经营杠杆的计算期。第二,经营杠杆有一个特定的比较期。杠杆现象中所说的息税前利润变动率及业务量变动率是指与某一特定的时期相比较而言的,这一特定的时期就是经营杠杆的比较期,也称基期。第三,经营杠杆是一个动态指标。由于经营杠杆是一个时期概念,且要有固定的比较期,所以它是一个动态的指标。

从公式也可以看出,经营杠杆具有以下隐含条件:一是比较期的相关数据是已知的。这里的相关数据包括企业的固定生产、经营成本总额、业务量水平、单价、单位产品的变动成本及产品的品种结构。通常的基期数据应是公司已经发生的实际数据,但也可以是公司在某特定时期的计划数据或预算数据。二是经营杠杆计算期的相关数据与比较期保持一致。这里所说的相关数据主要包括固定生产经营成本总额、单位产品变动成本、单位产品售价、企业产品的品种结构。也就是说,变动的只有业务量一个因素,这样才能排除其他因素变动对公司息税前利润的影响。如果计算期的固定成本总额、单价及单位产品的变动成本与基期发生了变化,则计算出的息税前利润变动率就是各因素共同作用的结果,这样就无法判定固定生产经营成本所起的杠杆作用。例如,尽管公司的业务量是原来的两倍,但如果公司的单位产品变动成本、单价或固定成本总额中一项或多项均发生不同程度、不同方向的变动,这时公司的息税前利润变动方向及变动幅度就很难判断,因为它不仅受到业务量的影响,而且是前述各种因素共同作用的结果。三是经营杠杆各期的产销保持平衡。按照财务会计规定,公司的固定生产成本要计入产品成本,而固定的经营成本则是息税前利润的扣除项目。如果公司各期的产销不平衡,就会导致有的会计期间承担的固定生产成本大于当期发生的固定生产成本(期初存货释放的固定生产成本大于期末存货吸收固定生产成本时),而有的会计期间承担的固定生产成本又小于当期发生的固定生产成本(期初存货释放的固定生产成本小于期末存货吸收的固定生产成本时),使公司各期的息税前利润产生巨大波动。所以在分析经营杠杆效应时,应剔除各期产销不平衡对息税前利润的影响,即以各期产销平衡为前提。实际中,由于上述经营杠杆隐含前提的存在,限制了经营杠杆指标作用的发挥,公司管理当局通常要考虑的是各因素共同作用的结果,对公司的前景进行综合的分析和预测。

三、经营杠杆与经营风险

经营风险是指由于公司的生产经营活动而产生的未来息税前利润的不确定性。任何公司只要从事生产经营活动,就必然承受不同程度的经营风险。通常,经营风险可以用基期息税前利润(EBIT)的概率分布对其期望值的偏离程度,即基期息税前利润的标准离差或标准离差率衡量。公司的息税前利润受到各种因素的影响,其中每一影响因素的不确定性都能导致企业经营风险的存在,主要包括以下几个方面:

(1) 产品需求变化对经营风险的反映。在其他因素不变的条件下,市场对公司产品的需求越不稳定,公司未来的经营收益就越不确定,经营风险就越大;反之,市场对公司产品需求越稳定,经营风险就越小。

(2) 产品销售价格高低对经营风险的反映。销售价格不稳定,销售收入就不稳定,公司未来的经营收益也就不稳定;反之,销售价格变动不大,经营风险就相对较小。

(3) 单位产品变动成本的高低对经营风险的反映。单位产品变动成本的稳定性直接影响产品投入成本的稳定性,在固定成本总额不变的条件下,直接影响经营收益的稳定性。

(4) 产品品种结构变化对经营风险的反映。在生产多种产品的公司中,由于各品种产品的边际贡献率不同,公司各种产品生产结构的改变也会导致公司经营收益的变动,从而影响公司的经营风险。

(5) 固定成本比重大小对经营风险的反映。固定成本占总成本的比重越大,当产品销售量发生变动时,单位产品分摊的固定成本变动越大,公司未来经营收益变动就可能越大,经营风险就越大;反之,固定成本占总成本的比重越小,经营风险就越小。

此外,企业产品质量、管理水平等也都会影响企业的经营风险,因此,经营风险是企业、市场、成本等诸多因素共同作用的结果。

经营杠杆反映的是在其他因素不变的条件下业务量变动引起息税前利润的变动程度,它本身并不是息税前利润不稳定或经营风险的根源。但是,业务量增加时,息税前利润将以经营杠杆系数(DOL)倍数的幅度增加;而销售量减少时,息税前利润又将以经营杠杆系数倍数的幅度减少。因此,经营杠杆扩大了市场和生产等不确定因素对息税前利润变动的影响。公司经营风险的大小和经营杠杆有重要关系,经营杠杆系数越高,利润变动越大,公司的经营风险就越大。用经营杠杆系数衡量企业经营风险的大小,一般从公司固定生产经营成本与基期贡献边际两个直接影响因素入手进行分析:

(1) 固定成本大小。在其他因素不变的情况下,固定成本越高,经营杠杆系数越大,经营风险越大;如果固定成本为零,则 DOL 等于 1。

(2) 基期贡献边际高低。在其他因素不变的情况下,基期贡献边际越大,经营杠杆数越小,经营风险也越小;基期贡献边际越小,经营杠杆系数越大,经营风险也越大。当基期贡献边际趋于无穷大时，杠杆系数趋近1。也就是说，基期贡献边际水平与企业经营风险成反方向变化。

公司可以通过调节影响经营杠杆系数的因素来主动控制经营风险，提高经济效益。第一，合理定价控制经营风险。由经营杠杆系数的计算公式可知，在其他因素不变的情况下，公司产品售价提高将降低经营杠杆系数，从而降低经营风险。然而，通过产品售价的调整来达到控制经营风险的程度有赖于公司对其产品价格调整能力的强弱。如果公司经营的产品完全处于竞争市场，其售价完全将由市场供求决定，公司对其产品价格的调整能力非常微弱，此时不可能通过售价调整来达到控制经营风险的目的。如果公司经营的是垄断或者全新的产品，公司在产品定价方面就有较强的自主能力，可通过合理定价来达到降低杠杆系数控制经营风险的目的。第二，调节成本控制经营风险。经营杠杆系数的计算公式说明降低成本可以降低经营杠杆系数和经营风险。固定成本一般在项目开始时已经投入，在项目实施期间不再有弹性，通过调整此类成本改变经营杠杆系数，控制经营风险不太现实。变动成本一般随着产销量的变动而成比例变动，公司可以通过调节单位变动成本来降低杠杆系数控制经营风险。然而，公司一般会在保证产品质量和功能的前提下控制变动成本，因此通过调节变动成本来控制经营风险的方法，往往会受到客观条件的限制而难以继续。

四、经营杠杆的影响要素

（一）内部影响因素

1. 产销量

如前所述，销售量是影响公司经营杠杆系数的重要因素。如果产品的销售量大，那么经营杠杆系数就会小，反之就会大，也就是说，公司产品销售量的大小是与经营杠杆系数成反比的。所以，公司可以策划各种活动或者增添新的渠道来促进销售，提高销售数量，降低经营杠杆系数，从而降低经营风险。

2. 固定成本

固定成本是经营杠杆效应的基础，经营杠杆系数始终大于1的根本原因就是源于固定成本的存在。而固定成本与经营杠杆系数的关系是互成正比的，即固定成本如果出现增加，那么经营杠杆系数也将会随之增大；反过来，公司的固定成本如果出现减少，那么经营杠杆系数也将随之减小，并不断趋近于1。

3. 产品定价

因为销售量的大小与经营杠杆系数是成反比的，所以产品价格高低与经营杠杆系数变化也是相反的。企业产品的单价订得越高，经营杠杆系数就越小；反之单价订的越低，经营杠杆系数则越大。

4. 产品收益

产品的销售单价扣除单位变动成本之后的差额是单位产品的收益，而经营杠杆效应可以降低单位产品的成本，使得单位产品的收益得以提升。因此，公司的经营杠杆系数越大，单位产品的成本就越高，单位贡献毛益就越小。

（二）外部影响因素

1. 行业影响

各行各业能够在激烈的竞争中屹立市场生存发展都有其各自的道理。有的行业投入资金多，规模大，其成本效益就较低；有的投资虽少，但利润回报高，所以它的经营杠杆系数就会偏低。比如一般地，制造业的经营杠杆系数较高，可以通过控制成本、加强产品创新等手段降低经营杠杆系数，从而使得经营风险大大降低等。

2. 市场影响

所有的公司都会受到市场系统风险的影响，这种影响可能对某一行业有所偏重，如房价降低时会使房地产行业受到冲击，同时也使钢铁、水泥等相关行业受到负面影响，使公司利润率大幅度降低。若是控制其固定资产规模恒定不变，公司的经营杠杆系数就会增大。

3. 国家影响

不同国家中同样的行业整体经营杠杆水平是不同的。对于发达国家来说，很多行业技术已经发展得很成熟，内部管理制度也很健全，所以运行成本低，产品利用率较高，经营风险和经营杠杆系数都比较低。而许多发展中国家，其粗放型的经济增长模式导致高投资和低回报使公司留存大量的固定资产并没有得到充分的利用，经营风险和经营杠杆系数就比较高。

第二节 财务杠杆

不论企业的营业利润是多少，债务的利息和优先股的股利是不变的。企业所有者的投资报酬是在缴纳所得税之后支付的，而负债利息却可以作为财务费用在税前扣除，可以产生节税作用，使所有者财富有所增加，因此，每股收益增长速度要大于息税前利润增长速度。当息税前盈余增大时，每一元盈余所负担的固定财务费用就会相对减少，这能给普通股东带来更多的每股盈余。反之，当息税前盈余减少时，每一元盈余所负担的固定财务费用就会相对增加，这就会大幅度减少普通股的每股盈余。这种由于固定财务费用的存在，使普通股每股盈余的变动幅度大于息税前盈余的变动幅度的现象，就是财务杠杆原理。

一、财务杠杆概念界定

财务杠杆是指公司的负债程度，通常用公司债务资本与资本总额或权益资本的比例来表示。公司的财务杠杆来自于固定的筹资成本。在公司负债经营且资本结构一定的条件下，不论利润多少，债务利息都是不变的，从而使得息税前利润发生增减变动时，每1元息税前利润所负担的固定资本成本就会相应地减少或增加，从而给普通股股东带来一定的利益或损失。这种由于固定资本成本的存在而导致的普通股每股收益变动率大于或小于息税前利润变动率的情况，称作财务杠杆效应。

一般地，公司在发展过程中，总是或多或少地需要负债，而为了公司长期稳健发展，必须做到：一是负债时机适宜。在经济持续增长时期，经营形势趋于繁荣，企业确有条件提高其利润，则举债有利于进一步促进企业生产经营的发展。此时，应充分发挥财务杠杆的作用，提高资本利润率。在衰退时，企业应收缩负债规模，尽量避免财务杠杆的负作用带来的不利影响。二是负债数量适度。负债过少，难以充分发挥财务杠杆效应以提高经济效益；负债过多，则财务风险会加大，相应抵消财务杠杆带来的利益。因此，企业应该根据其生产经营活动的需要筹措适当数量的负债，以充分获取财务杠杆带来的利益。三是负债结构适当。负债分流动负债与长期负债。一般来说，流动负债融资速度快，容易取得，融资有弹性，利率较低，融资成本较低，但融资风险高。长期负债融资利率较高，融资成本较大，融资的限制性条款较多。企业应根据负债特点、市场资金状况及自身的资本结构等情况，选择合理的负债结构。

二、财务杠杆的计量方法

（一）一般计量方法

财务杠杆是负债在公司资本结构中所占的比重，所以可以采用以下两种方法计量：负债/所有者权益或负债/资产总额。由于上市公司所属行业、风险偏好、发展程度、获利能力以及偿债能力等方面的不同，其财务杠杆也存在较大的差距。通常情况下，对于一些高成长性的公司，为了适应其发展、扩张的需要，财务杠杆可能相对较高，但对于已经成熟且步入稳定的公司，财务杠杆就会相对较低，否则极大的偿债风险容易使公司陷入财务危机。

（二）财务杠杆作用程度的计量方法

财务杠杆作用程度通常用财务杠杆系数来表示。它是指由息税前利润的变化而引起的每股盈余的变化，即每股盈余对息税前利润变化的敏感程度。财务杠杆系数越大，表明财务杠杆作用越大，财务风险也就越大；财务杠杆系数越小，表明财务杠杆作用越小，财务风险也就越小。财务杠杆系数的计算公式为：

$$\text{DFL} = \frac{\Delta \text{EPS}/\text{EPS}}{\Delta \text{EBIT}/\text{EBIT}}$$

式中：DFL 表示财务杠杆系数；ΔEPS 为普通股每股收益变动额；EPS 为变动前的普通股每股收益；ΔEBIT 为息税前利润的变动额；EBIT 为变动前的息税前利润。

假定：I 为债务利息，d 为优先股股利，T 为所得税税率。因为基期的普通股全部盈余是基期息税前盈余减去利息费用、所得税和优先股股利以后的余额，即

$$\text{EPS} = (\text{EBIT} - I)(1 - T) - d$$

而利息费用、优先股股利固定不变，所以，普通股全部盈余的增长额就是息税前盈余增长额减去所得税之后的余额，即

$$\Delta \text{EPS} = \Delta \text{EBIT}(1 - T)$$

则

$$\text{DFL} = \frac{\Delta \text{EPS}/\text{EPS}}{\Delta \text{EBIT}/\text{EBIT}} = \frac{\Delta \text{EBIT}(1-T)}{(\text{EBIT} - I)(1-T)} \times \frac{\text{EBIT}}{\Delta \text{EBIT}} = \frac{\text{EBIT}}{\text{EBIT} - I - \dfrac{d}{1-T}}$$

如果上市公司没有发行优先股，即 $d=0$，则公式可以简化为：

$$DFL = \frac{EBIT}{EBIT - I}$$

通过对上述公式的分析可知：

(1) 财务杠杆系数的大小取决于利息费用和息税前利润两个因素。在利息费用保持固定不变的情况下，息税前利润越高，财务杠杆系数越低，公司面临的财务风险就越低，可见，息税前利润与财务杠杆系数成反比例关系。当息税前利润固定不变时，利息费用越高，财务杠杆系数越高，公司面临的财务风险也就越高，也就是说，利息费用与财务杠杆系数成正比例关系。

(2) 当 EBIT<0 时，0<DFL<1。此时，公司处于亏损状态，但财务杠杆作用依然存在，息税前利润的增加仍然会带动每股盈余的增加。但是，公司由于亏损导致债务的本息无力偿还，此时的首要任务应是采取相应措施控制或降低财务风险。

(3) 当 0<EBIT<I 时，DFL<0；当 I<EBIT<$2I$ 时，DFL>2。一般把 DFL<0 和 DFL>2 称为高风险经营区或高敏感经营区。此时，公司处于亏损或微利状态，到期无力偿还债务本息的可能性较大，财务风险较高。当 EBIT→I 时，DFL→∞，即公司的税前利润越趋近于零，财务杠杆系数越大，公司所面临的财务风险越高。

(4) 当 EBIT≥$2I$ 时，1<DFL≤2。其中，当 EBIT=$2I$ 时，DFL=2，此时，财务杠杆发挥着较明显的效应。但是，随着 EBIT 逐渐增大，DFL 逐渐较小，当 EBIT→∞时，DFL→1，也就是说，息税前利润越大，财务杠杆的效用越不明显，公司到期无力偿还本息的可能性越小，所面临的财务风险也就越低。因此，一般把 EBIT≥$2I$ 时，1<DFL≤2 这一范围称为安全的财务杠杆效应区间。

(5) 根据以上分析可知，在公司正常盈利的情况下，DFL 通常大于 1，也就是说，息税前利润的增长能够引起每股盈余成倍地增长，而当息税前利润呈负增长时，通常会引发每股盈余加倍降低。

【例2】 A、B、C 三家经营业务相同的公司，其有关情况见表 10-2：

表 10-2 A、B、C 公司情况

	A	B	C
普通股股本	2000000	1500000	1000000
发行股数	20000	15000	10000
债务（利率8%）	0	500000	1000000
资本总额	2000000	2000000	2000000
息税前盈余	200000	200000	200000
债务利息	0	40000	80000
税前盈余	200000	160000	120000
所得税（税率25%）	50000	40000	30000
税后盈余	150000	120000	90000
财务杠杆系数	1	1.25	1.67

(续表)

	A	B	C
每股普通股收益	7.5	8	9
税前盈余增加	200000	200000	200000
债务利息	0	40000	80000
税前盈余	400000	360000	320000
所得税（税率25%）	100000	90000	80000
税后盈余	300000	270000	240000
每股普通股收益	15	18	24

通过上例计算，可以看出财务杠杆系数说明的问题：财务杠杆系数表明的是息税前盈余增长所引起的每股收益的增长幅度；在资本总额、息税前盈余相同的情况下，负债比率越高，财务杠杆系数越高，财务风险越大，但预期每股收益也越高。

三、财务杠杆效应

（一）财务杠杆效应产生的根源

负债是企业筹措资金的主要来源之一，是现代企业广泛采用的一种融资方式。从现代企业经营管理的角度来看，公司市场总价值等于其股票的总价值加上债券的价值。一个公司仅有股权资本是不够的，其借贷和偿债能力的大小也是其是否兴盛发达的重要衡量标准。负债经营是市场经济发展过程中货币信用关系广泛渗透的必然结果，是现代企业普遍采用的生财之道。

1. 财务费用的固定性

如果公司的资本结构只是单一由权益资本组成而不存在债务资本，那么息税前利润的变动幅度与每股收益的变动幅度应该是一致的，也就是说，在这种情况下不会产生财务杠杆效应。但是，在公司有负债筹资的情况下，公司的资本由债务资本和权益资本两部分组成。由于债务资本的存在（如发行债券、银行借款、融资租赁等），必然会产生相应的财务费用，而不论是发行债券、银行借款还是融资租赁，其所产生的财务费用都是固定的。所以，当息税前利润增加时，每股盈余所负担的财务费用就会相应降低。反之，当息税前利润减少时，每股盈余所负担的财务费用就会增加。财务杠杆作用正是以固定的财务费用为支点，通过息税前利润的小幅度变动而引起每股盈余的较大变动。

2. 财务费用的税收屏蔽性

根据税法相关规定，公司由于债务资本产生的相关费用作为财务费用，准予在计算应纳税所得额时扣除。这种对财务费用税前扣除的规定直接减少了公司的应纳税所得额，进而在计算所得税的时候相应减少了应纳所得税额。公式表示为：利息抵税作用＝债务总额×债务利率×公司所得税税率，即利息抵税作用＝债务利息×公司所得税税率。

（二）财务杠杆的正效应

财务杠杆正效应是指企业由于合理使用财务杠杆而引起的权益资本利润率的提高，即由于负债定期定额税前付息，企业息税前利润率高于债务资本边际成本而引起的权益资本利润率的提高。财务杠杆正效应是财务杠杆的节税效果（因债务利息从税前利润中扣减而少交所得税）及其降低企业总资本成本等作用的综合效应，是企业负债经营的直接动机和目的。

1. 利息抵税效用

负债相对于股权最主要的优点是它可以给企业带来税收的优惠，即负债利息可以从税前利润中扣除，从而减少应纳税所得额，给企业带来价值增加的效用。世界上大多数国家都规定负债免征所得税。所以在既定负债利率和所得税税率的情况下，企业的负债额越多，那么利息抵税效用也就越大。

2. 财务杠杆效用

债券的持有者对企业的现金流量拥有固定索取权。当企业经营状况很好时，作为债权人只能获得固定的利息收入，而剩余的高额收益全部归股东所有，提高了每股收益，这就是负债的财务杠杆效用。财务杠杆是一种税后效用，因为无论是债务资本产生的收益还是权益资本产生的收益都要征收企业所得税。在负债利率、所得税税率既定的情况下，即在一定的负债规模和税率水平下，负债资本利润率越高，财务杠杆效用就越大。该利润率等于负债利率时，财务杠杆效用为零；小于负债利率时，财务杠杆效用为负。

3. 负债是减少管理者和股东之间代理冲突的工具

随着外部股东的介入，拥有股权的管理者或称为内部股东会发现当他们努力工作时，却得不到全部的报酬；而当他们增加自身消费或出现损失时，也并不是全部由其个人承担。此时，管理者的经营活动并不都是以提高股东收益为目的。有时，他们也会作出对他们自身有利而对企业价值提升不利的决策。此时，就会产生管理者和股东之间的代理冲突。而负债融资可以成为减少代理冲突的工具之一。当企业举债并用借款回购股票时，将在两个方面减少代理冲突：一是因为企业外部股东的数量减少，企业现金流量中属于股东的那部分就减少；又因为管理者必须用大量的现金流量偿还债务，属于债权人的现金流量的增加，就会减少管理者奢侈浪费的机会。二是如果管理者拥有部分权益资产，当企业负债增加后，管理者资产所占的份额相应增加，即管理者的控制权增加。

（三）财务杠杆的负效应

财务杠杆负效应是与正效应相对而言的，它是指由于财务杠杆的不合理使用而导致企业权益资本利润率的大幅度降低甚至为负数。财务杠杆负效应是财务杠杆所带来的财务风险的结果，只要有一定的负债经营，就存在财务风险，可能产生财务杠杆负效应，给企业造成不同程度的损失。财务风险是指由于财务杠杆作用而增加了企业破产的机会成本或权益资本利润率大幅度变化（降低）而带来的风险。企业负债或扩大负债经营时，必然会增加其利息等固定费用的负担，这样，在息税前利润率大幅度降低的情况下，其权益资本利润率必然会大幅度下跌，即发生财务杠杆负效应，从而使企业可能亏损甚至破产。因此，企业需对财务杠杆负效应进行有效的管理控制，对财务风险进行正确、合理的分析和测定，并在此基础上制定有效的管理对策。

1. 持续增长的负债最终会导致财务危机成本

负债给企业增加压力，因为本金和利息的支付是企业必须承担的合同义务。如果企业无法偿还，则会面临财务危机，而财务危机会增加企业的费用，减少企业所创造的现金流量。

2. 过度负债有可能会引起股东和债权人之间的代理冲突

债权人利益不受损害的一个前提条件是企业的风险程度要处于预测所允许的范围之内。而在现实的经济生活中，股东往往喜欢投资于高风险的项目。因为如果项目成功，债权人只能获得固定的利息和本金，剩余的高额收益均归股东所有，实现了财富由债权人向股东的转移；如果高风险项目失败，则损失由股东和债权人共同承担，有的债权人的损失要远远大于股东的损失。另外，当企业发行新的债券，也会损害原债权人的利益。因为股东为了获得新的资金，往往会给新债权人更优先的索偿权，这样可以降低新债务实际负担的利率水平。但同时也会使原债权人承担的风险加大，导致原债券真实价值的下降。债权人为保护自己的利益，把风险限制在一定的程度内，往往会要求在借款协议中写入保证条款来限制企业增加高风险的投资机会。为了防止发行新债，债权人也会在契约中加入回售条款，即如果发行新债，允许原债券持有者按面值将证券售还给公司。这样就限制了企业的正常投资和融资，给企业带来一种无形的损失。

四、影响财务杠杆的因素

（一）内部影响因素

1. 财务风险

前面指出，财务风险是指企业由于利用财务杠杆，使其有可能丧失偿债能力，最终导致企业破产的风险。企业如果一味追求财务杠杆利益，就会相应地增加企业债务，负债的增加使企业财务风险增大，债权人因此而无法按期得到本息的风险也随之增大，这使得企业支出的利息等固定财务费用增加。同时，企业投资者也会因此要求更高的报酬率，作为对可能产生风险的补偿，这样企业发行股票、债券及借款时的筹资成本大大提高。

2. 代理成本

债权代理成本的产生是由于债权人享有固定利息收入的权利，无参与企业经营决策的权利。所以，当贷款或债权投入企业后，经营者或股东有可能改变契约规定的贷款用途而将其用于高风险投资，从而损害了债权人的利益，使债权人承担了契约以外的附加风险却并未得到相应的风险补偿报酬。因此，债权人需要利用各种保护性合同条款和监督贷款正确使用的措施来保护自己的利益免受公司股东的侵占。增加条款和实施监督会发生相应的代理成本，这些成本随公司负债规模的上升而增加，债权人一般以提高贷款利率等方式将代理成本转移给企业,因而企业在选择财务杠杆水平、进行资本结构决策时会考虑债权代理成本。若企业通过举债融资,则债权的代理成本上升,但外部股权的监督成本下降;若使用外部权益资本,那么债权的代理成本下降,但外部权益资本的监督成本上升。

3. 经营风险的高低

普通股股东在营业利润的分配及公司破产清算时对财产的分配上,位于公司债权人及优先股股东之后。公司的利润在支付债务利息及优先股股利后才由普通股股东进行分配,随公司负债及优先股数量的增加,普通股股东面临的风险逐渐增大。公司面临的风险包括经营风险和财务风险,经营风险同公司业务收入的稳定性相关,若公司业务收入稳定且风险较小,则可根据公司经营状况适当运用财务杠杆;反之,则不适宜运用财务杠杆,普通股筹资较为适宜。

4. 借款利率的高低

借款利率越低,对负债经营的企业越有利,其支付的利息相对较少,对资本的投资回报率影响较小。息税前利润一定的情况下,借款利率越低,财务杠杆发挥正效应的可能性也越大;反之,借款利率过高时,财务杠杆发挥负效应的可能性就越大,举债经营会受到限制。此外,影响财务杠杆的内部因素还包括股利政策、管理者的风险偏好、经济周期等因素。

(二)外部因素

1. 产品市场的竞争程度

企业产品市场的竞争程度是影响企业财务杠杆水平的重要因素。产品市场竞争较为激烈的行业,由于产品价格、成本、市场等因素的不稳定性,当企业利润和现金流量下降时,高财务杠杆的企业易诱发财务危机,进而造成企业的财务拮据甚至导致企业经营失败,使企业丧失可持续发展的能力。因此,这类行业的企业奉行保守的财务杠杆政策,储备后续投资竞争能力,是较为理性的选择。相反,市场竞争程度较低的企业,由于利润及现金流量较为稳定,企业受到市场不确定性的冲击较小,对债务的承受能力明显高于市场竞争激烈的企业,可充分利用债务资本支持其发展,因此,这类企业可采用激进的财务杠杆政策。

2. 国家因素

国家之间由于传统历史原因,形成具有自身特点的财务杠杆水平和资本结构,各国之间的差异比较明显。如日本企业的财务杠杆水平明显偏高,美国次之,加拿大、德国和法国企业的财务杠杆水平则相对较低。其原因是日本的银行和企业的联系密切,公司间相互持股,构成了复杂的银企关系,使得日本企业的财务杠杆水平偏高。

3. 贷款人和信用评级机构的影响

实际上,贷款人和信用评级机构的态度往往成为决定公司财务杠杆水平的关键因素。一般情况,公司财务管理人员都会同贷款人和信用评级机构商讨公司的负债率,并充分尊重他们的意见。大部分贷款人都不希望公司的财务杠杆水平过高,如果公司坚持使用高财务杠杆,则贷款人可能会拒绝贷款。同样,若公司债务过多,信用评级机构可能会降低公司的信用等级,这样就会提高公司的资本成本,影响到财务杠杆水平。

财务杠杆的利用受多种因素制约,公司不可能单纯依据某一种因素来选择财务杠杆水平,一定时期的财务杠杆水平还受到市场机遇、股权融资条件约束、法律限制等多种因素的影响。公司应权衡利弊得失,选择对本公司最为有利、最为适合的财务杠杆水平。

第三节 总 杠 杆

一、总杠杆内涵

根据前面的分析,一方面,因为存在固定的生产经营成本,产生经营杠杆作用,导致营业利润的变动率大于业务量的变动率;另一方面,因为存在固定的财务费用,产生财务杠杆作用,导致企业每股盈余的变动率大于营业利润(息税前盈余)的变动率。从公司利润产生到利润分配的整个过程看,存在着固定的生产经营成本和固定财务费用,导致每股盈余的变动率远远大于业务量的变动率,一般将这一现象称为总杠杆。

【例3】 某公司有关资料见表10-3,通过计算可以理解总杠杆的作用。

表10-3 某公司有关资料　　　　　　　　　　　单位:元

项目	2016年	2017年	2017年比2016年增减(%)
销售收入(单价10元)	10000	12000	20
变动成本(单位变动成本4元)	4000	4800	20
固定成本	4000	4000	0
息税前利润(EBIT)	2000	3200	60
利息	600	600	0
税前利润	1400	2600	86
所得税(所得税税率25%)	350	650	86
净利润	1050	1950	86
普通股发行在外股数(股)	1000	1000	0
每股利润	1.05	1.95	86

从表10-3计算可以看出,在总杠杆的作用下,业务量增加20%,每股利润便增长86%。当然如果业务量下降20%,公司的每股利润也将下降86%。

二、总杠杆计量

总杠杆系数(DTL)是指普通股每股税后收益变动率对销售额(量)变动率的倍数,反映每股盈余对业务量变动的灵敏度。如上所述,总杠杆的存在是因为公司存在固定生产经营成本和固定财务费用等财务支出，固定成本的存在会产生经营杠杆作用，而因举债带来的利息费用等的存在会产生财务杠杆作用，所以总杠杆表现为经营杠杆与财务杠杆的共同作用，可分解为经营杠杆和财务杠杆。用公式表示为：

$$\text{DTL} = \frac{\Delta \text{EPS}/\text{EPS}}{\Delta Q/Q} \quad \text{或} \quad \text{DTL} = \frac{\Delta \text{EPS}/\text{EPS}}{\Delta S/S}$$

其中，DTL 为总杠杆系数，ΔEPS 为普通股每股税后收益变动额，EPS 为变动前的普通股每股税后收益，Q 为变动前的销售量，ΔQ 为销售量的变动额，S 为变动前的销售额，ΔS 为销售额的变动额。

【例 4】 接上例数据，可以计算出总杠杆系数，即：

$$\text{DTL} = \frac{0.9/1.05}{2000/10000} = 4.3$$

此例说明，公司的业务量每增减 1%，每股利润增减 4.3%，所以业务量有一个比较小的增长，每股利润会大幅度增长；反之，业务量有比较小的下降，每股利润便会大幅度下降。

为简化计算，上述公式也可以推导为：

$$\text{DTL} = \frac{\Delta \text{EPS}/\text{EPS}}{\Delta S/S} = \frac{\Delta \text{EPS}/\text{EPS}}{\Delta \text{EBIT}/\text{EBIT}} \times \frac{\Delta \text{EBIT}/\text{EBIT}}{\Delta S/S} = \text{DOL} \times \text{DFL}$$

$$= \frac{M}{\text{EBIT}} \times \frac{\text{EBIT}}{\text{EBIT} - I - \dfrac{d}{1-T}} = \frac{M}{\text{EBIT} - I - \dfrac{d}{1-T}}$$

$$= \frac{(P-v)Q}{(P-v)Q - F - I - \dfrac{d}{1-T}}$$

如果公司没有优先股，其简化公式是：

$$\text{DTL} = \text{DOL} \times \text{DFL} = \frac{(P-v)Q}{(P-v)Q - F - I} = \frac{\text{EBIT} + F}{\text{EBIT} - I}$$

其中，F 为固定成本总额，I 为利息费用，P 为产品单价，v 为单位变动成本，Q 为产销量，M 为边际贡献，T 为所得税税率。

三、总杠杆与公司风险

【例 5】 某公司有关资料如表 10-4 所示：

表 10-4 某公司有关资料   单位：元

	本期	收入变化	
		上升 1%	下降 1%
销售收入	1000000	1010000	990000
变动成本	400000	404000	396000
固定成本	400000	400000	400000
息税前利润	200000	206000	194000
利息费用	60000	60000	60000

(续表)

	本期	收入变化	
		上升1%	下降1%
税前收益	140000	146000	134000
所得税（25%）	35000	36500	33500
净收益	105000	109500	100500
EPS（20000股）	5.25	5.475	5.025
销售额的变化		1%	(1%)
息税前收益的变化		3%	(3%)
每股收益的变化		4.29%	(4.29%)
利息费用为60000			

$$\text{DOL} = \frac{S-V}{S-V-F} = \frac{1000000-400000}{1000000-400000-400000} = 3$$

$$\text{DFL} = \frac{S-V-F}{S-V-F-I} = \frac{1000000-400000-400000}{1000000-400000-400000-60000} = 1.43$$

$$\text{DTL} = \text{DOL} \times \text{DFL} = 3 \times 1.43 = 4.29$$

此例中，当销售收入变动1%时，营业利润变动了30%，而每股收益额变动了42.9%

总杠杆系数用来度量企业的总风险，总杠杆系数越小，企业风险越小，反之亦然。总杠杆系数反映企业的总风险程度，并受经营风险和筹资风险的影响（同方向变动）。因此，为达到企业总风险程度不变而企业总收益提高的目的，企业可以通过降低经营杠杆系数来降低经营风险，而同时适当提高负债比例来提高财务杠杆系数以增加企业收益。虽然这样做会使筹资风险提高，但如果经营风险的降低能够抵消筹资风险提高的影响，则仍将使企业总风险下降。于是，就会产生企业总风险不变（甚至下降）而企业总收益提高的好现象。

公司所面临的全部风险可以通过在不同程度上的经营杠杆度和财务杠杆度来进行管理。为了达到某一总杠杆系数，经营杠杆和财务杠杆可以有很多不同的组合，如经营杠杆度较高的公司可以在较低的程度上使用财务杠杆；经营杠杆度较低的公司可以在较高的程度上使用财务杠杆。这些有待公司在考虑各项具体因素之后作出抉择。

本章案例

宝万之争看杠杆资金风险

2015年7月以来，宝能系"以小博大"举牌万科引起市场广泛关注，直到两年后的2017年6月，宝万股权之争终于尘埃落定。但宝万之争中，宝能系以450亿元的资金撬动总资产超过6100亿元的万科，其"蛇吞象"式的杠杆收购模式，资金源自保险、证券、银行等多领域，期限错配且层层嵌套加杠杆，背后的流动性风险、市场风险和影子银行风险等交织叠加，风险不容忽视。以宝万之争为代表的杠杆收购及其潜在的跨市场风险，需要监管层高度重视并采取措施予以防范和应对。

一、宝万之争中的杠杆资金概况

截至2017年6月30日，宝能系通过钜盛华及其一致行动人前海人寿，累计持有万科股票28.04亿股，占万科总股本的25.4%。其中，钜盛华直接持股9.29亿股，占万科总股本的8.33%，通过9个资管计划持股11.42亿股，占万科总股本的10.41%，共持有万科股份20.71亿股，占比18.74%，耗资约为345.22亿元；前海人寿分别通过自有资金和保险资金（两款万能险）买入1.68亿股和5.68亿股，共持有7.36亿股万科股票，占比6.66%，耗资约105.14亿元。

二、宝万之争杠杆背后的跨市场风险

各方对宝能系实际杠杆比例存在不同看法。新华社转引专家测算的资金杠杆比例为1∶4.9。考虑到自有资金的进一步穿透、资管计划中优先级资金加杠杆，以及银行理财资金的来历不明等情况，笔者根据公开资料测算，宝能系层面的综合融资杠杆比例远不止这个数。

高杠杆资金背后潜藏着流动性风险、杠杆风险、影子银行风险等。具体来说，表现为：万能险期限错配暗藏流动性风险，高预定利率导致利差损的市场风险，"资产驱动负债"模式或将加剧资产期限错配风险和流动性风险。与传统模式相比，前海人寿属典型的"资产驱动负债"模式，即险企以资产作为支撑（偿付能力），通过发行保险产品进行"融资"，并积极配置权益资产，扩大公司规模，抢占市场份额。从负债端（保费端）来看，2015年，前海人寿通过与多家银行合作销售短期趸交、预期收益率较高（年结算利率在5%—8%）的万能险快速提升保费规模，累计吸纳保费高达482亿元，占前海人寿总保费的80%。从资产端（投资端）来看，前海人寿投资展现出激进态势，主要通过举牌低估值、高分红的蓝筹股来实现股权投资，以期利用分红与股票收益来覆盖负债端的高成本。举牌资金中，105.14亿元来源于万能险资金，这种"短钱长用"模式本身存在期限错配的隐患，容易引起流动性风险。此外，前海人寿万能险产品的整体资金成本为7%—10%，但随着"偿二代"制度的实施、中短存续期产品新规的发布，加上股票市场的震荡波动，高预定利率的万能险将导致刚性负债成本增加，加剧了利差损的市场风险。

三、未穿透式配资抬升实际杠杆比例，催生影子银行风险

银行理财资金是宝能系并购资金的重要构成部分，主要通过以下两个渠道入市：一是认购券商资管或基金专户结构化产品的优先级；二是通过"明股实债"形式借道"浙商宝能基金"为宝能系注资。2015年股市异常波动后，监管层强化了对第一类渠道的监管，严格控制各集合资管类计划杠杆上线，同时加强信息披露和风险揭示等。

而第二类渠道，由于最终投资人与投资标的之间层级过多，导致权责关系明晰度低、结构穿透性差而出现监管空白。宝万之争中，浙商银行理财资金通过第二类渠道，巧立"浙宝基金"为宝能系注资，然后以劣后级的方式绕道进入资管计划。该模式下，"浙宝基金"的资金可以在宝能与其子公司账户之间任意划转，便于粉饰资产负债率进而获得后续银行贷款或提高发债规模，风险不容小觑。一方面，该模式伴随的"抽屉条款"增加了宝能资金成本；另一方面，此类配资模式抬升了宝能的实际杠杆倍数，银行风险敞口进一步扩大。银行理财绕道进入股市，扩大了其实际风险敞口，一旦股市波动，投资风险或将拖累银行陷入产品兑付违约风险。

四、多重风险叠加可能引发资管计划"流动性螺旋"，导致交叉传染风险

万科股价波动直接影响宝能系银行理财与万能险的收益率，一旦万科股价出现持续下跌态势，风险将从股市扩大到相关联的银行以及保险体系，宝能系间接地将银行与保险"绑架"到股市上。首先是资管计划。若钜盛华及其一致行动人购买万科股份的行为被认定为收购，则旗下9个资管计划持有的万科股份将自收购完成后锁定12个月。在此期间，若万科股价持续下跌到各资管计划的预警线和平仓线，则有平仓风险。此外，股价下跌会快速提升资管计划的实际杠杆，增加宝能系的现金压力。极端情况下，宝能系只能抛售手中流动性好的股票，引起其他个股股价下跌，这可能引致相关资管产品相互逼仓。其次，一旦万科的股价触发它与背后配资平台之间的"抽屉条款"，宝能系将面临被投资机构撤资或者强制回购股份的情况，加速现金流的消耗。最后，宝能系违约风险增加将导致再融资受阻，融资流动性风险紧缩。若资管计划到期不锁定，占比10.41%的高杠杆股份到期抛售，市场流动性变差，股价下跌伴随融资流动性恶化，相互循环恐造成"流动性螺旋"。

五、采用产品归集股份的模式，导致控制权不稳定，滋生公司治理风险，促使道德风险集聚

宝能系相关投资产品持有万科股份的15.55%，其中，万能险持有股份占比5.14%，9个资管计划持股占比10.41%。资管产品合同生效时间均集中在2015年11月，其中存续期最长为36个月，最短为24个月，当存续期满，若无法锁定相关股份，则宝能作为第二大股东对万科管理层的影响力存在不确定性，容易引发道德风险。此事件中，恒大的举牌、华润的退出以及深圳地铁的加入，都让万科公司出现了内部资源消耗并引发公司治理的动荡，影响投资者信心。

六、跨市场风险的防范与政策建议

宝万之争尚属个案，不至于产生系统性风险，但其背后的资金跨市场流动、多重加杠杆等潜在金融风险不容忽视，因此需进一步完善现有的金融监管，从制度上降低风险发生的概率。一是将股市监管纳入宏观审慎框架。借鉴境外经验，尽快建立健全宏观审慎监管框架，逐步将跨市场的风险预警和防范措施纳入宏观审慎监管。当出现高杠杆引发股市异常波动、银行风险敞口异常加大等情形时，启动风险预警和处置机制。二是做好高杠杆资金的风险防范、预警与处置。通过强化部门间信息共享，加强对各市场的杠杆投融资活动的实时监控，摸清风险底数；加强对银行理财等表外业务的统计工作，建立涵盖影子银行、金融控股公司等创新型机构的统计工作；填补金融统计的空白地带，为宏观调控和金融稳定提供全面的统计信息。三是建议参考国际成熟经验，明确万能险产品的法律性质，使监管有法可依。我国的万能险合同条款与美国浮动利率的可变万能人寿保险（variable universal life insurance，VUL）非常相似，即结算利率根据所投证券的价格浮动。然而，VUL在美国被列为证券范畴，其连接的投资账户受《证券法》和《投资公司法》约束，由美国证监会按照共同基金（mutual fund）的标准进行监管。这种做法值得借鉴。

资料来源：孙即、万丽梅：《宝万之争看杠杆资金风险》，载《中国金融》2018年第3期。

? 本章思考题

1. 简述成本习性。
2. 经营杠杆的作用有哪些？如何计量经营杠杆？
3. 简述财务杠杆。
4. 如何计量财务杠杆？
5. 什么是综合杠杆？

第四篇

衍生品与公司金融

　　衍生品是一种金融工具,一般表现为两个主体之间的一个协议,其价格由其他基础产品的价格决定。衍生品一般有相应的现货资产作为标的物,成交时不需立即交割,而可在未来时点交割。典型的衍生品包括期货、期权和互换等,对公司投融资有着重要作用。

第十一章

期 权

从当前世界各国的金融市场来看，期权一直都是衍生品市场的重要组成部分，它既具有传统市场的融资职能，也具有现代金融工具的风险管理职能。随着金融市场的日益完善，风险管理的避险需求越来越为投资者所重视，期权等衍生品市场也会得到更多的发展。

第一节 期权概述

期权（option），是指赋予其购买方在规定期限内按买卖双方约定的价格（简称协议价格（striking price）或执行价格（exercise price））购买或出售一定数量某种金融资产（称为标的资产（underlying assets））的权利的合约。期权购买方为了获得这个权利，必须支付给期权出售方一定的费用，称为期权费（premium）或期权价格（option price）。

一、期权的基本概念

期权是一种颇具特色的衍生金融工具，自产生以来发展非常迅速，尤其是在金融风险管理中，它更是一种颇受投资者欢迎的套期保值的新型金融工具。期权的灵活性为投资者创造了大量投资机会，它还可以与其他金融工具相结合，满足各种各样的金融需求。

期权是指在某一限定的时期内按某一事先约定好的价格买进或卖出某一特定金融产品或期货合约（统称标的资产）的权利。期权对买方而言是一种权利，而对卖方而言则是一种义务。实质上来说，期权就是指一种"权利"的买卖。期权交易中买卖双方的权利义务是不对等的，期权买方被赋予买进或卖出标的资产的权利，但并不负有必须买进或卖出的义务；期权卖方则只有履约的义务，没有不履约的权利。

（一）期权购买方和期权出售方

任何一种交易中都既有购买方也有出售方，期权交易也不例外。期权购买方（buyer），也称为持有者（holder）或期权多头，在支付期权费之后，就拥有了在合约规定的时间行使其购买或出售标的资产的权利，也可以不行使此权利，而且不承担任何义务。

相反，期权的出售方（seller），也叫做签发者（writer）或期权空头，在收取买方所支付的期权费之后,就承担了在规定时间内根据买方要求履行合约的义务,而没有任何权利。即当期权买方按合约规定行使其买进或卖出标的资产的权利时,期权出售方必须依约相应地卖出或买进该标的资产。

在期权交易中,买卖双方在权利和义务上有着明显的不对称性,期权费正是作为这一不对称性的弥补,由买方支付给卖方的。一经支付,无论买方是否行使权利,其所付出的期权费均不退还。

(二) 看涨期权和看跌期权

按期权买方的权利,期权可分为看涨期权(call option)和看跌期权(put option)。凡是赋予期权买方以执行价格购买标的资产权利的合约,就是看涨期权,也称买方期权;而赋予期权买方以执行价格出售标的资产权利的合约就是看跌期权,也称卖方期权。因此,担心未来价格上涨的投资者将成为看涨期权的买方,而担心未来价格下跌的投资者将成为看跌期权的买方。

看涨期权的持有者有权利在期权有效期内按照固定的价格购买标的资产,为获得这个权利,购买者需要支付相应的费用,见表 11-1:

表 11-1 看涨期权的交易

	当前	期权到期日
购买看涨期权	支付看涨期权价格,得到执行权利	若标的资产价值 S 大于行权价 K,期权持有者会执行期权
出售看涨期权	收到看涨期权价格,承诺在到期日或之前任何时间,若期权买方有要求,就按照行权价格出售标的资产	若标的资产价值 S 小于行权价 K,期权持有者不会执行期权

看跌期权的持有者有权在期权有效期内按照固定的价格出售标的资产,为得到这个权利,购买者要支付相应的费用,见表 11-2:

表 11-2 看跌期权的交易

	当前	期权到期日
购买看跌期权	支付看跌期权价格,得到执行权利	若标的资产价值 S 小于行权价 K,期权持有者会执行期权
出售看跌期权	收到看跌期权价格,承诺在到期日或之前任何时间,若期权买方有要求,就按照行权价格购买标的资产	若标的资产价值 S 大于行权价 K,期权持有者不会执行期权

(三) 到期时间

到期时间是指期权买方只能在合约所规定的时间内行使其权利,一旦超过期限仍未执行即意味着自愿放弃了这一权利。

按期权买方执行期权的时限,期权可分为欧式期权和美式期权。欧式期权的买方只能在期权到期日才能执行期权(即行使买进或卖出标的资产的权利)。而美式期权与欧式期权的唯一区别则在于它允许买方在期权到期前的任何时间执行期权。显然，在其他条件（标的资产、执行价格和到期时间）都相同的情况下，由于美式期权的持有者除了拥有欧式期权的所有权利之外，还拥有一个在到期前随时执行期权的权利，其价值肯定不能小于对应的欧式期权的价值。

（四）执行价格

执行价格是指期权合约所规定的、期权买方在行使其权利时实际执行的价格（标的资产的买价或卖价）。显然，执行价格一经确定，期权买方就必然根据执行价格和标的资产实际市场价格的相对高低来决定是否行使期权，由此衍生了期权交易中常用的内在价值、实值、虚值和平价等概念。

所谓内在价值（intrinsic value），是指期权买方行使期权时可以获得的收益现值。具体而言，对于看涨期权买方来说，内在价值就是市场价格高于执行价格带来的收益；而对于看跌期权买方来说，内在价值就是执行价格高于市场价格带来的收益。如果用 S 来表示标的资产当前市场价格，X 表示执行价格，则内在价值就是由 S 和 X 之间的关系决定的。准确的计算公式如表 11-3 所示：

表 11-3　期权的内在价值

欧式看涨期权	$\max(S - X e^{-r(T-t)}, 0)$
欧式看跌期权	$\max(X e^{-r(T-t)} - S, 0)$
美式看涨期权	$\max(S - X e^{-r(T-t)}, 0)$
美式看跌期权	$\max(X - S, 0)$

注：（1）为简要说明起见，这里仅给出标的资产无红利情形下的期权内在价值。

（2）当标的资产市价低于协议价格时，看涨期权多方是不会行使期权的；同样，当标的资产市价高于协议价格时，看跌期权多方是不会行使期权的。因此，期权的内在价值应总是大于等于0。

（3）对于欧式期权来说，期权买方只能在到期日执行期权，因此其内在价值为 $(S_T - X)$ 或 $(X - S_T)$ 的现值（S_T 为期权到期日的标的资产市价，而 S 则为 S_T 的现值）。

（4）标的资产无红利的情况下，提前执行美式看涨期权是不明智的，因此其内在价值与欧式看涨期权一样。而提前执行美式看跌期权有可能是合理的，因此不必贴现。

显然，在期权可以执行时，期权有无内在价值，将是期权买方行使还是放弃权利的决定因素。

实值、虚值和平价期权是与内在价值紧密相关的三个概念。实值期权是指如果期权现在立即执行，期权的买方可以获利的期权，即买方有正位的现金流。平值期权是指如果期权现在立即执行，期权的买方既不会获利也不会亏损的期权，即买方的现金流为零。虚值期权是指如果期权现在立即执行，会造成期权买方亏损的期权，即买方的现金流为负值。实值期权、平值期权、虚值期权与看涨期权、看跌期权存在一定的关系，具体关系可以见表 11-4：

表 11-4　实值期权、平值期权、虚值期权与看涨期权、看跌期权的对应关系

	看涨期权	看跌期权
实值期权	市场价格＞执行价格	市场价格＜执行价格
平值期权	市场价格＝执行价格	市场价格＝执行价格
虚值期权	市场价格＜执行价格	市场价格＞执行价格

注：这里仍然只给出标的资产无红利情形下的期权。

(五) 期权费

如前所述，期权是其卖方将一定的权利赋予买方而自己承担相应义务的一种交易，作为给期权出售方承担义务的报酬，期权买方必然要支付给期权卖方一定的费用，称为期权费或期权价格。

期权费的存在是和期权交易的单向保险性质相联系的，对期权和期货（远期）交易进行比较，将有助于理解期权费的基本性质。同样，作为避险的金融工具，市场主体在运用期货（远期）进行保值的时候，直接根据需要进入合约的多头方或是空头方，在他们把亏损的可能即风险的不利部分转移出去的同时，也把盈利的可能即风险的有利部分转移出去了，其最大的优点在于获得了确定的市场价格，因而是一种双向保值。而期权则不同，一般而言，通过期权保值的市场主体都会选择进入期权的多头方，进一步根据自己买卖的需要选择看涨或看跌期权。在期权交易中，多头方享有执行与否的主动权，因而只把风险的不利部分转嫁出去而保留了风险的有利部分，所以是一种单向保值。显然，期权是相对更有利的保值工具。然而，市场是公平有效的，避险者进入期货（远期）合约是几乎无需任何初始成本的，而进入期权多头方则需要支付相应的成本，即期权费。同时，市场主体买入期权，就如同向期权卖方投了一份规避市场价格不利变化的保险，因而其支付的期权费与投保人向保险公司支付的保险费在本质上是一致的，都是为了单向规避风险而付出的代价，而这也正是在英文中，期权费和保险费为同一单词（即 premium）的根本原因。

二、期权种类

具体来看，根据不同的划分标准，存在许多不同的期权种类。

(一) 不同标的资产的期权合约

按照期权合约标的资产，金融期权合约可分为股票期权、指数期权、货币期权（或称外汇期权）、期货期权、利率期权、互换期权及复合期权等。其中，在交易所交易的期权工具主要包括股票期权、指数期权、期货期权、外汇期权和利率期权等，外汇期权、利率期权、互换期权和复合期权等的场外市场则非常活跃。

股票期权（stock options）是指以单一股票作为标的资产的期权合约，一般是美式期权。股票期权的每个合约中规定的交易数量是 100 股股票，即每个股票期权合约的买方有权利按特定的执行价格购买或出售 100 股股票，而无论是执行价格还是期权费都是针对 1 股股票给出的。由于股票本身通常是以 100 股为单位进行交易的，因此

这一规定是非常方便的。

指数期权（index options）根据其标的指数的不同而不同，大部分的指数期权都是股票指数期权。一般来说，每一份指数期权合约购买或出售的金额为特定指数执行价格的 100 倍。指数期权的最大特点在于其使用现金结算而非真实交割指数的证券组合，也就是说按照执行指数价格与执行日当天交易结束时的指数价格之差以现金进行结算。例如，假设 S&P 100 看涨期权的执行价格为 280，如果在指数为 292 时履行期权合约，则看涨期权的卖方将支付买方（292－280）×100＝＄1200。显然，那些管理着复杂的投资组合的机构投资者会是指数期权最主要的交易者，通过现金结算，可以让这些机构投资者以最简单的方式为他们的投资组合进行套期保值。

期货期权（futures options）又可进一步分为基于利率期货、外汇期货和股价指数期货、农产品期货、能源期货和金属期货等标的资产的期权，其标的资产为各种相应的期货合约。大多数的期货合约都有相应的期货期权合约。期货合约的到期日通常紧随着相应的期货期权的到期日。期货期权的重要特点之一也在于其交割方式：期货期权的买方执行期权时，将从期权卖方处获得标的期货合约的相应头寸（多头或空头），再加上执行价格与期货价格之间的差额，由于期货合约价值为零，并且可以立即结清，因此期货期权的损益状况就和以期货价格代替标的资产价格时相应期权的损益状况一致。由于交割期货合约比交割标的资产本身往往更为方便和便宜，期货期权产生以后，受到市场的广泛欢迎，成为最主要的期权品种之一。

期货期权给持有者某种权利（而非义务）在将来一定时刻以一定的期货价格进入期货合约。具体来说，看涨期货期权给持有者在将来某时刻以一定期货价格持有合约长头寸的权利；看跌期货期权给持有者一种权利在将来某时刻以一定期货价格持有期货合约的短头寸。大多数期货期权为美式期权，即期权持有者在合约有效期内随时可以行使期权。

当看涨期货期权被行权时，期权持有者进入一个期权合约的长头寸，加上最新期货结算价格减去执行价格所得出的一个现金结算量；当看跌期货期权被行权时，期权持有者进入一个期权合约的短头寸，加上执行价格减去最新期货结算价格所得出的一个现金结算量。

期货期权一个重要的特点是对期权的行使并不一定会触发对标的资产的交割，在大多数情形下标的期货合约往往在到期日之前被平仓。期货期权通常以现金结算，这对大多数投资者来讲具有一定的吸引力，尤其是对于那些缺乏资金而不能在期权行使后买入标的资产的投资者更是如此。

利率期权（interest rate options）是指以各种利率相关资产（如各种债券）作为标的资产的期权。事实上，在交易所内交易的最普遍的利率期权是长期国债期货期权、中期国债期货期权和欧洲美元期货期权，而大部分的利率期货期权合约的运作是与一般的期货期权合约相似的。

除此之外，外汇期权，或者称为货币期权（currency options），是以各种货币为标的资产的期权；互换期权是以互换协议作为标的资产的期权（尽管它常常被列入互换产品的种类）；复合期权则是期权的期权，即期权的标的资产本身也是一种期权。①

(二) 常规期权和奇异期权

从期权产品结构设计上来看，我们前面所介绍的欧式和美式期权都是比较标准和常规化的，称为常规期权（vanilla options），在产品结构上更为复杂的期权通常叫做奇异期权（exotic options）。

从奇异期权的设计和开发来看，主要有以下几种思路：第一，对现有的对常规期权和其他一些金融资产加以分拆和组合得到；第二，除了期权到期日的标的资产价格外，标的资产价格的发展路径对期权也有所影响，如后面将谈到的亚式期权、障碍期权；第三，期权价值受到多个变量如多个标的资产价格变化的影响；第四，多阶期权，即期权价值和损益状况取决于另一个（些）期权的价值，如前文曾提及的复合期权。从奇异期权的发展来看，奇异期权通常都是在场外交易的，往往是金融机构根据客户的具体需求开发出来的，其灵活性和多样性是常规期权所不能比拟的，但相应地，奇异期权的定价和保值往往也更加困难。

目前，市场上常见的奇异期权主要包括：

(1) 障碍期权（barrier options），取决于标的资产的价格在一段特定时间区间是否达到某个特定水平。具体来看，它又包括两种类型：敲出障碍期权（knock-out options）：当标的资产价格达到一个特定的障碍水平时，该期权作废（即被"敲出"）；如果在规定时间内资产价格并未触及障碍水平，则仍然是一个常规期权。敲入障碍期权（knock-in options）：正好与敲出期权相反，只有资产价格在规定时间内达到障碍水平，该期权才得以存在（即"敲入"），其损益结果与相应的常规期权相同；反之该期权作废。

(2) 亚式期权（asian options），其到期损益结果依赖于标的资产在一段特定时间（整个期权有效期或其中部分时段）内的平均价格（可能是执行价格，也可能是最后的标的资产市场价格取平均值）。亚式期权是当今金融衍生品市场上交易最为活跃的奇异期权之一。

(3) 回望期权（look back options），其收益与在期权有效期内标的资产的最大值或最小值有关。浮动回望看涨期权（floating lookback call）的收益等于最后的标的资产价格超出期权有效期内标的资产的最低价格的差价。浮动回望看跌期权（floating lookback put）的收益等于期权有效期内标的资产的最高价格超出最后的标的资产价格的差价。回望期权对投资者很有吸引力，但与一般期权相比，这种期权的价格昂贵。回望期权的价格与未来确定标的资产价格最大值和最小值而设定的对于资产价格的观察频率有关。

(4) 两值期权（binary options）。现金或无价值看涨期权（cash-or-nothing call）和资产或无价值看涨期权（asset-or-nothing call）都属于两值期权，前者是指到期日时，如果标的资产价格低于执行价格，该期权没有价值；如果高于执行价格，则该期权支付一个固定的数额。后者则是指如果标的资产价格在到期日时低于执行价格，该

---

① 如后文所述，复合期权也属于第二种分类中的奇异期权。

期权没有价值；如果高于执行价格，则该期权支付一个等于资产价格本身的款额。

（5）复合期权（compound option），是期权上的期权。复合期权主要包括看涨—看涨期权、看涨—看跌期权、看跌—看涨期权和看跌—看跌期权四种。复合期权有两个执行价格和两个到期日。例如，考虑如下看涨—看涨期权，在第一个到期日 T_1，复合期权的持有者有权付 K_1 的执行价格来获得看涨期权。所获得的看涨期权给期权持有者以第二个执行价格 K_2 在第二个到期日 T_2 买入资产的权利。只有第二个期权在第一个到期日的价格高于第一个执行价格时，复合期权才会被行使。

（6）棘轮期权（cliquet option 或 ratchet option），是一系列由某种方式确定执行价格的看涨或看跌期权。假设调整日期为时刻 τ，2τ，$\cdots$，$(n-1)\tau$，棘轮期权期限为 $n\tau$。一种简单结构如下：第一个期权的有效时间是时间 0 到 τ 之间，执行价格为 K（也许是资产的初始价格）；第二个期权在时刻 2τ 提供收益，其执行价格为资产在 τ 时刻的价格；第三个期权在时刻 3τ 提供收益，其执行价格为资产在 2τ 时刻的价格，等等。

（三）有担保的期权和无担保的期权

有担保的期权（covered options）和无担保的期权（naked options）主要是根据期权出售方的头寸状况而言的。如前所述，对于期权出售方来说，将来只有以执行价格买卖标的资产的义务，如果在卖出看涨（看跌）期权的同时，出售方实际拥有该期权合约所规定标的资产的相反头寸，就被称为"有担保的期权"；反之就是无担保的期权。例如，有担保的看跌期权就是在卖出看跌期权的同时，在标的资产市场上有相应数量的空头。但是，一般情况下，人们提到有担保的期权时往往指的是"有担保的看涨期权"：在卖出看涨期权的同时，如果出售方实际拥有该期权合约所规定的标的资产，并将它作为履约保证而存放在经纪人处，则他所出售的看涨期权就被称为"有担保的看涨期权"。假设期权执行价格为 X，作为履约担保的标的资产初始买入价为 S，期权执行时标的资产市场价格为 S_T（显然 S_T 必然大于 X，看涨期权多头才愿意执行期权）。对于无担保的看涨期权出售方来说，其损失为 $X-S_T$，即出售方的潜在损失是无限的，所以存在违约的可能，因此经纪人会要求无担保的看涨期权出售方缴纳保证金，以确保履约；而对于有担保的看涨期权卖方而言，其损失是事先确定的，即为 $X-S$，不存在违约可能，因此可免缴保证金。

（四）交易所交易（上市）期权和场外期权

这是按照期权的交易场所来划分的。交易所交易期权（也叫场内交易期权），一般期权合约都已经标准化了，是在交易所大厅内公开竞价的。在交易所内进行交易的期权合约都有标准化的模式，交易所会预先制定好每一份合约的执行价格、到期日、标的资产的规模、通知日等等，而唯一的可变化的就是期权的价格。交易所期权采用的是做市商制度，某一确定的期权由特定的做市商负责。投资者的经纪人会向做市商询问买价和卖价，但是做市商并不知道询问者是要买入还是卖出。而卖出价一定会高出买入价，高出的部分叫做买卖差价，交易所对买卖差价的上限是有规定的。做市商制度大大增加了期权市场的流动性，推动了期权的发展，而做市商也可从中获取利润。在期权交易所内有专门的期权结算公司，其职能是确保期权的卖方会按照期权合约的规定来履行自己的义务，并记录期权交易的状况。在交易所内的期权交易中，清算公司扮演的是期权买方的卖方和期权卖方的买方。期权结算公司有一些会员，所有的期权交易会通过这些会员来结清。柜台式交易（也叫场外交易期权），并不在交易所大厅内进行期权交易，因此没有具体的和固定的交易地点。有时是机构投资者因所需的产品不符合交易所交易产品的特征而采取这种方法。交易的双方自行约定执行价格、到期日和期权费等。柜台交易期权容易遭受交易对手违约风险。

三、累计期权

累计期权在国际上称为 knock out discount accumulator，KODA 是其缩写，就是累计折扣敲出期权合约，国内的研究者一般称这种金融衍生产品为累计期权。累计期权是一种和股票、外汇、期货等基础金融工具相关联的衍生产品，是前面所说的障碍期权的一种，即指障碍期权分类里的敲出期权。敲出期权是指如果标的资产的价格变化达到合约设定的障碍水平时，则该期权持有人将不能行权。

累计期权合约一般有两种设定的价格：取消价和行使价，取消价是指障碍水平，行使价比期权签订时的市场价格低。合约生效后，当标的资产的市价在取消价及行使价之间时，累计期权合约中的标的资产接收方可以按约定期限逐期以行使价从标的资产交付方买入约定数量的该资产。当标的资产的价格达到约定的障碍水平时，累计期权合约便自行终止，即投资者不能再以约定的行使价从交易对手那里买入资产。但是当该标的资产的市价低于行使价时，接收方便须定时用行使价买入数倍数量的该资产，直至合约完结，即累计期权合约具有杠杆的特性。此外，累计期权合约的交易特点还表现在：一是合约中金融资产的接收方需用合约金额一定百分比的现金或资产作抵押才可达成交易，即累计期权实行保证金交易制度。二是累计期权合约的有效期限一般是一年左右，即累计期权是一种短期金融工具。三是累计期权合约一般不涉及实物金融工具的买卖，仅以净额作结算，这样既保证了流动性安全，同时也降低了双方的违约风险。四是累计期权合约是一种场外金融工具，这一特征决定了累计期权可以根据交易双方的需要特殊定制，同时导致了累计期权形式的多样性，如行权的障碍水平可以是一个特定的价格，也可以是累计利润抑或两者的结合；又如，标的资产可以基于股票、黄金、货币、商品期货抑或以上基础金融工具的组合。

累计期权也被看成是一组看涨期权和看跌期权的结合：对于相关金融工具的接纳方而言，相当于从交易对手方买入一份向上敲出的看涨期权的同时，向对手方卖出数份向上敲出的看跌期权；对于累计期权相关资产的交付方而言，买卖方向正好相反，即相当于对金融资产接收方卖出一份向上敲出的看涨期权的同时，从对手方买入数份向上敲出的看跌期权。

累计期权合约的收益与损失主要取决于以下几个因素：取消价相对于市场价的溢价比率、执行价格相对于市场价格的折价幅度、标的金融工具的波动率、杠杆比率、合约期限以及整体的市场趋势。取消价与标的资产市场价格比率决定了累计期权终止的时间，因此也决定了投资者的收益，但取消价的高低对于时间和收益都有两面性。

执行价格相对于市场价格的折价幅度对于资产的接收方而言，本身就是一种收益，接收方能以低于市场价的价格买入相关资产，市价与执行价之间的差值就是接收方的利润。标的资产价格变化的波动率越高，衍生工具的风险越大。

第二节 期权价格

尽管在现实的期权交易中，期权价格会受到多种因素的复杂影响，但从理论上说，期权价格都是由两个部分组成的：一是内在价值，二是时间价值。即

期权价格 ＝ 期权内在价值 ＋ 期权时间价值。

一、期权的内在价值

期权的内在价值（intrinsic value）是指期权合约本身所具有的价值，也就是期权多方行使期权时可以获得的收益的现值。例如，如果股票 X 的市场价格为每股 60 美元，而以该股票为标的资产的看涨期权协议价格为每股 50 美元，那么这一看涨期权的购买方只要执行此期权即可获得 1000 美元（（60－50）×100＝1000 美元）（股票期权通常为美式期权且一张期权合约的交易单位为 100 股股票）。这 1000 美元的收益就是看涨期权的内在价值。

从例子中可以很明显地看出，一个期权合约有无内在价值以及内在价值的大小，取决于该期权执行价格与其标的资产市场价格之间的关系，即与期权是实值、虚值还是平价有很大的关系。具体来看，理解期权的内在价值，需要注意两个方面的问题：

其一，欧式期权和美式期权内在价值存在一定的差异。因为欧式期权只能在到期日执行，所以在到期以前的任一时刻，欧式期权的内在价值应该是到期时该期权内在价值的现值。因此，对于欧式看涨期权来说，其内在价值为（$S_T - X$）的现值。其中，如果标的资产在期权存续期内没有现金收益，S_T 的现值就是当前的市价（S），而对于支付现金收益的资产来说，S_T 的现值则为 $S-D$，其中 D 表示在期权有效期内标的资产现金收益的现值。因此，无收益资产欧式看涨期权的内在价值等于 $S-Xe^{-r(T-t)}$，而有收益资产欧式看涨期权的内在价值等于 $S-D-Xe^{-r(T-t)}$。同样道理，无收益资产欧式看跌期权的内在价值都为 $Xe^{-r(T-t)}-S$，有收益资产欧式看跌期权的内在价值都为 $Xe^{-r(T-t)}+D-S$。

美式期权与欧式期权的最大区别在于其可以提前执行，因此，美式期权的内在价值就应该等于其即时执行的收益，而无需对 X 进行贴现。但是，美式看涨期权当中，如果标的资产是没有现金收益的，在期权到期前提前行使无收益美式看涨期权是不明智的。因此，无收益资产美式看涨期权价格等于欧式看涨期权价格，其内在价值也就等于 $S-Xe^{-r(T-t)}$。另外，有收益资产美式看涨期权虽然有提前执行的可能，但可能性较小，因此一般都认为其内在价值也等于 $S-D-Xe^{-r(T-t)}$，即也等于相应的欧式看涨期权内在价值。对于美式看跌期权来说，由于提前执行有可能是合理的，因此其内在价值与欧式看跌期权不同。其中，无收益资产美式期权的内在价值等于 $X-S$，有

收益资产美式期权的内在价值等于 $X+D-S$。

因此,欧式期权和美式期权内在价值的主要差异就在于贴现与否,但现实生活中常常不考虑贴现问题,而将它们视为相同,都采用美式期权即时执行的内在价值。

其二,期权的内在价值应大于等于 0。将期权的内在价值与实值、虚值和平价等相联系,理论上来说,实值期权内在价值为正,虚值期权内在价值为负,而平价期权内在价值为零。但从实际来看,期权多头方是不会执行虚值期权(即标的资产市价低于协议价格的看涨期权和标的资产市价高于协议价格的看跌期权)的,因此内在价值至少等于零。

图 11-1 给出了期权内在价值的曲线。显然,平价点随着欧式、美式期权和有无收益而变化。从图 11-1 中可以进一步看出,在执行价格一定的时候,标的资产的市场价格就决定了期权内在价值的大小,例如,对于看涨(看跌)期权来说,平价点及其左(右)侧的期权内在价值都为零,而平价点右(左)侧的期权内在价值则为正数,价格越高(低),内在价值越大。相反地,如果市场价格一定,期权的执行价格就决定了内在价值的大小。当执行价格提高(降低)时,图 11-1(a)和(b)中的两条内在价值线都要向右(左)移动,也就意味着在同一市场价格水平上,看涨期权的内在价值减少(增大),而看跌期权的内在价值则相应地增大(减少)。

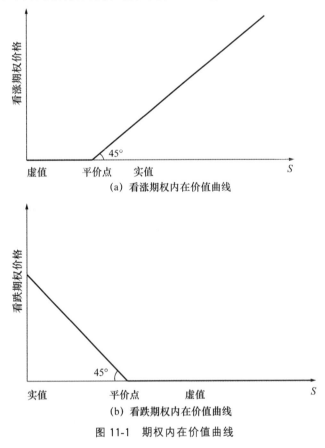

图 11-1 期权内在价值曲线

二、期权的时间价值

内在价值是决定期权价格的主要因素,但并非唯一的因素。在现实市场中,各种期权通常是以高于内在价值的价格交易的,平价期权和虚值期权在这一点上尤其明显:虽然这两类期权的内在价值为零,但在到期以前,它们总是以高于零的价格买卖。这是因为在期权价格中,还包含一个重要的部分,即期权的时间价值。

与平时所理解的时间价值(即无风险利率,货币持有者暂时放弃货币所获得的回报)不同,期权的时间价值(time value)是指在期权有效期内标的资产价格波动为期权持有者带来收益的可能性所隐含的价值。换句话说,期权的时间价值实质上是期权在其到期之前获利潜力的价值。期权的买方通过支付期权费,获得了相应的权利,即(近于)无限的收益可能和有限的损失。这意味着标的资产价格发生同样的上升和下降,所带来的期权价值的变化是不对称的,这一不对称性,使得期权总价值超过了其内在价值,就是期权时间价值的根本来源。

与内在价值不同,期权的时间价值通常不易直接计算,因此,它一般是运用期权的总价值减去内在价值求得的。例如,某债券的市场价格目前为105美元,而以该债券为标的资产、执行价格为100美元的看涨期权则以6.5美元成交。那么,该看涨期权的内在价值为5美元(105-100),而它的时间价值则为1.5美元(6.5-5)。

影响期权时间价值大小的主要因素有:

(一)到期时间

时间价值是指期权购买者为购买期权而实际付出的期权费超过该期权之内在价值的那部分价值。在通常情况下,期权的剩余有效期越长,它的时间价值也就越高。这是因为,就期权的买者而言,期权合约的有效期越长,买者就越有可能获得利润,因而也就愿意支付较高的权利金;而对期权的出售者来说,则期权合约的有效期越长,他所冒的风险就越大,因而他出售期权合约的价格也就越高。因此,期权合约有效期时间的长短在很大幅度上影响着期权的时间价值。当期权合约临近到期时,在其他条件相同的情况下,期权的时间价值的减少速度会不断加快,一旦到达日期,则期权就无时间价值可言。时间价值不易直接计算,因此,它一般是用实际的期权价格减去该期权的内在价值而求得的。

(二)标的资产价格的波动率

标的资产价格的波动率是指证券资产收益率单位时间内的标准差,因此,标的资产价格的波动率是用来衡量标的资产未来价格变动不确定性的指标。由于期权多头的最大亏损额仅限于期权价格,而最大盈利额则取决于执行期权时标的资产市场价格与协议价格的差额,因此,波动率越大,无论是看涨期权还是看跌期权,期权的时间价值都应越大。

三、期权价格的影响因素具体分析

期权价格既然由内在价值和时间价值两部分构成,则凡是影响内在价值和时间价值的因素，就是影响期权价格的因素。总的来看，期权价格的影响因素主要有六个，他们通过影响期权的内在价值和时间价值来影响期权的价格。

（一）标的资产的市场价格与期权的协议价格

标的资产的市场价格与期权的协议价格是影响期权价格最主要的因素。因为这两个价格及其相互关系不仅决定着内在价值，而且还进一步影响着时间价值。

由于看涨期权在执行时，其收益等于标的资产当时的市价与协议价格之差。因此，标的资产的价格越高、协议价格越低，看涨期权的价格就越高。

对于看跌期权而言，由于执行时其收益等于协议价格与标的资产市价的差额，因此，标的资产的价格越低、协议价格越高，看跌期权的价格就越高。

一般来说，协定价格与市场价格的差距越大，则时间价值就越小；反之，协定价格与市场价格的差距越小，则时间价值就越大。因为时间价值是人们因预期市场价格的变动，能使无内在价值的期权变为有内在价值的期权，或使有内在价值的期权变为更有内在价值的期权而付出的代价，所以，当一种期权处于极值时，市场变动使它继续增加内在价值的可能性已极小，而使它减少内在价值的可能性反而极大。因而，任何人都不愿为买进该期权并继续持有它而付出比当时内在价值更高的期权费。

（二）到期期限

期权的有效期限增加时，美式看涨期权和看跌期权的价值都会增加。对于美式期权而言，由于它可以在有效期内任何时间执行，有效期越长，期权多头获利机会就越大，而且有效期长的期权包含有效期短的期权的所有执行机会，因此有效期越长，期权价格越高。

对于欧式期权而言，由于它只能在期末执行，有效期长的期权就不一定包含有效期短的期权的所有执行机会。这就使欧式期权的有效期与期权价格之间的关系显得较为复杂。例如，同一股票的两份欧式看涨期权，一个有效期1个月，另一个2个月。假定在6周后标的股票将有大量红利支付，由于支付红利会使股价下降，在这种情况下，有效期短的期权价格甚至会大于有效期长的期权。

但在一般情况下（即剔除标的资产支付大量收益这一特殊情况），由于有效期越长，标的资产的风险就越大，空头亏损的风险也越大，因此即使是欧式期权，有效期越长，其期权价格也越高，即期权的边际时间价值（marginal time value）为正值。

另外，由于期权经常被作为避险保值的工具，而期权费则是保值者为了套期保值所支付的价格。所以，有效期越长，意味着保险时间越长，避险者所支付的保险费也应当越高。

（三）标的资产价格的波动率

标的资产价格的波动率对期权价格具有重要的影响。"没有波动率，则期权就是多余的"。如前所述，波动率对期权价格的影响，是通过对时间价值的影响而实现的。波动率越大，则在期权到期时，标的资产市场价格涨跌达到实值期权的可能性也就越大，而如果出现虚值期权，期权多头方亏损有限。因此，无论是看涨期权还是看跌期权，其时间价值以及整个期权价格都随着标的资产价格波动率的增大而增大，随标的资产价格波动率的减小而降低。

一般来说，标的物价格的波动性越大，期权价格越高；波动性越小，期权价格就越低。若标的物价格没有波动性，则期权便是多余的。值得注意的是，与决定和影响期权价格的其他因素不同，在期权定价时，标的资产价格在期权有效期内的波动率是一个未来的未知数。因此，在期权定价时，要获得标的资产价格的波动率，只能通过近似估计得到。估计波动率的方法主要有两种：一是利用过去所观察得到的标的资产价格波动的历史数据，用以估计未来价格的波动率。这一方法求得的波动率称为"历史波动率"（history volatility）。另一种方法则是利用期权定价模型，设定波动率为未知数，将期权的市场价格和相应的各个参数代入，推算出波动率，这种被推算出来的波动率称为"隐含波动率"（implied volatility）。

（四）无风险利率

无风险利率，尤其是短期无风险利率，对期权价格具有重要影响。利率对期权价格的影响是比较复杂的，需要进行区别分析。不同的分析角度，结论各不相同。一般地，利率对金融看涨期权的价格有负的影响，而对金融看跌期权的价格有正的影响。例如，其对以股票为标的的期权价格影响如下：当利率上升时，股价相应下跌，从而看涨期权的内在价值下降；反之，当利率下降时，股价相应上涨，看跌期权的内在价值也就下降。对实物期权则相反，利率上涨，看涨期权的价格上升，而看跌期权的价格下降。当然，利率对实物期权的影响更复杂，因为其标的物可能是固定资产、实物投资项目或有形产品等。另外，利率的高低，决定着期权费机会成本的高低，利率上升，则期权费的机会成本将提高，反之亦然。

如果就利率本身对期权价格的影响而言，利率的变动对看涨期权价格有正向的影响，而对看跌期权的价格有反向的影响。这种影响在股票期权中表现得尤其明显。因为对于买进股票的投资者而言，买进股票本身与买进以该股票为标的资产的看涨期权在某种程度上具有替代性，那么买进看涨期权相对节省的资金显然可以带来机会收益，因此看涨期权价格将随无风险利率上升而上涨；同样，买进看跌期权则和直接卖出股票具有一定的替代性，在利率较高的时候，投资者显然倾向于选择直接卖出股票，获得资金用于再投资而赚取较高的利息收益，而买入看跌期权却需要支付期权费，因此，利率和看跌期权价格成反向关系。

有人从期权费机会成本的角度来分析利率对期权价格的影响。由于期权费是在期权交易初期以现金方式直接支付的，因而具有机会成本。而这一机会成本显然取决于利率的高低：当无风险利率较高时，期权价格机会成本较高，投资者将把资金从期权市场转移到其他市场，从而导致期权价格下降；反之，当无风险利率较低时，较低的机会成本显然将带来期权价格的上升。

总之，无风险利率对期权价格的影响是非常复杂的，在具体运用的时候，需要全面分析，并针对特殊情况，判断哪种影响更重要，从而得到相应的结论。

（五）标的资产的收益

标的资产分红或者是获得相应现金收益的时候，期权合约并不进行相应的调整。这样，标的资产进行分红付息，将降低标的资产的价格，这些收益将归标的资产的持有者所有，同时协议价格并未进行相应调整。因此，在期权有效期内标的资产产生现金收益将使看涨期权价格下降，而使看跌期权价格上升。

由以上分析可知，决定和影响期权价格的因素很多，而且各因素对期权价格的影响也很复杂，既有影响方向的不同，又有影响程度的不同；各个影响因素之间，既有相互补充的关系，又有相互抵消的关系。表 11-5 对这些主要影响因素作了一个基本的总结。

表 11-5　影响期权价格的主要因素

变量	欧式看涨	欧式看跌	美式看涨	美式看跌
标的资产市场价格	＋	－	＋	－
期权协议价格	－	＋	－	＋
有效期	？	？	＋	＋
标的资产价格波动率	＋	＋	＋	＋
无风险利率	？	？	？	？
红利	－	＋	－	＋

注："＋"表示正向的影响，"－"表示反向的影响，"？"则表示影响方向不一定。

第三节　认股权证与可转换债券

一、认股权证

（一）认股权证内涵

认股权证（warrants）是公司发行的一种长期股票买入选择权，它本身不是股票，既不享受股利收益，也没有投票权，但它的持有者可以在规定时间内按照事先约定的价格购买一定数量的公司股票。认股权证一般在新股或债券发行的同时附加发行，也就是发行人在发行股票或债券的同时附加给投资者一个未来认购股票的权利，以增加股票或债券对投资者的吸引力。认股权证的持有者可以获得认购价与市场价的差价收益，因而，它是一种具有内在价值的投资工具。认股权证实质上是一种期权，与一般期权一样，它的价值受到所认购的股票的市场价值、权证规定的认购价格、距离认股权证到期日的时间长短等因素的影响；同时还要考虑认股权证的权利一旦付诸实施，必然增加公司流通在外的股票数量，进而影响股票市场价格和每股盈利，反过来又会对认股权证本身的价值产生影响。

（二）认股权证的种类

同其他金融衍生品一样，随着多元化创新的快速发展，认股权证的种类也日益呈现多元化趋势。目前，认股权证主要有以下种类：

1. 按行使权利的期限可分为欧式权证和美式权证

美式权证，指权证持有人在到期日前，可以随时提出履约要求，买进或卖出约定数量的标的证券。而欧式权证，则是指权证持有人只能于到期日当天，才可提出买进或卖出标的证券的履约要求。现在市场上出现较多的是百慕大权证，这种权证的持有人可以在到期日前的一段时间内履约。从实质上来看，它属于特殊的欧式权证。

2. 按买卖方向可分为认购权证和认沽权证

认购权证，是一种买进权利。该权证持有人有权于约定期间（美式）或到期日（欧式），以约定价格买进约定数量的标的证券。认沽权证，则属一种卖出权利。该权证持有人有权于约定期间或到期日，以约定价格卖出约定数量的标的证券。

3. 按发行人不同可分为股本认股权证和备兑认股权证

股本认股权证是由上市公司发行的一种认股权证，持有人有权于约定时间按照约定价格向上市公司认购股票，即行权时公司将发行新股，并以行权价售予认股权证的持有人。备兑认股权证，属于广义的认股权证，是指由上市公司以外的第三者发行，使持有者拥有以约定价格和时间购买某种股票的权利证书。备兑认股权证是以已存在的股票为标的，所认购的股票不是新发行的股票，而是已在市场上流通的股票，发行人须拥有标的股票并将其作为抵押物，由代表该认股权证持有人的独立受托人负责保管。发行人通常都是资信卓著的金融机构，或是持有大量的认股对象公司股票以供投资者到时兑换，或是有雄厚的资金实力作担保，能够依照备兑权证所列的条款向投资者承担责任。

另外，依认股权证是否独立发行，可分为独立型认股权证和附随型认股权证；依认股权证与有价证券交易是否分离独立，可分为分离型认股权证和非分离型认股权证。随着执行条件的多元化，目前还出现了壁垒权证、分期付款权证、捐赠权证、资本附加权证等创新品种。上述产品并非固化性产品，在不同国家或地区、不同经济背景、不同市场需求条件下，会不断出现变异品种。

（三）认股权证的基本要素

1. 标的物

标的物又称标的证券（当为股票时常称为"标的股票""正股"），是指认股权证发行所依附的证券，即持有人行使权利时所要交易的对象。常见的认股权证的标的物是股票，标的股票常常包括单个股票、一揽子股票、股票指数等。随着金融市场的发展，标的物的种类也逐渐趋于广泛。理论上，凡是具有投资价值的证券均可能成为标的物。

2. 发行价格

发行价格又称权利金，是指为获得某项权利而付出的代价或成本，也就是为取得认股权证所支付的价款。但在某些情况下，上市公司为增加其所发行的优先股或债券的吸引力，往往附赠认股权证，认股权证的持有人无须为获得权证另外支付权利金。

3. 执行价格

执行价格又称敲定价格、履约价格，是指认股权证持有人凭认股权证可以认购股票的价格，于认股权证发行时即已确定。执行价格的确定一般要依据股票现在的价格、公司的成长性、当前利率和合约中的其他条款来确定。但随着认股权证产品的发展，也会出现如果在权证有效期内发生送股、配股等导致标的股票数量增加或减少的情况，认股价格随之进行相应调整的情形。

4. 权证价格

权证价格由内在价值和时间价值构成。以认股权证为例，其价值分为内在价值和时间价值两部分，计算公式是：

$$V_W = \frac{1}{N}(P_0 - \text{EP})$$

其中，V_W 为认股权证的内在价值，P_0 为普通股股票当前的市场价值，EP 为认股权证认购公司普通股股票的认购价格（行权价），N 为认购一股公司普通股股票所需的认股权证的数量。

内在价值是指认股权证立即履约的价值，它是标的股票价格与执行价格之差。若标的股票价格高于事先约定的执行价格，则内在价值为正；若标的股票价格低于或等于事先约定的执行价格，则内在价值为零。所谓时间价值，则是权证价格与内在价值之差。认股权证的时间价值是由于其持有者在一段时期内拥有选择的权利而带来的价值；货币的时间价值则是由于一段时期内货币的持有者能获得收益而带来的价值。时间价值主要与权证到期日长短及标的股票价格波动幅度有关。价格波动幅度越大、距到期日越远，则认股权证被执行的机会越大，认股权证的价格也就越高，反之亦然。

5. 认股期限

认股期限是指认股权证的有效期。在有效期内，认股权证持有人有权认购或出售公司的股票；超过有效期，认股权证自动失效。认股期限的长短因不同的国家、不同的地区以及不同的市场而有很大的差异，主要根据投资者和股票发行公司的要求而定。在西方成熟的资本市场，认股权证的认股期限较长，一般在 5 年以上，有的甚至是无限期的。

6. 行权比例

行权比例又称认购比率，即每单位认股权证可以买进或卖出标的股票的数量。如认购比率为 0.1，就表示每 10 张认股权证可以认购或出售一股标的股票。认股权证的行权比例可以有两种方式约定：一是确定每一单位认股权证可以认购或出售多少股标的股票；二是确定每一单位认股权证可以认购或出售多少金额的股份。

7. 合约条款

认股权证的发行人通常会在合约中制定一些条款。如赎回条款规定在特定的情况下，公司有权赎回其发行在外的认股权证，交割条款规定执行认股权证时，是交货（股票交割）还是交钱（现金交割）。

(四)权证特性

1. 高杠杆性

权证属于衍生金融商品之一,买卖时仅需支付少数权利金,因此权证具有高杠杆作用。杠杆比率越大,表示杠杆效果越大,其获利与损失的风险也越大;反之,杠杆比率越小,表示杠杆效果越小,其获利与损失的风险亦越小。

2. 时效性

投资者买卖权证不像股票那样能够长期持有,权证具有存续期间,权证到期后即失去其效力。权证在到期之前,其市价包括内在价值和时间价值两部分,其中所谓时间价值即权证将来进入价内状态的可能价值。不论其标的物上涨或者下跌,时间价值都会随着权证到期日渐渐接近而递减,权证到期时如果不具有履约价值,投资者将损失其当初购买权证的价金。

3. 避险性

投资者若已持有或者即将持有现货部位,可以购买权证作为避险工具,比如投资者预测股票价格将要上涨,却又担心预测错误,或者为了规避系统性风险,即可以用少量的金额买入一个认沽权证。当股票下跌时,其权证获利部分可以用来弥补买入股票标的物的机会成本。当股票价格上涨时,其买入股票已经获利,而损失的只是少量的权证金。反之,假如该投资者预测标的物的价格将要下跌,那么可实行相反之避险操作策略。

(五)认股权证在公司融资中的作用

1. 发行认股权证是确保股份公司股东控股权益的一种有效手段

众所周知,股份公司如果面向公众发行新股增资,会稀释原股东特别是大股东的控制权,而发行认股权证则能保障现行公司的股东权益。公司在发行认股权证时,一般要按控股比例派送给股东。股东可用这种证券行使优先低价认购公司新股的权利,也可以在证券市场上将其出售。购入认股权证之后,持有人获得的是一种换股权利而不是责任,行使与否在于持有人本身的决定,而不受任何约束。

2. 发行认股权证能确保公司当前的资金需求

在资本市场竞争日趋激烈的情况下,公司通过发行认股权证的方式筹集经营资金,不失为一种有效的手段。由于认股权证能使当前证券的投资者获得未来认购新股的选择权,不论是发行债券还是发行股票,都较一般债券与股票更具有吸引力。特别是在资本市场资金供求关系紧张的状况下,财务状况较好的公司,可利用认股权证优先权吸收投资者投资于该公司证券。

3. 发行认股权证可满足公司将来更多资金的需要

公司现在发行的认股权证实际上等于在现在就预约了一批将来新股发行的潜在认购者。一旦将来认购的普通股票实现了,公司既能保留现有的负债筹资额,又能增加新的股本额,从而增加公司的资金来源,为其扩大生产经营创造良好的条件。另外,当公司的边际信用较大时,可以有效地运用认股权证增加公司的负债筹资能力。

（六）认股权证的投资风险

从持有者的观点看，认股权证与以普通股为标的物的看涨期权非常相似。认股权证和股票看涨期权都给予其持有者在将来某一时间按确定的价格购买普通股的权利，都是持有者所拥有的一种选择权，即持有者拥有执行的权利，但没有一定执行的义务；并且认股权证和股票看涨期权都是金融衍生工具，都具有价格发现、规避风险等功能。

1. 市场操纵风险

市场操纵包括标的证券的价格操纵和权证价格的操纵两方面。投资者会因市场价格被操纵进而引起股价及权证价格大幅波动，造成投资损失。

2. 发行人信用风险

由于发行人为权证的履约义务人，如果权证持有人提出请求交付股票或以现金进行结算时，发行人若出现财务危机，投资者将面临发行人不能履约的风险。

3. 权证到期风险

市场上交易的权证不仅有有效期，而且到期日均不同，因此，如果投资者不能于到期日或之前行使权证，则权证过期作废。

4. 价外权证风险

如果标的股票价格低于权证行权价，则认购权证会变得毫无价值，投资者会损失全部投资。

5. 权证时间风险

权证因到期日的逐渐临近，其时间价值会快速递减，即使标的股票价格维持不变，权证的时间价值也会下降。

二、可转换债券

（一）可转换债券的内涵

可转换债券是指发行公司依法发行，在一定期间内依据约定的条件可以转换成股份的公司债券。可转换债券是由普通公司债券与股票的买入期权复合而成，具有债券、股票和期权的特性。可转换债券是一种兼有债权和股权双重性质的混合型融资工具，其实质是利率较低的公司债券附加一个转股价格比发行时基准股票价格较高的转股期权。可转换债券条款一般都比较多，其中涵盖一些保护性条款，因此可转换债券的结构较为复杂，这也给了发行者以创新和多样化利用可转换债券融资的机会。

可转换债券的应用过程分为两个阶段，即转股前和转股后，在不同的阶段可转换债券具有不同的作用。可转换债券在转股前，与普通债券基本一样，具有确定的期限和利息率。在进入转股期后，可转换债券持有者具有将其转换为公司普通股的选择权。这一选择权，使持有者可以根据市场情况来作出选择，市场低迷时，持有者可以继续持有以获得固定的利息收入；市场形势转好时，可转换债券持有者可以将其转换为普通股，从而获得公司成长的收益。从可转换债券在转股前后所表现出来的特性可知，可转换债券可以视为债券与认股权证相结合的新型金融工具。

(二) 可转换债券的基本条款

1. 发行规模与期限

发行规模主要是由发行人根据其投资计划和财务状况确定。可转换公司债券的期限和投资价值成正相关关系,期限越长,股票变动和升值的可能性越大,可转换公司债券的投资价值越大,转换为股票的概率也越大。

可转换公司债券的期限安排主要由以下因素决定:一是股本安排策略。通常考虑公司募集资金相关的投资项目在未来某个时期可以获得的收益,使收益增长与股本扩张速度相吻合,避免公司股本扩张和过度稀释股东权益与经营指标。二是公司经济效益增长速度。公司经济效益是债券期限一个重要的决定因素,可转换公司债券的期限长,可以减轻公司还款付息的财务压力和提供较多的转股机会。三是期限与回售条款。特别是在无条件赎回时间和无条件回售时间下,可转换公司债券的期限明显缩短。

2. 转股价格

转股价格是指可转换公司债券转换为每股基准股票所支付的价格。转股价格的确定反映了公司现有股东和可转换公司债券持有人双方利益预期的某种均衡。转股价格是可转换公司债券的核心要素,它决定了其发行与转换是否成功,影响着投资人的利益、公司未来股权结构变动和效益增长、后期发行证券的价格和数量、股票价格的市场变动等等。可转换公司债券能否转换成功,取决于在转换期内公司股价能否在一定时期内持续高于转股价格。

$$转股价格 = 单位可转换公司债券的面值 / 转换比率$$

决定转股价格的因素很多,但主要有以下因素:

第一,股票价格及其波动性是最为重要的影响因素,股票的市场价格和价格走势直接主导着转股价格的确定。

转换溢价率是指转换溢价与基准股票市价的比率,即

$$转换溢价率 = (转股价格 - 基准股票价格) / 基准股票价格$$

第二,债券期限。可转换公司债券的期限越长,则相应的转股价格越高;可转换公司债券期限越短,转股价格越低。另外,可转换公司债券发行后到可以转股的时间也直接影响转股价格,期限越长,转股价格也就越高。

第三,债券利率。债券利率是同可转换公司债券的期限长短相一致的,因为发行人给予投资者较高的债券利率,相应的转股价格也越高。发行人在运用可转换公司债券融资时可根据融资的倾向性(债券特性或股票特性),灵活掌握债券利率与转股价格。

3. 转股调整条款

发行可转换公司债券后,因公司发生股份拆细、合并、配股、增发以及其他原因引起的公司权益发生变化时,转股价格应根据公司的权益变化作出适当的调整,调整条款是保证转股顺利进行和保护投资者利益的重要条款。转股价格调整的原则及方式应事先约定。假定可转换公司债券调整前的转股价格为 P_0,每股派息为 D,送股率为

n，增发新股或配股率为 k，新股价或配股价为 A，则调整后的转股价格 P 为：

分红派息 $P=P_0-D$

送股或转增股本 $P=P_0/(1+n)$

增发新股或配股 $P=(P_0+A\times k)/(1+k)$

前两项同时进行 $P=(P_0+A\times k)/(1+n+k)$

4. 回售条款

可转换公司债券的回售是指当基准股票价格在一段时期内低于转股价格并达到一定幅度时，可转换公司债券的持有人按照事先约定的价格将所持有的债券卖给发行人。回售是赋予投资者的一种权利，在一定程度上保护了投资者的利益。当股票价格表现欠佳无法实现转换时，回售是投资者向发行人转换风险的一种方式。可转换公司债券设定回售条款有以下作用：

（1）如果设立回售条款，票面利率将更低。设计了回售条款的可转换公司债券，保护了投资人的利益，即在纯债券价值的基础上再一次承诺了较高的投资回报。回售意味着发行公司将偿付可转换公司债券，对发行公司的财务结构和资金流转是有影响的。为补偿发行公司的利益损失，投资人所支付的代价是获得的票面利率更低。

（2）回售条款是保护投资人利益的保护性条款，是发行人为投资者提供的一种重新选择投资的机会。通过回售，投资人可以获得较好的利益回报，避免了股票价格下跌转股受阻的风险，也提供了投资者在新的投资环境下新的投资机会。回售条款包括回售时间、回售价格和回售条件等要素。一是回售时间，一般在可转换公司债券整个期限的 1/2 到 2/3 时间段处，具体的回售时间可能是几天或更长。二是回售价格，是事先约定的，一般比市场利率稍低，但远高于可转换债券的票面利率。三是回售条件，可分为无条件回售和有条件回售。无条件回售是指发行人可以在约定的时间内购回要求回售的可转换公司债券；有条件回售是指当公司的股价连续在一定时期内低于转股价格一定幅度时，债券持有人有权利向发行人提出回售要求。

5. 赎回条款

可转换公司债券的赎回是指在一定条件下发行人按照事先约定的价格买回未转股的可转换公司债券。赎回是赋予发行人的一种权利，发行人为避免市场利率下降而给自己造成的利率损失，或者为激励债券持有人在市场行情高涨时期转股并保障公司原有股东的利益，发行人可根据市场情况选择是否行使这种权利。可转换公司债券一般都设置赎回条款，包括以下几个要素：

（1）不赎回期，是指可转换公司债券从发行日到赎回日开始的期间。不赎回期越长，股票价格上涨的可能性就越大，投资者转换的机会就越多，对投资者也就越有利。不赎回期是为保护投资者利益而设置的。

（2）赎回期。可转换公司债券不赎回期结束后，便是赎回期。按照赎回时间不同，可分为定时赎回（某一时间段）和不定时赎回（一年中的任何时间）。

（3）赎回价格，是指事先约定的买回价格，一般为可转换公司债券面值的 103%—106%。越接近到期日，赎回价格越低。这种设计体现了发行人鼓励投资人尽快转股和减少财务压力的意愿。

（4）赎回条件，是赎回条款中最重要的要素，分为无条件赎回和有条件赎回。无条件赎回（一般称硬赎回期权）是指发行人在赎回期内，可按照事先约定的价格买回未转股的可转换公司债券；有条件赎回（一般称软赎回期权）是指在基准股票价格上涨到一定幅度（一般为130％—150％）并维持一段时间（20个交易日）后，发行人按照事先约定的价格买回未转股的可转换公司债券。

6. 担保条件与信用评级

在国际债券市场上，可转换公司债券视为无抵押公司债券，不需要附加担保条件。投资风险完全由投资人承担，个别情况下存在担保或有抵押条件。债券信用评级是信用评级机构对发行人所发行的企业债券的信誉、偿还能力以及投资者持有这些债券的风险和收益等进行综合分析并评定级别的活动。债券信用评级对发行人主要有以下作用：提供客观公正的信用等级证明，将发行人的信誉和偿债的可靠程度告知投资者；债券利率和信用等级之间存在对应关系，发行人要降低融资成本就必须争取较高的信用等级；树立发行人在公众投资中的社会形象，具有一定的广告宣传作用。

（三）可转换债券投资的风险

1. 可转债投资者要承担股价波动的风险

可转债正股单边下跌的情况很常见，一定期间内转债价格下滑甚至跌破面值时有发生。虽然这并不影响可转债到期收益价格，但鉴于大多数可转债投资人都是冲着转股收益去的，正股长时间下跌，持有转债也是有时间成本的。

2. 损失利息的风险

虽然大多数可转债都能在合约期内实现转股，但现实中仍旧有特例，多方原因造成可转债未能转股，大股东到期还钱。虽然没有造成债券持有人的本金损失且收到利息，但由于可转债的利率水平甚至不能达到一年期定期存款的水平，债券持有人必然损失高利息的机会成本。

3. 需要提前赎回债券的风险

可转债发行者，往往被要求在一定时间后以某一价格将债券赎回。而赎回的债券往往限定了投资者收益率的上限，从而造成投资者机会成本的损失。

4. 强制转换风险

债券存续期间一旦条件达成实施强制性转换，和提前赎回一样，给投资者的收益率设定了上限，只不过此时的收益率相对提前赎回的收益会高一些。而一旦实施无条件强制转换，投资者将无权收回本金，只能被动承担股票价格下跌带来的风险。

5. 利率风险

可转债除了受股价波动的影响以外，还要受市场利率波动的影响，随着市场利率的波动，债券价值也在不断地变化中。

6. 违约风险

可转债发行公司的最终目的是融资，最终实现债转股，债券变股权，公司最终不用偿还负债。但现实状况总是在不断地变化，如转股价过高、公司在转股期经营不善、公司股价未能达到转股条件等,最终造成直到债券到期都没能转股。发行公司必须还本付息,如公司现金流量不足就会出现违约风险。

(四)可转换债券融资的动因

1. 资本结构因素

在现代公司治理模式下,公司的总目标和财务目标会受到公司利益相关者利益均衡机制的影响,而公司利益相关者的利益均衡机制与公司的剩余索取权和控制权的分配密切相关。公司的剩余索取权和控制权,甚至公司的资本成本、企业机制和财务风险,往往会受到公司资本结构构成和比例的重要影响。因此,理论界一直比较关注公司的资本结构问题,力图探究实现企业资本结构优化的手段和方法。

可转换债券是一种混合型证券,具有股票和债券的双重性质。因此,可转换债券可以被用来调节股权和债务的比重。在转换成公司的股票前,可转换债券可以增加公司的债权价值。而公司也可以通过可转换债券融资筹集更多的资金,增加公司价值,实现财富效应。因此通过可转换债券融资,公司既获得了债权融资,增加了公司的价值;又在动态过程中实现了资本结构优化的目标,使公司的加权平均资本成本显著降低。

公司资本结构通常关系到公司各方相关者的利益,因而公司资本结构常常是公司各方利益相关者互相博弈的结果。一般情况下,公司负债增加,公司的财务风险和破产成本也随之增加,直接威胁经营者利益;股权资本增加,容易降低股票价格,稀释原股东权益,威胁所有者利益。同时,无论是债务融资还是股权融资,都会存在融资成本。因此,把握两种融资的平衡点,合理配置债务融资和股权融资的比例,可以优化资本结构和资源配置,增加企业价值。

可转换债券具有灵活选择的优点。通常情况下,股票融资或债券融资可以在公司发行股票或债券时调节公司的负债率,发行之后则无法再影响企业的资本结构,除非企业再次发行股票或者债券,但是再次发行股票或者债券会增加企业的融资成本。这种问题可以通过可转换债券解决,因为可转换债券在发行时和转股时都可以调节企业的资本结构,从而降低了企业的融资成本。可转换债券对于调整企业股权和债权比例具有重要作用,是企业资本结构的自动调节器。在可转换债券的调节下,企业的资本结构更加富有弹性,有利于实现企业资本结构的最优化。但是,可转换债券是一把双刃剑,即对于经营状况比较好的公司而言,可以降低公司的融资成本;而对于经营困难的公司而言,可转换债券的发行将达不到优化公司资本结构的目的,甚至还会恶化公司的资本结构。其原因在于公司经营不善会降低公司股价,投资者在面临可转换债券的转股选择时通常会选择持有公司债券而非转股,这样公司就面临支付债券本金和利息的双重压力,增大公司的财务风险。若转股失败,企业的再融资能力会进一步被削弱,资本结构会进一步恶化。

2. 税盾效应

税盾效应是指根据税法的规定,因债务融资而产生的利息可以在税前支付,所获取的节税效果,相对于债务融资的利息可以在税前抵扣,股权融资所产生的成本则必须在税后支付，无法取得债务融资所获得的节税效果。

为了降低公司的融资成本，公司需要寻求股权融资和债权融资的平衡点，使股权融资和债权融资达到合理的量限，实现二者合理配置，从而实现公司价值最大化。根据税法规定，债券融资产生的利息可以在缴纳企业所得税前扣除，获得税盾效应。而可转换债券在转股前具有债券的一般属性，因此发行可转换债券可以降低公司的财务风险，减轻公司的税收负担，增加企业的资金支持，促进公司的可持续发展。

通常情况下，与银行贷款和公司债务相比，可转换债券的税盾作用较小，但这却是股权融资所无法比拟的，因为公司通过发行股票的方式筹集资金是无法获得税盾效应的。所以，由于市场摩擦与不完全性，加上税法对股票融资和债务融资的不同对待，公司通常会选择发行可转换债券进行融资。

3. 信息不对称

为了降低企业的融资成本，实现企业价值最大化的目标，企业在选择融资方式时需综合考虑公司的财务风险、公司治理结构、公司资本结构和投资者对不同融资方式的反应等诸多因素的影响。企业融资方式的选择本质上是融资者和投资者相互博弈的过程，企业在确定融资方式时，需要确定公司均衡资本结构的平衡点，否则就无法实现融资者与投资者的互利共赢。企业在对外筹集资金时会面临交易信息成本问题，这主要是由于上市公司的管理层和投资者在公司信息的获取方式上存在较大的差异。一般而言，上市公司的管理层更加了解企业的经营状况、财务状况等重要的企业内部信息，而处在公司之外的投资者则主要是通过企业所发布的直接信息和各类媒体披露的各种信息来了解企业，这些信息相对于管理层掌握的信息而言属于二手信息，所以二者之间通常会存在着很大程度的不对等。

1984年，梅叶斯（Myers）和梅吉拉夫（Majluf）通过研究发现，相对于投资者，企业的内部管理者能够获得更多的企业内部信息，如公司的资产结构、资本结构、增长速度和企业发展战略等。在市场经济中，企业的内部信息往往也会成为企业内部管理者获取利益的重要工具。当企业的股票价值被高估时，企业内部管理者为了获得溢价收入通常会发行新股，这会向外部投资者传递公司市值被高估的信号，因为投资者会认为如果公司发展状况良好，则管理者不会发行新股来稀释原有股东的利益，所以增发新股这种信号常常会使投资者产生恐慌，不再看好公司的股票，造成公司的股势走低。

因为信息不对称问题的存在，企业在融资时通常首选企业内部融资，再次选择外部债权融资，最后才考虑外部股权融资。如果公司选择外部股权性融资，会向投资者传递公司股票被高估的信号，会影响公司的外部融资，增加企业的融资成本。如果公司选择外部债权性融资，又会加大企业的财务负担和企业破产的风险。所以，无论外部股权性融资还是外部债权性融资，都会对公司的发展产生不利影响。可转换债券作为兼具股权和债权双重性质的混合型融资工具，较好地解决了这个两难问题，有利于避免传统股权性融资的诸多弊端。总之，信息不对称会加大企业融资的难度，增加企业逆向选择成本，而可转换债券可以向外部投资者传递企业良好发展的积极信号，尽量减少信息不对称问题的影响。

第四节 期权与公司投融资

期权可以起到降低投资组合风险的作用，并在一些情况下转移风险，例如，可以通过买入看跌期权的办法来降低手头持有标的证券的下跌风险。以股指期权的买方为例，付出的初始权利金为投资成本，就可以一次性锁定风险，且可随着股指的预判变动而获利。另一方面，对于期权卖方来说，收益已经被买方锁定，但是仍可能承担潜在的巨大损失。因此，一般来说，投资者会买入看涨期权来规避价格上涨的风险，也可以买入看跌期权来规避价格下跌的风险。投资者买入或卖出看涨期权和看跌期权，不仅可以达到商品或期货合约保值的目的，而且还可以获得由于商品或期货合约价格升降而带来的盈利机会。作为一种投机手段，投资者可以以购买后再卖出期权的形式，通过购买期权和转卖期权的期权费差价从中获利，或通过履行期权合约获利。

一、公司融资的期权特性分析

公司与其股东、债权人的经济关系具有期权的特性。1973 年，布莱克和斯克尔斯提出股东权益是基于公司价值的看涨期权，相应的公司债券是无风险债券的多头和基于公司价值的看跌期权空头组合。权益资本具有期权的特征，即选择权特征。假如企业资本由权益资本和债务资本两部分构成，股东向企业提供了权益资本，而企业的债务是以企业的资产作为担保的。在债务到期之前，债权人不会提出偿还债务的要求，债务到期日时的企业价值应该由股东和债权人分割。如果债务到期日企业的价值超过债务的到期价值，股东就会选择满足债务人要求偿还债务的权利，执行偿还债务。如果企业价值小于债务到期的价值，股东就会放弃执行偿还债务，从而企业破产，债权人分享企业价值。由此可看出，权益资本具有选择权的特征。

(1) 权利与义务的不对称性。债务到期时，股东可以选择偿还债务，也可以选择不偿还债务，从而使企业破产清算。因此从某种程度上看，股东没有义务必须偿还债务，从而放弃企业。

(2) 风险与收益的不对称性。对于股东来说，其风险是有限的，而收益可能是无限的。股东通过购买股份对企业进行权益资本投资，其目的就是满足企业价值最大化的需求。当企业经营状况不佳时，股东可以选择不偿还债权人的债务。由于股东对企业只负有有限的责任，其最大损失也就是在企业的投资额。而当企业经营状况良好时，企业价值就会上升，股东的收益可能是无限的。

(3) 看涨期权特性。看涨期权是指投资者在某一确定时间内以约定价格购买标的资产的权利，也称为买权。对于一个欧式看涨期权来说，期权到期日的价值应该为 $\max(S-X, 0)$。那么从股东的角度来看，假如企业价值为 V，债务到期日应偿还的债务额为 X。如果企业经营状况良好，企业价值 V 会增加，当 $V>X$ 时，股东选择偿还债务额 X，那么权益资本的价值就为 $V-X$；如果企业经营不善，企业的价值就会下降，当 $V<X$ 时，企业就会选择不偿还债务而让企业破产，这时权益资本的价值应该为 0。所以，当债务到期时，股东权益资本价值应该为 max ($V-X$，0)。由此看来，债务到期日的权益资本价值与欧式看涨期权的价值分布是相同的，因此权益资本具有看涨期权的特性。

期权具有价值，包括内在价值和时间价值。期权的价值在任何情况下都不会小于零，其原因是在期权到期之前的这段时期内，由于标的资产价值的变动使得期权总有可能处于实值状态，因而期权的价值不会为零。同样，一个企业的股票在债务到期之前，即便是企业处于困境，甚至企业资产价值低于负债价值，其股票价值也不会一文不值。因此，权益资本价值不会小于零，或者说在企业债务到期内总有价值，关键在于企业在债务到期之前存在避免破产和摆脱危机的可能性。

综上所述，由于权益资本具有期权的特征，股东拥有权益资本相当于拥有了一个以企业价值为标的资产的欧式看涨期权，其执行价格为债务的到期值，期限为债务的期限。

二、项目投资过程中存在的期权

行业的选择是企业投资决策首先要考虑的，各种不确定的因素都会对企业的投资行为产生影响。在不同的经济时期，有不同的行业、产业成为发展的重点，只有选择那些在未来经济发展中具有重要地位，或为领先性质以及具有良好的经济效益期望行业，才能使企业获得较为广阔的发展前景和投资效益。企业拥有投资机会对项目进行评估，即有权利在将来的某个时刻投入资金，相当于它拥有某种看涨期权。该期权赋予公司在一定时间内有权力按执行价格（投资成本）购买标的资产（取得该项目）。同金融期权一样，该约定资产（项目）的市场价值（项目的净现值）是随市场变化而波动的，当市场价格（净现值）大于执行价格（投资成本）时，有利可图，公司便执行该期权（即选择投资）。该期权也因标的资产价格的未来不确定性而具有一定的价值，称之为实物期权或项目期权。但是，期权只是一种潜在的价值，期权价值的实现是通过投资行为来完成的，只有进行正确的投资决策，选择最佳的投资项目，产生更高的经济效益，才能体现看涨期权的价值。

前面章节分析表明，净现值法（NPV）与内含报酬率法（IRR）是企业进行长期投资决策时常用的方法。尤其是净现值法，更加符合股东财富最大化目标假设，在实务中通常是接受（NPV>0 时）或拒绝（NPV≤0 时），要么现在投资，否则以后就不投资。但是在大多数情况下，投资具有可推迟性（如新产品生产投资），这与项目本身的性质有关。只要某项投资具有可推迟性，在面临外部风险（如市场价格、利率、经济形式等风险）的情况下，企业不要急于放弃，可能会通过推迟现在的投资获得更多的收益，这取决于项目的发展状况。为了寻找更有利的投资机会，推迟投资的权利就是一种期权。当然，获得这项投资期权必须先投资于必要的市场、人力资本及技术等，这些可看作期权的权利金。此时，投资者只有权利而没有义务进行投资，市场环境有利时，行使期权；市场不利时，可以放弃进一步投资，其损失仅为权利金。

三、实物期权与公司投资

实物期权是把非金融资产当作标的资产的一类期权，此时期权的交割不是决定是否买进或卖出金融资产，而是是否进行实物投资或出售固定资产。对于实物期权的研究是伴随着对以 NPV 法为代表的传统投资决策的 DCF 评价方法（以下简称 DCF 或 NPV 法）的否定而发展起来的。传统的 NPV 法建立在两个错误的假设之上，该方法假设投资要么是可逆的，要么是不可逆的（也就是说，公司若现在不投资，以后就再也没有机会）。然而，事实上，很多投资机会不满足上述两种假设，在大多数情况下，投资是不可逆的，但是可以被推迟。投资可以被推迟的特性显然使净现值法失去了作用。拥有某种投资机会的公司就像是拥有某种金融看涨期权：它有权力但却不负有义务在它确定的将来某一时刻购买一种资产。传统的 NPV 法的另一个问题是它忽略了创造的期权的价值。有时，当把一项投资孤立起来评价时，它并不经济，但是它产生了一个期权，使公司可以在市场条件有利的时候进行投资。现实中，当获得了新的信息或者市场的不确定性得到解决后，原来期望的现金流就有可能实现。管理者可以根据新出现的信息改变运营战略，以使未来潜在的收益最大或者减少损失。管理者的这种灵活性，比如说延迟、缩小、扩大或放弃其运营战略，增加了期望现金流现值 NPV 的价值。

实物期权是持有者在未来特定的某一天以预定的成本去采取特定的行动（如延迟、扩张、缩减、放弃）的一种权利，而非义务。由于具有这种采取行动的权利，因此就有了一种决策上的弹性。与一般的金融期权一样，实物期权的价值主要受以下六个变量的影响，又称为六个杠杆。因此，可以通过拉动这六个杠杆来提高实物期权的价值：

杠杆1，增加项目预期收益现值，比如在市场出现供不应求时，提高产品产量或提高产品销售价格，从而增加销售收入；

杠杆2，减少项目预期费用现值，比如通过提高规模经济性，或通过协作和联合抵制市场垄断；

杠杆3，增加项目预期价值的不确定性，从而进一步增加灵活性的价值，这是与净现值分析方法的重大差异；

杠杆4，延长投资机会的持续时间以提高期权价值，因为它增加了整体的不确定性和灵活性；

杠杆5，等待交割以减少价值损失。

杠杆6，提高无风险利率。一般而言，任何对无风险利率上升的预期都会增加期权的价值，尽管它因为减少了交割价格的现值而对净现值产生了负效应。

实物期权的类型一般有延缓期权、放弃期权、投入产出风险资产转换期权、投资规模转换期权、成长期权、阶段性期权等等，最常见的主要是：

（1）等待期权（延缓期权），指的是选择等待延缓投资的权利。企业需要分析比较立即投入所获得的收益和延缓投资所具有的价值，如在进行房地产开发和土地开发的时候，在市场条件不确定的情况下，房地产商往往需要在立即开发和等待开发的选择权上进行比较，这种选择比较就说明投资者拥有一种等待期权。

（2）放弃期权，是指选择放弃现在某种期权的选择，如某种产品开发的时候，面临市场不确定因素，放弃期权就是对放弃期权进行估价，以确定是不是要放弃。

（3）转换期权，这种柔性期权实际上是指在开发过程中，经常会遇到一些存在变化的问题，不同的投资项目之间可以有一些转换性。

（4）成长期权，指的是本阶段投入可能产生下一阶段的收益成长的一种权利。

四、期权定价理论在风险管理中的运用

（一）降低原材料的价格波动风险

原材料是企业的主要投入，原材料价格的波动对企业的产品价格会产生巨大的影响，在此情况下，企业必须考虑价格风险。运用期权来减少价格风险的方法是：企业可以按照一个约定价格购买原材料的看涨期权，从而有效地限制原材料的购买成本，防止原材料价格上涨对价格风险予以封顶；企业通过出售看跌期权来支付要购买的看涨期权，或者将两者相结合，通过卖底买顶，为价格风险设置双限期权，使得原材料的实际价格保持在某一个幅度内。所以，期权是价格波动风险的一道防护线，为具体价格的波动提供了可以选择的保护措施。

（二）减少资本的市场风险

投资者投入资本，期待着在将来的某个时候得到回报，在一定时期内使用资金的考虑必须与这些市场中的价值和风险的衡量相结合。为了使市场风险降低，一般会选择一系列金融工具进行套期保值，使用套期保值的工具是掉期和双限期权，所以期权成为最主要的风险管理工具。

五、期权在投资分析中的局限性

在投资分析中，由于投资项目的复杂性，应用期权的方法进行分析也会存在一定的局限性。期权是一种衍生产品，其价值是以标的资产的价格为基础。金融期权的标的资产是金融资产，如股票、债券、货币等。实物期权的标的资产是各种实物资产，如土地、设备、石油等。金融资产仅仅代表对实物资产的要求权，本身并不创造财富。金融资产具有流动性、可逆性、收益性和风险性，因此，金融资产容易标准化，便于形成市场性、规模化的连续交易。实物资产是创造财富的资产，不是完全可逆的，时间维度对实物资产影响重大。实物投资部分或者全部不可逆，也就是说，投资的初始成本至少是部分沉没的。实物投资具有不可逆性是因为：第一，资产具有专用性。资产专用性意味着资产需求方对于该项资产的评价具有更高的一致性，资产拥有者如果降低该项资产的评价，其他需求方可能同样也降低了对该项资产的评价。第二，信息不对称。买卖双方会因为信息不对称导致"柠檬问题"，使得转售价格低于购买成本。第三，政府管制。政府管制可能会使投资者难以变现。此外，实物投资具有不确定性。决策根据掌握的信息可以分为确定性决策和不确定性决策。不确定性决

策又可以分为"风险决策"和"纯不确定决策"。确定性决策是指投资者明确知道未来收益的情形时作出的决策。风险决策是指投资者能够估计和预测未来事件发生概率的状态，进行最优选择作出的决策。"纯不确定决策"是指投资者在无法估计和预测未来事件发生概率时作出的决策。实物投资常常需要在不确定的条件下作出决策。为了应对不确定的决策环境，实物投资应该保持一定的战略灵活性。投资者在选择投资时机上具有一定的灵活性，投资者拥有的灵活性越高，投资价值越大。投资者在项目运营期内可以根据经济环境的变化对项目作出调整，以提高项目价值。

本章案例

股票期权对经营成果的研究——以某上市公司首期股票期权为例

一、某上市公司首期股票期权激励计划具体标准情况

本次股票期权于2009年9月正式通过了《首期股票期权激励计划》方案。第一期股票期权的发行数量共计是1771万份，占本计划签署时公司股本总额的1.323%。其行权价格为10.88元每股，有效期5年。在2009年年报公告后且自授予日12个月内财务业绩指标净资产收益率、复合净资产增长率达到规定标准以上，再在股权激励计划规定的可行权日起按获授的股票期权总量的10%、20%、30%、40%行权。

二、某上市公司首期股票期权行权安排情况（见表11-6）

表11-6 每年业绩指标及行权价和行权数量

年份	2009	2010	2011	2012
加权平均净资产收益率（%）	15.83	24.28	31.33	33.78
扣除非经常性损益（%）	14.7	25.42	29.96	32.83
净利润年复合增长率（%）	38.93	54.31	46.96	42.61
原行权价格（元）	10.88	10.58	5.24	5.24
行权价（元）	10.58	5.24	5.07	4.6
行权数量（万股）	144.3	520.4	718.44	971.04
行权金额（万元）	1526.7	2726.896	3642.49	4466.78

根据《审计报告》和《首期股票期权激励计划》，第一个行权期，实际行权人数为41人。2010年8月25首期股票期权激励计划的行权价格由10.88元调整为10.58元。此次股权激励计划明确规定第一次行权按获授股票期权总量的10%行权。本次行权数量为144.3万股，共计1526.7万元。第二个行权期行权价格由原来的10.58元下调为5.24元，共计行权40人，股份数为520.4万股，共计2726.9万元。第三个行权期，36名激励对象考核合格，可行权股票期权数量为718.44万份。因2011年度利润分配方案以2011年年末股本2685127540股为基数，每10股派1.7元现金，故其行

权价格由 5.24 元调整为 5.07 元。本次股票期权行权的实施将增加公司银行存款 3642.49 万元，对应增加公司净资产 3642.49 万元。第四个行权期，36 名激励对象考核合格，可行权的股票期权共 971.04 万股。2012 年度利润分配以年末股本 2695909540 股为基数，每 10 股派 3.7 元现金。2013 年 8 月 26 日，董事会审议通过了《关于调整公司首期股票期权行权价格的议案》将行权价格由 5.24 元调整为 4.6 元，共计 4466.78 万元。

三、股票期权对企业经营利润的影响

股票期权第一次行权 144.3 万股，共计 1526.7 万元。当期会计处理借方"管理费用" 1526.7 万元，贷方"资本公积—其他资本公积" 1526.7 万元。截至 2009 年 12 月 31 日，公司资本公积中以权益结算的股份支付的累积金额为 17945240.56 元。当年股份支付交易对经营成果的影响共计是－17945240.56 元，以股份支付而确认的费用总额 17945240.56 元，以股份支付换取的职工服务总额 17945240.56 元。第二次行权 520.4 万股，共计 2726.896 万元。截止到 2010 年 12 月 31 日股份支付交易对经营成果的影响是 5257 万元，以股份支付而确认的费用总额 7033 万元，以股份支付换取的职工服务总额 7033 万元。第三次行权共 718.44 万股，某上市公司 2011 年度股份支付对本期经营成果的影响是 8439 万元，以股份支付而确认的费用总额 15472 万元。第四次行权共 971.04 万股，某上市公司 2012 年度股份支付对本期经营成果的影响 8132 万元，以股份支付而确认的费用总额 23604 万元。

四、总结

股票期权对企业高管、股东及利益一致者都具有非常大的激励作用，公司首期股票期权激励计划每次行权都对企业经营成果产生非常大的影响。公司上市，利润总额增加，成本也增加，但是净利润呈现增长趋势。

资料来源：仇美容：《股票期权对经营成果的研究——以某上市公司首期股票期权为例》，载《财会学习》2017 年第 11 期。

本章思考题

1. 期权的基本种类有哪些？
2. 什么是"虚值期权"？
3. 什么是"累计期权"？
4. 期权的内在价值是什么？
5. 什么是认股权证？
6. 期权的定价理论在公司风险控制中有哪些作用？

第十二章

期 货

第一节 期货概述

一、期货合约的定义

期货合约（futures contracts）是指协议双方同意在约定的将来某个日期按约定的条件（包括价格、交割地点、交割方式等）买入或卖出一定标准数量的某种标的资产的标准化协议，合约中规定的价格就是期货价格。

在日常投融资活动中，市场主体时常面临着利率、汇率和证券价格风险（通称价格风险）。尽管现货市场上的价格和期货市场上的价格变动幅度不会完全一致，但变动的趋势基本一致。因此，人们可以利用期货市场上的套期保值（hedging），即通过在期货市场上持有一个与现货市场上交易方向相反、数量相等的同种商品的期货合约，进而无论现货供应市场价格怎样波动，最终都能取得在一个市场上亏损的同时在另一个市场盈利的结果，并且盈亏额大致相等，从而达到规避风险的目的。这是期货市场最主要的功能，也是期货市场产生的最根本原因。

【例1】 假定A公司是一个大豆经销商，于3月1日购进3000吨大豆，准备5个月后销售出去。为了防止大豆价格下降引起损失，它可以在买入3000吨大豆现货的同时，卖出3000吨9月份到期的大豆期货（在实际交易时，是卖出若干张既定数量的期货合约）。假定3月1日，大豆现货的价格为每吨4000元，9月份大豆期货价格为每吨4500元。5个月后即8月1日，大豆的现货价格下降为每吨3800元，A公司原先卖出的9月份大豆期货的价格也下降为每吨4100元，则A公司就可以在卖出3000吨大豆现货的同时，买入3000吨9月份大豆期货，结清其在大豆期货市场上的多头头寸，并获得差价收入，以弥补现货市场的亏损。A公司的损益情况见表12-1：

表12-1 A公司损益情况

	现货市场		期货市场	
3月1日	买入价	4000元/吨	卖出价	4500元/吨
8月1日	卖出价	3800元/吨	买入价	4100元/吨
	亏损	200元/吨	盈利	400元/吨

结果是，A 公司还有每吨 200 元的净盈利。反之，如果不做套期保值，它就有每吨 200 元的净损失。当然，这只是价格变化众多可能情况中的一种。但总体而言，通过套期保值可以使投资者在面临价格不利变动时减少损失，在面临价格有利变动时减少盈利，得到一个较为中性的结果。

此外，应该注意的是，对单个主体而言，利用期货交易可以达到消除价格风险的目的，但对整个社会而言，期货交易通常并不能消除价格风险，期货交易发挥的只是价格风险的再分配即价格风险的转移作用。在上例中，正是那个刚开始时买进大豆期货的投资者承担了 A 公司的风险。

在有些条件下，期货交易也具有增加或减少整个社会价格风险总量的作用。具体而言，套期保值者之间的期货交易可以使两者的价格风险相互抵消，投机者之间的期货交易则是给社会平添期货价格的风险，而套期保值者与投机者之间的期货交易才是价格风险的转移。由此可见，适量的投机可以充当套期保值者的媒介，加快价格风险转移速度，而过度的投机则会给社会增加许多不必要的风险。

二、期货交易的产生及主要特点

现代期货交易产生于 19 世纪中期的美国。当时，由于粮食生产的季节性所带来的谷物供求之间的尖锐矛盾，使得谷物商和农场主承受巨大的价格风险，苦不堪言。于是，1848 年，芝加哥的 82 位商人发起并组建了芝加哥期货交易所（Chicago Board of Trade，CBOT），给交易者提供了一个集中见面寻找交易对手的场所，交易双方通过签订远期合同，以事先确定销售价格，确保利润。1865 年，芝加哥期货交易所又推出了标准化的协议，将除价格以外所有的合同要素标准化，同时实行保证金制度，交易所向立约双方收取保证金，作出履约保证。远期交易也随之发展为现代期货交易。

期货市场最早主要应用于农产品的交易，直到 20 世纪 70 年代初，由于经济环境和体制安排的转变使得金融市场上利率、汇率和证券价格也发生急剧的波动，整个经济体系的风险增加，而原有的远期交易由于其流动性差、信息不对称、违约风险高等缺陷无法满足人们日益增长的需要，于是，金融期货交易也就应运而生了。

（一）交易所和清算所

期货合约均在有组织的交易所内进行，交易双方不直接接触，而是各自跟交易所的清算部或专设的清算所结算。

1. 有组织的交易所

表 12-2 列出了当前世界主要交易所的名称及其主要的交易合约类型。在当前经济金融全球化的背景下，许多商品的期货交易都可以一天 24 小时在世界各地不同的期货市场上连续进行。但不同的交易所交易费用是不同的，当前亚洲许多新兴市场国家中的期货交易费用就远高于美国等西方国家期货市场上的交易费用。由于美国的芝加哥期货交易所是当今世界最古老，也是最大的期货交易所之一，因此，下文中将用它作为交易所的典型代表，介绍交易所的有关制度特征。

表 12-2 世界主要期货交易所

交易所及其建立时间	主要合约类型			
	商品期货	外汇期货	利率期货	股指期货
芝加哥期货交易所（CBOT）（1848）	√		√	√
芝加哥商业交易所（CME）（1919）	√	√	√	√
堪萨斯市交易所（KCBT）（1856）	√			√
纽约商业交易所（NYMEX）（1872）	√			√
伦敦国际金融期货交易所（LIFFE）（1982）	√		√	√
伦敦金属交易所（LME）（1877）	√			
法国国际期货交易所（MATIF）（1986）	√		√	√
多伦多期货交易所（1983）				√
悉尼期货交易所（1972）	√		√	√
东京谷物交易所（1952）	√			
东京证券交易所（1949）			√	√
新加坡国际货币期货交易所（SIMEX）（1984）	√	√	√	√
香港期货交易所（1977）	√	√	√	√

  交易所通常是一个自发的非营利性会员组织。交易所的会员资格，也称作席位，可以被机构，也可以被个人拥有，并可以像其他资产那样在市场上交易。

  根据美国联邦法律的规定以及交易所的有关规则，期货交易只能在交易大厅内一个被称为交易场的指定交易地点进行。通常，每一种商品的期货交易都有一个指定的交易场所。同时，与股票交易不同，期货合约的交易主要通过交易场内的公开叫价方式进行，交易者们还可借用长期以来所形成的特定的手势来表达他们的买卖指令。但随着电子信息技术的飞速发展，电子交易在期货交易中所占的比重也呈逐年递增的趋势。

  交易大厅中的交易者根据其职能的不同可以分为自营商和经纪人两类。前者主要为其自身的账户进行交易并自负盈亏，他们通常都是交易所的会员；后者主要代表其所在的公司或替场外的某些客户进行交易。当然，这两者之间也存在着一定的交叉，不少场内交易者往往身兼以上两种职能。

  根据交易目的的不同，期货市场的交易者主要可以分为投机者（speculator）、套利者（arbitrageurs）和套期保值者（hedger）这三类。投机者是指那些以追逐利润为目的，同时也承担较高风险的期货交易者，通常场内的自营商都是投机者；套利者是指那些利用市场定价的低效率来赚取无风险利润的交易主体，可以说由于大量套利者的存在，使得实际上大多数货市场的报价中仅存在极少的套利机会；套期保值者则主要指那些为了降低已有的风险暴露而进行期货交易的人，通常是商品的生产者或某一特定商品的使用者。值得注意的是，套期保值者在进行套期保值时并不一定要实际拥有该商品。例如，农作物的种植者甚至可以在真正播种之前，就通过在期货市场出售预期的收获来进行套期保值。同样，那些需要大量农产品作为生产原料的生产商，也可以在实际需要前好几个月就为预期的农产品需求进行套期保值。大多数情况下，套期保值者并不亲自在交易所大厅内进行交易，往往是通过某家经纪公司，再由该经纪公司将指令传到其在交易场内的经纪人来完成。因此，经纪人也可以据此分为两种：那些在交易所外为经纪公司工作的经纪人通常称为场外经纪人，他们通常要与客户直接接触，处理有关的业务，并负责将客户的指令传至交易所；而另一类主要在交易所大厅内执行客户指令并实际进行交易的经纪人则称为场内经纪人。

这种有组织的期货合约交易结构与远期市场的组织结构极为不同。相对而言，远期市场是一个极为松散的组织，通常没有专为交易设立的固定的交易地点（当然也有个别例外），即使是高度发达的外汇远期市场，也只是一个全球范围内的由许多大银行、大经纪公司所组成的电子网络。

2. 清算所

清算所是确保期货合约可以顺利进行交易的一个不可缺少的组成部分。它可以是交易所的一个附属部门，也可以是一家独立的公司。清算所往往是大型的金融机构，要求有充足的资本金作为保证。因此，由清算所充当所有期货买者的卖者和所有卖者的买者，交易双方就无须担心对方违约；同时，清算所作为每笔期货交易卖者的买者和买者的卖者，同时拥有完全匹配的多头和空头头寸。从总体来看，也可以说清算所是"完全套期保值的"，即无论期货价格是上涨还是下跌，清算所的财富都不受影响，所以清算所的风险极小，在美国期货交易历史上至今还从未发生过清算所违约的先例。因此，也正是由于期货交易中清算所的存在，从而克服了远期交易中存在的信息不对称和违约风险高等主要缺陷。

此外，与股票市场不同，期货市场上买入的合约数一定等于卖出的合约数，所以，如果将流通在外的所有多头和空头头寸加总，总数一定为零。

（二）标准化的期货合约

期货与远期交易的第二个主要不同在于期货合约通常有标准化的合约条款。期货合约的合约规模、交割日期、交割地点等都是标准化的，即在合约上有明确的规定，无须双方再商定，价格是期货合约的唯一变量。因此，交易双方最主要的工作就是选择适合自己的期货合约，并通过交易所竞价确定成交价格。当然，不同期货合约的交割月份、交割地点等往往也有较大的差异，同种金融工具的期货合约也可以有不同的交割月份，但这也都是由交易所事先确定，并在合约中事先载明的。

有时，交易所会赋予期货合约的空方（即卖方）对交割商品（主要适用于利率期货和商品期货）和交割地点（主要适用于商品期货）进行选择的权利，但交易所也将根据空方的选择按事先规定的公式对其收取的价款进行相应的调整。

以下主要以芝加哥期货交易所的小麦期货合约（见表12-3）为例，具体分析期货合约的各项标准化条款。

表 12-3　CBOT 小麦期货合约

交易单位	5000 蒲式耳
最小变动价位	每蒲式耳 1/4 美分（每份合约 12.5 美元）
每日价格最大波动限制	每蒲式耳不高于或低于上一交易日结算价格 30 美分（每份合约 1500 美元），现货月份无限制
合约月份	7、9、12、3、5
交易时间	芝加哥时间上午 9：30—下午 1：15，到期合约最后交易日交易截止时间为当日中午
最后交易日	合约月份 15 日的前一个交易日
交割等级	2 号软红麦，2 号硬红冬麦，2 号黑北春麦和 1 号北春麦。其他替代品种的价格差距由交易所规定

资料来源：http：//www.cbot.com。

1. 交易数量和单位条款

每种期货合约都规定了统一的、标准化的数量和数量单位，统称"交易单位"或"合约规模"。例如，CBOT 规定小麦期货合约的交易单位为 5000 蒲式耳（每蒲式耳小麦约为 27.24 公斤），每张小麦期货合约都是如此。如果交易者在该交易所买进一张（也称一"手"）小麦期货合约，就意味着在合约到期日需买进 5000 蒲式耳小麦。

2. 质量和等级条款

期货合约通常都规定了统一的、标准化的质量等级，一般采用被国际上普遍认可的商品质量等级标准。例如，由于我国黄豆在国际贸易中所占的比例比较大，所以在日本名古屋谷物交易所就以我国产的黄豆为该交易所黄豆质量等级的标准品。再如，芝加哥期货交易所内的小麦期货合约的交割等级就分四种：2 号软红麦，2 号硬红冬麦，2 号黑北春麦和 1 号北春麦，其他替代品种的价格差距则由交易所规定。

3. 交割期条款

期货合约对进行实物交割的月份也会作具体的规定，通常会规定几个不同的合约月份（即交割月份）供交易者选择。同时，交易所还必须指定在交割月份中可以进行交割的确切时间。对于许多期货合约来说，交割日期可以是整个交割月，具体在哪一天交割，则由空方选择。例如，美国芝加哥期货交易所为小麦期货合约规定的交割月份就有每年的 7 月、9 月、12 月，以及次年的 3 月和 5 月，交易者可自行选择交割月份进行交易，交割可以在交割月份的任何一个营业日内进行。这意味着，如果交易者买进某个月份的期货合约，那么，他就必须要么在该合约到期之前平仓结清头寸，要么则必须在合约到期时进行实物交割。

4. 交割地点条款

期货合约通常还会为实物交割指定统一的实物商品交割仓库，以保证实物交割的正常进行。当可供选择的交割地点不止一个时，空方收取的价款有时会根据他所选择的交割地点进行调整。例如，CBOT 小麦期货合约中，交割地点可以是芝加哥、Toledo 或 Ohio，买者可凭从卖者那里收到的仓单到交割仓库中提取交割的小麦。

CBOT 为其玉米期货合约所指定的交割地点则包括芝加哥、Burns Harbor、Toledo 或 St. Louis。在 Toledo 和 St. Louis 交割的价格要按在芝加哥期货合约的价格进行调整，每蒲式耳折扣 4 美分。

5. 最小变动价位条款

期货合约中通常也规定了最小的价格波动值，即最小变动价位或称为"刻度值"（tick size）。期货交易中买卖双方每次报价时价格的变动必须是这个最小变动价位的整数倍。对 CBOT 的小麦期货合约而言，1 个最小变动价位就是每蒲式耳 1/4 美分，每份合约的规模为 5000 蒲式耳，因此每份合约的最小变动价位就是 $12.50。

6. 涨跌停板制度

涨跌停板制度是指期货合约在每个交易日中的成交价格不能高于或低于以该合约上一交易日结算价为基准的某一涨跌幅度，超过该范围的报价将视为无效，不能成交。在涨跌停板制度下，前一个交易日结算价加上允许的最大涨幅构成当日价格上涨的上限，称为涨停板；前一个交易日结算价减去允许的最大跌幅构成价格下跌的下限，称为跌停板。所以，涨跌停板也称为每日价格最大波动幅度限制。

7. 最后交易日条款

它是指期货合约停止买卖的最后截止日期。每种期货合约都有一定的月份限制，到了合约月份的一定日期，就要停止合约的买卖，准备进行实物交割。例如，芝加哥期货交易所规定，小麦期货的交易时间是每个交易日从芝加哥时间早上 9：30 到下午 1：15，但到期合约最后交易日交易截止时间为当日中午。小麦合约的最后交易日为合约月份 15 日的前一个交易日。

尽管这些规定看起来似乎是对期货交易的高度限制，但实际上，正是由于期货合约的高度标准化，有助于市场参与者了解所交易的商品，也有助于期货合约的流通，从而大大促进了期货交易的发展。

（三）结清期货头寸

结清期货头寸的方式主要有以下三种：实物交割、对冲平仓和期货转现货。

1. 实物交割（delivery）

大多数期货合约在最初订立时都要求通过交割特定的商品来结清头寸。正如前面 CBOT 小麦期货合约所讨论的那样，实物交割通常要按期货交易所的规定，在特定的时间和特定的地点进行，既费时，又费力。因此，据统计，目前大约只有不到 2％的期货合约是通过实物交割来结清头寸的。近年来，期货交易中还引入了现金结算的方式，即交易者在合约到期时不进行实物交割，而是根据最后交易日的结算价格计算交易双方的盈亏，并直接划转双方的保证金来结清各自的头寸。但和实物交割一样，现金结算也是在合约到期时才进行的一种结清头寸的方式。

2. 对冲平仓（offset）

这是目前期货市场上最主要的一种结清头寸的方式。那些不愿进行实物交割的期货交易者，可以在交割日之前就通过反向对冲交易（相当于期货合约的买者将原来买进的期货合约卖掉，期货合约的卖者将原来卖出的期货合约重新买回）来结清自身的期货头寸,而无须进行最后的实物交割。这样,既克服了远期交易流动性差的问题,又比实物交割方式来得省事和灵活。当然,尽管目前期货交易中对冲平仓的方式已经占据了绝对的比重,实物交割的比例很低,但也不应忽视交割的重要性。因为正是由于具有最后交割的可能性,期货价格和标的物的现货价格之间才具有内在的联系。随着期货交割月份的逼近,期货价格才会收敛于标的资产的现货价格,而当到达交割期限时,期货价格才会等于或非常接近于现货价格,否则就存在着无风险套利的机会。

3. 期货转现货（exchange-for-physicals，EFP）

期货市场上的交易者还可以通过 EFP 来结清自身的头寸。所谓 EFP,是指两个交易者协商同意同时交易某种现货商品以及基于该现货商品的期货合约来结清两者头寸的一种交易方式。例如,假设交易者 A 拥有一份小麦期货合约的多头,并真的希望买入小麦。同时,交易者 B 拥有一份小麦期货合约的空头,并拥有小麦准备出售。两个交易者通过协商,同意按某一价格交割小麦并抵消相互间的全数期货头寸。交易所经过审核,若认为两者的期货头寸（一个多头、一个空头）可以相互匹配,同意结清两者的期货头寸,则整个 EFP 过程就完成了。尽管 EFP 的结果和对冲平仓有点类似,但 EFP 在某些方面还是与对冲平仓有很大的不同。首先,交易者事实上进行了实物的交割；其次,期货合约并不是通过交易所大厅内的交易来结清头寸的；最后,两个交易者可以私下协商价格以及其他交易条款。由于 EFP 交易发生在交易所的交易大厅之外,因此,有时也被称为场外交易。尽管美国联邦法律和交易所规则通常要求所有的期货交易都必须在交易场内进行,然而 EFP 是这一通行规则的一个例外。

（四）保证金制度和每日结算制

保证金制度和每日结算制是期货市场交易安全的重要保证。与远期交易不同,期货交易是每天进行结算的,而不是到期一次性进行的,这就是所谓的每日结算制。买卖双方在交易之前都必须在经纪公司开立专门的保证金账户,并存入一定数量的保证金,这个保证金也称为初始保证金（initial margin）。初始保证金可以用现金、银行信用证或短期国库券等交纳。通常,短期国库券可以按其面值的 90% 来代替现金。股票有时也可以代替现金,但通常大约为其面值的 50%。保证金的数目因合约而不同,也可能因经纪人而不同。初始保证金大致等于所交易合约的每日最高价格波动,当交易者结清所有的期货头寸后会退还给交易者。如果交易者是以某一有价证券作为保证金存入,则交易者还将获得该有价证券作为保证金存入期间所滋生的利息。对大多数期货合约而言,初始保证金通常仅为标的资产价值的 5% 到 10%。这是因为保证金要求会限制交易者的交易活动,为保持市场的活跃性,通常交易所和经纪人都不希望保证金要求不合理地过高；而且在每天交易结束时,保证金账户会根据期货价格的升跌而进行调整,以反映交易者的浮动盈亏,这就是所谓的盯市（marking to market）。浮动盈亏是根据结算价格计算的。结算价格的确定由交易所规定,它有可能是当天的加权平均价,也可能是收盘价,还可能是最后几秒钟的平均价。

当天结算价格高于昨天的结算价格（或当天的开仓价）时,高出部分就是多头的浮动盈利和空头的浮动亏损。这些浮动盈利和亏损就在当天晚上分别加入多头的保证金账户和从空头的保证金账户中扣除。当保证金账户的余额超过初始保证金水平时，交易者可随时提取现金或用于开新仓。但交易者取出的资金额不得使保证金账户中的余额低于初始保证金水平。而当保证金账户的余额低于交易所规定的维持保证金（maintenance margin）水平时（维持保证金水平通常是初始保证金水平的75%），经纪公司就会通知交易者限期把保证金水平补足到初始保证金水平，否则就会被强制平仓。这一要求补充保证金的行为就称为保证金追加通知（margin call）。交易者必须存入的额外的金额称为变动保证金（variation margin），变动保证金必须以现金支付。

为了更好地理解保证金制度和每日结算制，以表12-4为例。假设6月1日，某投资者购买了一份CBOT 9月份的燕麦期货合约，每份合约的规模为5000蒲式耳，价格为每蒲式耳170美分。规定的初始保证金水平为1400美元、维持保证金水平为1100美元。当日交易结束时，该期货合约的价格下跌为每蒲式耳168美分，即一份合约损失了100（0.02×5000）美元，则保证金账户的余额也相应地减少100美元，即减少到1300美元。（与此类似，如果当日该期货合约的价格上涨为每蒲式耳172美分，则保证金账户的余额也相应地增加100美元，即增加到1500美元）

6月2日，假设该期货合约的价格继续下跌为每蒲式耳163美分，即一份合约损失了250美元（0.05×5000），则当日保证金账户的余额也相应减少为1050美元，低于维持保证金水平（1100美元），于是，经纪人会发出保证金追加通知，要求投资者将保证金账户的余额补足到初始保证金水平，即1400美元，也就是说，该投资者必须追加350美元的变动保证金。注意，在表12-4中的6月3日、6月5日和6月9日，投资者的保证金账户上都有超过初始保证金的超额资金。本例中假设该投资者没有拿回这笔超额资金。

表12-4　一份燕麦期货合约多头的保证金操作

初始保证金为1400美元，维持保证金为1100美元。期货价格除第一个数字外，为交易当天期货的收盘价				
日期	期货价格（美分/蒲式耳）	每日盈利（亏损）（美元）	累计盈利（亏损）（美元）	保证金账户余额（美元）	保证金追加（美元）
	170			1400	
6.1	168	(100)	(100)	1300	
6.2	163	(250)	(350)	1050	
6.3	164	50	(300)	1450	350
6.4	162	(100)	(400)	1350	
6.5	165	150	(250)	1500	
6.6	161	(200)	(450)	1300	
6.7	155	(300)	(750)	1000	
6.8	155	0	(750)	1400	400
6.9	160	250	(500)	1650	
……					

此外，期货交易的清算是通过清算所进行的。期货交易所的会员中既有清算会员，也有非清算会员，而清算所只与清算会员打交道，因此，所有的非清算会员都必须通过清算会员进行清算。与经纪人要求投资者开设一定的保证金账户一样，清算所也要求其会员在清算所开设一定的保证金账户，称之为清算保证金（clearing margin）。与投资者保证金账户的操作方式类似，清算所会员的保证金账户也是实行每日结算制，但对清算所会员来说，只有初始保证金，没有维持保证金。因此，每天每一种合约的保证金账户的余额必须等于每份合约的初始保证金乘以流通在外的合约数。关于流通在外的合约数的计算，主要有两种方式：或基于总值（gross basis），即将客户开的多头总数与空头总数相加；或基于净值（net basis），即允许多头和空头相互抵消。目前，绝大多数清算所都是基于净值来计算清算保证金的。

期货交易中一方的盈利必然来源于另一方的亏损，但盈亏结算并不直接在交易双方进行，而是由交易所通过在双方保证金账户划转盈亏来实现。当亏损方在交易所保证金账户中的资金不能承担其亏损（在扣除亏损后保证金余额出现负数）时，交易所作为成交合约的担保者，必须代为承担这部分亏损，以保证盈利者能及时地得到全部盈利，由此，亏损方便向交易所拖欠了债务。为防止这种负债现象的发生，逐日盯市、每日无负债结算制度（简称"逐日盯市制度"）便产生了。

逐日盯市制度，是指结算部门在每日闭市后计算、检查保证金账户余额，通过适时发出追加保证金通知，使保证金余额维持在一定水平上，从而防止负债现象发生的结算制度。其具体的执行过程是：在每一交易日结束后，交易所结算部门根据全日成交情况计算出当日结算价，据此计算每一个会员持仓的浮动盈亏，调整会员保证金账户的可动用余额。若调整后的保证金余额小于维持保证金，交易所便发出通知，要求在下一个交易日开市之前追加保证金。如果会员不能按时追加保证金，交易所将有权强行平仓。

三、期货合约的种类

按照标的物的不同，期货合约可以分为商品期货和金融期货。

商品期货是指标的物为实物商品的期货合约，也是最早的期货交易品种，其种类繁多，主要包括农副产品、金属产品、能源产品等几大类。但并不是所有的商品都适合做期货交易，在众多的实物商品中，一般而言只有具备下列属性的商品才能作为期货合约的上市品种：一是价格波动大；二是供需量大；三是易于分级和标准化；四是易于储存和运输。

金融期货是指以金融工具为标的物的期货合约。作为期货交易中的一种，金融期货也具有期货交易的一般特点，但与商品期货相比，其合约的标的物不是实物商品，而是金融产品，如证券、货币、汇率、利率等，因此，金融期货品种一般不存在质量问题，交割也大都采用差价结算的现金交割方式。根据标的资产的不同，金融期货又可分为利率期货、股价指数期货和外汇期货。

利率期货是指标的资产价格依赖于利率水平的期货合约，如长期国债期货、短期国库券期货和欧洲美元期货等。

股价指数期货的标的物是股价指数。由于股价指数是一种极特殊的商品,它没有具体的实物形式,双方在交易时只能把股价指数的点数换算成货币单位进行结算,没有实物的交割。这是股价指数期货与其他标的物期货的最大区别。

外汇期货的标的物是外汇,如美元、欧元、英镑、日元、澳元、加元等。

第二节　期货价格

期货合约是衍生资产的一种,合约的价值取决于合约的基础资产的价格。期货合约签订之后,买卖双方承担了将来某一特定时间购买和提供某种商品的义务,前者处于多方地位而后者处于空方地位。期货合约的特征在于,虽然实物交割在未来进行,但交割价格已在合约签订时确定,并且交割价格的决定遵循这样的原则:在合约签订的时刻,合约的价值对双方来说都为零。

一、期货定价典型理论

(一)期货价格套利决定论

套利决定论强调交易者在期货市场与现货市场之间的套利活动决定期货价格的形成。在充分套利假定下,1890年,马歇尔提出了"商品期货价格是商品现货价格与持有该商品至期货到期交割所需成本"的思想,凯恩斯等人进一步明确了"持有成本"的内涵,认为它包括商品储存损耗、仓库费用、保险费用、资金占用利息以及预期币值变动的费用等。

持有成本理论的数学模型被表述为:

$$\text{期货价 } F = \text{现货价 } S + \text{持有成本 } C$$

由于持有成本不可能为负数,这一理论在形成之初就暴露出严重的缺陷,不能解释现实市场中常常出现的期货价低于现货价的"价格倒挂"现象。为弥补这一缺陷,1930年,凯恩斯引进"风险溢价"变量,提出了正常的反向市场理论,对持有成本理论作出了修正。他将期货市场的参与者划分为套期保值者和投机者,认为套期保值者向投机者转让价格风险时需要支付风险溢价R以换取自身收入或支出的稳定,给承担价格风险的投机者作出补偿。当套期保值者为买方(卖方)时,他们需要为稳定成本(收入)支付保险费,此时风险溢价为正(负),期货价高于(低于)现货价。经此修正后的期货定价模型可以表述为:

$$F = S + C \pm R。$$

从理论逻辑上看,风险溢价变量的引入的确为期现货"价格倒挂"现象找到了一个合理的解释。

持有成本理论和正常的反向市场理论的定价机理是:(1)当市场上出现 $F > S + C \pm R$ 的情况下,套利者会在卖出期货的同时买入现货,以获取套利收益,这种交易行为会压低期货价并提升现货价,直至套利机会消失;(2)市场上出现 $F < S + C \pm R$

的情况下,套利者会在买入期货的同时卖出现货,以获取套利收益,这种交易行为会拉升期货价并压低现货价,直至套利机会消失。

(二)期货价格预期决定论

预期决定论强调交易者的预期在期货价格形成中起决定作用。由于交易者对未来的预期能力取决于交易者的理性程度,因此基于对交易者理性程度的不同假定又发展出多种期货定价思想。

预期价格理论认为,期货价格是由交易者对未来现货价格的预期决定的,交易者在特定的环境、信息和心理习惯下作出预期,因此预期价格会随着环境、信息和交易者心理习惯的变化而变动,期货价格也因此波动。

期货价格预期决定论的定价机理可以概括为:价格预期决定期货价格,交易者并不是完全理性的,环境、信息和心理习惯的变化影响预期进而促使期货价格波动;预期对不同到期时间的现货价(或期货价)普遍产生影响,并促成了期货价与现货价的关联波动。其理论结论认为,期货市场的经济功能主要是价格发现。

(三)期货价格套利与预期综合决定论

20世纪50年代后,对实际价格波动的数量特性进行统计分析受到定价研究的重视,而且不断累积的统计结果显示商品和资产的价格波动均表现出随机游走特性。这对供求决定价格的思想提出了挑战,因为如果商品或资产的价格由真实供求决定,那么价格应当只向市场出清的方向移动而不是随机游走。

在假定充分套利和理性预期的前提下,20世纪60年代,Samuelson、Mandelbrot和Fama为价格的随机游走找到了一个解释,认为随机游走说明市场能够瞬间将公开信息反映在价格上,市场价格就是反映了真实供求的正确价格,因为如果价格波动是可以预测的(而不是随机游走的),那么套利者就会卖出高估的资产、买入低估的资产套取利润,直到错误的定价消失,使价格波动回到随机游走状态。1970年,Fama将这一解释系统化为有效市场假说,把价格能够充分体现可获得信息变化的市场定义为有效市场。

有效市场假说的充分套利假设内涵更广,不仅包括期货与现货市场之间,还包括期货市场和现货市场内部的套利都是充分的;理性预期假定有别于斯密的"完全理性",认为经济主体能够充分有效地利用所有可获得的信息来形成一个无系统性偏误的预期。

有效市场假说的定价思想认为,期货价是套利和预期综合决定的,其定价机理可以表述为:预期决定期货价格,交易者能够根据新信息的变化作出正确的价格预期;如果期货价格受非理性交易者影响偏离了理性的预期价格,套利者会在价格高估时卖出,低估时买入以套取利润,迫使价格回归,消除定价错误;套利消除定价错误的过程就是非理性交易者亏损的过程,他们不可能无限度地亏损下去,因而会被市场清除,最终使价格总是能够正确地反映信息变化。

二、期货定价的假设条件与定价方法

（一）假设条件

（1）不存在交易成本。

（2）来自投资的净利润不需要纳税或税率都相同，从而不需考虑税收因素。

（3）市场存在唯一一个无风险利率，投资者可在此利率水平下无限制地借款或贷款。

（4）市场参与者是灵活的套利者，从而任何套利机会都在刚出现时就消失。事实上，上述假设不需要对每一交易者都成立，只要市场上有相当一部分交易者满足或接近上述假设即可，这样一来，这些假设就不那么苛刻了。例如，对于许多大的机构投资者来说，交易费用相对于巨额交易量来说完全可以忽略不计；另外，市场上总是有一些密切关注市场价格一举一动、准备随时利用一切有利可图机会的短线投资者，套利机会是不可能长期存在的。

（5）为了保证充分套利，允许卖空行为，投资者可出卖他本人并不拥有的资产，并在过一段时间后购回。事实上，他是从经纪人那儿借入某种资产然后再出卖。因此，持卖空部位的投资者必须向经纪人支付持仓期间被卖空的资产应得的收入，如货币的利息、股票的红利等。

（二）持有成本模型

持有成本模型（cost-of-carry model）认为，从理论上分析，期货价格等于即时的现货价格加人们将现货持有到期货交割期的期间内所发生的持有成本。在持有成本模型中，持有成本由仓储费用、运输费用、保险费用和利息组成。

期货合约和远期合约都是在交易双方约定在将来某一时间按约定的条件买卖一定数量的某种标的资产的合约。因此，一般来说，在未来的 T 时刻要获得一单位标的资产的方法可以有以下两种：一是在当前时刻（即 t 时刻）买入一份期货合约，期货价格为 F，待合约到期时（即 T 时刻）再进行交割，获得一单位标的资产；二是在当前时刻（即 t 时刻）以无风险利率 r 借入一笔资金买入一单位标的资产现货，现货价格为 S，持有至 T 时刻（假设该期间内，除借款利率外无其他收益或成本支出）。可见，以上两种策略在 T 时刻的价值应该相等，均等于 T 时刻一单位标的资产的价值。如果实际价格高于或低于上述理论价格 F，市场上就存在着套利机会，可以通过正向或反向套利来获取无风险收益。而众多套利者进行套利的结果，就会使得实际价格逐渐趋近理论价格，直至套利机会消失。因此，可以用持有成本（cost-of-carry）的概念来概括远期和期货价格与现货价格的关系。持有成本的基本构成如下：

持有成本 = 保存成本 + 利息成本 − 标的资产在合约期限内提供的收益

以股票期货为例：假设某投资者以 S_0 的投资额（即股票现价）购买一指数基金，持有期为一年。为防范市场指数波动的风险，该投资者同时进行了套期保值，即卖出该指数期货合约，并假定该期货合约的年末交割价格是 F_0。假定指数基金年末一次性向投资者支付红利是 D。因为期货空头不需要初始现金，由此该组合（由指数基金和期货合约构成）的总投资 S_0 到期末时的价值为 F_0+D，则该组合的收益率是：

$$完全套期保值的组合收益率 = \frac{(F_0+D)-S_0}{S_0}$$

因为是完全的套期保值，所以上式所示的收益率是无风险收益率，即它与其他无风险投资所获得的收益率是相等的，否则就会存在套利机会，而套利行为必将使得二者恢复相等，所以有：

$$\frac{(F_0+D)-S_0}{S_0}=r_f$$

对上式进行整理，可以得到期货合约的定价为：

$$F_0=S_0(1+r_f)-D=S_0(1-r_f-d)$$

其中，$d=D/S$，表示股票资产组合的红利率；r_f-d 即相对于期货来说，持有现货的持仓成本率。

如果推广到多个时期，上式期货合约的定价公式可以表示为（假设有效期是 T）：

$$F_0=S_0(1+r_f-d)^T$$

（三）预期模型

预期模型（expectations model），即当前的远期价格（或期货价格）等于市场预期的该合约标的资产在合约交割日的现货价格，主要适用于不可持有性资产。

对于那些标的资产为不易保存的商品或根本不存在可交割的标的资产的期货合约，持有成本模型显然就不适用了，正向套利与反向套利的策略也没法运用。此时，理论上的期货价格应等于市场预期的未来现货的价格，即 $F=E(S_T)$，否则，有利可图的投机行为就会产生。

例如，市场预期某一不易保存的商品 3 个月后的现货市场价格为 10 元，而当前市场上 3 个月后到期的该商品的期货价格为 12 元。假设市场预期是准确的，则投机者可以通过卖出该期货合约，等合约到期时再从现货市场上买入该商品进行实物交割，从而获得 2 元的投机利润。反之，如果当前市场上该商品期货合约的价格为 8 元，则投机者可以通过买入该期货合约，待合约到期时接受实物交割，再拿到现货市场上去卖，从而获得 2 元的投机利润。无论是哪种情况，众多投机者进行投机的结果，必然会使得期货价格逐渐趋近于市场预期的未来现货价格。

三、影响期货价格的因素

（一）供求关系的影响

商品期货交易的价格变化受市场供求关系的影响最大，当供大于求时，期货价格下跌，反之，期货价格就上涨。虽然其他因素在期价上涨或下跌过程中对期价短期波动有一些影响，决定期货价格的根本因素是供求关系。

一些非供求因素对期货价格的变化亦有影响，使得投市场变得更加复杂，也更加难以预料，但供求关系是决定商品期货价格最重要的因素。利率、汇率、政治及商品季节性变化等因素，虽然会影响短期波动，但不会改变市场的大趋势。在期货市场中，由于国际投资基金在价格涨跌过程中经常利用各种各样的信息来制造炒作题材，因此，可能在局部会出现过度涨跌，但价格的总体趋势不会违背市场的基本面。经验表明，顺势操作永远是期货交易的主基调，因为市场永远是对的。

（二）经济周期的影响

期货市场的价格变动还受经济周期的影响，商品市场波动通常与经济波动周期紧密相关，期货价格也不例外；由于期货市场是与国际市场紧密相连的开放市场，因此，期货市场价格波动不仅受国内经济波动周期的影响，而且还受世界经济景气状况的影响。经济周期可由一些主要经济指标值的高低来判断，如 GDP 增长率、失业率、价格指数和汇率等，这些都是期货交易者应密切关注的。

（三）利率、汇率的影响

商品期货交易与金融市场有着紧密的联系，利率的高低、汇率的变动都直接影响商品期货价格的变动。在世界经济发展过程中，各国的通货膨胀、汇率以及利率的上下波动，已成为经济生活中的普遍现象，对期货市场产生日益明显的影响。

利率调节是政府紧缩或扩张经济的宏观调控手段，利率变化对金融衍生品交易的影响较大，而对商品期货的影响相对较小。期货市场是一种开放性市场，期货价格与国际市场商品价格紧密相连，国际市场商品价格必然涉及各国货币的交换比值即汇率。当本币贬值时，即使外国商品价格不变，以本国货币表示的外国商品价格也将上升；反之，则会下降。因此，汇率的高低变化必然影响相应的期货价格的变化。

（四）其他影响

期货市场价格还会受到其他因素的影响，如政治因素。政治因素主要是指国际国内政治局势、国际性政治事件的爆发及由此引起的国际关系格局的变化、国际性经贸组织的建立及有关商品协议的达成、政府对经济干预所采取的各种政策和措施等，这些因素将会引起期货市场价格的波动。在分析政治因素对期货价格的影响时，应注意不同的商品所受影响程度是不同的，如国际局势紧张时，对战略性物资价格的影响就比对其他商品的影响大。

第三节　期货的运用

一、价格发现（price discovery）

价格发现即通过市场各参与者将所掌握的价格信息反映在交易活动中，期货市场或现货市场通过市场运行对信息进行动态调整后，使市场价格达到或接近这个理想的均衡价格的过程。价格信息在期货市场形成之前是由现货市场形成、收集和传递的，但是现货市场具有交易分散零乱、价格信息准确度低且滞后、价格信息收集范围局限、信息传递条件及手段落后和市场分割等限制条件与特点。关键的是，由现货市场形成并发现的价格只能反映某一个时点的供求情况,并不能反映市场上某商品未来的供需状况及其价格变化的趋势。相比来说,期货市场是一种高级的市场组织形式,规范性强,具有交易集中、交易合约标准化、交易成本最低、市场流动性高等特点,这些特殊的运行机制从制度上形成了一个近似完全竞争的市场环境。期货交易所吸引了大量的买方和卖方,他们掌握了大量最新的有关商品供求因素及其变动趋势的信息,这些影响商品价格的信息通过场内出市代表集中在交易所内,基于这样的条件和方式形成的期货价格能够比较准确地反映出产品真实的供需状况和未来价格变动的趋势,因此更接近理想的均衡价格,从而具有价格发现功能。

(一)保证金制度

保证金制度是指在进行期货交易时交易者只需要交纳少量的保证金,就可入市完成数倍乃至数十倍的期货合约交易。保证金具体比率由交易所根据交易的期货合约价值和市场风险程度确定。期货交易具有的这种以少量资金就可以进行较大价值额投资的特点,被形象地称为"杠杆机制"。期货交易的杠杆机制通过使投资者凭借少量的资金参与期货交易很大程度上降低了投资者的交易成本,增加了投资者的获利机会,提高了投资者的收益,从而吸引大量掌握市场信息的投资者优先选择进入期货市场进行交易,这就使期货价格能迅速反映市场新信息的冲击,市场流动性也得到了提高。同时,期货交易的杠杆机制使期货交易具有高收益的同时也具有高风险的特点,这也使投资者进行交易时尽可能根据更多的价格信息作出更科学的决策,从而期货价格更有效,也更有预期性。

(二)价格发现功能的意义

1. 社会对未来现货价格信息的需求

无论是出于投机获利的目的,还是为了制定未来的投资和消费计划,也无论是个人、公司还是政府机构,都对未来不同商品的现货价格信息有着大量的需求。

例如,有位工薪阶层正面临着一个购房决策的问题。由于目前的利率水平比较高,如果立即购买,则必须支付高昂的住房贷款利息。那么,未来几个月的利率水平究竟会不会下降?投资者在决策时一种较为简便的方法就是通过查阅报纸上的期货价格信息,找出市场对未来利率水平的预期。如果 CBOT 交易的长期国债期货合约,6个月后交割的债券利率比现在的利率低好几个百分点,那么该投资者就有理由相信利率在未来的 6 个月内将会下跌。在这种情况下,明智的选择则是等过一段时间再购买房子。

再如,有位木头家具的制造商正要印制下一年的商品价格目录。除去加工费用之外,该制造商所生产的家具价格主要取决于作为原材料的木头的成本。那么,如何才能较准确地计算其未来购入的木头的成本呢?最简单的方法仍是利用木头期货市场的价格信息来进行购入成本的估计和核算,这同样是利用了期货市场的价格发现功能。

在以上两个例子中,投资者都没有进行实际的期货交易,但都利用了期货价格来估计未来某一时刻的现货价格,从而进行投资决策以及成本核算。可见,期货市场的价格发现功能对于所有社会成员来说(并不仅仅局限于期货市场的实际参与者)都是有益的。

总之,由于现代电子通信技术的发展,主要期货品种的价格,一般都能够即时传播至世界各地。因此,期货市场上所形成的价格不仅会对该市场的各类投资者产生直接的指引作用,也为期货市场以外的其他相关市场提供了有用的参考信息。各相关市场的职业投资者、实物商品持有者通过参考期货市场的成交价格,可以形成对未来商品价格的合理预期,进而有计划地安排投资决策和生产经营决策,从而有助于减少信息搜寻成本,提高交易效率,实现公平合理、机会均等的竞争。

2. 期货市场价格预测的准确性

期货市场价格发现功能的有用性在很大程度上取决于期货市场价格预测的准确性。目前,理论界对于期货价格是否是未来现货价格的无偏估计还存在着争议。现有的研究表明,即便期货价格是未来现货价格的无偏估计,也是一个存在着较大误差的无偏估计。因为在一个有效的市场上,价格能够反映所有可获得的信息。也就是说,一旦有新的信息来临,期货价格便会据此迅速地进行调整,因此期货价格往往有着很大的波动性,如果用任一时刻的期货价格来预测未来的现货价格,也往往会存在着较大的误差。

此外,由于风险厌恶等因素的存在,期货价格还可能是未来现货价格的有偏估计。但大量的研究也表明,相对而言,即便期货价格是未来现货价格的有偏估计,这种偏差和前面所讨论的预测误差相比,也是很小的。

3. 期货市场价格发现功能的优势

尽管基于期货价格信息所作出的预测往往并不是那么准确,但大量的研究表明,和其他预测手段相比,期货市场的预测结果反而最好。例如,目前许多专业外汇预测机构所公布的远期外汇预测记录,其表现还不如期货市场上的外汇期货价格。更重要的是,咨询专业的预测机构是要付费的,而利用期货市场的信息则是完全免费的。

二、投机

(一)投机者的类型

著名的《帕尔格雷夫经济学大辞典》对"投机"的解释是:投机(speculation)是为了以后再销售(或暂时售出)商品而购买,以期从其价格变化中获利。哈佛版的《现代高级英汉双解词典》将投机定义为:冒损失的风险,通过购买货物、股票,希望从市场价值的变化中获利。

根据计划持有某一期货头寸的时间长短,投机者可以被划分为三种不同的类型,即现场投机者,俗称"抢帽子者"(scalpers)、当日交易者(day traders)和头寸交易者(position traders)。

1. 现场投机者

在所有的投机者当中,现场投机者计划持有期货头寸的时间最短,他们主要通过自身对未来一个很短的期间内(可以是未来的几秒钟到未来的几分钟)期货价格变动的判断来投机获利。由于他们更多的是凭着自己的感觉和经验,来对未来的期货价格走势作出判断，因此许多现场投机者也称自己是心理学家，无时无刻不在试图感觉其他市场参与者的心理。

由于现场投机者计划持有每笔头寸的时间极短，因此，并不指望每笔交易都能获得很大的利润，通常只要能有一到两个"刻度"的利润就已经很满足了。如果在其持有头寸的那短短几分钟时间内，市场价格并未向对其有利的方向运动，现场投机者也往往会立刻结束该头寸，重新寻找新的投机机会。

现场投机者这样的交易策略也就意味着他们必须进行大量的交易才有可能真正获利。此外，现场投机者频繁的交易行为可以为市场提供高度的流动性，他们之间的激烈竞争也大大缩小了市场上的买卖价差。因此，可以说，现场投机者是现代期货市场不可或缺的一个组成部分。

2. 当日交易者

与现场投机者不同，当日交易者大多试图从一个交易日内期货价格的变动中获利。他们可能在场内交易，也可能在场外交易，但每天交易结束前就会结清自己的头寸，即不持有隔夜头寸。

当日交易者的一大交易策略就是利用政府公告对期货价格的影响。例如，通常每隔一段时间，政府的农业部就会公布有关的农产品产量信息。一旦某日公布的某种农产品产量很高，大大出乎市场预料，那么公告过后，该种农产品期货的价格就会急剧下跌。当日交易者正是利用这一点，根据自己的预期和判断，抢在政府公告之前就先卖出该种农产品的期货合约，待公告之后期货价格下跌就立刻平仓获利，根本无须持有期货头寸过夜。毕竟隔夜头寸的风险太大，一夜之间许多出乎意料的灾难性的价格变动都有可能发生。

总之，绝大多数的投机者不是现场投机者就是当日交易者，因此，通常在每日交易快要结束的时候，交易的频率就会大大加快。

3. 头寸交易者

头寸交易者是指那些持有期货头寸过夜的投机者，有时，他们也会持有这些头寸长达几个星期甚至几个月。其交易策略主要有两种：单笔头寸交易和价差头寸交易。前者的风险往往比后者大很多。

(1) 单笔头寸（outright position）。单笔头寸投机包括多头投机和空头投机。当投机者预期未来某种期货价格将上涨时，便事先买入该期货合约，待以后再择机对冲，如价格上涨便盈利，否则就受损，这种先买后卖、赚取期货合约差价利润的交易方式就称为做多（buy long）；反之，当投机者预期未来期货价格将下跌，便先行卖出该期货合约，待以后再择机对冲，如价格下跌便盈利，否则就受损，这种先卖后买、赚取期货合约差价利润的交易方式就称为做空（sell short）。

例如，某投机者认为3个月后长期利率将会上涨，从而长期国债期货的价格将会下跌。于是，他先行卖出若干份CBOT交易的长期国债期货合约，在未来的3个月内一直持有该头寸。如果他对价格的判断是正确的，3个月后利率果然大幅上涨，期货价格急剧下跌，那么他就可以择机对冲平仓，从中获利。但如果他对价格的判断失误，利率不但没有上涨反而下降，那么，他就将遭受惨重的损失。因此，单笔头寸投机的风险极大，若价格判断正确，则可以获得巨大的盈利，一旦价格判断失误，就将遭受惨重的损失。

（2）价差头寸（spread position）。期货市场上的价差主要有两种，一种是商品内的价差（intracommodity spreads），即同一标的资产不同到期月的合约之间的价差；另一种则是商品间的价差（intercommodity spreads），即两种或两种以上不同标的资产的合约之间的价差。价差交易者就是利用不同合约之间相对价格的变化来投机获利的。

【例2】 （商品内价差）表12-5给出了3月20日市场上短期国库券的一系列现货收益率和期货收益率，从表中可以看出，短期国库券的收益曲线向上倾斜。某投资者认为该收益率曲线过分陡峭，在未来6个月内将趋于平缓，即相应的不同月份期货合约之间的收益价差将会缩小，他应该如何做价差头寸的投机？若到4月30日，12月份期货合约的报价为88.14，9月份期货合约的报价为89.02，请问其投机的结果如何？

表12-5 商品内价差案例

期限	短期国库券报价	期货合约	期货价格	期货收益率
3个月	10.0%	6月	88.0	12.0%
6个月	10.85%	9月	87.5	12.5%
9个月	11.17%	12月	86.5	13.5%
12个月	11.47%			

他应该买入1份12月份的短期国库券期货合约，卖出1份9月份的短期国库券期货合约进行价差头寸的投机。

到4月30日，该投机者对冲平仓，实际获利12个基点，所以盈利为：
$$25 \times 12 = 300(美元)$$

【例3】 （商品间价差）表12-6给出了6月20日市场上短期国库券和长期国债现货与期货的报价与收益率。

表12-6 商品间价差案例

现货市场	报价	期货合约	期货价格	期货收益率
3个月国库券	12.0%	9月短期国库券利率期货	88.0	12.0%
6个月	12.0%	12月短期国库券利率期货	88.0	12.0%
某长期国债	12.0%	9月长期国债期货	69—29	12.0%
		12月长期国债期货	69—29	12.0%

表12-6中所有的收益率均为12.0%，代表一条完全水平的收益曲线。若某投机者认为未来的收益率曲线图将会向上倾斜，他应该采取什么样的投资策略？

该投机者应该按当前的价格卖出1份12月份长期利率期货，买入1份12月份短期国库券期货进行价差投机。

假设到 10 月 14 日,如投资者所料,长期国债期货的收益率曲线上升为 12.78%,此时其报价为 65-24;短期国库券期货的收益率上升为 12.20%,其报价为 87.80。此时对冲平仓,投机者在 12 月份长期国债期货上赚取了 133 个基点,盈利为:
$$31.25 \times 133 = 4156.25(美元)$$

在 9 月份短期国库券期货上亏损了 20 个基点,亏损额为:
$$25 \times 20 = 500(美元)$$

因此,该投机者的总盈利为 3656.25 美元。

【例 4】 设××年 11 月 10 日,铜的期货价格(美分/盎司)如下所示:

下一年 7 月份的铜期货合约	67.0
下一年 9 月份的铜期货合约	67.5
下一年 12 月份的铜期货合约	70.5

某投机者 B 认为下一年 9 月份的铜期货合约价格应该近似等于相近的下一年 7 月份以及下一年 12 月份铜期货合约价格的中值,因此目前来看,下一年 9 月份的铜期货合约价格显得偏低,他预期该合约的价格相对于另两种合约的价格而言,将会上涨。于是,11 月 10 日,他按照以上所示的价格,各卖出 1 份下一年 7 月份和 12 月份的铜期货合约,买入 2 份下一年 9 月份的铜期货合约。

假设到了下一年 4 月 5 日,这三种期货合约的价格均下跌,但 9 月份铜期货合约的下跌幅度明显小于其他两种合约。4 月 5 日,这三种铜期货合约的价格(美分/每磅)如下所示:

7 月份的铜期货合约	65.0
9 月份的铜期货合约	67.0
12 月份的铜期货合约	68.5

于是,该投机者按以上所示的新价格,各买入 1 份本年 7 月份和 12 月份的铜期货合约,卖出 2 份本年 9 月份的铜期货合约对冲平仓。则 7 月份的铜期货合约共获利 \$500(=0.02 美元/磅×25000 磅),9 月份的铜期货合约共亏损 \$250(=0.005 美元/磅×2×25000 磅),12 月份的铜期货合约共获利 \$500(=0.02 美元/磅×25000 磅),整体头寸仍盈利 \$750(=\$500-\$250+\$500)。因此,利用蝶式价差进行交易,该投机者无须知道未来铜的价格是上升还是下降,只须利用不同到期日的期货合约之间的定价误差即可。

综上,单一头寸的交易策略仅仅要求对一种商品的价格变动进行估计,价差头寸的交易策略则重在对两种或两种以上的商品之间,抑或不同到期日之间的相对价格变动进行估计。

此外,也应看到不同类型的投机者之间实际上也存在着一定的交叉,一个投机者往往可以有多重的投机策略,某个特定的交易者常常既可以是现场投机者,也可以是当日交易者或头寸交易者。

（二）投机利润

1. 商品基金（commodity fund）

商品基金是目前期货市场上极为活跃、极具影响力的一类机构投资者。它们以其特定的交易策略和交易方式，足以影响短期价格走向的资金实力越来越引起市场的关注。商品基金的组织结构与共同基金极为类似，但它们通常只会将其资金来源的一部分（一般不超过30%）用作期货交易的保证金，而将其余的资金主要投资于一些风险较低的生息资产。因此，判断一家商品基金运用和管理其资金状况的一个重要指标就是保证金对资产净值比率，该比率越高，表明杠杆率越高，风险也就越大。

商品基金的交易策略主要有追逐趋势的自动程式交易、反向/区间交易和相对价格套利交易。

（1）跟踪趋势交易策略：主要指商品基金经理人通过自身设定的数学、计量模型，使用功能强大的计算机系统对交易的有关历史数据（价格、成交量、持仓量等和其他技术指标）进行统计分析，辨认价格形态或趋势，并主要根据移动平均线信号和有效突破信号进行操作，跟踪趋势，在上升市中买进而在下降市中卖出。因此，往往可以与套期保值者的交易行为构成对冲。

（2）反向/区间交易策略：主要指商品基金经理人利用系统方式或自主决策方式来判断一个价格区间，在区间的高点抛出，低点买进，一旦突破该区间则立即平掉全部敞口头寸。因此，采用这一交易策略的多为短线交易者。

（3）相对价格套利交易策略：主要包括具有一定相关性的不同品种（如铜和铝）期货合约之间的套利、同一品种的近远期期货合约之间的套利、跨市场套利等等。

2. 效率市场假说与"正常的"投机利润

根据Fama的定义："价格总是'充分'反映可获得信息的市场是'有效'的"。因此，效率市场假说认为，证券价格已经充分反映了所有相关的信息，资本市场相对于这个信息集是有效的，任何人根据这个信息集进行交易都无法获得经济利润。

同时，效率市场假说又可以进一步分为三种：

（1）弱式效率市场假说，指当前证券价格已经充分反映了全部能从市场交易数据中获得的信息（包括过去的价格、成交量、未平仓合约数等），因此任何根据历史交易资料进行的交易都是无法获取超额利润的，这实际上等同于宣判技术分析无法击败市场。

（2）半强式效率市场假说，指所有的公开信息（包括证券价格、成交量、会计资料、竞争公司的经营情况、整个国民经济资料以及与公司价值有关的所有公开信息等）都已经充分反映在证券价格中，因此根据所有公开信息进行的分析（包括技术分析和基础分析）都无法击败市场，取得非正常回报。

（3）强式效率市场假说，指所有的信息（不仅包括公开信息，还包括各种私人信息，即内幕消息）都已经充分反映在证券价格中，因此所有的分析都无法击败市场。但遗憾的是，事实证明，各国的证券市场至今为止尚未出现这样的理想环境。

因此，根据效率市场假说，如果一个市场是有效的，那么市场能快速、准确地对新信息作出反应,证券价格任何系统性范式只能与随时间改变的利率和风险溢价有关。任何交易(投资)策略都无法取得超额利润(即扣除了发现和处理信息的成本、交易成本、相应的税收以及运气因素之后的非正常回报),即在有效市场中,技术分析无法击败市场,同时,专业投资者的投资业绩与个人投资者也应该是无差异的。

三、套期保值

(一)套期保值的类型

与投机者不同,套期保值者是指那些进入期货市场的目的在于降低已有风险的人。无论是现在就持有某一现货资产,还是预期在未来的某个时刻具有对该种资产的需求,抑或是计划在未来的某个时刻持有该种资产,都可以看作是对该种资产有着一定的风险暴露。在大多数情况下,套期保值者都有着一定的套期保值期间,即从套期保值开始到结束的这段时间。

常见的套期保值类型主要有两种:多头套期保值和空头套期保值。

1. 多头套期保值(a long hedge)

多头套期保值也称买入套期保值。通常是先在期货市场上买入期货合约建立一个期货多头部位,而后再在期货合约到期之前卖出该期货合约进行对冲。其目的主要是锁定相关成本。

【例5】 某欧洲的财务公司在3月5日预计,将于6月10日收到10000000欧元,该公司打算到时将其投资于3个月期的定期存款。3月5日的存款利率为7.65%,该公司担心到6月10日时利率会下跌,于是通过Euronext-Liffe进行套期保值交易,其过程见表12-7:

表12-7 利率多头套期保值

日期	现货市场	期货市场
3月15日	预期6月10日收到10000000欧元,打算到时转换为利率为7.65%的3个月期的定期存款	以92.40的价格买进10张6月份到期的3个月欧元利率(EURIBOR)期货合约
6月10日	存款利率下跌到5.75%,收到10000000欧元以此利率存入银行	以94.29的价格卖出10张6月份到期的3个月欧元利率期货合约进行对冲
损益	10000000×(5.75%−7.65%)×1/4=−47500欧元	(94.29−92.40)×100×25×10=47250欧元

该公司实际所得的利息收入为:

存款利息:10000000×5.75%×1/4=143750欧元

加上期货盈利:143750+47250=191000欧元

实际收益率:191000/10000000×1/4=0.0764=7.64%

可见,与预期的7.65%较为接近。

2. 空头套期保值(a short hedge)

空头套期保值也称卖出套期保值。通常是根据保值者在现货市场中的交易情况,先在期货市场卖出期货合约建立一个期货空头部位，而后再在期货合约到期之前买入该期货合约对冲平仓。其目的主要是锁住销售价格，从而锁定实际利润。

【例6】 假设在5月份，市场利率为9.75%，某公司须在8月份借入一笔期限为3个月，金额200万美元的款项，由于担心届时利率会升高，于是在CME以90.30点卖出2张9月份到期的月期国库券期货合约。到了8月份因利率上涨，而使9月份合约价跌到88.00点，此时买入对冲2张9月份合约，同时以12%的利率借入200万美元，操作过程如表12-8所示：

表12-8 空头套期保值

日期	现货市场	期货市场
5月3日	市场利率9.75%，如借入200万美元，3个月的利息成本为：200万×9.75%×1/4=48 750美元	卖出2张CME的9月份到期的3个月期国库券期货合约。成交价格90.30点
8月3日	借入200万美元，利率12%，3个月利息成本为：200万×12%×1/4=6万美元	买入2张合约，与5月3日抛出合约进行对冲，成交价格88.00点，净赚2.3个百分点
损益	支付利息为：48750−60000=−11250美元	盈利：2×230×25=11500美元

市场利率上升使该公司借款利息多支付了11250美元，但期货市场保值获利得到11500美元；

其实际利息支付为：60000−11500=48500美元

实际的利息率为：48500/2000000×4=0.97（9.7%）

预期成本被成功锁定。

（二）交叉套期保值和最佳套期比率

传统的套期保值理论认为，套期保值必须遵循下述四大操作原则才能达到保值的目的，即"交易方向相反原则""商品种类相同原则""商品数量相等原则"和"月份相同或相近原则"。但以霍布金斯·沃金（Hopkins Working）为代表的现代套期保值理论则认为，套期保值的结果不一定能将价格风险完全转移出去。套期保值者为避免现货价格大幅变动的风险而承担着因期货价格与现货价格变动趋势不一致而引起的基差变动风险。因此，为了减少、消除基差风险，乃至从基差变动中获取额外利益，保值者可以在保值商品种类、合约到期月份及持仓数量等变量上作出适时有效的选择和调整。例如，在保值商品种类上，由于期货市场上的交易品种少于现货市场上的商品种类，可以利用"交叉套期保值"，即选择一种与现货商品种类不同，但价格走势大致相同的相关商品的期货合约来做套期保值。在持仓数量上，由于期货合约是标准化的，因此期货市场上的买卖数量不一定能恰好等同于现货市场上买卖商品的数量，而解决的办法就是尽可能地缩小差额，选择最佳的保值持仓数量，即最佳套期比率，以期最大限度地降低价格风险。

(三) 影响套期保值的因素

从某种意义上来说，对公司而言，是否要进行套期保值其实也是企业财务决策中的一项。根据 MM 定理，公司的价值与其资本结构无关。即在完全市场条件下，企业无论以负债筹资还是以权益资本筹资都不会影响企业的市场总价值。同样，在完全市场的条件下，无论企业是否进行套期保值，也都不会影响该企业的总价值。然而在现实生活中，在非完全市场的条件下，税收、破产成本、交易费用、委托代理问题以及股东缺乏多样化投资等因素都会对企业的套期保值决策产生一定的影响，进而对公司价值产生一定的影响。

1. 税收

完全市场下通常都假设没有税收。然而在实际生活中，税收往往是公司进行套期保值的一个重要的激励因素。

【例 7】 假设某公司今年将有 1000 盎司的黄金待出售，开采成本为 $300/盎司。当前黄金期货的价格为 $400/盎司。再假设到期时，黄金现货的价格可能为 $300/盎司或 $500/盎司，概率各为 50%。该公司的所得税税率为 20%，并有 $20000 的课税扣除额度可用于冲抵所得税。该公司进行套期保值和不进行套期保值两种情况下的预期税前和税后利润情况见表 12-9：

表 12-9　税收对套期保值决策的影响示例

	未进行套期保值		进行了套期保值	
黄金现货的出售价格	$300	$500	$300	$500
黄金现货出售的总收入	$300000	$500000	$300000	$500000
期货市场上的盈亏状况	0	0	+100000	-100000
减：生产成本	-300000	-300000	-300000	-300000
税前利润	0	$200000	$100000	$100000
应纳税额	0	-40000	-20000	-20000
加：课税扣除额度（如果适用的话）	0	+20000	+20000	+20000
净收入	0	$180000	$100000	$100000
预期税后净收入	$90000		$100000	

可见，无论是否进行套期保值，公司从出售黄金中所获得的收入都是 $300000 或 $500000，主要取决于出售时黄金现货的价格是 $300/盎司还是 $500/盎司。在没有进行套期保值的情况下，该公司期货市场上的盈亏就为 0。而在进行了套期保值的情况下，如果到期时黄金现货的价格是 $300/盎司，那么该公司在期货市场上的盈利就为 $100000。但如果到期时黄金现货的价格是 $500/盎司，那么该公司在期货市场上将损失 $100000。在所有可能的情况下，该公司总的生产成本都是 $300000。因此，没有进行套期保值时，该公司的税前利润要么为 0，要么为 $200000。但如果进行了套期保值，无论黄金现货的价格如何，该公司的税前利润均为 $100000。

由于课税扣除额度只有在该公司当年有应纳所得税额时才可使用，因此，在没有进行套期保值的情况下，若到期时黄金现货的价格为 $300/盎司，则该公司的税前利润为 0，应纳税额为 0，不能适用该课税扣除，其税后净收入也为 0。如果黄金售价为 ＄500／益司，则该公司可以全部利用该课税扣除，其税后净收入为 ＄90000。可见，如果不进行套期保值，该公司只有一半的机会利用该课税扣除。但是，在进行了套期保值的情况下，无论黄金的售价如何，该公司的税前利润均为 ＄100000，应纳税额也均为 ＄20000，都可以利用该课税扣除，因此，税后净收入也均为 ＄100000。可见，通过套期保值，公司可以确保自己能够有更多的机会利用已有的课税扣除额度，从中获利。同时，是否进行套期保值下，该公司的预期税后净收入之差为 ＄10000，恰好等于在未进行套期保值情况下，该公司无法利用已有的课税扣除额度的预期损失（＄20000×0.50）。

综上可知，套期保值可以提高公司的预期税后净收入，从而提高公司的价值。

2. 破产成本

尽管在上例中，无论是否进行套期保值，该公司的预期税前净利润都是一样的，但是很显然，套期保值可以大大降低税前利润中所含的风险。

在完全市场的假设下，投资者可以无成本地进行多样化投资，以创建其所希望持有的任何风险头寸。即便某家公司因追随高风险的经营策略而导致破产，其资产也可以迅速地配置到具有同样收益率的其他项目中，即在完全市场条件下没有破产成本。然而在现实生活中，破产或陷入财务困境都有着客观的实际成本。例如，必须支付大量的律师费和会计师费等，该公司的资产也无法立刻进行重新有效的配置。因此，一个有效的有助于降低风险的策略，如套期保值，往往可以帮助公司避免此类破产成本，从而提高公司的价值。

3. 交易费用

如果期货价格等于预期的未来现货价格，则进行期货交易的预期利润就为 0，进行套期保值的预期成本也就大致等于进行套期保值的相关交易费用。对于持续进行套期保值的公司来说，根据大数法则，该公司在期货市场上的头寸必然是有些赔了，有些赚了，最终的损失大致等于相关的交易费用。因此，交易费用的存在，是许多公司进行套期保值决策时考虑的一个重要因素，在一定程度上也限制了某些公司进行套期保值的交易。

4. 委托—代理问题

在完全市场下，公司经理作为股东的纯粹代理人，为着股东的利益兢兢业业地进行有关的经营活动，就仿佛股东自己在亲自经营一样。然而在现实世界中，经理和股东之间往往有着相互冲突的利益关系，这就导致了委托人（股东）和代理人（经理）之间的一些矛盾和问题。同样，在是否进行套期保值的决策中，由于经理全职为该公司工作，其财富的很大一部分都与这家公司紧密地联系在一起，而股东极有可能持有多家公司的资产组合，这家公司也许仅仅是其资产组合中的一小部分，因此经理就可能比股东更希望降低公司的经营风险，更愿意进行套期保值，而股东反而会更倾向于节省套期保值的交易费用。

5. 所有者多样化投资的缺乏

在非完全市场的条件下,由于投资成本的存在,很多小股东都无法进行完全多样化的投资,而是将自身财富的相当一部分都投入到某家公司中,因此,他们通常都是高度风险厌恶型的,往往愿意采用套期保值这类有利于降低风险的交易策略。可见,这种所有者多样化投资的缺乏,正是许多公司愿意进行套期保值的一个重要因素。

本章案例

航空企业运用石油期货案例

对于航空企业,民航飞机是目前常用的交通工具,其燃油成本占航空公司总成本的25%以上,航空公司的燃油定价主要由中国燃油供应商决定,因此布伦特原油波动时,中国市场的原油价格不一定随其波动,这对企业的成本带来巨大的考验。航空煤油在煤油生产中所占比重最大,占煤油总产量的90%以上,航空公司进行套保的必要性,在于航空公司价格波动风险对其利润的侵蚀,航空公司要积极应对市场竞争,利用国际原油市场进行风险对冲是最佳选择。中国原油期货的上市,很大程度上降低了国际油价波动给中国市场带来的不确定性,航空公司能够更好地利用衍生品工具对企业成本进行控制。

一、墨西哥航空公司套保案例

墨西哥航空公司利用原油期货来管理企业的生产成本和风险成本,在美国原油期货市场使用取暖油、喷气油进行一个交叉套期保值风险管理,通过签订期权协议,在2011年和2012年的收益分别达到1390万和2040万美元。同时,墨西哥航空公司利用原油期货市场进行风险对冲,很好地降低了原油价格幅度波动时对航空公司燃油成本的影响,有利于企业的长期稳定发展。

二、西南航空公司套保案例

经统计和预测,美国西南航空公司在2012年原油价格有明显上升趋势时,套保比例非常高,很好地利用了衍生品工具为其风险进行对冲,甚至能在高风险时期为公司带来超额收益。但是,随着2013—2016年原油价格高位震荡后回落,西南航空公司的原油期货比重降低,因此其收益不断提高,其通过综合利用原油衍生品市场,西南航空公司的整体盈利逐年提高,这对于类似的航空运输企业运用原油期货、原油期权,或对于中国航空企业积极运用近期上市的中国原油期货进行套保,是一个很好的案例。在一个套期保值使用比例较低的原油相关产业中,使用套保可能会成为一把双刃剑,如果油价波动,上涨时能为公司保留更多利润,下跌时会把大部分油价锁定在高位,影响公司机票价格。因此,西南航空公司根据原油价格的波动对原油衍生品进行灵活配置,采取部分对冲策略,并且根据原油的供求趋势大胆地平仓,在2007年的净利润为 6.45 亿美元,并且由套保获得的收益达到 6.86 亿美元,大大提高了公司的价格竞争力。

资料来源:李泽圣:《石油化工和运输业的原油期货案例分析》,载《经贸实践》2018 年第 12 期。

❓ 本章思考题

1. 举例说明期货的价格发现功能。
2. 举例说明期货的套期保值功能。
3. 举例说明期货的投机功能。
4. 期货合约的内容一般有哪些?
5. 什么是期货定价的"持有成本"理论?

第十三章

互　　换

互换是指两个或两个以上的当事人按照共同商定的条件，在约定的时间内定期交换现金流的金融交易，可分为货币互换、利率互换、股权互换、信用互换等类别。

第一节　互换市场概述

一、互换概念

所谓互换（swaps），加拿大多伦多大学著名金融专家霍尔（Hull）给出了明确的定义：互换即是一种交易双方依据事先达成的条件，约定在未来一定期限内以规定的方式交换彼此的货币种类、利率基础及其他金融资产等现金流的契约或协议。因此，互换是一种配对交易，即双方必须对其实际现金流量进行交换。作为发起人的金融机构最初是以经纪人（broker）身份出现的，通过撮合交易从中获取佣金。但这种配对交易不仅要求现金流量的各项细节完全吻合，而且双方还需事先对每一具体条款达成一致意见，可见难度颇大。于是，银行开始以互换的参与者（造市商，market maker）身份出现，单方面地与公司进行互换交易，而不把第三方的参与作为必要条件，这样大大增强了互换市场的流动性。

对互换进行分类一般依据的是互换所赖以建立的基础资产，这些基础资产包括银行贷款、外汇、商品、有价证券等等。近年来，互换交易工具的变种不断出现，主要涉及互换安排方式和双方交换的现金流形式的一系列特殊变化，具体包括时间选择、到期日选择和名义本金等其他方面现金流方式的重新设计，以及基础互换、收益曲线互换、欠款再安排互换和指数差价互换等涉及浮动利率现金流的互换交易。此外，互换期权市场发展迅速，隐含利率和货币期权等特点的混合互换交易也相继涌现。在商品和股票等其他金融市场上，商品互换、股票指数互换以及将隐含在商品和股票市场的证券发行中的远期和期权头寸证券化的结构互换日益受到欢迎。

互换是表外业务之一，它在时间和融资方面独立于各种借款或投资之外，即具体的借款或投资行为与互换中的利率基础和汇率基础无关。因此，资产与负债组合的管理效率可以通过互换得以提高。在具体的借款或投资过程中，借款者或投资者通过有效地使用利率或货币互换便可得到其所希望的货币种类或利率基础。既然互换在时间选择上具有独立性，因此公司通过其获取的利率或汇率走势方面的信息就可以对其现有的资产和负债进行有效的管理。具体来说，借款者或投资者在得到借款或进行投资以后，可以通过互换交易改变其现有的负债或资产的利率基础，以期从利率或汇率的变动中获利。流动性极强的利率互换或货币互换市场的发展，对国际债券初级市场的运转产生了根本性的影响。当今的国际债券初级市场已成为互换驱动型市场，即筹资者若想改变其在债券市场上发行债券所筹资金的利率基础或货币种类，通过互换便可解决。

此外，资产互换使投资者可投资的范围大大拓展。投资者根据其具体需要通过购买基础证券便可创造出以某种货币或利率基础及有关指数表示的相应现金流的投资组合，因此互换的出现促进了资本市场资本流动的替代性，进而为人们利用不同金融市场从事套利活动提供了便利。无论是借款者还是投资者，他们都能通过互换得到各自所需的货币种类或利率基础。所以，在不同国家以不同货币计值的一级和二级债券市场以及以同一种货币计值的债券市场之间的内在联系，由于有了互换交易的存在而比以往更加紧密，互换已经成为国际债券市场和国内债券市场的纽带。

二、互换交易的历史沿革

金融互换交易起源于20世纪70年代初60年代末，基于布雷顿森林体系建立起来的金汇兑本位开始走向灭亡。在经历了1971—1973年短暂的《史密森协定》对美元币值与黄金比价的重新调整后，1973年布雷顿森林体系彻底解体，1976年《牙买加协定》的达成，标志着国际货币制度迎来了管理浮动的浮动汇率制。期间，由于各国国际收支不断恶化，大多实行了外汇管制，并采取了对外投资进行征税的办法，以惩罚资金外流。在此情况下，英国和美国公司之间为逃避外汇管制而安排了英镑与美元的平行贷款，自此互换交易开始萌芽。1977年，虽然英国公司和荷兰公司已开始进行货币互换交易，但世界银行与IBM公司于1981年所进行的互换，才真正使货币互换与国际资本市场融为一体。当时在所罗门兄弟公司的安排下，世界银行发行债券所筹集的2.9亿美元与IBM公司发行债券所筹集的德国马克和瑞士法郎进行了货币互换。虽然世界银行与IBM都拥有很高的信用等级，但两者在不同的市场上的融资优势不一样。IBM在瑞士和其他欧洲投资者中享有极高的信誉，从而使得其融资供不应求，所以IBM的德国马克和瑞士法郎的融资成本很低。而世界银行在美元市场上有着自己的优势。两者通过货币互换后，世界银行降低了它的德国马克和瑞士法郎的融资成本，IBM降低了其美元的融资成本。

货币互换曾经采取平行贷款及背对背贷款等多种形式。这种交易常用作规避外汇管制措施的手段。由于在货币互换的交易安排中无需实际出售英镑，因而英格兰银行就没有理由拒绝这一交易。例如，若在1979年10月英国取消外汇管制措施以前，壳牌公司想贷款给其美国子公司，需出售英镑购买美元，而这需要花费一笔额外的费用（因外汇买卖引起的费用），这就使贷款成本不经济；有了平行贷款，壳牌公司可以贷出英镑款项给美国公司的英国子公司，同时美国公司贷美元款项给壳牌公司的美国子公司，则双方均无需支付由于外汇买卖引起的额外费用。

这种方式的贷款对贷款人而言比较有利，价格更接近于竞争性的市场价格，但这里存在一个法律缺陷，英镑贷款通常受到英国法律的制约，而美元贷款则通常受到《纽约法》（New York Law）的约束，因此无权自动抵消，即如果美国公司的英国子公司没有偿付英镑贷款，英国公司的美国子公司也无权自动将其从美国贷款中进行冲抵。当互换交易被安排为适用英国法律协议时，情况就会有很大的改观。

没有统一适用的法定协议，就无权抵冲，这并非是阻碍早期互换市场发展的唯一障碍。市场参与者各方都持有不同的法律合同，按此合同，由他们的机构安排互换。如果双方有意安排交易，则通过双方见面商谈各自的意愿，尽管对每一新当事人而言只是一次会晤，但仍然很费时间而且效率不高。

一般而言 互换作为特殊的金融衍生品经历了三个阶段：

第一阶段，新品阶段：1977—1983 年。主要特点是交易量小、互换双方的头寸金额与期限完全对应。只有少数金融机构对互换交易有一定的了解，互换双方及互换中介赚取大量的互换利润，大多数潜在的用户对互换交易持谨慎怀疑的态度。人们对互换交易的定价、会计和税收处理还缺乏规范的做法。

第二阶段，成长阶段：1983—1989 年。这一阶段可谓国际互换市场空前成长时期，该阶段的主要特点是互换的作用不断扩大。互换不仅被用来进行资本市场套利，而且被用来进行资产与负债管理，互换的结构本身得以发展，互换中介涉及的货币种类趋于多样化，互换市场参与者数量和类型急剧增加。

第三阶段，成熟阶段：1989 年至今。国际互换市场经历了成长阶段的巨大演变之后发展为其现代形式，其主要特点表现为有大量的互换融资工具存在，互换工具在资产负债管理中已得到充分运用。由于大量的金融机构和中介的积极参与，大多数互换工具的市场已发展成熟且流动性很强。在这一阶段，互换市场的外部环境的一些变化加速了互换市场的成熟，这些变化包括金融服务业合理化、国际清算银行实施了表外业务资本充足性标准、银行信用等级恶化等等。在这一背景下，互换市场在其成熟阶段的突出特征是产品的一体化程度提高、产品的重点发生变化、人们日益重视改进组合风险管理技术，集中扩大对现有产品的运用、保证金融服务合理性及对参与者进行重整。

三、促进互换市场发展的因素

国际互换交易协会（International Swaps and Derivatives Association，ISDA）的成立是一项尝试，它通过将互换合约标准化加速了市场发育。IDSA 于 1985 年签订了一项标准的法律协定，对市场的发展起到了重要的促进作用。英国银行家协会公布了利率互换条件，即市场上所谓的 BBAIRS 条件，对市场的发展也做出了巨大的贡献。

当银行寻找与互换客户利率匹配的对方时，不仅客户有货币与利率的风险，银行也承担风险。许多客户向多家银行表明其保值动机，因而常常有许多银行同时在寻找同一对象（互换对方），这会对价格产生影响。此外，银行意识到，如果不能应客户要求及时交易就会使生意被竞争对手抢走。建立互换库或持有未结清头寸，其好处立竿见影。对客户而言，意味着一旦作出规避风险的决定就可以达到目的；对银行而言，意味着可以按照最有竞争力的价格赢得生意，即使失去生意，也可以做到用较少的时间寻找互换对方。

交易者的兴趣也推动了互换市场的发展。交易商、销售商、筹资者、构造者及经纪商已习惯于要么参与资本市场，要么参与国债市场。货币互换的出现，第一次使一种产品为两大市场所感兴趣。在互换市场早期，来自于货币市场、国债市场及资本市场的专业人士都将其技能应用于该产品的发展。

来自互换双方各50个基点的安排费加上1%的中介利润，这一获利前景极大地吸引了商业银行、商人银行与投资银行。许多商业银行资产负债表已满负荷，而互换市场提供了发展表外业务的途径，这也相对增加了它对银行的吸引力。

汇率、利率风险的加大导致对互换需求的急剧增长。在20世纪70年代布雷顿森林体系崩溃以后，美元与德国马克自由浮动，货币风险几乎无法防范。许多公司过去满足于只由它们的银行去考虑利率和外汇，现在感到自己也有必要在风险管理中发挥积极的作用，这导致对互换的大量需求等。

四、比较优势理论与互换原理

比较优势（comparative advantage）理论是英国著名经济学家大卫·李嘉图（David Ricardo）提出的。他认为，在两国都能生产两种产品，且一国在这两种产品的生产上均处于有利地位，而另一国均处于不利地位的条件下，如果前者专门生产优势较大的产品，后者专门生产劣势较小（即具有比较优势）的产品，那么通过专业化分工和国际贸易，双方仍能从中获益。

李嘉图的比较优势理论不仅适用于国际贸易，而且适用于所有的经济活动。只要存在比较优势，双方就可通过适当的分工和交换使双方共同获利。

互换是比较优势理论在公司金融领域最生动的运用。根据比较优势理论，只要满足以下两种条件，就可进行互换：第一，双方对对方的资产或负债均有需求；第二，双方在两种资产或负债上存在比较优势。例如，某些公司在固定利率市场贷款具有比较优势，而另一些公司在浮动利率市场贷款具有比较优势。当需要一笔新的贷款时，公司会进入自身有比较优势的市场。因此，本想借入固定利率贷款的公司可能会借入浮动利率贷款，而本想借入浮动利率贷款的公司可能会借入固定利率贷款。互换合同可以用来将固定利率贷款转化为浮动利率贷款，反之亦然。

五、互换市场的局限

互换市场有其内在局限性。首先，为了达成交易，互换合约的一方必须找到愿意与之交易的另一方。如果一方对期限或现金流等有特殊要求，他常常会难以找到交易对手。在互换市场发展初期，互换市场的最终用户通常是直接进行交易，这个问题就特别突出。为了解决这个问题，互换市场出现了专门进行做市（make market）的互换交易商（swap dealer）。其次，由于互换是两个对手之间的合约，因此，如果没有双方的同意，互换合约是不能更改或终止的。最后，对于期货和在场内交易的期权而言，交易所对交易双方都提供了履约保证，而互换市场则没有人提供这种保证。因此，互换双方都必须关心对方的信用。

第二节 互换的种类

互换虽然历史较短，但品种创新却日新月异。除了传统的货币互换和利率互换外，一大批新的互换品种不断涌现。

一、利率互换

利率互换（interest rate swaps）是指双方同意在未来的一定期限内根据同种货币的同样的名义本金交换现金流，其中一方的现金流根据浮动利率计算，而另一方的现金流根据固定利率计算。

利率互换中交换的现金流量可以是以下类型：固定利率利息流和浮动利率利息流。浮动利率利息流可能是 6 个月的 LIBOR。

利率互换以名义本金额为基础，名义本金经常是指交易的名义本金额。例如，一次典型的互换交易名义本金额为 5000000 美元。互换交易额通常是 5000000 美元的倍数，而对其他场外交易产品，交易双方可以自由议定条款。通常不进行名义本金额低于 1000000 美元的交易，大多数交易额在 5000000 美元到 100000000 美元之间，金额更大的交易也很常见。

利率互换在一定时间内进行，利率互换标准期限是 1 年、2 年、3 年、4 年、5 年、7 年与 10 年，30 年与 50 年的交易也较常见。利率互换市场变得越来越灵活，使许多派生交易成为可能。大体而言，交易越特殊，交易价格就越贵。

许多因素促进了互换市场的巨大发展。平行贷款、背对背贷款、英国取消外汇管制等对互换市场的发展起到了一定的作用。尽管这些因素与事件十分重要，但互换市场快速发展最主要的驱动力量是各借款人按不同利率筹资的能力，这种筹资差异性或者说投资差异性，使商业银行与投资银行能够为客户创造节省借款成本的机会。

从经济学的角度看，双方进行利率互换的主要原因是双方在固定利率和浮动利率市场上具有比较优势。假定 A、B 公司都想借入 5 年期的 1000 万美元的借款，A 想借入与 6 个月期相关的浮动利率借款，B 想借入固定利率借款。但两家公司信用等级不同，故市场向它们提供的利率也不同，如表 13-1 所示：

表 13-1 市场提供给 A、B 两公司的借款利率

	固定利率	浮动利率
A 公司	10.00%	6 个月期 LIBOR+0.30%
B 公司	11.20%	6 个月期 LIBOR+1.00%

从表 13-1 可以看出，A 的借款利率均比 B 低，即 A 在两个市场都具有绝对优势。

但在固定利率市场上，A 比 B 的绝对优势为 1.2%，而在浮动利率市场上，A 比 B 的绝对优势为 0.7%。即 A 在固定利率市场上有比较优势，而 B 在浮动利率市场上有比较优势。这样，双方就可利用各自的比较优势为对方借款，然后互换，从而达到共同降低筹资成本的目的。即 A 以 10% 的固定利率借入 1000 万美元，而 B 以 LIBOR+1% 的浮动利率借入 1000 万美元。由于本金相同，故双方不必交换本金，而只交换利息的现金流。即 A 向 B 支付浮动利息，B 向 A 支付固定利息。

通过发挥各自的比较优势并互换，双方总的筹资成本降低了 0.5%（11.20%+6 个月期 LIBOR+0.30%－10.00%－6 个月期 LIBOR－1.00%），这就是互换利益。互换利益是双方合作的结果，理应由双方分享。具体分享比例由双方谈判决定。假定双方各分享一半，则双方都将使筹资成本降低 0.25%，即双方最终实际筹资成本分别为：A 支付 LIBOR+0.05% 浮动利率，B 支付 10.95% 的固定利率。

这样，双方就可根据借款成本与实际筹资成本的差异计算各自向对方支付的现金流，即 A 向 B 支付按 LIBOR 计算的利息，B 向 A 支付按 9.95% 计算的利息。

在上述互换中，每隔 6 个月为利息支付日，因此，互换协议的条款应规定每 6 个月一方向另一方支付固定利率与浮动利率的差额。假定某一支付日的 LIBOR 为 11.00%，则 A 应付给 B 5.25 万美元（1000×0.5×（11.00%－9.95%））。利率互换的流程图如图 13-1 所示：

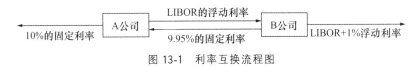

图 13-1 利率互换流程图

由于利率互换只交换利息差额，因此信用风险很小。

二、货币互换

货币互换（currency swaps）是将一种货币的本金和固定利息与另一货币的等价本金和固定利息进行交换。

货币互换的主要原因是双方在各自国家中的金融市场上具有比较优势。假定英镑和美元汇率为 1 英镑＝1.5000 美元。A 想借入 5 年期的 1000 万英镑借款，B 想借入 5 年期的 1500 万美元借款。但由于 A 的信用等级高于 B，两国金融市场对 A、B 两公司的熟悉状况不同，因此市场向它们提供的固定利率也不同（如表 13-2 所示）。

从表 13-2 可以看出，A 的借款利率均比 B 低，即 A 在两个市场都具有绝对优势，但绝对优势大小不同。A 在美元市场上的绝对优势为 2%，在英镑市场上只有 0.4%。这就是说，A 在美元市场上有比较优势，而 B 在英镑市场上有比较优势。这样，双方就可利用各自的比较优势借款，然后通过互换得到自己想要的资金，并通过分享互换收益（1.6%），降低筹资成本。

表 13-2 市场向 A、B 公司提供的借款利率

	美元	英镑
A 公司	8.0%	11.6%
B 公司	10.0%	12.0%

于是，A 以 8%的利率借入 5 年期的 1500 万美元借款，B 以 12.0%的利率借入 5 年期的 1000 万英镑借款。然后，双方先进行本金的交换，即 A 向 B 支付 1500 万美元，B 向 A 支付 1000 万英镑。

假定 A、B 公司商定双方平分互换收益，则 A、B 公司都将使筹资成本降低 0.8%，即双方最终实际筹资成本分别为：A 支付 10.8%的英镑利率，而 B 支付 9.2%的美元利率。

这样，双方就可根据借款成本与实际筹资成本的差异计算各自向对方支付的现金流，进行利息互换。即：A 向 B 支付 10.8%的英镑借款的利息计 108 万英镑，B 向 A 支付 8.0%的美元借款的利息计 120 万美元。经过互换后，A 的最终实际筹资成本降为 10.8%英镑借款利息，而 B 的最终实际筹资成本变为 8.0%美元借款利息加 1.2%英镑借款利息。若汇率水平不变的话，B 最终实际筹资成本相当于 9.2%美元借款利息。若担心未来汇率水平变动，B 可以通过购买美元远期或期货来规避汇率风险。

在贷款期满后，双方要再次进行借款本金的互换，即 A 向 B 支付 1000 万英镑，B 向 A 支付 1500 万美元。到此，货币互换结束。若不考虑本金问题，上述货币互换的流程图如图 13-2 所示：

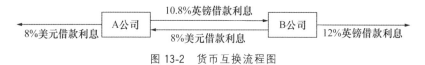

图 13-2 货币互换流程图

由于货币互换涉及本金互换，因此当汇率变动很大时，双方就将面临一定的信用风险。当然，这种风险仍比单纯的贷款风险小得多。

三、其他互换

从最普遍的意义来说，互换实际上是现金流的交换。由于计算或确定现金流的方法有很多，因此互换的种类就很多。除了上述最常见的利率互换和货币互换外，其他主要的互换品种有：

（一）交叉货币利率互换

交叉货币利率互换（cross-currency interest rate swaps）是利率互换和货币互换的结合，它是以一种货币的固定利率交换另一种货币的浮动汇率。

（二）增长型互换、减少型互换和滑道型互换

在标准的互换中，名义本金是不变的，而在这三种互换中，名义本金是可变的。

其中，增长型互换（accreting swaps）的名义本金在开始时较小，然后随着时间的推移逐渐增大。减少型互换（amortizing swaps）则正好相反，其名义本金随时间的推移逐渐变小。近年来，互换市场又出现了一种特殊的减少型互换，即指数化本金互换（indexed principal swaps），其名义本金的减少幅度取决于利率水平，利率越低，名义本金减少幅度越大。滑道型互换（roller-coaster swaps）的名义本金则在互换期内时而增大，时而减小。

（三）基点互换

在普通的利率互换中，互换一方是固定利率，另一方是浮动利率。而在基点互换（basis swaps）中，双方都是浮动利率，只是两种浮动利率的参照利率不同，如一方为 LIBOR，另一方为基准利率。

（四）可延长互换和可赎回互换

在标准的互换中，期限是固定的。而可延长互换（extendable swaps）的一方有权在一定限度内延长互换期限。可赎回互换（puttable swaps）的一方则有权提前中止互换。

（五）零息互换

零息互换（zero-coupon swaps），是延迟支付利息的债券互换的一种极端类型，其固定利率的支付会累计在一笔金额内，直至到期时才支付。它是零息债券发行者的避险工具，发行者为收到固定利率的一方，以确保当债券赎回时，手上有足够的现金。

（六）后期确定互换

在普通涉及浮动利率的互换中，每次浮动利率都是在该计息期开始之前确定的。后期确定互换（back-set swaps）的浮动利率则是在每次计息期结束之后确定的。

（七）差额互换

差额互换（differential swaps）是对两种货币的浮动利率的现金流量进行交换，只是两种利息现金流量均按同种货币的相同名义本金计算。

（八）互换期权

互换期权（swaption）从本质上属于期权而不是互换，该期权的标的物为互换。在互换期权中，买方有权利选择是否与卖方签订一笔远期互换合约，或是否要求卖方展延或终止一笔既有的互换交易，买方的代价是支付权利金给卖方。

（九）股票互换

股票互换（equity swaps）的双方当事人同意在一定期限内交换两组资金流量，一方支付的金额由股票市场指数来决定，另一方支付固定或浮动利率。

第三节 互换的应用

一、降低公司财务危机成本

当公司陷入财务困境或财务危机时，将由于收入不足以支付其应偿债务而破产重组，这会给公司带来高额成本，进而引起股东价值降低。公司财务危机成本可分为两部分：一为直接成本，即在处理违约、进入破产程序及破产清偿时在法律、会计或其他专业服务方面所需的支出；二是间接成本，也是更大更重要的部分。它表现为许多形式，如当公司出现财务危机时，公司高层人员可能会人心涣散，对公司经营的注意力下降，由此导致管理混乱而使公司的价值下降。由于公司未来持续发展前景不确定性的增加，公司的客户或原材料供应商不愿意与公司再进行交易，特别是不愿意签订长期合同，或提高交易合同的签订条件。此外，当公司财务状况恶化时，公司进行新项目投资只能靠外部融资，由此导致投资的获利者是公司的债券持有人而非公司的股东。因此在投资决策上就会发生冲突，从而使公司错失许多获利机会。

利用互换交易进行套期保值可以降低公司财务危机和破产的概率，从而减少市场对公司财务危机的预期成本，提高股东未来的预期现金流。同时，公司发展前景不确定性的减少也增加了公司产品、服务合约以及保证条款对客户的价值，并反映为现金流的增加。

对于公司新项目投资，互换交易的作用主要体现在：公司通过互换交易可以减少新项目的外部融资，降低公司融资成本；可以降低债券持有人的代理成本，缓解公司股东和债券持有人之间的利益冲突，提高公司投资水平。公司对外投资将增加收益或未来净现金流，然而一些因素常常阻碍公司不能或不愿采取这种行为，即所谓的低投资现象。其原因主要有：

（1）债权人代理成本效应，限制了公司对高风险项目的投资。所谓债权人代理成本，是指在一个存在较高经营杠杆，即较高的债务/股权比例的公司中，股东的收益随着公司净现金流的增加而增加。债券持有者则只能收取相对固定的收益，故增加风险所获得的收益可以提高股东的价值，而其导致的损失则由债券持有人承担。债权人在意识到这一点后，在购买公司债务时一般都附加限制这种投资的条款或要求更高的风险补偿。为此，债权人代理成本的存在使公司对于一些高风险、高收益的项目，尤其是 R&D 研发项目的投资受到限制而失去新的获利机会，且更高的风险补偿意味着将增加公司的融资成本。而互换交易相对来说则有利于降低此类成本，同时通过互换交易降低现金流的波动性，使各期现金流相对平均，从而能够为项目投资提供更多的资金保证，降低外部融资的可能性，提高公司投资的获利能力。

（2）当公司预期现金流存在较大波动时，公司投资只能使债权人受益，因而导致公司低投资现象。对一个存在较高经营杠杆的公司来讲，当公司资产的预期价值存在较大的波动性时，股东宁愿不对具有正净现金流的项目投资，因为投资的收益都会由公司的债权人获得。

二、管理者利益的增加

从一般股东价值角度看,由于市场的不完全性,互换交易能够增加股东价值,因而股东会支持公司进行类似交易。然而,互换交易往往是由公司的管理者实施的,管理者是否具有实施的动因呢?国内外大量的研究表明,其动因主要表现为两方面,即管理者投资组合的不易分散化、管理者的工作保护和管理能力的体现。

公司管理者在他们所管理的公司中,一般具有较大的投资,包括持有大量的公司股份、期权、技术和人力资本的投入。管理者的财富主要来自他们所经营的公司的价值,包括股东回报和管理报酬。因此,管理者很少能像公司的其他股东一样将其个人的风险充分分散化。公司经营中的风险,如利率、汇率风险,极容易导致公司陷入财务困境甚至有破产倒闭的可能,而这势必将对公司管理者产生相对更大的影响。因此,比较而言,公司管理者比股东更关心公司的风险状况。由于他们不能像其他股东那样通过调整自己的投资组合而将风险分散或转移,因而对管理者而言,当存在着潜在的利率、汇率风险时,通过互换可有效分散和转移风险以降低自身投资组合的风险。

公司管理者倾向于利用互换进行套期保值的另一个动因来自于对自己人力资本价值的考虑。公司管理除了财富资本外,还将大量的技术和人力资本投资于所管理的公司,一方面,公司价值决定了其自身的人力资源价值;另一方面,如果公司管理者想将这些技术和人力资本投入转移,即寻找其他的工作,就会付出非常大的代价。因此,从经济角度考虑,管理者更愿意让公司能够稳定持续经营;从非经济角度考虑,公司的经营状况是管理者能力的体现。因此,公司管理者通过风险的分散和转移提高公司市场价值的同时,也就向其他潜在的雇佣者表明了自己的管理能力,从而为将来的人力资本转移和个人事业发展奠定了基础。

三、公司债务管理

(一)公司债务管理目标

一般来说,公司债务管理的目标是尽量做到融资成本最低和风险最小。由于公司面对的财务环境是一个不确定的资本市场,这种不确定性意味着可能对公司带来有利的或不利的影响,因而对债务的管理往往难以同时达到成本最低和风险最小的双重目标。比如,公司可以用利率互换来锁定发债成本,如将浮动利率换成固定利率,但这样会使债务人从一开始就支付长期利率。这种做法虽然增加了财务上的确定性和省去了管理人员的操心,但如果市场利率持续低于承诺的互换利率,将导致资金成本较为昂贵。而如果执意追求发债成本的最小化,不锁定利率,又会面临一定程度的风险。所以说,降低成本和减少风险对财务管理人员往往是一对矛盾体,人们往往只能在成本水平和确定性之间作出选择。

（二）公司债务管理过程

针对以上情况，公司的风险管理应遵循以下步骤，对公司的债务作出明确的要求和规定，如图13-3所示：

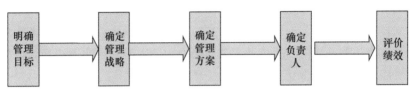

图 13-3　企业债务管理过程

（1）明确管理目标。公司目前最迫切的目标是什么？是控制成本还是减少风险？公司债务需要提供多大程度的保护？（2）确定管理战略。选择什么样的风险管理战略？两种极端的做法是：坐视不理，任凭市场波动；或者预先固定所有的利率和汇率，消除所有市场波动带来的影响。这两种方法可能都是不明智的。在现实中，人们常常选择介于两种做法之间的战略。在确定风险管理战略前，还应先了解公司对风险的承受程度如何？公司对客户的来往有无信用级别的限制？公司是否允许在发生实际需要之前借入外债等情况，以帮助选择风险管理战略。（3）确定管理方案。包括公司运用何种风险管理方案？即公司财务人员可以使用什么方法来管理风险？在公司政策允许的范围以内，可以使用的风险管理工具有哪些？是否愿意为管理风险付出一些代价？如公司是否愿意为使用某些具有期权性质的工具支付费用？风险管理的技术支持如何？采用何种风险监测技术？如怎样监测当前的风险头寸？如何预测市场的走向？如果对市场走势判断错误怎么办？如何确定止损限？是否有债务规划与管理决策支持系统？资本保证情况如何？等等。（4）确定负责人。公司中谁对风险管理负责？是否有专门的风险管理机构？谁有权作出决定？谁有权作出什么样的决定？是否能够迅速地作出决定？（5）评价绩效。如何评价债务风险管理的绩效？采用何种准则？是采用以当前市场为参照系的短期准则还是以平均成本水平或回报水平为参照系的长期准则？

（三）公司债务管理方法

一般说来，金融互换主要是通过降低当前发债的融资成本、锁定未来某项预期债务的发行成本、规避利率风险和汇率风险来实现对公司债务的管理。金融互换在这三方面的应用中，降低融资成本应用得最多。对公司财务主管来说，直截了当的发债方式可能并不是最便宜的。往往是债务的初始形式经过互换管理，再转变成所需要的形式，反而具有更低的融资成本。如果是以外币计值的公司债，则不仅要求债务利率最低，而且要求有尽可能小的汇率风险。这样，融资成本就需要从利率风险和汇率风险两方面进行考虑。但不管哪类应用，都需要针对本币利率走势、外币利率走势及汇率走势等市场条件的各种可能变化的组合作出判断和预测，再根据自己对风险的承受能力提出对策。总之，互换是十分多样性和灵活的工具，它可以使公司债务管理更加积极、成本更低。

金融互换市场的出现对公司金融的影响是深远的。如资产负债管理，就是从安全性和收益性的角度出发，寻求最佳的资产负债结构。但对一般工商公司来说，负债管理的难度更大。如果公司持有的某些股票升值无望，或者某些债券具有较大的信用风险，可以将其卖掉，然后寻找新的投资对象。即使一些固定资产、房地产建筑物，也存在交易或变现的市场。但是对于负债而言，债务一旦形成就必须履行下去，直到期满为止。从银行借入的贷款不经银行同意是不能转让的；美元债务即使多于美元资产也不能随意转换成其他币种的债务。

由此可见，在金融互换出现以前资产可以流动，而负债基本上没有流动性可言。在这种情况之下，资产负债管理仅仅是资产一个方面的管理。金融互换市场的出现改变了上述情况，使得负债与资产一样可以交换和转化成所需要的形式，从而使得全面的资产负债管理成为可能。这表现在，互换不仅可以灵活地安排当前的债务发行，而且可以重新评价、调整过去已有的债务和设计未来的债务。

四、货币互换在融资领域中的作用

（一）利用货币互换可以降低筹资者的融资成本

从经济理论的角度来讲，一个拥有高信用等级的借款者往往拥有筹资市场上的某种比较优势，而当这个高信用等级借款者所需要筹集的资金不是其借款市场上具有比较优势的资金时，那么就需要将其在具有比较优势的借款市场上筹得的资金进行货币互换，在取得所需融资货币的同时达到降低融资成本的目的。如有两家公司，一家为美国的 A 公司，另一家为加拿大的 B 公司。A 公司需要筹集两年期的加元借款，B 公司则需要筹集两年期的美元借款。由于 A 公司是美国公司，因此在国内的信用等级要比 B 公司高；同样，B 公司在加拿大境内也具有比 A 公司更高的信用等级。因此，A 公司在美元资金市场上具有比较优势，B 公司在加元资金市场上具有比较优势。两家公司在美元和加元借款市场上的融资条件如表 13-3 所示：

表 13-3　A 公司和 B 公司在美元和加元借款市场上的融资条件

公司	美元％	加元％
A 公司	8.0	12.0
B 公司	10.0	11.5
融资利差	2.0	0.5

虽然 A 公司在美元资金市场上具有比较优势，但是其所需的筹资币种为加元。与此同时，B 公司也面临着相同的问题，即 B 公司在加元资金市场上具有比较优势，但其所需要的借款币种却是美元。如果双方都按照各自的实际需求到相应的资金市场进行筹资，那么相应的筹资成本如表 13-4 所示：

表 13-4　A 公司和 B 公司直接从事借款的成本

	A 公司筹资利息支付	B 公司筹资利息支付
第一年末	144 万加元	100 万美元
第二年末	144 万加元	100 万美元
总计	288 万加元	200 万美元

如果筹资双方合理利用各自所具有的比较优势，按照比较优势进行资金的借贷，最后在金融中介的撮合下，通过货币互换来交换各自所筹集的资金以达到双方实际的融资需求。那么在这种情况下，双方的筹资成本都会大大降低。假设在金融中介的撮合下，A 公司和 B 公司都参与了一个货币互换，并且货币互换的期限为两年，双方每年支付一次利息。为了计算在这种情况下双方的融资成本，首先来看一下在金融中介参与的情况下，这一货币互换期间利息支付的结构图，如图 13-4 所示：

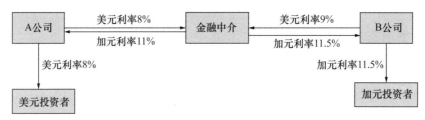

图 13-4　A 公司与 B 公司进行货币互换期间利息的支付

观察图 13-4，可以发现，A 公司和 B 公司利用各自的比较优势在资金市场上筹借资金，最终通过金融中介撮合进行货币互换实现各自的融资需求。利用这种融资方式，A 公司此时筹借加元的利率为 11%，而 B 公司筹借美元的利率则变为 9%。具体的筹资成本如表 13-5 所示：

表 13-5　A 公司和 B 公司利用货币互换筹资的成本

	A 公司筹资利息支付	B 公司筹资利息支付
第一年末	收到金融中介美元利息 80 万（1000×8%）	收到金融加元利息 138 万（1200×11.5%）
	支付金融中介加元利息 132 万（1200×11%）	支付金融中介美元利息 90 万（1000×9%）
	支付美元投资者美元利息 80 万（1000×8%）	支付加元投资者加元利息 138 万（1200×11.5%）
第二年末	收到金融中介美元利息 80 万（1000×8%）	收到金融中介加元利息 138 万（1200×11.5%）
	支付金融中介加元利息 132 万（1200×11%）	支付金融中介美元利息 90 万（1000×9%）
	支付美元投资者美元利息 80 万（1000×8%）	支付加元投资者加元利息 138 万（1200×11.5%）
总计	支付金融中介加元利息 264 万加元	支付金融中介美元利息 180 万美元

通过表 13-5 的对比发现，A 公司与 B 公司在利用货币互换进行筹资时降低了各自的融资成本，A 公司降低了 24 万加元，B 公司降低了 20 万美元。这里只是举例来说明利用货币互换可以降低融资成本，至于融资成本降低的幅度大小则主要取决于金融中介与货币互换的参与者之间事先达成的利益分配方式。具体到本例，就是图 13-4 中所表示的 A 公司和 B 公司支付给金融中介的加元利率和美元利率。

（二）利用货币互换可以拓宽筹资者的融资渠道

货币互换可以提供一个进入受限制市场的途径。如果当某些货币的资金市场存在货币管制的现象，进而使得一些筹资者无法直接进入该市场进行相关的筹资活动，那么筹资者就可以利用货币互换绕开市场对货币的管制。通过其在另一个无货币管制的市场上筹集资金，再由货币互换将所需筹集资金换回，实现对特定币种的融资需求。假如英国政府对其境内的英镑实行货币管制，筹资者无法直接进入英镑的资金市场进行相应的资金借贷。同时，一家美国公司正急于筹集英镑资金。由于英镑受到货币管制，那么美国公司无法直接在英镑市场发行债券进行融资活动，这时，美国公司可以利用货币互换间接在英国的英镑市场上进行融资，其方法如图 13-5 所示：

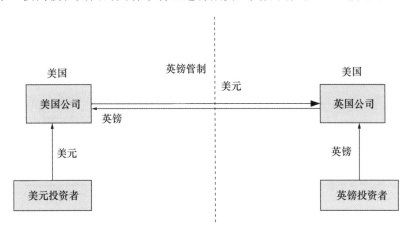

图 13-5　利用货币互换绕开货币管制

利用货币互换拓宽融资渠道不仅仅体现在绕开货币管制进行间接的融资，也体现在筹资者不必要花费过多的精力去研究自己不熟悉的市场，从而在自己熟悉的市场上进行筹资，然后利用货币互换得到各自所需的融资币种，实现融资效益的最大化。

公司在融资的过程中，不同公司的信用能力是不同的，也会造成融资成本的差距。合理使用长期和短期利率的互换可以使公司在资金筹措过程中扬长避短，节约融资成本。长期利率和短期利率的互换是指具有长期借款优势的公司为另外一家公司借入相应的资金（双方存在融资成本的差距），即为其支付长期借款利息，而需要资金的公司为借入资金的公司支付短期借款利息并多付利差部分。它们通过这种互换利息的支付，发挥各自的长处，获得各自的所需，并节约成本。

五、金融互换风险

(一) 互换风险表现

金融互换风险可以从中介机构和终端用户两个角度加以考虑。从中介机构的角度看，互换交易首先面临的是信用风险，主要是指对手的信用风险和市场风险，市场风险主要指违约时的汇率或利率水平；不管中介机构是否持有不对应的互换头寸，它都将面临信用风险，即互换对方违约的可能性。互换交易的信用风险和贷款信用风险有所不同，互换交易不能履约带来的影响是双边的，即一方未能支付，另一方自动取消支付的义务。因此，一旦一方中途解除合同，就会给另一方带来在利率、汇率可能已经变化的情况下，如何重新做一笔相同的交易来替换原有合同的成本问题。所以，互换交易的信用风险只涉及替换成本。

如果中介机构是一个造市商，持有不对应的头寸，则该中介机构还要面临市场风险。中介机构在撮合互换交易时，要找到现金流量完全匹配的互换对象是十分困难的。现实中的情况往往是，中介机构承担了不完全匹配现金流的互换，因而自己吸收了不对应风险。中介机构必须对自己持有的这些不对应头寸加以管理，避免市场波动带来的损失。一般来说，中介机构面临的市场风险与信用风险之间具有联系，只有当互换合同对中介机构具有正的价值时，交易对方才可能拖欠支付，该中介机构才暴露出信用风险。当中介机构持有不对应的互换合同时，该中介机构既有信用风险，又有市场风险。市场变动可能使这部分不对应的合同的价值为负值，暴露于市场风险之下。市场风险可以通过抵补合同加以对冲，信用风险则不能被对冲。

除了信用风险和市场风险之外，互换资产还面临如下一些风险，如表13-6所示：

表13-6 互换资产风险

序号	风险名称	阐述
1	利率风险	在进行固定利率对浮动利率互换和货币互换时，交易中面临着严重的利率风险。具体来说，如果互换银行是固定利率支付方，而从对方那里接受浮动利率，就会面临利率下降的风险；反之，如果互换银行是固定利率的接收方，而向对方支付浮动利率，利率上升则对银行不利
2	汇率风险	如果中介机构持有尚未套期保值的货币互换合约就会面临汇率风险，它主要与本金和利息支付有关
3	违约风险	违约风险是一种复合风险，一般是指信用风险同市场风险的乘积
4	不匹配风险	互换的本金、期限、利率、支付频率或支付时间的不匹配，都会使中介机构面临不匹配风险，特别是在互换对方违约的情况下，中介机构面临的不匹配风险更大
5	基差风险	对于利率互换，基差是指两种不同的浮动利率指数之间的差额。基差变动给银行带来的风险即为基差风险，其产生的原因是：互换对方要求浮动利率对浮动利率互换，但互换的两边分别盯住不同的指数；两个相互独立的互换对方都与银行安排了固定利率对浮动利率互换，但浮动利率分别盯住不同的指数

(续表)

序号	风险名称	阐述
6	国家风险	国家风险是指因国家强制的因素而使互换对方违约，从而给互换银行带来经济损失的可能性。只有货币互换才会面临国家风险，而且货币互换双方所属国家的政府进行外汇管制的可能性越大，互换对方不能履约的可能性越大，中介机构面临的国家风险也越大
7	利差风险	利差风险是指中介机构在签订匹配互换协议时与中介机构签订第一个互换协议时的利差发生变动带来的风险。利差风险不同于利率风险，后者是由于国债利率发生变动所引起的，而不是由于利差变动影响的
8	交割风险	有时也称为结算风险，是指互换双方位于不同的国家时，由于时区差的存在，世界各地资本市场的结算时间不同，从而双方必须在一天的不同时间向对方办理支付时，就会产生这种风险

从终端用户的角度来看，如果另一终端用户发生不履约行为，这个终端用户与中介机构的合同仍然有效。如何弥补和替代未能履约合同是中介机构的事，终端用户不必操心。所以，中介机构的作用不仅是搜寻和撮合各个终端用户的互换，而且转移了终端用户的风险。在这个意义上，中介机构的介入对互换市场的发展起到了重要的作用。然而，公司在涉足互换交易时还应当注意以下几点：（1）可以忽略信用风险，将市场风险作为需要监测和管理的主要风险。（2）谨慎选择中介机构，注意对方的信用评级和当前的财务状况，确认对方当前无任何未决的但可能影响履约的法律诉讼。（3）按照国际互换交易商协会推荐的主协议和交易确认书文本，保证交易的标准化和规范化，避免日后的法律争议。（4）对中介机构的建议方案和价格应由自己的财务专家作出评价和判断，排除对方商业性动机的影响。（5）根据市场变化随时重新评估互换合同的价值，及时采取措施管理市场风险。

（二）互换风险评估

降低或规避金融互换风险的下一步是要做好各类风险大小的具体评估工作。这项工作对于互换资产的风险管理的必要性体现在：首先，银行签订互换协议时，如面临较大风险，就可要求对方提供一定的补偿。这种补偿可采用收取期初安排费的形式，但通常是通过提高固定利率（如果银行接收固定利率）或调低固定利率（如果银行支付固定利率），而要确定对方需支付的具体补偿额时，就必须对风险加以评估。其次，银行在签订某一互换协议之后，在安排好另一匹配互换抵补风险之前，需要利用期货、期权等工具对互换风险进行暂时的套期保值，而要寻找最优套期保值方法就需要对风险加以测定。最后，中介机构的内部管理也要求对互换风险进行客观的估计，以便明确规定对某一互换对方或某一组互换对方的风险控制标准。

在互换交易的风险管理上，对互换合同的估值是十分重要的。互换的估值和前面提到的定价有所区别。定价发生在互换协议签约之前，考虑的是将要交换的两组现金流是否具有相等的现值；为了具有相等的现值，所使用的利率应该是多少。互换的估值发生在互换协议签约之后，是对已经持有的互换头寸的价值及其变化进行计算，目的是监测可能的盈亏和风险管理。此外，为了对互换合同进行损益结算，需要将其分解成更简单的合同来进行。如果不计拖欠风险，一个互换可以分解成两个相反头寸的债券组合；也可以分解成一系列远期的组合。两种方法都可以达到估值的目的。将互换分解为更简单合同的叠加，这使得互换成为一种相当简单的、易于分析的工具。对较为简单和直观的互换，这种方法当然未能显示出优越之处，但对复杂的互换，这种分解方法显然是唯一有效的方法。

（三）互换风险控制

1. 组合匹配法

互换风险与证券风险一样，也是由系统风险和非系统风险两部分组成。根据传统的资产组合理论，通过资产的分散化可大大降低非系统风险。因此，金融互换风险中的信用风险、基差风险等非系统性风险可通过互换资产分散化策略降低，前提是互换资产的规模足够大。在互换风险控制中，银行作为多个互换的中介人，可以通过将两个互换相匹配的方法，将收入与支付相匹配，从而达到"中和"风险的目的。

2. 套期保值法

当互换银行安排好一个互换之后，在寻找到与其相匹配的互换之前，或者该互换未被完全匹配时，一方面可以利用国债对剩余利率风险进行套期保值，另外也可以利用利率期货进行套期保值。国债适于对利率风险进行中长期套期保值。例如，某银行与 A 签订一份名义本金为 100 万美元的互换协议，银行对 A 支付 5.5% 的固定利率，A 对银行支付 LIBOR 浮动利率。为规避风险，互换银行会寻找机会利用另一与此相匹配的互换与此互换对冲，在寻找到另一匹配互换对方之前，银行将面临利率下降的风险，为此银行可以通过卖出 100 万美元的半年期国库券，利用此销售收入买入 100 万美元的 5 年期美国政府债券对此互换头寸进行保值。利率期货包括政府中长期债券期货、国库券期货和欧洲美元期货等，利率期货适于对利率风险进行短期套期保值。

3. 其他控制法

金融互换风险控制的其他方法也有很多，在此以信用风险为例加以说明。信用风险是不可套期保值风险，但因它是非系统风险，故可通过资产的合理组合使该风险大大降低。此外，可采取如下控制措施：一是在互换协议中列明"违约事件"条款，规定违约方应对因其违约而给中介机构造成的损失提供适当的补偿；二是可要求对方提供价值与市场风险相当的抵押物，而且在互换协议中应明确。若中介机构面临的风险加大或者对方的信誉下降，应及时追加抵押物；三是可通过逆转现存互换的方法回避信用风险。逆转现存互换有两种基本模式：（1）签订一个与原互换条款相反的逆向互换，逆向互换可与原互换对方或其他互换对方签订，原互换同逆向互换的支付可相互抵消，从而可降低风险。如果两个互换都是与同一互换对方签订的，那么基于两个互换的相互冲抵特征，签订新的互换类似于取消原有互换。（2）可以通过简单的购买取消现存互换，就是指银行支付一笔中止费用给对方，要求互换对方取消现存互换。

本章案例

两宗金融互换案例的分析与思考

案例 A：甲公司为建水电站项目，向国外融资了 8000 万美元，期限分别为 10 年和 15 年。其中 10 年期 5000 万美元为浮动利率 LIBOR，15 年期 5000 万美元为固定利率，合同规定只能在贷款每次提款后针对提款金额确定固定利率。应债权方要求，甲公司对未偿债务必须进行利率风险控制。为避免融资成本浮动带来的投资风险，甲公司与境外银行（互换的对方）进行了利率互换交易。

(1) 与互换方进行浮动利率与固定利率的互换，把浮动利率成本转换为固定利率成本。即对 10 年期的债务，在每年付息时，向掉期行支付 6.2% 的固定利率，同时接受互换行按 LIBOR 支付的浮动利率。实际清算时，则支付 6.2% 与 LIBOR 的差额，例如，在 LIBOR 为 4.5% 时，甲公司应按 6.2% 与 4.5% 之差向互换对方支付；当 LIBOR 为 7% 时，互换对方应按 7% 与 6.2% 之差向甲公司支付。这样，无论浮动利率如何变动，甲公司的成本都固定在 6.2%，达到避免利率风险的目的。

(2) 对于 15 年期的 5000 万美元债务，虽然付给债权方的是固定利率，但由于合同规定只能在贷款每次提款后针对提款金额确定固定利率，因而存在从预算和财务模型完成后到实际提款时间的利率上升风险，因此，甲公司大体仍按上述形式签署了利率掉期合同，向掉期行支付 6.2% 的固定利率。到掉期交易履约日，如掉期市场利率上扬，甲公司将从掉期行收到一笔钱，大约相当于该公司多向债权方支付的利率（掉期市场利率为 -6.2%）；反之，甲公司将向掉期行支付一笔钱，约相当于该公司向债权行付息时因外债利率低于 6.2% 所节省的财务费用。

案例 B：为修建自来水项目，20 世纪 90 年代中期，乙公司对外融资 8000 万马克贷款，期限为 10 年，利率为"LIBOR ＋既定利差"，按规定，贷款 2 年后每半年分 16 期等额偿还，每期付 500 万马克。乙公司预期马克升值，为避免汇率风险，乙公司与国外银行（互换对方）进行货币互换交易。将本金 8000 万马克按 1.50220/1 的汇率掉期为 52562418 美元，并按 6 个月的美元 LIBOR 和 6 个月的马克 LIBOR 互换支付利息。每期由互换行支付 500 万马克给乙公司，乙公司反支付 3285151 美元给互换行，同时交换支付利息。这样，乙公司的马克债务及利率支付就互换成美元债务及利率支付。由于马克对美元不升反降，美元汇率上升，使乙公司本金损失近 1210 万美元，而利率损失 823 美元，合计损失约 2033 万美元。

上面两个案例是在国际融资中利用掉期来防范汇率、利率风险，以控制额外成本的金融衍生交易。A 案例是利率互换（利率掉期），B 案例是货币互换（货币掉期），为什么两案例的结果截然不同呢？

以下是关于这两个案例的分析与启示：

(1) 利用衍生工具避险，要充分认识其本身的风险性，即认识到它的"双刃性"。首先，衍生交易不能消除风险，只能转嫁风险。金融衍生工具派生于基础金融产品，它的风险机制是通过将基础金融产品可能产生的风险转移给愿意承担该风险的第三方，使基础金融产品持有人得以减小、控制自身风险，达到保值目的，而非彻底消除金融产品风险。其次，衍生产品自身存在风险，作为契约性产品，衍生工具本身仍存在市场风险、结算风险、信用风险等一系列风险。最后，衍生产品在被用作避险工具时，存在可能放大风险的副作用。一旦市场发生意外走势，风险无法冲抵时，衍生交易的某一方很可能既无法转移基础产品产生的风险，又同时承担衍生交易损失，形成风险放大效应。乙公司的教训，就是例证。

(2) 使用衍生工具，应坚持风险控制目的。使用衍生工具的主要原因和目的：一是为具体交易避险；二是降低筹融资成本；三是为获取利润，即避险与获利。而作为企业参与衍生交易，既缺少专业技能，更处于"信息不对称"的劣势，因此应充分考虑自身的避险需要和风险承受能力，始终以控制风险为目的。甲公司的成功就在于充分考虑自身的需要，把所有已认定的项目风险尽可能地转移出去，固定未来的财务成本，因此选择了支付固定利率进行掉期交易。而乙公司只注意规避马克升值风险而未防范贬值风险，风险控制不彻底，把马克风险的敞口转换成美元的风险敞口，某种程度上甚至有利用衍生交易投机获利的倾向。

(3) 选择衍生工具，应尽量匹配风险与收益，以冲抵风险。乙公司利用货币掉期避险时，更多注意的是汇率变化的风险，而未综合考虑借助利率与汇率的互动关系来对冲风险，以致它虽然通过接受马克浮动利率、支付美元浮动利率基本锁定了马克外债的利率风险，但又承担了美元敞口利率风险。这样，一旦美元对马克的汇率、利率同时上升，乙司将蒙受巨大的双重损失。实际交易中，乙公司至少存在两种情况：一是信息充分、预测科学的情况下，不对马克敞口套期保值，坐享马克贬值带来的收益。二是按照匹配原则，作马克浮动利率与美元固定利率的货币互换，支付美元固定利率，这样，如果美元汇率、利率同时上升（下跌），可以依靠利率上的收益（损失）部分对冲汇率上的损失（收益），达到控制风险的目的。

资料来源：赵蕾：《两宗金融互换案例的分析与思考》，载《中国农业银行武汉培训学院学报》2007年第4期。

❓ 本章思考题

1. 什么是互换的基本内涵？
2. 什么是利率互换？
3. 什么是货币互换？
4. 互换为什么可以降低公司财务危机成本？
5. 货币互换对公司融资有哪些作用？
6. 金融互换存在哪些风险？

第五篇

盈余管理与公司战略

  研究表明,融资需求是公司盈余管理的重要动机之一,融资需求高的公司倾向于通过盈余管理来获得较多的银行贷款。由此,公司战略与盈余管理之间存在着一条影响路径,即公司战略通过影响融资需求,进而影响公司的盈余管理能力。

第十四章

盈余管理

盈余管理（earning management），是指公司管理当局在遵循会计准则的基础上，通过对公司对外报告的会计收益信息进行控制或调整，以达到主体自身利益最大化的行为。

第一节 盈余管理概述

一、盈余管理的定义

自 20 世纪 80 年代以来，西方公司理财理论界开始致力于盈余管理的研究。尽管盈余管理是一个热点研究课题，但关于盈余管理的定义在学术界却是一个争论不休的问题。到目前为止，仍然缺乏一个权威的并为大多数人所普遍接受的定义。

美国著名会计学者雪普（Schipper）在《盈余管理述评》一文中提出了盈余管理的概念，认为盈余管理实际上是企业管理人员通过有目的地控制对外财务报告过程，以获取某些私人利益的"披露管理"。此定义是建立在信息观的基础之上的，认为会计数字是一种有用的经济信息。

希利和瓦伦（Healy and Wahlen）界定了盈余管理的含义：当管理者运用判断来编制财务报告或者规划交易以便改变财务报告时，就会发生盈余管理，其目的在于就公司基本经济业绩来误导利益相关者，或者影响那些基于会计报告数据的契约后果。这一概念丰富了盈余管理的内涵，它既包括运用判断又包括规划交易，但是定义中并没有指出盈余管理是否涉及违反公认会计原则。对此，美国会计学者威廉·斯科特（William R. Scott）在其《财务会计理论》一书中认为，盈余管理是指在 GAAP（generally accepted accounting principles）允许的范围内，通过对会计政策的选择使经营者自身利益或企业市场价值达到最大化的行为，是会计政策的选择具有经济后果的一种具体表现。也就是说，只要企业管理当局具有选择不同会计政策的自由权，他们必定会选择能最大化其利益或企业价值的会计政策。可见，斯科特对盈余管理的定义也可以被称为"会计政策管理"，由于该定义将盈余管理的手段局限在会计政策的变更上，观点难免有些狭义。

2008 年，罗恩（Ronen）和雅里（Yaari）对盈余管理作出定义：盈余管理是通过提前确认产品和投资收益的行为，或通过会计选择影响盈余数字以及真实的盈余实现后的解释。盈余管理是一个管理者的决策集合，该集合导致能最大化企业利益或价值的财务报告。他们还认为，从盈余管理能传递企业长期价值的信号这一角度看，它可能是有益的；从其会掩盖短期或长期价值的角度，盈余管理可能是有害的；它还可以是中性的，即揭示了短期真实的绩效。

不难看出，以上定义是从不同视角来对盈余管理进行研究的，但是其中仍然有三个共同之处，即盈余管理的主体、形式和目的。首先，盈余管理的主体是企业的管理当局；其次，盈余管理的形式是控制其对外财务报告；最后，盈余管理的目的在于最大化企业利益或市场价值。

因此，本书将盈余管理定义为：企业在运用一定的会计方法和手段，为实现其效用或企业价值的最大化而作出的会计选择行为，其实质是有目的地干预或影响对外财务报告，进而影响相关利益者的利益和决策。

二、对盈余管理的全面认识

1. 盈余管理不仅仅是一个会计问题

虽然会计方法和政策在盈余管理中居于主要地位，但是从更深的意义上来说，盈余管理不仅仅是一个会计问题，由于利益诱导效益，企业股东与经营者的委托代理关系一经确立，"道德风险""信任危机"等问题也将随之产生；此外，它还涉及公司治理结构、信息不对称、绩效评估与报酬激励等方面，所以说它还是一个复杂的法律和经济学问题。

2. 盈余管理是一把"双刃剑"

盈余管理作为一种企业行为，很难简单地说这种行为是好还是坏，因为盈余管理是一把"双刃剑"。一方面，适度的盈余管理对于企业来说是有益的行为。企业的管理当局借助盈余管理可以调节利润，不仅有助于向资本市场传递稳定的经营信号，从而支持企业股价的稳定和上涨，而且在一定程度上还可以实现筹划节税；此外，在合理范围内的盈余管理可以减少企业的经营风险。另一方面，盈余管理也有其消极的效应。当盈余管理超过一个合理的度时，会妨碍会计信息的中立性，影响会计信息的可靠性和相关性，从而误导投资者，并影响证券市场的资源优化配置功能。例如，一些企业通过非公允的关联交易转移利润，或通过并购重组、资产置换、托管等手段制造"泡沫利润"，导致会计信息失真现象。

因此，辩证对待盈余管理的态度应该是倡导和保护正当的盈余管理行为，打击和抑制利润操纵从而导致财务信息失真和会计欺诈行为的过度盈余管理行为。

三、盈余管理的现实条件

在经济交易和信息披露中，存在着不同的判断和标准，这为企业管理当局进行盈余管理提供了现实条件。

（一）会计政策选择的自由

企业进行会计政策选择的基础是其经营业务的多样性和不确定性。只要不违背会计准则规定，企业管理者就可以在不同会计政策和方法之间进行判断并作出选择，如不同的折旧方法、存货发出计价方法等；同时，管理者还可以运用不同的判断对财务报告产生影响，如针对财务报告中涉及的大量未来经济事项，不同的判断对报告结果产生不同的影响。

（二）交易安排及内部控制的空间

管理者在交易安排和内部控制方面拥有较大的空间，例如，企业管理者通过对存货水平、存货发出和采购的时间以及收账政策进行安排和控制，以影响成本和收入。同时，管理当局也能自主决定一些成本、费用的发生时间，如研发费用、广告费用以及维护费用等。

（三）重大经济事项的决策权限

企业的重大经济事项，如并购交易、租赁合约以及权益性投资等，这些决策权限掌握在管理当局的手中，会对企业的资产负债表产生影响，这也为其进行盈余管理提供了基础。虽然有时难以准确区分哪些属于盈余管理，哪些属于盈余操纵，但是有一点是肯定的，就是管理者在判断和决策过程中有可能和有条件进行盈余管理。

第二节 盈余管理的动因

盈余管理既有成本，也有收益，当盈余管理给企业带来的效用收益大于耗费的成本时，盈余管理行为便应运而生。显然，对企业盈余管理行为的考察，首先需要了解盈余管理产生的诱因，即动机问题。

一、国外的盈余管理动机

西方实证会计理论的创始人瓦茨和齐默尔曼为盈余管理动机提出了三个假设：奖金计划假设、债务契约假设和政治成本假设。其中，奖金计划假设认为，在其他条件一定的情况下，与企业签订了奖金计划的经营者更愿意利用会计政策和方法将未来的盈余调节到当期。债务契约假设认为，如果其他条件不变，企业未来债务契约条款增加的可能性越大，经营者将未来盈余调节到当期的动机越强。政治成本假设认为，企业面临的政治成本越高，经营者越可能会选择会计政策将当期的盈余调节到未来。在此之后，又有很多学者提出新的动因分析，具有代表性的观点有希利和瓦伦认为的，管理当局可能会因为资本市场目标、契约目标以及监管目标进行盈余管理，管理者会在各种目标之间进行权衡，而这里的目标即动机。

首先，西方会计界通过大量的实证研究得出：资本市场确实存在盈余管理，而且资本市场动机是进行盈余管理的最重要的动因。具体包括：（1）管理层收购（MBO）前的盈余管理，即管理者处于降低收购价格的目的而在收购之前进行减少收益的操作；（2）IPO和股权再融资（SEO）时的盈余管理。实际上，在企业首次发行和在发行的过程中，盈余管理的现象都广泛地存在着。因为管理当局有提升股票发行前报告盈余的强烈动机，以提升股票价格和获得更多的股权资本。

其次，契约理论认为，契约的不完备性容易导致管理当局实施盈余管理，而基于契约的盈余管理具体又包括：(1) 债务契约下的盈余管理：债务融资方式是公司在资本市场常见的融资方式，其与债权人之间的债权债务关系一般都会通过债务契约进行明确。为了保证债务人不损害债权人的利益，债务契约中会以详细的条款对债务人的经营行为加以限制。(2) 委托代理契约下的盈余管理：在企业所有者与经营者之间的委托代理契约关系下，会出现代理权之争，即管理者对其工作安全的关注也是造成其权衡当期和未来相对业绩而进行盈余管理的动因。当公司当前业绩较差时，管理者会把未来的盈余转移到当期，从而减少当前被解雇的可能性；而当公司未来预期的收益较差时，管理人员会将当期的盈余转移到未来，以减少未来被解雇的可能性。(3) 管理报酬契约下的盈余管理：在国外，以会计盈余为基础的管理奖励报酬很普遍，管理人员通常为了使管理奖励报酬最大化，会利用会计政策的选择来操纵会计盈余以实现奖励计划。(4) 股利契约下的盈余管理：在股利契约下，进行盈余管理的原动力是大股东期望获取稳定的分红收益，当公司未经管理的盈余不足以支付大股东期望的目标股利时，管理者为了满足隐含的股利契约的要求，就会有调增收益的动机，但由于税收效应使得盈余管理行为存在一定的成本。

最后，政府往往借助于会计盈余对上市公司实施监管，这种监管激发了管理当局通过盈余管理来应对监管的动机。盈余管理的契约动机有不同的形式，主要有：(1) 税务筹划：由于税收也是一种典型的政府管制，所以基于避税的税务筹划是盈余管理的一个明显的动因。但是实际操作中，企业通过盈余管理进行税务筹划的出发点也并非完全一致，比如对私有企业而言，其进行盈余管理的目的主要是降低账面利润，减少税负，增加企业价值；而对国有企业来说，其进行盈余管理的目的主要是提高账面利润，以向其监管部门展示自己的经营业绩，而企业增加的税负则不用太多关注。(2) 社会监督：很多公司会受到公众的关注，尤其是能源公司等战略性新兴产业企业和石油、天然气等垄断或接近垄断的企业。这些企业希望通过盈余管理降低其所受到的关注程度，特别是企业发展较好的时候，而盈余管理实现的使得净利润最小化是企业必不可少的手段。否则，公众的压力会促使有关部门通过加强管制或其他方法来降低企业的盈利能力。

二、我国企业盈余管理的动机

我国有着独特的制度背景，立足我国企业的实践，不难发现盈余管理产生的动机不同于西方国家，国外的盈余管理动机也并不完全适用于中国的盈余管理现状。究其原因，主要有两点：

第一，国外普遍存在的契约制度在我国并不完善。我国企业管理者的薪酬制度建设还有待进一步完善，大多数上市公司管理者的薪酬形式和机构较为单一，股票或股票期权的报酬、参股和期权期限不长，且形式很少。因此，管理者通过盈余管理以影响股价和自身报酬的动机受到限制。同时，我国上市公司的主要债权人一般为商业银行，对债务契约履行情况的有效监督会因为银行自身缺乏激励而受到削弱。

第二,我国对会计工作的监管体制并不完善。从证券市场会计监管制度来看,监管法规的建设远远滞后于证券市场的发展速度,上市公司有很多调节盈余的手段。正是由于我国的监管体制和国外成熟市场相比有很大不同,由此导致中外上市公司在盈余管理动机上也存在差异。我国上司公司最重要的盈余管理动机充分结合了我国证券市场的鲜明特点,主要有 IPO 动机、配股动机、避免股票被特殊处理或退市的动机等。但是,我国证券市场以及监管制度也在不断的发展和完善之中。此外,随着股票发行由核准制向注册制改革,以及上市公司退市制度的进一步完善,对于拟上市公司来说,不仅要增强对信息披露工作的重视,而且还需要转变公司的经营理念并做好迎接股市市场化的准备。可见,我国企业盈余管理行为产生的动因在实践中应是一个不断发展的过程。

综合以上对盈余管理动因的分析,表 14-1 对国内外上市公司盈余管理动机进行了比较:

表 14-1 国内外上市公司盈余管理动机比较

盈余管理动机	国外上市公司	国内上市公司
报酬动机	存在,且较为普遍	存在,随着企业家薪酬制度建设而出现,并不普遍
职位安全动机	存在,经理人关注自己在企业经理人市场中的定价	存在,随着企业经理人市场完善而逐渐变多
信贷融资动机	存在,且十分重要	存在,随着银行制度变革而更加突出
政治动机	存在,多为游说、避税等目的	存在,但目标难以具体确定
股票炒作动机	存在,由于机构投资者较多,股民投资行为较为成熟,所以并不严重	存在,且较为严重
IPO	存在,但在严格的监管制度下并不明显	存在,且十分明显
保盈	存在,不够明显	存在,且十分明显
配股动机	机会不存在	存在,且十分明显

第三节 盈余管理的类型、手段与衡量

一、盈余管理的类型

盈余管理的动机决定着盈余管理的类型,基于业绩考核、获取信贷融资、发行股票和政治动机等,盈余管理的表现形式多种多样,通过对企业的盈余管理行为进行分析总结,大致可以将盈余管理的类型归为三类:利润最大化、利润最小化和利润平滑。多数情况下,企业倾向于利润最大化和利润平滑,其目的在于夸大或均衡各期的利润水平,以树立良好的企业市场形象;但是出于纳税等其他目的,企业也可能实施基于利润最小化的盈余管理。

(一)利润最大化

企业管理者选择利润最大化的盈余管理的原因比较多,比如为了突出当期的经营

业绩和报酬收入，为了获得银行的贷款或投资者的青睐等，这在我国的上市公司中比较常见。在实际操作中，当企业倾向于提高当期利润水平时，会尽量提前确认收入，推迟结转成本，将长期借款费用资本化放在递延资产账目中，通过资产置换、股权转让、出售资产等方式进行资产重组以获得巨额利润，以及采取与关联企业之间的高价出售产品、低价收购材料等关联交易调节利润等，都是企业为实现当期利润最大化而采取的方法。

（二）利润最小化

虽然利润最大化是大多数中国企业盈余管理的重要类型，但是利润最小化的盈余管理也有其用武之地。当企业在其盈利能力较强或经营规模较大时，为了减少受关注的程度，会采取利润最小化的盈余管理策略。这时企业面临的经营风险往往低于政治风险，采取保守的盈余报告策略可以避免成为公众关注的焦点，以避免或减少有关部门进行管制或采取不利于企业的措施。比如，公共部门企业为了树立良好的社会服务形象，就会利用会计政策和方法对盈余进行管理，以避免较高的利润率。同样地，一些上市公司为了降低税收负担，也会采取措施降低当期盈余。在实际操作中，常见的做法是推迟确认收入、提前结转成本、预提利息和固定资产维修等费用、通过转移价格向关联方转移利润等，其目的都是实现当期利润的最小化。

在这种盈余管理模式下，还存在一种极端形式，即亏损清洗或巨额冲销，是指通过操纵可操控性应计项目，把以前年度应确认而没有确认的损失或把以后期间有可能发生的损失集中在一个会计期间确认，使利润在不同的会计期间转移，以达到调节利润的目的。特别是当上市公司出现连续两年亏损后，公司为避免第三年继续发生亏损而导致被摘牌时，就会广泛采用该办法；或者新官上任，为了提升将来业绩，也会使用此办法，从而使某些上市公司当期的净资产收益率大幅度下跌，以后期间却出现反弹。

（三）利润平滑

利润平滑是企业管理者为使收益介于盈利下限与盈利上限之间而采用的一种重要的盈余管理方式，主要是为了满足信息披露的要求，并给利益相关者造成一种企业稳定增长的印象，树立一种低风险、稳健的企业形象，从而提升企业的市场价值。企业的股东总是期望企业能够获得稳定的增长，而对于风险规避的经营者来说，为了获得稳定的管理报酬，就会通过会计政策和方法的选择来塑造企业稳定发展的形象。在实际操作中，企业将会利用往来账项，如其他应收款、其他应付款、应收账款、应付账款等，以及待摊费用、预提费用、递延资产等账户调节利润，以实现平滑利润的目标。

这里需要注意的是，在企业运作实践中，这三种基本类型的盈余管理是相互关联的，企业往往同时出于多种动机进行盈余管理，相应地就会出现比较复杂的盈余管理行为。

二、盈余管理的手段

盈余管理的现象普遍存在，其手段也多种多样，总的来说，盈余管理的方法是在会计政策允许的范围内综合运用会计和非会计手段来实现对会计收益的控制和调整，主要涉及会计政策的选择、应计项目的管理、交易时间的变更、交易的创造等。具体的盈余管理手段有：

（一）会计政策的变更

通常，会计政策的变更与企业当期的会计盈余，甚至未来期间的收益密切相关，例如折旧政策、资产减值准备的提取、存货计价方法等，因此，企业通过会计政策的变更和调整可实现盈余管理。

1. 折旧政策变更

由于固定资产自身具有使用年限长、单位价值高的特点，在企业的资产总额中通常占有非常大的比例。因此，固定资产折旧政策的确定与变更对于企业利润有很大影响，正确计算固定资产折旧是正确核算企业利润的基础。由于不同固定资产本身的特性以及行业的特点，固定资产额的确定具有主观性。例如，固定资产预计净残值、使用年限、预计工作总量等考虑因素。此外，不同的折旧计算方法，包括直线法、加速折旧法等都会影响企业折旧额的确定，因而企业进行盈余管理的空间很大。例如，利用直线法计提折旧，使用后期的维修费支出将会高于前期维修费支出，从而影响固定资产使用成本。因此，变更固定资产折旧政策就成为一些企业进行盈余管理的重要方式。

2. 计提资产减值准备

计提资产减值准备可以进行盈余管理的主要原因是：首先，坏账准备计提比例的确定存在随意性，上市公司可根据自己的需要高估或低估坏账准备计提比例；其次，存货的可变现净值和长期投资、固定资产、无形资产的可收回金额难以确定，使上市公司计提这四项资产减值准备时存在一定的投机行为；最后，资产减值准备的确认和计量要求会计实务工作者较多地运用专业判断，使得公司在对外报告中，可以通过操纵一些可自由控制的损益确认项目，使利润在不同会计期间转移。如把以前年度未确认的损失及有可能在以后发生的损失在本期一并确认，以提高以后年度的业绩，或对本应作为损失确认在本期的项目不作处理，长期挂账，以提升本年的利润。这为上市公司利用资产减值准备操纵利润提供了空间。

3. 变更存货计价方法

根据我国《企业会计准则》，企业应当采用先进先出法、加权平均法或者个别计价法确定发出存货的实际成本。这三种存货成本计量方法之间的选择和变更也属于会计政策变更。存货计价方法的改变与折旧方法的变更对企业利润的影响一样，都是通过对一定的成本费用在会计期间的不同安排来影响企业利润。不同的存货计价方法对企业当期利润的影响如下：一是如果期末存货计价过低，当期的收益可能因此而相应减少；二是如果期末存货计价过高，当期的收益可能因此而相应增加；三是如果期初存货计价过低，当期的收益可能因此而相应增加；四是如果期初存货计价过高，当期收益可能因此而相应减少。上市公司利用改变存货计价方法进行盈余管理的现象也十分普遍。

除以上常见的盈余管理手段之外，会计政策变更中涉及企业盈余管理问题的还有很多。例如，非货币性资产交换是以公允价值还是账面价值作为成本计量基础；借款费用是资本化还是费用化；研发项目开发阶段的支出是选择资本化还是选择费用化等。

（二）应计利润管理

从本质上来说，企业管理者为了改善当期的盈余可以利用收入和费用来调节利润，但是这往往属于过度盈余管理行为，一定程度上是不合法的。

一方面，收入是影响利润的重要因素，许多企业借助收入的确认调节利润，可以通过提前确认收入将未来净收入加速确认到当期盈余中或延迟确认收入等手段。更有甚者，企业可能会通过制造经济交易的手段，人为地制造收入，从而达到增加利润的目的。例如，许多企业在年底虚开发票，次年初再以销货退回为由冲回收入。还有企业先与第三方签订"卖断"资产收益权的协议，然后通过租赁方式向第三方支付租金，转移利润。另一方面，费用是企业为取得收入而发生的各种耗费。费用的确认和计量应该符合权责发生制的要求，并遵循配比原则。但在会计实务中，经常出现企业不规范确认费用的现象，包括提前确认费用以及将费用资本化或递延当期费用等。

（三）地方政府支持

地方政府支持是我国上市公司盈余管理不同于国外的一个重要手段。由于我国证券市场存在两组基本矛盾：可能的股票供给远远大于现实的股票供给，可能的股票需求远远大于现实的股票需求，导致证券市场存在显著的"供需瓶颈"，上市成为一种资源。为了在资本市场中争夺资源，地方政府积极参与上市公司的盈余管理，对上市公司提供大面积的税收优惠和财政补贴，对提升上市公司经营业绩起到重要作用。

（四）资产重组

资产重组是企业为了优化资产结构、完成产业调整、实现战略转移等目的而实施的资产置换或股权转让等行为。资产重组有时也成为企业较为隐蔽的盈余管理手段之一，其形式也有多种，如股份转让、资产置换、对外收购兼并、对外转让资产等多种形式。许多企业通过资产重组手段，利用交易时间差，在会计年度结束前进行重大的资产买卖；或者在上市公司和非上市公司的关联企业之间进行关联交易等，将企业外部的利润资源注入企业内部，以及将亏损或义务输出企业，实现利润转移。

不管是在国外还是国内，盈余管理的手段都有很多，主要有会计政策变更、应计利润管理、资产重组等。通过对各种盈余管理手段的分析，可以制定出更完善的会计政策或法律制度以完善监管体系。

三、盈余管理的衡量

对于盈余管理的衡量也是盈余管理问题研究的一项基本的、重要的内容，根据对盈余管理关注的焦点不同，衡量的方法也不尽相同。

（一）应计利润总额模型

实证会计认为，盈余来自于两个部分：一是经营活动产生的净现金流量（NCF）；二是没有实现现金流入，按照权责发生制确认的总体应计利润（TA）。相对来说，企业管理者较难对现实发生的现金流进行操纵，但是更容易对应计利润部分进行控制，所以应计利润总额法关注的焦点是应计利润。总体应计利润又包括两部分，一部分是不可控应计部分（NDA），另一部分是可控应计部分（DA），其中可控部分的大小实际上代表了企业进行盈余管理的程度。

应计利润总额模型的基本思路是：先用总盈余（TE）减去净现金流量（NCF）来计算总体应计利润（TA），然后通过特定的方法来估计不可控应计部分（NDA），最后从 TA 中减去 NDA，就能够得到代表企业盈余管理程度的可控应计部分（DA）。公式为：

$$TA = TE - NCF$$
$$DA = TA - NDA$$

应计利润总额模型存在多种形式，其不同之处表现为对不可控应计部分的估计方法的不同。

（二）其他特定项目法

除了应计利润以外，企业还可以通过其他项目进行盈余管理，如通过关联交易、线下项目、资产处置以及销售生产行为等。其他特定项目法的基本思想是选定某一个特别项目作为焦点，通过对其数值和分布的分析，来衡量公司的盈余管理行为。

（三）报告盈余分布法

严格来说，报告盈余分步法并不是一种严格的盈余管理衡量方法，而是一种对盈余管理的判别方法，其基本思想是通过报告盈余在特定水平附近的分布来判别和衡量公司的盈余管理行为。经常采用的特定盈余水平有：上年盈余、零盈余、特定事项的要求盈余（如我国证监会的配股要求）、市场分析师的预期盈余等。

第四节　盈余管理的披露与识别

一、盈余管理对会计信息的影响

（一）盈余管理可能会导致会计信息失真

会计准则的制定者为了使会计信息更加真实准确地反映企业的盈余情况，在制定会计准则时充分考虑了准则应用的灵活性，留给准则使用者一定的选择空间，这同时也产生了盈余管理问题。但是，盈余管理的真正价值应该是通过适度的管理实现改善企业会计信息质量的目的，然而，过度的盈余管理会形成会计信息操纵，从而带来会计信息失真现象。一般认为，企业管理者出于自身的利益而进行盈余管理，这扭曲了正常的盈余报告过程,违背了财务报告应该保持中性、真实、公允的原则,可能会对投资者产生误导作用。因此,观察和分析盈余管理对会计信息披露的影响,界定盈余管理的性质,对盈余管理行为进行有效辨识,是会计管理中的一个重要问题。

(二)盈余管理与利润操纵的区别

由于盈余管理的经济后果在某种程度上与广泛受关注的利润操纵具有一些相似的外在表现,因而,目前存在着一些将盈余管理与利润操纵混为一谈的现象。实际上,二者之间存在着巨大的差别:

1. 两者的法律限制不同

目前,各国在制定相应的会计政策时都有一定的灵活性,盈余管理是在会计准则和会计制度允许的范围内发生的,适度的盈余管理是合法的,而利润操纵则是用不合法的手段改变企业的盈余信息。

2. 两者的行为动机不同

盈余管理和利润操纵都会使企业的会计报表的真实性和可行性受到损害,但是两者的动机存在着较大的不同。盈余管理作为一种合乎法律规范的盈余调整,是管理者通过对盈余进行管理而使自身效用最大化或者企业市场价值最大化;而利润操纵则是企业管理者利用信息不对称,采取欺诈手段不合法地调整企业的盈余,以牟取私利。

3. 两者运用的手段不同

由于盈余管理是以会计政策的可选择性为前提条件的,所以手段的应用是在会计法律法规和准则的范围内进行的。如通过折旧政策、资产减值准备、存货方法的改变来达到修正企业盈余的目的;利润操纵则是以不合法的手段来粉饰企业的财务报表,如利用销货退回的会计处理在年终做假销售、长期潜亏挂账等。

4. 两者导致的后果不同

盈余管理的经济后果有积极和消极两个方面,而利润操纵的经济后果基本都是消极的,除了企业管理人员能中饱私囊的外,企业的股东、债权人及其他利益相关者,甚至政府都会因此受到负面的影响。

(三)盈余管理与会计造假的区别

真实性是会计信息的首要质量特征,但是,上市公司所披露的会计信息失真现象时有发生。在这些失真的会计信息中,一部分纯属违背会计法规、会计准则的会计造假;而另一部分则是盈余管理行为造成的。但是盈余管理并非完全等同于会计造假,二者还是存在一定差别的。

1. 两者的法律限制不同

由于企业可以根据自身需要选择相应的会计政策来进行会计处理,这使得企业以合法的手段调节利润成为可能。而会计造假则是采用非法手段凭空捏造会计数据,导致会计信息严重失真,直接侵犯了财务报告使用者的利益,甚至危害社会安定,是法律法规所不允许的。

2. 两者的手段不同

与盈余管理使用的方法不同,会计造假通常是蓄意改变会计政策和方法,虚列资产价值，漏报负债，虚增销售收入，任意递延费用以及隐瞒重要事项等无中生有的手段。有些手段貌似符合会计准则和制度的要求，但超过了一定的限度，就成为不合法的行为。

3. 两者导致的后果不同

相对来说，盈余管理是一种长期行为，在一个足够长的时期内，盈余管理并不增加或减少企业实际的盈余，但会影响实际盈余在不同会计期间的反映和分布。在关联方的资产重组交易方面，其结果也只是改善了上市公司的绩效，而集团的整体财务状况和经营业绩并没有改善。会计造假是一种短期行为，不是以企业生产经营为基础实施的利润调节，而是毫无根据地对企业业绩进行编造，使会计报表失去真实性，形成会计信息欺诈的恶劣行为，其后果比较严重。

4. 两者的主体和受益者不同

盈余管理的主体是企业管理者，无论是董事会、总经理还是财务总监等管理当局，作为会计信息的加工者和披露者，有权利，也有条件选择会计政策和方法，变更会计估计，安排交易发生的时间和方式。他们对实现企业自身利益最大化负有责任，合理避税，满足股东的利益，使自己的管理业绩和才能得到认可。从这些角度来看，掌握盈余管理的方法技巧是经营战略和策略的需要，是管理水平的体现。而会计造假在很多情况下是个别高级管理人员禁不住利益的诱惑，掩盖实施真相，蓄意进行欺诈的行为，结果是少数受益者非法占有公共财产，而大多数股东和信息使用者则成为受害人。

二、适度和过度的盈余管理行为

目前，对于企业盈余管理边界的定义并不清晰，各种观点之间也缺乏统一性，对这些观点进行综合分析后不难总结得出这样的结论：盈余管理存在着一个程度的问题，并且盈余管理行为按其程度划分，又可分为适度和过度两种类型。

适度的盈余管理行为并不违背会计原则，现行的会计理论和制度对盈余管理有相当多的支持。如果从有效市场的角度考虑，企业管理当局的盈余管理行为将传递出企业的内部消息，从而使会计信息披露得更加充分，市场更加有效。因此，在企业财务运作中，不可能，也没必要彻底消除盈余管理行为，因为企业内外部信息不对称是盈余管理现象存在的根源。合理、有效的利润管理有利于公司稳定，均衡年度收益，增强公司经营的稳定性。其中一种适当而有益的盈余管理行为就是财务调整，它是决算过程的重要环节，主要解决财务信息的形成问题，使整个会计系统最终能够形成一套对企业较为有利的财务结果，这对于会计信息的形成有着重要影响，对会计信息披露起着信息积累和沉淀的作用。财务调整要求企业在决算和报表编制过程中对会计核算结果与财务数据作必要而有益的调整，使生成的会计信息更合理、更有效、更能体现企业的价值创造和业绩增长。财务调整的主要手段和技术有窗饰、修习和微调等。其中，窗饰是指通过企业财务报表进行合理粉饰和相关项目调整，使企业财务状况和整体形象呈现出理想的状态，给投资者以及企业其他利益相关者以良好预期的财务调整方法；修匀是指在维持传统会计模式的前提下，通过交易时间、交易条件、分配方法、损益归属等有关收益衡量的因素进行主观控制和调节，以控制收益为目的的财务调整方法和技术；微调是指通过对财务报表相关项目的细微调整和财务政策以及财务行为的安排、调节和控制，使财务比率和财务指标得到改善的财务调整方法。过度的盈余管理是有悖于会计信息质量特征的，会妨碍会计信息的中立性，影响会计信息的可靠性和相关性，从而误导投资者。一些企业通过非公允的关联交易转移利润，或通过并购重组、资产置换、托管等手段制造"泡沫利润"，形成会计信息失真现象。

因此，适度盈余管理的目的在于合理运用会计准则空间，并最终对会计信息使用者产生积极影响的盈余管理行为；过度盈余管理的目的在于扭曲盈余信息，并最终对会计信息使用者产生消极影响的盈余管理行为。

三、盈余管理的辨识方法与技巧

我国上市公司存在适度的盈余管理是必然的，但过度的盈余管理则要求监管部门、审计部门和会计信息的使用者运用适当的方法进行识别，从而剔除盈余管理的影响。

（一）关注审计报告意见类型及注册会计师的变更

注册会计师的一项重要职能就是独立审计，是独立行使经济评价功能的第三方主体，他们的意见是投资者对企业盈余管理行为进行识别和判断的重要参考。如注册会计师出具了带有说明段的无保留意见审计报告，投资者应对说明段中所涉及的事项予以充分关注，并适当参考公司管理当局对此的解释，从而作出合理的判断。同时，投资者还要考虑出具报告的事务所的信誉和服务质量，对事务所的变更原因也要予以关注。

（二）关注关联方交易

关联交易也是企业进行盈余管理的重要手段之一，关联交易的结果会影响企业的财务状况和经营成果，从而影响会计报表的客观性和真实性。如公司通过关联方低价买进原材料、高价卖出产品的手段调增自身的利润。因此，将来自关联方交易的营业收入与利润额从该企业的营业收入总额与利润总额中予以剔除，有利于分析企业的盈利能力在多大程度上依赖于关联企业，以及判断企业盈利基础是否扎实，利润来源是否稳定。对此，对于那些通过关联企业用巨额存贷来偿还"应付账款"的行为也要高度重视，以便透过现象把握本质。

（三）关注公司盈利与股利分配的对比

上司公司实现利润以后，为了回报股东往往要进行利润分配。企业要进行利润分配必须具备两个前提条件：一是要有足够的可分配利润；二是要有足够的现金。通常，企业的利润可以通过调节虚构实现，但现金却是实实在在的，无法通过调节产生。企业有足够的利润但一直不进行利润分配的一种解释就是企业的利润是"管理"出来的。当然，盈利企业不进行利润分配也存在其他原因，如现金周转、发展机会、股利政策等。但是由于盈余管理而产生的虚拟利润是无法进行利润分配的，因此，丰厚的利润与微薄的股利对比为寻找企业盈余管理证据提供了一条线索。

（四）关注合并报表范围的变动

根据我国会计制度，集团公司应编制合并会计报表。因此，哪些子公司纳入合并范围，哪些不纳入就是合并报表的一个重要问题。由于子公司的利润直接决定集团公司的利润，因此公司可以通过改变合并范围来调节利润，进行盈余管理。即将那些盈利状况较好的子公司纳入合并范围，而将那些盈利状况不佳甚至亏损的子公司从合并范围内剔除。一些企业还通过资产重组等产权交易行为改变对子公司投资的权益比例以达到调节合并范围的目的。也就是说，通过分析财务报告中有关合并范围的变动信息，可以发现利润操纵型的盈余管理行为。

（五）关注不良资产和异常利润

待摊费用、待处理资产损失、开办费、递延资产等虚拟资产是不能给企业带来未来利润的不良资产，这也是企业用来进行盈余管理的重要手段。另外还应考虑到应收未收款项、积压存货、长期投资以及短期证券投资交易都极易发生潜亏。因此进行企业财务报告分析时，应剔除这些虚拟资产，以判断真实的资产质量。此外，通过企业的资产重组、关联交易以及其他盈余管理行为带来的巨额异常利润，在会计报表中大多表现为其他业务利润、投资收益、资产收益处置、补贴收入、营业外收入等，异常利润越高，盈余质量越低，反之亦然。因此在分析财务报表时，不妨剔除这些异常利润，以分析和评价利润来源的稳定性。

（六）关注会计政策和会计估计的变更

会计政策和会计评估是企业核算财务状况和经营成果的依据，为了更好地反映财务状况和经营成果，企业可以选择和变动会计政策与会计估计，这就为企业盈余管理提供了条件。当然，不是说不能变更会计政策和会计估计，关键是要看其变更理由是否充分和合理。会计政策和会计估计的变更及其影响都要在财务报告中予以说明，通过对这些内容的阅读、分析，可以判断会计政策和会计估计的变更是否合理，是否存在操纵利润的盈余管理行为。

本章案例

中原特钢盈余管理案例分析

一、公司简介

中原特钢是中国兵器装备集团公司的子公司，建于 1970 年，2007 年经国务院国资委、国防科工委、中国南方工业集团公司批准改制为股份有限公司。2010 年 6 月，中原特钢在深圳证券交易所上市。现公司从事的主要业务包括以高品质特殊钢材料为基础的工业专用装备和高品质特殊钢坯料两大类。作为重型装备制造企业，在经济结构转型的大背景下,中原特钢近年来也一直致力于企业的转型升级,提高高端品种的占比。然而,由于近几年的连续亏损,公司财务状况较差,其产业转型升级也变得步履维艰。

二、案例背景

(一)中原特钢连续亏损

早在 2013 年,中原特钢的经营状况就有了大幅下滑,2013 年,公司实现的净利润为 232 万元,与 2012 年的 7150 万元相比降幅达 96.76%。虽然公司的净利润仍为正,但 2013 年公司的营业利润已经亏损 9090 万元。公司认为,利润下跌的原因主要是市场形势严峻,主导产品订货量减少,境内外收入均有所下降。2013 年,中原特钢实现主营业务收入 125122 万元,较 2012 年的 179809 万元减少了 54687 万元,降幅 30.41%;当然,其主营业务成本也随之下降。2014 年与 2015 年,中原特钢连续两年出现亏损。2014 年,中原特钢的净利润亏损 4664 万元,同比减少 2114.61%,主营业务收入较前一年也减少了 6.52%。2015 年,中原特钢的净利润亏损 21335 万元,比 2014 年扩大了亏损面,其主营业务毛利率也有所降低。2015 年,公司实现主营业务收入 92456 万元,较 2014 年减少了 24510 万元,降幅 20.96%。中原特钢在年报中披露,公司亏损主要是因为其生产经营受到宏观经济增速缓慢、下游行业需求进一步低迷等因素的影响,导致公司的主要产品合同不足,订单骤减。

(二)中原特钢变更为*ST中特

2016 年 4 月,中原特钢发布了《关于公司股票被实施退市风险警示暨停牌的公告》。由于中原特钢 2014、2015 连续两个会计年度经审计的净利润为负值,根据《深圳证券交易所股票上市规则》的相关规定,公司股票自 2016 年 5 月 3 日起被实施"退市风险警示"特别处理,股票简称由"中原特钢"变更为"*ST 中特"。公告中也对公司股票可能被暂停或终止上市作出了风险提示。

(三)*ST中特摘帽变为中原特钢

2016 年,继连续两年亏损之后中原特钢实现净利润 520 万元,虽然微微盈利,但确实完成了"扭亏保壳"的工作。之后,深圳证券交易所审核同意了对中原特钢撤销退市的风险警示。2017 年 4 月,中原特钢发布了《关于公司股票交易撤销退市风险警示的公告》,公司股票自 2017 年 4 月 21 日开市起撤销退市风险警示,股票简称由"*ST 中特"变更为"中原特钢"。

三、盈余管理动机分析

中原特钢 2014、2015 连续两年亏损,如果 2016 年度继续亏损,那么公司将会被暂停上市甚至被退市。虽然 2016 年中原特钢的净利润为 520 万元,但是,具体分析公司的年报就会发现其经营状况并没有得以改善。表 14-2 是中原特钢 2012 年度至 2016 年度的营业利润情况,公司自 2013 年起,营业利润连续四年为负。2016 年,虽然其净利润为正,但营业利润为-7585 万元,可见公司的经营情况不好。

表 14-2 中原特钢营业利润情况表

年度	2012	2013	2014	2015	2016
营业利润（万元）	2047	−9090	−5997	−24135	−7585

中原特钢的营运资金状况也令人担忧，营运资金是流动资产与流动负债的差，可以反映企业的短期偿债能力。表 14-3 反映了中原特钢流动资产和流动负债的情况，2015 年和 2016 年，公司的营运资金分别为 −2226 万元和 −7883 万元，流动比率分别为 0.98 和 0.94。这两年公司的营运资金出现负数，流动比率小于 1，也就是流动资产小于流动负债，说明中原特钢的短期偿债能力很差，公司很有可能因流动性不足而出现周转不灵的状况。

表 14-3 中原特钢短期偿债能力情况表

年度	2012	2013	2014	2015	2016
流动资产（万元）	133183	125819	136403	124365	132826
流动负债（万元）	83669	96914	109071	126591	140709
营运资金（万元）	49514	28905	27332	−2226	−7883
流动比率	1.59	1.30	1.25	0.98	0.94

虽然中原特钢的经营情况不好，但其保壳的能力不可谓不强。中原特钢在 2016 年度报告中也称："通过公司上下共同努力，积极争取各项政策和加强资本运作，完成了'扭亏保壳'的首要任务。"然而，公司的营业收入近几年持续下滑，2016 年营业收入并没有提高，近两年经营活动产生的现金流量净额也为负值。2016 年，公司非经常性损益的金额为 14842.88 万元，同比增长 446%，扣除非经常性损益之后归属于上市公司股东的净利润为 −14323.09 万元。从 2016 年非经常性损益大幅增加可以看出，面对退市预警危机，中原特钢确实采取了一些非经营手段在短期内提高经营业绩，增加盈利收入，以此来避免退市的风险。

四、盈余管理手段

（一）获得政府补助

政府补助一直都是企业渡过危机、寻求国家给予经济支援的一种途径。中原特钢 2016 年能扭亏为盈，高额政府补助起到了重要作用。中原特钢 2016 年非经常性损益为 14843 万元，其中，政府补助就有 7858 万元，占比 52.94%，同比增长 184.01%。与 2015 年相比，2016 年公司新增了三笔数额较大的计入当期损益的政府补助，分别为河南省重大科技专项财政补助 400 万元、JPSC 配套运行维护补助 845 万元以及中央企业棚户区改造配套设施建设补助资金 5978 万元。公司 2013 年、2014 年和 2015 年的政府补助分别为 1225 万元、1381 万元和 2767 万元，2016 年的政府补助突然大增，是之前三年之和的 1.46 倍。这也引起了监管部门的注意，深交所就相关问题向中原特钢发放了年报问询函。政府补助在"扭亏保壳"时大量增加，可以推测公司是采取了一定的措施来获得高额补助，帮助公司摆脱困境。2017 年 8 月，中原特钢发布了 2017 年半年度报告，其净利润为 -9957 万元，非经常性损益为 274.58 万元，其中，计入当期损益的政府补助为 274.38 万元。然而，2016 年第一季度报告中披露的计入当期损益的政府补助就有 1401 万元，可见中原特钢的经营状况确实没有改善，其 2016 年能扭亏为盈也确实是借助政府补助进行了盈余管理。

（二）出售金融资产

在 2016 年中原特钢的非经常性损益中，有关金融资产的收益为 6738 万元，占非经常性损益的 45.39%。然而，在之前的 2013 年至 2015 年共三年的时间里，公司年报中并未有类似情况的记录，2016 年 6738 万元的收益是由中原特钢转让其所持有的股权所得。2016 年 12 月 31 日，中原特钢发布了《关于确认财务公司股权转让损益的公告》，公告中披露了中原特钢于 2016 年 12 月 5 日与南方工业资产管理有限责任公司签订了《股权转让协议》，将公司所持有的兵器装备集团财务有限责任公司 5000 万股股权以人民币 12023 万元的价格转让给南方资产管理有限公司。公司对财务公司的股权投资在"可供出售金融资产"科目核算，按成本计量，本次股权转让取得收益 6738 万元，公司确认并计入当期损益。该笔股权转让收益对 2016 年公司的利润起到了巨大的影响，是中原特钢为避免退市而采取盈余管理的重要手段之一。但事实上，这并不是中原特钢第一次通过甩卖资产实现扭亏。早在 2012 年，公司就通过出售股票和获得的政府补贴得以扭亏。2012 年，中原特钢实现净利润 7150 万元，但扣除非经常性损益后归属于上市公司股东的净利润为 -5143 万元。2012 年 12 月，中原特钢的全资子公司河南兴华机械制造有限公司抛售三一重工股票 800 万股，获得的投资收益为 9245 万元，预计扣除所得税费用后净利润为 6934 万元，占公司 2011 年度净利润的 76.41%。中原特钢两次甩卖资产实现扭亏都是在年底，其目的也是为了盘活资产以及报表好看，在整个行业环境不景气的大背景下，财务状况困难的企业通过变卖资产进行盈余管理也是无奈之举。

资料来源：赵玉珊：《中原特钢盈余管理案例分析》，载《会计师》2018 年第 1 期。

本章思考题

1. 什么是盈余管理？
2. 公司实施盈余管理的动机有哪些？
3. 盈余管理有哪些类型？
4. 公司盈余管理的手段有哪些？
5. 盈余管理对会计信息有哪些影响？

第十五章

股 利 政 策

股利政策作为公司金融学的核心内容之一,是指公司将其实现的收益向股东进行分配的决策,主要包括股利政策类型的选择、股利支付率以及股利支付方式的制定等基本内容。股利政策作为公司留存收益的处置方式会影响公司的资本结构,即公司的债务资本与权益资本的比例关系。若留存收益不作为公司的股利支付,则相当于公司进行了内部融资。合理的股利政策能够刺激投资者的积极性,获得投资者的青睐使其继续投资,从而有利于公司树立良好形象,得到更好的发展机会。是否发放股利、发放多少,与公司债权人和股东的利益息息相关,也与公司未来的发展紧密相连。

第一节 股 利 概 述

公司将其税后收益分派给股东叫做股利。股利一般按照一年、半年、季度一次以现金股利或者股票股利等形式向股东分发,一年分派股利的次数各国不同。

一、股利发放程序

股利发放是要遵循一定的法定程序,原则上由董事会提出分配的具体方案,股东大会通过方案后才能进行分配,然后向股东宣布此方案,包括股利宣布日、股权登记日、除息日和股利发放日四个重要日期。

(一)股利宣布日

股利宣布日是指董事会向股东宣布发放股利的日期。与此同时,还要宣布股权登记和除息日、何时发放股利以及每股支付的股利金额等。

(二)股权登记日

股权登记日是指有权利领取股利的股东资格登记的日期。由于股票流动性强,所以要规定股东领取股利的期限,也就是股权登记日。在登记股东资格后,才能领取股利,否则不能领取。

(三)除息日

除息日是指除去股利的日期。在除息日前,股利权属于股票,买入股票就享有了股利权;在除息日后,股利权属于股东,买卖的股票不再含有股利权,因此价格将下跌。只有在除息日之前进行股票交易的股东,才有资格领取分派的股利,在除息日当天或以后购买股票的股东，均不能领取这次分派的股利。除息日到股权登记日之间进行的股票交易称为无息交易，其股票称为无息股，价格往往较低。

(四) 股利发放日

股利发放日是指正式支付股利的日期，又称付息日，一般在分红通知书上列出。

【例 1】 假设某公司于 2018 年 1 月 20 日发布公告："本公司董事会在 2018 年 1 月 20 日的会议上决定，上年度发放每 10 股 3 元的现金股利，本公司将于 2018 年 2 月 20 日将上述股利支付给已经在 2018 年 2 月 6 日登记为本公司股东的人士。"

本例中：

2018 年 1 月 20 日——该公司的股权宣布日；

2018 年 2 月 9 日——股权登记日（周五）；

2018 年 2 月 12 日（下周一）——除息日；

2018 年 2 月 20 日——股利支付日。

二、股利政策的实现方式

国外成熟资本市场上，上市公司股利政策的实现方式一般有现金股利、股票股利、财产股利、负债股利，其中现金股利运用得最为普遍。在我国股票市场上，上市公司基本的股利政策实现方式有三种：派发现金股利、送红股、公积金转增股。再考虑到上述几种方式混合使用，全部股利分配方式可分为不分配、派现、送红股、转增、派现加送红股、派现加转增、送红加转增、派现加送红加转增等方式。

(一) 现金股利

现金股利也就是上市公司以现金的方式派发给股东股利的一种股利分配方式，通常称为"红利"。无论是在国内还是在国外，它都是股利分配方式中最重要的方式，尤其是国外成熟的证券市场中，选择现金股利分配方式的公司要远多于选择其他分配方式的公司。现金股利的发放必须满足以下条件：有足够的留存收益，以保证再投资的需要；有足够的现金，以保证生产经营需要和股利支付需要；有利于改善公司的财务状况。因此，股份公司必须从实际情况出发对其财务状况进行全面权衡。上市公司分配现金股利可以降低代理成本，一定程度上规避管理层的道德风险，还可以促进管理层积极为股东创造更大的价值。同时还能够向市场传递公司盈利以及未来发展良好的信号，有助于提升公司形象。影响公司发放现金股利多少的主要因素是公司当年经营业绩、现金留存以及下一年度预算开支等情况，因为采用现金股利形式时需要公司有足够的未分配利润可供分配且现金充沛。另外，许多国家出于保护投资者利益，规范上市公司股利分配行为，促进证券市场的健康、稳定、持续发展等目的，基本上都对上市公司在现金股利的发放上作出了规定。

现金股利按照发放的时间间隔，可分为以下四种：(1) 正常现金股利。正常现金股利一般为每季度、每半年或每一年发放一次，发放这种股利表示公司以后能保持按同一频率、按时发放股利。(2) 正常现金加额外股利。这种方法主要是年利润波动比较大的公司采用。公司每期支付数额较少的股利，只有在本期收益超过正常年份时才分派额外股利。这样做可以保证期望稳定收益的投资者每期获得固定的收益，同时也可将公司经营效益好的年份的收益分配给投资者。（3）特别股利，这是一种一次性发放的股利。（4）清偿股利。这是一种特殊形式的股利，是破产企业以消耗储备金的形式来分配股利，用来退还或减少已经缴纳的股本。

（二）股票股利

股票股利是指上市公司以本公司的股票作为股利发放给股东的一种股利分配方式，在我国通常称之为"红股"，发放股票股利称为送股或送红股。因为这种分配手段通常按现有普通股股东的持股比例增发股票，所以不影响公司资产负债表中的资产、负债、股东权益总额，但是增加了流通在外的普通股的数量，每股普通股的权益将被稀释，从而可能会影响公司股票的市价。

股票股利有以下两点优势：一是公司的管理层利用股票股利来保存现金。当公司处于高速发展阶段，管理层实行扩张政策，前景乐观，为满足投资资金的需求，公司可能不愿意增加现金股利，而想留存大部分利润用于扩大再生产，于是通过分配股票股利的方式将利润资本化，既增加了公司的资本，又扩大了公司的生产经营活动。二是公司采用派发股票股利的方法，可以使股票价格更能满足市场交易的需要。因为高股价的股票会妨碍小额投资者的进入，而通过派发股票股利的方式可以使更多中小投资者进入这个行当，增加股票的流动性。

【例2】 某公司股东权益结构如表15-1所示，假设该公司宣布发放10%的股票股利，即发放50000股普通股股票，现有股东每持10股可得1股新发行的股票。如果该股票当日市价为15元，随着股票股利的发放，需要从"未分配利润"项目中转出的资金为：

$$500000 \times 10\% \times 15 = 750000（元）$$

表15-1 某公司发放股票股利前后的股东权益情况　　　　　　　　单位：元

股票股利发放前		股票股利发放后	
普通股（面额1元，已发行500000股）	500000	普通股（面额1元，已发行550000股）	550000
资本公积	800000	资本公积	1500000
未分配利润	5000000	未分配利润	4250000
股东权益合计	6300000	股东权益合计	6300000

因为股票面额不变，发放50000股的普通股，只需要相应增加"普通股"项目50000元，其余的700000元应作为股票溢价转至"资本公积"项目，但股东权益总额保持不变。表15-1显示了发放股票股利对股东权益的影响。

（三）财产股利

财产股利即上市公司以持有的财产代替现金作为股利向股东分红的一种股利分配形式，包括以实物资产或实物产品形式发放的实物股利，以其他公司证券代替现金发放的证券股利。后者因证券流动性好，相比实物股利，投资者更愿意接受。

上市公司有时基于现金状况或其他原因，而以公司所拥有的非现金资产，如公司所持有的其他公司所发行的证券、不动产、商品或其他经董事会决定用于分配的资产等，作为支付股利的方式。美国的很多股权公司，常将其附属公司的普通股，分派给原股权公司的股东。财产股利发放形式主要有以下三种：(1) 以公司以前所发行的公司债务或优先股分派给股东；(2) 以不属于该公司的证券分派给股东；(3) 将商品实物分派给股东。

财产股利以其他公司的证券支付最为常见，因为这些财产的公允市价容易确定，而且易于按股东持股比例分配给股东。采取这种方式，一方面，上市公司可以回避自己为控制其他公司而购买其大量股票的违法行为，保持控制权；另一方面，投资者因证券具有较好的流动性和安全性，一般也乐于接受这种分配方式。

（四）负债股利

公司有时通过建立一项负债来发放股利，如以应付票据、应付公司债券、临时借据等来抵派已宣告分派的股利，这种股利即称为负债股利。负债股利是企业以负债形式所界定的一种延期支付股利的方式。明智的股东深知货币的时间价值，因此，公司通常以应付票据的负债形式来界定延期支付股利的责任。股东因手中持有带息的期票，补偿了股利没有即期支付的货币时间价值；公司则因此而承受了相应的利息支付压力。

发放负债股利的主要原因，是宣告分派股利后，公司财务状况因某些意想不到的原因而突然恶化，营运资金出现不足，不足以发放股利，但在一段时期后可望有现金流入。为了顾全信誉，保证股利的正常发放，只好以负债方式发放股利，延期支付现金。显然，只有在公司必须支付股利而现金又不足的特定条件下，才采用这种权宜之策。在现实中，负债股利并不多见。因为若在宣告分派股利前，公司财务状况已经出现困难，董事会就不会贸然决定宣告分派股利；若宣告分派股利后，公司财务状况开始恶化，董事会亦可推迟支付日期。

（五）公积金转增股

公积金转增股是指上市公司将公司的资本公积金转化为股本的形式赠送给股东的一种股利分配方式。它与股票股利也就是我们常说的送股不同的是：公积金转增股来自于公司的资本公积金，而股票股利来自于公司年度税后未分配利润；另外，上市公司本年度有利润时才能送股，而公积金转增股却不受公司年度盈余和时间限制。

严格来说，资本公积金转增股本不属于利润分配，但在我国，投资者和上市公司一般将其视为股利分配的一种形式。从本质上讲，转增股本类似于股票股利，前者是用资本公积金扩张股本，后者是对资本盈余的分配。但二者在会计处理上，仅仅是股东权益结构中不同科目的内部转换，同时增加了对外发行股票股数而已。对投资者而言，两者都会引起股东持股数的增加，但股东们的实际持股比例保持不变。上市公司把转增股本作为股利分配的一种方式，主要是基于以下目的：其一，转增股本是一种股本扩张行为，不征收个人所得税；其二，转增股本对股东权益没有影响，虽然在净利润一定的情况下，转增股本会摊薄每股收益，但对净资产收益率却没有影响；其三，转增股本会影响股价。因为转增股本按股票面值计算，转增后二级市场的股价虽然经过除权，但仍然高于票面值。若有填权行情，投资者还可以从二级市场上得到实惠。

（六）股票回购

股票回购，是股份公司出资将其发行在外的股票以一定价格购买，予以注销或作为库存股的一种资本运作方式。此种股利形式源于 20 世纪 70 年代美国政府对现金股利的管制，许多公司因而采取股票回购方式进行规避。与现金股利相比，股票回购实际上是它的一种替代形式，而且股票回购对投资者而言在增加投资的灵活性的同时，也可以带来节税效应。投资者也可以通过在二级市场上抛售股票予以套现，满足其现金需要。派发现金股利将给公司带来较大的派现压力，而股票回购则不会产生未来的派现压力，这样不但利于公司长期股利目标的实现，而且可以防止发放现金股利致使短期效应的出现。所以，公司管理层更倾向于选择通过股票回购的方式实现股利政策。

【例 3】 某公司发行在外的普通股股票为 1000000 股，目前公司有现金 3000000 元（每股 3 元），正准备将这笔资金作为额外股利发放给股东。公司预计发放股利后，年度净利润为 5000000 元，即每股收益 5 元，同类公司市盈率为 8，因此公司股票价格为 40 元，如表 15-2 所示：

表 15-2　现金股利与股票回购对股票价值的影响　　　　　　　　单位：元

项目	总额	每股收益（或价格）
发放现金股利		
股票总数	1000000	
现金股利	3000000	3
发放股利后的年度利润	5000000	5
发放现金股利后的股票市值	40000000	40
股票回购		
股票总数	900000	
发放股利后的年度利润	5000000	5.56
发放现金股利后的股票市值	40000000	44.48

如果公司用多余现金回购自己的股票，假定按照每股 30 元的价格回购，则公司可回购 100000 股股票，这样发行在外的股票变为 900000 股。因为发行在外的股票数量减少，每股收益将升至 5.56 元。如果回购股票前后公司的市盈率不变，仍然为 8，则回购后公司的股票价格将达到 44.48 元。发放现金股利或股票回购后公司的具体情况如表 15-2 所示。

股票回购对公司可产生的利益如下：

（1）当公司偶然有一笔多余的现金需要分配，但又不希望改变现金股利分配政策时，可采用股票回购的方式向股东分发这笔现金。这时股票回购的作用类似于一笔额外的现金股利。

(2) 通过股票回购，可以减少流通中的股票数量，公司能够在不断增加现金需求的情况下提高未来的每股现金股利额。

(3) 股票回购可以迅速改变公司的资本结构。出于需要，公司可以通过借入资金回购股票的方式使其资产负债率发生较大变化。

(4) 股票回购可以起到稳定或提高公司股价的作用。股票回购也是公司向市场传递信息的一种手段，告知市场公司股票的价格被低估了，同时也向市场显示了公司额的财务状况良好，有大量的现金盈余。因此，公司在其股价过低时，回购股票是维护公司形象的有力途径，可稳定或提高公司股价。同时，公司也有了进一步配股融资的可能。此外，在市价发行的股票市场，为使市价发行的新股顺利被投资者吸收，上市公司也经常在二级市场进行股票回购，以稳定和提高股价。

（七）股票分割

股票分割是指如果一个公司股票面值较大，可以通过拆分的方式将其变成多张小面值的股票。采用此办法会使公司发行的股票总数增加，但是不会对公司的资本结构产生影响，因为股本、资本公积等股东权益账户在资产负债表中都不会改变，股东权益的总额也保持不变。

股票分割与发放股票股利的作用非常相似，都是在不增加股东权益的基础上增加股票的数量。不同的是，股票分割导致股票数量的增加可以远远大于发放股票股利，且在会计处理上也不同。

【例4】 某公司本年净利润600000元，原发行面额1元的普通股300000元，如果按1股换成2股的比例进行股票分割，则股票分割前的每股收益为2元（600000/300000），股票分割后公司净利润不变，分割后的每股收益为1元（600000/600000），每股市价也因此会下降。表15-3计算出了该公司实施1：2分割前后资产负债表中股东权益的变化状况。

表15-3　某公司股票分割前后股东权益状况　　　　　　　　　　　单位：元

项目	股票分割前	股票分割后
普通股（面额1元，已发行300000股）	300000	600000
资本公积	80000	80000
未分配利润	600000	600000
每股收益	2	1

从表15-3可以看出，股票分割既不能增加公司的资产价值，也不会改变公司的股东权益结构。而一般公司进行股票分割，主要的考虑因素是：一是降低股票价格，增强公司股票的流动性。因为如果股票价格过高，会影响一些投资者的购买力量，从而影响股票交易的活跃和流动性。二是由于股票分割常见于成长中的企业，所以企业进行股票分割往往被视为一种利好消息而影响其股票价格，由此企业股东就能从股份数量和股票价格的双重变动中获得相对收益。

第二节 股利理论与政策

股利政策一直都是公司金融研究的重要领域。股利政策在公司运营中起着重要作用，它与融资政策、投资政策并称为公司金融活动的三大政策。合理的股利政策是上市公司对股东的利益回报手段，可以向外部传递企业信息，树立良好的市场形象，降低运营代理成本，提高投资者信心，为企业创造一个良好的融资环境，有利于企业的长期稳定发展。理论界一般将西方股利政策发展分为两个阶段：第一阶段是 20 世纪六七十年代后形成的传统股利政策理论阶段，其争论主要集中在股利与公司价值的相关性上，形成了"一鸟在手"理论、"MM 股利无关论"，以及"税收差异理论"等经典理论。第二阶段是 20 世纪 80 年代之后兴起的现代股利政策理论阶段。股利政策研究的争论焦点转向股利政策对公司价值产生影响的原因及程度。学者们将信息不对称等新的理论应用于股利政策的研究，并通过放松"MM 股利无关论"的假设条件，提出"信号传递理论""代理成本理论""顾客效应理论"等代表性理论。

一、传统股利政策理论

（一）"一鸟在手"理论

"一鸟在手"理论（bird-in-the-hand theory），是广为流传的股利理论，源于西方谚语"双鸟在林不如一鸟在手"。该理论认为，股票市场的风险主要体现在股票价格的波动较大，相对于资本利得，在投资者眼里股利收入是确定已经实现的，留存收益进行再投资所得到的资本利得是不确定的；风险厌恶型的广大投资者偏好眼前较高的股利政策。根据此理论，当公司提高股利支付率时，投资者风险便会降低，在收益与风险对等原则的前提下，投资者必要报酬率会降低，也就意味着公司权益资本成本降低，最终会增加企业价值，公司股票价格因而上升；反之，若公司降低股利支付率或停发股利，则会增加投资者风险，最终导致股票价格下降。

这一理论认为，股东的财富和公司的股利政策有着密切的正向相关关系。股东权益的价值公式为：

$$S = \frac{(\text{EBIT} - I)(1 - T)}{K_s}$$

其中，S 为普通股权益的市场总价值，EBIT 为公司未来的年息税前利润，I 为公司长期债务年利息，T 为公司所得税税率，K_s 为普通股权益资本成本。此公式的分子为净利润，是一个常量，则公司的股权价值 S 与权益资本成本 K_s 呈反比。根据"一鸟在手"理论，投资者均是偏好现金股利而不是资本利得，所以公司派现水平越高，股东风险越小，权益资本成本越低，从而公司的股权价值越高，相应地，股东的财富就越高。

该理论经林特勒（Lintner）、华特（Walter）、戈登（Gordon）等学者不断丰富，并通过威廉姆斯模型、华特模型和戈登模型等进行了量化实证分析。

"一鸟在手"理论很难解释投资者在收到现金股利后又购买公司股票的现象，它实际上混淆了投资决策和股利政策对股价的影响。公司的盈利是股利的来源，在企业投资决策已经确定的情况下，该投资方案的实际运作的效果和方案本身的风险决定了公司未来的现金流量和收益。当公司的融资途径顺畅良好的时候，该风险的大小并不受公司当期现金股利政策的影响。但是，公司的融资途径如果不顺畅，高股利分配政策就会造成公司资本的短缺，企业有可能因为没有足够的资金而丧失好的投资机会。由此会使企业发展受限，企业价值的提升受到阻碍。因此，这一理论具有一定的局限性，受到许多学者质疑，被称为"手中鸟谬误"。

（二）MM股利无关论

美国经济学家莫迪格利亚尼和米勒在1961年出版了《股利政策、增长和股利估价》一书，提出了"股利无关论"。该理论认为，在完美的资本市场中，在公司投资决策既定的条件下，无论公司采取何种股利政策都不会影响公司价值；公司价值是由投资决策所决定的，进行股利分配不影响公司价值。MM股利无关论建立在三个严格假设基础之上：（1）完全资本市场假设；（2）理性行为假设；（3）充分肯定假设。以上假设条件保证公司无论实施何种股利政策，都不会影响公司的市场价值，股利支付是可有可无的，即公司价值与股利政策无关。

MM股利无关论建立在一系列严格的假设条件基础上，因此，自其诞生之日就颇受学界争议。因为一旦面对现实，诸多市场的不完美，如税率差异、信息不对称、委托代理问题以及投资者非理性行为等等，都将与股利政策相关。但不可否认的是，MM股利无关论开创了股利政策研究的新篇章，为以后相关研究奠定了理论基础。

（三）税收差异理论

在实际生活中，股利政策的制定一直都受到公司管理层、投资者和外部分析人员的重点关注，公司管理层在制定股利政策的时候往往需要全面考量，因为股利政策会影响公司的股价，进而影响公司的价值。而前面所述的理论通过一系列的假定，设立诸多条件最后得出的股利政策无关论是与现实不符的，因为该理论提出的各项假定在现实生活中很难实现，所以很多专家学者开始放宽假设条件中的一个或者多个，为了让研究成果更具有参考性，更接近现实。埃尔顿（E. J. Elton）和格鲁勃（M. J. Gruber）在1970年提出了"税收差异理论"。该理论认为，在股利收入和资本利得不存在税收差异的情况下，公司选择何种股利政策并不重要。但是，如果股利收入和资本利得税率不同，投资者可以通过选择股利政策实现税后收益最大化。现实情况下，一般而言资本利得的税率偏低，发放现金股利可使投资者通过继续持有股票延缓资本利得的实现，达到延迟纳税的目的。

税收差异论的结论主要是：股票价格与股利支付率呈反比；权益资本成本与股利支付率呈反比；企业应采取低股利支付率的政策，才能使企业价值最大化。

该理论在现实中也存在一定的局限性。现实生活中，尤其是在美国，养老金或者一些大的机构投资者不需要缴纳资本利得所得税和现金分红所得税，而且即使是个人投资者，也可以通过某些方法达到避税效果。另外，如果公司选择低股利支付率，会使公司价值更高，那么为什么现实生活中依然存在很多高分红的公司。这些基于税差理论均不能很好地解释。后来的学者在研究中发现股票收益率越高，预期股利分配就越高的非线性关系。但是，对于为何会存在这种关系没有得出一致的结论。

二、现代股利政策理论

（一）信号传递理论

信号传递理论（signaling hypothesis，或称信号假说）认为，公司管理者与外部投资者之间存在信息不对称，公司管理者拥有更多的内部信息，可以通过股利政策向外部投资者传递有关公司发展情况的信息。对外部投资者而言，股利政策的变化是反映公司价值高低的重要信号，能够传递公司盈利能力的信息，会对股价产生一定影响。如果公司保持持续、稳定的股利政策，投资者可能对公司未来的盈利水平抱有信心，股价会随之上升；当公司股利支付水平下降时，会引起外部投资者的悲观态度，很可能造成股票价格下跌。

John Lintner 最早开始研究对股利信号传递理论，1956 年，他对美国 600 多家上市公司进行调查和实证研究，设计出分配模型。他认为，公司管理层通常非常重视股利水平的变化，所以会尽力保持一个相对稳定的长期的目标股利支付率，不会轻易减少股利，但是也不会随意增加股利水平，只有在确定公司未来的盈利能力可以满足因股利增加所需付出的利润时才会选择增加股利支付水平。后来，Lintner 的观点被 Farma 和 Babiak 在 1968 年通过采用更多的经验数据得到进一步的印证。

1985 年，米勒提出股利分配的信息含量假说，认为股票的价格会受到未预期到的股利变化的影响，因为未预期到的股利变化会向投资者传递有关公司未来盈利能力的变化，从而影响公司股价。尼斯姆（Nissim）和齐夫（Ziv）2001 年的研究证明了这一假说，并得出股利变动与随后两年盈余变动成正相关。

罗斯在 1977 年和巴特查亚（Bhattacharya）在 1979 年结合股利分配的信息含量假说以及信号传递理论，共同认为公司在拥有潜在投资收益项目的时候，会通过提高公司股利支付水平的方法将公司与其他公司加以区分。同时 Ross 认为，MM 理论中阐述的资本结构和公司价值无关论只有在市场所有参与者都能拥有公司日常经营活动的信息时才会成立。并指出，如果公司管理层掌握了外部投资者不了解的信息，此时市场就会出现公司资本结构的变化及管理层激励机制等相关信息，MM 股利无关论也就不成立。

信息传递理论研究取得进展的同时，也并非完美无缺，实证结果也不一致。如它很难对不同行业、不同国家之间股利政策的差别进行有效解释；高成长行业和企业业绩、成长性有目共睹，但股利支付率一般都较低，然而，该理论却作出相反解释；该理论解释不了为何公司不采用其他成本更低但效果相当的政策手段传递企业内部信息。

（二）顾客效应理论

顾客效应（clientele effect，或称追随者效应）理论，应该说是对税收差异理论的进一步发展，也可以说是广义的税收差异理论。该理论是从边际税率的角度出发用以解释股利政策，通过放松理论中关于税收的假定、完全市场的假定以及交易成本不存在的假定加以分析。该理论认为，投资者所在的税收等级不同，对股利发放的态度也不同。所以，公司为了吸引更多的投资者，就会相应地调整股利政策从而迎合投资者的偏好，使其达到均衡状态。也就是低股利支付率的股票会受到高边际税率的投资者的喜爱，而高股利支付率的股票一般会受到低边际税率的投资者的喜爱，使得各类股东都达到满意的状态，这种现象就称为"顾客效应"。依据该理论的观点，无论公司采取何种股利政策，都不能满足所有股东对股利的要求；公司在一定时期内股利政策的变化，只会吸引偏好新政策的投资者持有该公司股票，而另一部分边际税率不同的投资者则会因拒绝接受新政策而抛售股票。因而，当市场上偏好新股利政策的投资者的占比大于实施新股利政策公司的占比时，则这些公司的股票将处于短缺状况，根据供求理论，其股票价格便会上涨，直到达到均衡状态为止。当整个股票市场处于均衡状态，任何公司都无法通过改变股利政策达到影响股价的目的，即此时股利政策与股价无关，这实际上是股利无关论的一种论证。

"顾客效应"概念最早是由莫迪格利安尼和米勒于1961年在《股利政策、增长和股票估价》一文中提出的，认为"每个企业都会试图以其特定的股利支付率来吸引一些喜好它的追随者"，但他们并未对此作更深入的讨论。布莱克和斯科尔斯（Black & Scholes）对顾客效应进行了比较系统的研究，并于1974年在《财务经济学刊》发表的文章中将投资者分为股利偏好型、股利厌恶型、股利中性型三种追随者群体，认为每一个公司的股票都会吸引一类偏好该股利政策的投资者群体。之后，佩蒂特（Pettit）、利真伯格（Litzenberger）、拉马斯瓦米（Ramaswamy）等学者通过实证检验，进一步证实了顾客效应的存在。从20世纪70年代末期开始，顾客效应理论也受到一些学者的挑战，质疑顾客效应的存在。但不可否认，顾客效应理论强调股利政策的重要性，促使公司采取持续、稳定的股利政策，而不要频繁变更，该理论在股票市场的发展中发挥了积极作用。

（三）代理成本理论

代理成本理论（agency cost hypothesis）放松了MM股利无关论关于"公司经营者与股东的利益完全一致，经营者致力于股东财富最大化"的假设，认为现代企业所有权和经营权两权分离后，随之产生了委托代理关系，进而带来了代理成本问题，而股利的支付能够有效降低代理成本。首先，股利支付会减少经营者对企业现金流的支配权和谋取自身利益的资金来源，促进资金合理配置；其次，股利发放后，企业可能通过外部负债或权益融资满足资金需求，此过程中必定受到银行、证券监管部门的监督和检查，从而股利支付成为间接约束经营者的途径，降低了公司股东的监督成本。

最早将代理理论与股利政策研究相结合的是詹森和麦克林（Jensen & Meckling）。他们分析了公司所有者与经营者、外部债权人之间的代理冲突问题并重新诠释了公司的融资问题，公司股东和经营者的利益冲突关系通过股利政策的制定表现出来。由经营者控制的公司偏好支付的股利水平较低，将现金投入收益较高同时风险也较高的项目；而由股东控制的公司更倾向于执行较高的股利支付率。随着股东对公司的控制力提高，公司会将更多的现金流用于支持积极的股利政策，并通过更有力的投资决策实现股东价值最大化。股利政策有助于缓解利益相关者之间的代理冲突，降低公司总的代理成本。

三、股利政策

（一）股利政策内涵

股利政策有狭义和广义之分。狭义方面的股利政策，即普通股股利的支付比例，而广义的股利政策则包括多个方面，如确定宣布股利日期，确定发放股利的比例，股利发放时的资金筹集等。股利政策是为了稳定公司股价，平衡企业内外部之间的利益关系，在以公司未来战略发展方向为目标的基础上，将提取法定公积金和任意公积金后的净利润在利润留存和股利支付之间进行选择配置。而上市公司制定股利政策的过程其实就是将公司的净利润在股东和公司之间进行分配的过程。

（二）股利政策的类型

不同的股利政策会对公司的股票价格产生不同的影响，因此对于公司而言，需根据企业发展实际情况和未来前景，制定适当、合理的股利政策。一般而言，股利政策类型包括以下四种：

1. 剩余股利政策

剩余股利政策是指公司在有着良好的投资机会时，在确定最佳资本结构的前提下，净利润首先应满足公司各项投资的需要，若有剩余，再进行股利的分配；如果没有剩余，则不派发股利。这种形式的股利政策主要以满足公司的基本需求为出发点，注重于扩大再生产，主要考虑从收益中获得资金。从本质上讲，这种股利政策实质上是公司的一个筹资决策，现金股利仅仅是一个被动的剩余额。剩余股利政策是 MM 理论在股利分配实务中的具体应用，是一种投资优先的股利分配政策。剩余型股利政策的优点在于：可以使上市公司利用最低成本的资金来源，保持合理的资本结构。在二级市场上，虽然投资者根据这种股利政策所取得的股利较少，但由于公司有大量的净收益大于零的机会，预示发展前景良好，因而其股票价格往往会大幅上升，这同样会给投资者以理想的回报。但是，实行剩余股利政策会使公司每年的股利发放额处于经常变动的状态，即当公司的投资项目多时，股利发放额就少，反之，股利发放额就多。公司的股利发放额与投资项目的多少呈反比例变动。因此，实行剩余股利政策的公司无法吸引渴望有稳定股利收入的投资者。

【例 5】 某公司现有利润 150 万元，可用于发放股利，也可留存，用于再投资。假设该公司的最佳资本结构为 30% 的负债和 70% 的股东权益。根据公司加权平均的边际资本成本和投资机会计划决定的最佳资本支出为 120 万元。

① 确定最佳资本支出水平 120 万元

② 设定目标资本结构（股东权益资本 70%，债务资本 30%）

③ 最大限度满足股东权益数的需要留存收益 150 万元

满足后剩余：150－84＝66（万元）

股利发放额：66 万元

股利支付率（66÷150）×100％＝44％

本例中，如果公司现有利润 150 万元，但未来有两种资本预算支出，即 200 万元或者 300 万元，见表 15-4。当资本预算支出为 200 万元时，股利发放额是 10 万元，股利支付率 6.67％；当资本预算支出为 300 万元时，现存的收益（150 万元）满足不了资本预算对股权资本的需要量（210 万元），所以不能发放股利，需要发行新普通股 60（210－150）万元，以弥补股权资本的不足。

表 15-4 某公司股利情况

资本支出预算	200 万元	300 万元
现有留存收益	150 万元	150 万元
资本预算所需要的股东权益资本	140（200×70％）万元	210（300×70％）万元
股利发放额	10 万元	—
股利支付率	6.67％	—

2. 固定股利或稳定增长股利政策

这一股利政策要求企业在相当长的一段时期内支付固定的股利，只有当企业对利润增长有信心，并且会持续增长时，才会增加每股股利水平。实施这种稳定的股利政策，有利于向投资者传递公司经营稳健、风险较小的信息，有利于提高投资者对公司的信心，尤其会受到风险厌恶型、希望每期收到固定收入的投资者欢迎，有利于股票价格的提高。但这种只升不降的股利政策会给公司的财务运作带来压力，要求公司能够对其未来的支付能力作出较准确的判断，如果判断不准确，会使公司面临较大的财务压力，尤其是当公司出现突发的短暂性经营困难时，为了保证股利的支付，会很容易影响公司的经营状况。这种股利政策为国外大部分上市公司所采用，能够较好地保护投资者的利益。

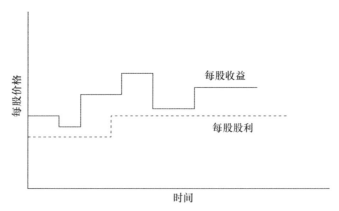

图 15-1 固定股利或稳定增长股利政策示意图

3. 固定股利支付率股利政策

固定股利支付率政策是公司先确定一个股利占公司税后盈利的比率，并长期按此比率发放股利的政策。这种股利政策使股利与企业盈余紧密地结合在一起，各年股利发放额随着企业经营的好坏而上下波动，获得较多盈余的年份就多发放股利；反之，获得盈余少的年份就少发放股利。它体现了政府规定的多盈多分、少盈少分、不盈不分的原则，从企业支付能力的角度看，这是一种真正稳定的股利政策，使公司的财务状况基本上能够保持稳定。但是从投资者的角度来看，却会认为公司股利分配额频繁变化，公司经营不稳定，自己未来收益不明确，投资风险大。另外，这种股利政策比较僵化，不够灵活，当有好的投资项目出现时，公司可能会因为股利支付缺乏现金流而错失机会。所以，一般的上市公司不采用这种股利政策，只有税后利润和财务状况较为稳定的公司才会采用这种政策。

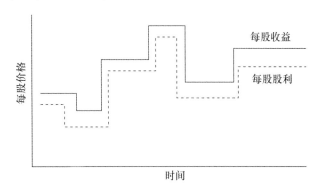

图 15-2　固定股利支付率股利政策示意图

4. 低正常股利加额外股利政策

低正常股利加额外股利政策是指在一般情况下，企业每年只支付较低的正常股利，只有在企业经营非常好时，才支付正常股利之外的额外股利。采用这种股利政策，平常情况下一般都能稳定发放低正常股利，而且当企业盈利很少或需要多留存盈利时，仍然可以发放固定的正常股利，这样能增强股东对公司的信心。当企业盈利较多时，还可以给股东发放额外股利，有利于公司形象的提升。另外，低正常股利加额外股利政策在股利发放上的灵活性可以使公司具有较大的财务弹性，有利于公司抓住出现的投资机会。但这种股利政策也存在一些缺点：第一，仍然缺乏稳定性，盈利的变化使得额外股利不断变化，时有时无，使得投资者的信心得不到保证；第二，当公司在较长时期一直发放额外股利时，股东可能误认为是"正常股利"，一旦取消额外股利的发放，容易造成"企业财务状况恶化"的错误印象，从而降低对公司股票的评价，导致股价下跌。

第三节　影响股利政策的因素

一般情况下，企业在准备作出股利政策的过程中，必须充分考虑股利政策的各种影响因素，从保护股东、公司本身和债权人的利益出发，才能使公司的收益分配合理化。股利政策的影响因素通常包括行业生命周期、企业盈利能力、法律约束等。

一、行业生命周期与股利政策

上市公司是否分派现金股利与企业发展阶段企业规模有关。公司规模与股利支付水平成正比，净资产金额越大，其可供股利分配数额越大。初创期和高速成长期，由于企业自身发展需要大量的资金，企业本身需要融资以支撑自身发展，故一般不宜分派现金股利。稳定发展期，属于企业的收获季节，有大量的利润支撑，企业走向成熟，融资渠道也更为宽广，可以选择分派现金股利政策。衰退期，企业受经营情况的影响，一般分派股利逐年下降，甚至不分派。

二、公司财务状况与股利政策

公司的财务状况是影响最终分配结果的决定性因素，主要包括公司的盈利能力、成长性以及公司的融资能力、偿债能力。盈利能力主要体现在因为现金股利主要受货币资金余额和可供分配的利润等因素影响，经营状况好的企业，盈利可供分配的利润就较充足，反之较少。企业的盈余稳定与否，直接影响其收益的分配。盈余相对稳定的企业对未来取得盈余的可能性预期良好，因此有可能比盈余不稳定的企业支付更高的股利。盈余不稳定的企业由于对未来盈余的把握小，不敢贸然采取多分政策。成长性也是影响股利政策的一个重要因素，每个公司应依据自身所处的发展阶段和财务状况制定相应的分红方案。一般来说，那些正处于成长阶段、表明其有良好的发展前景的公司，其发展对资金需求较大，股利分配政策倾向于保留利润；而已进入成熟阶段、业绩稳定、成长缓慢的公司，完全可以给股东以稳定的现金股利。

企业的融资能力的影响体现在：如果公司举债能力特别强，能够及时从资金市场筹措到所需的资金，则有可能采取较为宽松的利润分配政策；而对于一个举债能力较弱的公司而言，宜保留较多的盈余，因而往往采取较紧的利润分配政策。偿债能力因素体现在如果发生大量的现金股利的支出，必然影响公司的偿债能力。公司决策层在确定股利分配额度时，就必须要考虑现金股利的分配对公司整体偿债能力的影响，并确保股利分配以现金形式支付以后，公司仍保持较强的偿债能力，以免无法及时足额偿付债务，以维护公司的信誉和后续持续的借贷能力。

三、法律约束与股利政策

任何公司都是在一定的法律环境下从事生产经营活动，因此，有关的法律条款会直接对公司的股利政策产生影响。一般来说，法律并不要求公司一定要分派股利，但对某些情况下公司不能发放股利却作出限制，具体主要包括：

（一）资本保全规定

资本保全规定，也就是防止资本侵蚀的规定，要求公司在发放股利时不能减少公司的资本，即公司不能因支付股利而侵蚀公司的资本。这一法律规定的理性目的，是为了保证公司有完整的产权基础，进而保护债权人的权益。因此，任何导致资本减少的股利政策都是不合法的，公司董事会应对此负责。

（二）股利分配顺序的规定

按我国财务制度的有关规定，公司的盈余应按以下顺序分配：

(1) 弥补亏损。

(2) 提取法定公积金（包括法定盈余公积金和公益金），均是按公司税后净利的10%来提取，其中法定盈余公积金主要用于弥补亏损或转增资本，公益金主要用于职工集体福利设施的建设。

(3) 支付优先股股利。

(4) 提取任意盈余公积。它是按公司章程规定或股东大会决议从盈余中提取的留存收益。

(5) 支付普通股股利。我国财务制度规定，公司在弥补亏损和提取法定公积金前，不得分配股利；公司无盈余，也不得分派股利；公司股利支付不能超过当期与过去留存利润之和。

（三）无力偿付债务的规定

无力偿付债务主要有两方面的含义：其一是公司出现资不抵债的情况，即公司由于经营管理不善，出现了大量亏损，导致负债增加超过资产；其二是公司虽未达到资不抵债的状况，但其资产的流动性较差，即变现能力差，导致公司陷入财务困境，进而无力偿还到期债务。此项法律规定的目的在于保护债权人权益。它明确规定了当公司处于无力偿付债务或因支付股利将使其失去偿还能力的境地时，不得向投资者支付现金股利。

四、各利益相关者对股利政策的影响

（一）股东意愿

股东在税负、投资机会、股权稀释等方面的意愿也会对公司的股利政策产生影响。由于历史原因，在我国上市公司股权结构中，非流通股股东占绝对控股地位，他们的投资目的是为了实现资本保值和增值，注重其在公司中的控股地位，着重于公司的长远发展。因此，他们往往倾向于不发股利或少发股利；而对于一般的中小投资者（即流通股股东）而言，由于我国资本市场发育不完善，他们的利益得不到切实保护，造成这部分股东更注重短期投资收益，通过频繁的市场换手率来赚取股票价差，从而对公司股利关注较少。毫无疑问，公司不可能形成一种能使每位股东的财富都最大化的股利政策，公司制定股利政策的目的在于使大多数股东的财富有所增长。

（二）税负

公司的股利政策也许会受其股东所得税状况左右。一般来说，大公司的富有股东因达到个人所得税的某种界限而按高税率课税，他们为了达到少缴纳所得税的目的，大多倾向于多留存盈利而少派发股利的股利政策。相反，属于低收入阶层的股东，由

于其所适用的个人所得税率比较低,对这类股东来说,他们更喜欢较高的股利支付率,他们宁愿获得没有风险的当期股利,也不愿冒风险去获得以后的资本利得。

(三)股东的投资机会

一些公司为了扩大企业的经营,比较倾向于将公司的留存盈利用于再投资,这种行为对于股东来说,如果所得报酬低于股东个人单独将股利收入投资于其他投资机会所得的报酬,则该公司就不应多留存盈利,而应多发放现金股利给股东;相反,如果留存利益所获报酬较大,公司应选择留存利益,少发放现金股利,因为这样做对股东更为有利。

(四)股权的稀释

高现金股利支付率会导致现有股东股权和盈利的稀释。也就是说,如果公司支付股东大量的现金股利,然后再发行新的普通股以获得公司因发展所需的资金,那么,现有股东的控制权就有可能被稀释,这也是大多数大股东们不愿看到的结果。同时,随着新股的发行,流通在外的普通股股数必将增加,最终导致普通股的每股盈利和每股市价的下降,从而对现有股东产生不利影响。鉴于这种考虑,一些大股东倾向于用利润留存来扩充公司所需的资金,以保障自己在公司的大股东的地位。

 **本章案例**

苏宁云商公司股利政策

苏宁云商集团股份有限公司(以下简称"苏宁云商"),创立于1996年5月15日,目前主要经营各类日用电器,手机、电脑等电子设备和配件,于2004年7月21日在深圳交易所正式上市发行,股价16.33元。自从苏宁云商上市以来,该公司的股利政策便偏向于资本公积转增股本,使得股本不断增长。2004年到2006年,每10股分别转增股本10股、8股、10股。可以看出,上市短短3年,苏宁云商股本便增长了数倍。2008之后,苏宁云商又陆续转增股本。尽管自从2010年开始,苏宁云商为了长期的发展不再分配股票股利,但其如此之高的送转仍然引起了大家的注意。通过这种方式,苏宁云商在短短10年内将股本增长约百倍,在2016年全国工商联公布的"2016中国民营企业500强"当中,当年营业收入为3502.88亿元的苏宁控股排在第二。

一、影响苏宁云商股利政策的因素

(一)经营管理因素

通过查看苏宁云商上市以来的股利分配政策,可以看出,苏宁云商上市前3年采用的是只高送转但无派现的股利政策,2008年至2011年在送转的同时进行了派现。而在此之后,公司主要实施的是不分配、不转增或者仅仅派现的政策。而与苏宁云商股利政策相对应的正是它的经营管理政策：上市前3年恰恰是苏宁云商的强势发展时期，门店数量从80多家增加到300多家，增长了4倍，净利润与此同时也大幅度增长了约4倍。以往的行业经验显示：在一家新店铺的运营中，在经历一年的发展期后才会有净利润为正的机会，而在上市前3年进行如此高强度的扩容之后，苏宁云商通过高送转的股利政策来维持高的现金流，并向外界释放出其经营状况良好的信号。2006年，苏宁的一大竞争对手国美电器将永乐收入囊中，苏宁的发展受到威胁，因此，当年苏宁决定采取不派现的股利政策，将当年的未分配利润都用于公司未来的经营，令公司更有活力。2010年，苏宁云商发布了网上购物平台苏宁易购，并且在这一年开始大量建立线下商店。从此，苏宁云商从扩张期过渡到平稳发展期，公司业务日趋成熟，股利政策也转为高派现。由此可见经营管理因素对苏宁云商股利政策的影响。

（二）法律制度因素

公司经营的底线便是要严格遵守各项法律法规，一家公司在制定股利政策的时候，同样也需要在法律的约束下完成。我国《公司法》第130条、第177条、第179条三项条款会对公司股利政策产生影响。而除了法律的约束之外，苏宁云商依据有关法律法规制定了公司章程，进一步确保公司股利分配政策的合理合规。苏宁云商从上市以来严格执行有关法律法规及其公司章程的相关内容，操作规范，未出现不合规的行为。

二、不同股利政策带来的影响

（一）对公司形象的影响

在中小投资者进行投资活动的时候，他们往往更倾向于那些有着稳定股利政策的上市公司，而对股利政策时常波动的上市公司望而却步。稳定的股利政策指的是一段时间内上市公司的股利分配相对稳定或者呈线性上升趋势。只有在公司高层对公司未来的经营状况非常看好时才会对相对稳定的股利政策进行调整。如果一家上市公司在经营状况不佳时便采取减少股利分配的措施来应对，广大的中小投资者无疑会对这家公司的未来财务状况产生怀疑，而不受经营状况影响保持相对稳定的股利政策则恰恰展示了公司高层对未来的信心，减少了投资者的顾虑。苏宁云商在2014至2015年的经营状况并不理想，每年的净利润都在－40亿左右，而在这种经营状况不善的情况下，苏宁云商采取了增发现金股利的政策，这种积极稳定的股利政策显示出苏宁云商高层对未来的乐观预期，消除了投资者的顾虑。在积极稳定的股利政策影响下，之后两年苏宁云商的经营状况有了改善，公司也保持了其良好的形象。

（二）对中小股东的影响

苏宁云商2004年于深交所上市至今，股利政策的变动可以分为两个时间段：一是上市后前3年只进行股票股利发放的时期；二是之后只进行现金股利发放的时期。从大部分中小投资者的角度出发，现金股利是他们较为喜欢的，因为每一次现金股利的发放意味着他们可以切实获得收益，这对于看重短期收益的投资者来说具有很大的诱惑。因此，如果企业较多地进行现金股利的发放，企业对于投资者的投资吸引力无疑会增加。而发放股票股利会使得股东在持有更多数量的股票后在以后年度发放的现金股利中取得更多的收益。在企业发展的各个阶段，企业通常会采用的股利政策常常有差异，而这些不尽相同的股利政策将会给广大中小投资者带来巨大的影响。由此可见，在证券投资中，投资者需要通过上市公司的股利政策判断其不同的发展阶段，并谨慎投资。

资料来源：张中平：《我国上市公司股利政策探讨》，载《现代商贸工业》2018年第14期。

本章思考题

1. 公司股利发放程序是什么？
2. 股利政策有哪些形式？
3. 股利理论有哪些？
4. 什么是剩余股利政策？
5. 影响股利政策的因素有哪些？

第十六章

并 购 战 略

公司并购包括兼并和收购两层含义、两种方式。国际上习惯将兼并和收购合在一起使用，在我国称为并购。即公司之间的兼并与收购行为，是公司法人在平等自愿、等价有偿基础上，以一定的经济方式取得其他法人产权的行为，是公司进行资本运作和经营的一种主要形式。

第一节 兼并收购概述

一、兼并收购的概念

兼并和收购（merger & acquisition）是并购的简称（M&A），是公司控制权转移以及产权交易的重要形式。兼并收购是资本市场最重要的运作方式之一，也是企业资本运营最重要的手段之一，企业利用并购可以实现自身发展壮大，正如诺贝尔经济学奖得主斯蒂格勒曾说："一个企业通过兼并收购成为大企业，是现代经济史上一个突出的现象。"

（一）公司兼并

1. 国外的相关定义

《科林斯经济学辞典》认为，兼并或合并（merger or amalgamation）的定义是"两个或多个厂商组合在一起"，通常是出于双方的一致同意。[①]《大美百科全书》对兼并的界定是："两个或两个以上的企业组织合为一个企业组织，一个厂商继续存在，其他厂商丧失其独立身份，唯有剩下的厂商保留其原有的名称和章程，并取得其他厂商的资产，这种企业融合的方法和合并（consolidation）不同，后者是组成一个全新的组织，此时所有参与合并的厂商皆丧失其原来的身份"[②]。

2. 我国《公司法》的定义

我国《公司法》第 173 条规定：公司合并可以采取吸收合并或者新设合并。一个公司吸收其他公司为吸收合并，被吸收的公司解散。两个以上公司合并设立一个新的

[①] 参见〔美〕帕斯、洛斯、戴维斯：《科林斯经济学辞典》（第 3 版），罗汉译，上海财经大学出版社 2008 年版，第 464 页。

[②] 《大美百科全书》（第十八卷），外文出版社、中国台湾光复书局 1994 年版，第 426 页。

公司为新设合并，合并各方解散。

综合可知，兼并是指一家企业吸收另一家企业的行为，被吸收企业的法人地位消失（称为被兼并公司），吸收的企业则存续（称为兼并公司），用公式表示是：A＋B＝A。兼并经常发生在实力比较悬殊的企业之间，兼并公司通常是优势企业。在中国，兼并又称为吸收合并。合并是指两家或两家以上企业结合后全部不存在，而在原来企业资产的基础上创立一家新企业，用公式表示是：A＋B＝C。在中国，合并又称为新设合并。

（二）公司收购

《新帕尔雷夫货币金融大辞典》认为，"公司兼并（acquisition）指一家公司（出价者或兼并公司）购买另一家公司（目标公司或被兼并公司）的资产或证券的大部分，其目的通常是重组被兼并公司的经营。兼并公司兼并的目标可能是目标公司的一个部门（部门收购，母公司出售或回收子公司股权与之脱离关系或让产易权），或者是目标公司全部或大部分有投票权的普通股（合并或部分收购）"[1]。

简言之，收购是一家企业通过某种方式主动购买另一家企业的股权或资产的行为，其目的是获得该企业或资产的所有权。公司收购一般涉及两个主体，即收购方和被收购方。被收购方又称为目标公司。收购方又称出价方，即通过现金、债券、股票等形式收购另一家公司的股票，以获取对该公司的控制权。短期内的收购行为可能会造成收购方的股票价格下跌，因为为了完成收购需要进行短期融资，从而摊薄利润。例如，2012年6月15日香港交易所发布收购伦敦金属交易所的晚间公告后，香港交易所的股价在随后一个交易日大跌4.5%。

二、公司并购的动机

公司并购的过程往往受各种因素影响，不同时期和不同市场条件下，并购的动因是不尽相同的，但是把企业做大做强，提高竞争力，使企业利润最大化是公司并购的根本性诱因。

（一）追求协同效应

从经济学的角度，公司需要有提升效率的激励，而通过并购活动，可以获得某种协同效应。所谓协同效应，是指在并购或收购完成之后，公司的整体绩效表现大于并购前两个独立的公司绩效之和，即所谓的1+1＞2的效应。这一效应可能是来自并购完成后公司研究开发能力的提升、销售市场的扩张、管理能力的提高、生产效率的改善以及风险的分散化等方面。协同效应包括经营协同效应、财务协同效应和管理协同效应。

1. 经营协同效应

经营协同效应，是指通过并购使企业生产经营活动效率提高所产生的效应，整个

---

[1] 〔美〕纽曼、尔盖特、伊特韦尔：《新帕尔格雷夫货币金融大辞典》（第一卷），胡坚等译，经济科学出版社2007年版，第10页。

经济的效率将由于这样的扩张性活动而提高。经营协同效应的产生主要有以下几个原因。

(1) 利用规模经济。并购使几个规模小的公司组合成大型公司，从而有效地通过大规模生产降低单位产品的成本。同时，新公司的市场份额增加，提高对市场的影响力，对价格、技术、客户群的话语权增大，有助于改善企业的形象。

(2) 利用优势互补。并购可以帮助企业实现经营优势互补，例如某企业拥有很强的市场营销能力，但是产品创新研发实力却不强，而另一家公司的优势则恰恰相反。那么通过将两公司合并，就能将彼此之间的优势融合起来。

(3) 利用纵向一体化。除了通过水平（横向）并购活动的规模经济实现经营协同效应以外，可能获得经营协同效应的另一个领域是纵向一体化。即将同一行业不同发展阶段的企业合并在一起，可以获得各种不同发展阶段的更加有效的协同。其中的原因是通过纵向联合可以避免联络费用、各种形式的讨价还价和机会主义行为。

2. 财务协同效应

财务协同效应指对并购公司财务指标产生的正面影响。

(1) 降低资本成本。并购之后企业规模扩大，更容易达到证券市场的资本金和盈利要求，直接融资能力上升。同时，债务融资也会因企业规模变大、经营稳定性提高而享受一定的利率优惠。

(2) 利用收购公司的现金流。如果一家公司因投资机会短缺而现金过剩，而另一公司因高回报率的投资机会而现金短缺，则通过并购行为，可以使现金流量在收购企业与目标企业之间进行重新分配，从而使资金的效应发挥到最大，使合并后的公司实现更高的价值。

(3) 合理避税。首先，企业可以利用税法中的亏损递延条款来达到避税的目的，因为通过亏损企业和盈利企业之间的并购，盈利企业的利润可以在两个企业之间分享，这样就可以大量减少纳税义务；其次，不同类型的资产所适用的税率不同，如公司的投资收益、营业收入、股息收入和国债利息收入的适用税率区别明显。为此，公司可以利用一些财务处理方法达到依法合理避税的目的。依照会计处理的国际惯例，一方持有另一方50%以上股权时就要按产权法计价，并合并财务报表。负债少的收购公司收购负债多的目标可以使税前扣除的财务费用上升。采用换股收购方式收购时，目标公司没有收到现金，可以免缴资本利得税。收购公司向目标公司发行可转债券收购对方时，债息可以冲减收购公司的税基，还可以使资本收益延期支付，起到延税的作用。

(4) 提升公司的知名度。公司扩张性行为能更好地吸收证券分析界和新闻界对它的关注、分析和报道，从而有助于提升公司的知名度和影响力。同时，扩张后企业规模的扩大也更容易引起市场的关注。

3. 管理协同效应

管理协同效应认为，不同公司之间，在管理效率方面存在着差异。如果一公司的管理效率高，而另一公司的管理效率低，通过前者并购后者，可以使前者的管理能力在被并购公司可以得到有效发挥和运用，将后者的管理效率提升到与前者一致的水平，这不仅仅改善了某一个公司的管理效率，而且对整个社会的福利也是一种帕累托改进。

（二）实现公司战略性目标

公司的并购行为通常是为实现其战略目标服务的，具体可以从以下几个方面来帮助公司趋近战略目标。

1. 并购有效地降低了进入新行业的障碍

公司在进入新行业或者新市场寻求发展时，往往会遇到很多障碍，如资金、技术、信息、渠道等，这些障碍很难由直接投资在短期内克服，但却能通过并购来有效地突破。特别是某些关键技术为拥有该种技术的公司所专有，它不属于专利而属于可转让无形资产范畴。收购公司将拥有该项技术的公司作为目标公司，收购成功后就可以获取该项关键技术。

2. 实现公司战略转移

由生命周期理论可知，产品和行业都存在各自的生命周期，即萌芽期、成长期、成熟期和衰退期。退出成熟期、衰退期行业或者出售与成熟期、衰退期产品相关的资产，借助并购进入萌芽期、成长期行业是公司战略转移的重要内容。

3. 推动公司成长

公司做大做强有两种途径，一种是通过自身的利润积累持续扩大再生产，其好处是稳妥，债务负担轻；另一种是以并购方式向外扩张，其好处是速度快。

（三）基于委托—代理问题的考虑

由于公司所有权和控制权相分离，代理人和委托人因彼此之间的信息不对称存在利益上的冲突。而所谓的代理问题就是代理人和委托人利益并不完全一致，在委托人处于信息劣势，不能对代理人进行完全监督的情况下，代理人有动机为了自身利益，作出有损于委托人利益的行为。由此造成的委托人利益受损的现象称为（委托）代理问题。

解决代理问题的一个市场机制是被并购的危险，被并购的危险可能会代替个别股东的努力来对管理者进行监控。并购通过要约收购或代理权之争，可以使外部管理者战胜现有的管理者和董事会，从而取得对目标企业的决策控制权。代理理论问题的一个方面是自由现金流量理论，这种理论认为，有些并购活动的发生是由于管理者和股东间在自由现金流量的支出方面存在冲突。所谓自由现金流量是指超过公司可进行的净现值为正的投资需求以外的资金，自由现金流量必须支付给股东，以削弱管理层的力量并且使管理者能够更经常地接受公共资本市场的监督。

三、兼并收购的分类

（一）横向兼并、纵向兼并和混合兼并

根据并购双方所属行业不同，并购可以分为横向并购、纵向并购和混合并购。

横向兼并是指具有竞争关系的、经营领域相同或产品相同的同一行业企业之间的并购，即竞争对手之间的并购。

纵向并购是指在生产和销售的连续性阶段中互为购买者或销售者的企业之间的并购，即生产和经营上互为上下游关系的企业之间的并购。并购双方处于生产同类产品、不同生产阶段的企业，往往是原材料供应者或产成品购买者。

混合并购是指并购双方既非竞争对手，也非客户或者供应商，在生产和职能上无任何联系的两家或多家企业之间的并购。混合并购一般是企业通过并购实现多元化发展战略，因此也称为多元战略。

（二）要约收购和协议收购

根据并购所采用的形式不同，并购可以分为要约收购和协议收购。

要约收购也称公开收购，收购公司和一致行动人向某上市目标公司所有股东发出要约收购，收购其手中所持股份。其中，收购目标公司全部股份的收购称为全部要约；只收购目标公司股东所持的部分股份的收购称为部分要约。我国《证券法》和《上市公司收购管理办法》均规定，通过证券交易所的证券交易，收购方持有或通过协议、其他安排与他人共同持有一个上市公司发行的股份达到30％时，继续进行收购的，应当依法向该公司的所有股东发出收购上市公司全部或部分股份的要约。

协议收购也称为直接收购，属于非要约收购范畴，指收购活动当事人通过协商收购的各个条件，并购公司与目标公司的股东或实际控制人订立协议取得目标公司实际控制权的行为。

（三）直接收购和间接收购

直接、间接收购是一对与要约、协议收购相关联的概念。

直接收购是指收购公司直接购买目标上市公司的股份，不是通过投资关系、协议或其他安排导致其拥有目标上市公司股份的收购行为。间接收购是指不直接购买上市公司股份，而是通过投资关系、协议或其他安排导致其拥有目标上市公司股份的收购行为。间接收购拥有目标上市公司已发行股票5％但未超过30％时按协议收购和要约收购的一般规定进行，超过30％时应向全体股东发出收购要约。

（四）善意收购、敌意收购和狗熊拥抱

根据并购公司与目标公司的合作态度，并购可以分为善意并购、敌意收购和狗熊拥抱。

善意收购是指并购公司与目标公司实际控制人或控股股东就得到目标公司控制权达成共识的收购行为，最典型的形式是协议收购，而且当事人以往常有合作的经历，当一方经营遇到困难时往往采取这种收购方式。

敌意收购是指收购人与目标公司实际控制人或控股股东就得到目标公司控制权未达成共识而强行收购的行为，收购方往往事先秘密收购目标公司一定比例的权益股份，然后在公开市场上对目标公司进行要约收购。要约价格通常会比目标公司股价高出20％—50％。

狗熊拥抱介于善意收购和敌意收购之间。在收购行动展开之前，收购公司会与目标公司管理层沟通，或作出警示，以向其施加压力，希望能以协议收购方式完成收购，此后收购公司会向对方发起收购行为。

（五）现金换资产式并购、现金换股份式并购、股份换资产式并购和股份换股份式并购

根据并购支付方式的不同，并购可以分为现金换资产式并购、现金换股份式并购、股份换资产式并购和股份换购式并购。

现金换资产式并购是指并购公司用现金购买目标公司资产的并购。

现金换股份式并购是指并购公司用现金购买目标公司股份的并购。如果目标公司是上市公司，并购公司收购的就是目标公司的股票。

股份换资产式并购是指并购公司用股份交换目标公司资产的并购。如果并购公司是非上市公司，一般表现为目标公司用资产对并购公司进行增资扩股；如果并购公司是上市公司，一般表现为并购公司向目标公司定向发行股票，目标公司用资产支付股票对价。

股份换股份式并购是指并购公司用股份交换目标公司股份的并购，这类并购一般至少有一家是上市公司。

四、兼并与收购浪潮

追溯企业的并购史，已经有上百年。目前，国内外众多学者的研究发现，企业并购活动的规模、数量等在时间上不是均匀分布的，呈现出一定的规律性，与经济周期和股市表现具有一定程度的一致性。普遍的观点认为，迄今为止，世界上共出现过五次企业并购的浪潮，每次都具有不同的特点。

（一）第一次并购浪潮：19 世纪末到 20 世纪初

第一次并购浪潮发生在 19 世纪末到 20 世纪初期。这一次并购浪潮在美国涉及行业众多，但是，并购较多地集中在金属、食品、化工、交通设备、金属制造、机械、煤炭等行业。同一时期，在英国、法国、德国也出现了大量兼并行为，并导致垄断组织的产生。这次并购浪潮的特点是：同类企业之间的横向（水平）并购占据这一时期企业并购数量的大部分，主要并购动机是追求垄断利润和规模经济效应，即资本主要是在同一行业内部集中。

（二）第二次并购浪潮：20 世纪 30 年代

第二次并购浪潮发生在 20 世纪 30 年代，这一次并购浪潮的特点是：以行业上下游之间具有投入产出关系的企业之间的纵向（垂直）并购为主，通过并购活动，整合上下游产业链，将产品生产线的各个环节，不同零部件的供应厂商都整合到一个公司名下，使各个工序相互结合，形成连续生产的统一运行的联合体，从而有助于减少中间产品的流转环节，节省交易费用，实现产业链整合所发挥出来的巨大的成本节约优势和价格竞争优势，更有效地利用资源，提高效率。在并购的行业分布上，并购领域

不仅仅局限于工业企业，而且扩展到了公用事业、金融业等领域。

（三）第三次并购浪潮：20 世纪 50 至 60 年代

第二次世界大战以后，整个西方经济进入稳定发展时期，科学技术的进步促进了经济结构的变化与新兴产业的兴起，企业并购这种存量资本调整的重要方式，又出现了一次迅猛发展。这一次并购浪潮的特点是：不同行业之间的多元化混合并购成为具有主导性的并购模式，具有相对优势地位的企业并购与自己的生产经营无关的企业，从而形成多元化经营的综合性企业，分散风险。

（四）第四次并购浪潮：20 世纪 80 年代

这一次并购浪潮与以往的并购活动的显著不同之处在于：首先，企业并购的目标不再局限于实现规模经济、整合上下游行业链或多元化经营分散风险，而是出现了以收购完成后再出售为目标的并购行为。其次，金融在并购活动中扮演重要角色，金融创新是并购活动的重要推动力，高收益"垃圾债券"使杠杆收购成为本次并购浪潮中的重要手段。

（五）第五次并购浪潮：20 世纪 90 年代至今

经济全球化程度的日益加深、各国政府管制的逐渐放松以及现代信息技术的迅猛发展是这一次并购浪潮发生的时代背景。这一次并购浪潮在 2007 年达到高潮，其后经过两年的回落，在 2009 年，全球并购规模达到 2 万亿美元。

这一次并购浪潮的显著特点是：首先，以以往实业领域的公司并购占据并购浪潮的主流不同的是，金融领域的并购活动在本轮并购浪潮中非常突出，造就了一批"金融巨头"。其次，跨国并购成为一大特色。最后，来自新兴市场经济体的并购活动逐渐增加。随着新兴经济体的崛起，来自拉美、亚洲等新兴市场的并购活动开始在并购市场上崭露头角。尤其是在 2008 年全球经济危机以来，以中国为代表的新兴经济体积极参与海外并购市场，成为并购活动的一大亮点。

第二节　并购的程序与风险

企业并购是一项持续时间长、环节众多、设计因素复杂的活动。一般来说要经过三个阶段：选择评估阶段、方案实施阶段以及整合阶段。

一、选择评估阶段

（一）制定公司发展战略

公司的发展战略是制定并购方案的基础，即公司的并购计划是在公司整体发展战略框架下的。在形成明确的公司发展战略的情况下，公司需要考虑是否通过并购行为来实现发展战略。在经过公司股东大会或董事会通过后，形成初步的并购意见。

（二）确定并购目标

一旦并购战略确定，接下来的步骤就是去找一个能够符合战略的并购目标。公司的并购动机不同，其并购对象的选择也有区别，因此，应出于公司发展战略的考虑，保证企业的并购目标能够和企业的战略一致。并据此勾勒出并购对象的大体轮廓，即考虑并购对象的资产规模、行业领域、地理位置等，在此基础上寻找合适的并购目标。在经过初步考察后，基本确定目标公司。

（三）聘请中介机构

并购涉及政策法规及其他诸多因素，所以需要聘请专业机构为其提供专业性服务。投资银行可为收购公司充当财务顾问，也可为拟进行反收购的目标公司充当财务顾问。一家投资银行不能同时充当某笔收购行为双方的财务顾问。其他可以充当财务顾问的机构还有会计师事务所、律师事务所、资产评估所等。其中，会计师事务所对目标公司的财务进行审核；律师事务所对目标公司的法律事务进行专业化调查，有助于并购公司避免并购活动带来的法律风险；资产评估师主要负责对目标公司的价值进行客观、独立的评估，作为并购双方协商作价的基础，从而保证并购方所支付价格的公允性。充当财务顾问的投资银行等中介机构在参与并购操作之前要和客户签订一份契约书，以明确合作双方的责任、权利和义务。

（四）目标公司调查

收购方在根据发展战略和中介机构的意见初步确定目标公司后，组织公司管理人员、财务顾问、律师、注册会计师等相关人员，对目标公司的可持续经营能力、财务状况、公司治理等进行细致的审查和评价，了解目标公司真实的经营业绩和财务状况，以及目标公司面临的机会和潜在的风险，以对目标公司作出客观评价，这一过程称为"尽职调查"。尽职调查的目的主要有：了解、核实目标公司的全面价值，发现潜在的问题，降低并购活动的风险，为公司并购方案设计以及交易谈判提供依据等。

（五）估值

估值，即对目标公司的估价，是并购中非常重要的环节。在并购交易中，价格的高低是并购双方讨价还价的焦点，而且高和低往往是一个相对的概念，所以，并购双方需要有一个出发点，也就是目标企业的基本价值。这就需要对目标企业进行估值。对于估值方法和过程的介绍在后面章节会有详细介绍。

（六）制定收购方案

中介机构在尽职调查的基础上，协助并购公司制定收购方案。

二、方案实施阶段

（一）确定支付方式

并购需要根据双方的具体情况选择适合的支付方式。一般而言，并购所采用的主要支付方式有：现金支付、股权支付、混合支付。

现金支付方式是并购中最基本的支付方式。以现金向目标公司支付并购对价的优势是具有突然性，目标公司管理层来不及立即采取反并购措施应对，竞购者难以立即筹措大量现金，没有变现问题，因此常用于敌意收购。不足之处是目标公司股东无法推迟资本利得税的确认时间，难以享受税收优惠；目标公司股东也不能分享并购后设立的新公司的权益；此外，过多的现金支付会给收购公司带来巨大的融资压力，使其在短期难以恢复过来。

股权支付方式是指收购方通过增加发行本公司的股票，以换取目标公司股东权益的股票，从而获得对目标公司的控制权。其优点是缓解了收购公司的现金支付压力，而且并购活动并没有目标公司股东所有者权益的丧失，他们成为并购公司的新股东，是风险收益共担的利益共同体。但是不足之处是，对收购方来说，新股的发行改变了企业的原有股权结构，稀释了原有股东的控制权。

在以上两种支付方式的选择方面，有交易数据统计表明：当股票市场高涨时，股票支付会更多地得到使用。[①] 另外，也有实证研究表明：与股权支付相比，现金支付更加受到市场的欢迎。这可能是因为支付方式传达了收购方管理层对待收购成功率的预期和看法，对市场有信号传递的作用。

混合支付是指并购方的出资不仅是现金、股票，还包括其他诸如认股权证、可转换债券、公司债券等多种混合方式，以互相弥补其他支付方式的不足。

（二）签订并购协议

并购双方就并购事项协商达成一致后，正式签订并购协议。

（三）报批和信息披露

并购协议签署后，并购双方应履行相应的信息披露技术，并等待公司股东及监管部门的批准。对于涉外并购活动，往往需要得到不同国家监管部门的批准。

三、并购后的整合阶段

并购后的整合是指并购行为完成后，在并购战略框架的指导下，并购企业为了提高并购后的公司整体业绩，通过采取一系列战略措施、手段和方法，对并购后企业的诸多要素进行系统化的融合过程，如财务资产、组织和管理、人力资源、企业文化等。

（一）财务整合

财务方面的整合包括财务制度、财务组织机构、资本结构等方面进行的一系列整合，其目的在于实现并购后企业的财务协同效应。

（二）组织和管理整合

企业并购活动完成后，为了适应并购后企业的规模、市场、产品线的需要，通常需要对组织结构和管理模式进行整合，即重新设计企业的组织结构和管理模式。

（三）人员整合

人员整合是指并购完成后对企业人员进行整体性、系统性的协调配置，以服务于

---

① 参见〔美〕罗伯特·F. 布鲁纳：《应用兼并与收购》（下册），张陶伟、彭永红译，中国人民大学出版社 2011 年版，第 578 页。

企业的并购目标。就人员整合过程而言，首先是要实现被整合人员和并购者间的相互理解，也就是彼此的沟通。其次，并购后的人员培训也是必不可少的。并购后，对企业的员工将进行重新评价和重新组合，此时可以通过培训将企业的目标灌输给所有的员工。最后，除了沟通和培训这样的引导性工作以外，并购者还需要实实在在地对员工采取激励措施。

（四）文化整合

文化整合是指将并购前企业各自特有的文化融合统一，形成一致的企业理念，以增强企业的凝聚力。由于企业文化是长期积累沉淀形成的，因而具有延续性和变迁韧性，在企业并购完成后，容易产生因双方企业文化的差异而导致的摩擦和冲突，尤其是在跨境并购活动中，文化整合在并购完成后对并购成败的影响至关重要。

四、并购风险

企业并购的风险，是指企业并购面临失败的可能性。企业并购过程中的风险，归纳起来主要有以下几种形式：

（一）经营风险

公司并购的经营风险与收购公司的特定能力有关。产生经营风险有外部原因，也有内部原因。从外部来说，有公司产品的市场状况、技术水平、信誉等；从内部来说，有公司的资本质量、管理水平、职工素质等。当公司并购有利于扩充产品系列和扩大市场份额时，会产生减少经营风险的作用；反之，会加大经营风险。在公司并购过程中，为减少经营风险，应在并购前制订详细的收购计划，收购后加强对目标公司的整合，使目标公司尽快扩大生产能力。

（二）财务风险

这种风险是并购公司追求财务杠杆的结果。形成财务风险的主要因素有：收购公司用以交易融资的负债数额的多少以及将要由收购者承担的目标公司的债务规模及水平等。在公司并购初期，合并公司的每股利润是趋于下降，而合并公司的负债水平又是趋于上升的，因此，财务风险的存在具有一定的必然性。收购公司应通过加强管理、提高整体规模和效益来降低财务风险。

（三）多付风险

多付风险也称定价风险，是指收购公司在确定目标公司的购买价格时超过目标公司的市场实际价值而带来的风险。导致并购价格过高的原因包括：一是目标企业价值评估过高，其根源在于评估方法不当和目标企业存在经济隐匿；二是过度支付并购溢价，即过高地估计了目标企业潜在价值的期权价值以及企业并购的协同效应等。公司并购的支付过度，会直接造成收购公司股东每股利润的稀释，进而影响并购后双方股东的持股比例。因此在公司并购过程中，收购公司应慎重对待。

（四）融资风险

融资风险包括资金在时间和数量上是否满足需要、融资方式是否适应并购动机

（暂时持有还是长期持有）、现金支付是否会影响公司正常生产经营、杠杆收购的偿债风险等。

（五）并购失败风险

并购失败风险是指收购公司由于缺乏整体规划、信息不完备、支付能力受限等原因而造成收购失败的风险。这种风险不仅会使收购目标公司的成本无法收回，还会影响并购公司的生产经营以及公司信誉。在市场经济条件下，并购失败是一种正常现象，并购公司应事先对收购失败有所准备，在收购中尽量缩减收购成本，减少并购失败产生的风险损失。

（六）法律风险

在企业并购中，各国为了维护竞争，出台了一系列的法案，这些法案多以限制垄断为要义，常常使得公司并购的努力因涉嫌垄断而付诸东流；另外，法律法规的颁布也常常加大了敌意并购的难度，敌意并购最重要的就是要争分夺秒，抢在目标公司作出反应之前完成收购。但是现在的法律要求收购的股份每达到一定的比例，就得先停止收购并向社会公告，延长了收购的战线；而且往往因为信息的披露招致更多的收购竞争者即套利者，套利者使得并购市场的流动性加强，并使股东可以在买方公开宣布进行收购后立即以与收购相近的价格出售股票。由于套利者承担了股东的风险，他们期望得到高回报，从而加大了收购的成本。

（七）信息不对称风险

在并购过程中，涉及众多的信息收集传输和处理。在这个过程中可能发生信息失真的问题，或者因为并购一方（往往是目标公司）不愿意提供充分、完全、翔实的信息，造成收购活动的失败或者后面经营时的不顺利。因此，猎手公司在进行收购前，应对猎物公司作充分的调查研究，减少信息风险，以谋求发挥双方优势，取得最优的收购效果。

（八）反并购风险

如果企业并购演化成敌意收购，被并购方就会不惜代价设置障碍，从而增加企业收购成本，甚至有可能会导致并购失败。如被并购方回收股票、实施"毒丸计划"等反收购手段。

第三节　几种特殊的并购方式

一、杠杆收购

在企业并购中，融资问题是决定并购成功与否的关键因素之一。多样化的融资渠道使得企业在并购支付方式上可以灵活选择，从而使用最低的资金成本获得最好的资金来源。20世纪80年代，随着企业并购规模的扩大，以及高收益债券市场的增长，债务融资交易的收购方式，即杠杆收购活跃起来。按照杠杆原理，收购企业可以用少量自有资金,依靠债务资本为主要融资工具来收购目标公司的全部或部分股权。杠杆收购的兴起直接引发了美国 80 年代中后期的第四次并购浪潮。

(一)杠杆收购的概念和原理

杠杆收购(leveraged buyout,LBO)是一种特殊的并购方式,其特殊性并不在于杠杆收购采用负债的方式,而是债务偿还的模式。其实质是以债务资本为主要融资工具,通过收购者的大量举债来向目标公司的股东购买股权,而这些债务资本大多是以目标公司的资产或未来现金流为担保而获得的。它主要是运用财务杠杆加大负债比例,以较少的股本投入融得数倍于股本的资金,对企业进行收购、重组,使其产生较高盈利能力后,再伺机出售或进行经营的一种资本运作方式。从资本结构的角度看,杠杆收购就是加大企业的财务杠杆力度,以少量的自有资金进行规模较大的并购活动。理论界一般认为,当借贷资金占到并购资金的 70% 以上时,就可以称之为杠杆收购。

1. 收购模式

杠杆收购和传统的负债收购不同,其特殊之处在于需要完成债务的转移,因为在收购时,负债主体并不是被收购方,而是收购方。收购方不是直接去收购目标公司,往往是设立一家专门进行杠杆收购的特殊目的公司(special purpose company,SPC),收购方控股 SPC,然后以 SPC 作为融资主体和并购主体去完成杠杆收购。进行这样结构处理的好处在于方便控制风险,即便收购失败,风险也不会向并购方扩散,而且通过这家 SPC 可以顺利实现融资、合并、偿债这一系列过程。因此,杠杆收购是通过 SPC 实现间接收购而不是收购方直接进行收购,这是杠杆收购在结构安排上的一个重要特点,如图 16-1 所示:

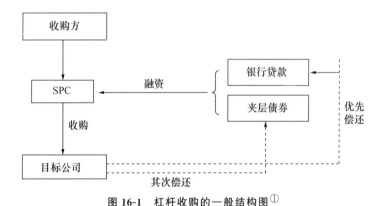

图 16-1 杠杆收购的一般结构图①

2. 融资方式

杠杆收购的主要特点就是举债融资,并购方在并购活动中对融资方式的选择是由

---

① 资料来源:马晓军编著:《投资银行学理论与案例》,机械工业出版社 2011 年版,第 112—146 页。

多种因素决定的，融资方式的选择不仅会影响并购活动能否顺利完成，而且对优势企业和目标公司未来的发展也会带来较大的影响。在杠杆收购中，SPC要完成收购任务，需要寻找外部融资，形成了倒金字塔式的融资结构，如图16-2所示：

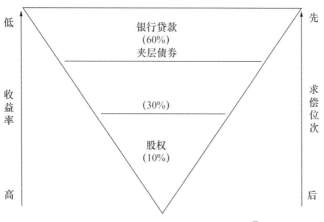

图 16-2　杠杆收购的基本融资结构图[①]

从融资结构图中可知，最上层的是银行贷款，约占60%，银行贷款具有最为优先的求偿权，现金流首先需要偿还银行贷款，相应地其利率较低些。中间是被统称为垃圾债券的夹层债券，约占收购资金的30%。夹层债券也可再按现金流的分配顺序继续细分，夹层债券的利率比较高，但是，其现金流的分配在银行贷款之后，因此具有较高的风险。最后一层是股权层，大概占10%，用于承担最后的风险，获得剩余求偿权。股权资本这部分的风险最大，但相应地可能收益也最高。这里值得一提的是，上述比例并不是固定的，它随着夹层债券市场景气度、经济和信贷的繁荣程度、投资者对风险的态度而改变。

根据杠杆收购的金字塔融资结构，杠杆收购按照求偿位次划分，融资的一般结构是过桥贷款、优先债务、从属债券、延迟支付证券和股权。

(1) 优先债务层。优先债务一般指银行贷款，是杠杆收购融资结构中的上层融资工具，这种债券在融资结构中所占比例比较高。它的提供者多为商业银行，优先债券之所以冠以"优先"，在于其提供方面临的风险最低，现金流优先偿还这部分债务，而且一旦公司破产清算，债权人对收购得来的资产享有优先求偿权。

(2) 从属债务层。从属债务是指那些以夹层债券为表现形式的债务融资工具。从属债券一般不像优先债券那样具有抵押担保，并且如果公司清算，其受偿顺序也位于优先债务之后。从属债务一般包括过桥贷款和从属债券。

在典型的杠杆收购中，收购方常通过投资银行安排过桥贷款。过桥贷款是一种过渡性的贷款，可以弥补借款人所需融资的时间缺口，是企业并购的外源性融资方式之

---

① 资料来源：马晓军编著：《投资银行学理论与案例》，机械工业出版社2011年版，第112—146页。

一。在杠杆收购中，收购方贷款的借款人与银行之间存在贷款合同法律关系，为借款人提供担保的是投资银行。过桥贷款的担保方式既可以是信用担保，也可以是质押担保。银行之所以愿意接受投资银行的信用担保，是因为该类投资银行通常资金实力雄厚，经营业绩良好，资信水平较高。不过从维护银行债权利益的角度来看，质押担保的安全性要高于信用担保。过桥贷款是使购买时机直接资本化的一种有效工具，回收速度快是过桥贷款的最大优点。

从属债券既可以采用私募，也可以公开发售。私募常由少数投资机构如保险公司、养老基金会以及其他投资者私下认购。由于所购债券期限长，流动性差，私募债券持有者一般会得到比公募债券持有者更高的利息。公开发行则通过高风险债券市场进行，投资银行在公开市场上担任做市商，可以使债券流动性较私募大大提高。

（3）股权资本层。股权资本证券是杠杆收购融资体系中居于最底层的融资工具，因为股权资本证券的求偿权在夹层证券之后。股权资本证券包括优先股和普通股。普通股是整个融资体系中风险最高、潜在收益最大的一类证券。杠杆收购股权资本证券一般不向其他投资者直接出售，而只供应给在杠杆收购中发挥重要作用的金融机构或个人。因此，股权资本的供应者多为收购的内部机构或人员，包括杠杆收购股权基金、投资银行以及目标公司高管人员。

（二）杠杆收购的特征

与一般的企业并购相比，杠杆收购具有以下特征：

1. 高负债性

在财务上的杠杆是股本与负债的比率。在杠杆收购中，收购方通过高负债筹集资金，收购目标公司。若目标公司损益表上息税前利润远远大于利息支出，则将获得较高的投资报酬率，即体现杠杆收购带来的高收益。同时，由于杠杆收购利用了大量的债务，所以收购之后可以享受利息的税盾作用。对于目标公司，被并购前若有亏损，亏损可以递延冲抵杠杆收购后的盈利，可以降低应缴纳所得税额基数，从而达到合理避税的目的。

杠杆收购的高负债性在带来高收益的同时也决定了其具有高风险的特性。由于杠杆收购资本结构中债务资本比例很大，利率负担比较重，因此并购后的公司将面临沉重的偿债压力，股东则要承担极高的财务风险。

2. 需要完成债务的转移

用以偿付贷款的资金来源是被收购公司营运过程中所产生的现金，也即被收购公司的现金流量将支付自己的出售价值。收购公司除投资非常有限的金额（即自有资金）外，不需负担进一步投资的义务。换言之，贷方绝大部分收购资金的债权人只能向被收购公司求偿，而无法向真正的借贷者——收购公司求偿。所以，贷方债权人为保障自身权益，通常会要求被收购公司对资产进行担保，以确保优先受偿地位。

总之，杠杆收购是一项可能带来巨额回报，也可能带来巨大亏损的资本经营活动，因为高收益往往是与高风险并存的。其最大的风险来自于现金流风险，因为营运现金流是未来偿债的资金来源，如果在宏观经济环境、政策调整等不可预见的影响下，公司的现金流发生衰减，就有可能引发偿债危机。同时在融资结构中，并购方往往会加入一些担保之类的信用提升措施，所以并购方也会因此遭受损失。

二、管理层收购

管理层收购（management buyout，MBO）在资本市场相对成熟的西方发达国家较为盛行，其本质上是一种杠杆收购。当杠杆收购主体是目标公司内部管理人员时，LBO 便演变成 MBO，即管理层收购。当收购主体是目标公司员工时，成为员工收购（employee buyout，EBO），其核心内容是员工持股计划（employee stock ownership plans，ESOP）。而在许多情况下，往往是管理层和员工共同收购（management & employee buyout，MEBO）。

（一）MBO 的概念和背景

管理层收购是指目标公司的管理者或者经理层利用借贷所融资本购买本公司的股份，通过改变本公司的所有者结构、控制权结构和资产结构，达到重组本公司的目的并获得期望收益的一种收购行为。从定义可知，管理层收购是杠杆收购的一种。

MBO 在西方形成的背景是 20 世纪 60 年代的多元并购浪潮造成的大量业务多元化的企业集团，但到了 20 世纪 70 年代中后期，由于股票市场价值评估理念的变化，市场和投资者不再青睐业务多元化的企业集团。在这种背景下，那些从事 LBO 的投资银行家与公司管理层联手，通过 MBO 方式对企业集团下属企业进行收购。

（二）MBO 的特征

与其他并购方式相比，MBO 存在着自己独有的特征：

1. 收购方为目标公司管理层

MBO 的发起人或主要投资人一般是目标公司的经营和管理人员。由于他们本身的特殊身份，使得其比外界更为了解目标公司的实际经营情况和所处的商业环境，即拥有信息优势。MBO 的操作技术性很强，涉及法律、金融等多个领域，而且风险较大，实施 MBO 对收购方即目标公司管理层的要求很高，一方面，公司管理层要具备很强的融资能力，以保证 MBO 方案的顺利实施；另一方面，还必须具备充分的管理能力，以保证收购后能顺利完成企业治理结构的整合以及经营管理、人力资源等方面的调整和融合，从而为获得较好的经营效益奠定基础。

2. 收购方式是高负债融资收购

MBO 的资金来源分为两个部分：一是内部资金，即管理层自有资金；二是外部资金，即债权融资和股权融资。一般情况下，目标公司的股权或资产的价格要远远超过收购方（经理层）的支付能力。所以在收购过程中，大部分还要依靠外来资金，而且债务融资（包括优先级债务、次级债务和流动资金贷款）往往在 MBO 收购融资比例中超过 80%。因此，融资成功与否是整个收购能否进行和成功的关键。不过，这种负债具有一定的融资风险性。

3. 收购结果为经理层完全控制目标公司

收购完成后，目标公司的股权结构、资产结构以及公司治理结构将发生根本性的变化,经理层不仅掌握着公司的经营控制权,而且还成为公司的所有者和经营管理者的集合体。

4. 收购目的在于获得预期收益

被管理层收购的企业一般都有一定的管理效率的上升空间。借助高比例的财务杠杆完成的管理层收购,使得管理层承受着较大的偿债压力,因此,收购完成后,管理层会调整公司的经营发展战略,以迅速提高公司业绩,促使公司产生较好的现金流,以便通过利润偿还债务。同时,时机成熟时,还可以通过出售公司或上市的方式套现,以获得预期收益。

(三) MBO 的中国模式

1. 按照收购主体分类

实践中,根据收购主体的不同,我国 MBO 常见的模式有管理层直接收购、职工持股会或工会收购、壳公司收购和信托收购等。

(1) 管理层直接收购模式

这种模式下,管理层以自然人的身份,直接收购目标公司的股份,成为目标公司的股东。

(2) 职工持股会或工会收购模式

这种模式是指职工持股会或工会出资收购目标公司的股份,从而成为目标公司股东。目前,这种模式已经不再可行。由于工会是政治性组织,是不以盈利为目的的组织,而职工作为企业股东单位,是一个经济性、盈利性的组织,所以,由工会进行出资设立公司,与法律不符。

(3) 壳公司收购模式

这种模式的操作要点是参与收购的管理层和其他自然人出资设立壳公司,并利用该公司来收购目标股权,实现管理层收购的目的。这是目前中国管理层收购普遍采用的形式,其优点是收购主体产权明晰,有利于融资以及后续运作和资金偿还,不利之处是存在高运营成本和双重纳税的问题。

(4) 信托收购模式

这种模式操作的要点是,参与 MBO 的管理层与信托投资公司签订资金信托合同,将收购资金委托给投资公司,用于目标公司的收购。然后,信托投资公司出面收购目标公司,成为目标公司股东。至于管理层对于目标公司的控制权,可以通过管理层和信托公司的资金信托合同进行约定。

2. 按收购资金来源分类

在国外的 MBO 操作中,管理层主要通过银行贷款、发行垃圾债券、收购基金投资等方式来进行融资,自有资金一般只占 10%—30%。而在中国,目前进行 MBO 面临的一个难题就是融资。首先,由于受到《贷款通则》的限制,商业银行不能对股本权益性投资行为提供贷款,而 MBO 是管理层收购目标企业股权的行为,所以不可能通过银行贷款进行 MBO 融资。其次,国内对债券发行实施审批制,目前并不容许通过发行债券进行 MBO。最后,国内目前也没有专门针对 MBO 的收购基金。融资渠道的限制，使得收购资金来源成为企业进行 MBO 的一大难题。

针对面临的融资难题，中国 MBO 的实践中出现了各种解决办法，按照收购资金来源，可以分为自有资金模式、银行贷款模式、信托贷款模式、合作企业借款模式、股权奖励模式。

(1) 自有资金模式

这种模式下，管理层以自有资金收购目标公司的股份，通常适合于目标企业规模较小，而管理层又有足够自有资金的情况。

(2) 银行贷款模式

我国《贷款通则》禁止商业银行对股本权益性投资行为提供贷款，而 MBO 是管理层收购目标企业股权的行为，所以不可能通过银行贷款进行 MBO。事实上，这里的银行贷款模式是指国有企业改制过程中的 MBO，管理层以收购目标企业的资产为目的来向银行贷款。"资产权益"与"股本权益"显然是存在区别的，先"买"（资产）后"投资"（股本），分解了直接以信贷资金投资于"股本权益"，从而规避了贷款从事股本权益性投资的限制。

(3) 信托贷款模式

在这种模式下，信托投资公司通过投资者（包括管理层）发行资金信托计划募集资金，然后将所募集资金通过贷款的方式给管理层，或者专门为收购成立的壳公司，用于收购目标公司的股份。在具体操作中，信托投资公司出于风险防范的考虑，往往要求管理层或壳公司把所受让股份质押给信托投资公司，有时还会寻找外部担保。

(4) 合作企业借款模式

这种模式下，管理层的收购资金来自于目标公司合作企业的借款。合作企业一般都是目标公司的上下游企业，彼此之间存在长期的合作关系，因此对目标公司和管理层的经营比较了解，对公司 MBO 后的情况也能够作出相对客观的判断，因此，对于 MBO 的借款能否收回也比较有底。因此，合作企业借款成为管理层收购资金的来源之一。

(5) 股权奖励模式

这种模式下，管理层并不实际出资收购目标公司的股份，而是通过与目标公司股东签订协议，约定达到一定业绩就给予一定的股权奖励，从而实现持股。

三、员工持股计划

(一) 概念和背景

员工持股计划（employee stock ownership plan，ESOP）是一种特定的员工持股计划，是指由企业内部员工出资认购本企业部分股权，委托一个专门机构（如职工持股会、信托基金会等）以社团法人的身份进行托管运作、集中管理，并参与董事会管理，按股份享受分红的一种新型股权安排方式。ESOP 包括两种方式：非杠杆型 ESOP 和杠杆型 ESOP。非杠杆型 ESOP 指实行员工持股计划的过程中，不依赖外部资金的支持，主要采取股票奖金或者是股票奖金与购买基金相结合的方法予以解决。

杠杆型 ESOP（LESOP），通常由公司出面以 LESOP 所要购买的股票作为抵押，向商业银行或其他金融机构融资，所得款项由于购买股票，只有在 LESOP 定期利用公司的捐赠偿还本金和利息时才能逐步、按比例将这部分股票划入员工的私人账户。

ESOP 在 20 世纪 50 年代中后期产生于美国，最早由路易斯·凯尔索倡导，目前在美国等国家已经非常普遍了。ESOP 在 1974 年美国的《雇员退休收入保障法案》（Employee Retirement Income Security Act，ERISA）中获得了规范的法律框架，也确定了其可享有的基本税收优惠。在其后的 10 多年中，ESOP 又得到了一系列纳税优惠，这些纳税优惠刺激了以 ESOP 为代表的员工持股计划的发展。ESOP 主要是一种员工福利计划，旨在通过促进员工持有股权来增进其福利和财富，从这个意义来说，ESOP 可以成为其他福利计划（如养老金计划）或奖励计划的补充或替代。目前，ESOP 的作用并不限于福利方面，已被运用到诸如激励、融资、股东套现、资产剥离、收购防御等更广泛的领域。由于杠杆化的 ESOP（LESOP）可以融资并增加纳税优惠，因此在实践中，ESOP 大多倾向于运用杠杆融资。目前，ESOP 应用最多的是用来购买封闭型公司中希望退出的股东的股份，所占比例约为 59%，另外有 37% 的杠杆化的 ESOP 被用于资产剥离。①

（二）ESOP 的运作原理

1. 非杠杆化 ESOP 的运作原理

对于非杠杆化的 ESOP 来说，其基本的运作原理与养老金计划这样的员工福利计划相似。在整个计划中将涉及三方关系：企业、员工、ESOP 信托基金。即企业捐赠给信托基金，然后由信托基金购买企业股票，当完成 ESOP 计划中员工持股份额认购后，再由信托管理机构将股票分配给员工。因此，ESOP 信托基金的最终受益人为企业的员工。由于整个过程中企业捐赠的是工资的一部分，而且是享受政府税收优惠的，因此对于企业来说是一项低成本的福利计划。

2. 杠杆化 ESOP 的运作原理

在杠杆化的 ESOP 中，通常要建立一个 ESOP 信托，由其进行融资并对 ESOP 的股票进行管理。金融机构向 ESOP 信托提供贷款，由设立 ESOP 的公司对贷款进行担保，ESOP 信托再用贷款购买本公司的股票，并用公司对 ESOP 信托的捐赠和所得到的股息偿还贷款。由于公司负有潜在的债务责任，所以，在它所担保的贷款被偿还之前，它不会将股票真正转到 ESOP 信托的名下，随着贷款本金的偿还，公司才会将股票逐渐转入 ESOP 信托名下。在实践中，金融机构往往采用一种二次贷款的方式，即先向发起公司贷款，再由公司转贷给 ESOP 信托。公司向 ESOP 信托提供可以享有纳税抵扣的捐献，ESOP 信托以此偿还贷款。杠杆化的 ESOP 对于解决员工认购资金不足，以及企业获得资金运作便利是十分有利的。

（三）我国上市公司员工持股计划的发展

2014 年 6 月 20 日，中国证监会发布《关于上市公司实施员工持股计划试点的指

---

① 参见黄方亮主编：《公司上市与并购》，山东人民出版社 2013 年版，第 244 页。

导意见》(以下简称《指导意见》),在上市公司中开展员工持股计划试点。《指导意见》的发布为上市公司员工持股打开了政策的大门,并为下一步的混合所有制改革铺路。

《指导意见》明确,上市公司可以根据员工意愿实施员工持股计划,通过合法方式使员工获得本公司股票并长期持有,股份权益按约定分配给员工。实施员工持股计划,相关资金可以来自员工薪酬或以其他合法方式筹集,所需本公司股票可以来自上市公司回购、直接从二级市场购买、认购非公开发行股票、公司股东自愿赠与等合法方式。此外,《指导意见》还就员工持股计划的实施程序、管理模式、信息披露及内幕交易防控等问题作出规定。

实际上,由于上市公司所有权及经营权分离,员工持股计划能更好地调动员工积极性,并为公司保留业绩或技术骨干,因此在多数方案中,员工持股计划的参与对象瞄准的便是公司这些业绩或技术骨干,甚至特别将公司重点业务的员工也纳入员工持股计划中。

目前,我国上市公司员工持股计划常用的方式为,上市公司委托机构或自行成立资产管理计划,由资产管理计划增持上市公司股票。不过也有一些方案选择不同的持股方式,如万科的事业合伙人制度,还有上市公司股东以个人名义增持股份,而资金来源于上市公司控股股东。不过,从员工持股计划方案来看,所有方案都对员工持股计划增持股份设定了锁定期,在锁定期内不得进行股票的交易。锁定期从12个月到36个月不等。

(四) ESOP 的局限性与可能的风险

在美国,对 ESOP 的功效进行详细研究的报告显示,ESOP 并没有使公司的经营有显著的提高。同时一些法律上的案例也指出,由经理人员组建和管理 ESOP 可能会造成利益冲突,也就是经理人员可能将 ESOP 作为增加自己控制权的工具,并且会为了自身利益进行交易,有损 ESOP 及所代表职工的利益。

只有当 ESOP 和员工参与管理决策制度结合起来使用,才可以达到改善经营、提高效率的目的。因为 ESOP 虽然使得员工可以持有公司的股票,成为股东,但是由于 ESOP 员工持股相对分散,以及通常情况下整个员工持股会持有的股票份额在 25% 以下,对于企业所有权的控制程度有限,因此,职工的所有者激励机制就难以有效发挥,ESOP 也就只是作为多种员工福利计划中的一种。另外,也有学者对于政府给予 ESOP 税收优惠以作为刺激的做法持有不同观点。他们认为,应该通过市场力量来决定什么时候合适将所有权交给员工,纳税优惠可能会导致资源的错配。

因此,对于期望 ESOP 能够带来经营效率立即改善的企业来说,仅仅依靠实施一项 ESOP 是不够的,因为存在潜在风险。当然,ESOP 通过将企业的所有权授予员工,将企业的效益同员工个人的利益紧密结合起来,使得员工不仅具有劳动报酬,还可以获得资本利得收入,这对于员工来说具有一定的激励作用。而近年兴起的股票期权计划,作为主要对高级管理者的一种激励方式,对于改善企业经营效率、缓解代理冲突方面的作用是显著的。因此,在 ESOP 中若考虑与股票期权计划同时实施,可能会取得更好的效果。

第四节　企业并购价值评估

一、企业并购价值评估概述

企业价值评估就是根据特定的目的，遵循特定的原则，依照法定的程序，运用科学的方法，对企业的整体经济价值进行判断、估计、测算的过程。通常，公司估值是对兼并与收购标的价格的判断，因而是一项前瞻性的工作，它必须考虑并处理大量的变量，而这些变量往往是企业在未来经营期间极为重要的决策因素，在很大程度上决定着企业的发展方向。可以说，企业价值是决定企业一切财务活动的基础。

（一）价值评估在并购决策中的意义

并购中，目标企业价值评估是指从并购企业角度对目标企业的股权或资产作出的价值判断。其目的是通过科学合理的方法对目标企业进行价值评估，为并购行为是否可行提供客观基础，也可以使并购企业和目标企业在并购谈判中做到心中有数。

1. 为企业并购提供科学、可靠的依据

通过科学的价值评估，可以摸清被并购企业的资产结构和经营状况，评定企业资产的价值和使用价值，分析在并购企业的经营管理下被并购企业资产的未来获利能力和经营管理能力，并根据并购企业的财务状况分析其经济实力能否承担该并购项目，进而为企业并购决策提供可靠的科学依据。

2. 促进企业并购的定量化、规范化，避免主观随意性

企业价值评估是一项专业性强、业务范围广泛的综合性工作，它不仅对被并购企业的资产和实际价值进行定性分析，而且还运用科学方法对其进行定量分析，并给予合理的评定和估价，从而促进了企业并购工作的定量化、规范化，避免了主观随意性。

（二）主要的评估方法

目标企业价值评估的方法很多，每一种方法都有其优点和不足之处，但并无绝对优劣之分，只是在方法使用上，要依据具体情况有针对性地选择相适应的评估方法。可供选择的评估方法主要有四大类：以资产价值为基础的评估方法、以市场为基础的评估方法、以收益为基础的贴现方法和实物期权法。有时候，为了避免得出简单的或是欺骗性的结论，可以把各种方法交叉使用，或把所选择的各种方法的结果加权计算，以期减少并购风险，真正实现并购目标。

（三）价值评估方法选择的原则

价值评估方法的选择不是主观随意、没有规律可循的，无论是哪一种方法，评估的最终目的都是一样的，即都是服务于市场交易和投资决策，因而各种方法之间有着内在的联系。企业价值评估方法的选择遵循以下几项原则：

1. 依据相关准则、规范的原则

企业价值评估的相关准则和规范是由管理部门颁布的，具有一定的权威性和部分强制性，对选择企业价值评估方法具有很强的指导意义。

2. 借鉴共识性研究成果的原则

价值评估方法选择的一些共识性研究成果是众多研究人员共同努力的结果，是基于价值评估实践的一些理论上的提炼，对于选择合理的方法用于价值评估有较大的参考价值。

3. 客观、公正的原则

客观性原则要求评估人员在选择价值评估方法的时候能够保持客观的立场，坚持以客观事实为依据，尽量避免用个人主观臆断代替客观实际，摆脱利益冲突的影响，依据客观的资料数据进行科学的分析、判断，选择合理的方法。公正性原则要求评估人员客观地阐明意见，不偏不倚地对待各种利益主体。客观、公正这一原则不仅具有方法选择上的指导意义，而且从评估人员素质的角度对方法选择提出要求。

二、资产价值评估法

资产价值评估法是指通过目标企业的资产进行估价来评估其价值的方法，关键是选择合适的资产评估价值标准。而根据资产评估价值标准的不同，实际操作中主要有以下三种做法：账面价值法、重置价值法和清算价值法。

（一）账面价值法

账面价值法是根据传统会计核算中账面记载的净资产来确定并购价格的方法。它是一种静态估价方法，因其既不考虑资产的市价，也不考虑资产的收益，账面价值十分可靠，且很容易获得，并能为大多数人所理解。因此，当企业的流动资产所占份额较大，且会计计价十分准确时，利用账面价值评估企业的价值比较重要。

账面价值法简单、直观、资料易于获取，且出让价格一般不低于目标企业的净资产值，对于目标公司来说，提供了交易价格的底线，对于收购方来说，得到了评估的基准价格。但由于其仅计量企业的存量资产，不考虑企业的盈利能力、成长能力和行业特点等，忽略了企业的战略价值，以致出让价格很可能会严重偏离市场价值，因此这种评估方法主要适用于账面价值与市场价值偏离不大的非上市企业。

（二）重置成本法

重置成本法的基本原理是重建或重置评估对象，即在条件允许的情况下，任何一个理性的潜在投资者，其在购置一项资产时所愿意支付的价格不会超过建造一项与所购资产具有相同用途的替代品所需要的成本。重置成本法通常假设企业是一系列资产的集合体，企业的价值取决于各单项资产的价值，即"1+1=2"。它通过确定被收购企业各单项资产的重置成本，减去其实体有形消耗、功能性贬值和经济性贬值，来评定被并购企业各单项资产的重估价值，以各单项资产评估价值加总再减去负债作为被并购企业价值的参考。从定义和假设条件中，不难发现该方法忽略了企业的管理水平、职工素质、经营效率、商誉等无形效应对企业价值的影响。此外，该方法无法评估并购所带来的协同价值和重组价值。

这种方法适用于并购企业以获得资产为动机的并购行为。另外，它也多被应用于目标企业的账面价值与市场价值相差很大的情况下，比如一家生产过剩、产品积压的公司，其资产价值就不能按照其账面价值来估计，而需要通过评估这些资产的市场变现价值。当目标企业缺乏可靠对比数据时，如果重置成本能够合理估算，获利能力也与资产的市场价值或重置成本密切相关，那么使用重置价值法就能近似地得到企业的价值。

（三）清算价值

清算价值法是通过估算目标企业的净清算收入来估算并购价格的方法。其中，企业的净清算收入是通过估算目标企业所有的部门和全部固定资产所得到的收入，再扣除企业的应付债务而得到的。清算价值法是在企业作为一个整体已经丧失增值能力情况下的一种资产估价方法。一般，清算价值要低于重置价值。因为企业在清算时，其资产一般只能压价才能售出，且企业清算还将发生一笔清算成本。

有时，企业并购的目的并不在于获得各种协同效应，而是出于某种原因，在并购后，并购方便打算在短期内出售目标企业，即不打算长期持有。此时，对于并购方比较有利的估价方法就是采用清算价值法。

估算所得到的是目标企业可能的变现价格，构成并购价格的底线，可以用于收购陷入困境的企业。可以用在万一预期的并购战略未能实施的防卫措施上，也可以用于根据特定的目的所购买的一些特定的企业。

以上三种以资产价值为基础的评估方法的优点是具有客观性，着眼于企业的历史和现状，不确定因素较少。但是这种方法的缺点也很明显，实物资产不能完全代表企业的价值，资产负债表外的无形资产项目也应考虑在内，所以其评估适用性方面存在缺陷，尤其不适用于评估高科技公司和服务性公司。

三、相对估值法

在相对估值法中，公司的价值通常参考"可比"公司的价值与某一变量，如收益、现金流量或销售收入等的比率而得到。可比公司的选择标准是：同一行业或同一业务，最好在同一市场交易且具有相似增长率和股本规模大体相当的公司。一般来说，相对估值法涉及行业内的对比，较为直观和客观，但可能忽视了各企业间因盈利模式、盈利能力以及收入结构的不同而形成估值差异。下面将介绍两种常用的相对估值法，一个是市盈率法，一个是可比公司 EBITDA 倍数法，前者关注企业的权益价值，后者关注企业的整体价值。

（一）市盈率法

市盈率法也称为相对收益估价法或可比公司市盈率倍数法，是根据目标企业的收益和市盈率来确定企业价值的方法。其表达式为：目标企业的价值 = 目标企业的收益×市盈率。其中，市盈率（PE）是将股票价格与当前公司盈利状况联系在一起的一种直观的统计比率，它等于每股价格与每股净收益（EPS）的比率。此时，目标企业价值的确定就归结为市盈率和目标企业收益的确定。而市盈率可以选择并购时与目标企业具有可比性的企业的市盈率或者目标企业所处行业的平均市盈率。而目标企业收益可选择目标企业最近一年的税后收益、最近三年税后收益的均值或并购后目标企业的预期税后收益作为估价指标。

市盈率法的方法体系科学完整，估值结果有一定的可靠性，简单易操作，但由于收益指标和市盈率的确定都具有很大的主观性，尤其是在我国目前股市尚未完善，市盈率不完全真实，由此估价可能会带来很大的风险。这种方法适用于股票市场较为完善的市场环境中经营较稳定的企业。

（二）可比公司 EBITDA 倍数法

可比公司 EBITDA 倍数法是将公司价值与公司折旧摊销息税前收益（EBITDA）联系在一起的一种直观的统计比率，它等于公司价值（EV）与公司折旧摊销息税前收益的比值。EBITDA 不受折旧、摊销等会计政策的影响，所以不易被人为操纵。因此，可比公司 EBITDA 倍数法通常应用于需要大量先期资本投入的行业和摊销比较重的行业。若以行业中相近公司 EBITDA 倍数的平均值作为参考行业的平均 EBITDA 倍数，则该方法用公式表达就是：公司价值 = 目标企业某年的 EBITDA× 行业平均 EBITDA 倍数。

EV/EBITDA 倍数使用企业价值，即投入企业的所有资本的市场价值代替市盈率中的股价，使用公司折旧摊销息税前收益代替市盈率中的每股净利润，企业所有投资人的资本投入既包括股东权益，也包括债权人的投入，而 EBITDA 则反映了上述所有投资人所获得的税前收益水平。相对于 PE 反映的是股票市值与预测净利润的比值，EV/EBITDA 则反映了投资资本的市场价值和未来一年企业收益间的比例关系。

四、现金流折现法

从理论的角度看，现金流折现法是估值方法中最为科学可靠的方法，这种方法来自于金融学中关于现值的定义：未来的一笔收入对现在的影响除了其自身数额的大小之外，还跟时间和折现率有关。现金流折现法就是用未来一段时间内目标企业的一系列预期现金流量以某一贴现率的现值与该企业的初期现金投资即并购支出相比较。如果该现值大于投资额，即净现值等于或大于 0，可以认为这一定价对并购方是可以接受的或有利的；如果净现值小于 0，对并购方来说，并购决策常常是不可接受的。

通常，并购者会按照以下步骤来估算目标公司的价值：

第一，估计目标公司未来各期的现金流。

第二，给定收购后的风险和资本结构，估计目标公司的折现率。

第三，计算目标公司的价值。

从上述步骤中，不难发现利用现金流折现法的两个难点即在于：现金流的估计和折现率的确定。

（一）现金流量

一般来说，预计的资产未来现金流量应当包括下列各项：

(1) 资产持续使用过程中预计产生的现金流入。

(2) 为实现资产持续使用过程中产生的现金流入所必需的预计现金流出（包括为使资产达到预定可使用状态所发生的现金流出）。

(3) 资产使用寿命结束时，处置资产所收到或者支付的净现金流量。该现金流量应当是在公平交易中，熟悉情况的交易双方自愿进行交易时，企业预期可从资产的处置中获取或者支付的、减去预计处置费用后的金额。

为了使对现金流的估计能够尽可能地接近真实情况，莱帕波特（Rappaport）提出了五种关键的价值创造：

第一，预期销售量的增长和收益增长。

第二，营业毛利率。

第三，新增固定资产投资。

第四，新增流动资产投资。

第五，资本成本。

他认为，这五种关键的价值创造最终将决定公司的现金流水平。除此之外，通过并购所形成的企业竞争优势能够维持多长时间也是个关键的问题，因为这会影响对目标公司未来现金流的预期时间期限的问题。通常，对于目标公司的预测要做 5—10 年，当然，时间越长，预测的结果就越不可靠。通常认为 5—10 年后目标公司的自由现金流将保持在一个稳定的水平上。

（二）折现率

现金流折现法的问题之二就是折现率的确定。有一种观点认为，折现率应该是反映市场上产生类似现金流收益的投资回报率，也就是资金的机会成本。而反映投资回报率的指标主要有两个：一是企业全部投资（包括股权和债权）的收益率（ROA），二是专门指股权的收益率，即股权回报率（ROE）。

关于折现率的另一种观点是，折现率应该不低于加权平均资本成本（WACC），这也是实际操作中经常运用的方法。从定义上看：

$$WACC = r_e(E/V) + (1-T_c)r_d(D/V) + r_p(P/V)$$

其中，r_e 为权益资本成本；r_d 为债务成本；r_p 为优先股成本；T_c 为所得税率；E 为权益价值；D 为债务价值；P 为优先股价值；

$$V = E + D + P$$

在这个公式里，r_d 和 r_p 在获得债务和优先股时已经确定，而 T_c、E、D、P 都是有账可查的，因此，只要能够确定权益资本成本 r_e，就能够确定作为折现率的加权平均资本成本。而通常我们使用资本资产定价模型（CAPM）来估计公司的权益资本成本，其公式为：

$$r_i = r_f + \beta_i(r_m - r_f)$$

其中，r_i 为证券 i 的期望回报率（在风险确定的情况下，股东所要求的回报率即为公司的权益资本成本）；r_f 为无风险利率；β_i 为证券 i 的 β 系数（用来度量证券 i 的收益率对市场收益率变动的敏感程度；r_m 为证券市场组合的回报率。

CAPM 模型在实际运用时最为重要的环节之一就是 β 系数的估计。公司的 β 系数由三个因素决定：公司所处的行业、公司的经营杠杆比率和公司的财务杠杆比率。

(1) 行业类型：β 系数是衡量公司相对市场风险程度的指标，因此，公司对市场的变化越敏感，其 β 系数越高。在其他情况相同时，周期性公司比非周期性公司的 β 系数高。如果一家公司从事多样化经营活动，那么它的 β 系数是公司不同行业产品线 β 系数的加权平均，权重是各行业产品线的市场价值占市场总市值的比例。

(2) 经营杠杆比率：经营杠杆比率是公司成本结构的函数，它通常定义为固定成本占总成本的比例。公司的经营杠杆比率越高，生产同种产品时，息税前收益（EBIT）的波动性越大。其他条件不变时，公司经营收入的波动性越大，经营杠杆比率就越高，公司的 β 系数就越高。

(3) 财务杠杆比率：其他情况相同时，财务杠杆比率较高的公司，其 β 系数也较大。因为从直观上来看，债务利息支出的增加将导致净收益波动性的增加，即在经济繁荣时期收益增长幅度较大，而在经济萧条时期收益下降幅度较大。

当企业的资本全部为权益资本时，可用资产 β 值或无杠杆 β 值来表示股票的 β 值。此时，企业面临的只是经营风险，而没有财务风险。当企业存在负债时，用权益 β 值或杠杆 β 值来表示股票的风险，因为此时企业既要承担经营风险又要承担财务风险，企业的杠杆 β 值包括了这两种风险。在企业债券无市场风险（及债务的 β 系数为零）的情况下，企业的资产 β 值与其杠杆 β 值之间的关系如下：

$$\beta_L = \beta_U [1 + (1 - T_C)(D/E)]$$

其中：β_L——考虑公司债务后的 β 系数，即杠杆 β 值；

β_U——假设公司没有负债时的 β 系数，即资产 β 值；

T_C——公司所得税边际税率；

D/E——公司债务市值与公司权益市值的比值。

公司无负债的 β 系数由公司所处的行业和公司的经营杠杆比率决定。如果公司债务有市场风险（即其 β 系数大于零），则应将上述公式作相应的调整。如果债券的 β 系数为 β_D，则公司权益的 β 系数为：

$$\beta_L = \beta_U [1 + (1 - T_C)(D/E)] - \beta_D (D/E)$$

上述估计 β 系数的方法需要知道公司资产的价值，但是对非上市公司而言，其资产的价值很难确定的。因此，估计非上市公司的 β 系数时，可以利用与该公司经营风险和杠杆比率都具有可比性公司的 β 系数。然后，利用 β 系数与杠杆比率的关系，可以进一步根据被估值公司与可比公司之间财务杠杆的差异进行调整。即首先根据调整公式 $\beta_L = \beta_U [1 + (1 - T_C)(D/E)]$ 得到只有经营风险的可比公司的资产 β_U（注意，这一步应用可比公司的 D/E），然后再将目标公司的 D/E 代入上述公式得到目标公司权益的 β 系数。有了 β 系数以后，可以计算出权益资本成本：$r_i = r_f + \beta_i (r_m - r_f)$。最后，再利用加权资本成本 WACC 的计算公式就能够得出折现率。

在预测了企业的现金流折现率以后，就可以采用现金流折现法来对企业进行估值。由于有坚实的理论基础，当与其他方案一起使用时，现金流折现法所得到的结果往往是检验其他模型结果合理与否的基本标准。现金流折现法的主要缺点是其对现金流量估计和预测固有的不确定性。由于必须对许多的有关市场、产品、定价、竞争、管理、经营状况、利率等作出假设,准确性因而减弱。不过,在并购估值中,现金流折现法的应用价值是值得肯定的,因为它把注意力集中到最重要的假定和不确定性上,尤其是将它用于为买方确定最高定价时,其结果具有重要的参考价值。

五、实物期权法

与传统的投资决策分析方法相比较,实物期权的思想、方法不是集中于对单一的现金流的预测,而是把分析集中在项目所具有的不确定性问题上,即现金流的所有可能变化范围,并用概率的语言来描述。当使用关于现金流的概率分布和未来预期的市场信息时,实物期权分析方法把金融市场与投资项目的决策联系起来,对未来现金流没有主观的预测,因而能够更好地评估不确定性投资项目的价值。

(一)实物期权的概念

金融期权是一种金融契约,它赋予购买者一种金融选择权,即购买者支付一定数额的权利金后,拥有在一定时间内以事先确定的价格向出售者购买或出售一定数量的金融资产的权利,但不负有必须买进或卖出的义务。

从狭义上讲,实物期权是金融期权理论在实物资产期权上的扩展,实物期权又不同于金融期权,因为其标的资产不是股票、债券、期货或货币等金融资产,而是某个具体投资项目,它们可以被理解为该项目对应的设备、土地等实物资产,因此,称这些期权为实物期权。从本质上看,实物期权有着与金融期权相类似的特征,即它赋予期权的买方在未来某一特定时期,以约定的价格买进或卖出一定数量的标的资产的权利。不过,绝大多数实物期权更像是美式期权,它可以在期权的有效期内任何时刻执行。

(二)期权定价理论的估值模型

在结合现金流折现法和实物期权定价理论的基础上,目标企业的并购价值应该包括如下内容:由贴现现金流方法得到的是企业"现实资产"的价值,目标企业的价值主要体现之一就是其未来的收益能力,通过预测该企业未来可能产生的现金流,经过加权平均资本成本进行贴现后,可以计算得出的这部分现实资产的价值(V_1);企业价值的另一部分则是未来增长机会的折现价值,即目标企业包含的期权价值(V_2)。并购活动本身也具有选择权,因此总价值中必须考虑并购活动本身带来的期权价值,实物期权法考虑了企业并购所产生的协同效应。

利用实物期权的视角来分析企业价值的方法在布莱克(Black)和斯克尔斯(Scholes)最初的论文中就被提出,即著名的B—S公式。所以,目标企业的期权价值为:

$$V_2 = SN(d_1) - Xe^{-r_f t}N(d_2)$$

其中:$d_1 = [\ln(S/X) + (r_f + \sigma^2/2)t]/\sigma\sqrt{t}$;$d_2 = d_2 - \sigma\sqrt{t}$

V_2——目标企业期权价值;
S——标的资产的当前价值;
t——距离期权到期日的时间;
X——期权的执行价格;
r_f——无风险利率;
σ——标的资产价格的波动率;
$N(d_t)$——标准正态分布自 $-\infty$ 到 d_t 的累计概率。

目标企业的价值为:$V=V_1+V_2$。

(三) 期权理论应用于并购定价的意义

实物期权的思想基于投资机会与金融期权的类比,它将投资机会视为投资者持有的期权,并购作为企业的一种投资行为可以用实物期权理论来研究并购中创造的期权价值问题。按照传统的观点,不确定性越高,资产的价值越低。实物期权方法则指出,假如管理者能够辨明和使用对应于并购发展中事件的弹性期权,那么增加的不确定性能够带来更高的价值。

实物期权法能够更加客观地评价企业的价值,这种客观性来源于对评估信息源的挖掘扩张以及信息可靠性的提高。该方法考虑了企业并购产生的协同效应,以净现值法计算独立企业的价值,又提出特殊方法对协同效应进行计量,适用于未来不确定性强和管理者需要一定的弹性去应付的情况下,对所有上市企业和非上市企业进行价值评估。当然,运用实物期权进行企业并购价值的评估也是存在一定的局限性的:一是难以确定一家企业究竟拥有哪些实物期权;二是难以确定对实物期权定价所需的要素;三是现实选择权本身具有复杂性。

本章案例

吉利收购沃尔沃

一、吉利、沃尔沃简介

浙江吉利控股集团是中国汽车行业的十强企业。吉利控股集团成立于1997年,灵活的经营机制和持续的自主创新使其获得快速的发展,现资产总值超过340亿元,连续八年进入中国企业500强,连续六年进入中国汽车行业十强,被评为首批国家"创新型企业"和"国家汽车整车出口基地企业"。沃尔沃集团成立于1927年,总部设在瑞典的哥德堡,在全世界拥有超过19000名员工,在瑞典、比利时、中国和马来西亚设立了生产厂和组装线。自始至终,安全、环保和品质都是沃尔沃所恪守的品质核心价值,是沃尔沃对每一个消费者永恒的承诺。

二、吉利收购沃尔沃

吉利于2010年3月28日成功并购沃尔沃。为什么福特选择放弃沃尔沃,而吉利又出于什么原因收购沃尔沃，沃尔沃为何又选择中国市场呢？

首先，福特公司于1998年以64.5亿美元收购了沃尔沃品牌，并将其归入豪华车分支PGA，于是，福特豪华车系列包括了林肯、路虎、捷豹、水星和沃尔沃等七大品牌。然而，由于品牌过多，从2005年开始，福特陷入连年巨亏，加之受2008年金融危机影响，福特公司亏损146亿美元。同时，沃尔沃销量不断下滑，放弃沃尔沃更有利于福特集中所有资源和精力实施"一个福特"的战略计划。其次，作为吉利来说，沃尔沃具有领先的安全与环保技术，将其纳入中国企业麾下，无疑将使中国汽车获得全球范围内的影响力，并推动中国本土轿车工业水平的提高。同时，吉利收购沃尔沃能够使5个技术平台、15个产品平台、40余款车型分布在全球鹰、帝豪和英伦三个品牌的计划更早实现；并且通过并购，吉利从第二军团成为大集团之一。在这种背景下，再加之李书福的关键作用，使得吉利成功并购了沃尔沃。

三、吉利收购沃尔沃的益处

对于吉利来说，收购沃尔沃100%的股权的同时也拥有了沃尔沃的关键技术和知识产权，从而使吉利在技术上领先于其他汽车品牌。沃尔沃作为全球知名品牌已经拥有80多年的历史，据洛希尔的评估，目前沃尔沃的净资产超过15亿美元，品牌价值接近百亿美元，这将有利于吉利提高品牌影响力，同时扩大全球的销售市场。收购沃尔沃，正如李书福所说：我们可以学习更多的国外先进管理技术。对于沃尔沃来说，可以通过吉利的中国渠道，开拓新市场，以扩大自己的销售范围，使其销售量逐步提高。作为吉利旗下的沃尔沃可以在中国境内购买零部件，降低成本，提高利润；同时可以在中国开设工厂，合理避免关税；还可以雇用中国劳动力，降低成本。

四、吉利收购沃尔沃面临的风险

一是经营整合风险。中国企业海外并购产生的经营整合风险主要是由于品牌认同和接受程度的不同。根据美国《福布斯》公布的国际品牌榜显示，被誉为"最安全豪华轿车"的沃尔沃品牌价值高达20亿美元，相比之下，吉利却只是一个长期生产10万元以下汽车的企业。即使利用沃尔沃的高端品牌形象能够快速提升自身的品牌形象价值，但沃尔沃与吉利之间毕竟存在着很大的品牌鸿沟；而且为了维护沃尔沃的品牌形象，吉利不仅保留了沃尔沃的工厂、总部和经销渠道，还保留了其全部高管团队和全部员工队伍，这些都将使吉利产生巨大的品牌运营成本。因此，有效整合双方的经营战略将是吉利并购面临的一大问题。

二是文化整合风险。吉利的发展历程不超过20年，而沃尔沃已有80余年的历史，单一强调所谓的品牌独立和文化坚持是没有前景的，无法改善沃尔沃所面临的经营困难。如何协调和融合东西方企业文化的问题将成为吉利所需解决的第一大问题。总体上看，由于双方的企业文化存在较大的鸿沟，如何在保留本土企业文化优势的前提下吸收沃尔沃企业的积极文化，是考验吉利高管层智慧和能力的难题。

三是人力资源和技术整合风险。在海外并购过程中，我国企业的人力资源管理还不成熟，长期以来处于摸索和总结阶段，文化之间的差异以及语言障碍，加之国内企业对国外目标企业的人力资源管理系统也不完全熟悉，使得人力资源的整合成为一大并购风险。沃尔沃是一家具有持续发展能力的公司，拥有高素质的研发人才队伍，拥有可满足欧六和欧七排放法规的车型和发动机等，拥有在汽车安全领域的众多领先技术，以及拥有研发、生产豪华车型的能力。吉利要消化沃尔沃如此优秀的人才和技术，将会导致产生"蛇吞象"的效果。

资料来源：周煦：《浅析并购中的风险与收益——以吉利收购沃尔沃为例》，载《商》2016年第37期。

❓ 本章思考题

1. 公司并购的含义是什么？
2. 公司并购动机有哪些？
3. 公司并购存在哪些风险？
4. 什么是杠杆并购？
5. 公司并购对象如何估值？
6. 实物期权在公司并购中如何运用？

第十七章

公司治理

公司治理，从广义上讲，是研究公司权力安排的科学。从狭义上讲，是居于公司所有权层次，研究如何授权给职业经理人并针对职业经理人履行职务行为行使监管职能的科学。

第一节 公司治理概述

公司治理结构的实质是权力分配制衡机制，即明确股东、董事、监事、经理和其他利益相关者之间权利和责任的分配，规定公司议事规则和程序，并决定公司目标和组织结构以及实施目标和进行监督的手段。

一、公司治理问题的产生

（一）公司治理问题的提出

公司治理是伴随着公司制企业的产生而产生的。公司制企业与由所有者自己管理的传统企业的显著区别在于：在公司制企业中，资本所有者将资本的相当大的经营管理权委托给他们所选定的代理人，即职业经理（包括董事）。由于信息不对称，代理人有可能出于私利而机会主义地行事，这就是所谓的代理问题。

在20世纪20年代以前，由于代理的缺陷问题不突出，因此并没有引起人们的普遍关注。而在20世纪20年代以后，所有者直接控制公司已经不是现代公司制企业的主流，尤其是大规模公司制企业，所有者更是远离企业，所有权相当分散，这在客观上为经营者背离所有者的利益提供了可能。此时，一些经济学家开始研究如何有效地控制和监督经营者行为的问题，只是当时尚未直接采用"公司治理"这一名词。

20世纪60年代以来，公司所有权和经营权的分离以及经营者支配公司进一步加剧。在美国，20世纪60年代初，经营者支配公司的资产占200家非金融企业总资产的85%；在日本，1970年，303家最大非金融公司的50%、29家最大金融机构的90%被经营者支配；英国1975年最大的250家公司中有43.75%、德国1971年最大的150家制造业和商业企业中有52%被经营者支配。[①] 在这些公司的董事会中，经理人员占了多数，不少公司的首席执行官（CEO）同时又坐上了董事长的位置，受聘于

---

① 参见高明华等：《公司治理学》，中国经济出版社2009年版，第30页。

公司所有者的经营管理者反过来最终控制公司,由此导致的因偏离企业利润最大化目标而造成的各种弊端也越来越引起人们的关注。于是,在20世纪70年代中期,美国拉开了有关公司治理问题研究的序幕;20世纪80年代,英国不少著名公司的相继倒闭以及随后出台的一系列公司治理准则,则把公司治理问题推向全球,使之成为一个世界性的研究主题。

(二)公司治理问题产生的理论分析

在企业制度发展史上,先后经历了个人从业主制企业、合伙制企业和股份制企业三种形式,前两者常被称为"古典企业",后者常被称为"现代企业"。其实,现代企业不仅仅是股份制企业,还有国有独资公司等其他公司制形式,就是说,严格意义上的现代企业应是公司制企业。正是公司制企业的产生,才使得公司治理得以存在。

公司治理问题产生于经营者控制,而经营者控制产生的根本原因是现代公司制企业的产权分解,即所有权和经营权(或控制权)的分离。其中的理论解释主要是:现代公司制的两权分离产生了委托代理关系,而企业委托代理关系的选择是要支付成本的,这种在选择委托代理关系中所支付的成本是代理成本。公司治理问题的本质是代理问题,即要解决因所有权与经营权相分离而产生的代理问题。所谓代理问题是公司所有者为有效地监督经营者所产生的监督成本和经营者的机会主义所带来的损失。因此减少代理成本就成为经济学意义上的公司治理的核心,其治理途径是通过外部市场和企业内部组织激励约束经营者的行为,降低代理成本,实现股东价值最大化。但从管理学的角度来看,如何保证公司的经营决策科学化和增强企业的竞争力也是公司治理的核心,其途径是强化公司内部的功能与有效运作,实现事前和事中的监督,保证董事会决策权的有效实施。

二、公司治理的概念

(一)公司治理的定义

公司治理的概念可以从狭义和广义两方面去理解。

狭义的公司治理,是指所有者,主要是股东对经营者的一种监督与制衡机制。即通过一种制度安排,来合理地配置所有者与经营者之间的权利与责任关系。公司治理的目标是保证股东利益的最大化,防止经营者对所有者利益的背离。其主要特点通过股东会、董事会、监事会以及管理层所构成的公司治理结构的内部治理体现出来。

广义的公司治理则不局限于股东对经营者的制衡,而是涉及广泛的利益相关者,包括股东、债权人、供应商、雇员、政府和社区等与公司有利益关系的集团。公司治理是通过一套正式及非正式的制度来协调公司与所有利益相关者之间的利益关系,以保证公司决策的科学化,从而最终维护公司各方面的利益。因为在广义上,公司已不仅仅是股东的公司,而是一个利益共同体,公司的治理机制也不仅限于以治理结构为基础的内部治理,而是利益相关者通过一系列内部、外部机制来实施共同治理,治理的目标不仅限于股东利益的最大化,而且要保证公司决策的科学化,从而保证公司各方面的利益相关者的利益最大化。

绝大多数学者都是从广义方面来定义公司治理的,尽管定义的角度略有不同。例如,2001年青木昌彦(M. Aoki)从博弈论的角度,将公司治理界定为公司组织域(联结组织和金融交易两者的相关域)控制利益相关者(投资者、职工和经理)相机行动决策的自我实施规则(包括正式和非正式规则),其核心是经理关于在经营业绩不佳的情况下,其他利益相关者可能的策略反应的预期,这些预期在事前对经理本身的行为构成约束。1998年,费方域认为,公司治理的本质是一种产权关系合同,通过关系合同,配置公司各利益相关者的权、责、利(特别是对剩余控制权和剩余索取权的配置),规范他们之间的关系,治理他们之间的交易,以此来实现节约交易成本的比较优势。

(二)公司治理的主体和客体

理解公司治理问题的前提是弄清楚公司治理的主客体分别是谁,即谁治理谁的问题。

一般来说,公司治理的主体主要是股东和董事。股东负责对董事的治理,董事负责对经理人的治理。公司治理的客体主要是公司的经理人,有时还包括控股股东和董事。因为控股股东、董事和经理人直接参与了公司的价值创造,并在一定程度上左右了公司的战略走向,而作为利益分享和风险分担的其他交易契约参与者必须对其进行控制。对董事会的治理来自股东,判断标准是股东及其他利益相关者投资的回报率。对经营者的治理来自董事会,目标在于观察公司经营管理者是否恰当,判断标准是公司的经营业绩。

当然,治理问题的主体和客体并不是绝对的,而是相对的、经常转化的,治理主体和客体经常依据公司代理问题表现情况不同而换位。当经营者侵害股东的利益时,股东是治理的主体,经营者是治理的客体;但是当大股东侵害中小股东利益时,大股东本身也可能由治理的主体变为治理客体,中小股东成为治理的主体。

三、公司治理结构

(一)公司治理结构的概念

公司治理结构中的公司在法律上是具有法人资格的权利义务主体,独立的法人资格要求公司有自己的财产,公司的财产最初来源于出资者的出资,出资者通过其财产权来换取股东权。股东既不能直接参与公司经营管理,也不能退回出资,而是由公司组织机构来经营管理企业,这种公司组织机构就是公司治理结构。为了保护出资人的利益,国家颁布法律,并要求公司制定章程来明确和规范公司各组织机构的权利、义务和责任,以及它们之间相互制约的关系。从法理来看,公司治理结构是一个法律框架,是保护企业所有者利益的制度安排,是目前公司普遍实行的管理方式。

(二)公司治理结构的类型

公司治理结构基本上可以划分为单层结构和双层结构。

1. 单层结构

单层结构是指股东将经营决策权和监督权全部委托给董事会,由董事会全权代理股东负责管理公司的经营。单层结构权责明确，治理关系简单，但由于容易造成董事与经理人的兼任，使决策权和监督权容易混淆，是诱发经营者腐败的重要原因。为此，实行单层结构的国家，如英美国家的企业在现实中不断着手于公司治理结构的变革，比如强调董事长与 CEO 的分离；在董事会内下设各种专业委员会，强化业务执行与监督的独立性；通过增加独立董事的比例来提高外部监督的能力等。因此，提高董事会的质量就成为单层结构的关键问题。

2. 双层结构

双层结构就是股东将经营决策权委托给董事会，另设一个监事会专门行使监督职能，日德等大陆法系的国家多半实行双层结构模式。日本公司多是由股东大会选举董事会和监事会，两者均对股东大会负责。而德国公司则多由股东大会选举监事会，再由监事会任命董事会。监事会对股东大会负责，董事会对监事会负责。双层结构实现了经营决策权和执行决策权与监督层的完全分开，保证了两者之间的相互判断，但是由于程序多，官僚气氛浓，所以在需要具备灵活的市场应变能力的情况下，会制约管理者的活力和创新动力。

对于单层结构和双层结构谁更有效率一直是人们争论的问题，其实在现实中，各自都是有效率的，这与其所处的环境有关。同时，在经济全球化的背景下，两种公司治理结构的发展趋势是取长补短，即在相互借鉴中不断完善和趋同。如单层结构在外部市场监督强而内部监督弱的情况下，开始着手于董事会内部执行与监督的分离，如在董事会内设置监督委员会；双层结构在外部市场监督弱而内部监督分散化的情况下，开始致力于董事会和监事会在监督职能方面的整合。因此，公司治理结构应该随着经济水平和企业环境的变化而不断发展和重构。

第二节　公司内部治理

公司治理包括内部治理和外部治理，两者相互补充，相互依存，共同构成一个完整的公司治理机制。

一、公司内部治理机构的设置

股东大会、董事会、执行层等具体职能单位构成了一套完整的公司治理结构，它们就被称为公司治理机构。

（一）股东大会

股东作为公司的实际所有者，根据所持股票的多少对公司享有相应的所有权。《公司法》规定："公司股东作为出资者按投入公司的资本额享有所有者的资产受益、重大决策和选择管理者等权力"。由于股票的持有方式越发多元化，股东的组成也越发广泛，可能包括个人、家庭、集团联盟，或者控股以及交叉持股的公司等。这些组织和个人不可能全部参与到公司的具体经营事务中去，因此需要专门的权力机关代表全体股东行使权利。股东又分为有限股东和普通股东，前者享有在平时获得定息和清盘时获得补偿的优先权,是不在册股东;普通股东是在册股东,也就是经常被提及的一般意义上的股东。

1. 股东大会的形式

股东大会分为年度股东大会和临时股东大会。年度股东大会一般由董事会召集,如果在两次股东大会之间发生任何紧急事件,董事会可以提议召开临时股东大会,持有一定数量股权的股东和法院也有权提出召开临时股东大会。

股东年会的间隔期虽然以一个日历年为单位,但也有一定的弹性,不过通常不得多于15个月。年度股东大会的议题一般包括:讨论和批准公司年度报告、资产负债表、损益表和其他会计报表;修改公司章程;决定公司的合并或解散;讨论和通过董事会关于增减公司资本的建议;选举公司董事,讨论和批准董事会提出的股利分配方案等。股东大会决议一般采用多数制的议事原则,但具体细则各国有所不同。

2. 股东大会的投票形式

在股东大会上,基本的投票原则是一股一票。即持股越多,在会上就越有发言权。但是这一基本原则具有倾向于大股东、忽视中小股东利益等弊端,为了克服这些弊端,其他的股东大会表决制度应运而生。

(二)董事会

董事会是由全体股东付费,在有关部门的监管规则之下,按照兼顾各类利益相关者利益的原则,指导和管理公司日常运作的机构。董事会成员多由行业背景深厚、经验丰富的资深专业人士担任,最终由股东大会选举产生。由于董事会代表全体股东的利益,因此如何保证董事会的独立性,使其不被个别大股东所操纵,能够代表中小股东的声音是董事会能否发挥正常作用的关键。

1. 董事会的职责

我国《公司法》第46条对有限责任公司董事会职权的规定是:(1)召集股东会会议,并向股东会报告工作;(2)执行股东会的决议;(3)决定公司的经营计划和投资方案;(4)制订公司的年度财务预算方案、决算方案;(5)制订公司的利润分配方案和弥补亏损方案;(6)制订公司增加或者减少注册资本以及发行公司债券的方案;(7)制订公司合并、分立、解散或者变更公司形式的方案;(8)决定公司内部管理机构的设置;(9)决定聘任或者解聘公司经理及其报酬事项,并根据经理的提名决定聘任或者解聘公司副经理、财务负责人及其报酬事项;(10)制定公司的基本管理制度;(11)公司章程规定的其他职权。

以上规定同样适用于股份有限公司。

2. 董事会的组成

一般来说,一个完整的董事会主要包括内部执行董事和非执行董事,以及董事会主席和董事会秘书等。其中,英美法系国家的法律要求,董事会中必须设立外部独立董事;而德国的董事会中则设有监事会。

(1)执行董事

执行董事也叫内部董事,一般指从公司内部的雇员中选拔出来的董事,作为公司的雇员，领取酬金。内部董事尽管具有熟悉公司状况的优势，但是由于其本身作为公司的一份子，在董事会制定决议时，难免会出现为了维护自身利益而作出不利于公司的决定。因此，董事会中的内部执行董事应该控制在一个比较小的数目内。

（2）非执行董事

非执行董事指从公司外部聘请的与公司没有利益关联的董事。引进外部董事具有如下重要作用：① 引进外来的经验；② 负责监察管理层的表现及工作进度；③ 当公司利益跟个别董事的个人利益相冲突时，确保董事会有适当的制度维护公司的利益；④ 增加公众人士对公司的信心；⑤ 如果非执行董事也是其他机构的要员，他们亦能促进公司在业务方面的联系。

为了保证董事会的公正性和独立性，非执行董事在董事会中所占的比例不能太小，否则将有"内部人控制"的风险。通常，董事会中的非执行董事不少于董事总数的1/2，越大的公司，非执行董事所占比例越高。在英美国家的很多大规模公司中，非执行董事的比例能够达到2/3。

（3）董事会主席

董事会主席是由董事会成员互相推选出来的，通常由最大股东担任，因为公司的表现对于最大股东的利益或损失影响最大，所以最大股东会确保公司得到最大的利益及减少损失。董事会主席要处事公正，不能损害小股东权益。

（4）独立非执行董事

英美法系中，规定每个董事会至少要具有一到两个独立非执行董事，以确保董事会的独立性和公正性。独立董事是指具有完全意志、代表公司的全体股东和公司整体利益的董事会成员，独立董事独立于公司的管理和经营活动以及那些有可能影响他们作出独立判断的事务之外，不能和公司有任何影响其客观和独立判断的关系。它不代表出资人、管理层、股东大会及董事会任何一方的利益，因此会从企业自身出发，顾全大局，改变董事会决策一家之言的局面，并将最终给所有股东带来利益。

独立董事的一个最大特点就是具有独立性。这种独立性表现在：其一，法律地位独立。其二，意思独立。独立董事以超然的地位，履行自己的职责，监督高层管理人员，检查董事会和执行董事的表现，确保其遵守最佳行为准则。就公司的发展战略、业绩、资源、主要人员任命和操守标准、薪酬等问题作出独立判断。尽管有观点认为，独立董事的职责不仅仅是监督，但监督仍然是独立董事最主要的和具有实质意义的职责。除了监督者的角色，独立董事还扮演着专家顾问的角色，但后者的职能是次要的和依附于前者的。

（5）监事会

在欧洲大陆法系中，规定董事会须设监事会，对董事会日常工作及重大决议进行监督。因此在欧洲大陆多数国家、日本、韩国的公司立法以及我国《公司法》都规定监事会或监事为股份公司的必设监督机关，全面执掌监督权，希望通过董事会与监事会机关的分立以及决策权与监督权的分离所产生的制衡，达到公司内部自治监督的目的，其中尤以德国最具代表性。监事会成员全部由非执行董事担任，以此来保证监督的独立性和公正性。一般来讲,在国外,独立非执行董事和监事会分属两个不同的董事会体系,即设立了独立非执行董事的董事会就不会再设立监事会。而我国的情况则有些特殊,法律规定,每个上市公司都要设立独立非执行董事和监事会。

(6) 董事会秘书

董事会秘书由董事会委任,向董事会及公司负责,在有的国家称为"公司秘书",其职责包括:在开董事会之前搜集有关资料,交予各董事细阅;在会议期间,提供法律及公司管治范围的意见等,并准确地记录会议的内容。

3. 董事会的模式

根据法系的不同,各国的董事会制度一般可以分为三种模式:单层制董事会、双层制董事会和业务网络式董事会。其中,英美法系国家的董事一般采取单层制;大陆法系国家,以德国为代表,多采用双层制;日本则采用业务网络式。

(1) 单层制董事会

单层制的董事会由执行董事和独立董事组成,这种董事会模式是股东导向型的。较之德国设立监事会的双层董事会体系,英美国家的董事会一般是单层体系,下设若干职能委员会,对公司内部的某一领域进行监督和运作。其中,审计委员会、薪酬委员会和提名委员会是最为基本和关键的三个,分别对公司内部的财务审计、高级经理的薪酬组合,以及继任董事的提名负责。

(2) 双层制董事会

一般来说,由一个地位较高的董事会监管一个代表相关利益者的执行董事会组成,这种董事会模式是社会导向型的,也称为欧洲大陆模式,德国、奥地利、荷兰和部分法国公司等均采用该模式。处于较高地位的监事会全部由非执行的成员组成,包括主席,而执行董事会则全部由执行董事组成,主席是CEO。监事会具有聘任、监督和在必要时解聘执行董事会成员的权利。

(3) 业务网络模式

业务网络模式又称为日本模式,特指日本公司的治理结构。日本公司治理的特点是,公司之间通过内部交易、交叉持股和关联董事任职等方式形成非正式的网络关系。公开上市公司的董事会规模非常大,30—35人也不少见。通常,董事会中包括四五个等级组织。大公司的董事会一般执行仪式化的功能,而其中的权力掌握在主席、CEO和代表董事手中。当然,日本的公司治理模式现在日益面临着来自国际机构投资者要求增加外部独立董事的压力。

区分董事会单层制与双层制的基本依据在于监督职能与执行职能的关系。当监督是董事会的基本职能时,双层制的董事会结构就产生了;而当执行职能更为重要时,单层制的董事会就符合这一要求。

(三) 执行层

公司治理的第二层委托—代理关系中,执行层扮演着代理人的角色。他们由总经理、副总经理、总会计师、总工程师等执行人员组成,由董事会提名和选拔,受聘于董事会,对董事会负责,在董事会授权的范围内履行职责和义务。整个执行机构的负责人是总经理。

（四）其他利益相关者

公司治理是一个开放的系统，没有确定的边界，公司不仅仅对股东，而且要对更多的利益相关者的预期作出反应，包括经理、雇员、债权人、顾客、政府等。这些多元的利益必须协调，以实现公司长期的价值最大化。由于强调公司利益相关者的权利和利益，因此广义的公司治理被视为一种利益相关者模型。

二、公司内部治理机制

股东大会、董事会、经营层等机构构成了公司内部治理的机构框架，而贯穿于其中并将其有机地联系在一起的则是公司内部治理机制。公司内部治理机制，主要包括内部监督机制、内部激励机制和决策机制等。

（一）监督机制

监督机制是指公司的治理主体针对公司经营者的经营结果、行为或决策所进行的一系列客观而及时的审核、监察与督导的行为。而公司内部监督机制是所有者通过公司治理结构对经营者的监督约束。公司内部权力的分立与制衡原理是设计公司内部监督机制的一般原理。现代公司作为所有权和经营权分离的典型企业组织形式，其最大特点就是公司财产的原始所有者远离对公司经理人的控制。公司内部监督机制既包括股东和董事或监事对经理人的监督和约束，又包括他们之间权利的相互制衡与监督。股东对经理人的监督是在股东大会上通过"用手投票"替换不称职的董事会成员，进而促使经理人员的更换这一方式来实现的。由于股东大会不是常设机构，其日常监督权的行使就交给监事会或董事会，仅保留对结果的审核和决定权利。董事会对经理人员的监督通过公司治理结构的相互制衡关系来实现，而监事会对董事会和经理人员的监督，主要是通过检查公司的业务活动来实现。

（二）激励机制

公司治理中的代理成本与道德风险问题仅仅依靠监督与制衡是不够的，关键还需要设计一套有效的激励机制。激励机制是解决委托人与代理人之间关系的动力问题，是关于所有者与经理人员如何分享经营成果的一种契约。一个有效的激励机制能够使经理人员与所有者的利益一致起来，使前者能够努力实现公司所有者利益最大化，而不是单纯追求公司的短期利益。激励是组织通过设计适当的外部奖酬形式和工作环境，以一定的行为规范和惩罚性措施，借助信息沟通来激发、引导、保持和规划组织成员的行为，以有效地实施组织及其成员个人目标的系统活动。有效的激励机制通常包括报酬激励机制、控制权激励机制和声誉激励机制等。

（三）决策机制

公司设计一系列激励与监督机制的目的，就是要促使职业经理人努力经营，科学决策，从而实现委托人预期收益最大化。因此，公司内部治理不仅要建立有效的激励机制和监督机制，而且要建立一套科学的决策机制。公司决策机制关注的是决策权在公司内部利益相关者之间的分配格局。它表明什么样的决策由谁作出，实质上是由决策权力机构及其对应的决策权力内容组成。

由于公司内部治理的权力系统由股东大会、董事会、监事会和执行经理层组成，并依此形成了相应的决策分工形式和决策权分配格局，因而公司决策机制实际上是层级制决策。层级制决策在公司治理中应被看成权力的分立与制衡的结果。各国公司法都对股东大会、董事会、经理层之间的权力边界、决策内容以及决策程序等作了明确的规定，即股东大会掌握着资本交给谁经营的决策权；董事会掌握着企业做什么的决策权；经理层掌握着企业怎样做的决策权。

第三节 公司外部治理

公司外部治理包括市场治理和政府监管等，而市场对公司治理的机制在公司外部治理机制中占据主要地位。

一、市场治理

市场治理包括资本市场治理、经理市场治理和产品市场治理，三个市场的治理机制是不同的。

（一）资本市场治理

在资本市场上，资本市场治理主要是公司控制权市场的竞争机制，主要体现在兼并、收购和接管等资本市场运作对企业控制权的竞争。具体来说，在企业的"资本"生产要素通过证券市场自由流动以后，现代公司又面临着另一种约束力量的作用。这主要表现在股东的"用脚投票"和企业的收购威胁上。在股票上市的企业中，一旦发生经营不善，股东就会抛售所持有的股票，而这往往会造成公司股票价格急剧下降，这样其他企业或有能力的投资者就可用较少的资本收购控股这家公司，进而按照其意愿改组该公司的董事会和重新任用公司的经理人员。因此，来自资本市场的压力可以形成对在任经营者的非常有效的约束和监督。

（二）产品市场治理

一般而言，如果企业所生产的产品的市场是充分竞争的，那么这种竞争对经营者的行为就会形成约束。因为在产品市场上，产品的市场销售将直接影响企业所有者的利润和相关利益，来自产品市场的利润、市场占有率等指标，在一定程度上显示了企业的经营业绩，产品市场的激烈竞争所带来的利润下降、亏损、破产等威胁会激励股东、经营者和员工努力工作。很少有投资者任凭企业亏损状况延续下去而不解聘现有主要经营者的，否则，企业最终只会因资不抵债而走上倒闭破产的道路，而这是不符合投资者的利益诉求的。

（三）经理人市场治理

充分的经理人市场竞争在很大程度上可以动态地显示经理人的能力和努力程度，

是经理人自觉提高自己的能力和努力程度、约束自己的机会主义行为。如果一名经理人员因工作无能或以权谋私而使公司蒙受损失，那么他本人的人力资本就会贬值，会对其今后的职业生涯造成消极的影响。因此，发达的经理市场的这种筛选和评价机制将迫使现任经营者们更加努力地工作，以使自己的经营业绩和人力资本均高于竞争者。

二、政府监管

为克服市场失灵，客观上需要政府通过相应的机制对市场进行监管。政府监管可出于不同的目标取向，如保证市场竞争、保护投资者利益和消费者利益等。政府可以通过直接控制如配给、计划、许可证，以及对进出入资格等的管制来实现目标。作为公司治理机制的政府监管，除了通过各种手段，对企业的进入、退出、价格、服务的质和量以及投资、财务、会计等方面的活动所进行的监管外，最直接的政府监管就是对金融市场或证券市场和上市公司的监管。

上市公司监管主要属于金融监管的范畴。广义的金融监管是指一国金融监管的所有制度安排，包括金融监管法规体系、金融监管主体的组织结构、金融监管主体的行为方式等。狭义的金融监管模式则指金融监管主体的组织结构。国际证券监管组织制定的金融监管的核心原则是：（1）投资者保护；（2）确保市场公平、有效和透明；（3）减少系统风险。对于上市公司来说，监管主要侧重于对投资者的保护。

（一）上市公司监管的基本原则

上市公司监管是一个复杂的体系，尽管不同国家和地区存在差异，但是基本的原则具有共同性。这些监管原则中的共同之处包括以下几个方面：

1. 保护投资者合理利益的原则

这一原则是指从保护投资者合理利益的角度出发，建立有效、公正的反欺诈、反操纵、反内幕交易的制度。其中最为重要的是信息公开披露制度，即公司必须及时、准确和真实地向包括投资者、承销商、经纪人、交易所以及其他机构在内的所有相关方公开相关信息，如公司基本情况、生产经营情况、财务状况等。

2. 证券市场的效率与秩序协调发展的原则

证券市场对经济发展的有力支持基于本身的高效与有效。证券市场的效率包括在市场需求拉动下形成能够真实反映其内在价值的均衡价格，以均衡价格迅速成交；秩序则是指所有市场参与者都遵循市场规则行为，两者相互依存。

3. 风险最小化和收益最大化原则

监管机制的运行成本可以从两个方面来考虑：一是不合理的监管，如监管不足、监管过度或滥用监管权等，会对证券市场本身造成损害；二是政府监管本身所需的人力、物力等。监管收益则是指对证券市场的监管所产生的市场运行效率和秩序相对于自由放任的市场的增量。与其他经济活动一样，监管也遵循着成本收益原则，只有当收益大于成本时，它才是有效率的。

当然，政府参与监管也体现了"市场失灵"和"规模效应"。在证券市场发展初期，政府干预对于市场快速发展起着积极作用。随着市场的逐步成熟，监管逐步转向塑造微观主体的效率，使证券价格合理反映资金在各行业部门之间的分配情况。

(二) 监管模式

目前主要有三种监管模式：集中监管模式、自律型监管模式和综合型监管模式。随着全球金融一体化趋势的加强和国际竞争的加剧，集中监管模式正日益向着更为灵活有效的自律与集中监管相结合的方向发展。

1. 集中监管模式

在这种模式下，以政府管理为主、自律管理为辅。其特点是：一是突出政府的作用和地位，由政府下属的部门或由直接隶属于立法机关的监管机构对市场进行集中统一监管；二是强调立法管理的重要性，由主管机关制定证券管理的法令、法规，建立系统、完整的法律体系，作为参与者的行为准则和监督管理市场的客观依据；三是各种自律性组织，如证券交易所、行业协会等只起到协助作用。这种模式以美国、日本、韩国、新加坡等国家为代表。

集中监管模式的优点体现在：由于具有统一的监管法规，能够公正、公平、高效、严格地发挥其监管作用，促使公司行为有法可依，提高了监管的权威性。另外，监管者处于相对超脱的地位，能更加注重维护投资者的合法权益。不足之处是监管法规的制定者和监管者超脱于市场，从而使得市场监管可能脱离实际，造成监管效率下降。

2. 自律型监管模式

自律型监管模式更注重发挥证券市场参与者的自我管理作用。其管理的主要内容包括：一是对交易所成员——经纪商和交易商进行包括会计、财务和审计等方面的广泛监督；二是规定证券上市和在证券交易所买卖的条件，以及持续的信息公开义务。

自律型监管具有两个特点：一是通常不制定直接的证券市场管理法规，而是通过一些间接的法规来约束证券市场的活动；二是没有设立全国性的证券管理机构，而是依靠证券市场的自律监管机构来实行自我监管、自我约束。这种监管模式的优点体现在监管的灵活性和效率方面，通过市场参与者的自我管理和自我约束，可以使监管规则更加切合实际，而且自律组织具有快速反应机制，能够对市场发生的违规行为作出迅速而有效的反应。不过，由于没有统一的监管机构，缺乏立法作为坚实的后盾，监管手段显得比较脆弱，对投资者的利益往往也没有提供充分的保障。正因为如此，许多原来实行自律型监管模式的国家现已开始向集中监管模式转变。

3. 综合型监管模式

该模式将立法管理与自律管理相结合，采用政府严格立法干预和市场参与者自我管理相结合的双重方式，以德国为代表。综合型管理模式具有机构少、成本低的优点，但其合二为一的管理机构由于功能的重叠，有时也会发生冲突。

(三) 中国对公司行为的规范与监管

转型时期，我国有关公司的监管制度和监管行为存在明显的滞后性和弱效应。其中主要存在两个原因：一是风险防范的难度较大，内幕交易、虚假信息披露，以及大股东侵犯中小股东的利益等问题，都是长期存在并且难以解决的。二是政府监管部门受职能权限所限，对行为主体的监管和处理力度不够。从违规行为发生到发出处罚公告，往往历时很久，监管行为具有明显的滞后性。近年来，我国政府相关的监管部门对上市公司的行为监管提出了具体的要求，并确定了监管的重点领域，同时《上市公司监管条例》的起草以及出台工作也在进行中。总体来说，我国对上市公司行为的规范和监管集中在以下几个方面：

1. 从市场准入和退出机制上强化上市公司的诚信责任

自20世纪90年代以来，我国股票发行审核制度先后经历了审批制和核准制，2014年5月9日国务院发布的《关于进一步促进资本市场健康发展的若干意见》（简称《新国九条》）提出，积极稳妥推进股票发行注册制改革。2014年11月19日国务院常务会议指出，抓紧出台股票发行注册制改革方案，取消股票发行的持续盈利条件，降低小微和创新型企业上市门槛。由此可见，注册制改革的推进工作正在一步步落实。2014年10月17日，证监会发布了《关于改革完善并严格实施上市公司退市制度的若干意见》，并于11月16日起正式实施。新退市制度重点在于完善主动退市制度、实施重大违法公司强制退市、财务类强制退市指标以及强化退市过程中的中小投资者保护。退市制度是资本市场市场化的基础性制度安排，也是推进注册制改革的重要配套制度安排，在严格执法的制度环境下，拟上市公司不能因为上市标准和门槛的降低就有懈怠和侥幸心理，而是更要有危机意识，加强诚信责任。

2. 严格上市公司信息披露制度

通过制定涉及公开发行证券的公司信息披露的要求、内容、格式及编报等一系列规章制度，使上市公司首次信息披露符合规范。在持续信息披露和临时信息披露要求上，监管的重点在于突出真实性、完整性和及时性。而推行股票发行注册制改革是以充分信息披露为核心，在股票发行过程中，证券监管部门会减少对发行人进行如是否持续盈利或是否有关联交易等实质性审核以及价值判断，对上市公司而言，降低了股票发行成本，提高了融资效率。但是值得注意的是，注册制改革是一个系统性的市场化改革，而并非是发行环节的局部改革，事中、事后的监管和责任追究力度会加强。因此，对于拟上市公司来说要充分重视信息披露工作，一方面避免信息披露错误或不足导致上市失败，更要防止因虚假披露、欺诈上市给企业带来事后的责任追究。

3. 完善法人治理结构

探索上市公司股权结构多元化的实现方式，解决"一股独大"问题，缓解股权过于集中的现象，使上市公司股东之间形成制衡机制；强化董事会的诚信义务和法律责任，发挥独立董事在公司重大决策上的监督作用；强化监事会的作用，建立真正意义上的监事会，赋予监事会实际监督权利，尤其是对财务的独立监督；对第一大股东（包括其关联股东）实行表决回避制度，探索建立中小股东的累积投票权制度，通过制度保障投资者的权益平等。

4. 对上市公司再融资行为进行规范

对上市公司再融资行为的规范措施不仅体现在再融资标准和审批环节上，而且在上市公司再融资的表决机制、融资方式、融资规模、融资时机上都应尽量采取市场化方式。同时在上市公司再融资方案设计上考虑中小投资者的利益，限制大股东通过再融资方式侵害中小股东利益的行为。

第四节 公司治理模式

从对公司控制的角度，一般把公司治理模式分为外部控制主导型模式、内部控制主导型模式和家族控制主导型模式。

一、外部控制主导型公司治理模式

外部控制主导型公司治理又称市场导向型公司治理，是指外部市场在公司治理中起着主要作用。这种治理以大型流通性资本市场为基本特征，公司大都在股票交易所上市。其存在的具体外部环境是：非常发达的金融市场、股份所有权广泛分散的开放型公司、活跃的公司控制权市场，这种公司治理的典型国家是美国和英国。

英国和美国等国家企业的特点是股份相当分散，个别股东发挥的作用相当有限。银行不能持有公司股份，也不允许代理小股东行使股东权利。机构投资者虽然在一些公司占有较大股份，但由于其持股的投机性和短期性，一般没有积极参与公司内部监控的动机。这样，公众公司的控制权就掌握在经理人的手中。在这样的情况下，外部监控机制发挥着主要的监控作用，资本市场和经理市场自然相当发达。经理市场的隐性激励和以高收入为特征的显性激励对经理人的激励约束作用也很明显。这种公开的流动性很高的股票市场、健全的经理市场等对持股企业有直接影响。虽然英美公司治理模式中，经理层有较大的自由和独立性，但受股票市场的压力很大，股东意志得到了较多的体现。

外部控制主导型公司治理的核心是公司控制权市场的强约束作用，而公司控制权市场又是基于股权的高度分散和强流动性。外部控制主导型公司治理模式的有效性主要体现在以下几个方面：

（1）股权分散有利于避免因一家公司的经营不利或环境变化而带来的连锁反应；

（2）股权的强流动性能够使投资者容易卖掉手中的股票，从而减少投资风险，保护投资者利益，同时有利于证券市场的交易活跃、信息公开；

（3）股权的强流动性有利于资源的再分配，市场中的资本容易重新得到优化组合，公司也容易筹措到资金；

（4）股权的强流动性使股东们可以通过证券市场上的股票交易活动来控制、监督经营者，可以在很大程度上让经营者按自己的意志办事，经营者的创造力得以发挥；

（5）股权分散和强流动性有利于保证资本市场的竞争性。

不过，外部控制主导型公司治理模式也存在缺陷，正如美国公司治理专家玛格丽特·布莱尔（M. M. Blair）指出，以美国为代表的外部控制主导型公司治理模式至少有两个缺陷：①（1）由于公司股票分布在成千上万的个人和机构中，每一股票持有者在公司发行的股票总额中仅占一个微小的份额，因而在影响和控制经营者方面股东力量过于分散，股东大会"空壳化"比较严重，使得公司的经营者在管理过程中浪费资源并让公司服务于他们个人自身的利益，有时还会损害股东的利益。（2）金融市场是缺乏忍耐性的和短视的，股东们并不了解什么是他们的长期利益，他们愿意使自己的短期收益更大些。当公司强调要在研究和发展以及代价高昂的市场拓展战略等方面持续投资而延期向他们支付时，股东们就会倾向于卖出或降价出售公司的股票。在部分情况下公司是在进行低业绩的操作，因为经理人员对来自金融市场方面的短期压力太敏感。布莱尔强调，外部控制主导型公司治理模式过于强调股东的利益，从而导致公司对其他利益相关者的投资不足，进而阻碍公司潜在的财富创造。

二、内部控制主导型公司治理模式

内部控制主导型公司治理又称为网络导向型公司治理，是指股东（法人股东）、银行（一般也是股东）和内部经理人员的流动在公司治理中起着主要作用，而资本流通性则相对较弱，证券市场不十分活跃。这种模式以后起的工业化国家为代表，如日本、德国和其他欧洲大陆国家。

在日本和德国，虽有发达的股票市场，但企业从中筹资的数量有限，企业的负债率较高，股权相对集中且主要由产业法人股东持有（企业间交叉持股现象普遍），银行也是企业的股东。在这些国家的公众公司中，银行、供应商、客户和职工都积极通过公司的董事会、监事会等参与公司治理事务，发挥监督作用。日本和德国的企业与企业之间、企业与银行之间形成的长期的稳定的资本关系和贸易关系所构成的一种内在机制对经理人的监控和制约被称为内部控制主导型公司治理模式。相比较而言，日本公司的治理模式更体现出一种经营阶层主导型模式，因为在正常情况下，经理人的决策独立性很强，很少直接受股东的影响，经理人的决策不仅覆盖公司的一般问题，还左右公司的战略问题，且公司长远发展处于优先考虑地位。而德国的治理模式更体现出一种共同决定主导型模式，在公司运行中，股东、经理阶层、职工共同决定公司重大政策、目标、战略等。

以日本、德国为代表的内部控制主导型公司治理模式的典型特征是法人持股，其有效性也是基于这种法人持股，具体体现在以下几个方面：②

1. 银行的监控作用得到较充分发挥

日、德公司的核心股东是商业银行，同时商业银行也是公司的主要放款人。作为股票持有人，银行具有一般股东所缺乏的时间和精力，能够对公司生产经营活动进行有效的监督；作为公司的主要放款人，为了贷款的安全性和有效性，银行必然会积极

---

① 参见〔美〕玛格丽特·M. 布莱尔：《所有权与控制——面向21世纪的公司治理探索》，张荣刚译，中国社会科学出版社1999年版，第9—12页。

② 参见李维安、武立东：《公司治理教程》，上海人民出版社2002年版，第433—435页。

地及时获取和掌握公司生产经营活动的有关信息,并对其贷款进行事前、事中和事后监督。作为公司股东的银行借助于贷款而拥有比其他股东获取公司生产经营活动更多信息的天然优势,尤其是监控成本,从而确保公司股东的监控作用得以正常发挥。

2. 公司的长远发展得到较好的保证

一方面,银行是一个安定股东,它们进行的投资是长期投资,这就有效地制止了公司合并与收购事件的频繁发生。另一方面,法人相互持股形成了公司之间相互控制、相互依赖的协调关系。一旦有联系的某企业发生困难,则由集团内主要银行出面,予以资金融通,这从某种程度上避免了企业倒闭,对于整个集团的稳定经营与长期发展起到了极其重要的作用。

3. 交易效率比较高

首先,金融机构在一个企业中同时持有大量股权和债券,有利于减少债务融资引起的代理成本。其次,金融机构所拥有的信息和管理优势有利于提高企业资产的经营效率和获利能力。最后,法人相互持股节约了交易费用。法人相互持股的一个重要功能是把分散竞争的企业凝聚在一个企业集团内部,而在集团内部,法人股权持有者不在于以股权控制和支配企业的经营活动,而是力图维持企业之间长期稳定的交易关系,扩大交易量,节约交易费用。

值得注意的是,法人之间相互持股也是存在一定危害性的,主要体现在:

(1) 违反股份公司原则。公司相互持股,容易导致资本金在形式上无限扩大,而实际上并没有筹到任何真正的资金,仅仅是一张交换股票的纸片甚至是账面游戏而已,这种做法违反资本充实原则。

(2) 引发公司支配权的不公正占有。实际出资人的支配地位丧失了,而没有出资的经营者却支配着公司,从而违反了权利与义务相一致的原则。

(3) 股东大会"空壳化"。相互持股公司的经营者为维护自己的利益而相互支持,而不是相互监督,即出现股东大会"空壳化"和形式化,其结果是带来无责任经营或相互放任型经营,形成彼此之间都不追究责任的制度。

三、家族控制主导型公司治理模式

家族控制主导型公司治理是指家族占有公司股权的相对多数,企业所有权和经营权不分离,家族在公司中起着主导作用的一种治理方式。具体表现为家族占有公司的相当股份并控制董事会,家族成为公司治理系统中的主要影响力量。与此相适应,资本流动性也相对较弱,这种治理以韩国、新加坡、马来西亚、泰国、印度尼西亚、菲律宾和中国香港等国家和地区为代表。

这种模式形成的原因至少有以下两方面:一是儒家思想文化和观念的影响;二是在几十年前这些地方落后的情况下,政府为推动经济发展,对家族式企业采取鼓励的发展政策。这种家族式控制型治理模式体现了主要所有者对公司的控制,主要股东的意志能够得到直接体现。但其缺点也是很明显的,即企业发展过程中需要的大量资金从家族那里是难以得到满足的。而在保持家族控制的情况下,资金必然来自借款,从而使企业受债务市场的影响很大。

从现代公司的演变历程来看，随着所有权的日益分散和企业规模的扩大，家族控制型企业将面临两方面的挑战：一是管理才能首先在所有者家族中成为稀缺资源，迫使家族企业把企业的经营管理权让给非股东的职业经理人，这必然会使家族的控制权被削弱。二是对物质资本的需求将导致单独由家族提供成为不可能，而对外部资本的寻求也就意味着对控制的分割。很显然，家族企业的变迁是循序渐进的，早期的家族仍然拥有对公司的控制权，但经营权的旁落以及资产份额的降低，将进一步使家族发现控制公司难度增加，尤其是当家族内缺乏有效监控型的人才，而与企业的关系实质上仅仅表现为资产纽带时。在职业经理阶层浪潮的兴起下，他们会发现集中拥有某一家企业的股票要冒很大的风险，于是更趋向于分散投资。如此循环的结果，在没有人为干预的情况下，股东及其他相关者为了防止经理人的不负责任行为，对市场体系的建立健全提出了要求，这会导致家族控制型治理模式向外部控制型治理模式转变。

除此经济的自然发展规律外，另一个可以促使家族企业转变的力量就是政府。最典型的就是日本和德国。尽管二战前日本企业主要也是由家族控制，但由于盟国的干预和日本政府所实施的政府主导型的经济发展模式，使家族控制企业的方式被极大地削弱，形成了一种主要依赖于法人相互持股及主银行制度的企业模式。家族控制型模式向内部或外部控制型模式转变最典型的就是美国和日本两种模式：前者主要是引入外部监控主体（如市场机制、各种中介组织等）；而后者则依赖于法人相互持股和主银行制度。

第五节 公司治理模式的趋同化

各种公司治理模式都有其产生的特殊历史背景，以及文化、法律和市场环境，因此都有存在的合理性。但 21 世纪以来，为适应经济发展的全球化和资本市场发展的一体化，以及在包括世界银行、OECD 和 ECGI（欧洲公司治理机构，European Corporate Governance Institute）等国际机构的推动下，各国政府均着力采取措施改造或修缮本国的法律体系，使其朝有利于提高公司治理水平的方向发展，并导致公司治理准则在一定程度上出现了趋同。

一、OECD 准则正逐渐成为公司治理的国际标准

前面讨论了三种公司治理模式，实际上，最典型的公司治理模式是以美英为代表的外部控制主导型模式和以日德为代表的内部控制型模式，而韩国以及东南亚国家家族控制主导型模式尽管特点比较明显，但与日德模式还是很接近的，从表 17-1 三种模式的特征比较中也不难看出。

表 17-1　三种公司治理模式的特征比较

项目	外部控制型治理模式	内部控制型治理模式	家族控制型治理模式
经济发展状况	高度发达	比较发达	比较发达
证券市场程度	高度发达	欠发达	程度较低
政治法律影响程度	低	低	高
资本结构	负债率较低	负债率较高	负债率较高
股权结构集中度	相对分散	相对集中	相对集中
主要治理主体	股东	利益相关者	所有者和经营者
治理客体的经营行为	短期行为	长期行为	长期行为
治理手段	强调外部治理机制	强调内部治理机制	家族的权利
治理成本	较高	较低	低
治理效率	高	高	一般
面临的主要挑战	对利益相关者的关注，经营者行为的长期化	金融市场的开放，银企关系的调整	对资本（人力和非人力）的外部需求
改革方向	强调内部监控	完善和强化外部监控	逐渐转向内部或外部监控

长期以来，外部控制主导型模式和内部控制主导型模式孰优孰劣一直是人们争论的焦点。而现在，这种争论正逐渐转化为以国际公司治理准则作为共同遵守的准则。在国际公司治理准则中，影响最大的是 1999 年 5 月通过的 OECD 准则，即《OECD 公司治理准则》，该准则已经成为公司治理的国际标准和各国、各地区制定公司治理准则的范本，这无疑是全球公司治理模式趋同化的重要表现形式。OECD 准则是以英美模式为基本框架，在吸收其他模式优点的基础上形成的。

公司治理模式趋同化的首要原因是全球资本市场的增长和一体化。经济全球化的另一个重要影响是世界各国或地区资本市场的联系更加紧密，其他国家公司到主要证券交易所（特别是纽约和伦敦）上市逐步成为影响治理模式形成和改变的一个主要因素。从 20 世纪末期以来，追求境外上市的公司日渐增多。这种发展趋势对于公司治理的国际趋同有深刻影响。首先，境外上市的一个基本条件是必须遵守上市地公司治理和证券交易的基本规则，追求境外上市意味着公司需要按照上市地证券交易所的上市条件改造自身治理结构，主动与上市地的法律规则捆绑在一起，受这些规则的约束；其次，通常来说，境外上市的企业通常会选择比本国流动性更强、公司治理水平更高和投资者利益保护更为周全的国家或地区的证券市场上市，公司欲获得上市地投资者的信任从而达到顺利筹资的目的，必须进行充分的信息披露和保护投资者权益；最后，为维持公司的市场形象、提高公司质量，境外上市的公司必须更加重视对外国投资者利益的保护。这些因素客观上推动了以股东价值为核心的公司治理制度的扩散和公司治理模式的国际趋同。

二、对股东权利的重视

历史上，遵循不同治理模式的国家对公司的理解和界定存在较大差异，例如，以英国和美国为代表的盎格鲁—撒克逊传统中，将公司理解为股东和公司管理层之间的一种合约或信任关系，而以德国为代表的欧洲大陆国家则将公司视为有独立意志的法人团体。不过，随着世界经济一体化的进程，这种差异的重要性越来越小。各国在修改相关法律的过程中，都明显注意到如何吸引更多的投资是改善公司治理的一个重要导向，发展一个有活力的资本市场是吸引投资和改善上市公司治理的重要因素。在这种思想的指导下，股东利益得到了格外的重视，如何处理股东与其他参与主体之间的关系以及如何处理控股股东和中小股东的利益因而成为公司治理关注的第一要点。根据 OECD 的表述以及 Hannsman 和 Kraakman 的归纳，在这两个问题上公司治理趋同的主要特征归结为：(1) 股东对公司拥有最终控制权和剩余索取权；(2) 公司经理对股东利益负责，负有管理公司的职责；(3) 公司其他参与者，包括债权人、雇员、供应商和消费者不直接参与公司治理，其权利由其他合约或管制措施保护；(4) 保护非控股股东的利益免受控股股东剥夺；(5) 公开交易公司股东的利益由其持有股份的市场价值来衡量。

三、董事会结构与独立董事的作用

改善董事会结构、增加董事会中股东代表是公司治理改革中的另外一个重要内容，其中，以独立董事的建立和完善为代表。该制度从 1976 年美国证监会以法令形式作出要求以来，得到了很多国家的认可。除美国对独立董事的强制性规定外（纽约证券交易所要求独立董事至少占据董事会一半的席位），其他国家也对独立董事的性质、作用和在董事会中的比重进行了立法规定。例如，韩国证券法规定，一般上市公司发行股票时需要至少有 1/4 的独立董事（金融机构则需要 1/2），马来西亚和新加坡要求至少有 1/3 的独立董事；我国 2001 年证监会发布的《关于上市公司建立独立董事制度的指导意见》中明确要求，在 2003 年起所有上市公司中独立董事的比例不得低于 1/3。在实践中，尽管包括德国在内的许多欧洲大陆国家对独立董事没有数量上的强制规定，但资料显示，这些国家董事会中，超过 25% 的席位为股东代表。OECO 1999 年对世界主要企业统计指标的国际比较报告显示，各国独立董事占董事会成员的比例为：英国 34%，法国 29%，美国 62%，德国 19%。2009 年，海德思哲国际咨询公司（Heidrick & Struggles）作出的一项调查则表明，这种趋势得到了进一步的加强，在 13 个欧洲国家中[①]，董事会平均规模为 11.8，超过 45% 的席位为独立非执行董事。其中，英国所占比重最高，独立非执行董事所占比重为 86%；葡萄牙最低，但也占到 22%。

---

① 该项调查涵盖的国家包括德国、法国、西班牙、奥地利、意大利、比利时、葡萄牙、瑞士、瑞典、芬兰、荷兰、丹麦和英国。各国独立非执行董事的比例分别为：葡萄牙，22%；奥地利，28%；德国，30%；西班牙，30%；丹麦，32%；比利时，40%；法国，42%；意大利，45%；瑞典，45%；瑞士，63%；芬兰，68%；荷兰，79%；英国，86%。资料来源：http://www.heidrick.com。

四、机构投资者作用逐步加强

20世纪末期以英国和美国为代表的证券市场上,一个显著的变化是机构投资者的不断发展壮大并逐步在公司治理中发挥积极作用。以英国为例,在1963年,上市公司54%的股份为个人投资者所持有,但在1993年,该比例迅速下降到17.7%,在2004年底,个人投资者持股比重进一步下降到14.1%。与此同时,1993年,英国以养老基金为代表的机构投资者持有上市公司61.4%的股份。2004年,尽管由于海外投资者大量增加的缘故,英国国内机构投资者持股比例大幅降至38.1%,但仍远大于个人投资者的持股比例。[①] 同样,在美国,以养老基金、投资基金和保险公司为主体的机构投资者持有证券的比重从1980年的37.2%增加到2006年的66.3%。

在机构投资者功能发挥上,机构投资者也逐步从消极股东向积极干预者转变。传统上,与个人投资者类似,在以股权分散为基本特征的英美治理模式中,机构投资者并没有得到激励在其持有股票公司中扮演积极的治理角色,在公司经营管理不善或投资者利益受到损害的情况下,它们倾向于以在市场上出售持有股票的方式来保护自身利益。不过,随着以养老基金、保险基金和投资基金为代表的机构投资者的资金规模逐步增加,其持有公司股份数量也日渐增多。在这个背景下,它们不再仅局限于用脚投票,而越来越多地采用主动沟通、加强与公司的接触、干预公司治理等方式直接参与到公司治理。同时,公司也越来越重视与机构投资者之间的联系与沟通,倾向于建立良好的投资者关系,增强公司信息披露的透明度,维持公司良好的市场形象。

五、会计准则、信息披露和外部审计监管趋同

公司治理趋同的另一个方面是国际财务报告准则的全球化趋同。其中最为显著的是以国际会计准则理事会(IASB)为核心推进的国际财务报告准则(IFRS)的国际趋同。该项准则由国际会计准则委员会(IASC)于1973年至2000年间发布。[②] 从2001年以来,全世界已经有100多个经济体要求直接采用或同意按照IFRS的标准修改本国的会计制度。2002年,IASB和美国财务会计标准理事会(FASB)签订合作备忘录,致力于逐步消除美国公认会计准则(GAAP)与IFRS之间的差异。自2005年以来,中国建成了与国际财务报告准则实质性趋同的企业会计准则体系,实现了新旧转换和有效实施,处于亚洲和新兴市场经济国家前列。经过修改后的企业会计准则体系在2007年全面应用于所有上市公司。2008年,日本会计准则理事会与IASB也达成合作备忘录,确定在2011年实现日本公认会计准则与IFRS的实质性趋同。2007年底发端于美国次贷危机的国际金融危机爆发后,建立统一的、高质量的会计准则的

[①] See Roderick Martin, Peter D. Casson, Tahir M. Nisar, 2007, *Investor Engagement: Investors and Management Practice under Shareholder Value*, Oxford University Press, p. 37.

[②] 1973年,来自澳大利亚、加拿大、法国、德国、墨西哥、荷兰、英国、爱尔兰以及美国的国家会计师团体组建了国际会计准则委员会。

努力得到了二十国集团（G20）峰会、金融稳定理事会（Financial Stability Board，FSB）的极力推动，从而将会计准则的趋同问题提到了前所未有的高度。2008 年，美国证券交易委员会（SEC）发表路线图，要求绝大部分大型上市公司的会计政策在 2014 年前由 GAAP 过渡到 IFRS。同时，各行业前 20 强上市公司将在 2010 年起按 IFRS 编制财务报表。

第六节　中国公司治理问题研究

一、中国公司治理的现状分析

我国的公司治理制度是在国有企业改革和股份制企业发展过程中逐步探索和建立的。在此过程中，我国积极参考、借鉴了包括 OECD 在内的国际组织和其他国家的先进经验。目前，以信息披露为基础的市场监督机制和以市场为导向的公司治理外部约束机制已初步形成。同时，根据我国的企业文化和股权特点，在国际通用的公司治理基本原则和框架下，形成了具有中国特色的公司治理结构。例如，同时设置监事会和独立董事，强化外部审计和内控体系建设等。在实践中，股东会、董事会、监事会、经理层相互制衡、协同合作，使公司管理水平和经营质量不断提高，信息披露逐步规范，有效地保护了股东、投资者，特别是中小投资者的利益。因而，曾经困扰我国资本市场发展的上市公司大股东与上市公司关系不清、大股东资金侵占问题得到了较好的解决。不过值得注意的是，我国公司并没有真正形成科学的公司治理机制，其他中小型企业的公司治理机制也存在着相当多的问题。

《2014 中国公司治理评价报告》指出：中国上市公司特别是国企经理层长期行为治理机制的建立迫在眉睫，国有控股公司经理层激励机制的改革顺序应该首先取消行政激励，然后才能过渡到市场化激励方式。也就是说，过去几年国有控股公司经理层激励机制建立的顺序出现了偏误：不应该先用市场方式决定其高薪激励，这在没有去行政化以前实际上仍然把经理人员当成公务员，因此就出现了限薪问题，从而导致创业企业和中小企业中经理人员一跑了之、国有企业经理人员一跳了之的现象。具体来说，我国公司治理现状中存在的问题主要表现在以下几个方面：

（一）普遍存在股东大会虚设现象

股东大会是由公司全体股东组成的决定公司经营管理重大事项的最高权力机构，是股东表达自己的意愿和行使出资人权力的合法机构。股份制企业的一切重大事项，如公司议程的变更、公司董事的任免、公司的解散与合并等，都必须经由股东大会作出决议；有关公司经营管理的重大方案，如重大投资计划，年度财务预决算、利润分配等，都必须由股东大会审议批准。各国法律法规一般都对股东大会的有关事项作出法律规定。我国《公司法》中也明确规定了股东大会的职权，并规定了股东大会的形式、召集方式与次数等。但是我国目前的情况是在众多股东中，只有极少一部分愿意参加股东大会并表达自己的意愿，这常导致股东大会无法正常发挥功能。股东大会是公司内部治理的重要组成部分，它的决定直接影响董事会和监事会。

（二）董事会、监事会、经理层之间没有形成严格的权力制衡关系

公司治理结构的核心是要形成决策、监督与执行之间相互制衡的关系，保证治理公司的权力不被滥用。因此，各权力机构的人员一般不能交叉重叠。而我国股份制公司权力层次中存在严重的职位重叠现象，董事长与总经理一人担当的情况非常普遍，尤其表现在由国有企业改制形成的公司。这严重地影响了公司决策执行质量和市场经营风险分散原则，也是导致我国企业决策失误、经营管理效率低的主要原因之一。当然，并不是董事长兼任总经理就一定会产生权力滥用。西方国家的董事长兼总经理的情况也非常多，但是这些国家的经济基础与我国的不同，公司制企业源于这些市场经济国家，而我国是以生产资料公有制为基础，因而我国公司更应注意权力与责任的划分。

（三）经营者形成机制存在严重误差

根据现代企业所有权与经营权分离原则，通常由董事会按照法定程序，在经理市场上通过考核录用公司经营者。而我国并没有形成一个能够监督与考核经理能力与业绩的经营者市场。在国有大中型公司中，经营人员的产生基本上由作为所有者的政府部门按照计划经济体制的人事录用方法进行，使得经营者的形成机制失常。再加上治理结构上的缺欠，造成了长期无法形成有效的经理市场并使经理们的行为得不到应有的市场约束。

二、完善中国公司治理的思路和途径

（一）推进改革，优化股权结构和股东结构

所谓股权结构优化，就是要考虑股权的分布状态，保持股权结构的适度性。股权分布状态主要是指在某公司中第一大股东持有股份的比例，一般分为三种类型：一是股权高度集中（第一大股东拥有50％以上的股权）；二是股权高度分散（不足20％的股权）；三是相对集中（20％—50％的股权）。从中国国情来看，国有股适度地减持，以保持股权的相对集中是比较合适的。

按照股东的行为方式，可将股东分为依靠"用手投票"的安定股东和"用脚投票"的流动股东。安定股东是指持有某个上市公司股票的时间相对较长，股票流动性差，大多是通过公司治理结构来控制公司；流动股东是指持有某个上市公司股票的时间相对较短，股票流动性较强，通常是通过股票市场机制来控制公司。安定股东可分为过度安定的股东和相对安定的股东。据此，我国上市公司的股东分为过度安定的国有股股东、相对安定的机构投资者以及过度流动的社会个人股东。所谓股东结构优化，就是通过国有股的不断减持，使国有股股东、机构投资者和社会个人股东三者之间达到某种适当的比例，使各种力量相互制约，进而逐渐改善上市公司的治理机制。

（二）优化董事会、监事会结构，强化决策和监督职能

在我国外部市场不发达和股东大会作用日趋淡化的情况下，公司的决策职能和监

督职能的安排和设计成为董事会与监事会之间关系的中心内容,也是改善公司治理结构的关键。在股东大会结构优化的条件下,要使股东大会结构的有效性在董事会和监事会中得到有效的延伸和充分体现,以强化决策和监督职能。

首先,优化董事会结构是对董事会的组织结构进行优化设计。为了进一步发挥董事会在公司治理结构中的核心作用和工作效率,应在董事会下设立战略、提名、审计和薪酬等委员会,以加强分工,并根据企业的实际,合理地确定董事会的人数规模及独立董事的人数。同时,为了提高独立董事的有效性,还需要积极推进独立董事的社会化、职业化和专业化,健全独立董事的选聘机制、激励机制和考核机制,使独立董事有动力、有能力、有精力行使独立董事的职责。

其次,优化监事会结构。在我国目前的公司治理中,监事会的作用难以发挥的原因是监事会缺乏独立性和相应的激励机制。要想让监事会发挥应有的监督作用,必须以强化监事会的独立性为目的来优化监事会结构。在监事会人员的构成上,除了股东和职工代表之外,可以通过引入外部独立监事来强化监事会的监督作用。另外,也可以采用让监事持有公司股份的办法,来激励监事的工作热情和监督的积极性。

(三) 培育企业外部的市场治理机制

在公司治理过程中,我国目前的企业外部治理环境还很不完善,已经滞后于公司治理的需要。因此,完善中国企业的外部治理环境治理机制已经成为一项迫切的任务。具体可以从以下几个方面进行改善:

1. 培育充分竞争的产品市场

从我国公司治理改革的外部环境来看,资本市场和经理人市场是一个缓慢的发育过程。比较现实的做法是以产品市场的竞争作为突破口,来促进公司治理机制的完善。以市场价格的变动作为信号引导稀缺资源向资源利用效率更高的企业流动,让市场需求的规模和结构决定企业的生产规模和结构。企业只有根据居民的消费偏好和消费能力产生的有效供给能力创造需求,否则,只能创造积压,这是发挥顾客对企业和职业经理人的治理作用。为了提高产品竞争力,迎接国际市场的挑战,在国内市场应当彻底取消政府保护等各种市场进入壁垒,严厉打击假冒伪劣产品,逐步建立全国统一开放的产品市场体系。

2. 培育规范的资本市场

扩大股票市场规模,使更多的企业,包括国有企业和民营企业接受股票市场对其经营业绩的评价和检验,通过"用脚投票"方式促使企业调整战略,改善经营状况,并使企业能够通过市场收购兼并等资本运营手段进行资产重组,实现企业资产高效流动。而资本市场的接管和兼并机制对公司代理人起着良好的约束和控制作用。资本市场的培育除了要不断扩大和规范证券市场外,还要加强产权交易市场的建设,以方便上市公司的产权交易,达到存量资产的优化配置。

3. 培育完善的职业经理人市场

建立和完善职业经理人市场可使中国的职业经理人找到自己的位置和市场交换的场所。而建立职业经理人市场的关键是要形成职业经理人的培养、评估、选择、使用的市场机制。首先要建立职业经理人人才库，并实行联网管理；其次要建立职业经理人评估制度，科学地制定评估指标体系，由权威人士和组织机构定期对职业经理人的工作业绩进行评估，并作为资料记入人才库；最后要使职业经理人的聘任以人才库记录的信誉为依据，安排职业和确定报酬。通过市场机制对经理人的价值进行评估，区分出能力高的尽职的经理人与能力低的不尽职的经理人。这将有利于降低信息不对称带来的代理成本，对经理人员制定良好的激励和约束机制。

本章案例

欣泰电气的退市与内部控制问题

2016年7月7日，中国证监会向欣泰电气发出《行政处罚决定书》和《市场禁入决定书》，并于次日作出通报，正式认定欣泰电气欺诈发行并作出行政处罚，深交所当即启动退市程序。这意味着欣泰电气成为中国资本市场上第一家因为欺诈发行被退市的上市公司，也是创业板第一只退市个股。同时，其申请上市的保荐机构兴业证券、审计机构北京兴华会计师事务所、法律服务机构北京市东易律师事务所也难辞其咎，被立案调查。

一、欣泰电气的财务舞弊案

欣泰电气成立于1999年3月，是专业从事节能型输变电设备及无功补偿装置等电网性能优化设备制造，为电网输、配、用电系统提供安全、高效、节能环保的电力设备和技术解决方案的电力综合服务供应商。公司是中国电器工业协会变压器分会理事单位，是辽宁省首批重新认定的高新技术企业和国家火炬计划重点高新技术企业。欣泰电气由兴业证券股份有限公司保荐，经中国证券监督管理委员会核准，于2014年1月27日在深圳交易所创业板挂牌上市，向社会公开发行股票1577.86万股，发行价格为每股人民币16.31元。

1. 欣泰电气财务舞弊案的事件回顾

2015年5月，中国证券监督管理委员会辽宁监管局（下称"辽宁证监局"）依据《上市公司现场检查办法》对辖区内的欣泰电气进行现场检查。检查发现，这家公司可能存在财务数据不真实等问题。6月11日，依据检查情况下发了对该公司采取责令改正措施的决定，同时出具警示函，提出其存在"公司合同管理存在法律漏洞，客户付款时间无法确定，应收款项的准确性无法保证；公司存在部分大额付款凭单无审批单的问题；公司在应收账款、其他应收款等相关财务管理工作中存在漏洞，余额较大"等重大内控缺陷。针对这些问题，欣泰电气董事会回复是公司管理不善导致的疏漏，并无大问题。7月14日，中国证监会向欣泰电气下达了《调查通知书》，对其立案调查，调查人员发现该公司2011年到2014年4年间每期财务报告虚构收回应收账款从7000多万到近2亿元不等，主要手法是期末通过现金或银行承兑汇票方式的借款虚构收回应收账款并于下一会计期初转出资金、转回应收账款，导致欣泰电气财务报告虚减应收账款金额，少计提应收账款坏账准备。最终证实了欣泰电气欺诈发行和重大信息披露遗漏等问题。

2. 欣泰电气财务舞弊问题的发现

(1) 虚构应收账款收回和大额款项支出：一是通过自有资金的左手倒右手，虚构应收账款的收回。欣泰电气通过将公司的自有资金以支付供应商货款的形式转出，然后再以客户还款名义转入公司，实现资金流闭环。这样，公司资金一分钱也没少，但是报表数字却好看了不少。二是通过向个人或第三方公司借款，虚构应收账款的收回。欣泰电气的实际控制人温德乙通过向个人借款，取款后由公司出纳以客户名义直接交款到公司账户作为客户回款，报告期后出纳再到银行提现还给借款人。如果是向第三方公司借款，就是将借款的银行承兑汇票盖上客户背书章转入欣泰电气作为回款，报告期后再背书给客户，之后还给借款公司，实现资金的原路返回。这种手法需要支付借款利息，给公司造成了一定的资金压力。三是通过银行进账单和付款单造假，虚构应收账款的收回。从 2013 年开始，通过借款和汇票倒账的成本压力越来越大，欣泰电气开始自制银行进账单和付款单，这些自制单据会交给出纳带到银行补盖章。财务人员会"根据财务单据的记录，在电脑上重新制作一份虚假的银行流水，再让出纳去银行盖章"。造假实施过程中，手段非常隐蔽，造假金额分散到不同的客户，每单金额不同，且有零有整，真假混合；用以背书的客户公司章和私章很多都是私刻的；造假人员涉及管理层、财务人员、销售人员等，集体舞弊，性质恶劣。

(2) 大股东占用上市公司资产。欣泰电气实际控制人温德乙以员工名义从公司借款供其个人使用，截至 2014 年 12 月 31 日，占用欣泰电气 6388 万元。欣泰电气在《2014 年年度报告》中未披露该关联交易事项，导致《2014 年年度报告》存在重大遗漏。另外，欣泰电气与控股股东在人力资源管理、用印登记管理等方面存在不分开的问题。

(3) 关联交易事项未履行审批程序，亦未及时对外披露。2015 年 8 月，公司将四处房产出售给关联方，但未及时将此次关联交易事项提前提交董事会及监事会审议，亦未及时对外披露，虽然后续补充履行了相应的审批程序及补充披露，但仍说明公司在内部控制、资金监管等方面存在严重不足。

二、欣泰电气的内部控制分析

上市公司的财务造假均是由多部门人员参与的有组织的系列活动，有外部监督管理的不及时、不完善，中介机构不能勤勉尽责，有效控制审计风险，更为重要的原因是公司内部控制运行失效，权力过于集中，内部监督未能发挥应有的作用。欣泰电气在首次提交 IPO 申报材料被否决后，更换保荐机构，再次冲关，但是财务数据仍然不符合上市条件，为了达到高发行价上市的目的，管理层铤而走险。上市后为了圆之前的谎言，继续造假。究其原因，公司虽有上市公司的架构，却没有建立真正的现代企业制度，内部控制运行存在重大缺陷。下面将从内部控制要素出发分析欣泰电气舞弊原因：

1. 欣泰电气的内部环境分析

内部环境是企业实施内部控制的基础，一般包括治理结构、机构设置及权责分配、内部审计、人力资源政策、企业文化等。我国《企业内部控制基本规范》明确规定："企业应当加强法制教育，增强董事、监事、经理及其他高级管理人员和员工的法制观念"，可见，企业高管的价值观、经营理念、法制意识以及对待财务管理和报表的态度对财务相关内部控制运行至关重要。欣泰电气董事长温德乙高中未毕业即在家务农，后跟随一个知青学习修理变压器，从此和变压器相关的行业结下缘分。后经个人努力和奋斗，欣泰电气得以发展至今。但是，他认为："我连营业收入都没有造假，只是在流水上造了点假，就像原来利润 5 万元，我把他记成 6 万元一样"，可见他在经营管理特别是财务管理方面知识欠缺，丝毫感受不到虚假财务数据对投资者等报告使用者的影响。欣泰电气总会计师是此次财务造假的建议者，由于温德乙在财务管理方面知识欠缺，采纳了该建议，最终，欣泰电气以载有虚假数据的招股说明书登陆 A 股，募集资金 2 亿多元。作为会计同行的刘明胜和参与造假的会计人员，是否也有推卸不掉的责任呢？尽管温德乙是董事长，也是控股大股东，对公司管理具有不可否认的控制权，但是对会计人员的要求是职业道德修养高于专业胜任能力，处理会计事务时应有自己的正确判断。欣泰电气的会计人员没有坚守诚信的道德底线，多个财务岗位人员参与造假，甚至部分采购和销售人员也参与其中，诚实守信的思想在欣泰电气荡然无存。欣泰电气的董事会及下设各个委员会在此次事件中形同虚设，没发挥监督管理的作用。从企业的治理结构来看，温德乙持有"辽宁欣泰股份有限公司"77.35%的股份，温德乙的夫人刘桂文持有"辽宁欣泰股份有限公司"13.33%的股份，两人所持股份加起来共90.68%，而"辽宁欣泰股份有限公司"是欣泰电气的控股股东，持有欣泰电气32.5778%的股份。另外，刘桂文个人持有欣泰电气13.01%的股份，其他单个股东持股均不超过8%。由此可见，温德乙为欣泰电气的实际控制人，与刘桂文合计持有欣泰电气45.5828%的股份。股权非常集中，股东很难形成相互制衡的作用，董事会一旦被控制人所控制，其下设的审计委员会自然就起不到监督的作用了。

2. 欣泰电气的控制活动分析

控制活动是指企业结合风险评估结果，通过手工控制与自动控制、预防性控制与发现性控制相结合的方法，运用相应的控制措施，将风险控制在可承受范围之内。措施一般包括不相容职务分离控制、授权审批控制、会计系统控制等。从此次事件来看，欣泰电气的控制活动存在许多不足之处，为财务舞弊提供了机会。例如，公司与个别客户签订的销售合同中关于付款时间、付款方式等相关条款存在不确定性，给应收账款的入账随意性打下了基础；部分大额付款凭单无审批单，由于期中和期末需要大额的进出账，非正常的大额支出漏附审批单；对虚假的银行收支业务进行了账务处理。这些控制活动均体现为重大内控缺陷。一是不相容职务未能互相制约。向供应商付款和收客户货款环节应该是采购部门和销售部门对外进行沟通后，将信息传递到财务，财务进行收付款并定期对账，两个部门相互制约，保证业务发生的真实性和准确性。而欣泰电气的业务人员和财务人员为了造假的目的俨然已经联合形成一个团队。二是会计系统控制失效。会计系统控制要求企业严格执行国家统一的会计准则制度，加强会计基础工作，明确会计凭证、会计账簿和财务会计报告的处理程序，保证会计资料真实完整。而此次事件中的出纳、往来会计、主管会计、总会计师等均没有对虚列的往来账提出异议，任其显示在最终的财务报告上。很显然，会计系统控制已经失去控制的意义。

资料来源：江洋：《民营上市公司内部控制问题探讨——基于欣泰电气的案例分析》，载《淮海工学院学报》（人文社会科学版）2016年第10期。

本章思考题

1. 什么是公司治理？
2. 公司内部治理机制的设置是什么？
3. 什么是资本市场治理？
4. 如何理解"经理人市场监管"？
5. 政府监管与公司治理的关系是什么？

参 考 文 献

[1] 李光洲编著：《公司金融学》，立信会计出版社 2011 年版。
[2] 张亦春主编：《金融市场学》，高等教育出版社 1999 年版。
[3] 张合金等：《公司金融》，西南财经大学出版社 2007 年版。
[4] 张伟编著：《投资规划》，中国金融出版社 2006 年版。
[5] 张晋生主编：《公司金融》，清华大学出版社 2010 年版。
[6] 王长江编著：《投资银行学》，南京大学出版社 2012 年版。
[7] 杨开明：《解析"公司金融"》，载《经济导刊》2003 年第 4 期。
[8] 李艳荣：《公司金融理论在我国的研究现状》，载《财经科学》2006 年第 12 期。
[9] 杨定华：《公司金融理论发展述评》，载《云南财经大学学报》2005 年第 5 期。
[10] 尚秀芬：《国外行为公司金融理论的发展及述评》，载《上海金融学院学报》2010 年第 4 期。
[11] 潘敏、朱迪星：《经理人异质性假设下公司金融前沿理论评述》，载《金融评论》2012 年第 3 期。
[12] 靳玉红：《利率市场化对公司融资的影响》，载《时代金融》2015 年第 11 期。
[13] 张文华：《利益相关者视角下我国财务报告目标的定位》，载《会计之友》2012 年第 36 期。
[14] 杨亚达、王明虎：《资本结构优化与资本运营》，东北财经大学出版社 2001 年版。
[15] 王莹莹：《关于投资决策指标的探讨》，上海交通大学 2011 年硕士学位论文。
[16] 姚益龙主编：《现代公司理财》，机械工业出版社 2010 年版。
[17] 张先治、池国华编著：《公司理财》，北京大学出版社 2009 年版。
[18] 段续源：《CAPM 股票定价理论的延展》，载《南开经济研究》2004 年第 2 期。
[19] 〔美〕兹维·博迪等：《金融学》，曹辉等译，中国人民大学出版社 2010 年版。
[20] 〔美〕蒂姆·科勒、理查德·多布斯、比尔·休耶特：《价值：公司金融的四大基石》，金永红、倪晶晶、单丽翡译，电子工业出版社 2012 年版。
[21] 〔美〕阿斯沃思·达蒙德理：《价值评估》，张志强、王春香等译，中国劳动社会保障出版社 2004 年版。
[22] 程翼、魏春燕：《股票定价理论及其在中国股票市场的应用》，载《中国社会科学院研究生院学报》2005 年第 3 期。
[23] 〔美〕罗伯特·F. 布鲁纳：《应用兼并与收购》（下册），张陶伟、彭永红译，中国人民大学出版社 2011 年版。
[24] 马晓军：《投资银行学理论与案例》，机械工业出版社 2011 年版。
[25] 黄方亮主编：《公司上市与并购》，山东人民出版社 2013 年版。

［26］高明华等：《公司治理学》，中国经济出版社 2009 年版。

［27］〔美〕玛格丽特·M. 布莱尔：《所有权与控制——面向 21 世纪的公司治理探索》，张荣刚译，中国社会科学出版社 1999 年版。

［28］李维安、武立东编著：《公司治理教程》，上海人民出版社 2002 年版。

［29］〔英〕理查德·A. 布雷利、〔美〕斯图尔特 C. 迈尔斯、〔美〕弗兰克林·艾伦：《公司金融》，赵冬青译，机械工业出版社 2017 年版。

［30］〔美〕米歇尔·R. 克莱曼等编：《公司金融实用方法》，何旋等译，机械工业出版社 2015 年版。

［31］刘翠萍、朱运敏：《经营杠杆与经营风险的规避》，载《时代金融》2014 年第 17 期。

［32］刘文文、乔高秀：《我国股指期货市场价格发现功能和波动溢出效应研究——基于 VECM-DCC-MVGARCH 模型》，载《武汉金融》2014 年第 8 期。